教育硕士考研系列图书

333教育综合

真题汇编

解析册〈下〉

主编 徐影

编委会 凯程教研室

北京理工大学出版社
BEIJING INSTITUTE OF TECHNOLOGY PRESS

图书在版编目（CIP）数据

333教育综合真题汇编.解析册.下册/徐影主编.—北京：北京理工大学出版社，2022.4

ISBN 978-7-5763-1191-4

Ⅰ.①3… Ⅱ.①徐… Ⅲ.①教育学－研究生－入学考试－题解 Ⅳ.①G40-44

中国版本图书馆CIP数据核字（2022）第050908号

出版发行 / 北京理工大学出版社有限责任公司

社　　址 / 北京市海淀区中关村南大街5号

邮　　编 / 100081

电　　话 /（010）68914775（总编室）
　　　　　（010）82562903（教材售后服务热线）
　　　　　（010）68944723（其他图书服务热线）

网　　址 / http://www.bitpress.com.cn

经　　销 / 全国各地新华书店

印　　刷 / 天津市蓟县宏图印务有限公司

开　　本 / 889毫米 × 1194毫米　1/16

印　　张 / 69.5

字　　数 / 2446千字

版　　次 / 2022年4月第1版　2022年4月第1次印刷

定　　价 / 199.80元（全3册）

责任编辑 / 多海鹏

文案编辑 / 胡　莹

责任校对 / 刘亚男

责任印制 / 李志强

目录
Contents

江西师范大学

2010年江西师范大学333教育综合真题·凯程详解

一、名词解释

1. 教育目的（见2015年北京师范大学真题）
2. 学校教育制度（见2019年北京师范大学真题）
3. 课程标准（见2015年北京师范大学真题）
4. 教学评价（见2015年北京师范大学真题）
5. 心理健康（见2013年北京师范大学真题）
6. 创造力（见2015年浙江师范大学真题）

二、简答题

1. 教师应当具备怎样的素养?（见2014年北京师范大学真题）
2. 如何认识教学过程中教师的主导作用与学生的主动性的关系?（见2010年北京师范大学真题）
3. 简述中国古代科举制度的影响。（见2019年华中师范大学真题）
4. 文艺复兴时期人文主义教育有哪些特征?（见2011年华东师范大学真题）

三、论述题

1. 结合实际论述班主任培养班集体的方法。（见2014年华东师范大学真题）
2. 阐述陶行知的"生活教育"。（见2014年北京师范大学真题）
3. 论述自然主义教育理论及其影响。（见2012年华东师范大学真题）
4. 论述问题解决能力的培养措施。（见2010年华中师范大学真题）

2011年江西师范大学333教育综合真题·凯程详解

一、名词解释

1. 教育（狭义）（见2014年北京师范大学真题）
2. 教育目的（见2015年北京师范大学真题）
3. 班级授课制（见2016年北京师范大学真题）
4. 教学（见2013年陕西师范大学真题）
5. 京师同文馆（见2012年北京师范大学真题）
6. 昆体良

【答】昆体良是古罗马著名的教育家、演说家，其代表作《雄辩术原理》是西方最早专门论述教学问题的著作。昆体良充分肯定教育的巨大作用，认为教育应当以人的自然本性为基础，教育者应当尊重受教育者的个性差异和年龄差异。

二、简答题

1. 教育学的产生与发展分为哪几个阶段?

【答】（1）教育学的萌芽阶段。

这一时期的特点：①总结和概括出不少符合教育发展的客观规律和人的认识规律，这些都散落在哲学和政治著作中；②教育学思想没有从哲学体系中分化出来，缺乏科学理论分析，构不成完整的理论体系；③关于教育的论述停留在描述经验的层次上。

（2）教育学的独立形态阶段。

这一时期的特点：①研究对象上，教育问题成为一个专门的研究领域；②使用概念和范畴上，有了专门的教育概念；③研究方法上，有了教育学专门的研究方法；④研究结果上，有了专门的教育学著作；⑤组织机构上，有了专门的教育研究机构。

（3）教育学发展的多样化阶段。

20世纪是教育学迅速成长和发展的时期，在赫尔巴特创立的教育理论基础之上，教育学的发展日益多元化，出现了许多新的教育理论和教育学流派，产生了一些重要的教育学著作。如实验教育学、文化教育学（精神科学教育学）、实用主义教育学、马克思主义教育学等。

（4）教育学的理论深化阶段。

20世纪50年代以来，由于科学技术的迅猛发展，人力资源的开发和运用成为提高生产效率和发展经济的主要因素，这引起了世界范围内新的教育改革，并促进了教育学的发展。如布卢姆的教育目标分类学、布鲁纳的知识结构说、赞科夫促进一般发展的教育思想、巴班斯基关于教学过程最优化的教育思想等。

2. 教师劳动有哪些特点？（见2015年东北师范大学真题）

3. 简述加德纳的多元智力理论。（见2019年华东师范大学真题）

4. 简述《学记》中的教育思想。（见2011年东北师范大学真题）

三、论述题

1. 论述影响人的发展的基本因素。（见2015年北京师范大学真题）

2. 论述陶行知的生活教育思想体系。（见2014年北京师范大学真题）

3. 评述赫尔巴特的教育理论。（见2015年北京师范大学真题）

2012年江西师范大学333教育综合真题·凯程详解

一、名词解释

1. 学校教育（见2010年华中师范大学真题）

2. 教育目的（见2015年北京师范大学真题）

3. 课程（见2019年北京师范大学真题）

4. 人的发展

【答】人的发展在教育心理学上主要讨论的是个体发展问题。个体发展的定义也有广义和狭义之分，广义的个体发展是指个体从胚胎到死亡的变化过程，其发展持续人的一生。狭义的个体发展则是个体从出生到成人的变化过程，主要是指儿童的发展过程。

5. 学习动机（见2013年北京师范大学真题）

6. 学习策略（见2015年北京师范大学真题）

二、简答题

1. 简述我国教育目的的精神。（见2012年北京师范大学真题）

2. 试比较社会本位论和个人本位论两种不同的教育价值取向。（见2010年北京师范大学真题）

3. 简述陶行知"生活教育"的主要观点。（见2014年北京师范大学真题）

4. 简述斯宾塞的主要教育思想。

【答】斯宾塞是19世纪英国著名的哲学家、社会学家和教育家，代表作是《教育论》。他的主要教育思想如下：

（1）生活准备说：斯宾塞提出了"什么知识最有价值"这一问题。并将评价知识价值的标准定义为对生活生产和个人发展的作用，知识对生活的作用越大则价值越大。根据这个标准，斯宾塞确定了教育的目的是"为完满生活做准备"。

（2）知识价值说：他认为科学的知识最有价值。我们应该力求把我们的时间拿去做最有意义的事情。最重要的问题不在于某些知识有无价值，而在于它的比较价值。

（3）科学教育论：以科学知识为中心，重视个人和社会生活，极大地推动了科学教育的发展，但同时也带有明显的时代局限性，如他的课程论带有个人主义、功利主义的色彩。

（4）课程论：将人类的活动分为五个部分。①直接有助于自我保全的活动；②获得生活必需品从而间接有助于自我保全的活动；③目的在于抚养和教育子女的活动；④与维持正常的社会和政治关系有关的活动；⑤把生活中的闲暇时间用于满足爱好和情感的各种活动。

三、论述题

1. 运用"人的发展的基本影响因素"原理分析现实生活中的"坏学生"是如何被制造的。

【答】（1）遗传在人的发展中的作用。

遗传是指人从上代继承下来的外在的和内隐的生理解剖上的特点，如机体的结构、形态、感官和神经系统的特点等。这些遗传的生理特点也叫遗传素质，是人的身心发展的物质基础和前提条件。遗传素质在人的身心发展中的作用：①遗传素质是人的身心发展的物质基础和前提条件，为人的身心发展提供了可能性。②遗传素质的发展过程制约着人的身心发展过程及其阶段。③遗传素质的差异性对人的身心发展有一定的影响作用。④遗传素质具有可塑性。⑤遗传素质在个体发展的不同阶段作用的大小不同，随着个体不断地发展，遗传素质的作用日益减弱。每个学生的优势智能不同，有的语言智能、逻辑 — 数学智能等处于劣势，考不了较高的分数，就被定义为"坏学生"。

（2）环境在人的发展中的作用。

环境是指围绕在人们周围并对人的发展自发地产生影响的外部世界。它包括自然环境和社会环境两个方面。自然环境对人的发展具有一定的影响和作用，但是人是一切社会关系的总和，是社会动物，因此对人的发展具有主要影响意义的还是社会环境。环境在人的身心发展中的作用：①环境是人的发展的外部条件。②环境的给定性与主体的选择性。③环境对人的发展的作用离不开人对环境的能动活动。有些学生家庭环境不好，父母教养方式比较暴力，孩子有样学样，就比较容易欺凌其他同学，慢慢就成为"坏学生"；有些学生认识了一些行为习惯不好的朋友，受其影响，也会成为"坏学生"。

（3）个体的能动性在人的发展中的作用：①个体的能动性是在人的活动中产生和表现出来的。个体的活动、个体的社会实践是个体发展的决定性因素。②个体的能动性是人的发展的内在动力。人是社会历史活动的主体，而且是自身发展的主体，人在自身发展过程中也会表现出人所特有的能动性。遗传、环境、学校教育等外部因素会影响学生的发展，但是最终起决定作用的还是个体能动性，"坏学生"内心不够坚定，很容易受外部不良因素影响。

（4）学校教育主导作用有效发挥的条件：①受教育者的主观能动性与身心发展规律。②教育自身状况。③家庭环境的因素。④社会发展状况。有些教师不能针对学生的特点进行因材施教，看不到学生的优点；有的学生会自暴自弃，慢慢就变成教师眼中的"坏学生"。

2. 结合教学实际，评述奥苏伯尔的"有意义接受说"。

【答】奥苏伯尔根据学习进行的方式，把学习分为接受学习和发现学习，又根据学习材料和学习者原有认知结构的关系把学习分为机械学习和有意义学习，并认为学生的学习主要是有意义的接受学习。

（1）有意义学习的实质和条件：

①有意义学习的实质。

所谓有意义学习就是在所代表的新知识和学生认知结构中已有的适当观念之间建立起非人为的和实质性的联系。例如，要想使学生掌握等腰三角形的概念，学生的认知结构中必须具有和等腰三角形有关的三角形方面的知识。

②有意义学习的条件。

客观条件：a.材料必须具有逻辑意义，是学生可以在心理上理解的；b.材料应该是在学生学习能力范围之内的，符合学生的心理年龄特征和知识水平。

主观条件：a.学习者要有有意义学习的意向或倾向性；b.学习者认知结构中必须具有适当的知识基础；c.学习者必须积极主动地使具有潜在意义的新知识与认知结构中有关的旧知识发生相互作用。

（2）接受学习的界定及评价：

①奥苏伯尔认为学生的学习主要为接受学习，是通过教师的传授来接受事物意义的过程，是一种有意义的学习。

②对接受学习的评价。

接受学习是学习者掌握间接经验的主要途径，可以帮助学生获得大量的、系统的知识，便于储存和巩固，强调原有的认知结构和同化作用。但奥苏伯尔的接受学习的含义是模糊的，他未能弄清接受学习的本质，对其评价也有夸大之处。

3.评价杜威的教育观。（见2011年北京师范大学真题）

4.论述孟轲和荀况的人性论和教育观，分别说明其对现实教育的影响。

【答】（1）孟轲的教育思想：

①"性善论"与教育作用。孟子从社会和个人两个方面论述了教育的作用：a.孟子认为人人都具有恻隐之心、羞恶之心、恭敬之心、是非之心，即四个"善端"。b.教育对个人的作用：扩充"善端"。仅有这些"善端"是不够的，必须加以扩充，使之达到完善的境地，就可以成为圣人。c.教育对社会的作用：通过教育来扩充人性，进而达到国泰民安。

②"明人伦"与教育目的。孟子认为办教育的目的在于"明人伦"，教育就是通过实现"明人伦"来为政治服务的。

③"深造自得"的教育思想。孟子认为知识的学习并非从外而来，必须经过自己主动自觉地学习和钻研，有自己的收获和见解才能形成稳固而深刻的智慧。

（2）荀况的教育思想：

①"性恶论"与教育作用：a."性伪之分"。与生俱来的本能是"性"，人的本性是恶的，因为人的本能中不存在道德和理智。b."性伪之合"。"性"与"伪"是有区别的，甚至是对立的，但是二者也是相互联系与统一的。只有二者结合才能实现对人的改造。c.教育的作用是"化性起伪"。

②论教师。荀子把国家兴亡与教师的关系作为一条规律总结起来，把教师的地位提高到与天地、祖宗并列的地位。荀子认为教师应符合以下要求：a.有威信和尊严；b.要有丰富的经验和崇高的信仰；c.能循序渐进，诵说不凌不乱；d.见解精深而表述合理。

（3）孟轲的人性论和教育观对现实教育的影响：

①引导学生坚守内在的善性。要引导学生加强自身的道德修养，塑造理想的人格，实现人生的价值。

②要培养学生独立的人格。引导学生有独立的意志，要有远大的理想、坚定的信念，不随波逐流，不因外界的诱惑改变本心。

③培养学生的道德品质。教师在培养学生独立人格的同时，不能忽视对学生的道德引领，培养有道德、有担当的社会主义建设者和接班人。

④培养学生的反思精神。无论在顺境中还是逆境中，都要学会反思自己。出现问题的时候，多从自己身上找原因，不断提高自己。

（4）荀况的人性论和教育观对现实教育的影响：

①要重视教育的作用。要通过教育规范学生的行为，使之成为高尚人物。

②要重视教师的作用。教师的作用是与国家的前途命运相连的。因此要提高教师的素质，具体要求如下：

a.教师要提高思想道德素质。教师应不断提高思想道德素质，才能培养学生用马列主义的立场、观点和方法去认识问题、分析问题和解决问题的能力。

b.教师要不断调整知识结构。教师只有不断调整自己的知识结构，才能在指导学生时做到得心应手，也才能够让学生"青出于蓝而胜于蓝"。

c.教师要努力提升自己的人格魅力。教师如果用自己的人格力量去感染学生，对培养学生人格有着不可忽视的作用。而教师的人格魅力正源自渊博的学识和教书育人的能力。具备这样条件的老师不但能在教育教学上游刃有余，而且善于处理、协调与学生之间的关系。

2013年江西师范大学333教育综合真题·凯程详解

一、名词解释

1.德育（广义）

【答】德育的概念有广义和狭义之分。广义的德育是指教育者根据一定社会的要求和受教育者身心发展的规律，有目的、有计划、有组织地在受教育者身上培养所期望的政治素质、思想素质、道德素质、法律素质等，以促使他们成为合格的社会成员的过程。其包括政治教育、思想教育、道德教育和法律教育。

2. 教学（见2013年陕西师范大学真题）

3. 学科中心课程论

【答】学科中心课程论是指根据学校培养目标和科学发展，分门别类地从各门科学中选择适合学生年龄特征与发展水平的知识所组成的教学科目的教学理论。其中知识是课程的核心，学科专家在课程开发中起重要作用。

4. 元认知（见2010年华中师范大学真题）

5. 学制（见2019年北京师范大学真题）

6. 多元智能理论（见2011年华南师范大学真题）

二、简答题

1. 请说明教学过程中应处理好的几种关系。（见2011年东北师范大学真题）

2. 结合当前课程改革实际，谈谈课程实施的主要影响因素。

【答】课程改革是全面推进素质教育的重大举措，"为了每位学生的发展"是课程改革的核心价值追求。当前课程改革主要体现在重构课程结构、调整课程内容、倡导建构的学习、倡导全面和谐发展、形成正确的评价观念、与课程改革相适应的教材开发与管理等上面。针对当前课程改革的实际情况，课程实施的主要影响因素有：

（1）课程自身的特点：清晰、复杂和难易程度。只有改革的必要性得到人们的理解，改革才能得以实施，因此改革重要性程度的大小直接关系人们对改革的拥护与接受程度。课程改革具有一定的复杂性，课程改革的复杂程度直接决定着改革推进的难易程度。

（2）学校内部因素，如学校教育改革的基础、学校教育理念、学校文化等都会影响课程的实施，其中校长和教师起决定作用。

（3）学校外部因素，如政府等权力机构对课程改革的理解与支持等对课程实施也会产生很大影响，这种支持表现在财政上、物质上和政策上；来自外部（家长、社区）的评价也会对课程本身的操作产生很大的影响。

（4）对当前学前教育的指导意义。

①学前教育应该尊重儿童的心理发展规律，为儿童提供一个适合身心发展的环境，儿童的发展具有阶段性，所以我们要提供与儿童发展阶段相匹配的教育，使儿童每个阶段都可以得到适合的发展。

②正确处理纪律与自由的关系，儿童应该有选择活动的自由，也应该有遵守纪律的自觉，不能过分强调儿童自由而忽视对儿童早期纪律意识的培养。

③合理安排教育内容，儿童的教育内容应该是感官教育、初步的知识教育，通过丰富多彩的活动进行生活训练，对幼儿的培养做到手脑并用、身心和谐。

3. 简述蔡元培的教育思想与实践。（见2013年北京师范大学真题）

4. 试析柏拉图的教育思想。（见2017年哈尔滨师范大学真题）

三、论述题

1. 假设你是乌鸦的老师，请你设想运用哪些教学方法可以让乌鸦喝到水。

【答】中小学常用的教学方法有：讲授法、谈话法、读书指导法、练习法、演示法、实验法、实习作业法、讨论法、研究法。假设我是乌鸦的老师，我会运用讲授法让乌鸦喝到水。

讲授法是教师通过语言系统连贯地向学生传授知识的方法，它可分为讲述、讲解、讲演。运用讲授法的要求：（1）讲授的内容要有高度的科学性、思想性和系统性；（2）讲授条理要清晰、层次要分明；（3）注意启发性；（4）讲授语言要准确简练、生动形象，有艺术性；（5）要讲究讲授的策略和方式。

乌鸦喝不到水的原因为：瓶口太小，瓶子里的水太浅，而它的嘴巴又过大。所以想喝水可以先让瓶子里的水上升，比如投石头进去；也可以利用一根吸管。

2. 结合当前中国的教育现实评析卢梭的自然教育观。（见2012年华东师范大学真题）

3. 评述建构主义学习理论的基本观点。（见2013年华东师范大学真题）

4. 简要评述孔子的教育实践与教育思想。（见2012年北京师范大学真题）

2014年江西师范大学333教育综合真题·凯程详解

一、名词解释

1. 教学（见2013年陕西师范大学真题）

2. 社会本位论（见2011年华东师范大学真题）

3. 潜在课程（见2018年北京师范大学真题）

4. 班级管理

【答】班级管理是一个动态的过程。它是教师根据一定的目的，采用一定的手段措施，带领全班学生，对班级中的各种资源进行计划、组织、协调和控制，以实现教育目标的组织活动过程。其根本目的是实现教育目标，使学生得到充分的、全面的发展。教师的管理与学生的管理合起来构成班级管理。

5.《学记》（见2013年东北师范大学真题）

6. 稷下学宫（见2020年北京师范大学真题）

二、简答题

1. 简述影响知识理解的因素。（见2015年北京师范大学真题）

2. 简述素质教育的含义。（见2010年东北师范大学真题）

3. 当代教师应具备什么样的职业道德素养？（见2018年北京师范大学真题）

4. 简述进步教育运动的发展过程。

【答】进步教育运动的发展大致经历了四个阶段：兴起、成型、转折、衰落。

（1）兴起：19世纪末，帕克创造了昆西教学法，被杜威称作"进步教育之父"。早期的进步教育家都关心通过学校改变社会，强调个性发展，重视儿童的兴趣与能力，试图把学习和劳动，把抽象的和实用的以及个性的和社会的等因素结合起来。

（2）成型：第一次世界大战后，1919年，科布发起成立进步教育发展协会，该协会后来改称美国进步教育协会，提出了进步教育的七原则；1924年，协会创办《进步教育》杂志。

（3）转折：1929年的大萧条严重影响美国进步教育运动的发展。一方面，它使进步教育运动发生转向，此前强调儿童中心，此后强调学校的社会职能，此外，教育中心从初等教育转向中等教育；另一方面，大萧条加剧了进步教育的分裂，改造主义正是其分裂的产物。

（4）衰落：1944年，美国的进步教育运动进入衰落阶段，进步教育协会更名为"美国教育联谊会"，成为欧洲新教育联谊会的一个分会。1955年，协会解散。1957年，《进步教育》杂志停办，标志着美国教育史上一个时代的结束。

三、论述题

1. 结合实际，阐明启发性教学原则的含义和贯彻要求。（见2012年北京师范大学真题）

2. 评析陶行知的生活教育理论。（见2014年北京师范大学真题）

3. 试述建构主义学习理论。（见2013年华东师范大学真题）

4. 论述蒙台梭利的幼儿教育思想及其对当前学前教育的指导意义。

【答】蒙台梭利出生于意大利，是20世纪杰出的幼儿教育家，也是西方教育史上与福禄培尔齐名的幼儿教育家。

（1）论幼儿的发展。蒙台梭利重视环境对儿童的影响，强调创造一种适合儿童身心发展的环境是进行自由教育的必要条件。她重视儿童心理的发展，认为儿童的心理发展存在四个显著的特点：其一，具有独特的心理胚胎期；其二，儿童发展是在工作中实现的；其三，发展具有敏感期；其四，发展具有阶段性。她认为教育的基本任务是使每个儿童的潜能在一个有准备的环境里得到自由的发展，使之成为一个自由独立的人。

（2）论自由、纪律与工作。蒙台梭利认为，真正科学的教育之基本原则是给儿童以自由，即允许儿童按其本性个别地、自发地表现。同时，儿童也是要守纪律的。在她看来，真正的纪律对于儿童来说必须是主动的，只能建立在自由活动的基础上，工作可起中介作用，将教育中根本对立的两个概念——"自由"与"纪律"有机地联系起来。

（3）幼儿教育的内容：①感官教育；②初步的知识教育，即读、写、算的练习；③实际生活练习。

蒙台梭利强调生物目的和社会目的的统一，将教师、儿童和有准备的环境三个要素结合起来。

评价：蒙台梭利继承和改造了裴斯泰洛齐和福禄培尔等教育家的思想，应用当时的医学、生理学、实验心理学知识，结合自己的实验，形成了自己的教育理论和方法体系。她的方法强调儿童有选择活动的自由，相信儿童有自我教育和自我约束的能力，重视儿童早期智力的发展。所有这些都是对当时盛行的传统教育的有力挑战，推动了 20 世纪初蓬勃兴起的新教育运动。

2015 年江西师范大学 333 教育综合真题·凯程详解

一、名词解释

1. 道尔顿制（见 2011 年北京师范大学真题）
2. 班级授课制（见 2016 年北京师范大学真题）
3. 活动课程（见 2013 年东北师范大学真题）
4. 学校教育制度（见 2019 年北京师范大学真题）
5. 朱子读书法（见 2015 年东北师范大学真题）
6. 教育目的（见 2015 年北京师范大学真题）

二、简答题

1. 简述陶行知的生活教育理论。（见 2014 年北京师范大学真题）
2. 简述教育行动研究的一般过程。（见 2019 年首都师范大学真题）
3. 如何培养学生的问题解决能力？（见 2010 年华中师范大学真题）
4. 简述德育过程的规律。（见 2019 年北京师范大学真题）
5. 联系实际谈谈你对教师专业技能和素养的认识。

【答】（1）教师的专业素养包括教师的专业技能。教师的专业技能包括：①教学认知能力；②教学操作能力；③教学监控能力；④教育教学研究能力。

（2）教师的专业素养。（见 2014 年北京师范大学真题）

三、论述题

1. 论述影响人发展的因素及对人的具体作用。（见 2015 年北京师范大学真题）
2. 论述学习动机的培养和激发。（见 2012 年华东师范大学真题）
3. 论述杜威的教育思想。（见 2011 年北京师范大学真题）

2016 年江西师范大学 333 教育综合真题·凯程详解

一、名词解释

1. 教育目的（见 2015 年北京师范大学真题）
2. 教育行动研究（见 2014 年南京师范大学真题）
3. 认知发展阶段

【答】皮亚杰把人的认知发展分为四个阶段。其中感知运动阶段主要通过探索感知与运动之间的关系来获得工作经验，语言和表象尚未完全形成，这一阶段儿童思维具有客体永恒性；前运算阶段的儿童的思维具有刻板性，尚未获得物体守恒的概念；具体运算阶段的儿童可以进行逻辑思维和群集运算；形式运算阶段的儿童已经完全具备假设 — 演绎思维、抽象思维和系统思维。

4. 班级授课制（见 2016 年北京师范大学真题）

二、简答题

1. 简述建构主义的观点。（见 2013 年华东师范大学真题）
2. 简述"活教育"的观点。（见 2015 年北京师范大学真题）
3. 简述教育心理学化。

【答】（1）裴斯泰洛齐的教育心理学化思想。（见 2016 年湖南师范大学真题）

（2）赫尔巴特的教育心理学化思想。（见2013年陕西师范大学真题）

4.列举五种提高教育实验效度的方法。

【答】实验内在效度的高低取决于对无关变量控制的程度。提高教育实验效度主要是通过随机设置控制组、设计控制、统计处理控制等多种方法控制无关变量。

（1）使用设计组加以平衡。一个实验具体涉及两个组（实验组和控制组）或几个组，使得各个组的平均数及变异量尽可能接近相等。

（2）用随机、匹配或者让被试兼作自己的控制组以控制被试变量。

（3）设计控制。设计控制是通过组内设计（分配自变量的顺序）、效果平衡（采用实验组与控制组随机取样、随机分组，使无关变量平衡）以及拉丁方法，使被试变量在实验中产生的影响通过设计抵消。

（4）统计处理控制。统计处理控制是通过协方差分析，将实验组与控制组的数个变量测量出来，使用统计的方法，把他们的最初差异予以排除。

（5）恒定法。有些无法排除的无关变量，可以采取使这些变量在研究过程中保持恒常不变的方法，即所有的被试都接受相同的无关变量，把变量变为常量。

三、论述题

（1）案例中卢老师在发现和确定研究问题的过程中使用了哪些研究方法？

（2）针对卢老师的困惑，请为她选择一种研究方式，并从研究目的、研究过程、研究主体三个方面阐述作出这种选择的理由。

【答】（1）卢老师在发现和确定研究问题的过程中使用了观察法和访谈法。

（2）选择之一：教育行动研究。

理由如下：①在研究目的方面，教育实验研究侧重于因果关系或相关关系的探究，对理论研究更为适合；而对于卢老师要探索新的教学策略这一实践性强的研究目的来说，以改进实践为基本取向的教育行动研究更为适合。②在研究过程方面，教育实验要求严格的变量控制，难度高；而教育行动研究在实际情境中进行，无需严格的变量控制，对卢老师而言，相对简便易行。③在研究主体方面，教育实验中研究者与行动者的角色通常是分离的；而教育行动研究更强调行动者成为研究者，这对卢老师的专业发展更有好处。

选择之二：教育实验研究。

理由如下：①在研究目的方面，教育行动研究追求教育实践的改进；而教育实验研究更侧重于因果关系的探究，更有利于卢老师确证"扩展课外阅读"与"外来务工人员子女语文学习成绩"之间的因果关系。②在研究过程方面，教育行动的代表性均不强；而教育实验研究要求对变量做适度控制，研究过程的规范性强，研究结果的普适性高，更有利于卢老师研究成果的推广应用。③在研究主体方面，教育行动研究强调教师自己成为研究主体，受教师自身教育理论素养和研究视野的局限，研究有可能流于肤浅和零碎；而选择教育实验研究，卢老师的研究可以在学校科研顾问的指导下进行，这更有利于研究结果在理论上的概括和卢老师教育理论水平的提高。

2017年江西师范大学333教育综合真题·凯程详解

一、名词解释

1.学校教育（见2010年华中师范大学真题）

2.稷下学宫（见2020年北京师范大学真题）

3.活动课程（见2013年东北师范大学真题）

4.骑士教育（见2010年华东师范大学真题）

5.学习迁移（见2011年湖南师范大学真题）

6.学习动机（见2013年北京师范大学真题）

二、简答题

1.简述教育的相对独立性。（见2010年华中师范大学真题）

2.简述学校管理的基本环节及其联系。

【答】（1）基本环节：

①计划：对学校工作目标的全面设计和统筹规划。它是学校管理过程的起始环节，在管理活动中起着指明方向、规划进程、统一步调、提高效率的作用。

②实施：将计划付诸行动，使学校的人、财、物、时间、空间、信息等资源产生最大的实际效益与社会价值。学校管理者要做好组织、指导、协调和激励工作。

③检查：对计划的执行情况进行考核，其目的在于发现问题和解决问题，检查具有监督、考评和激励的作用。

④总结：就是对学校管理过程的计划、实施、检查工作进行分析、评价等反思性活动。

（2）相互关系：学校管理过程的四个环节是互相联系、互相制约、循序渐进、首尾相连的有机整体。计划统筹管理全过程；实施是计划的执行；检查是对组织实施的监督与检验；总结则是对计划、实施、检查的总体分析、评价以及改进建议。各环节之间，都存在反馈回路，以便对工作产生反思、提高和促进作用。

3.简述王守仁的儿童教育思想及其意义。（见2016年北京师范大学真题）

4.简述夸美纽斯的泛智思想及其现实意义。（见2020年湖南师范大学真题）

三、论述题

1.论述德育过程是教师引导下学生能动的活动过程。（见2015年华中师范大学真题）

2.分析杜威关于教育本质的思想及其现实意义。（见2018年东北师范大学真题）

3.运用记忆的规律分析教学实际中出现的"错一罚十"现象。

【答】（1）"错一罚十"的做法固然不可取，但也透着教师的无奈。记忆规律先上坡再下坡，开始记得快忘得也快，只有不断地巩固、加深记忆，直至完全记住，所以我们强调日复习、周复习、月复习。

（2）记忆规律包括以下几个方面：

①时间律：每次信息的重复输入，其维持记忆的时间是各不相同的。

②数量律：当需要记忆的材料数量偏大时，会给记忆带来困难。

③联系律：对新信息的记忆，通过各种形式的联想，形成新、旧知识之间有机联系的系统，是有利于知识储存的。

④转化律：记忆是一个不断巩固的过程，由瞬时记忆到短时记忆再到长时记忆有一个转化过程。

⑤强化律：强烈的、新的刺激能激起兴趣，使人感受突出，会使记忆强化。

教师采取"错一罚十"的做法大多只是让学生改掉做作业不认真的毛病，同时起到复习巩固的效果。但是它却容易使学生丧失学习的兴趣、记忆的信心和主动性，对进一步学习产生一些心理障碍。根据遗忘规律，我们要及时地复习；要采取多样化的方式进行复习；要合理安排和分配复习时间；复习内容要系统化等，这样才能有效地组织复习。此外，提高记忆效果，还必须保持良好的精神状态。例如，注意力集中，保持充沛的精力，保持舒畅、愉快的心情，这些都是必要的，否则精神状态不佳，情绪不好将大大降低记忆的效果。

4.你如何理解"好孩子"和"坏孩子"？这个材料对你有什么启示？

【答】美国哈佛大学心理学家加德纳提出的多元智能理论认为，人的智能是多元的，每个人都在不同程度上拥有着八种基本智能，只不过，不同个体的优势智能是存在差别的。所以说不存在什么"好孩子""坏孩子"，只存在有差异的学生，学生都是可教育的。

所谓"坏孩子"就是指那些不能达到基本教育要求，德、智、体全面发展水平较差或发展不平衡的学生。学生都是可教育的，没有哪个学生天生就是不想学好的，没有不可教的孩子。教育的力量是巨大的。

从这个故事中我们得到的启示：

（1）树立正确的学生观，关注学生的全面和谐发展和个性发展，承认学生智能的差异性。平等公正地对待他们，尊重、理解、信任他们，使他们主动接受教育。

（2）正确评价学生，不能因为学生某方面的智能差或很差，就认为学生是差生，很愚蠢。应该学会欣赏他们，一分为二地看待他们，找出教育的切入点，发现、引导、培育学生的优势智能。

（3）针对不同的学生，我们可以灵活采用多元化的教学方法。

2018 年江西师范大学 333 教育综合真题·凯程详解

一、名词解释

1.师生关系（见 2017 年西南大学真题）

2.教师专业化（见 2011 年华东师范大学真题）

3.有意义学习（见 2014 年华东师范大学真题）

4.发现学习（见 2017 年华东师范大学真题）

5.班级授课制（见 2016 年北京师范大学真题）

6.支架式教学

【答】支架式教学是指教师或者其他助学者通过和学习者共同完成某项学习任务，为学习者提供某种外部支持，以帮助他们完成自己无法独立完成的学习任务，随着活动的进行，逐步减少外部支持，直到最后完全由学生独立完成任务为止。支架式教学包括预热、探索和独立探索三个环节。支架式教学是对维果茨基的最近发展区理论的实践运用。

二、简答题

1.简述教育现代化的基本内涵。

【答】教育现代化是一个国家教育适应现代社会发展要求所达到的一种较高水平状态，是传统教育在现代社会中的转化，是包括教育思想、教育制度、教育内容、教育方法在内的教育整体转换运动。其核心是人的现代化。

教育现代化具体表现为：教育观的现代化；教育目标的现代化；教育结构的现代化；教育内容的现代化；教学手段和方法的现代化；教育理论和教育研究方法的现代化。

总之，教育现代化是一个有着诸多层面，内涵丰富，从低级向高级，从不完善走向完善的动态的、不断发展变化的过程。教育现代化的核心是实现人的现代化，特别是人的观念的现代化。

2.简述昆西教学法。

【答】昆西教学法指美国进步教育运动的先驱帕克在昆西学校和芝加哥库克师范学校进行教育改革实验所采取的新的教育方法和措施。其主要特征有以下几点：

（1）强调儿童应处于学校教育的中心地位。认为儿童具有内在的能力，能自发地从事学习和工作。教师必须了解儿童及其本性，提供相应的条件，满足其要求和需要。

（2）重视学校的社会功能。强调学校应成为理想的家庭、完善的社区和民主政治的雏形，在促进民主制度的发展方面发挥巨大作用。

（3）主张学校课程应尽可能与实践活动相联系。帕克认为这样做不仅可以唤起儿童学习的意愿，使他们专心致志，而且能摒弃以往抽象的、无意义的形式训练，并把各门学科统一起来，使学生获得整体的知识。因此，他围绕一个核心安排相互联系的科目，将学习的内容与儿童的日常生活相联系。

（4）强调培养儿童自我探索和创造的精神。帕克去世后，他的主要弟子之一库克将他的思想与杜威的思想融为一体并付诸实践，从而进一步发展了昆西教学法。

3.简述教学中应处理好的几种关系。（见 2011 年东北师范大学真题）

4.简述朱子读书法。（见 2016 年华东师范大学真题）

三、论述题

1.论述马克思关于人的全面发展说。（见 2017 年华南师范大学真题）

2.结合教学实例谈谈如何激发学生的内部动机。（见 2012 年华东师范大学真题）

3.试评述中国教育史上两位教育家的教育思想。（见 2014 年山东师范大学真题）

4.试述马卡连柯的教育思想。

【答】马卡连柯是苏联早期著名的教育理论家和实践家，其主要著作有《塔上旗》和《教育诗篇》等。

（1）集体和集体教育。马卡连柯集体教育的核心思想是"通过集体、在集体中、为了集体"，即教育工作的对象是集体，教育的主要方式是集体教育，换句话说，集体既是教育的主体，也是教育的客体。集体教育原则又叫作"平行教育影响"原则，意思是教师对集体和集体中的每一个成员的影响是同时的，教师和整个集体对每个成员的影响是同时的。

（2）纪律和纪律教育。纪律首先是教育的结果，当纪律形成以后才成为教育的手段。他主张实施纪律教育时要将严格要求与尊重相结合。具体方法包括诱导、督促、惩罚，但不许体罚。

（3）劳动和劳动教育。劳动教育的目的是发展儿童的体力、智力和培养他们从事生产劳动的技能、技巧，尤其是要使学生在道德上和精神上得到良好的发展。与当时苏联流行的看法不同的是，马卡连柯认为生产劳动与学校教学之间不需要任何的一致性，不能机械结合。

没有集体就不能进行集体教育和纪律教育，也无法组织劳动和进行劳动教育；没有劳动，不进行劳动教育，集体也就无法建立，真正的纪律教育也就不能顺利进行。

2019 年江西师范大学 333 教育综合真题·凯程详解

一、名词解释

1. 课程（见 2019 年北京师范大学真题）
2. 学制（见 2019 年北京师范大学真题）
3. 苏格拉底法（见 2011 年北京师范大学真题）
4. 学习策略（见 2015 年北京师范大学真题）
5. "六艺"教育（见 2012 年华东师范大学真题）
6. 上位学习（见 2016 年湖南师范大学真题）

二、简答题

1. 简述班集体的培养措施。（见 2014 年华东师范大学真题）
2. 简述综合实践活动的性质。（见 2013 年江苏师范大学真题）
3. 简述孟子的教育思想及影响。（见 2015 年北京师范大学真题 +2015 年山西师范大学真题）
4. 简述影响人身心发展的基本因素。（见 2015 年北京师范大学真题）

三、论述题

1. 论述卢梭的自然主义教育思想及影响。（见 2012 年华东师范大学真题）
2. 论述陶行知的生活教育思想及当代价值。（见 2014 年北京师范大学真题）
3. 论述创造性的培养措施，并结合教学实践举例。（见 2011 年北京师范大学真题）
4. 新课改主张启发式教学。有的老师认为讲授法是注入式教学，应尽量减少讲授法在课堂中的使用。请评述这种观点。

【答】这种观点是片面的、错误的。

（1）讲授法是我国教育理论和教育实践中的传统教学方法。

作为一种传统的教学方法，因其简便、高效的特点，一直是我国中小学教师常用的、主要的教学方法。当然，讲授法在教育实践中的久盛不衰不仅与其自身的特点有关，还与我国的国情以及我国的教育传统有关。我国是一个人口大国，班级授课制以及师资缺乏的问题长期存在，在此情况下，讲授法因其快速、方便而成为教师有效传达教学信息的首选。

（2）具有启发性的讲授法适合新课改教育实践的需求。

新课程更加强调复杂学习情境的建构，强调学生的学习是在复杂情境中发生的。学生创新精神与实践能力的培养都需要经过人类复杂的学习才能实现。具有启发性的讲授法虽然貌似简单和方便，却是一种蕴含着人的高级心理变化的教学方法，需要学生积极的思维活动才能使教学活动得以继续进行。因此，该教学方法适合复杂的人类认知情境，对蕴含复杂情境的创新精神和实践能力的培养应具有一定的作用。

（3）讲授法具有深厚的历史传统。

虽然从心理学基础来讲，具有启发性的讲授法适合新课改的要求，但是人们对讲授法的认识却是有历史联系的。每个时代、每个阶段，人们对讲授法的认识度不同，为了更深刻地把握讲授法在新课改背景下的意蕴，还需追溯讲授法发展的历史。讲授法有着深厚的历史传统，正是沿着这些历史传统的脉络，讲授法才得以持续成长，拥有新的时代内涵和功能，并在新时代发挥作用，但是今天的讲授法一直有着昔日讲授法的时代烙印，因此，对其历史传统的认识有助于人们对讲授法的当代意蕴有更深的了解。

2020年江西师范大学333教育综合真题·凯程详解

一、名词解释

1. 学在官府（见2017年华中师范大学真题）

2. 德育过程（见2014年华东师范大学真题）

3. 教学（见2013年陕西师范大学真题）

4. 宫廷学校

【答】宫廷学校是一种设在国王或贵族宫廷中，主要培养王公贵族后代的教育机构，是欧洲主要的世俗教育形式。西欧最著名的宫廷学校是由阿尔琴管理的法兰克王宫的宫廷学校。宫廷学校主要学习"七艺"、拉丁语、希腊语。宫廷学校也有浓厚的宗教色彩，主要采用教会学校盛行的问答法，主要培养封建统治阶级所需要的官吏。

5. 元认知（见2010年华中师范大学真题）

6. 最近发展区（见2011年北京师范大学真题）

二、简答题

1. 简述蔡元培的教育独立思想。（见2013年北京师范大学真题）

2. 简述班级授课制的优点。（见2020年北京师范大学真题）

3. 简述学校管理的发展趋势。（见2020年华东师范大学真题）

4. 简述教师劳动的特点。（见2015年东北师范大学真题）

三、论述题

1. 论述赫尔巴特的教育思想及影响。（见2015年北京师范大学真题）

2. 论述问题解决措施并结合实例进行分析。

【答】（1）问题解决的措施。（见2010年山东师范大学真题）

（2）实例。

①算法式。

算法是指为达到某一个目标或解决某个问题而采取的一步一步的程序。例如，要解决这样的问题：1+2+3+4+5+……+10000=? 如果用连加的算法，虽也能获得最终答案，但是非常烦琐。

②启发式。

启发式是指根据目标的指引，试图不断地将问题状态转换成与目标状态相近的状态，只试探那些对成功趋向目标状态有价值的操作，也就是使用一般的策略试图解决问题。

a. 手段—目的分析法。手段—目的分析法是指将目标划分成许多子目标，将问题划分成许多子问题后，寻找解决每一个子问题的手段。例如，写一篇20页的论文对于某些学生而言是十分头痛的问题，但如果将这个任务划分成几个子任务，如选题、查找信息资料等，他们就可能表现得好一些。

b. 逆向反推法。逆向反推法是在寻求解答时从问题目标状态开始逐步倒推到初始状态。例如，如果3周之内要让编辑部收到文章，那么作者就必须在某一天发邮件提交稿件，在某一天修改好文本，在某一天打完草稿等。

c. 爬山法。爬山法的基本思想是设立一个目标，然后，选取与起始点邻近的未被访问的任一节点，向目标方向运动，逐步逼近目标。例如，医生在给慢性病人用药时常常用这种方法来确定药的剂量。

d. 类比思维法。当面对某种问题情境时，个体可以运用类比思维法，先寻求与此有些相似的情境的解答。例如，当人们第一次发明潜艇后，工程师们就要想办法让战舰确定潜艇隐藏在海下的方位，于是开始研究蝙蝠导航机制，发明了声呐，并将其运用于潜艇的定位。

3. 论述陈鹤琴的"活教育"思想。（见2015年北京师范大学真题）

4. 论述班主任所具备的素质。

【答】（1）教师劳动的特点。（见2015年东北师范大学真题）

（2）班主任素质的要求。（见2015年华东师范大学真题）

2021 年江西师范大学 333 教育综合真题·凯程详解

一、名词解释

1. 班级授课制（见 2016 年北京师范大学真题）
2. 设计教学法（见 2015 年华东师范大学真题）
3. 素丝说（见 2016 年西北师范大学真题）
4. 《莫雷尔法案》(《赠地法案》)（见 2010 年华东师范大学真题）
5. 教育制度（见 2012 年华东师范大学真题）
6. 学科课程（见 2017 年华东师范大学真题）

二、简答题

1. 简述"为迁移而教"的策略。（见 2014 年北京师范大学真题）
2. 简述选择与运用教学法的依据。（见 2019 年南京师范大学真题）
3. 简述启发式教学原则的含义及要求。（见 2012 年北京师范大学真题）
4. 简述要素主义教育思想。（见 2016 年华东师范大学真题）

三、论述题

1. 论述凯洛夫《教育学》的理论体系、价值、主要问题以及对我国教育的启发。

【答】凯洛夫是 20 世纪 40—50 年代苏联教育界最主要的代表人物，其代表作是《教育学》。

（1）理论体系：

①教育作用：凯洛夫充分肯定了教育在人的发展中的重大作用。他批判教育万能论和教育决定论，主张教育要顺应人的天性。

②关于教学过程本质的论述：教学首先是指教师在学生自觉与自动参与下以知识、技能和熟练技巧的体系武装学生的过程，但它还担负着以科学原理和共产主义世界观武装学生与有计划地发展学生智力、培养学生道德品质的任务。

③凯洛夫的《教育学》中的教学原则：根据教学过程的基本环节，凯洛夫提出了五条指导教学工作的原则，即直观性原则、自觉性与积极性原则、巩固性原则、系统性与连贯性原则、通俗性与可接受性原则。

④论教育和教学内容：教学大纲是重要的指导文件；教科书是学生获得知识的主要源泉之一。

⑤教学工作的基本组织形式：凯洛夫强调了班级授课制应是教学工作的基本组织形式，主张把学生按年龄和已有学习程度分成班级，对各种科目按固定课表由教师进行讲授。

⑥德育论：德育目的是把学生培养成全心全意为社会主义事业服务的新人；德育原则有共产主义的目的性和思想性相结合原则、长善救失原则、在集体中进行教育原则；德育方法是说服法、练习法、儿童集体组织法以及奖惩法。

（2）价值：凯洛夫的教育理论，是在清除了左的实用主义教育思潮对苏联教育严重干扰的条件下产生的。这一理论的建立基本上适应了当时苏联社会和教育的需要和要求，这是凯洛夫教育思想的一个特点。凯洛夫的教育理论对教育上的一些重要问题做了更系统的探讨和阐述，形成了一个较完整的体系。应该说，全面、完整、系统是凯洛夫教育思想的另一个特点。

（3）主要问题：凯洛夫的教育学思想是苏联特定历史时代的产物。由于他的教育思想以传统教育理论为基础，未能跟上苏联社会的时代变化，所以，又带有浓厚的滞后性和封闭性，缺乏创造性，甚至有些学术观点过于绝对化和机械化，缺乏辩证的思维。

（4）对我国教育的启示：

①注重教育的社会功能。在凯洛夫主编的《教育学》中，他曾经明确指出：教育是与政治相联系的。社会的性质决定教育的阶级属性。教育是上层建筑，是经济基础的反映，教育要为国家的建设服务。这也是我们教育学教材中的主导思想。

②注重对系统知识的传授。凯洛夫《教育学》特别强调对学生进行系统知识的传授。他们批判杜威的实用主义教育，认为实用主义教育不能给学生以系统的知识，强调儿童尽早学习分科知识。这对我国的教育发展带来了非常深远的影响。中华人民共和国成立以来，我国对于系统知识、基础知识和基本技能的强调，就是受这一思想影响。

③注重教师的主导作用。凯洛夫认为："教师本身是决定教学的培养效果的最重要的、有决定作用的因素。"凯洛夫认为学生的知识掌握是在有组织的教师的指导下进行的，因而确定了教师在教学中的权威性、主导性。由于这个原则符合了我国传统文化中师道尊严的传统，被我国教育工作者牢牢地掌握，并且影响至今。

2. 论述材料中所蕴含的教育思想、存在的问题及其改进措施。

【答】（1）蕴含的教育思想。教师的知识大体可以分为两类：一类是学者倡导性的知识，这部分知识属于理论性的知识，也常常是教师认同的知识；另一类则是教师在教学中实际运用的知识。这两类知识常常并不同步。在材料中，小夏认同要关注每一个学生的教育理念，但在实践中却发现总是不自觉地关注成绩优异的学生，这就体现了两类知识并不是完全同步的，而是需要一个转化的过程。

（2）存在的问题及改进措施。

材料中反映的问题：理念与行动的不同步，具体来说，是小夏缺乏对于每一位学生的关注。为此，小夏可以采取以下措施进行改进。

①培养自己的反思能力。首先，小夏觉察到自己在教学中"偏心"这个问题，这说明小夏具有反思意识，这是一位合格教师必备的素质。小夏可以将自己的这个问题写入教育日记中，然后针对问题提出改进措施。

②将关注每一位学生的意识落实到具体的行动中。小夏可以将日记中自己想到的改进措施落实到每日的行动中，增强自己的行动力。例如，小夏可以每天有意识地关注几位孩子，在课堂上多与他们互动，课下与他们谈心。认真做好每一位学生的家访工作，将孩子的日常变化都记录到自己的反思日记中，并且可以为每一位孩子建立成长档案袋。在行动之后需要再次进行反思，形成反思与行动的良好循环。

这样做的目的是通过日常的反思与行动促使教师自身的教育理念升华为教育信念。当一位教师的教育理念升华为教育信念的那一刻，他的知与行也就自然统一了。

3. 论述生活教育理论。（见2014年北京师范大学真题）

4. 论述为培养学生的创造力需采取的措施。（见2011年北京师范大学真题）

2022年江西师范大学333教育综合真题·凯程详解

一、名词解释

1. 分组教学（见2011年华中师范大学真题）

2. 学校教育（见2010年华中师范大学真题）

3. 学习动机（见2013年北京师范大学真题）

4. 白板说（见2013年北京师范大学真题）

5. 小先生制（见2019年浙江师范大学真题）

6. 泛化

【答】（1）含义：条件作用形成后，机体对与条件刺激相似的刺激作出条件反应。如我们常说的"一朝被蛇咬，十年怕井绳"。

（2）泛化与分化的关系：刺激泛化和刺激分化是互补的过程，泛化是对事物的相似性的反应，分化则是对事物的差异性的反应。泛化能使我们的学习从一种情境迁移到另一情境，而分化则能使我们对不同的情境做出不同的反应。

二、简答题

1. 简述德育过程的基本规律。（见2019年北京师范大学真题）

2. 简述教育的人口功能。（见2015年哈尔滨师范大学真题）

3. 简述韩愈的"性三品"说和教育作用。

【答】（1）简介：韩愈的《原性》从唯心主义的天命论出发，继承了董仲舒的"性三品"说，提出"性三品"的主张，为宋朝朱熹的"明天理、灭人欲"做了铺垫。

（2）人性分三品：上品之性为善性；中品之性可善可恶，尚未定型；下品之性为恶性。人性中有性，也有情，性是情的基础。性可移，但性的品级不可移。

（3）"性三品"与教育的作用：①人性决定教育所起的作用。人性是决定教育发展的主要因素，教育只能在人性品位内发生作用。②人性规定了教育的权利。"上者可教，而下者可制也。"③人性决定教育的主要内容。人性以仁、义、礼、智、信为内容，儒家经典是最好的教育内容。

（4）评价：①韩愈的人性论把封建的仁、义、礼、智、信等道德原则说成人的本性，并作为区分善恶的标准，使人们遵从道德原则的制约，从而达到维护封建社会秩序的目的。②韩愈对教育作用的论述具有唯心主义色彩。③韩愈也为多数人可以接受教育提供了理论依据。

4.简述教师劳动复杂性的具体表现。

【答】（1）学生状况的复杂性决定着教师劳动的复杂性。教师劳动的对象主要是发展中的青少年，是具有能动性和主体性的主体。他们虽有共同的发展规律，但天赋、爱好、兴趣、需要、个性均不相同，这就造成了教师劳动的复杂性。

（2）教师任务的多样性制约着教师劳动的复杂性。教师既要面向全体学生，又要关注个别学生；既要提高其学识才能，又要关注道德品质；既要培养优秀生，也要帮助后进生；既要和校内诸位教师团结合作，也要与家长、社会协调一致。教师劳动的复杂性可想而知。

（3）影响学生发展因素的广泛性制约着教师劳动的复杂性。学生进入学校后，仍然直接或间接地接受着家庭和社会的影响。随着科技的发展，大众媒体的普及，社会和同伴群体对他们的影响作用也越来越大。如何有效地协调各方面的关系，引导学生积极、健康地成长，也是当代教师面临的一项复杂任务。

三、论述题

1.论述夸美纽斯的普及教育思想及其影响。（见2021年沈阳师范大学真题）

2.论述黄炎培的职业教育思想及其影响。（见2018年华中师范大学真题）

3.请举例论述不良品德行为的矫正。（见2012年华南师范大学真题）

4.备课是教学的基本环节，有人说，备课是只备教材、备教案，是提高教学质量的保障。请运用教育学原理对此观点进行评析。

【答】题目中的说法存在不合理之处。备课是教师上课前的准备，备好课是上好课的先决条件。撰写学期教学进度计划、课题计划与课时计划，俗称备课。它是教师一项经常且主要的工作。上好课必先备好课。备课包括备教材、备学生、备教案。

（1）钻研教材（备教材）。教师首先要认真钻研课程标准，明确学科的性质、教学的特点、所教部分内容的要点与要求；再着重钻研教科书，厘清基础知识、基本概念和基本技能，重点与难点；然后思考启发、探究的路线和师生互动的方式；还要查阅参考书与相关资料；最后，在上述工作基础上，才能对本课的任务内容如何处理、如何教，有较全面、深入、独到的思考。

（2）了解学生（备学生）。包括了解学生现有的知识技能的质量，有何优点与缺陷；他们的兴趣、欲求、需要与思想状况；他们的学习特点和习惯等；他们学习、运用新的知识可能出现的困难和问题，应有所了解与准备。

（3）设计教学（备教案）。根据教材的内容与要求、学生的状况，结合教师个人的智慧、才能和客观条件，对如何引导学生学习新课的活动做出全面系统的设计。它涉及课题计划与课时计划（即教案）的编写，对教案的基本部分，即教学活动过程的设计，提出了一些更为具体的建议：①撰写好教师的启发、讲解提纲，或拟好师生谈话、探究的问题及其顺序、方向。②设想好教学双边活动过程的开展。③设计好配合教师的讲解、探究进行板书，直观教具与多媒体的演示。④还要做好一些备用的内容与举措，以备课堂发生难以预料的不时之需。⑤考虑好对学生的家庭作业和为下一课要做的准备工作的布置。

所以，备课是教学的基本环节，但备课不只是备教材、备教案。备课包括备教材、学生、备教案，是提高教学质量的保障。

广西师范大学

2010年广西师范大学333教育综合真题·凯程详解

一、名词解释

1.教育活动的基本要素

【答】（1）教育活动的基本要素主要有教育者、受教育者、教育内容、教育活动方式，即教育活动的四要素。（2）教育者是整个教育活动的主导者，受教育者是学习的主体，教育内容是沟通教育者与受教育者的中介桥梁，教育活动方式主要指教育手段、教育方法、教育组织形式等。（3）这些要素之间的相互活动构成教育活动的内部结构，教育者借助教育措施作用于受教育者，其结果是影响受教育者的身心发展。

2.教育目的的价值取向

【答】所谓教育目的的价值取向，是指教育目的的提出者或从事教育活动的主体依据自身的需要对教育价值做出选择时所持有的一种倾向。在教育目的的价值取向上，争论最多、影响最大、最具根本性的问题是教育活动究竟是应注重满足人的个性发展需要，还是应注重满足社会发展需要。由此，构成了教育目的的选择上的两种典型的价值取向，即个人本位论和社会本位论。

3.特朗普制（见2018年杭州师范大学真题）

4.动机

【答】动机指促使人从事某种活动的念头，在心理学上一般被认为涉及行为的发端、方向、强度和持续性。动机为名词，在作为动词时则多称作"激励"。在组织行为学中，激励主要是指激发人的动机的心理过程。激发和鼓励，能使人们产生一种内在驱动力，是使之朝着所期望的目标前进的过程。

5.气质

【答】气质，中国哲学术语，指人的生理、心理等素质，是相当稳定的个性特点。它也指人的风度、模样。气质最早由宋朝理学家张载提出，用来指称人类先天的不同禀赋。这是宋明理学很重要的探讨课题。张载认为，因为人类的天生禀赋（气）不同，使得人类在出生时有不同的个性，但是这些不同的个性都可能因为后天的修养与阅读而有所改变（变化气质）。

二、简答题

1.怎样理解教学过程是一种特殊的认识过程？

【答】教学过程是一个包括认识和实践两个方面的活动过程，是一个认识与实践统一的过程。

（1）学生的认识对象具有特殊性。人们认识世界的过程是向尚未发现的客观真理进行探索的过程。在教学过程中，学生认识的对象主要体现在一定的教学内容中，不是直接去发现人们未知的东西，而是接受前人已经总结出来的各门学科知识，以学习间接经验为主。这样，学生就有可能在最短的时间内去掌握前人经过漫长的岁月才能获得的知识。

（2）学生的认识条件具有特殊性。教学活动和人们向未知世界探索的活动不同。教学过程中学生的认识活动是在教师指导下进行的。教师把学校的一切有利条件、合适的教学内容、科学的教学方法组成适合学生一定发展阶段和水平的某种教学模式，从而引导学生完成学习任务。这样，使学生避免或减少认识上的失误，少走弯路。

（3）学生的认识任务具有特殊性。在教学过程中，学生不仅要掌握知识、技能，而且还要发展智力，形成科学的世界观和共产主义道德品质。因此，教学过程是一个培养人的过程，这一点和科学家探索真理以及人们一般认识事物的过程是不同的。

2.简述学科课程论的基本观点。

【答】（1）含义：学科课程指根据各级各类学校培养目标和学生的发展水平，分门别类地从各学科中选择知识，并按照学科的逻辑组织学科内容的课程。各科目都有特定的内容、一定的学习时数、一定的学习期限和各自的逻辑系统。学科课程具有结构性、系统性、简约性等特点。

（2）优点：①学科课程提高了教学效率，这种课程按照严谨的知识结构进行组织，非常有助于学生学习和巩固基础知识；②学科课程最能体现知识的系统性；③学科课程能够突出教师的引导性和价值性，易于教师教学，也易于进行评价。

（3）缺点：①学科课程不重视学科之间的相互联系，造成和加深了学科的分离；②不利于联系学生的生活实际和社会实践；③不重视学生的兴趣和需要，限制了学生的主体性。

3. 说明学生掌握知识的基本阶段。（见2016年南京师范大学真题）

4. 教师如何激发学生的内在学习动机？（见2012年华东师范大学真题）

三、论述题

1. 简述人本主义学习观及其对教学改革的意义。（见2017年华中师范大学真题）

2. 联系实际谈谈如何培养学生问题解决的能力。（见2010年华中师范大学真题）

2011年广西师范大学333教育综合真题·凯程详解

一、名词解释

1. 教学过程

【答】教学过程是指教学活动的展开过程，是教师根据一定的社会要求和学生身心发展的特点，借助一定的教学条件，指导学生主要通过认识教学内容从而认识客观世界，并在此基础之上发展自身的过程。教学过程也是学生在教师指导下进行的学习实践活动。教师是教学过程中的基本要素之一。

2. 课程标准（见2015年北京师范大学真题）

3. 苏格拉底法（见2011年北京师范大学真题）

4. 发现学习（见2017年华东师范大学真题）

5. 心智技能（见2016年北京师范大学真题）

6. 《学记》（见2013年东北师范大学真题）

二、简答题

1. 简述教师的基本素养。（见2014年北京师范大学真题）

2. 简述陶行知的生活教育思想。（见2014年北京师范大学真题）

3. 简述卢梭的自然教育理论。（见2012年华东师范大学真题）

4. 简述马斯洛的需要层次理论。（见2013年西南大学真题）

三、论述题

1. 试述教育的社会流动功能及其意义。（见2010年北京师范大学真题）

2. 试述文艺复兴时期人文主义教育的特征。（见2011年华东师范大学真题）

3. 试述加德纳的多元智力理论及其启示。（见2019年华东师范大学真题）

4. 试述掌握知识与发展智力的关系。（见2012年东北师范大学真题）

2012年广西师范大学333教育综合真题·凯程详解

一、名词解释

1. 教育的负向功能

【答】教育的负向功能是指教育这一系统和文化活动在作用于社会和人（环境）时，在其对人和社会的发展起促进作用即产生正向功能时，它对社会和人（环境）产生的消极作用。所谓消极作用是指教育在作用于社会和人时，所产生的与主观期望结果不一致，非参与者所明确知晓的后果。教育对社会和人（环境）的消极作用和积极作用是同时发生、相伴产生的。

2. 培养目标（见2016年东北师范大学真题）

3.**教学设计**（见2016年首都师范大学真题）

4.**课程内容**（见2018年山东师范大学真题）

5.**有意义学习**（见2014年华东师范大学真题）

6.**陈述性知识**（见2017年浙江师范大学真题）

二、简答题

1.**在信息时代，如何认识学校教育的主导作用?**

【答】（1）学校教育是社会环境中的一个重要组成部分，它是一个特殊的环境，是按照人的身心发展这种特殊需要而组织起来的环境。与遗传素质、环境（家庭和儿童生活周围的社会环境）相比，教育在儿童的身心发展中起主导作用。

（2）学校教育在人的身心发展中起主导作用的原因包括：

学校教育是一种有目的、有计划、有组织、系统地进行培养人的活动；学校教育工作是由受过专门训练和培养的教师或教育工作者来进行的；学校教育可以把遗传素质提供的可能性、自发的环境影响以及个人主观努力纳入正规教育轨道，以促进儿童的发展。

2.**如何理解发展智力与掌握知识的关系?**（见2012年东北师范大学真题）

3.**简述加德纳的多元智力发展理论。**（见2019年华东师范大学真题）

4.**简述建构主义理论的核心观点。**（见2013年华东师范大学真题）

三、论述题

1.**论述分科课程与综合课程的关系及其对我国基础教育课程改革的启示。**（见2020年江苏师范大学真题）

2.**论述创造性思维的培养方法。**（见2011年北京师范大学真题）

2013年广西师范大学333教育综合真题·凯程详解

一、名词解释

1.**教学目标**（见2012年南京师范大学真题）

2.**教学模式**（见2014年杭州师范大学真题）

3.**课程标准**（见2015年北京师范大学真题）

4.**发展思维**

【答】发展思维是指人类个体出生后的成长过程中思维的发生和发展。它是儿童心理学的重要研究课题。它不但对哲学认识的研究具有重大的理论意义，而且对社会实践特别是教育实践具有重大的现实意义。迄今为止，人们虽然明了思维发展中的某些问题，但还有很多未知的事实和规律。有关思维发展的研究，一般可按年龄分为几个主要的阶段。

5.**高原现象**（见2010年杭州师范大学真题）

二、简答题

1.**简述教学过程的基本环节。**

【答】从教学的主要方面看，备课、上课、课外作业的布置和批改、课外辅导和学业考评构成教学工作的基本环节。

（1）备课：上好课的先决条件。教师要备好课，就必须做好以下工作：第一，认真钻研教材；第二，深入了解学生；第三，合理选择教学方法。

（2）上课：教学的中心环节，提高教学质量的关键是上好课。一节好课的标准是：目的明确、内容正确、方法恰当、组织有效、积极性高、表达清晰。

（3）课外作业的布置与批改：布置课外作业对于学生巩固知识、锻炼能力具有重要作用。

（4）课外辅导：适应学生个别差异，实行因材施教的一个重要措施。它是上课的一种补充形式，但不是上课的继续。课外辅导可以分为个别辅导和集体辅导两种形式。

（5）学业考评：可通过书面考试、口试、实验操作考试等多种形式来实施。

2.简述教育的文化功能。（见2016年北京师范大学真题）

3.说明智力因素和非智力因素的关系。（见2016年北京师范大学真题）

4.简述反馈的作用。

【答】反馈作用由一个功能系统来完成。反馈就是把系统的输出返回到系统的输入，以减少外界因素对系统输出的影响。反馈有正负之分，正反馈是输出强化输入，负反馈是输出控制输入，并调整过度行为，矫正最佳值的偏差。因此，反馈是一种调整输出使其接近平衡状态的方法。反馈作用在学术文献中的解释是指测试对教学所产生的影响。反馈作用有积极和消极之分。能对教学有良好的指导意义，对学生的学习起督促和促进作用的是积极的反馈。

三、论述题

1.论述我国基础教育课程改革的目标。（见2017年东北师范大学真题）

2.分析影响能力形成的原因和条件。

【答】能力的形成与发展受多种因素的影响，既包括先天素质，也包括后天因素。

（1）先天素质的影响。先天素质是人们与生俱来的解剖生理特点，它包括感觉器官、运动器官以及神经系统和脑的特点。它是能力形成和发展的自然前提和物质基础，但并不能由此而得出能力（主要指智力）由遗传决定的结论。第一，先天素质本身就不完全是通过遗传获得的，有些是因胎儿期受母体环境的各种变异的影响，这些危害是先天因素造成的而非遗传因素。第二，先天素质只能为能力提供形成与发展的可能性，并不能预定或决定能力的发展方向。第三，同样的先天素质可能发展多种不同的能力，而良好的先天素质由于没有受到良好的培养和训练，能力也不可能得到应有的发展。

（2）环境、教育对能力形成与发展的影响。

①产前环境及营养状况的影响。胎儿生活在母体的环境中，这种环境对胎儿的生长发育及出生后智力的发展，都有重要的影响。

②早期环境的作用。在儿童成长的整个过程中，智力的发展速度是不均衡的，往往先快后慢。

③教育条件的影响。一个人能朝什么方向发展，发展水平的高低、速度的快慢，主要取决于后天的教育条件。

（3）实践活动的影响。实践活动是人与客观现实相互作用的过程，是人所特有的积极主动的活动形式。前面提到的先天素质、环境和教育是能力形成的重要因素，但这些因素只有在实践活动中才能影响能力的形成与发展，因此可以说实践活动是能力形成与发展的必要条件。

（4）其他个性因素的影响。环境和教育是能力形成与发展的外部条件，外因必须通过内因起作用。一个人要想发展能力，除必须积极地投入到实践中去之外，还要充分发挥自身的主观能动性——积极的个性心理特征，即理想、兴趣、勤奋和不怕困难的意志力。

2014年广西师范大学333教育综合真题·凯程详解

一、简答题

1.简述人本主义教学理论。（见2017年华中师范大学真题）

2.简述皮亚杰的认知发展阶段理论。（见2012年东北师范大学真题）

3.简述多元智力理论的教育意义。（见2019年华东师范大学真题）

4.简述生活教育理论的基本内容。（见2014年北京师范大学真题）

二、论述题

1.分析基础教育课程改革面临的瓶颈及其对策。

【答】瓶颈：

（1）观念问题：由于传统教学理念和教学模式根深蒂固，形成了一种难以扭转的巨大惯性，使新课改的效果大打折扣。

（2）师资问题：不少教师面对新的教学内容，没有了已有的教学参考书，不知所措，不懂得如何备课、如何教学，必然会影响新课程的实施。

（3）培训问题：由于小学教师队伍比较庞大，集中培训有一定的难度，也没有经费，无法做到全员系统地培训。因此，能真正地理解新课程，掌握新教材的教师为数不多。

（4）课程问题：我国各地之间差异较大。教材内容要想适应各地的学生需求，难度极大。

（5）设备问题：没有相应设备，要想改变课堂教学方式，激活课堂教学存在一定的难度。

（6）管理问题：课程实施时必须健全与之相适应的管理机制。

（7）评价问题：考试评价与课改的要求不统一，是当前严重制约课改深入的主要"瓶颈"。

解决策略：

（1）课改离不开多元文化的互动。（2）合理的课程结构是课改的核心。（3）健全教师评价体系是课改的保证。（4）改变学生的学习方式。（5）减轻学生作业是提高学习质量的前提。

总而言之，基础教育课程的改革是社会发展的需要，教育在人类和社会发展中将起着越来越大的作用。优先发展教育，高度重视教育的改革与发展，将成为社会发展的重要特征。21世纪的教育应更加注重质量和人才素质的培养，注重人才个性的发展和充分发挥教师的教育能力。

2.评述杜威的教育本质观。（见2018年东北师范大学真题）

2015年广西师范大学333教育综合真题·凯程详解

一、简答题

1.简述教育的生态功能。（见2020年华东师范大学真题）

2.简述教育目的的"个人本位论"。（见2013年北京师范大学真题）

3.简述陶行知的生活教育理论。（见2014年北京师范大学真题）

4.简述苏格拉底的"产婆术"。（见2013年东北师范大学真题）

5.简述奥苏伯尔的有意义学习理论。（见2013年北京师范大学真题）

二、论述题

1.联系实际教学，阐述学生学习动机的培养。（见2012年华东师范大学真题）

2.联系实际教学，论述问题解决能力的培养。（见2010年华中师范大学真题）

2016年广西师范大学333教育综合真题·凯程详解

一、名词解释

1.教育的社会流动功能（见2020年上海师范大学真题）

2."六艺"（见2012年华东师范大学真题）

3.遗传（见2011年哈尔滨师范大学真题）

二、简答题

1.简述智力因素与非智力因素的关系。（见2013年广西师范大学真题）

2.简述夸美纽斯的教育思想。（见2016年西南大学真题）

3.简述布鲁纳的认知—发现说。（见2013年杭州师范大学真题）

4.简述建构主义。（见2013年华东师范大学真题）

三、论述题

1.论述个人本位论。（见2010年北京师范大学真题）

2.论述人格差异与教育。

【答】心理学研究人格差异，就是为了在教育和心理治疗方面为教师提供心理依据。培养学生良好的人格，是学校教育义不容辞的责任。人格差异研究对教育的借鉴意义主要表现在：

（1）教师应具有学校心理学的知识，以培养学生完整健康的人格。

（2）在活动中培养良好的人格。

（3）在集体中形成良好的人格。

（4）提高学生的自我教育能力。要培养学生形成良好的人格，学生自身的作用是必不可少的。提高学生的自我教育能力，主要包括四个方面的内容：①提高学生认知水平及道德判断推理能力；②自我体验的深化；③自我控制的监督；④进行主体内省。

3.论述陈鹤琴的"活教育"。（见2015年北京师范大学真题）

2017年广西师范大学333教育综合真题·凯程详解

一、简答题

1.简述夸美纽斯的教育思想。（见2016年西南大学真题）

2.简述黄炎培的职业教育。（见2018年华中师范大学真题）

3.简述文化对教育的影响。（见2017年山东师范大学真题）

4.简述教育的生态功能。（见2020年华东师范大学真题）

5.简述影响知识理解的因素。（见2015年北京师范大学真题）

二、论述题

1.论述教育的本质特点。

【答】（1）教育是培养人的活动。

这一本质属性贯穿于一切教育之中。从古至今，以至未来，只要有培养人的职能的活动存在，就可称之为"教育"，如果失去了培养人的职能，那么也就不称为"教育"了。教育的质的规定性在于它是根据一定社会的要求培养人的活动。

（2）教育是教育者促使受教育者身心发展的过程。

①人生下来就带来了人在进化、在历史进程中沉淀下来的历史烙印。人的生理素质为人类所特有，教育的重要内容之一就是"引发"人的生理的、心理的素质得以发展，使人原始的、丰富的素质呈现出来。这可以称为人的本质的"外化"。

②人不仅是自然的实体，还是社会的实体。人总是在一定的文化环境中生活，人所处的环境中的文化，给人的心理以潜移默化的影响。这种影响完全是一种不自觉的过程，即"文化无意识"的作用，广义的教育，实际就是"文化内化"的过程。

③人在其现实性上，又是社会关系的总和。人总是具体的人，而不是抽象的人。教育的特定职能，就是按照社会要求造就一定社会所要求的人。教育过程就是教师凭借一定的手段，将特定的内容转化于受教育者的主体之中的过程，教育过程以动态的形式表现出来，而结果则以静的形态存在于受教育者的主体内部，教育对象化了，而对象被加工了。教育者的教育，结果就是培养社会所需要的社会成员。

2.论述认知方式的差异及其教育含义。

【答】认知方式也叫作认知风格，是指学生在加工信息时所习惯采用的不同方式，即个体在认知活动中所显示的独特而稳定的认知风格，是个体所偏爱的信息加工方式，具有持久性和一致性的特点。认知方式的差异主要包括知觉方式差异、记忆方式差异、思维方式差异和认知反应方式差异。

（1）知觉方式差异。①根据知觉时分析和综合所占的比重，可以分为分析型、综合型与分析综合型。②根据知觉受外界环境影响的程度，可以分为场依存型与场独立型。

（2）记忆方式差异。①根据记忆过程中的知觉偏好，可分为视觉型、听觉型、动觉型与混合型。②依据对信息进行加工的深度的不同，可分为深层加工与表层加工。

（3）思维方式差异。①根据思维的概括性，可分为艺术型、思维型与中间型。②根据解决问题策略的差异，可分为整体性策略与系列性策略。

（4）认知反应方式差异。根据认知速度和情绪反应的差异，可分为反思型和冲动型。

针对认知方式差异的教育：

（1）教师应该帮助学生识别自己的认知方式。不同的认知方式具有不同的学习特点。首先，在课堂教学中教师要经常给出与认知风格相关的知识。其次，教师要帮助学生明确每种认知方式的优势和不足，并指出针对不同认知方式的优势和劣势应该采用的不同的学习方式和学习策略。最后，针对学习者的反馈，帮助他们解决所遇到的困难。

（2）教师要明确适应认知方式的两类教学策略。①匹配策略：采用与学习风格一致的教学策略。②失配策略：采取学生缺乏的认知风格进行教学，这是一种弥补性的教学策略。

（3）教师要调整自己的教学风格，提供多模式教学。学生认知类型的多样性要求教师必须改变单一的教学风格，采用多种教学方法，组织多样化的教学活动来满足和弥补不同学习者的需要。

2018 年广西师范大学 333 教育综合真题·凯程详解

一、名词解释

1. 微课

【答】微课是指以视频为主要载体，记录教师在课堂内外教育教学过程中围绕某个知识点（重点、难点、疑点）或教学环节而开展的精彩的教与学活动的全过程。

2. 教学效能感

【答】教学效能感是指教师对自己影响学生学习行为和学习成绩能力的直观判断。这种判断会影响教师对学生的期待、对学生的指导等行为，从而影响教师的工作效率。

3. 讲授法（见 2010 年华中师范大学真题）

二、简答题

1. 简述影响学生发展的因素。（见 2015 年北京师范大学真题）

2. 简述朱子读书法。（见 2016 年华东师范大学真题）

3. 简述斯宾塞的科学教育思想。（见 2013 年杭州师范大学真题）

4. 简述教师权威的构成和来源。

【答】教师权威是教师权力的一种特殊形式，它是通过命令来安排或联合其他行动者的行动。这些命令之所以有效，是因为被命令者认为这些命令是合法化的。教师权威实质上是"合法性权力"，而权力是借助赏罚能力而使他人服从的。教师权威主要体现在师生关系中教师对学生的影响力，这种影响力必定是学生积极认可、内心信服的。

教师权威按其来源，可分为三种：（1）身份与地位权威。教师是社会文化的继承者，具有优良的人格特质，其思想言行为学生表率，其身份与地位为社会所尊重。（2）法定权威。教师可以依据学校规章制度，对学生的学习和言行提出要求，对不遵从指示或规章的学生，予以处分。（3）专业权威。优秀教师高度的专业知识、技能和教学能力及其在教学方面的优良表现，是赢得学生信赖的保证。

三、论述题

1. 根据记忆遗忘规律论述促进记忆和保持知识的方法。

【答】（1）记忆遗忘规律。（见 2017 年江西师范大学真题）

（2）促进记忆和保持知识的方法：

①明确记忆要求，增强知识巩固的自觉性。②深度加工材料。认知心理学研究表明，如果人们在获得信息时对它进行深度加工，那么这些信息的保持效果就可得到提高，并有利于信息的提取和回忆。③有效运用记忆术。记忆术是运用联想的方法对无意义的材料赋予某些人为意义，以促进知识保持的策略。④进行组块化编码。所谓组块，是指在信息编码过程中，利用储存在长时记忆系统中的知识经验对进入到短时记忆系统中的信息加以组织，使之成为人所熟悉的有意义的较大单位的过程。⑤适当过度学习。所谓过度学习，是指在学习达到刚好成诵以后的附加学习。过度学习并不意味着复习次数越多越好，一般认为学习的熟练程度达到 150% 时，记忆效果最好。⑥合理进行复习。a. 及时复习；b. 分散复习；c. 反复阅读与背诵结合。

2. 根据法律法规和教育理论，分析未成年人保护应遵循的原则。

【答】根据我国《未成年人保护法》第 4 条的规定，保护未成年人的工作，应当遵循下列原则。

（1）保障未成年人的合法权益的原则。

它是我国未成年人保护工作的目的。合法权益，简单地说，就是公民实际享有的、符合法律规定的权利和利益。规定公民合法权益的法律很多，如《宪法》《民法典》等。保障未成年人的合法权益，要求国家、社会和家庭共同行动，防止侵害未成年人合法权益的行为的发生，并救济、恢复已经被侵害的权益。

（2）尊重未成年人的人格尊严的原则。

人格是人能作为权利、义务主体的资格，是人身权的基本内容。侵犯未成年人的人格尊严，对他们的心理和身体造成的伤害十分严重，尊重未成年人的人格尊严尤其重要。

（3）适应未成年人身心发展的特点的原则。

它包括两个方面，即未成年人的身体发展特点和心理发展特点。未成年人的身心健康和顺利发展，对未成年人的一生都非常重要。因此，未成年人保护工作要研究、遵循这些特点。

（4）教育与保护相结合的原则。

教育就是通过一定手段，将知识技能等传授给未成年人，它是未成年人学习、掌握知识的重要途径。未成年人具有很大的可塑性，教育可将他们培养成为全面发展的合格的社会主义事业的接班人。同时，也将对未成年人起到保护作用，大大地增强未成年人抵御外界侵害的能力，实现自我保护。但是，教育只是未成年人的自我完善，不能等于或者代替未成年人保护工作。因此，绝不能放松对未成年人保护工作，要把对未成年人的教育和保护结合起来。

2019 年广西师范大学 333 教育综合真题·凯程详解

一、名词解释

1. 德育（见 2015 年华南师范大学真题）
2. 教师期待效应（见 2012 年首都师范大学真题）
3. "三纲领八条目"（见 2018 年浙江师范大学真题）

二、简答题

1. 简述我国中小学的教学原则。（见 2018 年东北师范大学真题）
2. 简述孔子的教学思想。（见 2012 年北京师范大学真题）
3. 简述皮亚杰的认知发展理论。（见 2012 年东北师范大学真题）
4. 简述赫尔巴特的教学思想。（见 2015 年北京师范大学真题）
5. 简述陶行知教学思想和杜威教学思想的比较。（见 2016 年天津师范大学真题）

三、论述题

1. 论述教育学的产生和发展。（见 2011 年江西师范大学真题）
2. 论述蔡元培的教育思想和实践对中国近代教育的贡献和影响。（见 2013 年北京师范大学真题）

2020 年广西师范大学 333 教育综合真题·凯程详解

一、名词解释

1. 有教无类（见 2010 年北京师范大学真题）
2. 教学环境

【答】教学环境指教育者和受教育者所处的空间状态，包括物质环境和精神环境，物质环境有以学校、教室为代表的微观环境，还有所处社会时代的宏观环境。精神环境包括社会文化氛围，学校的民主管理氛围等。教学环境不仅是课堂管理研究的主要范畴，也是学习过程研究和教学设计研究中的重要内容。

3. 同化（见 2016 年东北师范大学真题）
4. 图式（见 2010 年辽宁师范大学真题）

二、简答题

1.简述宋代书院在教学和管理方面的特点。（见2017年华中师范大学真题）

2.简述自然主义教育理论。（见2012年华东师范大学真题）

3.简述教育起源的几种理论。

【答】（1）神话起源说。

宗教认为教育是由人格化的神（上帝或天）创造的，教育体现神或上天的意志，使人皈依于神或顺从于天。这种观点是根本错误的，是非科学的。

（2）生物起源说。

勒图尔诺、沛西·能认为教育起源于动物界的生物本能。它的根本错误在于没有把握人类教育的目的性和社会性，没能区分出人类的教育行为与动物类养育行为的差异。

（3）心理起源说。

孟禄认为教育起源于日常生活中儿童对成人的无意识模仿。这种观点也是错误的，虽然它将动物排除在外了，但是它认为的"无意识模仿"仍然是本能的、先天的，不是后天的。

（4）劳动起源说。

麦丁斯基、凯洛夫等人认为教育起源于劳动过程中社会生产需要和人的发展需要的辩证统一。马克思主义者认为劳动起源说是正确的起源学说。

4.简述美国《国防教育法》的主要内容。（见2014年华东师范大学真题）

5.简述心智技能与运动技能的关系。

【答】心智技能也称智力技能、智慧技能，是指借助于内部言语在人脑中进行的认知活动方式，如默读、心算、写作等。

运动技能又叫操作技能、动作技能，是通过学习而形成的合乎法则的操作活动方式。它是指由一系列的外部动作以合理的程序组成的操作活动方式，如骑车、体操、书写等。

联系：①操作技能一般是心智技能形成的最初依据和外部体现的标志，心智技能的形成常常是在外部操作技能的基础上，逐步脱离外部动作而借助内部言语实现的；②心智技能往往又是外部操作技能的调节者和必要组成部分，复杂的操作技能往往包含认知成分，需要学习者智力活动的参与，手脑并用才能完成；③二者相辅相成、相互制约、相互促进。

三、论述题

1.结合实际论述教育的社会功能。（见2014年北京师范大学真题）

2.论述教育心理学化运动的形成、发展与影响。（见2020年哈尔滨师范大学真题）

2021年广西师范大学333教育综合真题·凯程详解

一、名词解释

1.活动课程（见2013年东北师范大学真题）

2.《新教育大纲》（见2016年内蒙古师范大学真题）

3.学习动机（见2013年北京师范大学真题）

二、简答题

1.简述启发性教学原则。（见2012年北京师范大学真题）

2.简述裴斯泰洛齐的教育思想。（见2020年东北师范大学真题）

3.简述"中体西用"的教育思想。（见2014年华东师范大学真题）

4.简述同化性迁移、顺应性迁移、重组性迁移。

【答】（1）同化性迁移：指不改变原有的认知结构，直接将原有的认知经验应用到本质特征相同的一类事物中去，以揭示新事物的意义与作用或将新事物纳入原有的经验结构中去。

（2）顺应性迁移：也叫协调性迁移，是指将原有的经验应用于新情境时所发生的一种适应性变化。当原有的经验结构不能将新的事物纳入其结构内时，需调整原有的经验或对新旧经验加以概括，形成一种能包容新旧经验的更高一级的经验结构，以适应外界的变化。

（3）重组性迁移：指重新组合原有经验系统中的某些构成要素或成分，调整各成分之间的关系或建立新的联系，从而应用于新的情境。这种经验的整合过程即重组性迁移。

5.简述班杜拉观察学习的四个过程。（见 2016 年东北师范大学真题）

三、论述题

1.结合教育的三大要素谈谈智能时代的教育发展。

【答】（1）教育的三大要素是指教育者、受教育者和教育中介系统。在智能时代中教育者、受教育者及教育中介系统都会发生相应的改变。

（2）智能时代三大要素的变革：

①教师职能的变革：教师将有更多的时间从事情感、态度、价值观方面以及动作技能领域的教学。机器人的出现，将会极大地改变教师的职能。从知识分类的角度而言，认知领域的教学可以交给机器，让教师有更多的时间从事情感、态度、价值观方面以及动作技能领域的教学。但在认知领域，机器能够胜任的大体是"识记""理解"等低阶目标的教学，而学生"应用""分析""评价"与"创造"等高阶认知能力的提升，则仍然需要教师的帮助。

②学习者学习特点的变革：自主适应学习将成为这一时代学生学习最重要的特点。智能化教育的最终目的和指向是实现每位学生的自主化和个性化学习。互联网已经使得泛在学习、自主学习、个性化学习与大规模协作的团队学习成为可能。学生可以在校学习也可以在家学习，还可以在私人学习助理的帮助下，根据学科的逻辑与自身学习的认知特点更高效地学习。

③教学内容的变革：信息化的课程在学校中的比例将逐渐增加，但对历史、哲学与民族文化的学习依然值得重视。在智能化时代，像编程一样的信息化课程将逐步被纳入知识体系，但我们不能为此忽略了对历史、哲学与民族文化的学习，因为这是一个民族的精神根基。例如，在当前人们特别重视科学、技术、工程和 STEM 教育的时候，西方又有很多学者强调历史与哲学课程的重要性。

2.论述陈鹤琴的"活教育"思想及对当代教育的价值和启示。（见 2015 年北京师范大学真题 +2017 年东北师范大学真题）

2022 年广西师范大学 333 教育综合真题·凯程详解

一、名词解释

1.教育（见 2014 年北京师范大学真题）

2.稷下学宫（见 2020 年北京师范大学真题）

3.道尔顿制（见 2011 年北京师范大学真题）

4.知识（见 2016 年华南师范大学真题）

二、简答题

1.简述奥苏伯尔的有意义学习的实质和条件。（见 2013 年北京师范大学真题）

2.简述夸美纽斯的教育思想。（见 2016 年西南大学真题）

3.简述教师劳动的特点。（见 2015 年东北师范大学真题）

4.简述自我效能感的影响因素。（见 2017 年东北师范大学真题）

5.简述晏阳初的"四大教育"。（见 2017 年湖南师范大学真题）

6.简述教育目的的个人本位论和社会本位论。（见 2010 年北京师范大学真题）

三、论述题

比较赫尔巴特和杜威的教育思想。（见 2016 年陕西师范大学真题）

四、材料题

1.结合教育与人的发展关系谈谈对"双减"政策的看法。

【答】"双减"政策的实施，是为了有效减轻义务教育阶段学生过重作业负担和校外培训负担。

从教育与人的发展关系上看，"双减"政策实施的原因如下：

（1）学生身心发展的顺序性要求教育必须遵循量力性原则和循序渐进原则，要有序地、慢慢地促进青少年发展，不能揠苗助长，急于求成。"双减"政策顺应学生身心发展的顺序性的特点，意图重塑教育生态，调整教育格局。如今学生面临较重的校外培训和作业负担，在"内卷"愈演愈烈的情况下，"双减"政策要求回归教育规律，规范校外培训，加强校内教育，改变超前超量教育现象，实现慢教育，缓解教育焦虑，减轻学生负担，坚持学生身心和谐发展。

（2）学生身心发展的差异性要求教育必须从实际出发，充分考虑受教育者在不同年龄阶段的不同发展特征，做到因材施教、有的放矢。"双减"政策基于此提出要保证课后服务时间，丰富课后服务内容，提高课后服务质量，指导学生完成作业，帮助学习有困难的学生补习辅导，指导学有余力的学生拓展课外学习空间，开展丰富多彩的兴趣小组及社团活动，切实考虑到了学生的差异性。

（3）学生身心发展具有阶段性和不平衡性，阶段性与不平衡性要求教育工作者必须重视研究不同时期个体的成熟状况及其特征，了解成熟期，抓住关键期，不失时机地采取有效的教育措施，积极促进青少年身心快速健康地发展。"双减"政策主张抓住学生发展的关键期，推进核心素养教育，核心素养是所有学生应具备的共同素养，是所有素养中最关键、最必要且居于核心地位的。

2.结合教育和社会的发展关系谈谈对"双减"政策的看法。

【答】从教育与社会的发展关系上看，"双减"政策实施的原因是：

（1）从经济方面看，"双减"政策使教育不受资本影响，良性发展。教育的本质是培养人的社会活动，根本任务是立德树人，教育培养人的过程是一个持久的过程，教育求远效。培训机构的乱象体现出资本的求近功、逐利性，使其忽视人的需求，偏离教育的本质。

（2）从政治方面看，"双减"政策有利于坚持教育的社会主义方向与实现我国的教育目的。减轻学生课业负担是关系到培养什么人、怎样培养人的问题，是贯彻党的教育方针，落实立德树人的问题。负担减轻了，才能真正做到"五育"并举，使学生德、智、体、美、劳全面发展，成为社会主义建设者和接班人。

（3）从文化方面看，"双减"政策有利于转变教育观念。①改变功利化、短视化、浮躁的教育行为，守住学生身心健康和人格健全的底线；②改变唯分数、唯竞争的教育行为，走出"剧场效应"的"内卷化"现象；③改变学生学业负担重的教育行为，管住培训机构对教育生态的恶化；④变革唯分数的人才观、学生观和质量观。

（4）从教育的生态功能方面看，"双减"政策可以重塑教育生态，调整教育格局，规范校外培训，加强校内教育，阻止校外教育体系对学校正常教育秩序的干扰。学校能充分发挥育人作用，把童年还给学生。同时，能够在一定程度上减轻家长的压力，使人们愿意生育。

3.谈谈"双减"政策如何落实。（见2022年首都师范大学真题）

四川师范大学

2010年四川师范大学333教育综合真题·凯程详解

一、名词解释

1.人的发展（见2019年华中师范大学真题）

2.学校教育制度（见2019年北京师范大学真题）

3.课程（见2019年北京师范大学真题）

4.骑士教育（见2010年华东师范大学真题）

5.三舍法（见2013年北京师范大学真题）

6.耶克斯－多德森定律

【答】依据耶克斯－多德森定律，各种活动都存在一个最佳的动机水平，动机不足或过分强烈，都会使工作效率下降。动机的最佳水平随任务性质的不同而不同，在比较容易的任务中，工作效率随动机的提高而上升。随着任务难度增加，动机的最佳水平有逐渐下降的趋势，也就是说，在难度较大的任务中，较低的动机水平有利于任务的完成。

二、简答题

1.简述斯宾塞的知识价值论。（见 2012 年江西师范大学真题）

2.简述晏阳初的"四大教育"与"三大方式"。（见 2017 年湖南师范大学真题）

3.简述罗杰斯的自由学习原则。（见 2010 年东北师范大学真题）

4.简述韦纳的归因理论及其在教学中的应用。（见 2019 年北京师范大学真题）

三、论述题

1.论述教育的社会制约性。（见 2012 年华南师范大学真题）

2.在教学过程中应当处理好哪些关系？并联系实际加以论述。（见 2011 年东北师范大学真题）

3.试述道家、墨家、法家教育作用观的异同。

【答】（1）道家、墨家、法家的教育作用观：

①道家。

道家主张培养能够体会自然的"圣人"，以自然天道为教育内容，要求人们完全听任自然，对传统文化持反对态度，强调"绝学无忧"，主张没有教育就是最好的教育。

②墨家。

教育的社会作用：墨家主张通过教育建设一个民众平等、互助的"兼爱"社会。

教育对人的作用：墨子的贡献是"素丝说"。他以染丝为例，认为"染于苍则苍，染于黄则黄，所入者变，其色亦变"，比喻有什么样的环境与教育，就造就什么样的人。墨子的"素丝说"从人性平等的立场去认识和阐述教育的作用，较孔子的人性观具有明显的进步性。

③法家。

法家发展了荀子人性恶的理论，提出了"人性利己说"。韩非认为人的本性都是"为己""利己"的，是一种绝对的"性恶论"。基于这样的人性说，法家在教育上提倡法律教育，法家认为没有必要运用道德教育。无论是正面的引导还是负面的惩罚，都要依靠法律教育，而不是温情的道德说教。

（2）相同点：都承认教育对人的作用。

（3）不同点：道家主张没有教育就是最好的教育，让人自由发展；墨家认为要提供适宜的环境给人以良好的教育；法家则提倡法律教育。

4.述评杜威的实用主义教育思想。（见 2011 年北京师范大学真题）

2011 年四川师范大学 333 教育综合真题·凯程详解

一、名词解释

1.儿童中心论（见 2019 年杭州师范大学真题）

2.形成性评价（见 2013 年华中师范大学真题）

3.学习动机（见 2013 年北京师范大学真题）

4.知识（见 2016 年华南师范大学真题）

5.监生历事制度（见 2011 年湖南师范大学真题）

6.分斋教学法（见 2014 年北京师范大学真题）

二、简答题

1.简述柏拉图的教育思想。（见 2017 年哈尔滨师范大学真题）

2.简述中世纪早期世俗教育的主要形式。（见 2018 年华东师范大学真题）

3.评析美国公立学校运动的产生及其历史意义。

【答】（1）美国公立学校运动的产生。（见 2010 年天津师范大学真题）

（2）历史意义：公立学校运动促使美国各州均通过义务教育法，实施免费的教育制度，以促进低收入阶层的子弟入校学习。同时，随着学校的普及，师范教育也得到了很大发展。

4.简述现代学校教育制度的发展趋势。

【答】（1）从学校系统分析，双轨学制在向分支型学制和单轨学制方向发展。

①义务教育延长到哪里，双轨学制并轨就要并到哪里，单轨学制是机会均等地普及教育的好形式。

②综合中学是双轨学制并轨的一种理想形式，因而综合中学化就成了现代中等教育发展的一种趋势。

（2）学校阶段发生重大变化。

①幼儿教育阶段：在当代，很多国家都把幼儿教育列入学制系统。

②小学教育阶段：小学已无初、高级之分；小学入学年龄提前到6岁甚至5岁；小学年限缩短；小学和初中直接衔接，取消了升入初中的入学考试。

③初中教育阶段：初中学制延长；把初中阶段看作普通教育的中间阶段，中间学校即由此而来；不把初中阶段看作中学的初级阶段，而是把它和小学衔接起来，统一进行文化科学基础知识教育。

④高中教育阶段：高中阶段学制的多种类型，即高中阶段教育结构的多样化，乃是现代学制的一个重要特点。

⑤职业教育阶段：对文化科学技术基础的要求越来越高；职业教育的层次和类型多样化。

⑥高等教育阶段：多层次，多类型。高等学校与社会、生产、科学技术、社会生活等各个方面的联系越来越密切。

三、论述题

1.试论教育的文化功能。（见2016年北京师范大学真题）

2.试述教育对人类地位提升的促进作用。

【答】教育使得人的价值得到越来越充分的体现，人的个性发展的空间越来越大，人的地位得以提升。

（1）教育对人的价值的发现。

所谓人的价值，是指人在社会中的地位得到肯定，人的作用得到发挥，人的尊严得到保证。

教育有责任不断提高人们对自身价值的认识，提高人们对人与人、人与社会、人与自然关系的认识，充分认识到人的生命价值、人的主体地位、人的个体的独特尊严。

（2）教育对人的潜力的发掘。

潜能是人区别于动物的重要标志。任何人都有潜能，人的潜能的充分发掘，必须通过教育、通过学习才能实现。教育者必须具备的一个重要观点是，当具备了某种条件时，人的潜能会得到超常的发挥。充分认识学生的潜能存在的事实及价值，尽可能地使学生的潜能得到发展，是教育工作者应该努力追求的目标。

（3）教育对人的力量的发挥。

人的力量是人的身体力量与精神力量的综合。但人的根本力量，在于人具有精神力量。人的身体力量的发展有多种途径，教育也是其中的一个重要方面，但人的精神力量的发展只有通过教育才能实现。教育不仅需要分别培养和发展人的身体之力和精神之力，而且要力图使人的身心发展得到充分的、和谐的发展。

（4）教育对人的个性的发展。

个性亦称人格，指个体稳定的心理特征，它具有整体性与独特性。个性又是人的共同性与差别性在每个个体身上的具体统一。发展个性，是要在人的共同性的基础上，充分把人的差别性表现出来，从而使每个人都具有自主性和独特性，实现生命的个体价值与社会价值。发展个性是教育的理想，进行个性教育是教育的本质和真谛。

3.试论述品德培养的主要策略。（见2019年首都师范大学真题）

4.请问此段话出自哪位教育家？并分析其教育主张。

【答】此段话出自《学记》，是先秦时期儒家教育和教学活动的理论总结，其作者一般认为是思孟学派中孟子的学生乐正克。

（1）教育作用与教育目的。

教育对社会的作用和目的：实现良好政治的最佳途径是"化民成俗"，具体表现为"建国君民，教学为先"，兴办学校，推行教育，教化人民群众遵守社会秩序，养成良好风俗。

教育对个人的作用和目的："玉不琢，不成器；人不学，不知道"。

（2）教育制度与学校管理。（见2011年东北师范大学真题）

（3）教育教学的原则。（见2011年东北师范大学真题）

（4）教学方法。（见2011年东北师范大学真题）

（5）评价。（见2011年东北师范大学真题）

2012年四川师范大学333教育综合真题·凯程详解

一、名词解释

1. 三舍法（见2013年北京师范大学真题）

2. 苏格拉底法（见2011年北京师范大学真题）

3. 白板说（见2013年北京师范大学真题）

4. 心理发展（见2015年华中师范大学真题）

5. 原型启发

【答】原型启发是指根据事物的本质特征而产生新的设想和创意，是一种创新思维方法，生活中所接触的每个事物的属性和特征在头脑中可形成"原型"。在问题解决过程中，问题解决者在"原型"中获得一些原理的启发，使其结合当前问题的有关知识，形成解决方案，从而创造性地解决问题。原型启发理论有助于人们更清楚地认识创造性的思维过程，从而为创造性思维的培养提供理论基础。

6. 自我效能感（见2014年华东师范大学真题）

二、简答题

1. 简述墨家的教育实践与教育思想。（见2016年湖南师范大学真题）

2. 简述梁漱溟的乡村建设理论。（见2019年华南师范大学真题）

3. 简述维果茨基的文化历史发展理论。（见2010年北京师范大学真题）

4. 简述影响知识理解的因素。（见2015年北京师范大学真题）

三、论述题

1. 试论文化对教育的影响和制约。（见2017年山东师范大学真题）

2. 试论杜威的教育思想。（见2011年北京师范大学真题）

3. 结合实际论述现代德育过程的特点。（见2019年北京师范大学真题）

4. 结合实际论述教学过程中应当处理好的几种关系。（见2011年东北师范大学真题）

2013年四川师范大学333教育综合真题·凯程详解

一、名词解释

1. 教育（见2014年北京师范大学真题）

2. 合作学习

【答】合作学习是指学生为了完成共同的任务，有明确责任分工的互助性学习。合作学习鼓励学生把集体的利益和个人的利益结合起来，在完成共同任务的过程中实现自己的理想。合作学习包括问题式合作学习、表演式合作学习、讨论式合作学习、论文式合作学习、学科式合作学习等方式。合作学习可以改善课堂内的社会心理气氛，大幅度提高学生的学业成绩，促进学生良好认知品质的形成。它是一种富有创意和实效的教学理论与策略。

3. 教学相长

【答】教学相长是指教和学两方面互相影响和促进。教学是教与学的交往、互动，师生双方相互交流、相互沟通、相互启发、相互补充。在这个过程中教师与学生彼此间进行情感交流，从而达成共识、共享、共进，实现教学相长与共同发展。学因教而日进，教因学而益深。通过教学过程，教师和学生双方相互促进，共同提高。

4. 苏格拉底法（见2011年北京师范大学真题）

5. 多元智力（见2011年华南师范大学真题）

6. 学习动机（见2013年北京师范大学真题）

二、简答题

1. 简述孔丘的教学思想。（见2012年北京师范大学真题）
2. 简述历史上关于教育起源的代表性观点。（见2020年广西师范大学真题）
3. 简述影响创造性的主要因素。（见2020年陕西师范大学真题）
4. 简述建构主义学习理论的基本观点。（见2013年华东师范大学真题）

三、论述题

1. 试述教育的社会制约性。（见2012年华南师范大学真题）
2. 试述当前我国基础教育课程改革的具体目标。（见2014年陕西师范大学真题）
3. 在教学过程中应当处理好哪些关系？并联系实际加以论述。（见2011年东北师范大学真题）
4. 试述陶行知生活教育理论的基本内容及其与杜威的理论的关系。（见2016年天津师范大学真题）

2014年四川师范大学333教育综合真题·凯程详解

一、名词解释

1. 课程（见2019年北京师范大学真题）
2. 班级授课制（见2016年北京师范大学真题）
3. 苏格拉底法（见2011年北京师范大学真题）
4. 有教无类（见2010年北京师范大学真题）
5. 最近发展区（见2011年北京师范大学真题）
6. 知识（见2016年华南师范大学真题）

二、简答题

1. 简述陶行知的"生活教育"理论。（见2014年北京师范大学真题）
2. 简述皮亚杰的认知发展阶段理论。（见2012年东北师范大学真题）
3. 简述桑代克的学习定律。

【答】桑代克认为在学习过程中存在着三个主要的学习规律，即准备律、练习律、效果律。

（1）准备律。准备律指学习者在学习开始时的预备定势，当某一刺激与某一反应准备联结时，如果给予联结，就引起学习者的满意，反之就会引起烦恼。准备律是反应者的一种内部心理状态。

（2）练习律。练习律是指一个学会了的刺激—反应之间的联结，练习和使用越多，就越来越得到加强，反之会变弱。桑代克之后修改了这条定律，指出单纯的重复练习，不如对这个反应的结果给予奖赏取得的效果更大些。

（3）效果律。效果律强调个体对反应结果的感受将决定个体学习的效果。如果一个动作跟随着情境中一个满意的变化，在类似的情境中这个动作重复的可能性将增加。后来桑代克发现惩罚并不一定削弱联结，其效果并非与奖励相对，于是他取消了效果律中的消极部分。

4. 简述卢梭的自然教育理论及其影响。（见2012年华东师范大学真题）

三、论述题

1. 为什么教育对人的发展有重大作用?（见2016年东北师范大学真题）
2. 试述现代教育制度改革的趋势。（见2011年南京师范大学真题）
3. 结合实际试述基本教学组织形式以及辅助组织形式。

【答】教学组织形式是指为完成特定的教学任务，教师和学生按一定要求组合起来进行活动的结构。教学组织形式有多种，基本的教学组织形式为班级授课制。

（1）基本教学组织形式。（见2014年北京师范大学真题）
（2）辅助教学组织形式。

现代教学除了采用班级上课外，还要采用多种辅助的教学组织形式，以巩固、加深和补充课堂教学之不足。这些教学的辅助形式主要有作业、参观、讲座、辅导等。

①作业：又称课外作业或家庭作业。从内容上看，课外作业与课堂教学联系密切，是对课堂知识技能的复习、巩固和运用。但从教学形式上看，课外作业作为一种学生的独立作业，它是教学的辅助形式。

②参观：指根据一定的教学目的组织学生到一定场所，通过对实际的事物进行观察、询问，以获取知识的教学活动形式。

③讲座：由教师或请有关的专家不定期地向学生讲授与学科有关的科学趣闻或新的发展，以扩大他们知识的一种教学活动形式。它的内容不局限在课程标准的范围之内。

④辅导：指教师根据学生的需要，给予引导、启示的一种教学活动形式。辅导可分为个别辅导、小组辅导、集体辅导。辅导的应用范围很广，是一种重要的教学辅助形式。

4.试述西方教学理论在中国的传播。

【答】新文化运动开始，西方教学理论在中国逐渐传播，促进了中国的教育改革。

（1）赫尔巴特的教学法的传播。

输入最早的西方教学理论是赫尔巴特的教学法。赫尔巴特的教学法以学生的心理过程为依据，强调教师的主导作用，注重课堂教学形式的组织和规范化。这较之传统私塾的个别教学和死记硬背优越，尤其是给教师以很大的便利，一时之间得到普遍应用。

（2）进步主义教育思想的传播。

20世纪初兴起了进步主义教育运动，形成了"以儿童为中心""以活动为中心"的关注学生兴趣和个性发展的教学思想和教学方式。新文化运动所掀起的思想解放潮流，加速了中国教育界对进步主义教育思想与方法的引进。"五四"时期的中国教育是以反封建、反传统为主旨的，实用主义教育思潮恰好为中国批判封建传统教育提供了有力的理论武器。

（3）杜威、孟禄、麦柯尔和推士等学者来华讲学。

1919年杜威来华讲学，掀起了中国教育界宣传、介绍并运用实用主义教育理论的高潮。1921年，孟禄来华，做了《平民主义在教育上的应用》的讲演。1922年，麦柯尔和推士来华，指导编制心理与教育测验，并指导学校搞实验。1927年，克伯屈应中华教育改进社之邀来华，讲演"设计教学法"，并参观晓庄师范学校附小的实验，出版了《克伯屈讲演集》。

（4）道尔顿制的传播。

道尔顿制主张废除班级授课制，指导每个学生各自学习不同的教材，以发展其个性。1922年，道尔顿制被介绍到中国。同年10月，舒新城率先在上海吴淞公学中学部试验。一些教育家纷纷著文、著书大力宣传，一些学校也纷纷仿行。而道尔顿制试验难以为继的原因颇为复杂，主要是理论本身的缺陷和师资、设备等方面的困难。20世纪20年代后期，试验逐渐停止。

2015 年四川师范大学 333 教育综合真题·凯程详解

一、名词解释

1.知识（见2016年华南师范大学真题）

2.苏格拉底法（见2011年北京师范大学真题）

3.学习策略（见2015年北京师范大学真题）

4.教学相长（见2013年四川师范大学真题）

5.班级授课制（见2016年北京师范大学真题）

6.中体西用（见2011年北京师范大学真题）

二、简答题

1.简述终身教育思潮。（见2015年北京师范大学真题）

2.简述维果茨基的最近发展区理论。（见2018年湖南师范大学真题）

3.简述建构主义的观点。（见2013年华东师范大学真题）

4.简述教育对人发展的重要作用。（见2016年东北师范大学真题）

三、论述题

1. 论述孔子的教学方法。（见2013年东北师范大学真题）
2. 论述政治经济制度对教育的制约。（见2018年南京师范大学真题）
3. 论述教学的基本组织形式和辅助组织形式。（见2014年北京师范大学真题+2014年四川师范大学真题）
4. 论述陶行知和杜威在教育观和学校观上的比较。（见2016年天津师范大学真题）

2016年四川师范大学333教育综合真题·凯程详解

一、名词解释

1. 教育（见2014年北京师范大学真题）
2. 教学（见2013年陕西师范大学真题）
3. "六艺"（见2012年华东师范大学真题）
4. 白板说（见2013年北京师范大学真题）
5. 学习动机（见2013年北京师范大学真题）
6. 问题解决（见2011年南京师范大学真题）

二、简答题

1. 简述孔子的教学思想。（见2012年北京师范大学真题）
2. 简述陶行知的教育体系。（见2014年北京师范大学真题）
3. 简述建构主义教学理论的基本观点。（见2013年华东师范大学真题）
4. 简述科尔伯格的道德发展阶段理论。（见2013年华东师范大学真题）

三、论述题

1. 论述教育的社会制约性。（见2012年华南师范大学真题）
2. 论述杜威的教育思想。（见2011年北京师范大学真题）
3. 论述培养和提高教师素养的主要途径。（见2020年华东师范大学真题）
4. 教学过程应该处理好哪几种关系？（见2011年东北师范大学真题）

2017年四川师范大学333教育综合真题·凯程详解

一、名词解释

1. 教育目的的价值取向（见2010年广西师范大学真题）
2. 现代学校教育制度（见2019年北京师范大学真题）
3. 《大教学论》（见2012年杭州师范大学真题）
4. "三纲领八条目"（见2018年浙江师范大学真题）
5. 元认知（见2010年华中师范大学真题）
6. 发现学习（见2017年华东师范大学真题）

二、简答题

1. 简述教育的相对独立性的表现。（见2010年华中师范大学真题）
2. 简述埃里克森的心理社会发展理论。（见2020年北京师范大学真题）
3. 简述德育过程的特点以及在现实中如何提高学生的德育素质。（见2016年南京师范大学真题）
4. 简述学习动机和学习效果的关系。（见2010年湖南师范大学真题）

三、论述题

1. 论述蔡元培的"循思想自由原则，取兼容并包主义"的办学方针。（见 2011 年北京师范大学真题）

2. 论述教师素养的要求。（见 2014 年北京师范大学真题）

3. 比较孔子和苏格拉底的启发式教学。

【答】孔子和苏格拉底是东西方文明发展史上两位伟大的思想家和教育家，他们所提出的启发式教学法，存在着许多相同和不同之处。

相同之处：（1）主要采用问答的方式进行教学。（2）重视营造和谐民主的教学气氛。（3）重视激发学生的学习主动性。（4）注重启发学生思考，发展其思维能力。

不同之处：

（1）在对学生进行思维训练时，孔子重直观，苏格拉底重抽象。孔子在教学中以经验性的类比推理方式去把握对象事物及其联系，其思维带有一定的直观、感性的特点。苏格拉底通过严密的逻辑论证去解释及把握对象及其联系，强调通过概括和抽象形成明确的概念。

（2）在教学的侧重点上，孔子强调"学"，苏格拉底侧重"思"。孔子认为思要以学为基础，否则只能陷入冥思苦想。因此他强调在博学的基础上去发挥思考的能力。而苏格拉底认为教育的目的不在于把真理直接告诉学生，而是启发学生自己去思索、发现真理。

（3）在对学生进行启发教学时，孔子采取的方式灵活多样，苏格拉底则形式单一。教学中，孔子能根据学生的个性特点因材施教。相比之下，苏格拉底惯用的问答法的一个明显缺陷是千篇一律、机械呆板。

（4）孔子呈被动、苏格拉底取主动的姿态进行教学。孔子消极待他人"求学"，而不积极主动地施教于人。苏格拉底则不然，是主动积极地"往教""不叩必鸣"，并在教学中巧施妙计，使学生就范，老老实实地承认自己无知，心甘情愿地接受苏格拉底的教诲。

4. 论述杜威的教育本质观，并对其进行评价。（见 2018 年东北师范大学真题）

2018 年四川师范大学 333 教育综合真题·凯程详解

一、名词解释

1. 《学记》（见 2013 年东北师范大学真题）

2. 苏湖教学法（见 2014 年北京师范大学真题）

3. 教育目的（见 2015 年北京师范大学真题）

4. 心理发展（见 2015 年华中师范大学真题）

5. 教学评价（见 2015 年北京师范大学真题）

6. 骑士教育（见 2010 年华东师范大学真题）

二、简答题

1. 简述教育的社会流动性功能及意义。（见 2010 年北京师范大学真题）

2. 简述影响问题解决的因素。（见 2017 年陕西师范大学真题）

3. 简述学校管理的趋势。（见 2020 年华东师范大学真题）

4. 简述人文教育的基本特征。（见 2011 年华东师范大学真题）

三、论述题

1. 论述教学原则并选择其中一个举例。（见 2018 年东北师范大学真题）

2. 论述"中体西用"的局限和作用。（见 2014 年华东师范大学真题）

3. 论述赫尔巴特和杜威的教学阶段。（见 2016 年陕西师范大学真题）

4. 论述学习动机的激发与培养。（见 2012 年华东师范大学真题）

2019 年四川师范大学 333 教育综合真题·凯程详解

一、名词解释

　　1. 教育制度（见 2012 年华东师范大学真题）

　　2. 课程标准（见 2015 年北京师范大学真题）

　　3. 苏格拉底法（见 2011 年北京师范大学真题）

　　4. 三舍法（见 2013 年北京师范大学真题）

　　5.《国防教育法》（见 2010 年湖南师范大学真题）

　　6. 有教无类（见 2010 年北京师范大学真题）

二、简答题

　　1. 简述我国教育目的的基本精神。（见 2012 年北京师范大学真题）

　　2. 简述品德形成的因素。（见 2013 年西北师范大学真题）

　　3. 简述陈鹤琴的"活教育"。（见 2015 年北京师范大学真题）

　　4. 简述科举制的影响。（见 2019 年华中师范大学真题）

三、论述题

　　1. 论述文化对教育的制约和影响。

　　【答】（1）文化知识制约着教育的内容和水平，是教育的基础。教育的本质是以文化育人，即通过传承和创新文化来培养人才，文化知识是教育的主要资源。

　　（2）文化模式制约着教育环境与教育模式。每个人都置身于一定的文化模式之中，教育促进个人的发展，必须受到特定的文化模式的制约。随着社会科技的发展，文化通过各种途径对人们产生的影响越来越广，它们的作用也越来越为人们所重视，特别是对青少年的影响或教育作用更是不可低估。

　　（3）文化传统制约着教育的传统与变革。一定的文化传统形成特定的社会文化模式，形成特定文化领域中人们所共同遵守的规范。学校是社会的子系统，它所培养的人是服务于社会的，因而学校教育就一定要反映当时社会的文化规范，以便能培养出符合社会文化发展要求的人才。文化传统越悠久，对教育传统变革的制约性越大。

　　2. 论述卢梭的自然教育理论及影响。（见 2012 年华东师范大学真题）

　　3. 论述建构主义的学习理论的观点及启示。（见 2014 年杭州师范大学真题）

2020 年四川师范大学 333 教育综合真题·凯程详解

一、名词解释

　　1. 义务教育（见 2012 年东北师范大学真题）

　　2. 活动课程（见 2013 年东北师范大学真题）

　　3. 九品中正制

　　【答】九品中正制是魏晋南北朝时期重要的选官制度，是魏文帝曹丕制定的，此制至西晋渐趋完备，南北朝时又有所变化。它上承两汉察举制，下启隋唐之科举，在中国古代政治制度史上占有十分重要的地位，乃中国封建社会三大选官制度之一。

　　4. 要素教育论（见 2017 年陕西师范大学真题）

　　5. 设计教学法（见 2015 年华东师范大学真题）

　　6. 京师同文馆（见 2012 年北京师范大学真题）

二、简答题

　　1. 简述教育的政治功能。（见 2012 年北京师范大学真题）

　　2. 简述问题解决能力的培养措施。（见 2010 年华中师范大学真题）

　　3. 简述陶行知生活教育的主要内容。（见 2014 年北京师范大学真题）

　　4. 简述书院教育的特点。（见 2013 年华东师范大学真题）

三、论述题

1.试论述需要层次理论以及对中小学教师工作的启示。

【答】（1）需要层次理论。（见2013年西南大学真题）

（2）启示：①在某种程度上，学生缺乏学习动机可能是由于某种缺失性需要没有充分得到满足而引起的。如家境贫寒，生理的需要不能得到满足；父母离异，归属与爱的需要不能得到满足；教师过于严厉，尊重的需要不能得到满足。这些因素会成为学生学习和自我实现的主要障碍。所以，教师不仅要关心学生的学习，而且要关心学生的生活和情感，以排除影响学生学习的一切干扰因素。②学校里最重要的缺失性需要是爱与自尊。③引导学生追求成长性需要。

2.试论述教学过程的性质特点。（见2013年陕西师范大学真题）

3.试论述西方教育史上教育与生产劳动相结合的主张。

【答】（1）三大空想社会主义者。

三大空想社会主义者都提出了教育要与生产劳动相结合的主张，这一主张对马克思、恩格斯也产生了很大启示。但三大空想社会主义者未揭示教育与生产劳动相结合的客观规律。

（2）裴斯泰洛齐。

裴斯泰洛齐是西方教育史上第一位将这一思想付诸实践的教育家，并在自己的实践活动中，推动和发展了这一思想。在新庄"贫儿之家"时期初步实验，在斯坦兹孤儿院时期进行了实践。他的思想主要反映资本主义生产和手工业时代对教育和生产劳动之间的关系的新要求，在一定程度上看到了教育与生产劳动相结合对人的和谐发展和社会改造的重要意义。

由于时代限制，他未能真正找到教育与生产劳动相结合的内在联系，也就无法做出纯粹的历史意义总结。但他把教育与生产劳动相结合，并在理论基础上加以发展，在教育史上做出了重要贡献。

（3）马克思、恩格斯。

马克思、恩格斯批判地继承了历史上有价值的教育思想遗产，特别是对19世纪的空想社会主义教育思想的改造和变革。他们从对教育同社会生产和社会关系之关系的考察中，揭示了教育的本质及其职能；从实践的观点阐明了遗传因素、环境、教育和革命实践对人的发展以及教育对社会发展的作用；从对现代生产、现代科学与现代教育的内在联系以及人类社会未来发展的分析中，论证了人的全面发展以及教育与生产劳动相结合的必然性和必要性。马克思、恩格斯的重要贡献在于他们科学地论述了现代生产和现代教育的内在联系。

（4）克鲁普斯卡娅。

克鲁普斯卡娅是俄国第一位马克思主义教育家，她一直主张将劳动教育视为学校教育的重要组成部分，强调教育与生产劳动相结合。

4.试论述教师劳动的特点和价值。（见2015年东北师范大学真题+2016年上海师范大学真题）

2021年四川师范大学333教育综合真题·凯程详解

一、名词解释

1.**终身教育**（见2011年华东师范大学真题）

2.**班级授课制**（见2016年北京师范大学真题）

3.**鸿都门学**（见2011年北京师范大学真题）

4.**"活教育"**（见2016年湖南师范大学真题）

5.**要素主义教育**（见2017年华东师范大学真题）

6.**《莫雷尔法案》**（见2010年华东师范大学真题）

二、简答题

1.**简述人的发展规律性及其在教学中的作用。**（见2010年华中师范大学真题）

2.**简述教育的政治功能。**（见2012年北京师范大学真题）

3.**简述赫尔巴特的教学阶段论。**（见2017年东北师范大学真题）

4. 简述维果茨基的教学与认知发展的关系。

【答】（1）含义：在论述教学与发展的关系时，维果茨基提出一个重要的概念——最近发展区，即"实际的发展水平与潜在的发展水平之间的差距。前者由独立解决问题的能力而定，后者指在成人的指导下或与更有能力的同伴合作时解决问题的能力"。

（2）作用：最近发展区为学生提供了发展的可能性，教和学的相互作用刺激了人的发展，社会和教育对人的发展起到主导作用。

（3）教学和发展的关系：教学应该考虑儿童现有的发展水平，而且教学要走在儿童现有发展水平的前面，落在最近发展区内，带动发展。一方面，教学决定着儿童发展的内容、速度和水平等，使最近发展区变为现实；另一方面，教学也创造着最近发展区。儿童的两种水平之间的差距是动态的。

三、论述题

1. 试述中国古代教育史的人性论及教育的作用。

【答】（1）先秦："性善论""性恶论"与教育的作用。

①孔子：提出了"性相近，习相远"的人性观并首次论述了教育与人的关系，他认为人的先天素质很接近，之所以在成长中有千差万别，是因为后天"习染"的结果。这一观点说明了教育的必要性和关键性。而教育在社会发展中的作用是"庶、富、教"。

②孟子：提出了"性善论"，认为人性本善，他提出了"人皆可以为尧舜"，肯定了人性本质上的平等性。孟子认为，教育对个人来说，是扩充"善端"的过程。对社会来说，教育是"行仁政，得民心"最有效的手段。

③荀子：提出了"性恶论"，即"性恶端说"。他认为教育的作用是"化性起伪"，即通过教育的作用改变自己的恶性，化恶为善，成为高尚的人物；此外，荀子也重视教育的社会作用，认为教育能够统一思想，统一行动，促使国富民强。

④墨子：提出了"素丝说"。他认为人性不是先天所成的，而是由环境和教育造就的，有什么样的环境与教育就造就什么样的人。墨家主张通过教育建设一个民众平等、互助的"兼爱"社会。

⑤法家：发展了荀子人性恶的理论，提出了"人性利己说"，韩非认为人的本性都是"为己""利己"的，是一种绝对的"性恶论"。基于这样的人性说，法家在教育上提倡法制教育，法家认为没有必要运用道德教育。无论是正面的引导还是负面的惩罚，都要依靠法律高压，而不是温情的道德说教。

（2）汉唐："性三品说"与教育作用。

①董仲舒：提出了"性三品说"，认为教育对"中民之性"的发展具有决定性作用。他们通过教育才能发展善性，发展才能。

②韩愈：提出了"性三品说"，将人分为上品之人、中品之人与下品之人。他认为人性决定教育所起的作用，规定了教育的权利；决定了教育的主要内容。

③王充：认为人生来有善恶之分。他把人性分为三种：生来就善的人是中人以上的人；生来就恶的人是中人以下的人；无善无恶，或善恶混杂的人是中人。但人性的善恶，并非受命于天，中人之性可以通过教育使之定型，生来就恶的人也可以通过教育使恶为善。

（3）宋明：超越"性三品说"，从理性的角度探讨人性与教育的作用。

①朱熹：认为人和万物一样，是"理"与"气"结合而成的。他提出了"天命之性"与"气质之性"，"天命之性"纯然至善；"气质之性"有善有恶。教育的作用是"变化气质"，发挥"气质之性"中的善性。

②王守仁：从其主观唯心主义出发，提出教育的作用是"致良知"或者是"学以去其昏蔽"的过程。

③王夫之：认为人性不是一成不变的，而是处在不断地变化发展过程中，从而提出了"性者，生也，日生而日成之也"的人性论。基于此，王夫之十分重视教育对人发展的作用。这种教育作用主要表现在两个方面：继善成性，使之为善；改恶为善。

④颜元：提出了义利合一的人性观，认为教育的作用是培养"实才实德"之人。

2. 试述西方教育史上的自然主义教育的产生和发展。

【答】自然主义教育思潮源于古希腊，酝酿于欧洲文艺复兴时期，形成于18世纪，是近代西欧资产阶级重要的教育理论和教育思潮之一。其代表人物包括亚里士多德、夸美纽斯、维多里诺、巴西多、卢梭、裴斯泰洛齐和福禄培尔等。

（1）基本观点：

①教育目的是培养人的自然本性：以人的自然本性为基础，保护人的善良天性，反对封建教育的强制性；以人的自然发展为内容，重视人的生存教育和素质教育；重视人身心的和谐发展，促进人的全面发展；改良社会，

增进人类幸福。

②主张儿童发展年龄分期论：自然主义教育家都主张依据人的身心发展特点对儿童的发展划分阶段，一般分为婴儿期、儿童期、少年期和青年期，不同的年龄阶段有不同的教育目标；都主张先发展儿童的身体和感官，后发展理性和抽象思维。

③主张"泛智"课程论：不同的自然主义教育家对课程有不同的论述，其中包括"泛智"课程、家庭教育、无系统的课程、以心理和社会的标准选择的课程等。凡是增进人能力的知识都属于"泛智"课程。

④教育教学的原则与方法都要体现教育适应自然：自然主义教育家们提出了一系列的原则和方法，包括自然适应性原则、顺应自然原则、直观性和连续性原则等。

（2）历史影响与局限性：

①积极影响：自然主义教育家反对和控诉封建专制制度对儿童个性和自由的摧残与压制，反对经院主义教育强迫儿童死记硬背、学习宗教教义的各种劣行，具有反宗教、反封建的历史影响，促进了教育近代化的发展，对后来新教育、进步教育以及杜威的教育思想都有一定的影响。

②局限性：从理论上来说，自然主义教育的核心概念"自然"不甚清晰，缺乏严谨性；从实践上来说，一些自然主义教育家用自然现象类比教育现象，在实践中过度放纵儿童，缺乏一定的科学依据，使之简单和理想化；从价值取向上来说，忽视了教育的社会属性；从研究方法上来说，一些自然主义教育家运用类比论证、思辨演绎、经验推理、天才设想等论述儿童教育和教育方法，缺乏科学依据。

3.结合实际教学谈谈"为迁移而教"。（见 2014 年北京师范大学真题）

4.论述德育原则及其要求。（见 2011 年湖南师范大学真题）

2022 年四川师范大学 333 教育综合真题·凯程详解

一、名词解释

1.教育目的（见 2015 年北京师范大学真题）

2.分组教学制（见 2011 年华中师范大学真题）

3.壬戌学制（见 2010 年北京师范大学真题）

4.《1944 年教育法》（见 2010 年首都师范大学真题）

5.学习动机（见 2013 年北京师范大学真题）

6.心智技能（见 2016 年北京师范大学真题）

二、简答题

1.简述德育过程的特点。（见 2019 年北京师范大学真题）

2.简述美国进步主义教育的发展历程。（见 2014 年江西师范大学真题）

3.简述影响自我效能感形成的因素。（见 2017 年东北师范大学真题）

4.简述家庭教育对儿童品德发展的影响。（见 2019 年首都师范大学真题）

三、论述题

1.论述全面发展教育的主要内容，并谈谈对"五育"融合的看法。（见 2010 年东北师范大学真题）

2.举例谈谈如何贯彻教学中的科学性和思想性相统一的原则。（见 2011 年北京师范大学真题）

3.论述黄炎培的职业教育思想及其对我国现在职业教育的启示。（见 2018 年华中师范大学真题）

4.比较赫尔巴特和杜威的课程思想。（见 2016 年陕西师范大学真题）

2010年安徽师范大学333教育综合真题·凯程详解

一、名词解释

1. 实验教育学（见2013年首都师范大学真题）

2. 学校教育（见2010年华中师范大学真题）

3. 媒介素养

【答】媒介素养的基本内涵包括认识大众传媒、参与大众传媒和使用大众传媒三个有机组成部分。所谓媒介素养就是人们对不同媒介的特质、功能的认知能力，对媒介传播信息的解读、批判能力，以及运用传媒及其信息为个人生存发展和社会进步服务的能力。

4. 教育目的（见2015年北京师范大学真题）

5. 学生非正式群体

【答】学生非正式群体是学生自发形成或组织起来的群体。它包括因志趣相同、感情融洽，或因邻居、亲友、老同学等关系以及其他需要而形成的学生群体。其特点是：（1）自愿结合，自发形成，容易变化；（2）有共同需要；（3）强者领头，活动频繁，有活力；（4）没有明确的目的与活动计划；（5）具有不稳定性；（6）有积极的一面，也有消极的一面。教育者应该公正、热情地对待非正式群体，真诚地帮助他们、尊重他们，引导他们向积极的方向发展。

二、简答题

1. 现代型学校的特质主要表现在哪些方面？

【答】（1）价值提升。现代型学校追求为社会更新性发展、为个人终身发展服务的存在价值，是使教育成为人类社会更新性的再生系统。从以传递知识为本转向以培养人的主动发展的意识能力为本，是现代型学校价值提升的核心构成。

（2）重心下移。主要体现在三大方面：首先是教育对象与目标方面的重心下移；其次是教学内容方面的重心下移；最后还包括管理重心的下移。

（3）结构开放。这是现代型学校的又一特质。除了表现为整个学制的开放性和弹性化以外，在学校结构层面上，主要表现为两个向度的开放，一个是向外的，包括对网络、媒体的开放；另一个是向内的，在管理上向师生的开放和教育、教学活动中向学生发展的可能世界开放。

（4）过程互动。过程中的互动呈现多元、多层、多向、多群的状态。教学与教育过程中的创生和师生创造力由潜在向现实的转化，也在这样积极、有目的的互动过程中实现。

（5）动力内化。发展动力的转换是最深层次的转换。动力内化意味着学校形成自己内在的发展需求、动机和动力机制。

2. 当代学生观的更新体现在哪些方面？

【答】（1）"以人为本"的理念。

在"以人为本"的教育理念下，教育实践自然就是"以学生为本"。教育首先要考虑到学生发展的需要；要遵循学生的身心发展规律及认知发展规律；在教学过程中要保障学生的主体地位。

（2）尊重学生的理念。

尊重学生的理念主要包括以下几点：尊重教育规律、尊重爱的教育、尊重受教育者的自尊。

（3）重视学生发展性的教育理念。

学生是发展中的人，同时又是具有巨大发展潜能的个体。教育之所以能够进行就是因为学生具有可教育性。教师应看到学生的未完成性，给学生创造发展的环境和机会。

（4）依法治教的理念。

相关教育法规的出台使我国的教育逐渐进入了法制化的轨道。不论是教师还是家长，每一个人都必须遵守法律规定，依法施教。依法施教也是教育现代化的要求。

（5）自我教育的理念。

自我教育是指在教育者的启发和引导下，受教育者对自己的品德表现进行自我认识、自我监督、自我克制和自我改正，就是要让学生学会反思，形成自我教育的意识和方法。

3. 简述教学与信息技术的关系。

【答】（1）信息时代带来了知识的激增，客观上要求课程从以传授知识为主转为以培养学习与应用能力为主。知识增长与更新速度的加快，一方面要求教师将新知识加入课程中，另一方面又不能增加学生的负担。

（2）信息技术对社会生活形态的深刻变革，要求课程与教学培养信息社会的文化基础——信息能力。

（3）信息时代对人们的观点、思维方式、知识结构、行为方式都将打上"信息"的烙印，在客观上要求课程的组织形式、实施方式和手段都要符合信息应用的要求。

（4）信息技术为课程的设计和实施提供了十分便利的手段，使实施个性化的课程成为可能。

（5）信息技术在教学改革中的工具性作用。计算机技术、网络通信技术、人工智能技术与虚拟现实技术等新技术的应用，对当前的教育改革、创新人才的培养有重要的作用。

4. 如何创建富有生命气息的班级文化？

【答】（1）良好的班级制度文化的创设。良好的班级制度文化的创设需要激发起学生的自我教育、自我管理能力。在创设班级工作计划时可以让学生参与计划的制订。这样学生既是参与制订者，也是执行者和维护者，才会以积极的态度去执行。

（2）良好的班级物质文化的创设。班级的物质文化建设是指教室环境建设。教室是学生学习、生活、交际的主要场所，是教师授业、育人的阵地，是师生情感交流的地方。良好的班级物质文化具有潜移默化的育人功能，可以激发性情、陶冶情操，给人以启迪教育。

（3）良好的班级精神文化的建设。班级的精神文化是班级文化的核心和灵魂。它主要是指班级成员认同的价值观念、价值判断、价值取向、道德标准、行为方式等。良好的班级精神文化可以让学生树立正确的三观，养成良好的行为习惯。

（4）良好的班级心理文化的建设，是班级文化建设的核心内容和深层结构要素。它包括价值观、道德观、行为方式、人际关系、集体舆论以及各种认同意识。在建设班级的心理文化的时候尤其要注意帮助学生建立起良好的价值取向和自信心。

5. 怎样发挥学校对家庭教育的指导与促进作用？

【答】（1）加强学校教育与家庭教育的双向协调。要发挥家庭教育在学校德育中的重要作用，首先必须加强家、校的双向协调。利用家长座谈会等方式使家长在思想上真正与学校取得共知，积极配合学校开展工作。同时还要发挥学生自身的作用，通过学生与家长的交流，让家长把对子女的爱融入学校的德育工作中。

（2）重视和加强对家庭教育的个体指导。发挥家庭教育在学校德育中的重要作用，还必须重视和加强对家庭教育的个体指导。同时，要注意具体问题具体分析，把群体指导和个别指导结合起来，从而使学校教育的主导作用和家庭教育的补充作用充分地发挥出来。

（3）帮助家长树立正确的教育观。首先，要理智地对孩子施爱；其次，要重视培养孩子良好的行为习惯；最后，要帮助家长树立正确的人才观念。

6. 新型教师的基础性素养主要包括哪些方面？（见2014年北京师范大学真题）

三、论述题

1. 结合自身实际，谈谈学习教育对教师专业成长的价值。（见2020年华东师范大学真题）

2. 试述当代中国学校教育价值取向更新的基本走向。

【答】（1）当代中国学校教育价值取向研究，是面向学校教育整体的研究。

它所面对的是学校教育整体的价值选择与实现，因此我们试图以整体的眼光看待学校教育，而不是在某些具体的领域内或维度上展开。因此，我们要从学校教育整体出发，探讨其价值取向，并具体化为学校教育目标系统。

（2）当代中国学校教育价值取向研究，是面向学校教育自我的研究。

这是以一种"学校教育自我"的立场来思考，建立一种以自我为基础的价值取向选择机制，而不是站在学校教育之外发布命令，是试图立足在教师、学校教育管理者的位置上的。他们是直接参与、生成真实的"学校教育"的人，是以学校教育为基点，对各种外界需求、各种新潮进行有意识的判断与选择，从而建构学校教育自己的价值取向。

（3）在研究的时空背景下，关注的是当代中国背景下的学校教育价值取向。

当代中国学校教育价值取向研究，是面向中国本土的研究。它要研究的是当代问题，因而更加关注中国学校教育的历史、中国的文化、中国未来的走向这——"特殊"的丰富性。

3.结合教学实际，论述你对教学评价改革的看法。

【答】（1）传统教学评价的缺点：

①传统教学评价以其单一片面的价值取向，排斥了除知识以外的其他一切人类价值；传统教学评价片面强调和追求量化，所有难以量化的内容都被排斥在评价范围之外。

②传统教学评价用某种僵硬的外在的所谓客观尺度来衡量个性各异的人，这种评价直接忽视了学生的个性。

③传统教学评价的强制性和贬损性，造成了对学生人格的践踏，并导致强烈的师生冲突和对抗现象，从而给学生带来焦虑、抵触情绪和消极情感。

④传统教学评价由教师独揽，学生只是被动的评价客体，没有评价的主动权和积极性。

⑤传统教学评价注重实施终结性评价，这种评价是在教学结束后进行的，它孤立于教学整体的有机联系之外，使得师生不能及时内控和调节教学与学习过程，评价效果也大打折扣。

（2）现代教学评价的改革大致有以下几点趋势：

①在评价的指导思想和根本目的上，现代教学评价致力于促进学生个性的全面发展和弘扬学生人格的主动精神，主张让学生成为教学评价的积极参与者，让学生在自我评价中发展自身的评价能力。

②在评价的功能上，现代教学评价注重发挥评价的教育功能。现代教学评价越来越重视评价的诊断、反馈、改进、激励、强化等教育功能，其目的是创造适合学生发展的教育教学。

③在评价的类型上，现代教学评价注重实施形成性评价。形成性评价的参与使教学过程能够按照教学目的的方向有效地运转并且进行自我调整和纠正，从而使教学评价真正具有了教育教学的本性，成为一种真正的教育教学活动。

④在评价方法上，现代教学评价注重采用绝对评价法。近年来，传统的选拔教育观受到发展教育观的批判和否定。与这种发展教育观相适应，教学评价不再是为了把学生按照考试分数进行分等级或分类，而是为了获得和处理用以确定学生水平和教学有效性的证据的方法。

四、案例分析题

试用相关教育理论评析案例中"无人监考"活动的教育思想、教学方法及育人效果。（案例缺失）

【答】（1）无人监考体现了存在主义教育思想与人本主义教育思想。

①存在主义是一种把人的存在（个人主观的自我意识）当作其基础和出发点的哲学。基本论点是萨特的"存在先于本质"。主要观点为：a.教育的本质和目的在于使学生实现自我生成。教育的具体目标是发展个人的意识，包括自我认识、自我责任感。教师相信学生是有诚信意识的。b.强调品格教育的重要性。无人监考也是对学生的一次诚信教育。c.提倡学生自由选择道德标准。无人监考，学生可以自由选择道德标准，并对自己的选择进行负责。d.主张个别教育的方法。e.师生之间应该建立信任的关系。教师是学生自我实现的影响者和激励者。

②人本主义教育试图通过挖掘人类理智与情感诸多方面的整体潜力来确立人的价值。代表人物是美国的马斯洛、罗杰斯。现代人本主义教育思潮理论的主要观点为：强调教育的目标是培养自我实现的人；主张课程人本化；学校应该创造自由的心理气氛。在学习过程中应提倡以人为中心的教学、非指导性教学、自由学习、自我学习。

③无人监考用一种全新的教育理念去看待学生，尊重信任学生，有意识地培养学生自己控制、自我管理的能力，帮助其树立正确的价值观念，增强责任感，从而从思想上改变学生对于考试的畏惧感，正确对待考试与分数，从根本上改善学校的考风。

（2）无人监考是一种正在摸索、有待改良、可以考虑推广的考试形式。无人监考虽说没有教师在明处监考，但也是一种有组织、有约束的新型考试形式，依赖的是学生的自我教育。

（3）无人监考过程中培养了学生的自制力与自我约束力，以及诚信的优秀品质，促进了当前考风建设的良性发展。

2011 年安徽师范大学 333 教育综合真题·凯程详解

一、名词解释

1.《大教学论》(见 2012 年杭州师范大学真题)

2. 内发论

【答】关于影响人的身心发展的动因是源于内还是源于外,主要有两种理论,即内发论和外铄论。内发论强调人的身心发展的力量主要源于人自身的内在需要,身心发展的顺序也是由身心成熟机制所决定的。可见,内发论过分强调人的发展是由人的内在因素起决定作用,而忽视了外部因素和人的能动性。

3. 高等教育大众化

【答】高等教育大众化被用来描述一个国家、地区所有适龄青年接受高等教育的普及程度。其源于 1973 年美国著名的教育社会学家马丁·特罗提出的关于工业化国家发展的三个阶段学说。该学说将高等教育的毛入学率即在校生与适龄人口之比作为指标,认为当毛入学率低于 15% 时,高等教育属于精英教育阶段;当毛入学率大于 15% 而小于 50% 的时候,高等教育属于大众化阶段;而毛入学率大于 50% 则意味着高等教育进入普及化阶段。

4. 癸卯学制(见 2018 年东北师范大学真题)

5. 个人本位论(见 2010 年浙江师范大学真题)

6. 义务教育(见 2012 年东北师范大学真题)

二、简答题

1. 简述学校教育在人的身心发展中的作用。(见 2016 年东北师范大学真题)

2. 简述"六艺"教育的内容和特征。(见 2011 年南京师范大学真题)

3. 试比较欧洲的新教育运动和美国的进步教育运动。(见 2013 年湖南师范大学真题)

4. 简述学生品德不良产生的原因及其矫正措施。(见 2012 年华南师范大学真题)

三、论述题

1. 论述教师专业发展的内涵及途径。(见 2015 年西南大学真题)

2. 评述赫尔巴特的教学阶段理论。(见 2017 年东北师范大学真题)

3. 评述陶行知的生活教育理论。(见 2014 年北京师范大学真题)

4. 结合我国基础教育课程改革,谈谈建构主义学习理论的知识观、学生观、学习观对教学实践的作用。(见 2017 年东北师范大学真题 +2013 年华东师范大学真题)

2012 年安徽师范大学 333 教育综合真题·凯程详解

一、名词解释

1. 教育(见 2014 年北京师范大学真题)

2. 教育目的(见 2015 年北京师范大学真题)

3. 学校教育制度(见 2019 年北京师范大学真题)

4. 教学组织形式(见 2017 年哈尔滨师范大学真题)

5. 道尔顿制(见 2011 年北京师范大学真题)

6. 学习策略(见 2015 年北京师范大学真题)

二、简答题

1. 简述掌握知识与发展智力的关系。(见 2012 年东北师范大学真题)

2. 在对学生进行思想品德教育时,如何贯彻"严格要求与尊重学生相结合"的原则?(见 2018 年华东师范大学真题)

3. 当代学校管理的发展趋势是什么?(见 2020 年华东师范大学真题)

4. 杜威关于教育的本质与目的的基本观点是什么?(见 2011 年北京师范大学真题)

5. 我国古代书院教育的特点是什么?（见2013年华东师范大学真题）

6. 简述终身教育思潮的基本观点。（见2015年北京师范大学真题）

三、论述题

1. 联系社会实际论述教育社会流动功能的含义及在当代的教育意义。（见2010年北京师范大学真题）

2. 论述陶行知的"生活教育"思想体系。（见2014年北京师范大学真题）

3. 联系教学实际论述学习动机的培养与激发。（见2012年华东师范大学真题）

2013年安徽师范大学333教育综合真题·凯程详解

一、名词解释

1. 美育（见2010年东北师范大学真题）

2. 学校管理目标（见2015年上海师范大学真题）

3. 要素主义（见2017年华东师范大学真题）

4. 课程标准（见2015年北京师范大学真题）

5. 教学模式（见2014年杭州师范大学真题）

6. 最近发展区（见2011年北京师范大学真题）

二、简答题

1. 简述杜威关于教育本质与目的的理论。（见2011年北京师范大学真题）

2. 共产党领导下的革命根据地教育的基本经验包括哪些方面?（见2020年华中师范大学真题）

3. 简述卢梭的自然教育理论及其影响。（见2012年华东师范大学真题）

4. 为什么说德育过程是培养学生知、情、意、行的过程?（见2015年北京师范大学真题）

5. 世界各国课程改革的趋势是什么?（见2017年浙江师范大学真题）

6. 简述社会规范学习的心理过程。（见2014年北京师范大学真题）

三、论述题

1. 论述黄炎培的职业教育思想及其当代教育价值。（见2018年华中师范大学真题）

2. 论述在基础教育改革中如何体现"以人为本"这一理念。

【答】"以人为本"作为学校教育的最高价值取向，突出教育教学中人的地位和作用，强调尊重人、理解人、关心人，最大限度地挖掘、发展学生的潜能，把不断满足人的有效需求和促进人的全面发展作为学校教育教学的出发点与归宿。

（1）在教育观念上，学校要突出对学生的人文关怀。

现代教育注重素质教育，把人的全面发展作为现代教育的培养目标。学校在环境设置、教学设施、课程设置、文化建设、师生关系等方面应处处体现出以学生为本的价值取向，让学生在一个文明、积极、健康、有益身心发展的氛围中成长。

（2）在教育过程中要通过发掘学生潜能、提高学生的潜质达成教育的目标。

整个教育的过程不能简单地理解为传授知识、培养能力的过程，而必须是全面发展学生的身心潜质，以适应社会发展对人的综合要求——注重人性、尊重差异。我们的教育工作者应走进千差万别的人的世界，为每一个学生提供发展的多元途径，要让每一个学生都有自己的发展空间。

（3）以人为本的教育新理念要求教育者必须坚持以可持续发展战略的思想指导教育实践。

现代教育的核心是不断提升人的自身建设水准。我们培养全面发展的人，不仅仅是要发展学生的学科能力，也要培育人的现代文明意识、对社会的责任意识，以及人与自然的协调意识等。

3. 论述班杜拉的观察学习理论及其教育应用。（见2016年东北师范大学真题）

2014年安徽师范大学333教育综合真题·凯程详解

一、名词解释

1. **课程目标**（见2010年哈尔滨师范大学真题）

2. **陶冶教育**（见2011年华中师范大学真题）

3. **永恒主义**

【答】永恒主义教育也称新古典主义教育，是现代欧美国家一种强调理性训练以及人的理性和教育基本原则的永恒性的教育思潮。代表人物有美国的赫钦斯、阿德勒，英国的利文斯通和法国的阿兰等。具体内容有：教育的性质永恒不变；教育的目的是培养永恒的理性；永恒的古典学科应该在学校课程中占有中心地位；提倡通过教师的教学进行学习。永恒主义教育强调人的理性，强调阅读经典名著，有明显的复古主义倾向。

4. **工读主义教育思潮**

【答】工读主义的基本内涵有：以工兼学、勤工俭学、工人求学、学生做工、工学结合、工学并进，培养朴素工作和艰苦求学的精神，以求消弭体脑差别。其大致可分为以下四种思想和实践：（1）倡导工学主义，将工和学并立，做工的人一定要读书，读书的人一定要做工。（2）将工读视为实现新组织、新生活、新社会的有效手段。（3）知识分子与工农结合的思想。（4）工读是解决青年失学问题的好方法。将工读看作纯粹的经济问题，不承认其改造社会的功能。

5. **骑士教育**（见2010年华东师范大学真题）

6. **道尔顿制**（见2011年北京师范大学真题）

二、简答题

1. 简要说明解决问题分哪几个阶段。（见2010年山东师范大学真题）

2. 简述教育的生态功能。（见2020年华东师范大学真题）

3. 我国教师必须承担的责任和义务是什么？（见2015年天津师范大学真题）

4. 孔子关于道德教育理论的基本观点是什么？（见2012年东北师范大学真题）

5. 简述新民主主义教育方针的形成过程及其内涵。

【答】（1）苏维埃文化教育总方针。1934年，毛泽东明确地表述了苏区教育的根本方针："在于以共产主义的精神来教育广大的劳苦民众，在于使文化教育为革命战争与阶级斗争服务，在于使教育与劳动联系起来，在于使广大中国民众都成为享受文明幸福的人。"

（2）抗日战争时期中国共产党的教育方针政策。在中国共产党的领导下，各抗日民主根据地，依据党的"一切为着前线，一切为着打倒日本侵略者和解放中国人民"的总方针，执行了中共中央制定的一系列教育方针政策，如实行抗战教育政策，提倡国防教育方针等。

（3）"民族的、科学的、大众的"文化和教育方针。1940年，毛泽东在《新民主主义论》中确定了新民主主义革命时期教育的总方针，即"民族的、科学的、大众的"文化和教育。这既是文化的方针，也是教育的方针。这一方针区别了新旧文化、新旧民主主义，也说明了新民主主义文化和社会主义文化的联系和区别。

6. 如何贯彻启发性教学原则？（见2012年北京师范大学真题）

三、论述题

1. 论述杜威教育思想的主要观点及其影响。（见2011年北京师范大学真题）

2. 联系教学实际论述认知建构主义学习理论与应用。（见2014年杭州师范大学真题）

3. 结合基础教育实际论述加强社会主义核心价值体系教育的意义及其举措。

【答】社会主义核心价值体系基本内容包括马克思主义指导思想、中国特色社会主义共同理想、以爱国主义为核心的民族精神和以改革创新为核心的时代精神、社会主义荣辱观。

（1）马克思主义指导思想是整个社会主义核心价值观及其思想体系的指导思想和理论基础。

（2）中国特色社会主义共同理想，确立了社会主义核心价值观的正确政治方向。中国特色社会主义共同理想，是建立在马克思主义指导思想基础上的，是与未来的共产主义最高理想联系在一起的，它给人们指出了美好的奋斗目标。

（3）以爱国主义为核心的民族精神和以改革创新为核心的时代精神，是社会主义核心价值和精神动力之所在。社会主义核心价值观，对于广大人民群众来说，是建设中国特色社会主义的一种强大精神动力。而这个精神动力就集中表现为以爱国主义为核心的民族精神和以改革创新为核心的时代精神。这是一种勇敢进取、不断改革的创新精神，它的实质就是解放思想。

（4）社会主义荣辱观，是社会主义核心价值观的伦理道德基础。以"八荣八耻"为主要内容的社会主义荣辱观对社会主义道德规范做了明确规定，为新时期人们言行的道德选择提供了基本的价值标准，是建立在社会主义伦理道德基础上的，所以，作为价值体系主要组成部分的社会主义荣辱观，是整个社会主义核心价值观和伦理道德的基础。同时，社会主义荣辱观以中华民族传统美德为基础，反映了人类文明发展的价值成果，彰显了社会主义时代的优秀革命道德。这几个方面的整合，使社会主义核心价值观具有了更强烈的道德感染力。

2015 年安徽师范大学 333 教育综合真题·凯程详解

一、名词解释

1. 教育目的（狭义）（见 2015 年北京师范大学真题）

2. 长善救失原则（见 2020 年西北师范大学真题）

3. 活动课程（见 2013 年东北师范大学真题）

4. 生活教育（见 2012 年北京师范大学真题）

5. 癸卯学制（见 2018 年东北师范大学真题）

6. 教学模式（见 2014 年杭州师范大学真题）

二、简答题

1. 简述蔡元培关于教育方针的基本理论。（见 2013 年北京师范大学真题 +2016 年华东师范大学真题）

2. 问题解决能力的培养措施有哪些？（见 2010 年华中师范大学真题）

3. 为什么要把教育摆在优先发展的战略地位？（见 2010 年西北师范大学真题）

4. 简述朱熹的"朱子读书法"。（见 2016 年华东师范大学真题）

5. 洛克的道德教育方法主要包括哪些内容？

【答】（1）洛克指出，人并非生来就是道德的或不道德的，道德观念及道德习惯的形成完全是经验和教育的结果。他提出了世俗的道德标准——"有利"。

（2）洛克的德育论有两条主线。第一，训练儿童以理性克制欲望。第二，通过教育训练培养良好习惯。此外，洛克还对德育提出了具体的意见。

①反对溺爱、放纵子女。洛克认为，父母爱护子女，这是他们的责任，但是不能对子女的过失放纵不管。

②慎用体罚、训斥。洛克主张对儿童加以认真管束，并不意味着要对儿童过分严厉乃至滥用体罚。体罚只能使儿童遭受皮肉之苦，并不能消除他们不正确的思想。另外，洛克认为呵斥、责骂的效果也是不好的，可能会降低父母的威信，减少子女对父母的尊敬。但是洛克并不主张完全取消体罚，如果儿童故意和父母作对就应该遭受惩罚，在通过鞭挞制服儿童、树立父母威信以后，应当采取严肃而又不乏和蔼的态度，并永远保持下去。

③正确运用奖励。洛克反对物质诱惑，反对拿金钱、糖果或其他物质作为动力去鼓励儿童学习或鼓励儿童从事其他他们应当做的事情，他提倡称赞奖励的办法。洛克也将此方法运用到对待儿童的过失上，认为孩子们行为不端，父母不要体罚，可给以冷冰的脸色。

④培养良好的行为举止。洛克注意要求培养儿童的人道观念，他特别提到反对儿童虐待弱小动物。他要求儿童诚实，反对教儿童撒谎，还要求培养他们具有良好的教养，无论在谁面前都要做到落落大方、温文尔雅、谦卑得体。

总的来说，洛克的德育理论建立在唯物主义经验论的基础上，其方法有许多可借鉴之处，但他所谓德行的阶段意图是不容忽视的，且往往含有资产阶级伪善的成分。

6. 简述教师角色的冲突及其解决措施。（见 2015 年上海师范大学真题）

三、论述题

1. 试述夸美纽斯的学校改革思想及其对近代教育的影响。（见 2016 年西南大学真题 +2012 年西南大学真题）

2. 联系教育实际论述人格发展理论及其教育含义。

【答】（1）埃里克森的人格发展理论。（见 2020 年北京师范大学真题）

（2）科尔伯格的人格发展理论。（见2013年华东师范大学真题）

（3）人格发展理论的教育含义：①充分揭示了人格发展所具有的特征和阶段性。有助于教育工作者了解教育对象，采取相应的教育指导，帮助受教育者顺利发展。②揭示了人格发展的不同阶段面临的不同任务与危机。教育应该充分借鉴这些理论，了解学生人格发展不同阶段的独特性，认识和培养学生解决发展危机的能力，促进个体的发展。③通过设置问题情境帮助学生解决各阶段危机。④利用道德两难问题和团体公正法发展学生的道德判断能力。⑤教师应该注意文化和性别对人发展的影响。

3.结合我国目前教育发展与改革实际，论述依法治教的意义及其途径。

【答】意义：

（1）依法治教是依法治国方略在学校的具体落实。学校实行依法治教是落实依法治国的重要体现。首先，依法治教是学校管理方式走向法治化的重要标志。其次，依法治教有利于规范办学行为。最后，依法治教可以营造良好的学校氛围，维护学校及师生的合法权益。

（2）依法治教是市场经济条件下进一步推进教育改革与发展的需要。我国市场经济体制的逐步建立与完善，使教育领域的社会关系与管理范畴发生了重大变化。学校与教育行政部门正在由单纯的隶属关系，转为自主权与行政权相互协调、相互制约的关系；学校之间，学校与教师、学生以及其他社会组织之间，正在不断产生大量的民事关系和新型的权利义务关系。

（3）依法治教是实现按教育规律进行规范办学的保证。对于教育规律，我们是可以认识、运用的，但无法创造和改变。把符合教育规律的要求制定成教育法规，以法律的手段进行贯彻执行则更为有效。

途径：

（1）依法管理学校：①树立法治意识，正确处理各种关系。第一，要提高认识，破除旧的"人治观"。第二，要正确处理法治与德治的关系。第三，要处理好法治方式与其他教育方式的关系。②教师要履行义务，依法执教。教师在享受权利的同时还要承担义务，二者是不可分割的。教师在履行义务的同时，还要认真执行教育法规。

（2）依法管理学生：①正确认识中小学生的身份和法律地位。②尊重学生享有的权利和应该履行的义务。③坚持依法管理学生。学校实行依法管理学生，要注意抓好三点：首先，要构建科学合理的法制教育体系。其次，学生管理的各项工作要依法进行。最后，学校领导和教师要不断提高法律素质。

2016年安徽师范大学333教育综合真题·凯程详解

一、名词解释

1.**实验教育学**（见2013年首都师范大学真题）

2.**潜在课程**（见2018年北京师范大学真题）

3.**有意义学习**（见2014年华东师范大学真题）

4.**元认知策略**（见2011年北京师范大学真题）

5.**苏格拉底法**（见2011年北京师范大学真题）

6.**生活准备说**

【答】斯宾塞提出了"什么知识最有价值"这一问题，并将评价知识价值的标准定义为对生活、生产和个人发展的作用，认为知识对生活的作用越大则价值越大。根据这个标准，斯宾塞确定了教育的目的是"为完满生活做准备"，反对古典主义不实用的知识和教育。

二、简答题

1.教学活动中如何处理智力活动和非智力活动的关系?（见2016年北京师范大学真题）

2.简述德育与其他各育的关系。（见2010年东北师范大学真题）

3.学校管理过程包括哪些基本环节?（见2017年江西师范大学真题）

4.卢梭自然教育理论的基本观点是什么? 有何积极意义?（见2012年华东师范大学真题）

5.简述我国隋唐时期教育制度的特点。（见2020年浙江师范大学真题）

6.简述张之洞的"中体西用"教育思想。（见2014年华东师范大学真题）

三、论述题

1. 美国教育家杜威提出"做中学"的教育信条，我国教育家陶行知倡导"教学做合一"的主张。请你在分析两种观点的基础上，结合实际论述它们对我国基础教育改革的理论价值和实际意义。

【答】（1）两种观点的分析。（见2016年天津师范大学真题）

（2）对我国基础教育改革的理论价值和实际意义：

①理论价值。

杜威的"做中学"以及陶行知"教学做合一"的主张对我国的课程改革产生了影响。我国在课程内容方面，树立了内容生活观。改变传统课程内容"繁、难、偏、旧"和只注重书本知识的现状，加强课程内容与学生生活、现代社会和现代技术发展的联系，关注学生的学习兴趣和经验，精选终身学习必备的基础知识和技能。

杜威的"做中学"以及陶行知"教学做合一"的主张对我国全面发展教育产生了影响。实现人的全面发展的根本途径是教育与生产劳动相结合，因此要从做中学、教学做合一。

②实际意义。

我国课程加强了与实际生活的联系。许多中小学开设了活动性、经验性的课程，比如园艺、烹饪、围棋、跳舞、绘画、唱歌、阅读等课程。这些课程既能满足儿童的心理需要，又能满足社会性的需要，还能使儿童对事物的认识具有统一性、完整性。

我国重视学生的全面发展。不仅积极促进学生的德、智、体、美发展，还重视学生的综合实践活动。在教师引导下，密切联系学生自身生活和社会实际，让学生自主进行综合实践活动，包括研究性学习、社会实践、社区服务、劳动技术和信息技术等活动，积累解决问题的经验，提高综合应用知识的能力。

2. 运用多元智力理论论述学习方式的多样性。（见2019年华东师范大学真题）

3. 运用教育社会功能理论论述教育在我国全面建成小康社会进程中的作用。（见2014年北京师范大学真题）

2017年安徽师范大学333教育综合真题·凯程详解

一、名词解释

1. 教育制度（见2012年华东师范大学真题）

2. 校本管理

【答】校本管理是指学校在教育方针与法规的指引下，可以根据自己的实际情况和需要来自主确定发展目标和方向，自主进行学校的教育教学和管理工作。简言之，就是以学校为本位的管理，学校拥有更多的办学自主权，承担更多的责任，改革学校内部管理体制，促进民主决策。实施校本管理应做好以下工作：（1）教育行政部门要简政放权。（2）倡导集体参与、共同决策。（3）开展校本研究，提高学校管理者的决策能力。

3. 程序性知识（见2018年华东师范大学真题）

4. 观察学习（见2019年北京师范大学真题）

5. 自然教育（见2013年陕西师范大学真题）

6. 公学（见2017年东北师范大学真题）

二、简答题

1. 教育应如何适应学生的身心发展规律？（见2010年华中师范大学真题）

2. 在教学评价中，如何处理好教师评价与学生自评的关系？

【答】（1）教学评价的主体应以教师为主。在教学实践中，教师既是教学决策的参与者，又是教学实践的执行者。他们了解教学各个环节和细节上的问题，同时，对教学的价值体察也最深。教师相对其他人员来说，最能提出改进教学的切合实际的建设性提议。因此，教师必须是教学评价主体的核心。

（2）学生也应是教学评价主体的重要组成部分。学生的自我评价有助于学生思维能力和表达能力的提高。在评价自我时，学生要对自己的学习进行分析、比较，或者是与他人比较，或者是自我比较，得出的结果无论是否有主观性，均可促进学生思考；之后，还要将比较、分析的结果用恰当的语言表达出来，促进学生表达能力的提高。

3.简述学校美育过程中应遵循的基本原则。

【答】（1）美育的含义。（见2010年东北师范大学真题）

（2）美育过程中的基本原则。

首先，美育的一切审美对象必须要求思想性与艺术性的统一。

其次，美育的途径应贯彻课内外相结合的原则，充分发挥课堂教学中一切美育因素，提高学生审美、欣赏美的能力，陶冶学生美的情操，培养学生实践美的技能，养成学生在行为中体验美的习惯。

最后，美育与任何教育一样，要适合学生的年龄特征，要贯彻因材施教的原则。

4.韩愈的《师说》提出了哪些主要的教育观点？（见2018年北京师范大学真题）

三、论述题

1.试述终身教育思想的提出对学习型社会的意义。（见2015年北京师范大学真题+2011年江苏师范大学真题）

2.结合实际论述自我效能感及其培养途径。

【答】（1）自我效能感的含义与影响因素。（见2017年东北师范大学真题）

（2）自我效能感的培养途径：

①增加个人的成功体验。这是改变自我效能感最直接、最有效的途径。可以通过完成小事、小任务来踏实地积累，通过不断地完成小事来积累"成功"的体验，重复过程，逐步提高自身能力，最终达成更高的目标。

②积累替代性经历。从观察别人所得到的替代性经验来促进自我效能感的提高。尤其是看到与自己相近、相似的人成功，更能促进自我效能感的提高，增强实现同样目标的信心。

③接受他人的语言说服。当我们听到别人，尤其是自己尊敬、佩服的人，对我们的鼓励，同样可以提升我们的自我效能感。

④调整情绪，保持良好的生理状态。能快速调动情绪的人更容易有较高的自我效能。身体状态良好的时候，我们的自我效能感会比较高涨。

3.试论革命根据地教育经验的现代价值。

【答】（1）革命根据地教育经验。（见2020年华中师范大学真题）

（2）革命根据地教育经验的现代价值。

首先，教育与生产劳动相结合。教育要紧密联系生产和生活实际，进行劳动习惯和观点、劳动知识和技能的教育，促进学生劳动能力的发展。

其次，开展多种形式的办学途径。公办教育与民办教育都是重要的组织机构，要促进民办教育的发展。

最后，促进教学制度和方式的改革。教学内容紧密联系实际，注重自主、合作、探究学习。

四、案例分析题

在案例中苏霍姆林斯基面对这位摘花的小女孩不但没有粗暴地批评，而且另摘了两朵花送给她，为什么？如果是你，你会怎么做？请运用有关教育理论进行分析。

【答】苏霍姆林斯基用心去了解女孩行为背后的原因，理解她的孝心，并奖励她。如果是我，我会先问小女孩为什么摘花并根据她的行为称赞她。

（1）材料体现了因材施教原则。

苏霍姆林斯基看到小女孩摘花并没有马上进行批评，而是认真询问了原因，并根据小女孩的回答奖励了她两朵花，做到了因材施教。

（2）材料体现了疏导原则。

苏霍姆林斯基看到女孩摘花之后，了解其行为背后深层次的原因，他也看到了女孩的羞愧，送了小女孩花，因势利导，对小女孩的孝心进行表扬。

（3）材料体现了理论与实际相结合原则。

苏霍姆林斯基把理论与实际相结合，肯定了小女孩的孝心，切实提高了小女孩的思想水平。

2018 年安徽师范大学 333 教育综合真题·凯程详解

一、名词解释

1. 课程标准（见 2015 年北京师范大学真题）

2. 发现法（见 2017 年华东师范大学真题）

3. 最近发展区（见 2011 年北京师范大学真题）

4. 先行组织者（见 2010 年北京师范大学真题）

5. "七艺"（见 2016 年华东师范大学真题）

6. 要素主义教育（见 2017 年华东师范大学真题）

二、简答题

1. 简述教学是德育的基本途径。（见 2014 年北京师范大学真题）

2. 简述陈述性知识和程序性知识的区别和联系。（见 2010 年陕西师范大学真题）

3. 王守仁的儿童教育思想的主张有哪些？（见 2016 年北京师范大学真题）

4. 简述斯宾塞的智育论。

【答】（1）教学必须适合儿童心智演化的自然过程。

斯宾塞认为，应该反对古典教育的传统教学方法，同时采用建立在儿童心智演化的自然过程基础上的新的教学方法。他指出，儿童心智演化有一个自然过程，干扰它就会发生损害，所以我们必须遵循它的规律，而不能把人为的形式强加于它。

（2）适合儿童心智演化的自然过程的教学法原理。

在教学必须适合心智演化的自然过程的前提下，斯宾塞提出了七条教学方法原理：①从简单到复杂；②从不准确到准确；③从具体到抽象；④儿童的教育在方式和安排上必须同历史上人类的教育相一致；⑤从实验到推理；⑥引导儿童自己去进行探讨和推论；⑦教学过程要贯彻兴趣性原则，让学生能够在兴趣的引导下，愉快地接受知识。

此外，"智育"还论述了"自然教学""实物教学"和"学生独立练习"等方面的内容。

三、论述题

1. 论述我国教育目的的基本精神。（见 2012 年北京师范大学真题）

2. 论述社会规范学习心理过程的三个阶段。（见 2014 年北京师范大学真题）

3. 论述"五四"新文化运动对国人教育观念转变的影响。（见 2012 年华东师范大学真题）

四、案例分析题

请回答你对这个问题的看法，并用教育学的理论进行分析。

【答】（1）现代教育对经济发展的影响。（见 2021 年东北师范大学真题 +2019 年华东师范大学真题）

（2）教育具有相对独立性。

一方面，教育为适应社会的生存与发展而产生、发展，受社会发展的制约，对社会具有依存性；另一方面，教育又是一种主体性的实践活动，在能动地反作用于社会发展的过程中，具有主体自身的价值取向与行为选择，由此实现着教育的社会功能，并表现出自身的相对独立性。主要表现为下述方面：①教育是有目的地培养人的活动，主要通过培养的人作用于社会。②教育具有自身的活动特点、规律与原理。③教育具有自身发展的传统与连续性。

（3）教育先行。

教育先行是一种发展战略，即教育发展先于其他行业或者经济发展的现有状态而超前发展。教育在我国社会主义现代化建设中具有基础性、先导性、全局性意义。落实科学发展观，实现科教兴国战略和人才强国战略，就必然要求把教育摆在优先发展的战略地位。教育优先发展不是教育过度地超前发展，也不是教育的盲目发展，而是一种适度发展。要依据一个国家经济的发展水平来确定教育投资，过多的教育投资反而会造成浪费，所以，我国采用教育的适度优先发展战略，它能更好地保证人才兴国和科教兴国。

2019 年安徽师范大学 333 教育综合真题·凯程详解

一、名词解释

1.双轨制（见 2017 年北京师范大学真题）

2.锻炼法（见 2018 年哈尔滨师范大学真题）

3.下位学习

【答】下位学习也叫类属学习，将概括程度或包容范围较低的新概念或命题，归属到认知结构中原有的概括程度或包容范围较高的适当概念或命题之下，从而获得新概念或新命题的意义。如先知道水果的总括概念，然后学习"苹果""梨子"等具体概念。

4.藏息相辅的教学原则

【答】"藏焉修焉，息焉游焉""时教必有正业，退息必有居学"。教学既要有有计划的正课学习，又要有课外活动和自习，有张有弛，让学生感到学习的乐趣，劳逸结合。

5.精细加工策略（见 2016 年东北师范大学真题）

6.教育无目的

【答】基于教育即生长、教育即生活、教育即经验的改造三大理论，杜威提出教育内在目的论，也叫作教育无目的论。他反对外在的、固定的、终极的教育目的；他所说的"教育的过程，在它自身之外没有目的"，实质上是对脱离儿童而由成人决定的、外在的、终极性的教育目的的纠正。

二、简答题

1.简述教学过程的几种关系。（见 2011 年东北师范大学真题）

2.简述颜之推的儿童教育思想。（见 2013 年哈尔滨师范大学真题）

3.影响知识理解的因素。（见 2015 年北京师范大学真题）

4.简述永恒主义教育思潮。（见 2010 年华东师范大学真题）

三、论述题

1.马克思主义关于人的全面发展学说的主要内容及现实意义。（见 2017 年华南师范大学真题）

2.加涅的学习过程阶段以及信息加工理论对课堂教学的启示。（见 2020 年华中师范大学真题）

3.论述陈鹤琴教育思想的启示及其现实价值。（见 2017 年东北师范大学真题 +2015 年北京师范大学真题）

四、案例分析题

结合材料与现实，谈谈你对当前世界基础教育课程改革发展新趋势的认识。

【答】（1）世界基础教育课程改革对学生的素质提出了新的要求，学生应该具有以下知识、能力和情感态度：

①文化基础。

文化是人存在的根和魂。文化基础，重在强调能习得人文、科学等各领域的知识和技能，掌握和运用人类优秀智慧的成果，涵养内在精神，追求真善美的统一，发展成为有宽厚文化基础、有更高精神追求的人。

人文底蕴：人文积淀、人文情怀、审美情趣。科学精神：理性思维、批判质疑、勇于探究。

②自主发展。

自主性是人作为主体的根本属性。自主发展，重在强调能有效管理自己的学习和生活，认识和发现自我价值，发掘自身潜力，有效应对复杂多变的环境，成就出彩人生，发展成为有明确人生方向、有生活品质的人。

学会学习：乐学善学、勤于反思、信息意识。健康生活：珍爱生命、健全人格、自我管理。

③社会参与。

社会性是人的本质属性。社会参与，重在强调能处理好自我与社会的关系，养成现代公民所必须遵守和履行的道德准则和行为规范，增强社会责任感，提升创新精神和实践能力，促进个人价值实现，推动社会发展进步，发展成为有理想信念、敢于担当的人。

责任担当：社会责任、国家认同、国际理解。实践创新：劳动意识、问题解决、技术运用。

（2）世界教育课程改革发展的趋势。（见 2017 年浙江师范大学真题）

2020年安徽师范大学333教育综合真题·凯程详解

一、名词解释

1. 特殊迁移

【答】特殊迁移是指某一领域或课题的学习直接对另一领域或课题的学习所产生的影响。

2. 认知内驱力

【答】根据学习动机影响学生学业成就的不同，奥苏伯尔将其分为认知内驱力、自我提高内驱力、附属内驱力。认知内驱力是在要求理解和掌握知识需要的基础上产生的，指向学习任务本身，是一种内部动机。

3. 形成性评价（见2013年华中师范大学真题）

4. 掌握学习

【答】掌握学习是指向不同能力水平的学生提供最佳的教学和给予足够的学习时间而使绝大多数学生达到掌握的程度。

5. 长善救失原则（见2020年西北师范大学真题）

6. 教育的相对独立性（见2022年天津师范大学真题）

二、简答题

1. 简述情境陶冶法的内涵及要求。

【答】情境陶冶法是德育方法的一种。情境陶冶法是指通过创设良好的教育情境，潜移默化地培养学生品德的方法。其利用暗示原理，让学生通过无意识的心理活动来接受某种影响。它既不向学生传授系统的道德知识，也不对学生提出明确的要求，而是寓教育于情境之中，通过按教育要求预先设置的情境来感化与熏陶学生；既没有强制性的措施，也难有立竿见影之效，但对学生有潜移默化的效果，给学生品德发展以深远的影响。主要有人格感化、环境陶冶、艺术陶冶。基本要求：①创设良好的情境；②与启发引导相结合；③引导学生参与情境的创设。

2. 简述存在主义教育思想的主要观点。（见2010年安徽师范大学真题）

3. 简述蔡元培的"五育"并举。（见2016年华东师范大学真题）

4. 简述促进迁移的教学原则。（见2014年北京师范大学真题）

三、论述题

1. 论述教育的社会功能及其有效发挥的条件。（见2014年北京师范大学真题）

2. 试论述马卡连柯的劳动教育思想及其当代意义。

【答】马卡连柯认为劳动不仅是劳动教育必不可少的措施，而且是全部教育总体中不可缺少的手段。劳动教育的目的是发展儿童的体力、智力和培养他们从事生产劳动的技能技巧，尤其是要使学生得到道德和精神上良好的发展。与当时苏联流行的看法不同的是，马卡连柯认为生产劳动与学校教学之间不需要任何的一致性，不能机械结合。没有集体就不能进行集体教育和纪律教育，也无法组织劳动和进行劳动教育；没有劳动，不进行劳动教育，集体也就无法建立，真正的纪律教育也不能顺利进行。

意义：（1）劳动教育能使儿童了解劳动的必要性，树立正确的劳动观。在参与劳动的过程中，儿童会养成劳动的习惯，产生对劳动的兴趣，会把劳动当作表现其人格和才能的主要形式，形成劳动最光荣的价值观，培养儿童热爱劳动的情感。

（2）劳动不仅可以促进儿童的健康发展，提高儿童的劳动能力，还可形成和谐的人际关系。劳动可以使儿童手脑并用，锻炼身体的同时也促进智力的发展。在劳动的过程中，儿童能感受到我能帮助别人，但也需要别人的帮助，形成初步合作的意识，发展和谐的人际关系。

（3）劳动教育最大的价值体现在儿童道德和精神的发展上。儿童在劳动的过程中，通过为自己或者为他人的服务，或是体验参与他人劳动的境况，获得自我存在的价值，培养责任感，增强自信心，从而进行自我肯定、自我发展。对儿童开展适宜的劳动教育，还能培养儿童珍惜劳动成果，养成勤俭节约的良好品质。

3. 试论述颜元的"实学""真学"和"习行"的内容及启示。

【答】为了培养"实才实德之士"，颜元提出了"实学""真学"的教育内容，以及"实文""实行""实体""实用"的教学原则。

（1）"实学"的教育内容。

颜元"实学"的教育内容：以"六艺"为中心的"三事""六府""三物"。"三事"指正德、利用、厚生；"六府"指金、木、水、火、土、谷；"三物"指六德、六行、六艺。"六德"为知、仁、圣、义、忠、和；"六行"为孝、友、睦、姻、任、恤；"六艺"为礼、乐、射、御、书、数。这"三事""六府""三物"就是颜元所谓的"实学"。

（2）晚年，颜元曾按自己的教育思想规划漳南书院，陈设"六斋"，实行"分斋教学"，并规定了各斋的具体教育内容，这是对"实学""真学"内容最明确也是最有力的说明。漳南书院的"六斋"为文事斋、武备斋、经史斋、艺能斋、理学斋、帖括斋。

（3）"习行"的教学方法。

第一，"习行"就是强调在教学过程中要联系实际，坚持观察、练习和躬行实践；第二，反对传统的"静坐""闭门读书"和空谈义理；第三，颜元并非排斥通过读和讲来学习知识，只是反对通过静坐读书来获取知识，主张将读书、讲学与"习行"相结合；第四，"习行"也是培养"经世致用"人才的主要途径和教学方法；第五，颜元强调"习行"的依据是其符合学习规律，有利于道德修养，有利于身体健康。

启示：颜元将中国古代关于教育内容的理论推到一个崭新的发展阶段，这是颜元对中国古代教育理论的重要贡献，值得人们重视。颜元注重实践的教育思想对今天的教育仍有很强的借鉴意义。

四、材料分析题

谈谈你对研学旅行的认识和理解。（可从内涵、类型、价值和实施等方面来论述）

【答】（1）内涵：

研学旅行是由学校根据区域特色、学生年龄特点和各学科教学内容需要，组织学生通过集体旅行、集中食宿的方式走出校园，在与平常不同的生活中拓宽视野、丰富知识，加深与自然和文化的亲近感，增加对集体生活方式和社会公共道德的体验。

（2）类型：

①研学旅行组织上实施的主体主要有学校、旅行社或社会文化机构、国家专门成立的研学旅行管理机构等。②从研学旅行活动的实验和正式实施后所开展的诸种活动来看，其活动内容主要有历史文化类、红色革命类、科技活动类、职业体验类、军事训练类、亲近自然类。③以研学旅行活动开展的范围为分类依据，可以分为家乡、县、市、省、全国和世界。

（3）价值：

在中小学素质教育过程中，研学旅行已然成了一个重要环节，其知行结合的创新型教育方式，有益于提升新时代中小学生的文化素养，丰富中小学生的文化生活，让素质教育变得可视化，促进中小学生形成正确的人生观、价值观和世界观。

（4）实施策略：

①正确认识研学旅行活动的性质和作用。②教师转变角色，辩证地处理好研学旅行活动中的各种关系。③确定研学旅行的目标，创造性地设计研学内容与方法。④在管理与运行机制上，协同合作，保障学校安全有效地开展研学旅行活动。

2021年安徽师范大学333教育综合真题·凯程详解

一、名词解释

1. 尊德性

【答】（1）简介。出自《礼记·中庸》："君子尊德性而道问学。"意谓君子既要尊重与生俱有的善性，又要经由学习、存养发展善性。

（2）含义。发掘人的内在天性，进而达到对外部世界的体认，这就是"尊德性"或称"自诚明"。

（3）意义。"尊德性"与"道问学"一起构成了认识的两条途径。人无非是通过向外求知以完善本性和向内省察以助于求知来完善自身的。

2. 素丝说（见2016年西北师范大学真题）

3.组织策略

【答】（1）含义：组织策略指整合所学新知识之间、新旧知识之间的内在联系，形成新的知识结构的策略。

（2）方法：将学习材料分成一些小的单元，并把这些小的单元置于适当的类别中，从而使每项信息和其他信息联系在一起。

（3）常用策略：列提纲、做图解、做表格。

4.酝酿效应（见2016年山西师范大学真题）

5.表现目标

【答】（1）简介：德维克将成就目标分为两类，一类是表现目标，另一类是掌握目标。

（2）含义：表现目标也叫成绩目标、自我卷入目标，指能让他人对自己的表现做出好评的目标。这类学生一般持有能力实体观，有向他人展示自己才智和能力的意愿，但极力回避那些可能失败或会表现出自己低能的情境，因此他们倾向于选择那些容易实现并能够证明自己有能力的工作。

（3）教育应用：教师要引导学生正确看待成绩，强调学习内容的价值和意义，淡化分数和其他奖励；教师要引导学生发挥优势，适当利用激励作用，引导学生更加努力、自信；通过前测，设置具体的、中等难度的、近期可达到的目标，加强动机的持久性。

6.明理教育法

【答】（1）含义：明理教育法又称说服教育法，是指通过摆事实、讲道理，经过与学生思想情感上的沟通与互动，让他们认识道理的真谛，并自觉践行的方法。

（2）类型：包括讲解、谈话、沟通、报告、讨论、参观等。

（3）基本要求：要有针对性；要有知识性和趣味性；要善于抓时机；要注重互尊互助。

二、简答题

1.简述稷下学宫的性质和特点。（见2020年东北师范大学真题）

2.简述1922年"新学制"的特点。（见2014年东北师范大学真题）

3.简述循序渐进原则的基本要求。（见2016年南京师范大学真题）

4.简述改造主义教育的基本观点。（见2014年山东师范大学真题）

三、论述题

1.论述教学过程的性质。（见2013年陕西师范大学真题）

2.论述1958年美国《国防教育法》的主要内容及时代要求。

【答】主要内容。（见2014年华东师范大学真题）

时代要求：

（1）鼓励和资助相关教育方案的扩充和改进，以满足国家的迫切需要。

（2）国家要有危机意识，国家的安全需要充分地开发全国男女青年的脑力资源和技术技能。

（3）教育对国防有至关重要的作用，国家要提供更多的且更适当的教育机会。

（4）有赖于掌握由复杂的科学原理发展起来的现代技术，也有赖于发现和发展新原理、新技术和新知识。

3.论述实际教学中学生问题解决能力的培养。（见2010年华中师范大学真题）

四、材料分析题

材料大意为关于2020年3月20日关于加强劳动教育的文件摘要。试分析你对劳动教育的认识。

【答】（1）劳动教育的内涵：

劳动教育是德、智、体、美、劳全面发展教育的主要内容之一，是能够促使学生树立正确的劳动观点和劳动态度，锻炼其劳动技能，使其热爱劳动和劳动人民，养成劳动习惯的教育。

劳动教育是以提升学生劳动素养的方式促进学生全面发展的教育活动。由于"劳动价值观"是劳动素养的核心内涵，"劳动教育"也可以定义为是以促进学生形成劳动价值观（确立正确的劳动观点、积极的劳动态度，热爱劳动和劳动人民等）和养成良好劳动素养（形成劳动习惯、有一定的劳动知识与技能、有能力开展创造性劳动等）为目的的教育活动。

（2）劳动教育中存在的问题：

①学校劳动教育的弱化。由于学校教育将主要精力投放到为升学做准备，一些中考、高考不涵盖的领域（如德育、美育、劳动教育等）日渐边缘化。

②学校劳动教育的异化。一些存在某些"劳动教育"的学校，其劳动教育也已严重异化。其主要表现为：劳动教育的核心目标不是培育孩子的劳动价值观，而是已经蜕变成为学校教育中的惩罚手段、休闲方式或才艺秀场。

③在家庭教育中劳动教育也未得到重视。许多家庭溺爱儿童的重要特征之一是不再要求孩子参与任何家务劳动，相反，家长会替代孩子进行所有的家务劳动，要求孩子全力以赴学习考试内容，甚至家长会代劳孩子本身生活自理方面的劳动内容。

（3）劳动教育的意义和必要性：

①劳动教育完善了全面发展教育的培育完人的功能。劳动教育能发挥劳动的育人功能，是新时代党对教育的新要求，是中国特色社会主义教育制度的重要内容，是全面发展教育体系的重要组成部分，是大、中、小学必须开展的教育活动。

②劳动教育论证了教育与生产劳动相结合的必要性。"教育与生产劳动相结合"首先是历史发展到现代社会的必然产物，其次是具有真理性的现代教育的主张。在当下，我们应当贯彻与时俱进的原则。一方面，关注消费性劳动、创造性劳动、复合性劳动等新劳动形态；另一方面，还要特别关注劳动教育的"教育新形态"，如各学科的间接教育、隐性课程等教育形式的开展，综合课程、实践性学习、社会服务、终身学习、智慧学习等教育理念的落实。

③劳动教育是德、智、体、美教育实践的基本途径。劳动教育内含着价值观、科学技术、体力、美感等德、智、体、美教育的因素，在劳动教育中能培养学生正确的劳动价值观、增强学生的心智与体能，因此，它是实现德、智、体、美教育的基本途径。同样，德、智、体、美各育也是实现劳动教育最重要的教育形式，脱离德、智、体、美各育，孤立地开展劳动教育的意义也只能在有限的范围内得以体现。

④劳动教育将学校教育与社会、家庭教育结合起来。要构建有效的劳动教育体系，需要家庭、社会、学校三方面共同的配合。家庭要发挥在劳动教育中的基础作用；学校要发挥在劳动教育中的主导作用；社会要发挥在劳动教育中的支持作用。

2022 年安徽师范大学 333 教育综合真题·凯程详解

一、名词解释

1. **教育制度**（见 2012 年华东师范大学真题）

2. **教育目的**（见 2015 年北京师范大学真题）

3. **图式**（见 2010 年辽宁师范大学真题）

4. **课程**（见 2019 年北京师范大学真题）

5. **德育过程**（见 2014 年华东师范大学真题）

6. **有意义学习**（见 2014 年华东师范大学真题）

二、简答题

1. **简述学习的实质。**

【答】（1）学习的含义：学习是个体在特定情境下由于练习或反复经验而产生的行为或行为潜能的比较持久的变化。

（2）学习的实质：

①学习的发生是由经验引起的。学习产生于个体亲自参与某种活动或观察其他个体的活动，进而引起经验的变化。

②学习导致行为或行为潜能的变化。由学习导致的变化有时会立即反映在行为变化上，有时则需要经过很长时间才能反映在行为变化上。

③行为的变化不等同于学习的存在。个体的行为变化不仅可以由学习引起，也可以由本能、疲劳、适应和成熟等引起，而学习导致的行为变化是比较持久的，这种变化会使行为水平提高。

④学习不等同于表现。学习所带来的行为变化往往通过行为表现出来，个体的表现不仅由学习引起，还会由其他方面引起。所以，学习和表现不能等同。

⑤学习是一个广义概念。它不仅是人类普遍具有的，也是动物所具有的。它不仅包括对知识、技能、策略等的学习，也包括对态度、行为、规则等的学习。

2.简述教学过程的几对关系。（见2011年东北师范大学真题）

3.简述创造性认知品质的概念和内容。（见2015年华东师范大学真题）

4.简述新文化运动对教育观念的影响。（见2012年华东师范大学真题）

三、论述题

1.论述陶行知的生活教育理论及其现代意义。（见2014年北京师范大学真题）

2.论述20世纪60年代以来终身教育的演变和启示。（见2015年北京师范大学真题+2011年云南师范大学真题）

3.论述人本主义教育的特征和启示。（见2017年华中师范大学真题）

4.请从马克思主义关于人的全面发展理论的角度论述教育评价改革。

【答】（1）马克思主义关于人的全面发展理论。（见2017年华南师范大学真题）

（2）教育评价改革：

①马克思主义关于人的全面发展是人的智力和体力的全面发展，对学生进行评价时，不以学业成绩作为唯一评价标准，建立促进学生全面发展的科学评价体系。"破"以分数给学生贴标签的不科学做法，"立"德、智、体、美、劳全面发展的育人要求，相应提出树立科学成才观念、完善德育评价、强化体育评价、改进美育评价、加强劳动教育评价、严格学业标准、深化考试招生制度改革7项任务。

②马克思主义关于人的全面发展是全面发展与个性发展辩证统一，教育评价要凸显个体个性发展的需要。通过过程性评价、多元化评价、量化与质性相结合的评价、"五育"并举的评价等多样化、全方位、多层次的评价体系，"创造适合于儿童的教育"。促进学生核心素养发展，让学生展示个性、追求卓越、主动、全面、可持续发展。

③马克思主义关于人的全面发展理论具有时代性、社会性，是顺应时代的发展。教育评价要发挥其在新时代教育事业发展中的重要作用，深刻影响全社会的教育观念，进而影响家庭的教育选择，并在很大程度上影响甚至塑造一个时代的教育生态。

福建师范大学

2010年福建师范大学333教育综合真题·凯程详解

一、名词解释

1.教育制度（见2012年华东师范大学真题）

2.学校德育（见2018年西北师范大学真题）

3."五育"并举（见2011年东北师范大学真题）

4.教学做合一（见2018年湖南师范大学真题）

5.角色扮演法（见2020年辽宁师范大学真题）

6.形式训练说（见2020年华东师范大学真题）

二、简答题

1.简述教育的社会流动功能的含义及其在当代的意义。（见2010年北京师范大学真题）

2.实施教学评价应该遵循哪些基本原则？（见2011年陕西师范大学真题）

3.简述产婆术。（见2013年东北师范大学真题）

4.在现代社会变迁中，教师角色体现出哪些发展趋势？（见2015年华东师范大学真题）

三、论述题

1.试述新一轮基础教育课程改革的具体要求，并说明课程改革的发展趋势。（见 2017 年东北师范大学真题 + 2015 年西南大学真题）

2.评述北宋的三次兴学。（见 2019 年南京师范大学真题）

3.评述赫尔巴特的课程理论。（见 2011 年华东师范大学真题）

4.试述马斯洛需要层次理论的主要内容，并分析其教育的启示意义。（见 2013 年西南大学真题 +2020 年四川师范大学真题）

2011 年福建师范大学 333 教育综合真题·凯程详解

一、名词解释

1.教育的社会流动功能（见 2020 年上海师范大学真题）

2.课程标准（见 2015 年北京师范大学真题）

3.贝尔－兰卡斯特制（见 2012 年北京师范大学真题）

4.昆西教学法（见 2018 年浙江师范大学真题）

5.《颜氏家训》（见 2019 年北京师范大学真题）

6.中体西用（见 2011 年北京师范大学真题）

二、简答题

1.简析现代教育的发展趋势和特点。（见 2013 年北京师范大学真题）

2.简析自我教育能力的构成要素及在德育过程中的作用。（见 2012 年北京师范大学真题）

3.什么是课程内容？课程内容的组织应处理好哪些逻辑组织形式的关系?（见 2014 年华东师范大学真题）

4.简述奥苏伯尔有意义学习的实质与条件。（见 2013 年北京师范大学真题）

三、论述题

1.请结合你的教育经历，试从一个教师的劳动特点，谈谈做一名班主任的素质要求。（见 2015 年东北师范大学真题 +2015 年华东师范大学真题）

2.试析裴斯泰洛齐的"教育心理学化"思想。（见 2016 年湖南师范大学真题）

3.评述 1922 年"新学制"（壬戌学制）。（见 2014 年东北师范大学真题）

4.评述在教育实践中如何培养学生的创造性。（见 2011 年北京师范大学真题）

2012 年福建师范大学 333 教育综合真题·凯程详解

一、名词解释

1.学习策略（见 2015 年北京师范大学真题）

2.角色扮演法（见 2020 年辽宁师范大学真题）

3.智者派（见 2018 年东北师范大学真题）

4.壬戌学制（见 2010 年北京师范大学真题）

5.性善论

【答】（1）孟子的"性善论"可归纳为以下几个方面：①"性善论"说明了人性是人类所独有的区别于动物的本质属性；②人性在本质上具有平等性；③孟子肯定人性本善，"人性"表现为"四心"，即恻隐之心、羞恶之心、恭敬之心、是非之心。（2）孟子对教育作用的论述与"性善论"紧密联系。①教育对个人的作用：教育是扩充"善端"的过程。一方面，教育要"存心养性"，把人天赋的善端发扬光大。另一方面，孟子提出"求放心"。②教育对社会的作用：教育是"行仁政，得民心"的最有效手段。

6.要素教育论（见 2017 年陕西师范大学真题）

二、简答题

1.简述人的身心发展的规律及意义。（见2010年华中师范大学真题）

2.简述课程内容的逻辑规定及课程内容组织编排时要处理好的逻辑组织形式关系。（见2014年华东师范大学真题）

3.简述现代学校教育的发展特点。

【答】现代学校教育有生产性、科学性、公共性、国际性、终身性、革命性等基本特点。

（1）教育的生产性：现代学校教育不仅培养政治上需要的人才，也培养生产劳动者。

（2）教育的科学性：现代学校教育的核心是科学教育，教育的内容和方法都是科学的。

（3）教育的公共性：现代学校教育的公共性也指教育的公平性，即在提高大众素质的基础上培养精英。

（4）教育的国际性：现代学校教育从态度、知识、情感、技能等方面培养受教育者，使其从小就为一个国际化的时代做准备，使教育成为促进国际理解与合作的工具，让学生和教师的国际间流动更为频繁，跨国校际关系越来越密切。

（5）教育的终身性：现代学校教育贯穿于人的一生，改革着眼于创造一个适合终身学习的机会，打通正规教育与业余教育、学校教育与继续教育的界限。

（6）教育的革命性：现代教育的革命性源于现代生产与生活，以科学技术为基础，由于科学技术的本性是不断创新的，因而教育也处于不断的革新之中。

4.简述教学中的讨论法及其应用要求。（见2018年华东师范大学真题）

三、论述题

1.联系我国的中小学教育现状，论述现代中小学教育制度改革的要求。

【答】（1）基本普及学前教育。现代学前教育的发展十分迅速。随着我国义务教育和高中阶段教育的逐渐普及，我国的学前教育也将普及。

（2）均衡发展义务教育。义务教育具有强制性、免费性和普及性的特点。目前，我国实现了免费的普及义务教育，但也存在着发展不平衡的问题，促进义务教育均衡发展已成为我国现阶段教育改革和发展的重大任务。目前我国正倡导实行"公平而有质量的教育"。

（3）努力普及高中阶段教育。在普及九年义务教育后，普及高中阶段教育就成为教育发展的重要趋势。为了适应青少年的升学和就业的选择，并满足社会的需要，高中阶段的学制应该多样化，应有普通高中、职业高中、中等专业学校和技术学校等不同类型的学校供学生选择。

（4）职业教育与普通教育综合化。普通教育是以升学为主要目标，职业教育是以就业为主要目标，单纯的职业技术教育已不能适应社会的要求。职业教育普通化和普通教育职业化，使普通教育和职业教育朝着综合统一的方向发展。

（5）大力发展高等教育。我国高等教育进入普及化阶段。高等教育不仅要办本科的教育，还要有大专、硕士研究生、博士研究生多个层次的教育。除了综合性大学之外，还应有多种专业大学和院系。高等教育向在职人员开放。

（6）终身教育体系的建构。①终身教育主张教育应该贯穿人的一生。②终身教育促进了教育社会化和学习型社会的建立。③终身教育引发了教育内容和师生关系的革新。④终身教育的多元化价值标准为学习者指出了一条自我发展、自我完善的崭新之路。⑤终身教育的发展是必将实现的教育平等的制度基础。

2.阐述教学中培养学生问题解决能力的方法。（见2010年华中师范大学真题）

3.论述中世纪大学的特征及意义。（见2018年南京师范大学真题）

4.论述福建船政学堂及其意义。

【答】（1）福建船政学堂：

福建船政学堂又称"求是堂艺局"或"福州船政学堂"，是福建船政局的组成部分。福建船政局也叫"马尾船政局"或"福州船政局"，由左宗棠在1866年奏请创办，是近代第一个也是洋务运动时期最大的专门制造近代轮船的工厂。左宗棠一开始就把造船与培养人才结合起来，在《详议创设船政章程折》里确定学校的名称为"求是堂艺局"。

学堂的宗旨是"习学洋技"，主要培养造船人才和驾驶人才。学堂有前学堂和后学堂之分，前学堂学习制造技术，又称造船学堂，目标是培养能够设计制造各种船用零件并能进行整船设计的人才；后学堂学习驾驶和轮机技术，一般邀请英、法两国的教习。1868年，前学堂内添设"绘事院"和"艺圃"。"绘事院"的目标是培养生产用图纸的制作人才;"艺圃"实际上是在职培训学校,通过工读结合的形式有计划地培养生产骨干和技术骨干,这开创了我国近代职工在职教育的先声。总之,学堂既培养军事人才,也培养军工技术人才。

1872年前后,福建船政学堂达到兴盛期。1913年从船政局中析出,改组为三个独立的学校:前学堂改组为福州制造学校;后学堂改组为福州海军学校,直属民国政府海军部;"艺圃"改组为艺术学校。

(2)意义:

福建船政学堂从开办到改组,历时约半个世纪,是洋务学堂中持续时间最久的一所。它在我国近代海军事业的发展中占有重要地位,为近代中国海军输送了第一批舰战指挥人才和驾驶人才,也为近代中国船舰制造业的发展写下了光辉的一页,是近代中国海军人才的摇篮。

2013年福建师范大学333教育综合真题·凯程详解

一、名词解释

1.朱子读书法(见2015年东北师范大学真题)

2.全人生指导(见2018年浙江师范大学真题)

3.先行组织者(见2010年北京师范大学真题)

4.形式训练说(见2020年华东师范大学真题)

5.助产术(产婆术)(见2011年北京师范大学真题)

6.导生制(见2012年北京师范大学真题)

二、简答题

1.人的身心发展的规律。(见2010年华中师范大学真题)

2.学生管理的内容和要求。

【答】(1)学生管理的内容。学生管理是一个细致、复杂而又多层面的工作,其内容主要包括学生的思想品德管理、学习管理、健康管理、组织管理、课外活动管理等方面。

(2)学生管理的要求。①遵照国家的法律法规要求,对学生依法进行管理。②依据学生的身心发展特点,对学生进行科学管理。③发挥学生的主动性,引导学生进行自我管理。

3.简述学校教育制度的概念及我国现行学校教育制度改革的方向。(见2010年浙江师范大学真题+2011年南京师范大学真题)

4.教学评价的种类。(见2019年西北师范大学真题)

三、论述题

1.论述学校德育的特征,举例说明教师如何运用"奖惩"这一德育方法。

【答】特征:(1)德育旨在培养学生的道德信念和人生观,帮助学生形成良好的道德行为习惯,主要属于伦理领域。

(2)德育要解决的矛盾主要不是求真,不是学生对事物的知与不知,以回答"世界是什么"的问题;而是求善、知善、行善,以回答"世界应该是什么"的问题。

(3)品德是个性素质结构的重要因素,在个性素质结构中起着价值定向的作用。

奖惩的运用:奖惩是对学生的思想和行为做出评价,包括表扬、奖励和批评、处分两个方面。表扬、奖励是对学生的良好思想、行为做出肯定评价,以引导和促进其品德积极发展的方法。批评、处分是对学生不良思想、行为做出否定评价,以帮助他们改正缺点与错误的方法。基本要求:①公平公正、正确适度、合情合理;②发扬民主,获得群众支持;③注重宣传与教育。

2.中世纪大学的特点和意义。(见2018年南京师范大学真题)

3.论述清末新政时期的"庚款兴学"。

【答】留日高峰的形成,格外引起美国朝野的注目。他们认为这将不利于美国在华的长远利益。因此美国决定从1909年开始,将中国"庚子赔款"中的一部分以先赔后退的方式退还给中国,并和中国政府达成默契,将这笔钱用来发展留美教育,史称"庚款兴学"或"退款兴学"。这一举动被相关国家效仿。

为了实施庚款留美计划,中国政府专门拟定了《遣派留美学生办法大纲》,规定在华盛顿设立"游美学生监督处"作为管理中国留美学生的机构，在北京设立"游美学务处"。游美学务处在直接派遣留美学生的同时，又着手筹建留美预备学校——清华学堂。清华学堂对提高中国留美学生的层次和系统引入"西学"起到了重要作用，民国成立后改称为清华学校。

通过这次兴学，美国的确把中国的留学潮引向了美国，中国留学生的流向从此发生了变化。

4.论述需要层次理论及对教育的意义。（见2013年西南大学真题+2020年四川师范大学真题）

2014年福建师范大学333教育综合真题·凯程详解

一、名词解释

1."三纲领八条目"（见2018年浙江师范大学真题）

2.苏湖教法（见2014年北京师范大学真题）

3.骑士教育（见2010年华东师范大学真题）

4.《巴尔福法案》

【答】1902年，为了公平分配教育补助金和加强对地方教育的管理，英国颁布了《巴尔福教育法》，亦称《巴尔福法案》。主要内容有：设立地方教育当局，以保证满足初等教育的要求，地方教育当局享有设立中等学校的权力，并为中等学校和师范学校提供资金；地方教育当局还应负责对私立学校和教会学校提供资助和控制。该法案首次强调初等教育和中等教育的衔接，并把中等教育纳入地方教育部门管理，为建立统一的国家公共教育制度奠定了基础。

5.自我效能感（见2014年华东师范大学真题）

6.移情

【答】移情是指在对事物进行判断和决策之前，将自己置于他人的位置，考虑他人的心理反应，理解他人的态度和情感体验。移情是自我与道德行为之间重要的中介变量，是助人、安慰、合作、分享等亲社会行为的动机基础。个体移情能力受抚养人态度、个体过去经验、个体敏感性以及社会认知等多种因素的影响，可以通过训练提高。

二、简答题

1.简述班级授课制的优缺点。（见2014年北京师范大学真题）

2.简述学生在教学中接受学习的基本阶段。（见2016年南京师范大学真题）

3.简述知识对人的发展的价值。（见2018年华中师范大学真题）

4.简述长善救失德育原则的内涵和要求。（见2019年湖南师范大学真题）

三、论述题

1.论述现代教师角色发展的趋势。（见2015年华东师范大学真题）

2.论述五四运动中的平民教育思潮和科学教育思潮。（见2020年华中师范大学真题）

3.论述杜威的"做中学"理论。（见2014年东北师范大学真题+2011年浙江师范大学真题）

4.分析影响问题解决的主要因素。（见2017年陕西师范大学真题）

2015年福建师范大学333教育综合真题·凯程详解

一、名词解释

1.遗传素质（见2011年哈尔滨师范大学真题）

2.教育的社会流动功能（见2020年上海师范大学真题）

3.课程方案（见2013年华东师范大学真题）

4.发展性原则（见2019年华中师范大学真题）

5.学校德育（见2018年西北师范大学真题）

6.校本管理（见2017年安徽师范大学真题）

二、简答题

1. 简述教学评价的原则。（见 2011 年陕西师范大学真题）

2. 简述严复教育救国的"三育论"。（见 2016 年山东师范大学真题）

3. 简述自我效能感的定义及其影响因素。（见 2017 年东北师范大学真题）

4. 简述卢梭的自然教育论及其影响。（见 2012 年华东师范大学真题）

三、论述题

1. 论述教学的意义和任务。

【答】教学是由教师的教和学生的学共同组成的一种双边互动的教育活动。通过教学，学生在教师有计划、有步骤的积极引导下，积极主动地掌握系统的科学文化知识和技能，发展智力、体力，陶冶品德，全面发展个性。

（1）教学的意义：①教学是传承文化、传播系统知识、促进学生全面发展的最有效的形式。②教学是学校教育的主要工作，也是进行全面发展教育、实现培养目标的基本途径。

（2）教学的任务。（见 2013 年北京师范大学真题）

2. 论述唐代官学的教育管理制度。

【答】（1）中央官学。

唐代中央官学包括儒学与专门学校两类。国子监管理的"六学一馆"成了中央官学的主干，由国子监管理。唐代中央官学较为发达，种类繁多、人数众多、等级森严、内容丰富，远远超过以往任何一个朝代。

（2）地方官学。

唐代的地方官学也有比较完备的制度。唐代实行州县二级制，类型有三种——经学、医学、崇玄学，但主要内容还是学习儒家经典。地方学校归地方政府之行政长官长史负责，包括主持考试。州县的学生大多是庶民子弟，学生毕业后，可升入中央四门学，或者直接参加科举考试，或者做地方官吏，或者自主择业。可以说中国封建社会的地方官学制度到唐代已得到充分的实施。

（3）唐代官学教育管理制度最重要的是以下六项：①入学制度。唐代中央官学实行等级入学制度，对申请入国子监的学生有一定的年龄限制。②学礼制度。束脩之礼、国学释奠礼、贡士谒见及使者观礼，这些定期性的礼仪活动使学生受到崇儒尊师、登科从政的教育，以及一定的思想熏陶。③教学制度。各种类型的学校教学内容具有具体性和专业性。④考核制度。主要有旬试、月试、季试、岁试和毕业试。⑤督责与惩戒制度。国子监主簿负责执行学规，督促学生勤学，保证国子监的教学和生活秩序。⑥休假制度。常规的休假有旬假、田假和授衣假，反映了农业社会的人性关怀。

3. 结合教学实践谈谈如何培养学生的创造性。（见 2011 年北京师范大学真题）

4. 论述进步主义教育运动的产生、发展及影响。

【答】（1）进步主义教育运动的发展过程。（见 2014 年江西师范大学真题）

（2）影响：进步主义教育运动反思了传统教育，主张教育要以儿童为中心，尊重儿童的兴趣和需要、个性与自由，对美国乃至世界的教育产生了深远的影响。但是进步主义教育的一些弊端正是导致它衰落的原因：运动不能与美国社会变化始终保持一致；理论与实践之间的矛盾；过分强调儿童、忽视社会；指导思想多元化；过分否定教育规律；改造主义和保守主义的抨击加速其衰落。

2016 年福建师范大学 333 教育综合真题·凯程详解

一、名词解释

1. 狭义的教育（见 2012 年西南大学真题）

2. 教育的社会流动功能（见 2020 年上海师范大学真题）

3. 综合实践活动（见 2014 年山东师范大学真题）

4. 学校教育制度（见 2019 年北京师范大学真题）

5. 课程标准（见 2015 年北京师范大学真题）

6. 形成性评价（见 2013 年华中师范大学真题）

二、简答题

1. 简述启发性教学原则的内容及要求。（见2012年北京师范大学真题）

2. 简述东林书院的讲会制度。

【答】东林书院原为北宋理学家杨时讲学之所，也叫龟山书院，后由明朝顾宪成、顾允成等复创，是明朝名声最大、影响最大的书院。

顾宪成以朱熹的《白鹿洞书院揭示》作为范本，制定《东林会约》，形成了一套完备的讲会制度。在《东林会约》的"会约仪式"中，要求定期举行学术会讲，讲学内容主要为"四书"，讲授结束后相互讨论，还会相互以歌诗倡和。此外，对于讲会组织的一些内容，如通知、稽查、茶点、午餐等都做了细致的规定。所有这一切都说明，东林书院的讲会已经制度化了。

官学中没有讲会制度，书院通过"讲会"，把书院的讲学活动扩展为地区性的学术活动。许多学派的著名学者往往不远千里，准时赴会。在会上，或发挥本学派学说的精义以扩大影响，或辨析不同学派主张的异同以取长补短。这就促进了学术的交流，推动了学术的发展。讲会制度使书院名声大振，但也招来忌者，最终遭到以魏忠贤为首的阉党的迫害，书院被禁毁。

3. 简述人文主义情感取向的道德理论。

【答】人文主义情感取向的道德理论就是麦克菲尔的体谅模式。

（1）理论假设：①与人友好相处是人类的基本需要，帮助学生满足这种需要是教育的重要职责。②道德教育重在引导学生学会关心、学会体谅，并从中获得快乐。③鼓励处于社会试验期的青少年试验各种不同的角色和身份，促进学生成熟的人际意识和社会行为的发展。④教育即学会关心。麦克菲尔特别强调：要营造相互关心、相互体谅的课堂气氛；教师要在关心人、体谅人上起表率作用。

（2）实践操作部分：通过《生命线》来实施。这套教材是实施体谅模式的支柱，该教材由三部分组成，循序渐进地向学生呈现越来越复杂的人际与社会情境。

（3）体谅模式的贡献：从实证研究出发，建立起关心他人，发展利他主义观念的理论基点，带有鲜明的人本主义色彩。同时，该模式为学校道德教学提供的《生命线》对我国目前道德教育教材存在的内容枯燥、形式单一，学生无兴趣的现状，是一个好的启示。

4. 简述美国1958年《国防教育法》的主要内容。（见2014年华东师范大学真题）

三、论述题

1. 试述我国中小学班主任的素质要求。（见2015年华东师范大学真题）

2. 评述民国初年的教育方针及其历史意义。

【答】民国初年的教育方针是"五育"并举的教育方针，它的具体内容和历史意义如下。

（1）内容。（见2015年杭州师范大学真题）

（2）意义：蔡元培认为，"五育"是相互联系的一个整体，其中，以公民道德教育为中坚，世界观教育及美感教育是完成道德的手段，而军国民教育及实利主义教育，则必以道德为根本。总之，"五育"并举的教育，就是德、智、体、美和谐发展的教育。应该说，这是符合当时历史发展的要求的，是对封建教育及半殖民地半封建教育宗旨的否定，在教育思想史上也是一个巨大的进步。从人才培养看，这几方面的教育，也符合人的全面发展的教育规律。

3. 试述马斯洛需要层次理论的主要内容及教育启示。（见2013年西南大学真题 +2020年四川师范大学真题）

4. 试述欧洲文艺复兴人文主义教育的特征和影响。（见2019年华中师范大学真题）

2017年福建师范大学333教育综合真题·凯程详解

一、名词解释

1. "六艺"教育（见2012年华东师范大学真题）

2. 大学院

【答】大学院是1927年蔡元培为变"教育官僚化"为"教育学术化"而在教育行政体制上进行的改革。其基本含义是以大学院为全国最高学术和教育行政机构，全国划分为若干大学区，区内设国立大学一所，设校长一人总理大学区内一切学术与教育行政事务。

3.**新教育运动**（见2019年华东师范大学真题）

4.**自我效能感**（见2014年华东师范大学真题）

5.**角色扮演法**（见2020年辽宁师范大学真题）

6.**《国防教育法》**（见2010年湖南师范大学真题）

二、简答题

1.**简述环境对人的发展的作用。**（见2010年山东师范大学真题）

2.**简述教育的政治作用。**（见2012年北京师范大学真题）

3.**简述教育制度的特点。**

【答】教育制度既有与其他社会制度相类似的性质，又有其自身的特点。

（1）客观性：教育制度作为一种制度化的东西，不是本来就有的，而是一定时代的人们根据自己的需要制定的。

（2）规范性：任何教育制度都是制定者根据自己的需要制定的，具有一定的规范性。这种规范性，主要表现在入学条件即受教育权的限定和各级各类学校培养目标的确定上。

（3）历史性：教育制度的具体内容是随着社会的变化而变化的，在不同的社会历史时期和不同的文化背景下，会有不同的特点。

（4）强制性：教育制度作为教育机构系统的制度，是先于个体而存在的。它独立于个体之外，对个体的行为具有一定的强制作用。

4.**简述教师劳动的示范性。**

【答】（1）教师分析教材、演示教材的过程具有示范性。教师是否注意运用劳动手段的示范性，以及示范性手段运用得如何，都直接影响着教学的效果。当代电子化教学手段在课堂教学中的广泛运用，更为教师劳动的示范性锦上添花。

（2）教育教学活动中的各种实践活动，也具有很强的示范性。教学中的各种实验，其过程就是教师演示并指导学生参加实验的过程，每一个环节、每一个步骤，都离不开教师的示范与讲解。

教师的劳动是一种示范性劳动，是通过教师自身的形之于言与行的德识才学，展示教育内容的本质，把知识、技能、社会行为规范转化为学生的知识、才能、品行的。学生无所不在，消息无所不通，教师言行上的任何不检点，都会影响教师的威信，影响到教师教育教学的效果。在教育教学工作中，教师必须以身作则，注意自己的仪表教态、言行举止，处处、时时、事事为学生做出表率。

三、论述题

1.**论述教学原则中循序渐进的含义及基本要求。**（见2016年南京师范大学真题）

2.**论述夸美纽斯的教育适应自然原则及对我国基础教育的启示。**

【答】（1）教育适应自然原则。（见2012年西南大学真题）

（2）启示：我国传统的基础教育工作，存在只重视知识的灌输，忽视学生的自然本性和身心发展规律的问题，只看到了教育的短期效果，不易于儿童的终身发展。夸美纽斯认为各级学校要根据学生的年龄以及已有的知识循序渐进地教学，对我国基础教育改革提供了理论的基础，基础教育应该适应自然，尊重自然规律，符合儿童的身心发展特点，合理安排教学内容，组织教学活动。

3.**论述影响问题解决的因素。**（见2017年陕西师范大学真题）

4.**论述幼童留美的历史影响。**

【答】（1）幼童留美始于1872年，最早提出该建议的是容闳。1871年，曾国藩、李鸿章等在容闳"教育计划"的基础上，上奏《选派幼童赴美肄业办理章程折》，拟选送12～16岁的幼童，每年30名，计划4年共120名赴美留学，15年后每年回华30名幼童。1872年8月11日，第一期30名幼童经上海预备学校培训后，在监督陈兰彬带领下赴美（容闳已先期赴美做准备工作）。1873年6月、1874年11月、1875年10月，第二、三、四期各30名幼童也按计划出发。留美幼童在国外不仅学习英语、自然科学知识，也不忘学习儒家经典。然而由于诸多矛盾，这些幼童并没有按计划完成学业，而是在1881年下半年分三批被撤回。

虽然这次活动中途夭折，但是它开启了中国留学教育的先河，为近代留学积累了宝贵的经验。这批留美青年接触了西方资产阶级文明，学到了近代自然科学和生产技术知识，成为一批新型的知识分子。

（2）历史影响：留美幼童们对近代中国产生了积极的影响。留美幼童们建立了中国近代的电报网、铁路网及警察制度等，为后来这些方面的发展打下了基础。不仅如此，他们还向全世界展示了中国人的聪明才智、不畏强权、成熟稳重、温和有礼。由于有他们在外留学的刻苦学习、面对列强的不卑不亢和对祖国的热爱，清政府才得以在科学技术方面逐渐减少对西方依赖。在外交方面，外国人再也不能像18世纪面对无知的满人那样，主宰一切。清政府得以处于较主动地位，避免了更多国家主权的丧失。留美幼童们回国后对中国所产生的影响，不仅让中国逐渐发展起来，也让许许多多的中国人走出国门，去学习西方的科学技术和政治制度。"留美幼童"对近代中国的影响深远。

2018年福建师范大学333教育综合真题·凯程详解

一、名词解释

1. **素丝说**（见2016年西北师范大学真题）

2. **熙宁兴学**

【答】熙宁兴学是北宋期间的第二次兴学，由王安石在宋神宗熙宁年间主持。改革措施如下：第一，改革太学，创立"三舍法"。第二，扩建和整顿地方官学。第三，恢复与创立武学、律学和医学等专门学校，以培养具有一技之长的人才。第四，编撰《三经新义》作为统一教材。

3. **《国防教育法》**（见2010年湖南师范大学真题）

4. **昆西教学法**（见2018年浙江师范大学真题）

5. **自我效能感**（见2014年华东师范大学真题）

6. **最近发展区**（见2011年北京师范大学真题）

二、简答题

1. **评述现代教育的特点。**（见2013年北京师范大学真题）

2. **简述我国教育目的的基本精神。**（见2012年北京师范大学真题）

3. **简述长善救失原则及基本要求。**（见2013年华南师范大学真题）

4. **简述教学目标设计的基本方式。**

【答】（1）教学目标应定位在学生预期的学习成果上。

（2）教学目标的设计，必须具有完整性、合理性和可行性。

（3）教学目标的陈述要尽量可操作化。

教学目标的设计是我们日常教学所必不可少但又经常忽视的一个环节，掌握一定的思路和方法，这对于我们教学效果的提升会起到很大的作用。

课堂教学目标设计对于课堂教学活动具有十分重要的意义。它规定着教学活动的方向，是教学活动展开的依据；同时，也是评价学生学习的重要标准。教学目标所具有的这些功能，决定了教学目标的设计必须要有一定的思路和方法。

三、论述题

1. **结合实际评述我国教师劳动的价值。**（见2016年上海师范大学真题）

2. **评述裴斯泰洛齐的要素教育论。**（见2018年华东师范大学真题）

3. **论述新文化运动影响下的科学教育发展。**

【答】科学教育思潮在新文化运动期间盛极一时，以任鸿隽为代表的中国科学社和《科学》杂志倡导科学教育，主张将科学内容与方法渗透到各项社会事业中。该思潮认为科学教育的基本内涵是：（1）"物质上之知识"的传授；（2）应用科学方法于教育研究和对人的科学精神、科学态度的训练，以后者为重。

教育的科学化趋势主要表现在两个方面：（1）科学的教育化。提倡学校中的科学教育，即按照教育原理和科学方法进行教育，培养学生科学的知识技能和态度，即科学的教育化趋势。（2）教育的科学化。提倡以科学的方法研究教育，包括儿童心理和教育心理的研究、各种心理和教育统计与测量的试验及量表的编制应用。

科学教育思潮对中国教育的促进作用表现在：（1）以科学的方法研究教育蔚然成风，教育及心理测量、智力测验、教育统计、学务调查在二十世纪二三十年代的中国教育界成为十分流行的研究手段；（2）各种新教学方法的试验广泛开展，道尔顿制、设计教学法、蒙台梭利教学法、自学辅导法等为人们耳熟能详；（3）高校开始设置培养教育学科专门人才的学科和专业。

4. **结合实际分析影响解决问题的主要因素。**（见2017年陕西师范大学真题）

2019年福建师范大学333教育综合真题·凯程详解

一、名词解释

1.个体发展（见2019年华中师范大学真题）

2.绝对性评价

【答】绝对性评价是用目标参照性测验对学生成绩进行的评定。它依据教学目标和教材编制试题来测量学生的学业成绩，判断其是否达到了教学目标的要求，而不以评定学生之间的差别为目的。故绝对性评价也称目标参照性评价。

3.以吏为师（见2017年华东师范大学真题）

4."五育"并举（见2011年东北师范大学真题）

5.《理想国》（见2010年东北师范大学真题）

6.五步探究教学法

【答】杜威非常重视反省思维，即对某个经验情境中的问题进行反复的、严肃的、持续不断的思考，其功能在于求得一个新情境，把困难解决、疑虑排除。反省思维教学法也称五步探究教学法，具体步骤如下：（1）要有一个真实的经验的情境；（2）在这个情境内部产生一个真实的问题；（3）提出解决问题的种种假设；（4）推断哪个假设能解决这个困难；（5）验证这个假设。这五个步骤的顺序不固定，可合并。

二、简答题

1.简述元认知策略的种类。（见2019年华中师范大学真题）

2.简述知识对人的发展的价值。（见2018年华中师范大学真题）

3.简述教学评价的意义。

【答】（1）对学校来说，可以记载和积累学生学习情况的资料，定期向家长报告他们子女的成绩，并作为学生升、留级和能否毕业的依据。

（2）对教师来说，可以及时了解学生的学习情况，获得教学效果的反馈信息，分析自己教学的优缺点，更好地提高教学水平。

（3）对学生来说，可以及时得到学习效果的反馈信息，明确自己学习中的长处与不足，从中受到激励与警示，扬长避短。

（4）对学校领导来说，可以了解每个教师、每个班的教学情况，便于及时发现问题与总结经验，改进教学。

（5）对家长来说，可以了解子女的学习情况及其变化，便于配合学校进行教育。

4.简述疏导原则及要求。（见2011年北京师范大学真题）

三、论述题

1.论述唐朝私学的演变。

【答】（1）隋唐私学发展兴盛。原因是：第一，唐朝明文鼓励私人办学；第二，在太平年代，人们渴求文化；第三，科举考试刺激了私学的发展；第四，私学本身灵活多样，富有活力；第五，隋唐经济的繁荣，是民间私学发展的基础。

（2）隋唐私学的特点。私学一方面承担起儿童启蒙识字基础教育的任务，另一方面承担了比官学更广泛的民族文化传承的任务，各家各派、各种专业的知识，都有人来教授。隋唐私学的特点是层次不同、办学灵活、机构简单、形式多样、内容丰富、覆盖面广，有很强的自由性和自治性。私学是唐朝教育制度中不可或缺的组成部分。它为唐代文化教育事业的繁荣做出了贡献。

（3）隋唐私学的分类。私学在教学程度上分为初级私学和高级私学。

初级私学主要进行启蒙识字教育和一般的生活、伦理常识教育，而且没有成文的规定。

高级私学以有一定文化基础的青年为教育对象，要求其进一步接受专业的教育。高级私学以教师为中心，自由设置。开办私学的人主要是学有专长又具有一定学术素养的人。这种高级私学到了唐朝后期，逐渐发展成了书院的萌芽。其中，书院产生于唐，发展于五代，繁荣和完善于宋代。唐代的书院是由私人读书、藏书的场所，演变为讲学教徒的场所而产生的，既有藏书，又有教学活动，是名副其实的书院。

唐代官学的发达与完备并没有妨碍私学的发展，官学与私学相互补充，共同构成了唐代的封建教育体系。

2.论述班级授课制的优缺点。（见2020年北京师范大学真题）

3.论述加德纳多元智力理论及教育启示。（见2019年华东师范大学真题）

4.评述现代人文主义教育思想。（见2019年华南师范大学真题）

2020年福建师范大学333教育综合真题·凯程详解

一、名词解释

1.课程方案（见2013年华东师范大学真题）

2.诊断性评价（见2013年首都师范大学真题）

3.性恶论

【答】性恶论由荀子提出，他认为人性是恶的，若让人们顺着自然的趋向去做，结果只会发生争夺、暴乱，只有靠礼制的束缚，让人养成守礼的习惯，才能摆脱"恶"。"性恶论"是荀子教育思想的理论基础，他指出凡是人都可以通过"化性起伪"改变自己的恶性，化恶为善，成为高尚人物。

4.稷下学宫（见2020年北京师范大学真题）

5.导生制（见2012年北京师范大学真题）

6.《莫雷尔法案》（见2010年华东师范大学真题）

二、简答题

1.简述奥苏伯尔有意义学习的实质和条件。（见2013年北京师范大学真题）

2.简述个人本位论及其主要观点。（见2013年北京师范大学真题）

3.简述智者学派的观点。（见2011年哈尔滨师范大学真题）

4.简述斯宾塞的课程论。（见2012年辽宁师范大学真题）

三、论述题

1.论述教育的社会流动功能和当代意义。（见2010年北京师范大学真题）

2.论述德育过程是提高自我教育能力的过程。（见2012年北京师范大学真题）

3.论述"五四"新文化运动时期西方教学理论在中国的传播。（见2014年四川师范大学真题）

4.论述学生不良行为产生的原因及其矫正方法。（见2012年华南师范大学真题）

2021年福建师范大学333教育综合真题·凯程详解

一、名词解释

1.教育（见2014年北京师范大学真题）

2.教学过程

【答】（1）含义：我国多数学者认为，教学过程是一种特殊的认识活动过程，即教学过程是教师有目的地引导学生学习人类积累起来的科学文化知识的过程。实质上就是学生能动地认识世界、提高自我的过程。

（2）特点：间接性、引导性、简捷性、制约性。

（3）教学过程中应处理好的几种关系：间接经验与直接经验的关系；掌握知识与培养思想品德的关系；掌握知识与提高能力的关系；智力因素与非智力因素的关系；教师主导作用与学生主体作用的关系。

3.古雅典教育

【答】（1）简介：古雅典教育是古希腊古风时期的教育，在古希腊教育中占有非常重要的地位。

（2）教育特点：

①教育目的：培养身心和谐发展的国家公民。

②教育内容：重视体、智、德、美和谐发展，即不仅重视体育训练，也强调文化知识的学习，注重道德教育及美育，尤其是智慧、勇敢、节制、公正等美德。

③教育方法：温和，具有民主色彩。

④教育体制：既有公共教育，也有私人教育，重视国家和私立教育的发展。

⑤忽视女子教育：雅典不强调女子一定要接受教育。

（3）评价：雅典教育和谐发展的思想受到亚里士多德的极大重视，而且对后来西方资产阶级进步教育思想的发展产生了极大的影响。

4.英国功利主义教育思想

【答】（1）简介：19世纪的英国功利主义教育思想是以追求教育个体利益的最大化和教育整体效用的最大化为要旨的一股教育思潮，它的主要代表人物为：杰里米·边沁、詹姆斯·密尔、约翰·斯图尔特·密尔、斯宾塞。

（2）主要内容：

①追求幸福的教育目的观。不仅追求个人幸福，也追求社会幸福。

②基于功利的伦理观和道德论。19世纪英国功利主义者认为人性是趋利避害的，所以衡量某一行为是否符合道德规范只需看该行为的最终结果为善还是为恶。

③实用的课程论。英国功利主义教育者认为教育是为幸福生活做准备的，学校课程设置应围绕将来的幸福生活这一中心而展开。现实教育情况却是当时的学校课程与现实生活严重脱节，为此，他们提出为幸福生活做准备的实用型课程体系。

（3）评价：英国功利主义教育思想是特定历史条件下的产物，功利主义教育者是在借鉴、融合了诸多方面的养料之后，创建了一套属于自己的理论体系。

5.顺应

【答】（1）简介：顺应是皮亚杰认知发展阶段理论中的一个概念。

（2）含义：顺应是儿童改变已有的图式或形成新图式来适应新刺激的认知过程。例如，婴儿抓不到远处的玩具，偶然地抓到床单一拉，床单上的玩具与婴儿的距离变短了，婴儿拿到了玩具。婴儿发现，拿到玩具的方式除了抓握，还可以借物取物，他以后拿到玩具的方式方法就更多了，这就是顺应。

（3）意义：顺应是图式发生质变的过程，通过顺应，儿童的认知能力达到新的水平。

6.内隐学习（见2019年浙江师范大学真题）

二、简答题

1.简述中小学德育的基本途径。（见2014年北京师范大学真题）

2.简述福建船政学堂的课程设置。（见2012年福建师范大学真题）

3.简述教学中促进学生陈述性知识迁移的措施。

【答】（1）陈述性知识：主要反映事物的状态、内容及事物发展变化的时间、原因，主要指"是什么""怎么样"的知识，也称描述性知识，一般可以用口头或书面语言清楚明白地表述。

（2）措施：

①整合学科内容：教师应注意把各个独立的教学内容整合起来，注意各门学科之间的横向联系，鼓励学生把在某一门学科中学到的知识运用于其他学科。

②加强知识联系：教师应重视新旧知识、技能之间的联系，要促使学生把已学过的内容迁移到新知识上去，可以通过提问、提示等方式，使学生利用已有知识来理解新知识。

③重视学习策略：教师要有意识地教学生学会如何学习，帮助他们掌握概括化的认知策略和元认知策略。认知策略和元认知策略是可教的，教授学习策略有利于促进学习迁移。

④强调概括总结：教师要有意识地启发学生对所学内容进行概括总结。教师可以引导学生提高概括总结的能力，充分利用原理、原则的迁移。在讲解原理、原则时要尽可能用丰富的举例来说明，帮助学生将理论应用于实践。

⑤培养迁移意识：教师通过反馈和归因控制等方式使学生形成关于学习的积极态度，鼓励学生大胆进行迁移，将知识灵活应用。

4.简述影响自我效能感的因素。（见2017年东北师范大学真题）

三、论述题

1.评析教育与人的发展。

【答】（1）人的发展规律对教育教学的意义。（见2010年华中师范大学真题）

（2）教育在人身心发展中的作用：

学校教育在人身心发展中起主导作用，主要表现为个体个性化与个体社会化。教育的主导作用不是万能的。学校教育必须与社会教育、家庭教育相互配合，才能发挥主导作用。学校教育能够发挥主导作用的原因：

①教育在人的发展中起着引领作用（主导作用）。教育，尤其是学校教育，使得影响人的发展过程加入了教育者这一主体，使环境成为经过选择、设计的环境，使受教育者的身心发展成为有指导、有成效的活动，从而有意识地引领年轻一代由生物人发展成为社会人，以促进社会的发展。

②学校教育主要通过文化知识的传递来培养人。文化知识之所以对人的发展至关重要，主要是因为文化知识具有认识价值、能力价值、陶冶价值以及实践价值。

③学校教育对提高人的现代性有显著的作用。与古代社会相比，现代社会对人的发展和教育提出了越来越高的要求，教育对人的发展的作用也越来越大，这在人的现代化发展方面表现得尤为明显。

2.评析班主任工作的内容和方法。

【答】（1）班主任工作的内容。（见2012年西南大学真题）

（2）班主任工作的方法。

①观察法：只有深入到学生的学习、劳动和课余生活中去，才能深入地观察到学生的各种表现。为了做到在不惊动学生的情况下观察到真实情况，班主任要注意选择观察点。在对学生的日常观察中，班主任不可大意，一定要敏感、警觉，注意到最微小的变化。

②谈话法：与学生的谈话方式很多，可以开门见山地谈或委婉地谈，可以有目的性地谈，也可以无拘无束地谈。但无论选择哪种方式，班主任的态度都要亲切、平等、真诚，谈话内容要富有教育意义；方式上要亲密无间，让学生敞开心扉，虚心听取他人意见。

③分析书面材料：学生的书面材料很多，一是学生档案资料，如成长记录册、学籍卡、历年的成绩和操行等；二是班级记录资料，如班级日志等；三是学生个人写的资料，如作文、日记和作业等。分析书面资料可以掌握学生个性才能的发展及家庭、社会交往的全面情况。

④调查研究：为了深入了解学生或弄清某个问题，常常需要运用调查研究。调查一般分为两类：一是综合调查，是为了在新形势下，了解学生德、智、体各方面发展变化的情况，以便制订班主任工作计划。二是专题调查，是为了转变某个后进生或解决某个方面的问题开展深入的专题调查，以便有的放矢，正确处理。

3.评析王守仁的教育作用和儿童教育。（见2016年北京师范大学真题）

4.评析杜威的教育思想。（见2011年北京师范大学真题）

2022年福建师范大学333教育综合真题·凯程详解

一、名词解释

1.有意义学习（见2014年华东师范大学真题）

2.亲社会行为（见2012年山西师范大学真题）

3.教育制度（见2012年华东师范大学真题）

4.受教育者（见2013年华南师范大学真题）

5.快乐之家（见2019年浙江师范大学真题）

6.恩物（见2012年北京师范大学真题）

二、简答题

1.简述遗传对人的发展的作用。（见2011年陕西师范大学真题）

2.简述孔子的"有教无类"办学方针。（见2011年华南师范大学真题）

3.简述美国的公立学校运动。（见2010年天津师范大学真题）

4.简述英国的《巴特勒教育法》。（见2020年湖南师范大学真题）

三、论述题

1. 论述如何培养学生的创造性。（见 2011 年北京师范大学真题）
2. 论述教育的相对独立性。（见 2010 年华中师范大学真题）
3. 论述我国现行的教育制度改革。（见 2012 年福建师范大学真题）
4. 论述京师同文馆的创办及其在中国近代变迁中的意义。

【答】（1）简介。（见 2021 年陕西师范大学真题）

（2）特点。（见 2021 年陕西师范大学真题）

（3）意义。京师同文馆既有封建性，又有殖民性，是清政府在教育上和外国资本主义结合的产物。它的历史意义主要表现在：

①京师同文馆是洋务学堂的开端，也是中国近代新教育的开端。正是由于其"领头羊"的作用，才有了大量新式学校的涌现。

②京师同文馆是社会关注的焦点。京师同文馆身处北京，它的一些重要举措以及由此引起的争执往往能反映出各派关于教育改革的观点，所以它成了社会关注的焦点。

以上两点，决定了京师同文馆在中国近代教育史上的标志和象征意义。京师同文馆标志着我国正式迈出了教育近代化的步伐。它具有新的办学形式，且使科学教育正式列入中国教育，推动中国教育向前迈了重要一步。

河南师范大学

2010 年河南师范大学 333 教育综合真题·凯程详解

一、名词解释

1. 学校教育（见 2010 年华中师范大学真题）
2. 活动课程（见 2013 年东北师范大学真题）
3. 学在官府（见 2017 年华中师范大学真题）
4. 小先生制（见 2019 年浙江师范大学真题）
5. 苏格拉底方法（见 2011 年北京师范大学真题）
6. 新教育运动（见 2019 年华东师范大学真题）

二、简答题

1. 教育的经济功能有哪些？（见 2019 年华东师范大学真题）
2. 简述孔子对教育所做的主要贡献。（见 2012 年北京师范大学真题）
3. 简述蔡元培"思想自由，兼容并包"的办学方针。（见 2011 年北京师范大学真题）
4. 学生学习的特点有哪些？

【答】（1）学生学习的过程是掌握间接经验的过程。

学生学习可以从学习现有的经验、理论、结论开始，同时补充以感性经验。学生的实践活动主要表现在他们的目的性上，而且从总体上来说，间接经验的学习形式是主要的，学生的学习不可能事事从直接经验开始。在教学组织和教学方法上，特别要求教师能把学校学习与实际生活和学生的原有经验相联系。

（2）学生学习是在有计划、有目的和有组织的情况下进行的。

学生学习必须在有限的时间内完成，并达到社会的要求，因此需要在教师的指导下实现。由于教师既掌握所教知识的内在联系，又了解学生学习过程的特点，因此，能够保证在较短时间内，采用特殊有效的方法，帮助学生学会学习，完成掌握前人经验和建构自己的认知结构的学习过程。

（3）学生学习具有一定程度的被动性。

学生学习是一个主动建构的过程，但他们的学习不是为了适应当前的环境，而是为了适应将来的环境。当学生意识不到其当前的学习与将来的生活实践的关系时，就不愿为学习付出努力。因此教师要注意用各种方法来培养和激发学生的学习动机，提高其学习的主动性和积极性。

三、论述题

1. 结合实际，阐述教师劳动的特点。（见2015年东北师范大学真题）

2. 试述教学过程的性质。（见2013年陕西师范大学真题）

3. 试论裴斯泰洛齐的"教育心理学化"思想及其现实意义。（见2016年湖南师范大学真题）

4. 试述创造性的培养措施。（见2011年北京师范大学真题）

2011年河南师范大学333教育综合真题·凯程详解

一、名词解释

1. 受教育者（见2013年华南师范大学真题）

2. 学校教育制度（见2019年北京师范大学真题）

3. 有教无类（见2010年北京师范大学真题）

4. 苏湖教法（见2014年北京师范大学真题）

5. 五步探究教学法（见2019年福建师范大学真题）

二、简答题

1. 教育的功能有哪些？（见2014年北京师范大学真题）

2. 赫尔巴特的教育心理学化思想有哪些？（见2013年陕西师范大学真题）

3. 综合中学运动的特征有哪些？

【答】综合中学是一种非选拔性的学校，它为全体儿童设立，来自各个社会阶层的学生都在一起受教育。欧美各国建立综合中学的热潮叫作综合中学运动。它的宗旨是消除中等教育的阶级差别，促进教育机会均等和社会融合。因此，综合中学运动具有以下特征。

（1）广泛性。①综合中学运动本身的广泛性；②综合中学运动所面对的教育对象的广泛性；③综合中学运动所带来的影响的广泛性。

（2）综合性。综合中学运动试图建立一种能进行全面教育的教育机构。综合性体现在教育机构外部排列或内部构成，以及教育内容和课程编排上。这一运动体现了一种全面、综合、优化选择的特性。

（3）平等性。综合中学运动总体而言是试图通过消除中等教育机构之间的地位差别，以及建立新的平等的教育机构，达到教育平等的目的。

（4）科学性。综合中学运动是建立在心理学、社会学和经济学等学科的科学研究结果之上的。

（5）民主性。综合中学运动体现了民主社会发展的特性，也是教育民主化的重要表现。通过综合中学运动，不仅使教育体系自身实现了民主，也促进了社会的民主化。

（6）社会功利性。综合中学运动的一个重要目的是解决传统教育制度与社会经济发展所需人才之间的矛盾，从而促进国家和社会的发展。因此，形成一种能最大限度地培养大量既有教育素养又有技术才能的劳动力的教育组织形式，改变各国制约经济发展的教育体制就成了解决这一问题的重要途径。同时，这种中等教育形式能促进各社会阶层之间的和谐，有利于建立一种更统一和谐的社会体制，维持社会的稳定和统治。从这些角度来看，该运动具有明显的社会功利性色彩。

4. 加里培林的心智技能形成阶段有哪些？（见2019年山东师范大学真题）

三、论述题

1. 结合实际，阐述教师主导作用与学生主动性的关系。（见2010年北京师范大学真题）

2. 试论述班集体的教育功能。

【答】（1）班集体不但是教育的对象，而且具有巨大的教育力量。

班主任开展工作必须先注意培养班集体。因为班集体一旦形成，它便成为教育的主体，具有巨大的教育力量。

（2）班集体是促进学生个性发展的一个重要因素。

在班集体的各种活动中，一方面，每个学生通过自己的经历和感受，积累集体生活的经验，掌握丰富的道德规范，养成社会主义思想品德并且更加社会化；另一方面，每个学生都能找到适合自己的活动和角色，不断发展自己特有的志趣与爱好并且更加个性化。

（3）班集体能培养学生的自我教育能力。

班集体是学生自己的集体，有它的组织机构，需要学生学会自我管理、自我教育，尤其需要学生自主地开展各种工作与活动。这无疑能有效锻炼和提高学生的自我教育能力。

3.试论陶行知的生活教育理论及其现实意义。（见 2014 年北京师范大学真题）

4.试述影响问题解决的因素。（见 2017 年陕西师范大学真题）

2012 年河南师范大学 333 教育综合真题·凯程详解

一、名词解释

1.德育（见 2016 年东北师范大学真题）

2.学校教育制度（见 2019 年北京师范大学真题）

3.鸿都门学（见 2011 年北京师范大学真题）

4.癸卯学制（见 2018 年东北师范大学真题）

5.文雅教育

【答】文雅教育也称自由教育，是亚里士多德在认为职业与教学分为自由与偏狭的思想上提出的适合自由民的教育。文雅教育反对教育具有功利性，主张以提高一般文化素养为目的，以自由发展理论为目标，探索高深的、纯理论知识的、高尚的教育，符合人的身心发展，对后世产生了重要的影响。但它又对知识带有偏见，将其分为高尚与卑贱的知识，同时由于文雅教育适合自由民，因此其具有明显的阶级性，只为少数贵族所享有，不利于教育的普及。

6.新教育运动（见 2019 年华东师范大学真题）

二、简答题

1.我国教育目的的基本精神是什么？（见 2012 年北京师范大学真题）

2.简述夸美纽斯在教育史上的主要贡献。（见 2016 年西南大学真题）

3.杜威的"五步探究教学法"。（见 2012 年天津师范大学真题）

4.影响自我效能感的因素有哪些？（见 2017 年东北师范大学真题）

三、论述题

1.试述现代教育的特点。（见 2013 年北京师范大学真题）

2.试述教育的生态功能。（见 2020 年华东师范大学真题）

3.论述蔡元培的大学教育思想及现实意义。（见 2013 年北京师范大学真题）

4.试述品德不良纠正和教育的措施。（见 2012 年华南师范大学真题）

2013 年河南师范大学 333 教育综合真题·凯程详解

一、名词解释

1.教育的社会流动功能（见 2020 年上海师范大学真题）

2.长善救失原则（见 2020 年西北师范大学真题）

3.稷下学宫（见 2020 年北京师范大学真题）

4."新学制"的标准

【答】1923 年 6 月确定并刊布了《中小学课程标准纲要》。新的课程纲要规定：小学取消修身课本，增加公民、卫生课，将手工改为公共艺术，图画改为形象艺术；又将初小的卫生、历史、公民、地理合并为社会科；设自然园艺科；将国文改为国语，体操改为体育。小学上课时间以分钟记。初级中学课程设社会、言文、算学、自然、艺术、体育6科。高级中学分普通科和职业科。

5.**智者**（见2018年东北师范大学真题）

6.**《国防教育法》**（见2010年湖南师范大学真题）

二、简答题

1.社会本位论的主要观点有哪些？（见2020年山东师范大学真题）

2.简述孔子关于教师的主张。（见2018年华中师范大学真题）

3.简述陈鹤琴的活教育体系。（见2015年北京师范大学真题）

4.**认知发展的一般规律有哪些？**

【答】（1）认知发展具有顺序性和连续性。

（2）认知发展具有阶段性和针对性。

（3）认知发展具有共同性和差异性。

（4）认知发展具有互补性和关联性。

（5）认知发展具有不平衡性和关键期。

（6）认知发展具有社会性。

三、论述题

1.结合实际论述生产力对教育的制约作用。（见2018年华南师范大学真题）

2.班级授课制的优点有哪些？（见2020年北京师范大学真题）

3.试论斯宾塞的主要教育思想及其影响。（见2012年江西师范大学真题）

4.**试述学业求助策略教学的措施。**

【答】学业求助策略就是指学习者在学习中遇到困难时，向他人请求帮助的行为。它是一种社会支持管理策略。按照求助者目的可以将学业求助分为两类：执行性求助（他人"替"自己解决困难）和工具性求助（他人提供思路和工具）。

学业求助策略还可以细分为两方面，一方面是对工具的求助，另一方面是对人的求助。

（1）工具利用策略。

学习工具是学习中必不可少的学习资源，学会有效利用学习工具对学生来说是非常重要的。具体包括参考资料、工具书、图书馆、广播电视、电脑网络等。

①参考资料的利用。选用参考资料时，要注意所选资料宜精不宜杂，要与自己的学习内容相吻合。

②工具书的利用。选择工具书时，要注意选择最新版本和有权威性的出版社的书或作者群。

③图书馆的利用。进入图书馆，首先要学会根据图书目录查阅所需要的书籍。

④广播电视的利用。广播电视不仅可供人娱乐，也能增长人的知识，开阔人的视野。

⑤电脑网络的使用。电脑的使用不仅可增长人有关电脑科技方面的知识、电脑操作技能，而且有助于人对其他课程的学习。它可用作教学工具和学习工具，如可选择一些电脑辅助教学软件来自学、预习、复习课堂知识；也可利用电脑中的一些工具软件来获取和处理信息、解决问题以及表达自己的思想等。

（2）社会性人力资源的利用策略。

学习是需要与人交流的，老师和同学是学习中最重要的社会性人力资源，必须善于利用。

2014年河南师范大学333教育综合真题·凯程详解

一、名词解释

1.课程（见2019年北京师范大学真题）

2.德育过程（见2014年华东师范大学真题）

3.《大学》（见2019年华中师范大学真题）

4.科举制（见2016年西南大学真题）

5.**学习化社会**

【答】（1）学习化社会是近年来国际社会刚刚出现的概念，早在1972年，富尔向教科文组织提交的报告《学会生存——教育世界的今天和明天》中就已经提出终身教育的思想，但那时的概念和现在的大不一样。

（2）学习化社会的三个根本特征是：①更加强调了学习的终身性；②提出了学习的全民性；③突出了学习的主动性。

（3）学习化社会的基本特点：①学习和受教育的平等性；②时空的开放性；③内容的生活性；④目标定位的发展性；⑤实现过程的理想性；⑥学习的主体性。

6.**设计教学法**（见2015年华东师范大学真题）

二、简答题

1.个体发展的规律性表现在哪些方面？（见2010年华中师范大学真题）

2.简述斯宾塞的"教育预备说"。（见2018年北京师范大学真题）

3.简述杜威的教育本质观。（见2018年东北师范大学真题）

4.人格发展的一般规律有哪些？（见2013年华中师范大学真题）

三、论述题

1.结合实际说明教学的意义。（见2015年福建师范大学真题）

2.结合实际说明班主任应该具备哪些素质。（见2015年华东师范大学真题）

3.论述蔡元培的主要教育主张。（见2013年北京师范大学真题）

4.试述心智技能的培养方法。（见2016年华中师范大学真题）

2015年河南师范大学333教育综合真题·凯程详解

一、名词解释

1.**终身教育**（见2011年华东师范大学真题）

2.**教学组织形式**（见2017年哈尔滨师范大学真题）

3.**"三纲领八条目"**（见2018年浙江师范大学真题）

4.**东林书院**

【答】东林书院是明朝名声、影响最大的书院，在此形成了著名的东林学派。东林书院的特点有：（1）东林书院的基本思想是推行程朱，反对王学。（2）制定《东林会约》，完善讲会制度。（3）学术与政治相结合，密切关注社会政治。东林书院不仅是一个重要的文化学术中心，也是一个政治活动中心，在中国古代书院发展史上有特殊地位。讲会制度使书院名声大振，但也招来忌者，最终遭到以魏忠贤为首的阉党的迫害，书院被禁毁。

5.**《费里教育法》**

【答】1881年和1882年，法国教育部长费里两次颁布有关义务教育的法令，合称《费里法案》（《费里教育法》）。该法案不但确立了国民教育义务、免费、世俗化三大原则，而且还把这些原则的贯彻实施，予以具体化：（1）儿童6~13岁为法定义务教育阶段，接受家庭教育的儿童须自第三年起每年到学校接受一次考试检查，对不送儿童入校学习的家长则予以罚款。（2）免除公立幼儿园及初等学校的学杂费，免除师范学校的学费与膳食、住宿费用。（3）废除教会监督学校及牧师担任教师的特权，取消公立学校的宗教课，改设道德与公民教育课。

6.**结构主义教育**（见2018年天津师范大学真题）

二、简答题

1.简述古代教育的特点。（见2019年哈尔滨师范大学真题）

2.简述孔子的教学思想。（见2012年北京师范大学真题）

3.简述黄炎培的职业教育思想。（见2018年华中师范大学真题）

4.自我效能感的功能有哪些？（见2011年西北师范大学真题）

三、论述题

1.结合实际说明社会变迁中教师角色发展的趋势。（见2015年华东师范大学真题）

2.结合实际说明教育对人的发展的作用。（见2016年东北师范大学真题）

3.试论卢梭的年龄分期及其教育。（见2012年华东师范大学真题）

4.试述有效问题解决者的特征。

【答】大量研究显示，不同个体在解决问题的效率上存在着极大差异。国外学者认为，专家（有效问题解决者）之所以能够高效率地解决问题，是因为他们具备以下七个显著特征。

（1）在擅长的领域表现突出。专家一般在解决自己擅长领域的问题时表现较为出色，而不是所有的领域。

（2）以较大的单元加工信息。专家之所以能更有效地组织信息，是因为他们能将信息转换成为更大的、可以利用的单元。

（3）能迅速处理有意义的信息。这是因为专家往往能更有效地搜索和表征问题。

（4）能在短时记忆和长时记忆中保持大量信息。专家在解决问题时，观念和行动的产生都是高度自动化的。

（5）能以深层方式表征问题。专家通常将他们的注意力放在问题的基本结构上，而不是问题的表面特征上。

（6）愿意花费时间分析问题。在许多研究中人们都发现，专家花费了更多的时间来确认和表征问题，而一旦理解问题，在选择解题策略时耗时甚少。

（7）能很好地监视自己的操作。专家在解决问题之前可能产生其他假设，在解题过程中会迅速抛弃不恰当的解决方法。

这些特征总体上可归纳为一个观点：要想使学生有效地解决问题，必须使他们拥有丰富的、组织良好的专门领域知识。在解决具体问题时，它同一般问题解决策略是互为补充、共同作用的，专门知识促进了解题策略的使用；而关于一般问题解决策略的知识又使学生能够更有效地运用专门知识。只有明确了这一点，才能更好地培养学生的问题解决能力。

2016年河南师范大学333教育综合真题·凯程详解

一、名词解释

1.教育学（见2011年陕西师范大学真题）

2.教育目的（见2015年北京师范大学真题）

3.1912年的教育方针（见2011年东北师范大学真题）

4.《学记》（见2013年东北师范大学真题）

5.自然后果律（见2017年江苏师范大学真题）

6.《教育基本法》

【答】第二次世界大战后，为了改革教育，日本颁布了《教育基本法》。

《教育基本法》的主要内容有：（1）确定教育必须以陶冶人格为目标，培养和平国家及社会的建设者；（2）全体国民接受九年义务教育；（3）尊重学术自由；（4）培养有理智的国民，不搞党派宣传；（5）国立、公立学校禁止宗教教育；（6）教育机会均等，男女同校；（7）尊重教师，提高教师的地位；（8）家庭教育和社会教育应得到鼓励和发展。

二、简答题

1.简述教育的经济功能。（见2019年华东师范大学真题）

2.简述晏阳初的"四大教育"和"三大方式"。（见2017年湖南师范大学真题）

3.简述古代书院教育的特点。（见2017年华中师范大学真题）

4.简述有意义学习的条件。（见2013年北京师范大学真题）

三、论述题

1.论述问题解决能力的培养措施。（见2010年华中师范大学真题）

2.结合实际，谈谈德育过程就是教师指导下学生能动的学习过程。（见2015年华中师范大学真题）

3.论述杜威的课程论及意义。（见2013年东北师范大学真题）

4.列举从古代到现代对教育的三种不同的解释及对教育本质的论述。

【答】（1）陶行知受裴斯泰洛齐的启发和杜威教育思想的影响，提出了生活教育理论，其内涵是：从定义上说，生活教育就是给生活以教育，用生活来教育，为生活向前向上的需要而教育。从生活和教育的关系上说，是生活决定教育。从效力上说，教育要通过生活才能产生力量而成为真正的教育。实际上，生活教育理论就包含三个意思：生活即教育，社会即学校，教学做合一。

（2）裴斯泰洛齐提出要素教育，其基本思想是：①教育过程要从一些最简单的、为儿童所能接受的要素开始，再逐渐转到日益复杂的要素，促进儿童各种天赋能力和力量的全面和谐发展。②他认为在关于事物的对象的各种知识中都存在一些最简单的因素，人如果能够掌握它们，就能认识它们所处的周围世界。③学生掌握知识也有最简单的要素，教师如果掌握了它，就可以提高教学效果，促使学生全面和谐发展。为此，他主张对儿童的教学工作要从最简单的要素开始，然后逐渐扩大加深。

（3）苏霍姆林斯基提出个性全面和谐发展的教育理论，他从马克思关于人的全面发展理论出发，创造性地将全面发展、和谐发展、个性发展融合起来，提出个性全面和谐发展的教育思想，并将其作为学校教育的理想和目标。在他看来，所谓个性全面和谐发展，意味着人在品行上以及同他人相互关系上的道德纯洁，意味着体魄的完美，审美需求和趣味的丰富及社会和个人兴趣的多样。

综上所述，可以看出教育质的规定性，即教育的本质：①教育是一种社会现象，产生于社会生活的需要，且归根结底产生于生产劳动；②教育是一种有目的地培养人的社会活动，是否有目的地培养人，是教育活动与其他社会活动的本质区别，也是教育的本质特征；③教育是人类社会特有的现象。

2017 年河南师范大学 333 教育综合真题·凯程详解

一、名词解释

1. 教育制度（见 2012 年华东师范大学真题）

2. 班级授课制（见 2016 年北京师范大学真题）

3. 有教无类（见 2010 年北京师范大学真题）

4.《劝学篇》（见 2020 年湖南师范大学真题）

5. 骑士教育（见 2010 年华东师范大学真题）

6. 昆西教学法（见 2018 年浙江师范大学真题）

二、简答题

1. 教育学的产生和发展经历了哪几个阶段？并列举出每阶段的一本代表性著作。

【答】（1）教育学的萌芽阶段。

近代之前，人们对教育的认识活动主要停留在经验和习俗的水平，我们称这一时期为"前教育学时期"，也叫作教育学的萌芽阶段。《学记》是世界上最早出现的专门论述教育教学问题的著作。

（2）教育学的独立阶段。

在 17 世纪以后的资本主义社会里，教育学逐渐成为一门独立的学科。1623 年，英国学者培根的《论科学的价值和发展》出版，这本书首次提出把教育学作为一门独立的学科。

（3）教育学的发展多样化阶段。

20 世纪是教育学迅速成长和发展的时期，在赫尔巴特创立的教育理论基础之上，教育学的发展日益走向多元化，产生了一些重要的教育学著作。如斯宾塞的《教育论》。

（4）教育学的理论深化阶段。

20 世纪 50 年代以来，由于科学技术的迅猛发展，引起了世界范围内新的教育改革，并促进了教育学的发展。这一阶段的代表著作有布鲁纳的《教育过程》。

2. 简述裴斯泰洛齐的教育心理学化理论的具体内容。（见 2016 年湖南师范大学真题）

3. 简述要素主义的主要教育观点。（见 2016 年华东师范大学真题）

4. 影响问题解决的因素有哪些？（见 2017 年陕西师范大学真题）

三、论述题

1. 结合实际说明德育过程是提高学生自我教育能力的过程。（见 2012 年北京师范大学真题）

2. 结合实际论述班集体有什么教育功能。（见 2011 年河南师范大学真题）

3.试析壬戌学制的特点及意义。（见2014年东北师范大学真题）

4.如何针对认知方式的差异进行教育？（见2017年广西师范大学真题）

2018年河南师范大学333教育综合真题·凯程详解

一、名词解释

1.学制（见2019年北京师范大学真题）

2.教学评价（见2015年北京师范大学真题）

3."四书五经"（见2014年曲阜师范大学真题）

4.癸卯学制（见2018年东北师范大学真题）

5."七艺"（见2016年华东师范大学真题）

6.恩物（见2012年北京师范大学真题）

二、简答题

1.简述教育的生态功能。（见2020年华东师范大学真题）

2.简述孔子的教育思想。（见2012年北京师范大学真题）

3.简述蔡元培的大学教育主张。（见2011年北京师范大学真题）

4.简述青少年心理健康教育的途径。（见2015年华中师范大学真题）

三、论述题

1.结合实际论述我国教育目的的基本精神。（见2012年北京师范大学真题）

2.结合十九大精神谈谈如何建设师德师风。

【答】（1）热爱教育事业，富有奉献精神和人文精神。热爱教育事业，是搞好教育工作的基本前提。许多优秀教师之所以能在教育工作中做出卓越的成绩，首先是因为他们热爱教育事业，愿意为下一代的成长贡献自己的毕生精力。另外，教师还应具备基本的人文精神，要关怀学生的生存和发展、人生价值的实现，要关怀民族、人类的现实生存境遇和未来发展前景。

（2）热爱学生，诲人不倦。热爱教育事业具体体现在热爱学生上。爱学生是教师的天职，是教育好学生的重要条件。教师只有热爱学生，才能教育好学生。

（3）热爱集体，团结协作。教师的劳动既具有个体性，又具有集体性。教师与教师之间，教师与其他为教育服务的工作人员之间应该相互尊重、团结协作，热爱、尊重并依靠教师集体，最大效度地发挥集体的教育力量。

（4）严于律己，为人师表。教师劳动具有示范性，因此教师必须以身作则，严于律己。凡是要求学生做到的，教师都要首先做到；凡是要求学生不能做的，教师都能首先自律。

党的十九大中，习近平总书记指出"人才培养，关键在教师"，教师队伍素质直接决定着学校的办学能力和水平。报告还指出，加强师德师风建设，培养高素质教师队伍，倡导全社会尊师重教，所以教师要牢固树立"四个意识"，坚定跟党走，加强奉献教育，弘扬爱岗敬业、无私奉献、以身作则、严于律己、为人师表、教书育人的优良传统，自觉地把人民利益放在首位，以敬业奉献为自己的生活准则。

3.论述赫尔巴特的教学形式阶段理论，并对其做简要评价。

【答】（1）定义：赫尔巴特提出的教学形式阶段实际上就是课堂教学的完整过程，是一个包括教学方法、教学形式等在内的规范化的教学程序。

（2）赫尔巴特指出，任何教学活动都必须是井然有序的，都要经历以下四个阶段：

①明了（或清晰）。当一个表象由自身的力量突出在感官前，兴趣活动对它产生注意，这时，学生处于静止的专心活动，教师通过运用直观教具和讲解的方法，进行明确的提示，使学生获得清晰的表象，以做好观念联合，即学习新知识的准备。

②联合（或联想）。由于新表象的产生并进入意识，激起原有观念的活动，因而产生新旧观念的联合，但又尚未出现最后的结果。这时，兴趣活动处于获得新观念前的期待阶段。教师的主要任务是与学生进行无拘束的谈话，运用分析的教学方法。

③系统。新旧观念最初形成的联系并不是十分有序的，因而需要对前一阶段由专心活动得到的结果进行审

思，兴趣活动正处于要求阶段。这时，需要采用综合的教学方法，使新旧观念间的联合系统化，从而获得新的概念。

④方法。新旧观念间的联合形成后需要进一步巩固和强化，这就要求学生自己进行活动，通过练习巩固新习得的知识。

（3）评价：在严格按照心理过程规律的基础上，对教学过程中的一切因素和活动进行高度的抽象，以建立一种明确的和规范化的教学模式。从这个意义上讲，教学形式阶段理论不仅反映了人类对教学过程和教学活动本质认识的发展，而且具有广泛的实践意义。但在另一方面，教学形式阶段理论所固有的机械论倾向，也使它不断受到来自各方面的批评。

4. 论述学习动力的需要层次理论及对教育的启示和意义。（见 2013 年西南大学真题 +2020 年四川师范大学真题）

2019 年河南师范大学 333 教育综合真题·凯程详解

一、名词解释

1. 教育目的（见 2015 年北京师范大学真题）
2. 教学（见 2013 年陕西师范大学真题）
3. 京师同文馆（见 2012 年北京师范大学真题）
4. 苏湖教法（见 2014 年北京师范大学真题）
5. 《爱弥儿》（见 2019 年上海师范大学真题）
6. 《国防教育法》（见 2010 年湖南师范大学真题）

二、简答题

1. 简述教育的文化功能。（见 2016 年北京师范大学真题）
2. 简述杜威的五步教学法。（见 2012 年天津师范大学真题）
3. 简述进步教育运动及其实验。

【答】（1）进步教育运动的发展历程。

进步教育运动兴起于 19 世纪末，帕克创造了"昆西教学法"。1944 年，美国的进步教育运动进入衰落阶段。1955 年，协会解散。1957 年，《进步教育》杂志停办，标志着美国教育史上一个时代的结束。

（2）进步教育实验。

①昆西教学法。昆西教学法的创始人是美国进步教育运动的先驱——帕克。

②有机教育学校。约翰逊创办了费尔霍普学校，该校以"有机教育学校"而闻名。

③葛雷制。沃特的葛雷制亦称"双校制""二部制"或"分团学制"。

④道尔顿制。道尔顿制是针对班级授课制的弊端而提出的一种个别教学制度，又称"道尔顿计划"。

⑤文纳特卡计划。文纳特卡计划是美国教育家华虚朋推行的教育实验计划。

⑥设计教学法。美国教育家克伯屈是"设计教学法之父"，他认为培养品格是最终目的，强调有目的的活动是教学法的核心，儿童自动、自发地学习是设计教学法的本质。

4. 简述加里培林的心智技能形成阶段。（见 2019 年山东师范大学真题）

三、论述题

1. 列举古今中外三种对教育的不同解释及其对教育本质的论述。（见 2016 年河南师范大学真题）
2. 结合国务院关于加强教师队伍建设的意见，谈谈如何加强师德师风建设。（见 2018 年河南师范大学真题）
3. 论述陈鹤琴的活教育思想。（见 2015 年北京师范大学真题）
4. 论述个体认知发展规律及如何运用这些规律进行教学。

【答】（1）个体在认识事物过程中所表现出的感知、记忆、思维、想象、言语和注意等心理活动都属于认知的范畴，认知发展指个体在心理上表征世界、思考世界的方式的发展。

（2）认知发展的规律。（见 2013 年河南师范大学真题）

（3）认知发展规律与教学。

人的认知活动各个方面的发展是多层次、不同步的，认知发展要经历一个由浅入深、多阶段和多水平的过程，教育工作者必须按照认知发展的规律来进行教育。目前，心理学界已经研究出很多社会普遍认可的关于认知发展的理论，如皮亚杰的认知发展阶段理论、维果茨基的文化历史发展理论等。这些理论揭示了认知发展的规律与特点，也要求教育要顺应认知发展的规律与特点，这样才能取得最佳教育效果。

2020年河南师范大学333教育综合真题·凯程详解

一、名词解释

1. 终身教育（见2011年华东师范大学真题）
2. 《福斯特法案》（见2011年东北师范大学真题）
3. 四段教学法（见2010年北京师范大学真题）
4. 中国人民抗日军事政治大学

【答】中国人民抗日军事政治大学简称"抗大"，是在中国共产党和毛泽东直接领导和关心下创建和发展起来的一所培养抗日军政干部的学校，是抗日根据地干部学校的典型。"抗大"的前身是西北抗日红军大学，校址在延安，从1936年建校开始，先后办了8期，有12所分校。抗战胜利后，总校干部赴东北组建东北军政大学。"抗大"的教育方针是"坚定不移的政治方向，艰苦奋斗的工作作风，加上机动灵活的战略战术，便一定能够驱逐日本帝国主义，建立自由解放的新中国"。

5. 活动课程（见2013年东北师范大学真题）
6. 稷下学宫（见2020年北京师范大学真题）

二、简答题

1. 简述孔子关于教师的思想。（见2018年华中师范大学真题）
2. 简述陶行知的生活教育体系。（见2014年北京师范大学真题）
3. 简述学习动机的内部影响因素。

【答】（1）学生的自身需要与目标结构。由于每个人在需要的强度和水平上不尽相同，反映在学习上的动机的强度和水平也就有很大的差异。学生树立的目标不同，所形成的不同目标结构也会影响学生的动机和学习。

（2）成熟和年龄特点。年幼儿童的动机主要是生理性动机。随着年龄的增长，社会性动机及其作用也日益增长。年龄较小的儿童对生理安全过分关注，而中学生对社会影响，如教师、家长的期望等比较关注。

（3）学生的性格特征和个别差异。学生本人的兴趣爱好、好奇心、意志品质都影响着学习动机的形成。

（4）学生的志向水平和价值观。学生的人生观、世界观、价值观所直接反映的理想情况或志向水平影响着学习动机和目标结构的形成。

（5）学生的焦虑程度。学生的焦虑水平不仅影响着学习的动机，更会影响学生的成绩。

4. 简述如何培养班集体。（见2014年华东师范大学真题）

三、论述题

1. 试论述教育的政治功能。（见2012年北京师范大学真题）
2. 试论述品德不良的内部因素。（见2012年华南师范大学真题）
3. 试论述如何上好一节好课。（见2010年华中师范大学真题）
4. 论述夸美纽斯的教育原则并结合实际谈谈其在中小学课堂教学中的影响。

【答】（1）自然适应性原则。这一原则贯穿夸美纽斯的整个教学思想之中，尤其是教学方法之中。自然适应性原则体现在教育上，则要依据人的自然本性，即儿童的天性和年龄特征，按学生的能力顺序进行教学。比如，先感知后理解，先记忆后练习等。

（2）直观性原则。在夸美纽斯的教学理论中，直观性原则居于首要地位。他认为直观性的教学可以保证教学来得容易，进行得迅速而彻底。他为教师们定下了一条教学上的"金科玉律"——"在可能的范围以内，一切事物都应该尽量地放到感觉的跟前"。

（3）自觉性和积极性原则。夸美纽斯认为学习的首要条件是自觉地学习，是对学习的热情和喜爱，是学习的不可抑制的欲望。因此他主张在教学过程中应首先把学生的学习热情和欲望激发起来。他认为："孩子们求学的欲望，是由父母、由教师、由学校、由所教的科目、由教授的方法、由国家的权威激发出来的。"

（4）系统性与循序渐进性原则。他主张学生在学校中应该学习周全而系统的知识，为了实现这个目的，应先从教学要有系统性的计划做起。

（5）巩固性原则。要求学生牢固地掌握所学习的教材。首先，要把学习的基础打好。其次，要记住已领悟的教材。最后，他认为练习是巩固性教学所必不可缺的因素。

（6）量力性和因材施教的原则。教学应根据学生的年龄及其能力来进行。教学的科目及其内容的排列应根据学生的年龄及其理解来进行。他指出："一切应学的科目都应加以排列，使其适合学生的年龄，凡是超过了他们的理解的东西，就不要给他们去学习。"同时在教学中应该考虑到学生的接受能力而不使他们负担过重。

在实际教学中，教师为让学生巩固所学知识，经常用到巩固性原则。如上课时可先提问之前学过的内容，或抽查背诵、默写之前的知识等。

2021 年河南师范大学 333 教育综合真题·凯程详解

一、名词解释

1. 教育的社会变迁功能（见 2011 年山东师范大学真题）
2. 教学的形成性评价（见 2013 年华中师范大学真题）
3. 《学记》（见 2013 年东北师范大学真题）
4. 庚款兴学（见 2018 年山东师范大学真题）
5. 《大教学论》（见 2012 年杭州师范大学真题）
6. 人文主义教育（见 2013 年华东师范大学真题）

二、简答题

1. 如何理解教育的质的规定性？（见 2020 年天津师范大学真题）
2. 简述孟子的教育思想。（见 2015 年北京师范大学真题）
3. 简述陈鹤琴的教育思想。（见 2015 年北京师范大学真题）
4. 简述青少年心理健康教育的主要方法（任意五个）。（见 2021 年华东师范大学真题）

三、论述题

1. 如何贯彻教育影响的一致性、连贯性原则？（见 2010 年北京师范大学真题）
2. 论述教育对人的发展的重大作用。（见 2016 年东北师范大学真题）
3. 论述卢梭的自然主义教育思想。（见 2012 年华东师范大学真题）
4. 如何对学生进行学业求助策略的教学？（见 2013 年河南师范大学真题）

2022 年河南师范大学 333 教育综合真题·凯程详解

一、名词解释

1. 教育制度（见 2012 年华东师范大学真题）
2. 教学（见 2013 年陕西师范大学真题）
3. "三纲领八条目"（见 2018 年浙江师范大学真题）
4. 三舍法（见 2013 年北京师范大学真题）
5. 公学（见 2017 年东北师范大学真题）
6. 导生制（见 2012 年北京师范大学真题）

二、简答题

1. 简述现代教育的特点。（见 2013 年北京师范大学真题）

2.简述《学记》中的教育教学原则。（见2011年东北师范大学真题）

3.简述新文化运动背景下的教育思潮。（见2020年华中师范大学真题）

4.简述元认知策略的教学。（见2014年华东师范大学真题）

三、论述题

1.论述裴斯泰洛齐的教育思想。（见2020年东北师范大学真题）

2.结合实际谈谈德育过程是学生在教师引导下的个体品德的自主建构过程。（见2015年华中师范大学真题）

3.论述班主任应该具有的素质。（见2015年华东师范大学真题）

4.选择一个课程内容，运用奥苏伯尔的先行组织者策略设计一节课。

【答】奥苏伯尔认为影响接受学习的关键因素是认知结构中起固定作用的观念。为此，他提出了先行组织者的教学策略。先行组织者是指先于学习任务本身呈现的一种引导性材料。它的抽象、概括和综合水平高于学习任务，并且与认知结构中原有的观念和新的学习任务相关联。

课程设计如下：

（1）教学内容：平行四边形的认识。

（2）教学目标：①运用生活实例和实践操作认识平行四边形，发现平行四边形的基本特征。②学会用不同方法制作一个平行四边形，通过猜想、验证、发现平行四边形的特征，能测量或画出平行四边形的高。③在解决实际问题中感受图形与生活的联系，培养学生的空间观念和动手实践能力。

（3）教学重点与难点：认识平行四边形的特征和高；理解平行四边形的高与底互相垂直。

（4）教学过程：

①导入新课：

第一步，老师出示长方形方框，询问学生："大家还记得这个图形吗？"

第二步，老师操作"拉"，问："这个图形大家认识吗？"

第三步，老师展示课件，让学生找到生活中随处可见的平行四边形。

第四步，引出课程主题：平行四边形有哪些基本特征？

②实践操作，探究发现：主要通过操作将长方形"拉"成平行四边形的实际体验，让学生发现二者的关系，根据学生的发现依次认识平行四边形的特征。

③引导总结，揭示概念：老师先引导学生总结平行四边形的特征，再进行概念揭示。

④巩固练习，深化认识：进行平行四边形的判断。老师可展示一些图形，让学生判断哪些是平行四边形。

（5）总结反思：课程通过情境展示和实际操作说明长方形与平行四边形的关系。为新的学习任务和旧知识之间搭建一座桥梁，为新的学习任务提供观念上的固定点，增加新旧知识之间的可辨别性，以促进类属性的学习。即通过对长方形特征的复习，比较长方形和平行四边形的相同点和不同点，从而进行平行四边形特征的学习。

重庆师范大学

2010年重庆师范大学333教育综合真题·凯程详解

一、名词解释

1.教育目的（见2015年北京师范大学真题）

2.教学策略（见2017年首都师范大学真题）

3.班级组织（见2015年首都师范大学真题）

4.学习动机（见2013年北京师范大学真题）

二、判断正误

1. 对	2. 错	3. 对	4. 错	5. 对
6. 对	7. 对	8. 对	9. 错	10. 对
11. 错	12. 对	13. 对	14. 错	15. 对
16. 对	17. 错	18. 错	19. 对	20. 对

三、简答题

1. 简述教育的社会功能。（见2014年北京师范大学真题）

2. 简述我国现行学制的改革趋势。（见2011年南京师范大学真题）

3. 简述特殊儿童的主要类型及特征。

【答】（1）特殊儿童是指在生理上、心理上及智能上异于普通儿童，具有特殊教育需要的儿童。其特殊需要包括：特殊的教育场所、特殊的教育方法、特殊的教学手段和受过特殊教育训练的教育者等。

（2）不同国家或地区在不同时期从不同角度进行的分类。从医学或心理诊断角度，可按异常或残疾的种类划分，如分为天才儿童、智力落后儿童、聋童、盲童、行为障碍儿童等；从残疾程度的角度，可再对每一类儿童分为极重度、重度、中度、轻度或边缘；从残疾时间的角度，可分为遗传性、先天性和后天性；从智力落后儿童受教育的可能性角度，可分为可教育的、可训练的和需要监护的；还可以从致残原因、受教育方式等角度来划分。有些国家不对特殊儿童按残疾种类分类，仅称为有特殊教育需要的儿童；也有的为了教育方便仅按程度而不考虑残疾种类划分，把轻度学习障碍、情绪障碍等残疾儿童划为一类进行教育。

4. 简述言语信息学习的过程和条件。

【答】（1）言语信息学习是指学生掌握的是以言语信息传递（通过言语交往或印刷物的形式）的内容或者学生的学习结果是以言语信息表达出来的。言语信息学习的过程：首先，最简单的是名称或命名，即了解、知道学习对象的名称或称呼；其次，用简单的命题来表达某一事实；最后，由相互关联的事实、命题等构成知识体系。

（2）言语信息学习的条件：这一类的学习通常是有组织的，学习者得到的不仅是个别的事实，而且是根据一定的教学目标给予许多有意义的知识。使信息的学习和意义的学习结合在一起，构成系统的知识。

5. 简述培养学生良好态度与品德的方法。

【答】（1）进行有效的说服。有效的说服是提高道德认知的途径。主要有以下几种：有效地利用正反论据；发挥情感的作用，不仅要以理服人，更要以情动人；考虑原有态度的特点。

（2）树立良好的榜样，促进更多学生模仿。这是加强道德行为的途径。榜样的特点、示范的形式及榜样示范行为的性质和后果都会影响观察学习的效果。

（3）利用群体的约定来制约部分学生的不良行为。教师可以利用集体讨论后做出的集体约定来改变学生的态度。

（4）给予适当的奖励和惩罚。奖励和惩罚作为外部调控手段，不仅影响着个体认知、技能和策略的学习，而且对个体道德的形成也起到了一定的作用。

（5）进行价值辨析。价值辨析是指引个体利用理性思维和情绪体验来检查自己的行为模式，努力去发现自身的价值观并指导自己的道德行为。

四、论述题

1. 试述理想师生关系的基本特征及其构建策略。

【答】师生关系是教师和学生在教育过程中为完成一定的教育任务，以"教"和"学"为中介而形成的一种特殊的社会关系，是学校中最基本的人际关系。

（1）理想师生关系的基本特征。（见2017年南京师范大学真题）

（2）构建良好师生关系的策略。（见2019年陕西师范大学真题）

2. 试述社会改造主义课程论流派的观点，并做简要述评。

【答】社会改造主义课程论的主要代表人物有布拉梅尔德、弗莱雷等。

该课程流派的主要观点包括：（1）社会改造是课程的核心；（2）学校课程应以建造新的社会秩序为方向，应该把学生看作社会的一员；（3）课程知识应该有助于学生的社会反思，课程的价值既不能根据学科知识本身的逻辑来判断，也不能根据学生的兴趣、需要来判断，而应该有助于学生的社会反思，唤醒学生的社会意识、社会责任和社会使命；（4）社会问题而非知识问题才是课程的核心问题；（5）吸引不同的社会群体参与到课程开发中来。

社会改造主义树立了一种新的课程观念，开辟了课程研究的新方向，认为课程要把重点放在当代社会的问题、社会的主要功能、学生关心的社会现象，以及社会改造和社会活动计划等方面。课程不应该帮助学生去适应社会，而是要建立一种新的社会秩序和社会文化。学生应尽可能多地参与到社会中去，因为社会是学生寻求解决方法的实验室。

评价：重视课程与社会的联系，有利于为社会需要服务；缺乏系统的知识学习，夸大了教育的作用。

3. 试述加涅的学生素质观及其教育意义。

【答】（1）加涅的学生素质观：

①学生的先天素质，从信息输入来看，如人的视敏度（视力）有个别差异。这种差异是天生的，影响学习的感知过程。

②学生在发展中形成的素质有两种：能力和人格特质。学生的行为除了受特殊学习情境和经验的影响外，还受到更具一般意义的"能力"的影响。它是内在的个体特征，不能被直接观察，只能通过测验间接推测。

③学生后天习得的素质，包括智慧技能、认知策略、语言信息、态度和动作技能。

（2）教育意义：

①教学应该"避免超越人类潜质"，对于学生的先天素质，教学不仅不能改变它们，而且要想使学生取得良好的学习成绩，教师在教学中应避免超越它的限制。

②教育应该适应学生在发展中形成的素质和习得素质的个体差异，素质教育的全体性特点要求每一个学生的素质都能得到发展，这就要求教学应考虑学生的个体差异，真正做到因材施教。

③素质教育是对学生习得的五类素质的教育。学生的先天素质不能被教学所改变，教学应避免超越它们；至于发展中形成的两类素质，由于具有相对的稳定性，教学只能适应它们。

因此，素质教育实际上主要是对学生的五类习得素质的教育。a. 根据习得素质形成的规律进行教学。当代知识分类学习论已经阐明，每类习得的素质有自己独特的学习过程和内外条件，因此，我们应针对不同类型的素质进行教学设计，以全面提高课堂教学效率。b. 智慧技能的教学是素质教育的重点。当代心理学家发现，学生的五类习得素质的学习都以原有智慧技能为基础，智慧技能的教学为五类习得素质的全面发展打下了一个坚实的基础。因此，智慧技能的教学是中小学素质教育的重点。

2011 年重庆师范大学 333 教育综合真题·凯程详解

一、名词解释

1. 教学（见 2013 年陕西师范大学真题）

2. 结构主义教育（见 2018 年天津师范大学真题）

3. 《学记》（见 2013 年东北师范大学真题）

4. 要素教育（见 2017 年陕西师范大学真题）

5. 学习策略（见 2015 年北京师范大学真题）

6. 问题解决（见 2011 年南京师范大学真题）

二、简答题

1. 简述世界各国课程改革发展的趋势。（见 2017 年浙江师范大学真题）

2. 简述杜威的教育本质观和教育目的论思想。（见 2011 年北京师范大学真题）

3. 简述晏阳初平民教育思想及乡村教育实验。（见 2017 年湖南师范大学真题）

4. 简述人文主义教育的特征和贡献。（见 2019 年华中师范大学真题）

三、论述题

1. 试析黄炎培的职业教育思想及启示。（见 2018 年华中师范大学真题）

2. 试析罗杰斯的人本主义学习理论及对教学的启示。（见 2017 年华中师范大学真题）

3. 依据德育过程包含的基本规律，分析我国中小学德育中存在的主要问题及相应的工作要求。

【答】（1）德育过程的基本规律。（见 2019 年北京师范大学真题）

（2）德育过程中存在的问题。（见 2010 年湖南师范大学真题）

（3）德育过程的工作要求。

①教师在德育过程中应该遵循德育原则的基本要求。现阶段我国学校的德育原则主要有：理论和生活相结合原则，疏导原则，长善救失原则，严格要求与尊重学生相结合原则，因材施教原则，在集体中进行教育原则，教育影响一致性和连贯性原则。

②德育的途径和方法在德育过程中有着极为重要的作用。常有这种情况发生，教师对学生所讲的德育内容是正确的，但收不到良好的效果，其原因与德育不得法有关。为了有效地完成德育任务，教师有必要研习和掌握德育的主要途径和方法。

4.**联系实际分析教育活动中一个优秀教师应具备的职业素质和扮演的多元角色。**（见 2019 年北京师范大学真题 +2013 年华东师范大学真题）

2012 年重庆师范大学 333 教育综合真题·凯程详解

一、单项选择题

1～5. BBCCC　　　6～10. DBDCA　　　11～15. DBCBA　　　16～20. CDADB

二、名词解释

1. 后现代主义课程论

【答】后现代主义课程论的基本观点有三点：一是采用后现代主义提出的新视角和方法来考察一系列课程问题。二是批判传统课程体系的封闭性，认为泰勒的课程模式是现代主义封闭体系的产物和典型。三是认为后现代课程标准具有丰富性、循环性、关联性和严密性。

2. 图式（见 2010 年辽宁师范大学真题）

3. 顺向迁移（见 2014 年湖南师范大学真题）

4. 新托马斯主义教育

【答】新托马斯主义教育在基本精神和主要理念上与永恒主义比较一致，西方哲学者将其视为永恒主义宗教派，而将赫钦斯代表的教育思想视为永恒主义世俗派。两派之间最大的区别在于是否承认宗教意义上的上帝或神的存在。新托马斯主义教育认为，教育应该以宗教为基础，要求通过设立以宗教原则为灵魂的课程，将宗教教育作为学校课程的核心。主张各级各类学校都应进行宗教训练，以培养"真正的基督教徒"和"有用的公民"，认为教育应属于教会，从而确立教会的权威领导地位。

5. 昆体良（见 2011 年江西师范大学真题）

三、简答题

1. 简述学生的权利。

【答】我国现行《教育法》对各级各类学校学生的基本权利所做的规定，可以概括为五个方面：

（1）学生有参与教育教学计划安排的各种活动和使用教育教学设施、设备、图书资料的权利。

（2）学生有按照国家规定获得奖学金、贷学金或助学金的权利。

（3）学生有在学业成绩和品行上获得公正评价和在完成规定的学业后获得相应的学业证书、学位证书的权利。

（4）学生有对学校给予的处分不服向有关部门提出申诉，对学校、教师侵犯其人身权、财产权等合法权益提出申诉或者依法提出诉讼的权利。

（5）学生享有法律、法规规定的其他权利。

2. 简述课程评价的功能。

【答】（1）既重视学生在评价中的个性化反应方式，又倡导让学生在评价中学会合作。（2）以质性评价整合与取代量化评价。（3）强调评价问题的真实性与情境性。（4）评价不仅重视学生解决问题的结论，而且重视学生得出结论的过程。

3. 简述合作学习的基本观点。

【答】合作学习在改善课堂内的社会心理气氛，大面积提高学生的学业成绩，促进学生形成良好非认知品质等方面实效显著，被人们誉为"近十几年来最重要和最成功的教学改革"。

（1）互动观。合作学习的互动观主要突出以下几个方面的内容：定位教学活动是一种复合活动；突出生生主动的潜在意义；强调师师互动的前导地位。

（2）目标观。合作学习是一种目标导向活动。合作学习在突出达成情感领域的教学目标的同时，也非常重视其他各类教学目标的达成。

（3）师生观。为了解决学生与所学知识之间的矛盾，才产生了教师与学生、教师与教学内容等的矛盾，它们是从属性的矛盾，是次要矛盾。

（4）形式观。合作学习采用了班级授课与小组活动相结合的教学组织方式，这主要是社会劳动生产方式的某些变化所使然。

（5）情境观。组织学生学习的情境有竞争性的情境、个体性的情境、合作性的情境。

（6）评价观。合作学习的评价观与传统教学也有很大不同。

4.简述人文主义教育的一般特征。（见2011年华东师范大学真题）

5.简述陶行知的生活教育理论。（见2014年北京师范大学真题）

四、材料分析题

1.试用有关教育理论分析以下现象。

【答】材料表明我国城市独生子女缺少劳动教育，没能做到全面发展。

全面发展教育是指教育者根据社会的政治经济需要和人的身心发展的规律和特点，有目的、有计划、有组织地对受教育者实施的旨在促进人的素质结构全面、和谐、充分发展的系统教育。全面发展的教育由德育、智育、体育、美育、综合实践活动等部分组成。全面发展的五个组成部分各有各的特点、规律和功能，是相对独立、缺一不可的，不能互相替代。每部分的社会价值和满足个体发展的价值都是不同的，我们应该主张"五育"并举，组成完整的统一体。

它们又是相互联系的，互为目的和手段，在实践中，共同组成统一的教育过程。德育对其他部分起着保证方向和动力的作用；智育为其他部分提供了认识基础；体育是实施其他部分的机体保证；美育与综合实践活动是德育、智育、体育的具体运用与实施。要坚持"五育"并举，处理好它们的关系，使其相辅相成，发挥教育的整体功能。也就是说，随时都要注意引导学生在德、智、体、美、劳诸方面都得到发展，防止和克服重此轻彼、顾此失彼的片面性，坚持全面发展的教育质量观。

2.阅读下述材料，指出做此表述的教育家是谁？阐明的核心观点是什么？并对案例中反映出的观点进行评析。

【答】（1）材料中的话语出自杜威的《民主主义与教育》，是杜威的教育思想。

（2）杜威的教育思想。（见2011年北京师范大学真题）

五、论述题

1.试述维果茨基的认知发展理论及其对教育教学工作的启示。

【答】维果茨基是苏联著名的心理学家、社会文化历史学派的创始人之一。维果茨基的理论因强调社会文化在认知发展中的作用，所以被称为文化历史发展理论。

（1）文化历史发展理论。

维果茨基从种系和个体发展的角度分析了心理发展的实质，并由此来说明人的高级心理机能的社会历史发展历程。他提出，人的高级心理是随意的心理过程，不是先天就有的，而要受人类文化历史所制约。高级心理包括认知能力。

维果茨基详细阐述了高级心理机能的社会起源理论：①两种工具的理论。维果茨基认为，人有两种工具，一种是物质工具（原始人使用的石刀、石斧，现代人使用的机器），另一种是精神工具（主要指人类特有的语言、符号等）。②两种心理机能。一是靠生物进化获得的低级心理机能，二是文化历史发展的结果。

（2）心理发展的本质。

维果茨基认为，心理发展是指一个人的心理（从出生到成年）在环境与教育的影响下，在低级心理机能的基础上，逐渐向高级心理机能转化的过程。维果茨基提出，心理机能由低级向高级发展的标志有五个方面：①心理活动的随意机能，指心理活动是随意的、主动的，是由主体按照预定目的而自觉引起的。②心理活动的抽象—概括机能，是指心理活动的反映水平是概括的、抽象的。③高级心理结构的形成。④心理活动的社会文化历史制约性，指心理活动是社会文化历史发展的产物，实际受社会规律制约。⑤心理活动的个性化。个性的形成是高级心理机能发展的重要标志。

（3）对教育教学的启示。

①学习者是自主积极的"学徒式学习者"。②学生的学习是受文化历史的背景影响的。③在维果茨基的理论基础上，后人提出了支架式教学、情境教学和合作学习等教学模式。④教学是一个相互作用的动力系统。

总之，维果茨基关于心理的发展理论，可以归纳为一句话：教育不等于发展，也不受限于发展，在一定范围内教育可以促进发展。

2.试析孔子的教师思想及启示。（见 2018 年华中师范大学真题）

2013 年重庆师范大学 333 教育综合真题·凯程详解

一、名词解释

1.课程标准（见 2015 年北京师范大学真题）

2.班级授课制（见 2016 年北京师范大学真题）

3."四书五经"（见 2014 年曲阜师范大学真题）

4.要素主义教育（见 2017 年华东师范大学真题）

5.自我效能感（见 2014 年华东师范大学真题）

6.内驱力

【答】内驱力是个体因自己的胜任能力或工作能力而赢得相应地位的需要。内驱力就是把成就看作赢得地位与自尊心的根源，它是一种外部动机。

二、简答题

1.简述我国教育目的的基本精神。（见 2012 年北京师范大学真题）

2.简述教师的权利和义务。（见 2015 年天津师范大学真题）

3.简述《大学》中的"三纲领八条目"。（见 2016 年陕西师范大学真题）

4.简述学习动机的培养。（见 2012 年华东师范大学真题）

三、材料分析题

1.请分析西方古希腊教育思想与中国孔子教育思想的主要分歧，以及对各自社会和教育发展的历史影响。

【答】古希腊教育包括古雅典和古斯巴达的教育，此外，还包括了智者派、苏格拉底、柏拉图、亚里士多德等著名教育学家的教育思想。古雅典的教育目的是培养有文化修养和多种才能的政治家和商人，注重身心的和谐发展。古斯巴达的教育目的是培养忠于统治阶级的强悍军人，强调军事体育训练和政治道德灌输。智者派的教育目的就是培养人们从事政治活动、处理个人和社会事务的能力。苏格拉底认为教育的作用就是发展人的才能，使人道德高尚，教育的目的是造就道德高尚、才能卓越的治国人才。柏拉图提出理想国的最高教育目标是培养哲学家兼政治家，即哲学王。而亚里士多德提出了自由教育，反对教育具有功利性，主张以提高一般文化素养为目的，以自由发展理论为目标的教育。

孔子在教学中有三个特点：①注重人格教育；②注重国情教育；③孔子的教学是宽口径的基础教育和专业教育、职业教育相结合。

古希腊教育对人的发展的重要性，从希腊三哲的论述中都能体现出来。古希腊的教育思想都是建立在实践的基础上的，不论是苏格拉底的问答法，还是柏拉图的教育始于出生前的思想，亦或是亚里士多德循序渐进的教育模式，都对今天的教育有重要的指导意义和借鉴作用。孔子的教育思想为中国古代教育奠定了理论基础。他创办私学，改变学在官府的局面，成为百家争鸣的先驱，实行有教无类的方针，提倡学而优则仕，编撰了"六经"，首倡启发式教学，实施因材施教，重视教师的作用和道德教育。孔子的教育思想是中华民族珍贵的教育遗产。同时，对世界文化、教育、学术的发展产生了深远的影响。

2.阅读以下材料，指出做此表述的思想家是谁？阐明的核心观点是什么？并论述此教育家对西方教育发展的历史影响。

【答】（1）这些思想出自卢梭的《爱弥儿》。

（2）核心观点：①自然教育的目的——培养自由、平等、独立的自然人。卢梭从其激进的社会政治观出发，认为教育的目的应该是培养忠于祖国，能履行职责的公民。②自然教育的作用——保持和发展人的自然本性。卢梭认为，人的自然本性是善良的、纯洁的，人生来爱自由，具有自爱心和怜悯心。一切错误和罪恶都是不良社会环境影响的结果。③自然教育的基本原理——顺应儿童身心自然发展的规律。卢梭旗帜鲜明地反对封建教育对儿童身心发展的束缚，要求教育要"遵循自然，跟着它给你画出的道路前进"，即"按照孩子的成长和人心的自然发展而进行教育"，使儿童的本能、天性得到发展，使儿童合乎自然地成长为一个知道如何做人的人。教育的任务就是促进儿童"内在的自然发展"。

（3）历史影响：卢梭的自然教育思想对许多著名的教育家都产生过巨大的影响，如巴西多、康德、裴斯泰洛齐和杜威等都从不同方面受到卢梭的启发。作为一部教育著作，《爱弥儿》的主要特点和贡献在于冲破封建教育的樊篱，倡导尊重儿童的教育。卢梭的自然教育思想的核心是要求摆脱封建教育对儿童身心发展的摧残和束缚，要求教育遵循儿童身心发展的规律，代表了近代西方教育发展的主要趋势。但《爱弥儿》对儿童天性的描述过于理想化；过分强调儿童在活动中的自然成长，而忽视了人类文化传统在教育中的作用；过高地估计儿童的直接经验，而忽视学习系统的书本知识。这种从一个极端走向另一个极端的做法也是不可取的。

四、论述题

1.试述建构主义学习理论及其对现实教育发展的影响。（见2019年华中师范大学真题）

2.**试论述我国第八次新课改的具体目标和基本理念。**

【答】第八次基础教育课程改革的具体目标：

（1）改变课程过于注重知识传授的倾向，强调形成积极主动的学习态度，使获得基础知识与基本技能的过程同时成为学会学习和形成正确价值观的过程。

（2）改变课程结构过于强调学科本位、科目过多和缺乏整合的现状。整体设置九年一贯的学科门类和课时比例，设置综合课程，以适应不同地区和学生发展的需求，体现课程的均衡性、综合性和选择性。

（3）改变课程内容繁、难、偏、旧和过于注重书本知识的现状。加强课程内容与学生生活以及现代社会科技发展的联系，关注学生的学习兴趣和经验，精选终身学习必备的基础知识和技能。

（4）改变课程实施过程中过于强调接受学习、死记硬背、机械训练的现状，指导学生使其主动参与、乐于探究、勤于动手，培养学生搜集和处理信息的能力、获取新知识的能力、分析和解决问题的能力以及交流与合作的能力。

（5）改变课程评价过分强调甄别与选拔的功能，发挥评价促进学生发展、教师提高和改进教学实践的功能。

（6）改变课程管理过于集中的状况，实行国家、地方、学校三级课程管理，增强课程对地方、学校和学生的适应性。

第八次基础教育课程改革的基本理念是：倡导在教师的启发、引导下学生主动参与的知识生产方式和自主学习方式；增强课程内容的生活化、综合性。

2014年重庆师范大学333教育综合真题·凯程详解

一、单项选择题

1～5. BBCAB   6～10. BDACA   11～15. BABDB   16～20. BCCAD

二、辨析题

1.**教师的基本权利只有教育教学权。**

【答】错误。教师的基本权利不仅有教育教学权，还有很多其他权利。教师享有下列权利：进行教育教学活动，开展教育教学改革和实验；从事科学研究、学术交流，参加专业的学术团体，在学术活动中充分发表意见；指导学生的学习和发展，评定学生的品行和学业成绩；按时获取工资报酬，享受国家规定的福利待遇以及寒暑假期的带薪休假；对学校教育教学、管理工作和教育行政部门的工作提出意见和建议，通过教职工代表大会或者其他形式，参与学校的民主管理；参加进修或者其他方式的培训。

2.**蔡元培倡导的"教育独立"思想，指的是教育经费的独立。**

【答】错误。蔡元培倡导的"教育独立"思想，不仅仅指教育经费的独立。教育独立的内涵应该包括：教育经费独立，要求政府划出某项固定收入，专作教育经费，不能移用；教育行政独立，要求各省设立专管教育的司，不能附设于政府部门之下，由懂得教育的人充任，教育总长不能因政局而变动；教育思想独立，要执行一定的方针；教育内容独立，能自由编辑、自由出版、自由采用教科书；教育脱离宗教独立。

3.操作性条件反射和经典性条件反射的建立过程基本不同。

【答】正确。尽管经典性条件反射和操作性条件反射都属于行为主义者解释学习发生的基本现象，但二者的建立过程完全相对。在巴甫洛夫建立的经典条件反射的过程中，无条件刺激（如食物）有时又称为强化刺激，往往需伴随着条件刺激（如铃声）而出现，或与其同时出现；在斯金纳建立的操作条件反射的过程中，强化刺激（如食物）则需伴随着反应出现。

4.稷下学宫与之前的官学和同时代的私学相比都显得独具特色。

【答】正确。稷下学宫是战国时期齐国的一所著名学府，也是诸子百家学术争鸣的中心场所。虽为齐国官办，但它实际上又是由许多私学组成的，是一所私学联合体，更是养士之风的一个缩影。其性质可归纳为：稷下学宫是一所由官家举办、私家主持的特殊学校；稷下学宫是一所集讲学、著述、育才活动为一体并兼有咨议作用的高等学府。其办学特色有：学术自由；"不治而议论"；教师来去自由、待遇优厚；学生自由听讲、学无常师；制定了《弟子职》作为学生守则，加强学生管理。

稷下学宫促成了诸子百家的发展、融合和分化；创造了一个出色的教育典范；显示了中国古代士人的独立性和创造精神；给后人留下了许多的思考。

三、简答题

1.简述人的身心发展特点及其对教育的制约作用。（见 2010 年华中师范大学真题）

2.班级授课制的特点有哪些？

【答】（1）含义：班级授课制是一种集体教学形式，它把一定数量的学生按年龄与知识程度编成固定的班级，根据周课表和作息时间表，安排教师有计划地给全班学生集体上课。同一班级学生的学习内容和进度必须一致。今天，我国的教学仍以班级授课制为基本组织形式。

（2）主要特点：

①学生固定。同一个班的学生年龄和学习程度大致相同，并且人数固定。

②内容固定。全班学习的内容与进度一致，采用多科并进、交错授课的方法。

③时间固定。规定每一课在固定的单位时间内进行，这一单位时间称为"课时"。

④教师固定。学校按照教师的专长和工作能力分配教学任务。

⑤场所固定。各班教室相对固定，学生座位也是相对固定的。

3.简述张之洞"中学为体，西学为用"的教育思想。（见 2014 年华东师范大学真题）

4.简述赫尔巴特的教学形式阶段论所包含的四个阶段及基本含义。（见 2017 年东北师范大学真题）

四、论述题

1.结合近年教育部颁布的《教师专业标准》和实际，论述作为教师应该具备的基本素质。（见 2014 年北京师范大学真题）

2.试阐释四种学习动机理论，并结合实际分析如何在该理论的指导下激发学生的学习动机。（见 2010 年东北师范大学真题 +2012 年华东师范大学真题）

2015 年重庆师范大学 333 教育综合真题·凯程详解

一、名词解释

1.学校教育制度（见 2019 年北京师范大学真题）

2.综合课程（见 2012 年华东师范大学真题）

3.生活教育理论（见 2012 年北京师范大学真题）

4.赞科夫的发展性教学理论

【答】赞科夫是苏联著名的心理学家和教育家。赞科夫的教学理论主要处理的是教育与人的发展关系问题。他通过多年的实验形成了自己的发展性教学理论，强调教学要着眼于使学生获得一般发展，有力地破除了把掌握知识混同于发展的陈旧的观念，突出了教学的发展功能。

5.规范学习（见 2014 年华南师范大学真题）

6.问题解决（见 2011 年南京师范大学真题）

二、简答题

1.简述人的全面发展与"五育"并举。

【答】（1）人的全面发展。

"全面发展"，是指个体必须在德、智、体、美、劳诸方面得到发展，不可或缺，即个性的全面发展。上述教育的五个组成部分，既各有特点、规律和功能，是相对独立、缺一不可的，又相互联系、相互制约、相互渗透，在实践中组成统一的教育过程。坚持"五育"并举，处理好它们的关系，使其相辅相成，发挥教育的整体功能。

（2）"五育"并举。

"五育"并举由教育思想家蔡元培提出，他把教育分为"隶属于政治者"与"超轶乎政治者"两类。隶属于政治的有军国民教育、实利主义教育和公民道德教育三者；超轶乎政治的则是世界观教育和美感教育。他认为，五种教育均不可偏废。蔡元培的教育思想体系，是以军国民教育、实利主义教育为急务，以公民道德教育为中心，以世界观教育为终极目的，以美感教育为桥梁。

2.发现学习是有意义的学习，接受学习是机械学习。（辨析题）

【答】错误。接受学习未必就是机械的，它可以而且也应该是有意义的学习；发现学习也未必是有意义的，它同样可能是机械的。如果教师讲授得法，并不一定会导致学生机械地接受学习；同样，发现学习也并不一定是保证学生有意义学习的灵丹妙药。如果学生只是机械地记住解决问题的典型步骤，而对自己正在做什么，为什么这样做毫无意识，他们也可能得到正确答案，但这并不比机械学习或机械记忆更有意义。

奥苏伯尔的认知接受学习论和布鲁纳的认知发现学习论，实际上并不矛盾。布鲁纳的发现法强调学生通过积极的思考去亲自获得知识，奥苏伯尔的接受学习强调充分利用学生原有的认知结构的同化作用。事实上，学生发现新知识，不是凭空臆造的，而是把认知结构中原有的适当知识作为基础。学生同化新知识，也不是消极被动地接受教师所传授的知识，而是通过自己头脑积极主动地发现知识。应该说，虽然发现学习和接受学习强调的侧重点不同，但都特别重视学生认知结构的作用，重视学生认知结构的构建。

3.简述科举制度与中国学校教育的关系。（见2010年北京师范大学真题）

4.在基础教育中，思维与能力的训练优于基础知识和基本技能的学习。（辨析题）

【答】错误。在基础教育中，思维与能力的训练不会优于基础知识和基本技能的学习。基础知识和基本技能的学习是最基本的，缺少这方面的学习就无法进行思维与能力的训练。（从这个方面回答，言之有理即可）

5.简述进步主义教育与新教育运动的不同。

【答】（1）进步主义教育是作为进步主义运动的一部分发端的。进步主义运动是19世纪末在美国兴起的广泛的社会改良运动，旨在反对工业社会的政治经济弊病。进步主义者们力求同时改革教育和社会事务。进步主义教育理论的"实验室"主要是美国的公立学校。相对欧洲的"新学校"来说，进步主义学校更关心普通民众的教育，更强调教育与社会生活的联系，更重视从做中学，更注意学校的民主化问题。

（2）新教育运动亦称"新学校运动"。1889年，英国教育家雷迪在英格兰的德比郡创办阿博茨霍尔姆乡村寄宿学校，标志着新教育运动的开端。与美国的进步主义教育相比，欧洲的新教育运动更注重精英教育而非大众教育；新教育运动更强调自由教育；新教育运动的理论基础更缺乏统一性。

三、论述题

1.从教师专业发展的角度，结合自身教育经历，分析教师职业道德的重要性及其养成途径。

【答】（1）重要性：

教师是履行教育教学职责的专业人员，承担教书育人，培养社会主义事业的建设者和接班人，提高民族素质的使命。教师职业的专业性在于它的伦理性、道德性、人文性及人道性等本质规定。教师职业道德是指教师在从事教育劳动的过程中形成的比较稳定的道德教育观念、行为规范和道德品质的总和，它是调节教师与他人、教师与集体及社会相互关系的行为准则。加强教师（尤其是青年教师）的职业道德修养是关系到我国教育质量乃至我国现代化建设进程的一个重要问题。

（2）养成途径：

第一，教师要培养良好的敬业精神。第二，教师要以科学发展观的理念来支撑和引领自身职业道德的培养。第三，教师要努力提高自身修养。第四，磨炼教师职业道德意志与坚定教师职业道德信念，是教师履行职业道德行为的有力保证。第五，教师要培养对教育事业的热烈情感。第六，参加社会实践，在实践中进行教师道德修养，是加强教师修养的有效办法。第七，教师在加强个人自我修养时，一定坚持运用内省与慎独相结合的方法。

2.结合中小学（或幼儿）相关学习（或学科）领域，分析学生创造性的培养。（见2011年北京师范大学真题）

3.结合我国社会发展需要，试论述基础教育对终身教育发展趋势的应对与变革。

【答】终身教育是被作为未来教育战略的一种教育思想。终身教育，即人们在一生各阶段当中所受各种教育的总和，是人所受不同类型教育的统一综合。它包括教育体系的各个阶段和各种方式，既有学校教育，又有社会教育；既有正规教育，又有非正规教育。主张在每一个人需要的时刻以最好的方式提供必要的知识和技能。终身教育思想成为很多国家教育改革的指导方针。终身教育，并不是指一个具体的实体，而是泛指某种思想或原则，或者说是指某种一系列的关系与研究方法。概括而言，就是指人的一生的教育与个人及社会生活全体的教育的总和。

基础教育要朝着终身教育的方向发展，使人学会学习，终身学习。终身教育是现代社会的需要，是未来教育发展的战略。教育的整个未来是与建立并实施终身教育制度联系在一起的。对于实现教育机会均等和建立学习化社会，这无疑是具有积极意义的。尽管各个国家应该根据自己国家的具体情况来提出其终身教育的模式，但是，必须使教育成为生活的工具，成为使人成功地履行其生活职责的工具。按照终身教育的设想，从学校毕业将不再被看作教育的终结，而是新的教育的开始。

2016年重庆师范大学333教育综合真题·凯程详解

一、填空题（本为选择题，因选项缺失，改为填空题）

1. 马克思主义关于人的全面发展学说　　2. 夸美纽斯　　3. 贺拉斯·曼

4. 骑士学校　　5.《学记》　　6. 陈鹤琴

7. 赫尔巴特出版了《普通教育学》　　8. 韩非　　9. 癸卯学制

二、辨析题

1. 动物界也存在教育。

【答】错误。动物界不存在教育。我们所说的教育，泛指一切有目的地影响人的身心发展的社会实践活动，是人类特有的社会活动。其他物种由于没有意识、思想，就没有基于意识和思想的社会活动，当然也就没有教育现象。至于动物的生存本领，那只是动物的遗传性本能，不属于社会现象，因而不属于教育活动。

2. 美国的《国防教育法》遵循了儿童的身心发展特点。

【答】错误。《国防教育法》是作为改革美国教育、加快人才培养的紧急措施推出的，不是强调尊重儿童的身心发展特点。1957年，苏联卫星上天后，美国朝野极为震惊，改革教育的呼声高涨。1958年，美国颁布了《国防教育法》，主要内容有：加强普通学校的自然科学、数学和现代外语（"新三艺"）的教学；加强职业技术教育；加强"天才教育"；增拨大量经费。法案冠以"国防"二字足以说明美国对此的重视，它认识到了教育在国际竞争中的重要性，教育与国家的安危和国家的前途命运息息相关。该法案的颁布有利于美国教育的发展，有利于教育质量的提高，有利于培养科技人才。

3. 建构主义的核心教学模式是程序教学。

【答】错误。建构主义教学理论倡导的教学模式不是程序教学。它强调知识的动态性，强调学生主动学习，认为知识不是通过教师传授得到的，而是学习者在一定的情境即社会文化背景下，借助其他人的帮助，通过意义建构的方式而获得的。

4. 稷下学宫具有同时代私学与官学不具有的特点。

【答】正确。（见2014年重庆师范大学真题）

三、简答题

1. 简述良好师生关系的构建策略。（见2019年陕西师范大学真题）

2. 简述奥苏伯尔有意义学习的条件和实质。（见2013年北京师范大学真题）

3. 简述陶行知的生活教育思想。（见2014年北京师范大学真题）

4. 简述校本课程、隐性课程、综合课程和活动课程的含义。

【答】（1）校本课程是以学校为课程编制主体，自主开发与实施的一种课程，是相对于国家课程和地方课程而言的一种课程。

（2）隐性课程是指学校政策及课程计划中未明确规定的、非正式的、无意识的学校学习经验，与显性课程相对。它具有非预期性、潜在性、多样性、不易觉察性等特征。

（3）综合课程又称广域课程、统合课程或合成课程，其根本目的是克服学科课程分科过细的缺点。比较容易贴近社会现实和实际生活，通过把多种学科的相关内容融合在一起，构成新的课程。

（4）活动课程是与学科课程相对立的，打破学科逻辑系统的界限，是以学生的兴趣、需要、经验、能力为基础，通过引导学生自己组织的有目的的活动系列而编制的课程。亦称经验课程或儿童中心课程。

四、论述题

1. 论述教师专业发展的内涵以及如何发展。（见 2015 年西南大学真题 +2011 年首都师范大学真题）
2. 如何激发学生的学习动机？（见 2012 年华东师范大学真题）

2017 年重庆师范大学 333 教育综合真题·凯程详解

一、名词解释

1. "五育"并举的教育方针（见 2011 年东北师范大学真题）
2. 自我效能感（见 2014 年华东师范大学真题）
3. 教学目的

【答】教学目的指教学领域里为实现教育目的而提出的一种概括性的、总体的要求，制约着各个教育阶段、各科教学发展趋势和总方向，对整个教学活动起着统领全局的作用，反映的是教学主体的需要。

4. 教学设计（见 2016 年首都师范大学真题）
5. 新教育运动（见 2019 年华东师范大学真题）
6. 课程标准（见 2015 年北京师范大学真题）

二、简答题

1. 简述人文主义教育。（见 2011 年华东师范大学真题）
2. 简述进步主义教育。（见 2015 年重庆师范大学真题）
3. 简述 1922 年"新学制"。（见 2014 年东北师范大学真题）
4. 简述当代教学观念发展的趋势。（见 2019 年首都师范大学真题）
5. 简述学习策略的教学条件。（见 2012 年哈尔滨师范大学真题）
6. 简述影响教师威信形成的主观条件。

【答】影响教师威信形成的主观因素是多方面的，它对教师威信的形成起着根本性的作用。主要包括以下四方面：

（1）崇高的思想、良好的道德品质、渊博的知识、高超的教育和教学艺术是教师获得威信的基本条件。

（2）在与学生长期交往中能适当满足学生的需要，对教师威信的形成具有重大影响。

（3）教师的仪表、生活、作风和习惯对获得威信有重要影响。

（4）教师给学生的第一印象，对教师威信形成有一定影响。

总之，教师的威信只能依靠教师个人的学识才智、育人成果、社会贡献而获得，重在通过教育实践活动进行自我培养和提高。任何威信都有人际心理关系的内容。教师建立和提高自己的威信，有助于疏通与学生的心理关系，建立融洽和谐的人际关系。

三、论述题

1. 论述构建良好师生关系的基本策略。（见 2019 年陕西师范大学真题）
2. 论述影响创造力培养的因素。（见 2011 年江苏师范大学真题）
3. 论述黄炎培职业教育理论的观点及启示。（见 2018 年华中师范大学真题）

2018年重庆师范大学333教育综合真题·凯程详解

一、简答题

1.简述理想师生关系的基本特征。（见2017年南京师范大学真题）
2.简述科举考试制度对学校教育的影响。（见2010年北京师范大学真题）
3.简述陶行知的生活教育理论。（见2014年北京师范大学真题）
4.简述进步主义教育理论的基本特征。（见2018年哈尔滨师范大学真题）
5.简述保罗·朗格朗的终身教育思想。（见2015年北京师范大学真题）
6.简述影响创造力发展的主要因素。（见2011年江苏师范大学真题）

二、辨析题（题目不全，故仅解释考查的相关知识点）

1.教育目的的选择的个人本位价值和社会本位价值。

【答】（1）个人本位价值是指人的价值高于社会的价值，把人作为教育目的的根本所在。其核心思想是：重视人的价值、个性发展及其需要，把人的个性发展及需要的满足视为教育的价值所在；认为教育目的的根本在于使人的本性、本能得到自然发展，使其需要得到满足；主张应根据人的本性发展和自身完善这种"天然的需要"来选择、确立教育目的。

（2）社会本位价值是指把满足社会的需要视为教育的根本价值。其核心思想是：社会是人们赖以生存发展的基础，教育是培养人的社会活动，教育培养的效果只能以其社会功能的好坏来衡量，离开社会需要，教育就不能满足社会的需求。因此，主张教育目的应从社会需要出发，根据社会需要来确定。

（3）应以动态发展的、层次对等的方式来正确看待和认识教育目的的选择中人与社会的关系问题：就一个社会整体教育目的而言，在价值取向上要把满足人的需求和满足社会需求结合起来，把重视人的价值和重视社会的价值结合起来；就教育的实际运行过程而言，把满足社会需要和满足人的需要结合起来，予以动态的、发展的把握；要认识到社会需要与个人发展的辩证关系，从而把两种理论辩证地统一起来，二者的统一在价值取向上最终要落在人的发展上。

2.个性培养和全面发展。（见2021年南京师范大学真题）

3.认知策略和智慧技能。

【答】（1）认知策略。认知是指人脑对信息的加工过程，如对信息的编码、转换、储存。认知策略则是对信息进行认知加工的过程，及学习者用来调节自己内部注意、记忆、思维等过程的技能，其功能在于使学习者不断反省自己的认知活动，调控对概念和规则的使用。

（2）智慧技能。智慧技能也称心智技能，借助于内部言语在头脑中进行的智力活动方式，其中抽象思维因素占据着最主要的地位，并按其内容和概括化程度，区分为一般智慧技能和特殊智慧技能。加涅等西方心理学家认为，智慧技能是将习得的知觉模式、概念、规则运用于实际情境，从而顺利完成任务的能力。按其复杂程度，可将智慧技能分为五个层次：辨别、具体概念、定义概念、规则、高级规则。

4.心理发展中的遗传和环境。（见2015年北京师范大学真题）

三、论述题

论述培养学生的核心素养的必要性和可行性。

【答】（1）核心素养指学生应具备的适应终身发展和社会发展需要的必备品格和关键能力，突出强调个人修养、社会关爱、家国情怀，更加注重自主发展、合作参与、创新实践。

（2）必要性：党的十八大和十八届三中全会提出要将"立德树人"的要求落到实处。2014年教育部研制印发《关于全面深化课程改革，落实立德树人根本任务的意见》，提出"教育部将组织研究提出各学段学生发展核心素养体系，明确学生应具备的适应终身发展和社会发展需要的必备品格和关键能力"。核心素养的提出，将会进一步落实立德树人的根本目标，改变教育领域内依然大量存在的"唯分数论"的现象。近年来，素质教育在取得显著成绩的同时，仍存在课程教材的系统性、适应性不强，课程体系评价标准不明确，高校、中小学课程目标有机衔接不够，部分学科内容交叉重复等问题。要解决这些问题，需要以核心素养为纲，通过各部门协同配合，从整体上推动各教育环节深层次的改革。明确核心素养，一方面可通过引领和促进教师的专业发展，改变当前存在的"知识本位"现象，另一方面可帮助学生明确未来的发展方向，激励学生朝这一目标不断努力。

（3）可行性：①核心素养观念深入人心。②国外对核心素养的研究为我国核心素养的研究提供了经验。③核心素养符合学生的身心发展规律要求。④国家投入了大量的人力、物力、财力进行核心素养研究，师资培养。

2019年重庆师范大学333教育综合真题·凯程详解

一、名词解释

1.生物起源论

【答】教育的生物起源论是教育学史上第一个正式提出的有关教育起源的学说，也是较早地把教育的起源问题作为一个学术问题提出来的学说。它看到了人类教育与其他动物类似行为之间的相似性，这是一个巨大的进步，标志着在教育的起源问题上开始从神话解释转向科学解释。但是，该学说也存在一个根本的错误：把教育的起源归于动物的本能行为，没能把人类教育行为与动物类教育行为区别开来，因而也没能把握人类教育的目的性和社会性。

2.教育目的的个人本位论（见2010年浙江师范大学真题）

3.自我效能感（见2014年华东师范大学真题）

4.卢梭的自然主义教育（见2013年陕西师范大学真题）

5.最近发展区（见2011年北京师范大学真题）

二、辨析题

1.蔡元培的教育独立就是教育独立于政治经济。

【答】错误。蔡元培的教育独立是指：教育经费独立；教育学术和内容独立；教育行政独立；教育脱离宗教而独立。

2.要素主义注重阅读经典著作。

【答】错误。要素主义把人类文化遗产的共同要素作为学校教育的核心；永恒主义教育强调阅读经典名著。

要素主义教育理论的主要观点为：（1）把人类文化遗产的共同要素作为学校教育的核心。（2）教学过程是一个训练智慧的过程。强调传统的心智训练，传授整个人生的知识。（3）强调学生在学习上必须努力和专心。（4）强调教师在教育和教学中的核心地位。

永恒主义教育理论的主要观点为：（1）教育的性质永恒不变。（2）教育的目的是要引出我们人类天性中共同的要素，即培养永恒的理性。（3）永恒的古典学科应该在学校课程中占有中心地位。古典名著是培养理性的途径。（4）提倡通过教师的教学进行学习。

3.隐性课程就是校本课程，校本课程就是隐性课程。

【答】错误。校本课程是以学校为课程编制主体，自主开发与实施的一种课程，是相对于国家课程和地方课程而言的一种课程。

隐性课程是指学校政策及课程计划中未明确规定的、非正式的、无意识的学校学习经验，与显性课程相对。它是指学生在学校情境中无意识地获得的经验、价值观、理想等意识形态内容和文化影响。也可以说是学校情境中以间接的、内隐的方式呈现的课程。它具有非预期性、潜在性、多样性、不易觉察性。

三、简答题

1.简述陶行知的生活教育理论。（见2014年北京师范大学真题）

2.简述稷下学宫的性质和特点。（见2020年东北师范大学真题）

3.简述教师的专业发展途径。（见2020年华东师范大学真题）

4.简述美国的《国防教育法》。（见2014年华东师范大学真题）

四、材料分析题

1.用归因理论分析材料中同学们的行为表现，并且对如何提升小张的动力水平提出建议。

【答】（1）小林将失败归因为能力不足，小杨将失败归因为努力不足，小张将成功归因为运气太好。

（2）正确阐述归因理论。对行为成败原因的分析可归纳为以下六个因素：能力、努力、任务难度、运气、身心状态、外界环境。韦纳将这六个因素按性质不同分别纳入三个维度：控制点（因素源）、稳定性和控制性。

（3）对成功和失败的解释会对以后的行为产生重大的影响。如果把考试失败归因为能力不足，那么以后的考试还会期望失败。最好将成败归因为内部的、可以控制的、不稳定的因素，如努力。因此小张要学会正确地归因。

2.用建构主义的知识观、学习观、教学观来分析材料中教师的教学安排。（见2013年华东师范大学真题）

2020年重庆师范大学333教育综合真题·凯程详解

一、名词解释

1.教育目的（见2015年北京师范大学真题）
2.行动研究（见2014年南京师范大学真题）
3.自我效能感（见2014年华东师范大学真题）
4.稷下学宫（见2020年北京师范大学真题）

二、辨析题

1.动物也有教育。（见2016年重庆师范大学真题）
2.陶行知开展"活教育"实验，提出"生活教育"理论。

【答】错误。陶行知开展的是"生活教育"实验，提出"生活教育"理论；陈鹤琴开展了"活教育"实验，提出"活教育"思想体系。

3.课程是指学校开设的学科的总称。

【答】错误。课程不仅包括学校开设的各门学科，还包括隐性课程（如学校的校风、办学理念、师生人际关系等）及活动性课程（如社会实践、实地考察、户外教育等）。

三、简答题

1.简述美国进步主义教育。（见2015年重庆师范大学真题）
2.简述教育目的的精神实质。（见2012年北京师范大学真题）
3.简述孔子行之有效的教学方法。（见2013年东北师范大学真题）
4.简述品德培育的方法及其建构。（见2010年重庆师范大学真题）

四、论述题

1.论述良好师生关系的特点和建构策略。（见2017年南京师范大学真题+2019年陕西师范大学真题）
2.论述知识的价值。（见2018年华中师范大学真题）
3.论述人们对知识的认识。

【答】人们对知识的认识主要包括知识的含义、类型、获得机制，影响知识理解的因素，迁移以及促进迁移的措施。

（1）知识的含义。

广义的知识：指个体通过与环境相互作用后获得的一切信息及其加工和组织。心智技能和认知策略也包含其中，泛指人们所获得的经验。

狭义的知识：指能储存在语言文字符号或言语活动中的信息或意义，如各门学科的事实、概念、公式、定理等，不包括技能和策略等调控经验。知识也是经过主观构建的信息，个体在加工知识时，会带有主观色彩。知识一方面存储在个体的头脑中，成为个体知识或主观知识，另一方面又可以通过文字符号表达出来。

（2）知识的类型。

根据知识的不同反映深度，知识分为感性知识与理性知识；根据知识的不同抽象程度，知识分为具体知识与抽象知识；根据不同状态和表述形式，知识分为陈述性知识与程序性知识；根据知识的不同来源，知识分为直接经验知识和间接经验知识；根据知识是否容易传递，知识分为显性知识和隐性知识；根据知识及其应用的复杂多变程度，知识分为结构良好领域的知识和结构不良领域的知识；布卢姆将知识分为具体的知识、方式方法的知识和普遍原理的知识。

（3）知识的获得机制。

奥苏伯尔进一步发展了皮亚杰的思想，认为同化有三种方式：上位学习、下位学习和并列学习。他指出同化是一个促使知识从一般到个别、从上位到下位逐渐分化和横向联系的相互作用过程。程序性知识获得的机制是产生式。

（4）影响知识理解的因素。（见2015年北京师范大学真题）

（5）迁移及促进知识迁移的措施。（见2014年北京师范大学真题）

4. 根据建构主义谈谈随着时代的发展人们应该如何对待知识以及在教学时应怎样做。（见2019年华中师范大学真题）

2021年重庆师范大学333教育综合真题·凯程详解

一、名词解释

1. 校本课程（见2010年陕西师范大学真题）

2. 道尔顿制（见2011年北京师范大学真题）

3. 移情（见2014年福建师范大学真题）

4. 精细加工策略（见2016年东北师范大学真题）

5. 有教无类（见2010年北京师范大学真题）

二、辨析题

1. 黄炎培的职业教育目的是使无业者有业，使有业者乐业。

【答】正确。黄炎培是我国著名的职业教育家，被誉为我国"职业教育之父"，是我国职业教育现代化的重要奠基人。黄炎培认为职业教育的目的是"使无业者有业，使有业者乐业"。职业教育应帮助社会解决生计问题和失业问题；同时引导人们胜任所职、热爱所职，进而能有所发明、有所创造，从而造福于社会。

2. 19世纪柏林大学不重视纯学术研究而重视职业技术教育和功利主义教育。

【答】错误。柏林大学的办学宗旨是将教学与研究相结合，创办研究型的大学。柏林大学提倡纯科学研究，排斥职业性和功利性学科。柏林大学注重纯粹的科学，包括哲学和人文科学，反对古典语言学校和古典专科学校，直到20世纪初，柏林大学几乎不开设有关技术或实用科学方面的课程。此外，柏林大学非常重视哲学的地位，认为哲学是一切学科的总学问。

3. 师生关系对学校精神文化建设具有重要作用。

【答】正确。学校精神文化建设主要包括校园历史传统和被全体师生员工认同的共同文化观念、价值观念、生活观念等意识形态，是一个学校本质、个性、精神面貌的集中反映。校园精神文化又被称为"学校精神"，并具体体现在校风、教风、学风、班风和学校人际关系上，展示于校园生活各个角落，包括学生的行为规范等。

其中，师生关系属于学校人际关系建设这一方面，是影响学校精神文化建设的重要因素。因而，良好的师生关系有助于广大师生认同并践行校园的核心文化精神，从而构建一个团结统一的集体，更好地发挥整体效应。

三、简答题

1. 简述教育目标表述的要求。

【答】一个规范、明确的教育目标的表述，应当包含以下四个要素。

（1）行为主体：指的是学习者，因为行为目标描述的是学生行为，而不是教师的行为。

（2）行为动词：用以描述学生可观察、可测量的具体行为。

（3）情境或条件：指影响学生产生学习结果的特定限制和范围，主要说明学生在何种情境下完成指定的操作。对条件的表述有四种类型：使用辅助工具或者不允许使用；提供信息和提示；使用工具和特殊设备或者不用；完成行为的情境。

（4）表现水平或标准：指学生对目标所达到的最低表现水平，用以衡量学习表现或学习结果达到的程度。

2. 简述学生综合素质评价的内容和方法。

【答】（1）内容：

①道德品质：爱祖国、爱人民、爱劳动、爱科学、爱社会主义、遵纪守法、诚实守信、维护公德、关心集体、保护环境。

②公民素养：自信、自尊、自强、自律、勤奋，对个人的行为负责，积极参与公益活动，具有社会责任感。

③学习能力：学生运用已有的经验和技能，独立分析并解决问题，具有初步的研究和创新能力。

④交流与合作：能与他人一起确立目标并努力实现目标，尊重并理解他人的观点与处境，能评价和约束自己的行为，能综合地运用各种交流与沟通的方法进行合作。

⑤运动与健康：热爱体育运动，养成体育锻炼的习惯，具备健身的能力，有一定的运动技能和强健的体魄，形成健康的生活方式。

⑥审美与表现：感受生活、自然、艺术、科学中的美，具有健康的审美情趣，积极地参与艺术活动，用多种方式进行艺术表现。

（2）方法：

①学生自评和他评的有机结合。综合素质评价应该采用多主体的评价方式，将学生的自评和教师、同学、家长等他人的评价相结合。多主体的评价能够帮助学生正确、客观地看待自己。

②形成性评价和终结性评价的有机结合。对学生的综合素质评价应将形成性评价与终结性评价相结合，在教育教学过程中教师要注重形成性评价的改进作用，对学生的点评要及时，并对学生的改进情况进行有效的再评价。

③用等级与写实性文字描述予以表达，辅之以实质实证性材料。在综合素质评价中要将等级评价和描述性的评价方式相结合。等级评价是遵照常模，利于保证评价的客观性；而文字描述等评价方式则更能体现因材施教的原则，针对不同的个体给予不同的评价，更有利于激发学生的情感，调动学生成长的积极性。

④可采用成长档案袋等多种方法。综合素质评价还可以采用成长档案袋等多种评价方法，将能体现学生综合素质能力的材料（作业、论文、图片等）放入档案袋，这也是对学生成长的最好见证。

3. 简述纪律形成的内在矛盾。

【答】（1）外在纪律规范与学生认识之间的矛盾。学习纪律的第一个环节应该是让学生在正确了解、理解纪律的基础上形成正确的纪律观。一般来说，学生理解纪律等行为规范要经历四种水平：具体性理解 — 知识性理解 — 认同性理解 — 内化性理解。不同的学生对纪律的理解水平可能不同，因此，在进行纪律学习时，恰当地解决外在纪律规范与学生认识水平之间的矛盾就至关重要。

（2）纪律认识与纪律态度之间的矛盾。学生认识了纪律后并不意味着一定会遵守纪律，只有将纪律认识与纪律情感相结合，学生才会形成正确的行为态度，因此要让学生形成正确的态度，就必须消除情感障碍，消除对纪律的消极态度。

（3）遵守纪律与个人动机之间的矛盾。有时纪律与个人动机发生冲突，当个人动机相当强烈时，往往会使一些学生产生违反纪律的行为，这种冲突的解决依赖于学生的动机斗争与意志力，此时，引导学生预见自己的行为后果，可以帮助学生在内心战胜个人的动机。

（4）遵守纪律与辨别能力低之间的矛盾。学生所学纪律，一般是脱离具体情境的经过抽象的纪律知识，要将这些纪律知识向丰富多彩、充满矛盾的现实生活过渡，就会出现遵守纪律的态度与实际辨别能力低之间的矛盾。解决此类矛盾的措施有：一是重视纪律情境，使学生在不同的情境中领悟纪律的实质；二是重视自我纪律评价能力的发展，使学生对纪律的评价从现象到本质、从片面到全面、从他人到自己，不断发展。

（5）遵守纪律与不良习惯之间的矛盾。习惯是逐渐形成的，是不需要任何意志与外在监督就能自动实现的行为方式。处于成长发展之中的学生或多或少都有一些不良的习惯，这些不良习惯与守纪之间会产生矛盾，妨碍自觉纪律的形成。

4. 简述中国共产党在革命根据地中教育与劳动相结合的做法。

【答】"教育与生产劳动相结合"是革命根据地教育的基本经验之一，是将马克思主义教育理论与革命根据地教育实践相结合的产物。革命根据地对青年学生和知识分子"实行教育与生产劳动相结合"的政策，一方面是出于坚持抗战的需要，另一方面是出于对青年教育的需要。

（1）在教育宗旨上：中国共产党将教育与生产劳动相结合视为培养新人民和新知识分子的必由之路。根据地积极发展生产，以保证前线后方基本物质需求，当时，来自全国各地的进步青年一面学习，一面生产，积极响应"自己动手，丰衣足食"的号召。例如，"抗大"的学员除了学习外，还积极参加生产建设，第三期的学员，不到半个月就开出了一百七十多个窑洞，解决了全校近两千人的上课和住宿问题，还修出了一条三千米的"抗大公路"。1939年这一年，"抗大"学员开垦荒地一万七千余亩，生产粮食一百余万斤。

（2）在教育内容上：教育内容紧密联系当时当地的生产、生活实际，进行劳动习惯和观念、劳动知识和技能的教育。例如，列宁小学的教育内容中非常注重生产劳动教育，在考试方式上，要求摒弃背书、默书的老方法，将学生平时的学习成绩和考试结果与课外社会活动、劳作实习等结合起来。

（3）在教育教学组织形式和时间安排上：注意适应生产需要，要求学生参加实际生产劳动，不仅具有教育意义，也具有经济意义。

四、论述题

1.结合实际，谈谈你对"让课堂焕发出生命活力"的理解。

【答】（1）原因：叶澜教授针对传统课堂的弊端，提出了"让课堂焕发出生命活力"的主张。她认为把丰富复杂的课堂教学过程简括为特殊的认识活动是传统教学观最根本的缺陷。它忽略了师生在课堂教学活动中多边多重的交互作用和创造能力，使课堂教学变得机械沉闷。为了改变传统教学的弊端，要求教育者从更高的层次——生命的层次，用动态生成的观念重新全面地认识课堂教学，让课堂焕发出生命活力。

（2）含义："让课堂焕发出生命活力"意味着，一方面要使师生的生命活力在课堂上得到积极发挥；另一方面要使教学过程本身具有生成新因素的能力，具有自身的、由师生共同创造出的活力。

（3）措施：

①改变角色观，做到"双边共时性"，形成师生间的心灵互动。教学是教师的教和学生的学共同组成的双边互动活动，这一双边活动贯穿在整个教学过程中。要想使课堂焕发出生命活力，就要让师生双方共同参与到活动中，这些活动在时态上对师生双方来说具有共时性。

②教给学生认知结构，构建"灵活结构性"，教会学生学习。所谓"结构性"是说课堂教学活动的内容、方法和过程都具有结构特征；所谓"灵活"是说结构本身不是一种一成不变的程式，它本身还具有灵活的特征。在教学过程中教师要将认知结构教给学生，学生掌握了认知结构，就可以依靠"结构"这根拐杖去解决不熟悉领域中的新问题，并且能独立地策划学习活动。

③遵循教育规律，注重"动态生成性"，让师生的生命活力得到充分发挥。要想使课堂焕发出生命活力，教师就要将学生当作独立的个体，注重课堂上的动态性、生成性。例如，在人文社科类的课堂上，不预设标准答案，而是鼓励学生各抒己见，大胆表达自己的看法，尊重学生独特的体验；同时，教师要根据学生的课堂反应随时调整自己的教学设计。

2.结合实际，谈谈美育与审美教育对个体认知发展的影响。

【答】（1）含义：美育又称美感教育，即通过培养人们认识美、体验美、感受美、欣赏美和创造美的能力，从而使人具有美的理想、美的情操、美的品格和美的素养。美育是审美教育、情操教育、心灵教育，也是丰富想象力和培养创新意识的教育。

（2）美育对个体认知发展的影响：

①美育能培养学生的想象力与联想能力，进而激发学生的创造力。美育对个体认知发展的作用首先体现在创造能力的培养上。美育通过培养人的想象力达到培养人的创造力的目标。19世纪荷兰著名的化学家范特霍夫曾经就研究过想象与科学研究的关系，调研过许多科学家，发现最杰出的科学家都具有丰富的想象力。事实上，很多重要的科学理论首先不是通过逻辑推理而是通过大胆想象创造出来的。因而，在当下的中小学实施美育，有利于培养学生的想象力，进而激发学生的创造力。

②美育能培养学生的心理调控力。人的心理调控力对自己在世界上的生存和发展影响极大。美育在培养人的心理调控力方面有它独特的作用。审美作为一种精神活动，它追求的是一种精神上的满足与愉悦。它对物质功利保持了一定的心理距离，这一定的心理距离有利于帮助学习者从不同角度看待相同的事情。例如，旅途中遇雾，从功利的角度看，它耽误了行程，心情只能是很糟糕的，但是如若换成审美的眼光，就会把它当作风景来欣赏，这时，人的心情就很愉快了。换种眼光（审美的眼光）去看问题的人生态度其实就是一种心理调控。

③除此之外，美育能借助优美、感人的艺术形象，培养学生充分感受现实美和艺术美的能力；同时，美育能培养学生审美的比较及分析能力，以帮助学生区别真善美与假丑恶。

2022年重庆师范大学333教育综合真题·凯程详解

一、名词解释

1.**教育功能**（见2016年西南大学真题）

2.**科举制**（见2016年西南大学真题）

3.**学习策略**（见2015年北京师范大学真题）

4. 隐性课程（见 2018 年北京师范大学真题）

二、辨析题

智育就是教学，教育就是发展人的知识和能力。

【答】错误。

（1）智育与教育的关系。智育是全面发展教育的组成部分，是教授学生系统的文化知识和技能，发展他们的智力与非智力因素的教育，是全面发展教育的基础。

（2）智育不同于教学，更不等于教学。智育主要是发展学生的智力，向学生传授系统的科学文化知识和技能。智育主要是通过教学来完成的，是教育的重要组成部分，但教学不等于智育，教学也是进行德育、美育、体育、劳动教育的途径。同时，智育也需要通过课外活动等方式才能全面实现。教育不仅是发展人的知识和能力（智力），而且要培养学生的创新精神、实践能力，发展其核心素养，还渗透着品德教育、审美教育、健康教育和劳动技术教育。

综上所述，题干说法错误。

三、简答题

1. 简述陶行知的生活教育理论。（见 2014 年北京师范大学真题）

2. 简述影响人身心发展的因素。（见 2015 年北京师范大学真题）

3. 简述赫尔巴特的教育心理学化。（见 2013 年陕西师范大学真题）

4. 简述教育目的的功能。

【答】教育目的是把受教育者培养为一定社会需要的人的总要求。它具有如下功能：

（1）定向作用。教育目的规定了学校教育和学生发展的根本方向，是学校办学的根本指导思想，也是学生发展的总方向，是学校教育工作的起点和归宿，并制约其全过程。学校只能根据教育目的办学，否则，就会偏离正确的办学方向。

（2）调控作用。教育目的规定了学校教育培养人才的基本质量规格，对学校教育的内容和活动方式起选择、协作、调节和控制作用。

（3）评价作用。学校的办学质量以及学生的发展质量可以用很多的标准来衡量，但根本标准仍是教育目的。一般来说，凡是遵循并实现了学校教育目的的学校，其教育质量就高。相反，偏离了教育目的的学校，其教育质量就不可能高。

5. 简述怎样激发并维持学生的内部学习动机。（见 2012 年华东师范大学真题）

四、论述题

结合实际，论述教育促进人的发展和社会发展的功能。（见 2010 年华中师范大学真题 +2012 年杭州师范大学真题）

五、材料分析题

结合材料，反思教育应该培养什么素质的人。

【答】（1）培养德、智、体、美、劳等方面全面发展的人才。要实施全面发展的教育，在注重德、智、体基本素质发展的同时，也要注重其他素质的形成和发展。例如，审美素质、劳动技术素质、个性素质、心理素质等。全面发展就是各种素质尽可能多方面的、充分的、自由的发展。

（2）培养具有社会责任感、创新精神和社会实践能力的人才。要进行素质教育，以提高国民素质为目的，重点是面向全体学生，促进学生主动地、生动活泼地发展，着力提高学生服务国家和人民的社会责任感、勇于探索的创新精神和善于解决问题的实践能力，培养德、智、体、美、劳全面发展的社会主义建设者和接班人。

（3）培养具有核心素养的人才。要求学生具有学会学习、健康生活、责任担当、实现创新、人文底蕴、科学精神的品质。发展学生的核心素养指学生应具备的、能够适应终身发展和社会发展需要的必备品格和关键能力。其根本出发点是将党的教育方针具体化、细化，落实立德树人的根本任务，培养全面发展的人，提升 21 世纪国家人才的核心竞争力。

（4）根据不同时期社会发展的要求，突出强调某些方面的素质。不同时期社会发展面临的矛盾和急需解决的问题不同，对人某些方面的素质提出了迫切的要求。如现阶段，培养和践行社会主义核心价值观，培养学生的社会责任感、创新精神和实践能力，是教育目的着力强调的素质，也是当前中国社会发展所急需的。

云南师范大学

2010年云南师范大学333教育综合真题·凯程详解

教育学原理

一、名词解释

　　1. 个人本位论（见2010年浙江师范大学真题）

　　2. 非正式群体（见2010年安徽师范大学真题）

二、简答题

　　1. 简要分析教师专业发展。（见2015年西南大学真题）

　　2. 简述我国基础教育公平中的主要问题。（见2010年山东师范大学真题）

三、论述题

　　试论信息化时代的学校教育改革。

　　【答】信息化时代的学校教育改革其实就是学校教育信息化，而学校教育信息化的概念是在20世纪90年代伴随着"信息高速公路"的兴建而提出来的。教育信息化具有数字化、多媒体化、网络化和智能化等特征。数字化使得教育信息技术系统的设备简单、性能可靠和标准统一。多媒体化使得信息设备一体化、信息表征多元化、复杂现象虚拟化。网络化使得信息资源可共享、活动时空少限制、人际合作易实现。智能化使得系统能够做到教学行为人性化、人机通讯自然化、繁杂任务代理化。我们把学校教育信息化看作一个追求信息化教育的过程。信息化教育具有以下显著特点：

　　（1）教材多媒体化：教材多媒体化就是利用多媒体，特别是超媒体技术，使教学内容结构化、动态化、形象化。已经有越来越多的教材和工具书实现多媒体化，它们不但包含文字和图形，还能呈现声音、动画、录像以及模拟的三维景象。

　　（2）资源全球化：利用网络，可以使全世界的教育资源连成一个信息海洋，供广大教育用户共享。对于我国教育来说，面临的一大问题是网络上中文信息资源严重不足。开发网络教育资源，不仅是教育部门的任务，也是社会各部门以及知识者的义务。

　　（3）教学个性化：利用人工智能技术构建的智能导师系统能够根据学生的不同个性特点和需求进行教学和提供帮助。

　　（4）学习自主化：由于以学生为主体的教育思想日益得到认同，利用信息技术支持自主学习成为必然发展趋向。事实上，超文本或超媒体之类的电子教材已经为自主学习提供了极其便利的条件。

　　（5）活动合作化：通过合作方式进行学习活动也是当前国际教育的发展方向。信息技术在支持合作学习方面可以起重要作用，其形式包括：通过计算机合作；在计算机面前合作；与计算机合作。

　　（6）管理自动化：利用计算机管理教学过程的系统叫作计算机管理教学系统。其包括计算机化测试与评分、学习问题诊断、学习任务分配等功能，如建立学生电子档案。

　　（7）环境虚拟化：教育环境虚拟化意味着教学活动可以在很大程度上脱离物理空间、时间的限制，这是电子网络化教育的重要特征。现代已经涌现出一系列虚拟化的教育环境，包括虚拟教室、虚拟实验室、虚拟校园、虚拟学社、虚拟图书馆等，由此带来的必然是虚拟教育。

中外教育史

一、名词解释

　　1.《理想国》（见2010年东北师范大学真题）

　　2. 泛智教育（见2010年陕西师范大学真题）

　　3. 癸卯学制（见2018年东北师范大学真题）

4.晏阳初

【答】晏阳初是我国著名的教育家,世界平民教育与乡村改造运动的倡导者。他主持了中华平民教育促进总会所进行的河北定县乡村教育实验。晏阳初把中国农村存在的问题归结为"愚、贫、弱、私",并针对此提出了"四大教育""三大方式"。"四大教育"分别是文艺教育攻愚,生计教育攻贫,卫生教育攻弱,公民教育攻私;"三大方式"分别是学校式教育、社会式教育和家庭式教育。虽然改革最终失败,但也为农民带来了一定的实惠,是中国教育史上的创新。

二、简答题

1.简述人文主义教育的主要特征。(见2011年华东师范大学真题)
2.简述张之洞"中体西用"教育思想的影响。(见2014年华东师范大学真题)

三、论述题

论述杜威实用主义的教育思想及其影响。(见2011年北京师范大学真题)

教育心理学

一、简答题

简述麦基奇等提出的学习策略分类。(见2018年东北师范大学真题)

二、论述题

结合实际分析影响问题解决的主要因素,并谈谈如何培养学生问题解决的能力。(见2017年陕西师范大学真题+2010年华中师范大学真题)

2011年云南师范大学333教育综合真题·凯程详解

一、名词解释

1.察举制

【答】察举制在汉武帝时期得以确立,它是先经考察举荐,再经考试,最后根据考试成绩优劣选拔人才的制度,是对太学养士选才的补充。其实质是保障了读书做官、以儒术取士的落实,被称为科举制度的先导。

2.朱子读书法(见2015年东北师范大学真题)
3.昆体良(见2011年江西师范大学真题)
4.《爱弥儿》(见2019年上海师范大学真题)
5.形成性评价(见2013年华中师范大学真题)

6.价值澄清模式

【答】价值澄清模式由美国德育专家路易斯·拉思斯等人提出,20世纪60年代逐渐成为学校德育实践中的一股重要思潮,并作为一个独立的理论流派诞生。这种模式着眼于价值观教育,试图帮助人们减少价值混乱并通过评价过程促进统一的价值观的形成。

二、简答题

1.简要分析知识对人的发展的多方面价值。(见2018年华中师范大学真题)
2.简要评述活动课程。(见2010年北京师范大学真题)
3.简述唐代学校教育制度的特点。(见2020年浙江师范大学真题)
4.简述陶行知生活教育的思想。(见2014年北京师范大学真题)
5.举例说明什么是下位学习(类属学习)。(见2019年上海师范大学真题)
6.举例说明常用的精细加工策略。(见2011年华东师范大学真题)

三、论述题

1.论述多元文化与当代教育变革的关系。

【答】多元文化是进入21世纪以来世界文化发展进程中的一个特征,多元文化对教育的冲击是非常明显和深刻的。一方面，多元文化无孔不入地渗透到教育过程中，另一方面教育又无时不在地以不同程度的方式反映、作用于多元文化。多元文化对教育的影响体现在以下方面：

（1）多元文化促进了教育观念和思维方式的变革，有助于确立平等、接纳和宽容的态度和价值观。

（2）多元文化加快了教育民主化的进程，使人们关注处境不利的弱势群体的受教育权利，促进教育公平。

（3）多元文化推动了教育模式的多元化，表现为教育目标的多元、课程内容的多元、教育方法与手段的多元以及办学形式的多样化。

（4）多元文化促进了多元文化教育的发展。多元文化教育旨在保证弱势儿童享有平等教育的机会，促进多元文化社会中人们对不同文化的理解，促进不同文化群体间的平等与尊重。具体包括：倡导教育公平、尊重学生主体性和自主性、促进教育机会均等。

2.论述终身教育思想及其意义。（见2015年北京师范大学真题）

2012年云南师范大学333教育综合真题·凯程详解

一、名词解释

1. 社会本位（见2011年华东师范大学真题）
2. 双轨制（见2017年北京师范大学真题）
3. 学园（见2015年华中师范大学真题）
4. 《爱弥儿》（见2019年上海师范大学真题）
5. 有教无类（见2010年北京师范大学真题）
6. 京师同文馆（见2012年北京师范大学真题）

二、简答题

1. 简要分析人的发展及其基本特征。

【答】人的发展有广义和狭义之分，广义的人的发展是指个体从胚胎到死亡的变化过程。狭义的人的发展是指个体从出生到成人的变化过程，包括生理和心理两个方面。人的发展有未完成性和能动性两个基本特征。

（1）未完成性。人是未完成的动物，人的未完成性与人的非特定性密切相关。人的发展的未完成性、未成熟性，蕴含着人的发展的不确定性、可选择性、开放性和可塑性，蕴藏着巨大的生命活力和发展的可能性，预示着人的需教育性和人的可教育性。

（2）能动性。人在发展的过程中会表现出人特有的能动性，这种能动性具体表现在人的能动、自主、自觉和自我塑造等方面。人在发展过程中表现出的能动性，也是人的教育与人改造自然的实践活动和动物训练等活动之间最根本的区别。

2. 简要评论布鲁纳的教学过程思想。

【答】布鲁纳是美国的认知心理学家，他主张学习的目的在于发现学习的方式，使学科的基本结构转变为学生头脑中的认知结构。从认知心理学的观点出发，对学生的学习、动机以及教学等方面进行了全面阐述。

（1）布鲁纳认为，建构良好的认知结构常常需要经过获得、转换和评价三个过程。具体包括知识的接收、知识的转换、知识的评价。学习活动首先是新知识的获得过程，不管新旧知识的关系如何，新知识的获得都会使已有知识进一步提高。

（2）布鲁纳认为，学习任何一门学科的最终目的是建构学生良好的认知结构。教师要明确所要建构的学生的认知结构包含的要素，采取有效的措施帮助学生通过获得、转化、评价来掌握新知识，从而使学科知识结构转变成学生的认知结构，使书本的知识转化成学生的知识。

3. 简述文艺复兴时期人文主义教育思想的主要特征及其对后世的影响。（见2019年华中师范大学真题）

4. 简述福勒和布朗提出的教师成长阶段的主要内容。

【答】关于教师的成长的三个阶段理论如下：

（1）处于关注生存阶段的往往是新教师，他们非常关注自己的生存适应性。最担心的问题是"学生喜欢我吗"等，因而可能会把大量的时间都花在如何搞好与学生的关系上，想方设法控制学生，而不是更多地考虑如何让学生获得学习上的进步。

（2）处于关注情境阶段的教师关心的是如何教好每一堂课的内容，以及班级大小、时间压力和备课材料是否充分等与教学情境有关的问题，如"内容是否充分得当""如何呈现教学信息""如何掌握教学时间"等。传统教学评价集中关注这一阶段，一般来说，老教师比新教师更关注此阶段。

（3）当教师顺利地适应了前两个阶段后，成长的下一个目标便是关注学生。教师将考虑学生的个别差异，认识到不同发展水平的学生有不同的需要。根据学生的差异采取不同的教学方式，以促进学生的发展。

三、论述题

1.结合课堂教学案例，说明掌握知识与发展智力的关系。（见2012年东北师范大学真题）

2.试论布鲁纳结构课程观及其对我国基础教育课程改革的启示。

【答】（1）布鲁纳结构课程观：

①布鲁纳根据结构心理学理论，在他的《教育过程》《教学论探讨》和《教育的适合性》等著作中，阐述了以"知识结构""学校结构"为核心思想的课程理论。

②布鲁纳说："不论我们选教什么学科，务必使学生理解学科的基本结构。"所谓学科的结构就是学科的基本原理，是事物之间的基本关系在学科内部的体现。

③布鲁纳说："学习结构就是学习事物是怎样关联的。"他认为学科的结构是十分重要的，掌握了学科结构就可以更好地理解学科；掌握了概念，就可以理解许多特殊现象；掌握了原理，就可以随时再现事物的细节，就可以举一反三，就可以使知识迁移等。他主张按学科结构来编制课程。

（2）对我国基础教育课程改革的启示：

布鲁纳结构主义课程论的意义在于突出了知识结构在学生掌握知识及运用知识上的重要性，提出的课程有积极的意义。但由于学科结构较难确定以及所编写的新教材提高了理论难度，学生不易掌握，改革并未成功。教师要明确所要建构的学生的认知结构包含的要素，采取有效的措施帮助学生通过获得、转化、评价来掌握新知识，从而使学科的知识结构转变成学生的认知结构，使书本的知识转化成学生的知识。

3.试述科尔伯格的道德发展阶段理论。（见2013年华东师范大学真题）

4.试评述陈鹤琴教育思想的特点及贡献。（见2015年北京师范大学真题）

2013年云南师范大学333教育综合真题·凯程详解

一、名词解释

1.教育的内在价值

【答】教育有外在价值和内在价值之分。在审视和判断教育的价值时，应强调教育的内在价值。教育的内在价值是指为了知识、能力、真理而学习。教书育人的实质就是使人掌握知识、发展能力和形成良好的思想品质，成为德、智、体全面发展的人。这是教育内在价值的根本。

2.直线式课程

【答】直线式课程就是把一门课程的内容组织成一条逻辑上前后联系的直线，前后内容基本不重复。即课程内容直线前进，前面安排过的内容在后面不再呈现。对于理论性较强、学生不易理解的知识，螺旋式较适合；而对一些理论性相对较低的学科知识或操作性较强的内容，则直线式较适合。

3.《教育漫话》（见2016年湖南师范大学真题）

4.习明纳（seminar）

【答】德国大学最早发明习明纳，是一种专题讨论式的教学方式。习明纳是指在教授指导下，由高年级学生和优秀学生组成研究小组，定期集中在一起，共同探索新的知识领域。通过对习明纳特点及其影响的初步探讨，揭示了它对我国教育的启示意义，以期引起人们对其注意，并通过研究、借鉴，更好地服务于我国的高等教育改革。

5."六艺"（见2012年华东师范大学真题）

6.科学教育思潮

【答】科学教育思潮与新文化运动呼应，逐渐形成以传播科学知识、科学思想和开展科学实验为追求的科学教育运动。其主要表现为：在学校中提倡科学教育，尤重依照科学原理和方法进行教育并培养学生的科学技能和态度；提倡以科学方法研究儿童、研究教育，开展教育科学实验，促成教育的科学化观念。

二、简答题

1. 简要分析信息时代对中小学生素质的要求。

【答】信息素养主要包含以下四个要素：

（1）信息意识。即人的信息敏感程度，是人们对自然界和社会的各种现象、行为、理论观点等能从信息角度去理解、感受和评价。这是信息技术教育中最重要的一点。

（2）信息知识。既是信息科学技术的理论基础，又是学习信息技术的基本要求。它不仅体现着学生所具有的信息知识的丰富程度，而且还制约着他们对信息知识的进一步掌握。

（3）信息能力，是信息素养的核心。包括信息系统的基本操作能力，信息的采集、传输、加工处理和应用的能力，以及对信息系统与信息进行评价的能力等。

（4）信息道德。要让学生学会对媒体信息进行判断和选择，自觉地选择对学习、生活有用的内容，自觉抵制不健康的内容，不组织、不参与非法活动。

信息素养的四个要素是一个不可分割的统一整体。意识是先导，知识是基础，能力是核心，道德是保证。中小学生作为祖国的未来，提高他们的信息素养，是教育的基本要求。

2. 简述教育的相对独立性。（见2010年华中师范大学真题）

3. 简述夸美纽斯的教学原则及其意义。（见2020年河南师范大学真题）

4. 简述杨贤江"全人生指导"的教育思想。（见2018年辽宁师范大学真题）

5. 举例说明什么是概念学习。

【答】（1）定义：概念学习就是学习把具有共同属性的事物集合在一起并冠以一个名称，把不具有此类属性的事物排除出去。

（2）影响概念学习的因素主要有：概念的定义性特征，原型，讲授概念的方式，概念间的联系，以及学生在年龄、性别、智力、动机、情绪、经验、语言能力和使用学习策略上的个体差异等自身的因素。

（3）概念具有逻辑的和心理的意义。从逻辑上讲，概念是指在某一领域中因具有共同特征而被组织在一起的特定事物。例如，"三角形"这一概念是指与其他几何图形明显不同的一类客体。学生一旦掌握了某一概念的关键属性，即区分某一类别与其他类别的一组特征，就能确定他所见到的东西是否属于这一概念。学生在概念学习中的主要问题，是要找出他所面对的一类物体的关键属性。显然，学生所发现的关键属性，与作为概念的定义的关键属性，可能会有相当大的差异。例如，认为"会飞的都是鸟"。

三、论述题

1. 结合实际论述在课堂教学中如何运用理论联系实际的原则。（见2014年上海师范大学真题）

2. 环境教育的内涵是什么？试论在我国中小学生开展环境教育的意义。

【答】环境教育是以人类与环境的关系为核心，以解决环境问题和实现可持续发展为目的，以提高人们的环境意识和有效参与能力、普及环境保护知识与技能、培养环境保护人才为任务，以教育为手段而展开的一种社会实践活动过程。开展环境教育的意义有：

（1）引导学生认识世界是普遍联系和相互依存的。个人、家庭、社区以及国家之间，人类与生态环境的各组成要素之间，全球生态环境与区域生态环境之间不是孤立的，而是相互作用的。因此认识和尊重自然规律，处理好人与人、人与自然的关系是必不可少的。

（2）引导学生珍视生物多样性，关注不同文化对环境的影响。生物多样性是自然生态环境的活力和潜能的重要表征，与文化多样性之间具有相互依存、相互促进的关系。保持生物多样性与尊重文化多样性是实现可持续发展的重要前提。

（3）引导学生理解可持续发展的内涵。可持续发展强调人类在精神和物质方面的协调发展，要求不同国家和地区在资源利用和环境管理上，在满足当代人的需求的同时保护好作为人类后代及其他生命生存和发展基础的资源与环境。

（4）引导学生主动参与解决环境问题，培养学生的环境责任感。引导学生参与解决身边的环境问题是培养学生环境责任感的重要途径。在这一过程中，学生加强了对环境的敏感性和获得了关于环境的知识，同时能认识到环境问题的复杂性，能培养其解决环境问题的能力和责任感。

3. 结合实际分析华莱士提出的创建过程的"四阶段论"。

【答】美国心理学家华莱士于1926年出版了《思想的艺术》，他通过对许多创造发明家的自述经验的研究，提出了创造性思维过程的四个阶段：准备、酝酿、启发和检验。

（1）准备阶段。这是提出课题、搜集各种材料、进行思考的过程，也就是有意识地努力的时期。要想从事创造活动，首先要提出有价值的问题。接着，思维者有意识地收集资料、挑选信息或同时进行一些初步的反复试验，认识课题的特点，通过反复思考和尝试来努力解决问题。

（2）酝酿阶段。假如直接的解决不能立即得到，酝酿阶段随即来临。酝酿在其性质和持续时间上变化很大，在这个时期里，思维者不再蓄意解决问题，或者说已经暂时"放弃"；从现象上看是有意识的努力一度中断的时期。但在这个时期，据华莱士讲，"无意识的大脑活动"仍在继续，即大脑的潜在意识仍在不知不觉地对收集到的材料进行着筛选和重组。

（3）启发阶段。这一阶段又称顿悟期或灵感期。这种"顿悟"，并不是由个人有意识地努力得来的，也不是由语言表达出来的，而是通过视觉上的幻象表达出来的。如阿基米德终于寻到了希腊王向他提出的检验王冠含金量问题的解答时，他从浴盆里跳出来，狂喜地在大街上边跑边喊，向世界大声宣告："我已经找到它了！我已经找到它了！"

（4）检验阶段。并非所有的问题解决都会以这种突然的强烈的经验而告终，这种经验也可能是和问题的错误解决伴随产生的。所以，这种灵感的成果还必须经历一个仔细琢磨、具体加工和验证的过程。这是对整个创造过程的反思，以使创造成果建立在科学的理论基础之上，并物化为能被他人所理解和接受的形式。这个阶段又是在意识的支配下进行的。

2014 年云南师范大学 333 教育综合真题·凯程详解

一、名词解释

1. 环境的给定性

【答】简单来说，环境教育就是以人类与环境的关系为核心而进行的一种教育活动。环境问题是由于人口增长、现代科技和现代生产力迅猛发展所产生的问题。因此，人类对生存环境恶化的担忧使得环境教育应运而生，其原始的动机来自人类对自身生命的关爱和珍惜。环境的给定性指的是由自然、历史以及前人、他人为儿童个体所创设的环境，它对于儿童来说是客观的、先在的、给定的。

2.《四书集注》

【答】《四书集注》又称《四书章句集注》，是集《大学》《中庸》《论语》《孟子》于一体的巨作，是宋代朱熹所著的一部儒家理学名著，是封建社会最重要的经典著作。《四书集注》是科举考试的标准答案和各级学校必读的教材，其地位甚至高于"五经"，影响中国封建社会后期的教育长达数百年。

3. 双轨制（见 2017 年北京师范大学真题）

4. 人力资本

【答】人力资本理论是舒尔茨和贝克尔提出的，它的核心是提高人口数量，教育投资是人力投资的一个主要部分，教育是提高人力资本最基本的手段。

二、简答题

1. 简析教学的三种水平。

【答】教学是教与学的行为，包括知识的获得、知识的应用和教学评价。教与学的水平包括记忆水平、解释性理解水平和探究性理解水平，具体如下：

（1）记忆水平的教学目的在于识别或记住事实材料，不求理解，机械模仿，以教师得出结论为主，反复训练学生的记忆功能。这一水平的教学目标有记忆和模仿。

（2）解释性理解水平的教学指的是教师变换各种角度对知识进行讲授和解释，设计各种例题和变式，使学生领会知识，并加以应用。这一水平的教学目标有说明性解释和封闭性转换。

（3）探究性理解水平的教学指的是有目的地引起新问题情境的认知冲突，由教师与学生共同参与解决问题。这一水平的教学目标有探究性理解和开放性转换。

以上三种层次的目标是相辅相成的，后一层次的目标常常是在前一层次的目标的基础上发展的，它应包含前一层次的目标。三者的结合可以促使教师的教和学生的学统一起来，以保证教与学能协同有效地进行。

2.简要述评泰勒的课程观。（见2012年华东师范大学真题）

3.简述洋务学堂的特点。（见2013年西南大学真题）

4.简述斯宾塞科学教育思想的主要观点及其影响。（见2013年杭州师范大学真题）

5.举例说明什么是表征学习（符号学习）。

【答】表征学习是奥苏伯尔区分的有意义言语学习的一种形式，指学习单个符号或一组符号的意义，或者说学习它们代表什么。表征学习的主要内容是词汇学习。在任何言语中单词可以代表物理世界、社会世界和观念世界的对象、情境、概念或其他符号，这种代表是约定俗成的。对于新生一代来说，某个词代表什么，他们最初是完全无知的，他们必须学会这些单词代表什么。

例如，"蚂蚁"这个符号，对儿童是完全无意义的。在儿童多次同蚂蚁打交道的过程中，儿童的长辈或其他年长儿童多次指着蚂蚁说"蚂蚁"，儿童逐渐学会用"蚂蚁"（语音）代表他们实际见到的蚂蚁，我们就说"蚂蚁"这个声音符号对某个儿童来说获得了意义，也就是说，"蚂蚁"这个声音符号引起的认知内容和实际的蚂蚁所引起的认知内容是大致相同的，同为蚂蚁的表象。

三、论述题

1.结合案例论述如何有效地运用榜样的方法培养学生品德。

【答】现实生活中人们越来越重视学生品德的培养。德育有广义和狭义之分，广义的德育指所有有目的、有计划地对社会成员在政治、思想与道德等方面施加影响的活动，包括社会德育、社区德育、学校德育和家庭德育等方面。狭义的德育专指学校德育。学校德育是指教育者按照一定的社会或阶级要求，有目的、有计划、系统地对受教育者施加思想、政治和道德等方面的影响，并通过受教育者积极地认识、体验与践行，以使其形成一定社会与阶级所需要的品德的教育活动，即教育者有目的地培养受教育者品德的活动。

培养学生品德的方法有很多种，如说服法、榜样法、锻炼法、自我教育法、陶冶法和奖惩法。其中榜样法是以他人的高尚思想、模范行为和卓越成就来影响学生品德的方法。榜样的观点是班杜拉在观察学习理论中提出来的。班杜拉认为，人类大多数的行为都是通过观察习得的，人们通过观察他人的行为，可以获得榜样行为的符号性特征，并可以以此引导观察者在今后做出与之相似的行为。

在运用榜样方法时，要注意以下要求：（1）选好学习的榜样。（2）激起学生对榜样的敬慕之情。（3）引导学生用榜样来调节行为，提高修养。（结合实际举出例子即可）

2.论述蔡元培的大学教育思想及在中国近现代教育史上的地位。（见2013年北京师范大学真题）

3.论述儿童研究运动的实质及其对我国基础教育改革的启示。

【答】19世纪80年代至20世纪20年代在欧美兴起的儿童研究运动建立在实证主义、生物进化论、实验心理学和其他相关自然科学发展的基础上，强调以儿童为对象开展身体、智力、情感、态度、兴趣等各方面研究，科学地解释儿童的心理及教育等问题，揭示儿童成长过程中的某些规律。它促成了儿童学的诞生和儿童心理学的发展，促进了人们对儿童的了解，提升了儿童的地位，并通过推动教育科学化和心理学化，为儿童教育奠定了坚实的理论和实践基础，对现代教育的发展做出了重要贡献。其代表人物有德国心理学家普莱尔、美国心理学家霍尔、法国心理学家比奈和西蒙等。

儿童研究运动的内容主要有：儿童的身体发育和健康，儿童的情感、态度和兴趣，儿童的智力发展，对儿童行为发展的探索。

（提示：开放性试题，言之有理即可。）

4.举例说明问题解决策略中的启发式策略。

【答】所谓启发式策略，是指凭借个体已有的经验，采用较少的操作来解决问题的方法。主要有手段—目的分析法、爬山法、逆向反推法等。

（1）手段—目的分析法是把问题划分为一系列的子目标，并通过逐个解决子目标，最终达到问题解决。例如，对某些学生而言，写一篇20页的论文是很头疼的事情，但如果将该任务划分为几个子任务，如选题、阅读资料、组织资料、编写提纲、分段写作等，他们就可能表现得好一些。

（2）爬山法是手段—目的分析法的一种变式，以渐进的步子向目标状态靠近，是一种向前的工作方式。例如，医生在给慢性病人用药时常常用这种方法来确定药的剂量。

（3）逆向反推法是从目标状态出发，考虑如何达到初始状态的问题解决方法。例如，如果一周之内要从北京寄一份合同到上海，那么必须在某一天从邮局寄出，在某一天打印好合同，在某一天起草合同。

2015年云南师范大学333教育综合真题·凯程详解

一、名词解释

1.螺旋式课程

【答】所谓螺旋式课程就是以与儿童思维方式相符的形式将学科结构置于课程的中心地位，随着学生年级的提升，不断拓宽、加深学科的基本结构，使之在课程中呈螺旋式上升的态势。如某门学科在基础教育阶段安排了几次，但几次安排均依照基本结构进行，层层提升并层层深化，形成螺旋式发展格局。

2.学校教育制度（见2019年北京师范大学真题）

3.癸卯学制（见2018年东北师范大学真题）

4.全人生指导（见2018年浙江师范大学真题）

二、简答题

1.简要述评杜威的教学过程思想。

【答】杜威提倡把教师讲授的教学方式改革为师生共同活动的教学方式，书本降到次要位置，活动和经验是主要的。杜威推崇"从做中学"这种在经验情境中训练思维的方法。

（1）杜威重视学校对学生优良思维的培养，他认为学校所做的一切都是为了培养学生的思维，认为凡是"有意义的经验"总是在思维的活动中进行的。于是，形成了反省思维教学法。所谓反省思维，指对某个经验情境中的问题进行反复的、严肃的、持续不断的思考，其功能在于求得一个新情境，把困难解决、疑虑排除。

（2）教学过程有五个步骤：①要有一个真实的经验的情境；②在这个情境内部产生一个真实的问题；③提出解决问题的种种假设；④推断哪个假设能解决这个困难；⑤验证这个假设。这五个步骤顺序不固定，可合并。

评价：杜威强调在教学中要重视学生的主动性和创造性，使学生主动地活动，积极地思维，并注意学生的兴趣与需要，这是很有见地的，为"发现法"的教学方法奠定了基础。但是，杜威忽视了系统知识的传授，降低了知识的地位，过于重视活动，泛化了问题意识，简化了认知的途径，影响了教育质量。

2.简述个体能动性在人的发展中的作用。（见2017年华中师范大学真题）

3.简述梁漱溟乡村建设与乡村教育理论。（见2019年华南师范大学真题）

4.简述蔡元培"五育"并举的教育方针。（见2016年华东师范大学真题）

5.举例说明什么是诱因。

【答】诱因是驱使有机体产生一定行为的外部因素。与它相对应的概念是内驱力。内驱力和诱因都是形成动机的因素。存在于机体内部的动机因素是内驱力，存在于机体外部的动机因素是诱因。诱因按其性质可分为两类：个体因趋向或取得它而得到满足时，这种诱因称为正诱因（如食物）；个体因逃离或躲避它而得到满足时，这种诱因称为负诱因（如电击）。

三、论述题

1.论述卢梭的教育思想及其影响。（见2012年华东师范大学真题）

2.结合案例，论述在课堂教学中如何合理地运用发展性原则。

【答】答题要点：（1）发展性原则是什么。（2）发展性原则运用在哪些方面：教学目标、教学过程、教学方法、教学评价等方面。（尝试按这种思路去写，此处略。）

3.试论加涅提出的九大教学事件。

【答】加涅基于"为学习设计教学"的核心提出了"九大教学事件"，这是学习的外部条件，但对教学工作来说，是心理学的基础，是适用于各门学科和各级各类学校学生学习的。

（1）引起注意。引起注意是有效教学的首要事件，它是学习主动性、积极性的重要标志。引起注意除使用刺激变化、引起兴趣等方法外，更主要的是利用新旧知识的同化和顺应机智，激发思维，唤起选择性知觉。教师在做这一点的时候，要注意联系学生的实际。

（2）告知目标。教学使用告知目标的策略，其功能是激起学习者对新知识、新技能的期望，产生学习的内部动机。

（3）刺激回忆先前习得性能。加涅指出，许多新的学习归根结底是观念的联合。学习时，这些习得的性能如果成为学习事件的一部分，就必须具有高度可进入性。

（4）呈现刺激材料。当学习者做好准备时，教师可以向学生呈现教材，呈现方式取决于材料的内容。无论哪种情况，最有效的是具有突出特征的刺激。

（5）提供学习指导。这个教学事件是促进语义编码，即使所学的东西进入长时记忆。因为学习结果的不同，其学习指导也各不相同。对于低级的学习活动，可采用复述策略；对于高级的学习活动，需要采用精细加工策略和组织策略。

（6）引发行为表现。这项教学事件的目的是促使学习者做出反应活动，以此来验证期望的学习过程是否发生，学习的结果是否达成。在多数情况下，教师接下来会呈现新的例子，以确保该规则能被应用到新的情境中。

（7）提供反馈。在学习者做出反应、表现出行为后，应及时让学习者知道学习结果，这就是提供反馈。这种反馈既要自我提供也需要外部提供。及时反馈是教师工作的一个细节，使学生能够及时检查自己。

（8）评价作业。评价在学生的学习中，具有非常重要的地位，教师一定要做好评价。要想让学生主动地做一件事情，首先就是要不断评价使他获得成功。

（9）促进记忆与迁移。增进记忆的策略有很多，如采用有意义的方式习得材料，建立起材料的关系网络；要注意间时复习；有效促进迁移，最好的方法就是把所学知识运用到新的情境之中，从而促进更高层次的学习。因此教师为迁移而提出的问题，应该在把握学生的先决能力是否具备的同时还要使这些能力提高到工作记忆中来，用实例促进能力的横向迁移。

2016年云南师范大学333教育综合真题·凯程详解

一、名词解释

1.**学校德育**（见2018年西北师范大学真题）

2.**学校管理**（见2015年北京师范大学真题）

3.**马礼逊学校**

【答】马礼逊学校是最早开办在中国本土的比较正式的教会学校，是一所专门针对华人开办的学校，开创了教会在华办学的先河，培养了中国第一批留美学生。它开设了丰富的西学课程，开阔了学生的知识视野，为他们形成近代社会观念打下了基础。

4.**经世致用**

【答】经世致用是指学问必须有益于国事。由明清之际思想家王夫之、黄宗羲等提出。他们认为学习、征引古人的文章和行事，应以治事、救世为急务，反对理学家不切实际的空虚之学，对后人影响很大。

5.**欧洲新教育运动**（见2019年华东师范大学真题）

6.**《爱弥儿》**（见2019年上海师范大学真题）

二、简答题

1.**简要述评夸美纽斯的教学过程思想。**

【答】（1）夸美纽斯生活在欧洲从中世纪的封建制度向近代资本主义制度过渡的年代。他反映时代变革的要求，锐意教育改革，反对统治阶级垄断的精英教育，反对天主教推行的宗教教育，不满教学的杂然无序和低效。他主张人人需要教育，一切男女儿童，不分贫富贵贱，都应该进入学校学习，应受到包括科学、艺术、语文、德行等方面周全的、泛智的教育。夸美纽斯认为教学应当"把一切事物教给一切人"。

（2）夸美纽斯推进学年制度、分科教学和班级授课，"要使每年、每月、每周、每日，甚至每小时都有一定的工作，因为这样就会使计划好的一切工作易于完成"。夸美纽斯认为"秩序是把一切事物教给一切人们的教学艺术的主导原则"，因而教学艺术的根本指导原则就是模仿和遵循自然秩序。据此，他在教学上提出了许多原则，均以自然秩序，尤其是以树木、鸟儿的成长顺序为学习模仿的对象。虽然内容繁多，但其原则都遵循三个步骤：模仿、偏差、纠正。夸美纽斯认为一切事物的认识都是从感官开始的，因而提出了实物教学和直观教学，更重视事物的真实性质和起源，他还重视循序渐进、量力而教、因材施教以及练习，他强调从实践学习的方法与原则，对以后的教学有很大影响。

2.**简要分析教育的政治功能。**（见2012年北京师范大学真题）

3.**简析教育目的的层次结构及其相互关系。**

【答】（1）教育目的的层次结构。（见2010年湖南师范大学真题）

（2）教学目标与教育目的、培养目标的关系是具体与抽象的关系，它们彼此相关，但相互不能取代。目的与目标根本不同，目标是可以测量的，目的不能测量。

4.简述中国古代选士和取士制度的沿革。

【答】（1）两汉时期，察举取士。汉武帝时期始设孝廉一科，察举制正式成为完备的选士制度。它开创了以儒学取士的局面，促进了教育的发展，是科举制的先导。

（2）魏晋南北朝时期采取只按照门第取士的九品中正制。

（3）隋唐时期创立科举制，科举制是采用分科考试，以成绩来选拔人才的选士制度。

（4）宋朝科举制度进一步发展，改革科举制度，提高科举制度的地位，扩大考试规模，改革内容和方法，设立了糊名制和誊录制度。

（5）元朝时期，不重文化，属于文化中落时期，开创了以"四书"试士的先例。

（6）明清时期是科举制度由鼎盛走向衰落的时期。明朝重视科举，采用八股取士，标志着科举制开始走向僵化和衰落，学校沦为科举的附庸；清朝时期，弊病丛生，徇私舞弊现象严重，选士和取士制度更加僵化。

（7）清末时期，维新派改革，废八股，改设经济特科，选实学实政之人。科举制于新政时期正式废除。

5.简要分析新文化运动影响下国家主义教育思潮的主要内涵。（见2020年华中师范大学真题）

6.举例说明什么是定势。

【答】（1）含义与作用：定势是指重复先前的操作所引起的某种心理准备状态，它影响解决问题时的倾向性。定势使人们以某种习惯的方式对刺激情境做出反应，在解决问题时具有一种倾向习性，并影响问题是否顺利解决。定势有时可以促进问题的解决，但从总体上来看是消极的，它使问题解决的思维活动变得呆板，妨碍创造性的发挥，创造性往往要求打破定势。

（2）举例：定势的其中一种情况就是功能固着。多数物体都具有特定的功能，如小刀是用来切东西的，火柴盒是用来装火柴的。这种功能固着往往阻碍问题解决。例如，给你一盒火柴，几个图钉，一只小蜡烛，让你把点燃的蜡烛放到墙上。人们通常只想到火柴盒是用来装火柴的，所以很难解决这个问题。其实把火柴倒出来，把点燃的蜡烛放到火柴盒里，再钉到墙上就可解决了。

三、论述题

1.结合案例，论述如何在美育教育实践中有效运用活动性原则。

【答】这类知识点很容易出论述题考查，基本思路是：（1）美育是什么，活动性原则是什么。（2）教育实践都是做什么。（3）美育都是怎么进行教育实践的。（4）教育实践中都是如何运用活动性原则的。（举例说明）（5）自己的看法。（言之有理即可）

2.论述杜威实用主义教育思想的主要观点。（见2011年北京师范大学真题）

3.结合实际分析学习策略中的精细加工策略。

【答】所谓精细加工策略，指通过把新学的信息和已有的知识联系起来，并以此来增加新信息的意义，也就是说运用已有的图式和知识使信息合理化。其具体策略主要有以下几种。

（1）简单知识的精细加工策略：

对于简单的知识，精细加工策略是非常有效的。其中记忆术是一种常用的有效策略。比较流行的精细加工策略有如下几种：①位置记忆法；②首字联词法；③限定词法；④关键词法；⑤视觉想象；⑥寻找信息间的内在联系，利用信息的多余性。

（2）复杂知识的精细加工策略：

①做笔记。从信息加工的角度来看，做笔记有助于对材料进行编码，同时还具有外部存储的功能，主要包括摘抄、评注、加标题、写段落概括语，以及结构提纲等活动。

②联系生活实际。在学习过程中，教师不仅要帮助学生理解所学知识的意义，更要让学生感到这些知识的价值，教会学生如何运用这些所学的知识，并迁移到课堂之外的环境中去。

③利用背景知识。在对复杂信息进行加工时，背景知识有助于把新旧知识联系起来，从而有助于加深对新知识的理解，因此起着非常重要的作用。

④主动应用。能够应用于实践的知识，往往更容易被记忆。

⑤有意记忆。我们不要孤立地去记东西，要找出事物之间的联系，这样即使所选信息部分遗忘了，也可以通过信息之间的联系推出来。

⑥提问策略。

2017年云南师范大学333教育综合真题·凯程详解

一、名词解释

1.晓庄师范

【答】晓庄师范是陶行知为了实践自己的乡村教育思想和改造乡村的主张而创办的一所乡村师范学校。1927年春，陶行知等人在南京和平门外晓庄创办了南京市实验乡村师范学校，后改名为晓庄学校。晓庄学校不是传统意义上的教育单位，而是作为"改造农村生活的中心"，承担起改造农村的任务。

2.学习动机（见2013年北京师范大学真题）

3.课程内容（见2018年山东师范大学真题）

4.教育制度（见2012年华东师范大学真题）

5.不悱不发

【答】"不悱不发"出自《论语》。"不愤不启，不悱不发，举一隅不以三隅反，则不复也。"这是孔子论述启发式教学的重要名言，对后世的影响非常深远。"悱"是心里想说而说不出来的意思。"发"是启发的意思。"不悱不发"指不到学生想说而说不出来时，不去启发他。这是孔子的教学方法。

6.性恶论（见2020年福建师范大学真题）

二、简答题

1.简述品德发展的一般规律。（见2019年北京师范大学真题）

2.简述陈鹤琴活教育的主要观点。（见2015年北京师范大学真题）

3.简述荀子性恶论的观点。

【答】荀子提出"性恶论"，在中国教育史上开创了与教育"内省说"完全相反的教育"外铄论"。"性恶论"的主要内容如下：

（1）"性伪之分"。荀子认为后天习得者叫"伪"，"伪"泛指一切通过努力而使人发生的变化。人的善德是后天习得的。

（2）"性伪之合"。"性"与"伪"通过后天的学习结合在一起，才能实现对人的改造。"仁、义、礼、法"可以被认识，任何人都可以习得善，通过"化性起伪"实现"性伪之合"。

（3）教育的作用是"化性起伪"。"性恶论"是荀子教育思想的理论基础，他指出凡是人都可以通过"化性起伪"改变自己的恶性，化恶为善，成为高尚人物。

荀子也重视教育的社会作用，认为教育能够统一思想、统一行动，促使国富民强。荀子关于教育作用的论述，在先秦诸子中较为全面、理论化。

4.简述教育性教学。（见2011年杭州师范大学真题）

5.简述下位学习。（见2019年上海师范大学真题）

三、论述题

1.结合实例说明如何理解"教学有法，教无定法"。（见2020年江苏师范大学真题）

2.论述马卡连柯的集体主义教育思想的主要观点和现实意义。

【答】（1）马卡连柯的集体主义教育思想的主要观点。（见2010年陕西师范大学真题）

（2）对当下我国学生集体教育的现实意义。

①要坚持以人为本的教育理念。我们要相信每一个学生都有追求自我实现的积极品质，贯彻"尊重"与"要求"相统一的原则，注重学生个性的差异，通过因材施教促进他们的全面发展。同时要关注特殊群体，从心理教育和制度建设两方面着手，帮助其解决遇到的问题，走出所处的困境。

②必须重视班集体的建设。在建设一个优秀的班集体过程中，一方面是要平衡"个体"与"集体"的关系，发挥班主任的引导作用；另一方面还要加强纪律教育，组织性和纪律性是维持和巩固集体的基本条件，纪律教育必须要有相应的惩罚制度和策略。最后应注重在班集体中营造积极正确的良好风气，通过正确的舆论引导促进班集体的良性发展。

总之，各学校要充分发挥各自的优良传统和学生社团在培育集体观念的重要作用。

3.结合实例论述组织策略。

【答】组织策略是一种生成策略。组织是学习和记忆新信息的重要手段，其方法是将学习材料分成一些小的单元，并把这些小的单元置于适当的类别之中，从而使每项信息和其他信息联系在一起。组织策略主要有以下两种。

（1）归类策略。归类是把材料分成小单元，再把这些单元归到适当的类别里。主要用于对概念、语词、规则等知识的归类整理。

例如，要外出购买的东西很多，如盐、葡萄、蒜、苹果、胡萝卜、橘子、胡椒、豌豆、辣椒粉、姜，可以将它们归在"水果""蔬菜"和"佐料"的概念下，再分门别类地记忆。研究表明，某一领域的专家的特征之一，就是善于利用归类策略进行知识的记忆和提取。

（2）纲要策略。纲要策略是掌握学习材料纲目的方法，主要用于对学习材料结构的把握。它不仅能够减轻短时记忆的负担，有助于阅读和记忆，而且还有助于提高解决问题的能力。纲要策略有主题纲要法和符号纲要法两种。

例如，试读这段话："广场比街道更理想，跑动比走路更好，最好每个人都有很大的空间。虽然鸟类不会靠近它，给它带来损坏，但雨水是它的大敌，因此不能选择雨天。"这段话我们读了以后，显然很难明白它说的是什么。如果我们知道它说的是"放风筝"，那么这段话立刻就可以理解了。"放风筝"这个词组在这里起到了提纲挈领的作用，促进了理解。

2018年云南师范大学333教育综合真题·凯程详解

一、名词解释

1. **稷下学宫**（见2020年北京师范大学真题）

2. **课程设计**（见2016年上海师范大学真题）

3. **泛智教育**（见2010年陕西师范大学真题）

4. **迁移**（见2011年湖南师范大学真题）

5. **情境陶冶法**（见2013年杭州师范大学真题）

6. **正强化**

【答】正强化也称积极强化，指当有机体做出某种反应，并得到了正强化物（能够满足行为者需要的刺激物），那么这一反应在今后发生的频率就会增加。在日常生活中，人们常在自觉或不自觉地运用正强化塑造他人。例如，教师对上课守纪律的学生进行表扬，家长对考试成绩好的孩子给予奖励，公司老板为努力工作的员工增加薪水等。

二、简答题

1. 举例说明在教学中如何更好地发挥启发式教学原则。

【答】启发式教学原则，是指在教学中教师要激发学生的学习主动性，引导他们经过积极思考与探究自觉地掌握科学知识，学会分析问题和解决问题，树立求真意识和人文情怀。要求如下：

（1）调动学生学习的主动性。这是启发的首要问题。教师要善于运用发人深思的提问，激起学生的求知欲和积极性，使其全神贯注地投入学习。（可列举熟悉的例子，下同）

（2）善于提问激疑，引导教学步步深入。优秀的教师在教学中均善于提问激疑，使学生茅塞顿开，思想活跃起来。

（3）注重通过解决实际问题，启发学生获取知识。启发教学往往是教师通过组织和引导学生自行解决实际问题，这也是启发教学的重要途径。

（4）引导学生反思学习过程。教学要引导学生反思学习过程，了解学习的程序和方法，寻找形成障碍与缺点的原因并加以克服，使学生找到适合自己的学习方式。

（5）发扬教学民主。要创造和谐、民主、平等、坦率、活跃的课堂教学氛围，这是启发教学的重要条件。这样可使学生感到放松，聪明才智得以发挥。

2. 简述陶行知的生活教育思想。（见2014年北京师范大学真题）

3. 简述近代人文主义思想的观点。（见2011年华东师范大学真题）

三、论述题

1. 论述保罗·朗格朗终身教育的思想和观点以及引发的教育改革。（见2015年北京师范大学真题 + 2011年云南师范大学真题）

2. 论述皮亚杰的认知四阶段理论。（见2012年东北师范大学真题）

3. 教师如何扮演好多种职业角色？（见2018年东北师范大学真题）

2019年云南师范大学333教育综合真题·凯程详解

一、名词解释

1. 教学原则（见2013年哈尔滨师范大学真题）

2. 西周"六艺"（见2012年华东师范大学真题）

3. 学园（见2015年华中师范大学真题）

4. 小先生制（见2019年浙江师范大学真题）

5. 监控策略

【答】监控策略是在认知活动的实际过程中，根据认知目标及时评价、反馈自己认知活动的结果与不足，正确估计自己达到认知目标的程度和水平。主要包括：自我记录、自我提问、领会监控（如变化阅读的速度，重读较难的段落，中止判断，猜测）、集中注意（如提前注意学习目标，重点标示，增加材料的情绪性，使用独特的刺激，告知重要性）。还包括阅读时对注意加以跟踪、对材料进行自我提问、考试时监视自己的速度和时间等。

二、简答题

1. 简述新人文主义教育的特征。（见2019年华南师范大学真题）

2. 简述朱子读书法的基本内容。（见2016年华东师范大学真题）

3. 简述校本管理的内涵及工作要点。（见2019年西南大学真题）

4. 简述活动课程的基本特征。（见2010年北京师范大学真题）

5. 举例说明什么是变化速率强化程序。

【答】（1）含义：变化速率强化程序是以个体的反应为基础，规定一个标准次数（或强化与不强化的比率），但在实施强化时，以该标准为平均数，强化次数可以灵活掌握，这样可以收到最好的效果。

（2）举例：在斯金纳的动物实验中，鸽子的反应快到每秒啄5次，并且能够保持好几个小时。在现实生活中，推销员就是这种强化程序的例子。有时对于潜在的客户，他们仅仅登门拜访一次就能做成一笔买卖，有时他们可能要拜访数次才能谈成一笔交易。再比如，赌徒容易赌博上瘾且不容易戒除，就是因为不确定哪次会好运连连、一夜暴富，即使输得血本无归，也会期盼下一次能够扭转乾坤。

三、论述题

1. 论述博比特《课程》中的核心观点以及对西方课程理论的影响。

【答】（1）博比特《课程》中的核心观点：

①教育的本质是为成人生活做准备，是促进儿童的活动与经验发展的过程，教育即生产。

②课程的本质是儿童及青少年为准备完美的成人生活而从事的一系列活动及由此取得的相应经验。

③学校教育的课程目标应着眼于社会生活中无法自然获得，而必须由学校教育才能获得的经验，需要对这两种经验进行比较分析，获得课程目标。

④课程开发的方法——活动分析，就是把人的活动分析为具体的、特定的行为单元的过程与方法。

⑤课程开发包括人类经验的分析、具体活动或具体工作的分析、课程目标的获得、课程目标的选择、教育计划的制订。

（2）对西方课程理论的影响：

①博比特的理论对当时流行的古典课程和官能心理学造成了强烈冲击，实现了美国课程的现代转型。

②为泰勒原理的提出奠定了坚实基础，从而对日后的课程理论产生了深远影响。

2. 论述要素主义教育思潮的主要观点及其贡献和价值。

【答】（1）要素主义教育思潮的主要观点。（见2016年华东师范大学真题）

（2）要素主义教育思潮的贡献和价值：要素主义教育从产生起就是一个有组织和有纲领的运动，主要针对美国教育实际中存在的问题和弊病，寻求解决问题和克服弊病的出路。它的一些教育主张和观点被采纳为国家的教育政策。

3.论述罗杰斯的自由学习的原则。（见2010年东北师范大学真题）

2020年云南师范大学333教育综合真题·凯程详解

一、名词解释

1.校本培训（见2020年西北师范大学真题）

2.学科课程（见2017年华东师范大学真题）

3.博雅教育

【答】博雅教育起源于古希腊，是西方文化中最早的教育学说，是一种旨在解放思想、避免专门化和"准备生存"的教育。这种教育的目标不是培养未来的专家、技师、教授，而是培养能够自由地对新的变化的境遇独立做出正确判断的人。对于受教育者，它具有一种塑造心智的价值，一种与功利的或职业的考虑无关的价值。

4.最近发展区（见2011年北京师范大学真题）

5.化性起伪（见2013年南京师范大学真题）

二、简答题

1.简述班主任的工作任务。（见2012年西南大学真题）

2.简述蔡元培"五育"并举的思想。（见2016年华东师范大学真题）

3.简述教学质量管理的内容及要求。

【答】（1）教学质量管理是学校管理者依据一定的质量标准，运用科学的手段和方法，对学校的教学过程及其结果进行全面监控、检验和评估的活动，其目的是提高教和学的质量。

（2）教学质量管理的基本内容：制定科学的教学质量标准、对教学质量进行检查和分析、对教学质量进行控制。

（3）教学质量管理的基本要求：坚持全面教学质量管理、坚持全过程教学质量管理、坚持全员教学质量管理、坚持全因素教学质量管理。

4.简述加涅信息加工的八阶段。（见2020年华中师范大学真题）

5.简述进步主义教育运动的特征。（见2018年哈尔滨师范大学真题）

三、论述题

1.论述探究性教学的基本过程需要注意的问题，并举出例子。

【答】探究性教学，实际上是以认知目标、技能目标、情感目标为依据，以问题为中心，教师引导学生围绕问题主动展开探索，并发挥师生、生生之间的合作关系，展开讨论，逐步得出科学的结论，并适度地加以灵活运用。实施探究性教学应把握以下三个原则：

（1）探究要"因材施教"。

这里的"材"可以从学生和探究的主题内容两个方面加以理解。从学生方面讲，不同地区、不同学校、不同生源的学生，知识基础有一定的差异。教师在设计探究教学方案时应充分考虑这一差异。

（2）探究要适时、适度。

教师一定要认识到，虽然一节课可能完成一个主题的探究，但不是每一个主题都能在一节课内探究出结果。有时教师可以让学生带着未解决的问题在课外完成探究，将探究性教学转变成研究性学习。在教学前，教师应充分考虑在什么时间探究、用多少时间探究、探究到什么程度等，理性、冷静地设计自己的教学方案，灵活机动地实施探究性教学。

（3）探究要把握好过程的发动、调控和评价。

具体要注意：①问题情景的创设；②探究方法的指导；③探究主题背景（依据）的渗透；④探究过程的调控；⑤探究过程的拓展。

（4）举例：以讲授《草船借箭》一课为例，为学生分好异质性小组，提出合适的课题，让学生自行选择任务，鼓励学生积极讨论发言等。这就是一节好的探究性教学课。

2.论述苏格拉底"助产术"的内涵及在实践中的应用。

【答】"苏格拉底方法"，又称"问答法""产婆术"。苏格拉底在哲学研究和讲学中，形成了由讥讽、助产术、归纳和定义四个步骤组成的独特方法，称为"苏格拉底方法"。其中助产术就是帮助对方依靠自己得到问题的答案。

（1）"助产术"教学方法遵循了以下几项基本原则：

①适时提出问题。当对话者对某一问题或现象欲知而未知，思维处于困惑时，苏格拉底往往能在适当的时候提出话题，使对话者不感到唐突，非常自然。

②设问准确。苏格拉底在与谁进行谈话，谈论什么话题，都有明确的出发点和针对性，有自己所要达到的教育目标和要求。

③教育内容具有层次性。苏格拉底在表明自己的观点和思想时非常注重教育内容的"层次性"，往往是一步一步、由表及里、由浅入深地推进，循序渐进地启发学生，逐步接触到问题的核心和得到最后的答案。

（2）"助产术"在实践中的应用：

①"助产术"有利于建立民主、平等、和谐的师生关系。在实施教学管理的过程中，要把学生当成完成工作任务的合作者，注意发挥教师和学生的主观能动性。这样更容易调动学生的积极性，提高管理效率。

②"助产术"有利于开发学生的潜能，调动学生的主动性和积极性，应善于培养和使用学生干部。学生干部与同学们朝夕相处，更了解大家的思想动态和内心诉求，所以要精心培养和大胆使用他们，使之成为学校与学生之间的桥梁和纽带，促进教育教学工作的开展。

③"助产术"有利于及时了解学生生活和诉求。教师要有"以学生为本"的观念，用一颗慈爱之心呵护学生，做他们的贴心人和好朋友，要善于分析学生的心理和需求，了解他们的所思所想，帮助他们排忧解难，鼓励学生更好地参与到现实的学习和生活中。

3.联系实际分析什么是学习动机以及激发学习动机的方法。（见2010年湖南师范大学真题+2012年华东师范大学真题）

4.论述德育过程的一般规律。（见2019年北京师范大学真题）

5.比较学生掌握知识的两种基本模式。

【答】学生掌握知识的两种基本模式为传授式和探究式。

（1）传授式学习。

①含义：传授是指教师主要通过语言传授、演示与示范使学生掌握基础知识、基本技能，并通过知识授受向他们进行思想情趣熏陶的教学，亦称接受学习。它是学生掌握知识的基本模式。

②基本步骤：a.引起学习动机；b.感知教材；c.理解教材；d.巩固知识；e.运用知识；f.检查知识、技能和技巧。

③优点：这种教学模式注重对书本知识的传授，能够充分发挥教师的主导作用，体现学科的逻辑系统，能够较好地调动学生学习的积极性，使他们掌握系统的科学文化知识与技能。

④局限性：由于这种模式以书本知识为主，就容易脱离社会生活实际，使学生感到抽象死板，难以理解，容易出现注入式教学，不易体现学生的主体性和差异性，也不太利于培养学生的创造能力和独立思考能力。

（2）探究式学习。

①含义：探究式是指在教师引导下，学生主要通过积极参与对问题的分析、探索，主动发现或建构新知，并掌握其方法与程序，培养他们的科研能力、科学态度和品行的学习。简而言之，它是一种引导学生通过探究获得真知与个性发展的教学，亦称发现学习。

②基本步骤：a.明确问题；b.做出假设；c.检验假设；d形成结论。

③优点：有利于提高智力的潜力；有利于使外部奖赏向内部动机转移；有利于学会将来进行发现的最优方法和策略；有利于帮助信息的保持和检索。

④局限性：完全放弃知识的系统讲授，以发现法教学来代替，夸大了学生的学习能力；布鲁纳认为"任何科目都可以按某种适当的方式教给任何年龄的任何儿童"，这是无法实现的；发现法运用范围有限，实践中难以推广。

2021年云南师范大学333教育综合真题·凯程详解

一、名词解释

1. 学校教育制度（见2019年北京师范大学真题）
2. 形成性评价（见2013年华中师范大学真题）
3. 智者（见2018年东北师范大学真题）
4. 定县实验

【答】（1）简介：20世纪30年代，我国形成了声势浩大的乡村建设实验运动。由晏阳初主持的中华平民教育促进总会所进行的河北定县乡村平民教育实验，在这场运动中占有举足轻重的地位。晏阳初对于县范围内如何具体实施乡村教育总结了一套成功的经验。这集中表现为他所概括的"四大教育"和"三大方式"。"四大教育"分别是文艺教育攻愚，生计教育攻贫，卫生教育攻弱，公民教育攻私；"三大方式"分别是学校式教育、社会式教育和家庭式教育。

（2）意义：这一理论打破了狭隘的教育观念，把乡村教育视为与乡村经济、文化、卫生、道德等方面共同进行且与学校、家庭、社会相互促进的系统工程。这在中国教育史上是一种创新，直至今天仍有现实意义。

5. 短时记忆（见2016年曲阜师范大学真题）

二、简答题

1. 简述德育的原则与方法。（见2011年湖南师范大学真题+2020年陕西师范大学真题）
2. 简述掌握知识与发展智力的关系。（见2012年东北师范大学真题）
3. 简述王安石崇实尚用的思想。

【答】王安石针对当时教育存在的严重弊病，从变法图强，兴利除弊的实际需要出发，在一些基本的教育理论问题上，发表了不少精辟的见解。主要有以下两点：

（1）学校应该培养具有实际才能的治国人才。王安石十分重视学校教育对于治国安民的重要作用。他从一个政治家的角度，明确提出国家兴学设教的根本目的在于培养"为天下国家之用"的人才。这种人才具体来说，应该具有实际的治国才能。

（2）教学内容应该以"为天下国家之用"为标准。从学校教育的根本目的在于培养有实际才能的治国人才的思想出发，王安石认为教学内容应该以是否"为天下国家之用"为标准。所谓"为天下国家之用"主要指经术、朝廷礼乐刑政之事、武事三方面的内容。

王安石的教育思想具有崇实尚用的特征。他的教育思想不仅在当时有一定积极意义，而且对后来南宋事功学派的陈亮、叶适，以及明末清初早期的启蒙教育家黄宗羲、颜元等的思想也产生了一定影响。

4. 简述卢梭的自然主义教育。（见2012年华东师范大学真题）
5. 简述参与性学习和替代性学习的关系。

【答】社会认知学习理论把学习分为参与性学习和替代性学习。

（1）参与性学习：指学习者通过行动并亲身体验行动后果而进行的学习，实际上就是在做中学。

（2）替代性学习：亦称"观察学习"，是班杜拉提出的重要理论，指通过对学习对象的行为、动作以及它们所引起的结果进行观察，获取信息，而后经过学习主体的大脑进行加工、辨析、内化，再将习得的行为在自己的动作、行为、观念中反映出来的一种学习方法。

（3）二者的关系：参与性学习与替代性学习二者相辅相成，缺一不可。

一方面，我们倡导参与性学习。例如，在新课改中，我们倡导在课堂上要构建自主合作探究式的学习，这种方法以学习者为中心，鼓励学习者积极参与学习过程，加强教学者与学习者之间、学习者与学习之间的信息交流和反馈，使学习者能深刻地领会和掌握所学的知识，并能将这种知识运用到实践中，从而在契合学生年龄特征及兴趣特点的基础上，促使不同层次的学生都拥有参与和发展的机会。

另一方面，在教学中我们也应该提倡学习者进行积极的观察学习。通过观察其他学习者的行为及其后果来调整自己的行为，通过观察学习能够提升教学的效率。例如，马卡连柯的集体教育思想，通过个人影响集体，通过集体影响个人，正是替代性学习的体现。

三、论述题

1.教师是一个具有人文精神的专业性职业，请结合实际论述教师的人文精神和专业性。（见2015年杭州师范大学真题）

2.论述教育科学化的内容及影响。

【答】教育科学化思想产生于16、17世纪。培根提出"知识就是力量"的口号，被誉为"科学教育之父"，19世纪中后期，经过斯宾塞、赫胥黎等人的宣传和倡导，科学教育思想逐渐为各国政府所重视，科学进入学校课程，成为学校教育内容的主要组成部分，从而兴起了一场影响广泛的科学教育运动。

（1）基本观点：

①批判旧教育：科学革命时期的教育思想家们批判古典教育、经院主义教育，批判传统教育的经院习气，空疏无用，认为教育到了非改革不可的程度。

②教育目的：科学革命时期的教育思想家们主张培养经世致用的科学人才、实用人才。

③教育内容：科学革命时期的教育思想家们认为科学知识最有价值，科学知识应成为课程体系的核心。

④教育实践：科学革命时期的教育催生了实科中学及新大学运动、大学推广运动。这一时期的教育推崇直观教学法、循序渐进教学法及实用教学法。

⑤教育理论：这一时期的教育催生了形式教育论及实质主义教育论。形式教育论注重文法学校与人文学科，注重古典语的教学。而实质教育论注重开设实科学校，注重实科知识，并提倡用本族语、现代语教学，注重培养实用人才。

（2）影响：

①对经济与社会的影响：科学教育促进了资本主义发展，顺应了时代的要求。

②对科学革命的影响：自然科学知识获得了空前增长；科学研究方法取得突破性进展；科学理性精神得以形成。

③对教育改革的影响：完善了学校教育的课程设置和教学内容，推动了欧美各国课程改革，促进了教育理论与实践的发展，也促进了教育近代化和世俗化的进程。

3.结合实际谈谈如何培养学生的问题解决能力。（见2010年华中师范大学真题）

2022年云南师范大学333教育综合真题·凯程详解

一、简答题

1.简述教育的质的规定性。（见2020年天津师范大学真题）

2.简述教育的社会功能。（见2014年北京师范大学真题）

3.简述负强化和惩罚的区别。

【答】（1）含义：①负强化是指当厌恶刺激或不愉快情境出现时，有机体做出某种反应，从而避免了厌恶刺激或不愉快情境，反应概率增加。这种刺激也称消极强化。②惩罚是指当有机体做出某种反应后，呈现一个厌恶刺激，以消除或抑制此类反应的过程。

（2）区别：惩罚与负强化的不同之处在于负强化是通过厌恶刺激的排除使良好反应在将来发生的概率增加，而惩罚是通过厌恶刺激的呈现来降低不良反应在将来发生的概率。负强化是通过消除惩罚来鼓励积极行为的过程。

比如，某学生因为打架被学校留校察看，这里的"留校察看"是一种惩罚，目的是抑制学生打架这种不好的行为表现。此学生在留校察看期间意识到错误，当学校的这个处分撤销后，他再也没有打过架，这里的"撤销处分"就是对学生受到惩罚之后的行为表现表示肯定或赞扬，就是一种负强化。

4.简述学习动机与学习效果的关系。（见2010年湖南师范大学真题）

5.简述黄炎培的职业教育方针中社会化的内涵。

【答】黄炎培将社会化视为"职业教育机关唯一的生命"，强调职业教育必须适应社会需要，必须与社会沟通。他的职业教育社会化内涵丰富，包括：

（1）办学宗旨的社会化——以教育为方法，以职业为目的。

（2）培养目标的社会化——在知识技能和道德方面适合社会生产和社会合作的各行业人才。

（3）办学组织的社会化——办学根据社会需要和学员的志愿与实际条件。

（4）办学方式的社会化——充分依靠教育界、职业界的各种力量。

6.简述中世纪大学产生的社会背景。（2010年陕西师范大学真题）

二、论述题

1.结合实际，谈谈你对教师劳动特点的认识。（见2015年东北师范大学真题）

2.举例说明教师对课堂不良行为采取的有效措施。

【答】课堂不良行为是指与课堂行为规范和教学要求不一致，影响正常课堂秩序及教学效率，给教师教学、学生学习带来消极影响的课堂行为。主要表现有：学生上课漫不经心、情感淡漠、逃避课堂活动、与教师关系紧张、容易冲动、上课乱插嘴、交头接耳、坐立不安或活动过度等。

（1）发现问题行为。发现课堂问题行为是有效维持课堂秩序的关键。具体来说，教师主要应做到以下两点：①明察秋毫，即教师要与每个学生进行目光接触，而不是只关注少数几个学生。②一心多用，指教师应该具有同时跟踪和监控几个活动的能力，而不是顾此失彼。

（2）鉴别问题行为。我们可考虑以下几个因素：①频率，该行为是否经常发生；②维度，该行为是否影响了其他学生的正常学习，影响面有多大；③强度，该行为对个体及他人的干扰到了何种程度；④时间，该行为持续了多长时间；⑤态势，该行为有无自然消失的可能。

（3）促进良好课堂秩序包括消除问题行为、强化有效行为两方面。

①消除问题行为。

a.方法：非言语暗示；言语提示；暂停上课；恰当地运用惩罚。

b.遵循的原则：奖励多于惩罚的原则；公正一致性原则；与心理辅导相结合的原则；积极倾听原则；最小干预原则；多方支持原则。

c.举例：小米上课一直望着窗外树上的小鸟，没有影响到正常教学，教师可以走近小米，也可以采用手势、眼神等非语言形式暗示小米停止错误行为。课下教师要积极地倾听学生对行为的解释，理解学生行为背后的需要与情感，并鼓励学生寻找办法加以解决。

②强化有效行为。通过运用斯金纳的强化理论，可达到控制课堂问题行为和塑造学生良好行为的目的。

a.方法：社会强化，包括契约强化、代币强化、集体绩效强化；活动强化；榜样强化。

b.需要注意的方面：要以正强化为主，负强化为辅；要注意与学生的具体情况相结合；要及时和正确强化；要明确提高学生的自控能力才是强化的最终目的。

c.举例：课堂上有个别学生正在做小动作，不认真听讲，这时教师可以通过表扬其他认真听讲的学生，让不专心的学生在这一特定的情景中通过观察、模仿和学习榜样的行为，从而起到弱化和纠正自身问题行为的作用。

3.谈谈20世纪初欧美综合中学运动的发展及其特征。

【答】（1）简介：20世纪以来，在社会民主化和追求平等教育的趋势下，在初等教育和高等教育发展的双重推动下，欧美各国注重改革中等教育结构，综合中学也随之应运而生。欧美各国建立综合中学的热潮叫作综合中学运动。它旨在反对造成教育不平等的双轨制，促使综合中学在课程、招生对象、分组等方面更加综合、全面和平等，以便有效地改变中等教育机构的分类、选拔和分流等制度结构。

（2）西方部分国家的综合中学运动发展。

①美国：1918年颁布《中等教育的基本原则》，认为应该使"综合中学"成为美国中学的标准模式，指出中等教育应当在统一组织的包容所有课程的综合中学进行，肯定了"六三三"学制和综合中学的地位。综合中学是美国最常见的中等学校之一。综合中学通过开设公共课和几种平行课程（普通教育课程、学术性大学预备课程、职业和商业教育课程），以适应中等教育阶段具有不同能力、愿望、兴趣、特点和成绩的学生的需要。

②英国：1938年《斯宾斯报告》明确提出建立具有综合性质的多科性中学，这是关于综合中学最早的实践性建议。"二战"后英国的主要中等教育机构类型包括文法学校、技术中学和现代中学，教育不平等性突出。工党主张设立综合中学取代三类中学并存的状况，以体现教育机会均等。

③法国：1937年，法国出现了改革中等教育的新设想，即在中学一年级设立一批定向实验班，通往普通综合中学，但因为"二战"开始而停滞。

（3）20世纪初欧美综合中学运动的特征。（见2011年河南师范大学真题）

山西师范大学

2010年山西师范大学333教育综合真题·凯程详解

一、名词解释

1. 学制（见2019年北京师范大学真题）

2. 课程标准（见2015年北京师范大学真题）

3. 课程设计（见2016年上海师范大学真题）

4. 教学组织形式（见2017年哈尔滨师范大学真题）

5. 教学策略（见2017年首都师范大学真题）

6. 教学评价（见2015年北京师范大学真题）

二、简答题

1. 简述新一轮基础教育课程改革的具体目标。（见2017年东北师范大学真题）

2. 简述我国各级学校课程设置的特点。

【答】（1）小学阶段以综合课程为主，初中阶段设置分科与综合相结合的课程，高中阶段以分科课程为主。

（2）从小学至高中设置综合实践活动课，并作为必修课程，其内容主要包括：信息技术教育、研究性学习、社区服务与社会实践以及劳动与技术教育。

（3）农村中学课程要为当地社会经济发展服务。

（4）在课程标准方面，也提出了一些适应我国当前国情的新要求。

3. 简述陶行知的生活教育思想。（见2014年北京师范大学真题）

4. 简述夸美纽斯的"泛智教育"思想。（见2020年湖南师范大学真题）

5. 简述建构主义学习理论的基本观点。（见2013年华东师范大学真题）

三、论述题

1. 管仲说："仓廪实而知礼节，衣食足而知荣辱。"试用马斯洛的需要层次理论加以分析。

【答】马斯洛需要层次理论是行为科学的理论之一，将人类需求像阶梯一样从低到高按层次分为七种，分别是：生理的需要、安全的需要、归属与爱的需要、尊重的需要、求知与理解的需要、审美的需要和自我实现的需要。这些需要不仅有高低层次之分，还有先后顺序。前四种属于基本需要，是缺失性需要，缺失性需要一旦被满足，其强度就会降低。后三种需要属于成长性需要，其特点在于永不满足，少数人可以达到自我实现的境界。

"仓廪实而知礼节，衣食足而知荣辱"释义为：百姓的粮仓充足，丰衣足食，才能顾及礼仪，重视荣誉和耻辱。其中"仓廪实"和"衣食足"都是生理的需要。通俗理解为假如一个人同时缺乏食物、安全、爱和尊重，通常对食物的需求是最强烈的，其他需要则显得不那么重要。此时人的意识几乎全被饥饿所占据，所有能量都被用来获取食物。在这种极端的情况下，人生的全部意义就是吃，其他什么都不重要。只有当人从生理需要的控制下解放出来时，才可能出现更高级的、社会化程度更高的需要，如安全的需要。

2. 谈谈你对教学过程中几种基本关系的理解。（见2011年东北师范大学真题）

3. 评析赫尔巴特的教学形式阶段理论。（见2018年河南师范大学真题）

2011年山西师范大学333教育综合真题·凯程详解

一、名词解释

1. 教学监控能力

【答】教学监控能力是指教师为了保证教学的成功，达到预期的教学目标，在教学的全过程中将教学活动本身作为意识的对象，不断地对其进行积极主动的计划、检查、评价、反馈、控制和调节的能力。它是教师的反省思维或思维的批判性在其教育教学活动中的具体体现。

2.**学习策略**（见2015年北京师范大学真题）

3.**行动研究方法**（见2014年南京师范大学真题）

4.**白板说**（见2013年北京师范大学真题）

5.**设计教学法**（见2015年华东师范大学真题）

6.**教育目的**（见2015年北京师范大学真题）

二、简答题

1.**简述陶行知的"生活教育"思想。**（见2014年北京师范大学真题）

2.**简述韩愈在其《师说》中所论述的师道观。**（见2018年北京师范大学真题）

3.**促进学习迁移的教学原则有哪些？**

【答】（1）理解基本原理，促进原理或法则的迁移。

"概括化原理"表明，两种学习间的迁移部分地是由于两种学习中的共同成分，其中主要是由于共同的原理造成的。在教学中相似的原理及法则的迁移是最常见的迁移现象。

（2）总结学习经验，运用学习方法。

学习迁移的定势说说明学习经验和学习方法对以后的学习有积极的影响。因此，总结学习经验，运用学习方法是促进学习迁移的另一有效方法。一般包括认知策略、分析和综合的方法、识记和回忆的方法、分析问题和解决问题的方案或技巧等。

（3）创设与应用情境相似的学习情境。

学习情境与日后运用所学知识内容的实际情境最好相类似，这样有助于学习的迁移。

（4）牢固掌握基本知识，促进新旧知识相结合。

根据知识学习的同化理论，一切新知识的学习都是在原有知识的基础上展开的。因此，牢固地掌握学过的知识将有助于新知识的学习。

4.**简述荀子关于教学的思想。**

【答】荀子，名况，战国末期赵国人，先秦最后一位儒家大师。研究荀子的教育思想最可靠的材料是现存的《荀子》一书。荀子是整个春秋战国时期教学思想的理论总结者。他的教学思想主要有：

（1）"性恶论"与教育作用。"性恶论"是荀子教育思想的理论基础，他指出凡是人都可以通过"化性起伪"，改变自己的恶性，化恶为善，成为高尚人物。荀子也重视教育的社会作用，认为教育能够统一思想、统一行动，促使国富民强。

（2）教育应当以"大儒"为培养目标。荀子把当时的儒者分为三个层次：俗儒、雅儒、大儒。大儒是最理想的一类人才。

（3）以"六经"为教育内容。荀子重视以儒家经典为内容的文化知识传播，他虽以"六经"（《诗》《书》《礼》《乐》《易》《春秋》）为教育内容，但却以《礼》为重点。

（4）"闻见知行"结合的教学方法。"不闻不若闻之，闻之不若见之，见之不若知之，知之不若行之，学至于行而止矣。"这句话表明了学习过程中阶段与过程的统一，以及学习的初级阶段必然向高级阶段发展的规律。

（5）论教师。荀子将教师视为治国之本，把国家兴亡与教师的关系作为一条规律总结出来，把教师的地位提高到与天地、祖宗并列的地位。在师生关系上他在强调尊师的同时，片面强调学生对教师的无条件服从，主张"师云亦云"，教师在教学过程中处于绝对的主导地位。他认为符合以下要求者可为教师：①有尊严和威信；②有丰富的经验和崇高的信仰；③能循序渐进，诵说不凌不乱；④见解精深而表述合理。这些观点对后世中国封建社会师道尊严的形成有很大的影响。

5.**简述矫正学生不良品德的措施及其心理学依据。**

【答】教师要对有不良品德倾向的学生有正确的认识，要看到他们较强的可塑性，在有利的条件下是可以矫正的。

（1）消除对立情绪，恢复正常的人际关系。师生间关系的好转，互相信任，才能有效地矫正学生不良的道德行为。这是矫正学生不良品德工作中首要的心理学问题。

（2）培养学生的自尊心和集体荣誉感。自尊心是个人要求得到社会和集体尊重的感情。集体荣誉感同时也是人们克服个人缺点和错误的巨大动力。

（3）形成正确的是非观点，增强是非感。要增强品德不良学生的道德认知。

（4）增强与诱因做斗争的力量，巩固新的行为习惯。创造一定的条件，使正确的行为和动机得到不断巩固，使错误的行为习惯不断得到克服。

（5）正确把握学生心理发展的年龄特征和个别差异。正确把握这种年龄特征与个别差异可以帮助教师正确认识学生不良品德的性质，并采取适当的教育方法。

（6）正确运用奖励与惩罚。奖励与惩罚是矫正学生不良品德的强化手段，如果运用得当可以帮助他们较快地转变。

总之，矫正学生不良品德的心理学依据是多种多样的。但关键在于教师对学生的深厚感情和教育机智。教师应当及时发现问题、掌握情况，根据特点耐心教育。

三、论述题

1.利用班杜拉的观察学习理论，阐述在课堂中应如何应用观察学习。（见2016年东北师范大学真题）

2.请评述裴斯泰洛齐的教育心理学化思想。（见2016年湖南师范大学真题）

3.以下是美国教育家杜威关于"教育"的论述，请你做出分析。

【答】（1）唯一的真正的教育是通过对儿童能力的刺激而来的。这种刺激是由儿童自己感觉到所在的社会情境的各种要求引起的。这些要求刺激他，使他以集体的一个成员去行动，使他从自己行动和感情的原有的狭隘范围里显现出来；而且使他从自己所属的集体的利益来设想自己。通过别人对他自己的各种活动所做的反应，他便知道这些活动用社会语言来说是什么意义。这些活动所具有的价值又反映到社会语言中去。

（2）这个教育过程有两个方面：一个是心理学的，另一个是社会学的。它们是平列并重的，哪一方面也不能偏废。心理学的和社会学的两个方面是有机地联系着的，而且不能把教育看作二者之间的折中或者其中之一凌驾于另一个之上而成的。

（3）总之，受教育的个人是社会的个人，而社会便是许多个人的有机结合。因此，教育必须从心理学上探索儿童的能量、兴趣和习惯开始。教育的每个方面，都必须参照这些考虑加以掌握。这些能量、兴趣和习惯必须不断地加以阐明，我们必须明白它们的意义是什么。必须用和它们相当的社会事物的用语来加以解释，用它们在社会事务中能做些什么的用语来加以解释。

4.联系实际论述德育过程是提高学生自我教育能力的过程。（见2012年北京师范大学真题）

2012年山西师范大学333教育综合真题·凯程详解

一、名词解释

1.**教育制度**（见2012年华东师范大学真题）

2.**教育内容**（见2019年哈尔滨师范大学真题）

3.**教育目的**（见2015年北京师范大学真题）

4.**教学监控能力**（见2011年山西师范大学真题）

5.**亲社会行为**

【答】亲社会行为指有益于他人和社会的行为，包括助人行为、安慰、分享、合作等。个体亲社会行为发展的过程，就是他们道德认识水平提高、道德情感丰富的过程。

6.**学习动机**（见2013年北京师范大学真题）

7.**德育原则**（见2018年天津师范大学真题）

8.**班主任工作的基本任务**

【答】班主任是学生全面成长的守护者，是对学生产生全面影响的教育因素，是班级的领导者。班主任工作对班集体和学生品德的发展都具有重要影响。班主任工作的基本任务包括了解和研究学生、教导学生学好功课、组织班会活动、组织学生的劳动、评定学生操行、做好班主任工作的计划与总结等。

二、简答题

1.**简述教学物理环境心理学的主要内容。**

【答】教学物理环境是指教学赖以进行的一切物质条件所构成的整体，它是教学活动的物质基础。如校园布局、学校建筑、教学设施、教学场所、噪音，以及教室的色彩、光线、温度等均属教学物理环境。教学物理环境是一种人为的环境。它对教学活动有着重要的影响。

（1）教学物理环境的创设必须适合人的生理、心理需要，注重科学性。教学场所的空间、通风、采光、造型设计、色彩运用等与人的生理、心理活动有紧密的联系。如教室内空气新鲜能使人大脑清醒，心情愉快，从而提高教学效率；教室内温度过高，易使学生烦躁不安，增加冲突行为等。因此，教学物理环境的创设必须符合学生发展的规律，科学合理。

（2）教学物理环境的创设要注重提供丰富多样的适宜刺激，激活学生的智力活动。提供丰富多样的、适宜的环境刺激可促进学生的智力活动发展。创设教学物理环境尤其要注意提供丰富多样的教学物资设备，充分运用现代化的教学手段。

（3）教学物理环境的设计不仅要充分满足教学活动的物质要求，注重实用性，而且还要注重其对学生心理的愉悦性，使学生得以保持积极的学习态度。具有心理愉悦功能的教学物理环境可以引起学生积极的学习心态，从而保持智力活动的最佳水平。

2.简述学习策略的结构。

【答】学习策略由两种相互作用的成分组成：一种是基本策略，直接用于学生的认知活动；另一种是辅助性策略，用来维持合适的心理学习状态，如情绪调控策略。迈克卡等人把学习策略分为认知策略、元认知策略和资源管理策略。

（1）认知策略是学习者信息加工的方法和技术，包括：①注意策略，如设置教学目标、标记重点等；②复述策略，如重复、抄写、画线、做记录等；③精细加工策略，如想象、口述、总结、类比、答疑等；④编码组织策略，如组块、选择要点、列提纲、画地图等。

（2）元认知策略是指学生对自己学习过程的有效监控，包括：①计划策略，如设置目标、浏览、设疑等；②监视策略，如自我检查、集中注意力、监视领会等；③调节策略，如调整阅读速度、重新阅读、复查等。

（3）资源管理策略是辅助学生管理可用环境和资源的策略，包括：①时间管理策略，如建立时间表、确立切合实际的目标等；②努力管理策略，如归因于努力、调整心境等；③学业求助策略，如寻求教师帮助、获得个别指导等。

3.简述赞科夫的教育思想。（见2011年华中师范大学真题+2017年北京师范大学真题）

4.简述陈鹤琴的"活教育"思想。（见2015年北京师范大学真题）

三、论述题

1.试论述教育与人的发展的关系。（见2010年华中师范大学真题）

2.结合实际论述教师应如何完善自我。（见2014年华东师范大学真题）

2013年山西师范大学333教育综合真题·凯程详解

一、名词解释

1.教育理论

【答】教育理论是通过一系列教育概念、教育判断或命题，借助一定的推理形式构成的关于教育问题的系统性的陈述。教育理论具有以下三个基本的规定性：第一，教育理论是由教育概念、教育命题和一定的推理方式构成的。第二，教育理论是对教育现象或教育事实的抽象概括。第三，教育理论具有系统性。

2.学制（见2019年北京师范大学真题）

3.教育目的（见2015年北京师范大学真题）

4.学习策略（见2015年北京师范大学真题）

5.道尔顿制（见2011年北京师范大学真题）

6.课程方案（见2013年华东师范大学真题）

二、简答题

1.简述教育的社会功能。（见2014年北京师范大学真题）

2.简述教育的独立性。（见2010年华中师范大学真题）

3.简述多元智力理论。（见2019年华东师范大学真题）

4.简述活教育思想。（见2015年北京师范大学真题）

三、论述题

1.论述赫尔巴特的阶段教学论。（见2018年河南师范大学真题）

2.分析教师的职业特点、角色以及职业素养。

【答】（1）教师的职业特点。（见2015年东北师范大学真题）

（2）教师角色。（见2020年山东师范大学真题）

（3）教师职业素养的构成。（见2014年北京师范大学真题）

3.论述马斯洛的需要层次理论。（见2013年西南大学真题）

2014年山西师范大学333教育综合真题·凯程详解

一、名词解释

1.美育（见2010年东北师范大学真题）

2.形成性评价（见2013年华中师范大学真题）

3.教育结构

【答】教育结构通常指包括普通教育系统、职业技术教育系统、师范教育系统、成人教育系统内的各种不同类型和层次的学校的比例构成。

①普通教育系统：包括初等教育阶段、中等普通教育阶段和普通高等教育阶段。②职业技术教育系统：这是给予学生从事某种职业或生产劳动所需知识技能的教育。③师范教育系统：承担师范教育的机构主要有中等师范学校、高等师范专科学校、综合性师范大学以及各级各类师资培训机构等，形成了自下而上的完整系统。④成人教育系统：我国现行的成人教育系统主要通过业余、脱产或半脱产的形式对成人进行教育，是学校教育的继续、补充和延伸。

4.教学监控能力（见2011年山西师范大学真题）

5.反思

【答】反思是指个体对自身以往某个阶段经历的总结，并从中获得经验和吸取教训的过程。从教学方面来看，教学反思是教学工作的重要环节，对教育者总结日常教育经验，指导教育实践具有重要意义。

6.自我效能感（见2014年华东师范大学真题）

二、简答题

1.简述我国课程编制的原则。

【答】（1）符合社会主义的教育目的和各级各类学校的培养目标。任何教育活动都是在一定的社会文化背景下进行的，同时也承担着一定的社会功能。我国的教育目的是为社会主义培养建设者和接班人，课程的编制要以教育目的和培养目标为依据。

（2）适合各年龄阶段学生身心发展的特点。教育是培养人的活动，人的发展受制于其身心发展规律与年龄特征，因此，课程的编制要考虑学生的身心发展规律与年龄特征。

（3）适合教学的认识规律。教学活动是师生共同参与的双边互动过程，课程的编制要符合学生的认识规律，符合循序渐进、启发诱导的教学原则。

（4）要有统一性、相对的完整性和一定的灵活性。课程的编制应当反映国家的根本利益、政治方向、核心价值，反映社会的主流文化、基本道德以及发展水平，体现国家的信仰、理想与意志。课程还应当广泛反映不同地区的不同经济社会发展的要求；反映不同民族、阶层、群体的不同文化、利益与需求；反映不同学生个人的个性发展选择与诉求。简言之，要反映各个方面的多样化需求，有一定的灵活性。

2.简述教师劳动创造性的含义及表现。（见2021年辽宁师范大学真题）

3.简述荀子关于教学的思想。（见2011年山西师范大学真题）

4.简述促进学习迁移的教学原则。（见2011年山西师范大学真题）

5.简述维果茨基的教育思想对当前学科教学的影响。（见2010年北京师范大学真题）

6.简述当代教育心理学的研究趋势。

【答】（1）研究学习者的主体性。例如，探讨学生如何进行知识建构，如何为学生创设最近发展区以促进其自身的认知发展。

（2）研究学习者的能动性。例如，探讨学生如何在学习过程中进行反思、自我监控、调节和管理。

（3）研究学习的内在过程和机制。例如，研究知识获得的深层加工过程，高级知识的获得过程等。

（4）研究社会环境的影响。例如，研究社会合作、师生之间或同伴之间的互动对认知与情感的影响等。

（5）研究实际情境的影响。例如，探讨实际问题情境性和真实性任务对学习的作用、基于问题的学习等。

（6）研究文化背景的影响。例如，研究不同文化背景对学习的影响、多元文化的交汇对教学的影响。

（7）研究学习环境设计和有效教学模式。例如，研究发现和探索学习、合作学习、建模、支架式教学，以及跨学科项目研究的制作等。

（8）研究信息技术，尤其是网络、人工智能的利用。

三、论述题

1.分析论述保罗·朗格朗的终身教育思想。（见 2015 年北京师范大学真题）

2.请运用知识和发展智力的关系原理，谈谈在实际课堂教学过程中应如何进行知识教学。（见 2012 年东北师范大学真题）

3.你认为在现实社会、家庭环境和学校教育中，要培养学生的创造性应创造哪些必要的条件？（见 2020 年陕西师范大学真题）

2015 年山西师范大学 333 教育综合真题·凯程详解

一、名词解释

1.修养（见 2015 年华中师范大学真题）

2.精细加工策略（见 2016 年东北师范大学真题）

二、简答题

1.简述教学过程中的教学原则。（见 2018 年东北师范大学真题）

2.简述教学评价的基本要求。（见 2011 年陕西师范大学真题）

三、论述题

1.论述孟子的教学思想及对现代教育改革的影响。

【答】孟子是儒家代表人物之一，与孔子的孙子子思将儒家学派发展分化为"思孟学派"，后被封建统治者看作儒学正统，称为"孔孟之道"。

（1）"性善论"与教育作用。孟子从社会和个人两个角度论述了教育的作用。

①"性善论"。孟子认为人生来就拥有"善端"，提出"人人皆可为尧舜"，体现了人性本质上的平等性。人们的道德境界、智慧程度因受后天个人主观努力程度的影响而不同。孟子从人性论上肯定了每个人发展的可能性。

②教育对个人的作用是扩充善性。"善端"必须加以扩充，使之达到完善，就可成为圣人。受外界环境的影响，"善端"受到破坏，就会成为小人、恶人。因此，"善"的习得依靠教育，教育的作用有两方面：一是"存心养性"，即把人天赋的"善端"加以保持、培养、扩充、发展；二是"求放心"，即寻求失落、放任的心灵，恢复善良本性，找回丧失的"善端"。

③教育对社会的作用是经过教育来扩充人性，进而达到国泰民安。

（2）"明人伦"与教育目的。孟子认为办教育的目的在于"明人伦"，教育就是通过实现"明人伦"来为政治服务的。

（3）理想人格与修养学说。孟子对中国传统文化的重要贡献还在于他提出"大丈夫"的理想人格，丰富了中国人的精神境界。培养"大丈夫"的理想人格的途径有：持志养气、动心忍性、存心养性和反求诸己。

（4）"深造自得"的教学思想。孟子认为知识的学习并非从外而来，而是必须经过自己主动自觉地学习和钻研，有了自己的收获和见解，才能形成稳固而深刻的智慧，遇事则能左右逢源，挥洒自如。想达到深造自得的基本要求是要有正确的办法，深入学习和钻研，孟子尤其主张学习中的独立思考和独自见解，不轻信、不盲从，要求读书不拘于文字的表层意思，而应通过思考去体会深层意蕴，总之，在学习中特别重要的是由感性学习上升到理性思维，孟子强调理性思维。

（5）孟子教学思想对现代教育改革的启示：①深入学习和钻研，独立思考和独自见解，不轻信、不盲从；②读书不拘于文字的表层意思，而应通过思考去体会深层意蕴；③在学习中特别重要的是由感性学习上升到理性思维。

2.论述人本主义与认知派有意义学习的思想。

【答】（1）奥苏伯尔的有意义学习。（见2013年北京师范大学真题）

（2）罗杰斯的有意义学习。罗杰斯的有意义学习不仅是一种增长知识的学习，而且是一种与每个人各部分经验都融合在一起的学习，是一种使个体的行为、态度、个性，以及在未来选择行动方针时发生重大变化的学习。

（3）罗杰斯的有意义学习具有四个特点：

①全神贯注。即整个人（包括情感和认知两部分）都参与到学习活动中。

②自发自动。学习是自发的，探索和求知是学习者内在的愿望。

③全面发展。它会使学生的行为、态度、人格等获得全面发展。

④自我评价。学生自己最清楚这种学习是否满足自己的需要。

（4）罗杰斯有意义学习与奥苏伯尔有意义学习的区别：罗杰斯关注的是学习内容与个人之间的关系，而奥苏伯尔则强调新旧知识之间的联系，它只涉及理智，而不涉及个人意义。因此，按照罗杰斯的观点，奥苏伯尔的有意义学习只是一种"在颈部以上发生的学习"，并不是罗杰斯所指的有意义学习。

3.论述建构主义学习理论的核心思想及其在教学中的应用。（见2014年杭州师范大学真题）

4.论述如何在教学中培养学生问题解决的能力。（见2010年华中师范大学真题）

2016年山西师范大学333教育综合真题·凯程详解

一、名词解释

1.**问题发现学习法**（见2017年华东师范大学真题）

2.**德育**（见2016年东北师范大学真题）

3.**新教育运动**（见2019年华东师范大学真题）

4.**酝酿效应**

【答】当一个人长期致力于某一问题的解决而又百思不得其解的时候，如果他对这个问题的思考暂时停下来去做别的事情，几小时、几天或几周之后，他可能会忽然想到解决的办法，这就是酝酿效应。

5.**心理发展的年龄特征**

【答】心理发展的年龄特征是指心理在一定年龄阶段中那些一般的、典型的、本质的特征。在一定条件下，心理发展的年龄特征既是相对稳定的，同时又是可以随着社会生活和教育条件等文化背景的改变而有一定程度的可变性的。

6.**行动研究主义**（见2014年南京师范大学真题）

二、简答题

1.**简述教师语言表达能力的特征。**

【答】（1）准确简明和富有示范性。教师传授知识，具有严格的科学性；应注意自身语言的规范性和示范性，用值得学生仿效的准确而简洁的语言，最大限度地提高教育教学工作的效能。

（2）通俗生动和富有幽默感。教师能把某些概括性强的语言表述得明确、具体、通俗些，让学生一听就懂；尽量用直观性强的语言，同时，教师的语言要幽默。

（3）富有条理性和层次感。思维具有连贯性，因而表达思想的语言自然要求条理清楚、逻辑严密。由于学生对教师语言的接受能力不同，因此教师语言表达也应有所不同，要体现出教师语言的层次感。

2.**简述课程设计的原则。**

【答】（1）整体化原则：在课程设计中，必须有一个整体的思路和规划，对时间、内容、总体目标都要有全面的规划，课与课之间应当是联系在一起的，而不是各自游离。

（2）阶段性原则：对整体化的目标，应当阶段化，使得目标更加的明确，更具有可操作性。

（3）个性化原则：课程设计应当考虑学生的知识基础、兴趣爱好等不同的实际情况，为不同类型的学生设计不同的学习方法，让学生掌握主动性。

3.简述新文化运动前后的实用主义。（见2014年首都师范大学真题）

4.简述影响知识理解的因素。（见2015年北京师范大学真题）

三、论述题

1.分析论述教师指导与学生主动性的关系。（见2010年北京师范大学真题）

2.结合实例说明教师应如何培养学生独立思考与逻辑思维的能力。

【答】（1）培养学生独立思考能力：

①激发学生学习兴趣。好奇心和学习兴趣使学生产生了极大的行为动机，使学生有施展才能的机会，能发挥学生独立思考的能力，发展他们学习的主动性。如让学生完成手工作业，可以让其选择自己感兴趣的领域，这样学生就会更容易独立思考完成。

②启迪学生思维。教师在教学的过程中，不应该只把知识原原本本地标示出来，而应启迪学生的思维，锻炼学生独立思考问题的能力。

③提供丰富的工具教程。该课程的主要目的在于提高认知功能低下的学生对新事物进行独立思考的能力，为他们提供独立学习和问题解决所必需的工具、自信心和动机。如教师可以教会学生使用资料库、网页浏览等工具。

④教给学生解题思路，而不是答案。提倡进行解题思路总结，真正做到举一反三，促使学生独立思考。教给学生解题思路，使学生学会类推，无形中发展学生独立思考的能力。

（2）培养学生逻辑思维能力：

①几何学有助于训练逻辑思维的发展。

②局部改变法，要求学生改变事物的局部结构或属性。

③棋盘法，要求学生使用方格式棋盘，做纵横交错的组合性思考。

④检核表法，要求核对事物的各种属性是否有任何改变的可能，并考虑如何改变。

⑤认同法，要求学生提出类似问题的已知解决办法。同时，还要注意加强对直觉和灵感等非逻辑思维的培养。

3.分析论述皮亚杰的认知理论。（见2012年东北师范大学真题）

4.论述教师成长与发展的途径。（见2020年华东师范大学真题）

2017年山西师范大学333教育综合真题·凯程详解

一、名词解释

1.**精细加工策略**（见2016年东北师范大学真题）

2.**认知结构**（见2018年南京师范大学真题）

3.**教育目的的价值取向**（见2010年广西师范大学真题）

4.**教学设计**（见2016年首都师范大学真题）

5.**教师专业发展**（见2011年华东师范大学真题）

二、简答题

1.**简述《学记》。**（见2011年东北师范大学真题）

2.**简述教师发展和培养的途径。**（见2020年华东师范大学真题）

3.**班主任为什么要进行个别教育？**

【答】（1）进行个别教育的原因：集体教育与个别教育是紧密联系的。班主任对个别学生进行教育，也是为了更好地培养集体。个别教育的重心不是面向集体，而是直接面向个人，不仅要对后进生做个别教育，也要对一般生和优秀生做个别教育。

（2）班主任的个别教育工作包含三个方面：①促进每个学生个性的全面发展；②做好后进生的思想转变工作；③做好偶发事件中的个别教育。

4.要素主义教育思想的基本观点。（见2016年华东师范大学真题）

三、论述题

1.试述维果茨基的认知发展理论及其对教学的影响。（见2012年重庆师范大学真题）

2.试述人文主义教育的主要特征。（见2011年华东师范大学真题）

3.试述如何激发学生的学习动机。（见2012年华东师范大学真题）

4.对比分析桑代克和巴甫洛夫的观点。

【答】（1）桑代克最初研究学习问题是从各种动物实验开始的，其中最著名的就是饿猫打开迷笼的实验。笼内有某种开门的设施：一圈金属绳、一个把柄或一个旋钮。猫碰巧抓到这种开门设施，门便开启，猫得以逃出并能吃到笼子附近放置的鱼。第二次、第三次……一次比一次熟练，一次比一次更快地打开门，正确的反应被逐渐巩固，最终形成了稳定的刺激—反应联结。因此，桑代克认为学习即联结，学习即试误。桑代克的联结—试误说的主要内容有：①学习的实质在于形成一定的联结。②一定的联结需要通过试误而建立，并遵循一定的规律，不需要以观念为中介。为此，他提出了学习的三大定律：准备律、练习律、效果律。

（2）巴甫洛夫在研究消化现象时，观察了狗的唾液分泌，即对食物的一种反应特征。他的实验方法是：把食物显示给狗，并测量其唾液分泌。在这个过程中，他发现如果随同食物反复给一个中性刺激，即一个并不自动引起唾液分泌的刺激，如铃响，狗就会逐渐"学会"在只有铃响但没有食物的情况下分泌唾液。一个中性刺激与一个原来就能引起某种反应的刺激相结合，会使动物学会对那个中性刺激做出反应，这就是经典性条件反射的基本内容。

（3）桑代克提出的尝试—错误学习理论，认为学习的实质是通过"尝试"在一定的情景与特定的反应之间建立某种联结。巴甫洛夫认为"所有的学习都是联系的形成，而联系的形成就是思想、思维、知识"。他所说的联系就是指暂时的神经联系。巴甫洛夫利用条件反射的方法对人和动物的高级神经活动做了许多推测，发现了人和动物学习的最基本的机制。

四、分析题

1.试析文艺复兴与大学变革的关系。

【答】中世纪后期（11—14世纪）西欧的大学多数受教会控制，大学日趋保守，几乎拒绝一切新知识，严重滞后于时代发展的要求。14世纪初，随着文艺复兴的兴起，在人文主义的冲击下，西欧各国大学先后发生了相应的变革。文艺复兴对大学的变革影响如下：

（1）课程内容发生变化。中世纪大学占垄断地位的经院主义课程受到了冲击，具有人文主义色彩的新课程在大学课程中的比例不断增加。

（2）教育职能发生变化。通过进行古典主义的教育，大学一直致力于寻求一种核心的普通教育，从而把许多专业化的课程统一起来，并从整体上服务于人类的需要。

（3）教育价值观发生变化。重新发现人，重新确立了人的地位，强调人性的高贵，复兴了古希腊的个人主义价值观。

（4）教育目的发生变化。形成了全面和谐发展的完人的教育观念，教学目标从中世纪培养教士转向文艺复兴培养绅士。

（5）道德教育观发生变化。人道主义、乐观、积极向上、热爱自由、追求平等和合理的享乐等新的道德观在人文主义的学校中开始取代天主教会的道德观。

（6）兴起了自然主义教育思想。文艺复兴，将科学从千余年沦为神学"婢女"的地位中解放出来，促成了近代科学的诞生，为大学最终引入自然科学和确立科学研究的职能创造了条件。

（7）推动了教育世俗化的历史进程。人文主义新学科冲破了经院主义神学和哲学独霸大学讲堂的局面，虽然其影响主要局限于大学文学院，但正是大学文学院领导了欧洲大学的近代化运动，带动了整个大学的变革，后来哥廷根大学、柏林大学的改革都是从文学院（哲学院）开始突破的。

2.试析终身教育思潮对教育改革的影响。（见2015年北京师范大学真题）

2018 年山西师范大学 333 教育综合真题·凯程详解

一、名词解释

1. 教育（见 2014 年北京师范大学真题）
2. 课程（见 2019 年北京师范大学真题）
3. 苏格拉底法（见 2011 年北京师范大学真题）
4. 中体西用（见 2011 年北京师范大学真题）
5. 学习策略（见 2015 年北京师范大学真题）
6. 自我效能感（见 2014 年华东师范大学真题）

二、简答题

1. 简述教师的基本素养。（见 2014 年北京师范大学真题）
2. 简述教育的社会功能。（见 2014 年北京师范大学真题）
3. 简述班杜拉的观察学习法。（见 2016 年东北师范大学真题）
4. 简述蔡元培的教育思想及教育实践。（见 2011 年北京师范大学真题 +2013 年北京师范大学真题）
5. 简述陶行知的生活教育理论。（见 2014 年北京师范大学真题）
6. 简述卢梭的自然主义教育。（见 2012 年华东师范大学真题）

三、论述题

1. 十九大强调要优先发展教育，论述为什么要把教育放在优先发展的地位。（见 2014 年华南师范大学真题）
2. 论述奥苏伯尔的有意义学习。（见 2013 年北京师范大学真题）
3. 论述皮亚杰的认知理论及其对教育的启示。（见 2018 年天津师范大学真题）

2019 年山西师范大学 333 教育综合真题·凯程详解

一、名词解释

1. 讲授法（见 2010 年华中师范大学真题）
2. 教育制度（见 2012 年华东师范大学真题）
3. 理论联系实际

【答】理论与实际相联系，是学习的主要方法，也是教学工作中必须坚持的原则。理论联系实际原则，是指教学要以学习基础知识为主导，从理论与实际的联系上去理解知识，注意运用知识去分析问题和解决问题，达到学懂会用、学以致用。

4. 《学记》（见 2013 年东北师范大学真题）
5. 要素主义（见 2017 年华东师范大学真题）
6. 苏霍姆林斯基

【答】苏霍姆林斯基是"二战"后苏联最有影响力的教育家，曾担任帕夫雷什中学的校长，在那里他积累了许多的教育教学经验，形成了独具特色的教学思想体系，其中最著名的是个性全面和谐发展的教育理论。

7. 认知内驱力（见 2020 年安徽师范大学真题）

二、简答题

1. 简述教师的主导性与学生的主体性的关系。（见 2010 年北京师范大学真题）
2. 简述维果茨基的心理理论。（见 2010 年北京师范大学真题）
3. 简述杜威的教育目的论。（见 2016 年北京师范大学真题）
4. 简述如何培养学生问题解决的能力。（见 2010 年华中师范大学真题）

三、论述题

1. 根据当前的教育现象，分析教育该如何回归生活。（见 2012 年湖南师范大学真题）

2.论述陈鹤琴的教育理论及其影响。（见2015年北京师范大学真题+2017年东北师范大学真题）

3.论述人本主义理论及其贡献。（见2017年华中师范大学真题）

2020年山西师范大学333教育综合真题·凯程详解

一、名词解释

1.癸卯学制（见2018年东北师范大学真题）

2.赫尔巴特

【答】赫尔巴特是19世纪德国的哲学家、心理学家、教育家，被誉为"现代教育学之父"。他提出把教育学建成一门独立学科，并在伦理学和心理学的基础上建立了完整的教育理论体系，其教育代表著作有《普通教育学》《教育学讲授纲要》。赫尔巴特是西方历史上第一位把心理学作为独立学科进行研究的教育家。

3.教学设计（见2016年首都师范大学真题）

4.人的全面发展（见2014年华南师范大学真题）

5.辐合思维

【答】辐合思维指人们根据已知的信息，利用熟悉的规则解决问题，或者从给予的信息中，产生逻辑的结论，又称求同思维。当问题只有一个正确答案，或只有一个最好的解决方案时，才会发生辐合思维。例如，利用公式解题，按照说明书把购买的电子产品的各种性能调试出来，都是辐合思维。

6.共同要素说

【答】该理论认为一种学习情境到另一种学习情境的迁移，是由于这两种学习情境存在相同的成分，即桑代克和伍德沃斯的共同要素说，其实质就是两次学习在刺激—反应联结上具有共同点。

7.功能固着（见2015年湖南师范大学真题）

8.教师职业形象

【答】教师职业形象是教师群体或个体在其职业生活中的形象，是其精神风貌、生存状态和行为方式的整体反映。它既是社会对教师职业及其日常行为的一种总体性评价与概括性认识，也是教师群体内部或个体自身对其职业所持有的价值认识与情感认同。教师的职业形象的内在精神包括职业的精神风貌、工作态度、敬业精神、创新精神等；外显事物表现为教师节日、教师组织、教师着装等。

二、简答题

1.简述宋元时期蒙学教育的基本经验。

【答】（1）在教育宗旨上，强调严格要求，打好基础。蒙学教育是基础教育，在私塾教育中，十分强调对儿童进行严格的基本训练，培养其良好的生活、学习习惯。

（2）在培养学习行为上，重视用《须知》《学则》的形式培养儿童的行为习惯。

（3）在学习动机上，注意根据儿童的心理特点，因势利导，激发他们的学习兴趣。

（4）在教学内容上，文化知识与伦理道德并重。按照教授内容类型，大致可分为识字类、历史知识类、生活常识类、为诗作文类和伦理道德类。

（5）在教学方法上，识记与领悟并重。熟读并会背诵是最低要求，然后由塾师逐句讲解，采取"点化"和启发的方式，注重学生自学，将识记与领悟完美结合。

（6）在教学组织形式上，采取个别教学。私塾一般是十几到二十人，学生的入学年龄不同，知识水平、认识能力也不同，针对不同的学生采取不同的方法，教授不同的内容。

2.简述黄炎培的职业教育思想。（见2018年华中师范大学真题）

3.简述卢梭的自然主义教育理论。（见2012年华东师范大学真题）

4.简述激进建构主义教育思潮的基本观点。

【答】（1）简介：在皮亚杰思想的基础上发展起来的建构主义，以冯·格拉塞斯菲尔德和斯特菲为典型代表。

（2）激进建构主义有两条基本原则：①知识不是通过感觉或交流而被个体被动接受的，而是由认知主体积极建构的；②认识的功能是适应自己的经验世界，帮助自己的经验世界，而不只是对某一客观存在的现实的发现。

（3）激进建构主义认为，应该用"生存力"来代替"真理"一词，只要某种知识能帮助我们解决具体问题，或能提供关于经验世界的一致性解释，那它就是适应的，就是有"生存力"的，不要去追求经验与客体的一致。所有的知识都是在个体与经验世界的对话中建构起来的，而这要以个体的认知过程为基础。但这种建构主义主要关注个体与其物理环境的相互作用，对学习的社会性重视不够。

5.简述注意的品质。

【答】注意的品质包括：注意的广度、注意的稳定性、注意的分配和注意的转移。

（1）注意的广度又称注意的范围，是指一个人在同一时间内能够清楚地把握注意对象的数量。扩大注意广度，可以提高工作和学习的效率。

（2）注意的稳定性也称为注意的持久性，是指注意在同一对象或活动上所保持时间的长短。但衡量注意稳定性，不能只看时间的长短，还要看这段时间内的活动效率。

（3）注意的分配是指在同一时间内把注意指向不同的对象和活动。注意的分配要求同时进行的几种活动至少有一种应是高度熟练的以及同时进行的几种活动必须有内在联系。

（4）注意的转移是指根据活动任务的要求，主动地把注意从一个对象转移到另一个对象。影响因素有：①对原活动的注意集中程度；②新注意对象的吸引力；③明确的信号提示。

6.简述布鲁纳的认知发现学说。（见 2016 年广西师范大学真题）

7.简述韦纳的成败归因理论，并结合实际分析。（见 2019 年北京师范大学真题 +2011 年东北师范大学真题）

三、论述题

1.运用教育和生活的关系，论述目前学校教育实践中存在的缺陷。

【答】（1）教育和生活的关系：当今社会越来越注重教育，教育是提高人们品格素质的一种直接有效的途径。人的一生中很长一个阶段是在接受教育。杜威从生活来看教育，提出"教育即生活"，认为教育是生活的过程，教育的本质就是生活。教育的内容要与儿童自己的生活相吻合，这样才能满足儿童的需要和兴趣。陶行知也提出"生活即教育"，认为实际生活是教育的中心，生活与教育是同一个过程，教育不能脱离生活，要通过生活来教育。综上所述，我们可以看出二人都重视教育与生活的紧密联系，他们希望在教育中体现生活，在生活中体现教育。在当今社会，我们更要加强教育和生活的联系，实施素质教育，让学生不仅从书本中获得知识，而且要在社会实践活动中获取知识。

（2）目前学校教育实践中存在的缺陷为教育与生活相脱离。

①原因：a.课程目标上，过于注重知识传授；b.课程结构上，过于注重学科本位，科目过多和缺乏整合；c.课程内容上，表现为"繁、难、偏、旧"，过于注重书本知识；d.课程实施上，强调接受学习、死记硬背和机械训练；e.课程评价上，过于强调甄别与选拔的功能；f.课程管理上，课程管理权限过于集中，多为国家统一课程。

②解决方法：a.在课程目标上，培养德、智、体、美全面发展的人，在生活中培育道德、发展智力、锻炼体能、鉴赏美丽；b.在课程结构上，优化课程结构，增加与生活实际相关的体验性课程的比重；c.在课程内容上，加强课程内容与学生生活、现代社会和现代技术发展的联系，关注学生的学习兴趣和经验，精选终身学习必备的基础知识和技能；d.在课程实施上，倡导学生主动参与、勤于动手，培养学生在生活中收集和处理信息的能力、获取新知识的能力、分析和解决问题的能力及交流与合作的能力；e.在课程评价上，促进评价指标多元化，把与生活相关的能力或知识列入评价指标，课程评价要从终结性评价转变为与发展性评价、形成性评价相结合；f.在课程管理上，实行国家、地方和学校三级管理，增强课程对地方、学校及学生的适应性，地方课程、校本课程更有利于联系生活实际。

2.结合实际分析学生品德的一般发展过程。

【答】品德作为个体社会行为的内在调节机制，是合乎社会规范要求的稳定的心理特性，是行为产生的内因，又称为德性。其心理结构包括道德认知、道德情感、道德意志和道德行为。

品德的一般发展过程大致经历了以下三个阶段。

①依从。依从是指个体表面上接受规范，按照规范的要求行动，但缺乏对规范的必要性或根据性的认识，甚至有抵触情绪。依从阶段的学生行为具有盲目性、被动性、不稳定性。依从包括从众和服从。从众是指主体对于某种行为要求的依据或必要性缺乏认识与体验，而跟随他人行动的现象。服从是指主体对于某种行为本身的必要性缺乏认识甚至有抵触时，由于某种权威的命令或现实的压力，仍然遵从这种行为要求的现象。

②认同。认同是个体在思想、情感、态度和行为上主动接受他人的影响，使自己的态度和行为与他人相接近的现象。与依从相比，认同更深入一层，它不受外界压力的控制。认同阶段的学生行为具有一定的自觉性、主动性和稳定性。

③内化。内化是指个体在思想观点上与他人思想观点一致，将自己所认同的思想和自己原有的观点、信念融为一体，构成一个完整的价值体系。在内化阶段，个体行为具有高度的自觉性、主动性和坚定性。表现为"富贵

不能淫，贫贱不能移，威武不能屈"。

3.论述皮亚杰的认知发展阶段理论及认知发展机制。（见2012年东北师范大学真题）

2021年山西师范大学333教育综合真题·凯程详解

一、名词解释

1.朱子读书法（见2015年东北师范大学真题）

2.教育目的（见2015年北京师范大学真题）

3.课程标准（见2015年北京师范大学真题）

4."六艺"（见2012年华东师范大学真题）

5.最近发展区（见2011年北京师范大学真题）

6.元认知策略（见2011年北京师范大学真题）

二、简答题

1.简述建构主义学习理论。（见2019年华中师范大学真题）

2.简述皮亚杰的道德认知发展理论。（见2012年东北师范大学真题）

3.简述教育的政治功能。（见2012年北京师范大学真题）

4.简述颜之推的家庭教育思想。（见2013年哈尔滨师范大学真题）

三、论述题

1.结合疫情期间的教育实际，谈谈你对教师素养的看法。

【答】（1）背景：新冠疫情的出现极大地加快了信息技术和网络平台的步伐，对传统教育模式带来了巨大的冲击和挑战，并在疫情和教育的相互碰撞和融合之下，产生了全新的直播、网课教育模式，正因为如此，信息素养已成为疫情期间教师必备的素养之一。

（2）信息素养的含义及要求：线上教学模式不是简单的移动互联网技术在教育层面上的应用，更不是单方面地利用互联网技术在网上建立的一些教育平台或者学习平台，而是一种互联网与教育的有机融合，用相辅相成、相互契合的方式全面地推动教育事业的进步，提升教学效率和增强学生的学习能力，是一种对传统教育模式具有战略意义的巨大变革。

因此，疫情背景下教师的信息素养主要指向教师对于这类信息科学技术的使用情况，以及利用这些辅助工具有效促进教学效率的教学能力，然而这方面的能力却又不是简单地使用技术工具，而是更多地倾向于运用技术重组学习环境，并在此基础上提供有效教学策略的能力。

（3）除此之外，教师的专业知识素养、专业技能素养、专业情意素养和身心素养在疫情期间依然是教师的必备素养。疫情期间，由线下的教学转为了线上的教学，在教学空间改变、缺乏教育督导的情况下，对教师的素养提出了更高的要求。教师能否始终如一地备好课，在网络教学平台中能否始终如一地保持热情是其专业素养水平的体现。同时，一个敏锐的教师还会将疫情作为一种课程资源，将有关疫情与防疫的知识与技能教给学生，并提醒学生珍爱自己和他人的生命；一位有良好身心素养的教师会让自己在疫情期间保持身心的健康与稳定，从而成为学生以良好的心态应对疫情的榜样。

2.论述教学过程中需要处理好的几对关系。（见2011年东北师范大学真题）

3.从教育和生活的角度，比较杜威和陶行知的思想。

【答】（1）杜威"教育即生活"的内涵是：①教育是生活的过程，学校是社会生活的一种形式；②学校生活要与儿童的生活相吻合；③学校生活应与学校以外的社会生活相吻合。

（2）陶行知"生活即教育"的内涵是：①生活是教育的源泉，过什么生活就受什么教育；②生活是教育的中心，用生活来教育；③教育是为了改进生活。

（3）两者的相同点：

①共同之处在于二者均强调教育与生活的联系、学校与社会的联系。杜威与陶行知都非常重视教育与生活之间的关系，都试图克服学校与社会脱节、学生不能适应社会的教育弊端。

②两种思想都注重儿童个性的发展。杜威认为学校生活应该与儿童的生活相契合，满足儿童的兴趣和需要，

使校园成为儿童的乐园而不是牢笼，使儿童能在现实的学校生活中得到乐趣。

（4）两者的不同点：

①理论的社会背景和历史影响不同。杜威的教育理论产生于资本主义取得巨大的物质进步的基础之上，而精神文化逐渐滞后的情况下，对杜威来说，教育的任务是解决学校与社会之间的脱节、精神文化与物质文化的失衡以及教育与生活的背离等问题。

陶行知的教育理论产生于中国半殖民地半封建社会的背景下，军阀混战，社会动荡不安，人民生活贫困，受教育程度低，对陶行知来说，他的目标是用科学和教育来挽救中国，使每个人都有受教育的机会，主张通过发展教育与科学使中国变得强大起来。

②对生活的理解不同。杜威强调的是体现社会精神的学校生活和儿童生活，陶行知强调的是现实社会生活。

③对教育的理解不同。杜威强调的是学校教育，陶行知强调的是社会意义上的教育。

4. 比较夸美纽斯和卢梭的自然主义思想。

【答】（1）相同点：

①教育应遵循自然。夸美纽斯第一次从教育学的高度拉开了自然主义教育的序幕，他指出中世纪旧学校的根本错误在于违背自然，改革教育必须在各方面都要遵循自然。卢梭认为每个人都是由自然的教育、事物的教育、人为的教育三者培养起来的，只有这三种教育完满结合起来才能达到预期的目的，他继夸美纽斯之后再次提出并强调了教育适应自然的原则。

②教育应遵循儿童身心发展的规律。夸美纽斯认为教学自始至终要按照学生的年龄及已有知识循序渐进地进行，不应该违背儿童自然天性的发展。卢梭认为儿童在生长发展过程中，有其节律性、阶段性，而教育应适应儿童发展的自然进程，考虑其年龄特征，适应其本性。

（2）不同点：

①目的不同。夸美纽斯认为，教育的终极目的是使人为永生做准备。教育的现实目的是为现实的人生服务，培养具有"学问、德行和虔诚"的人。卢梭的教育目的是培养"自然人""自由人"。卢梭深刻地揭露和猛烈地抨击了封建教育和经院学校对儿童的摧残，第一次维护了儿童的权利，所以，卢梭在夸美纽斯的基础上又向前迈进了一步，其自然主义教育的目的也更明确。

②对象不同。夸美纽斯的教育思想被称为"泛智教育"，也就是说，夸美纽斯的教育对象是全部人，他认为所有男女儿童都应该进学校学习。而卢梭认为穷人是不需要接受教育的，原因在于穷人能够从自然的劳动和生活环境中接受应有的教育，能自然地成长为人，因此卢梭的教育对象主要是资产阶级子弟。

③各阶段年龄的划分不同。夸美纽斯中把人从出生到成年分为婴儿期（1～6岁）、儿童期（6～12岁）、少年期（12～18岁）、青年期（18～24岁）四个阶段；卢梭设想了婴儿期（0～2岁）、儿童期（2～12岁）、青年期（12～15岁）、青春期（15～20岁）教育的四个阶段，每个阶段的教学场所和任务都不同。

④理论化、体系化的程度不同。夸美纽斯的自然教育思想较抽象、宏观，不够理论化、体系化，仅作为自己的理论指导思想；而卢梭的自然教育思想更加理论化、体系化，内容更加完整、丰富。

2022年山西师范大学333教育综合真题·凯程详解

一、名词解释

1. 学制（见2019年北京师范大学真题）
2. 教学方法（见2013年华南师范大学真题）
3. 书院教育（见2017年东北师范大学真题）
4. 京师大学堂（见2013年北京师范大学真题）
5. 贝尔－兰卡斯特制（见2012年北京师范大学真题）
6. 思维定势（见2016年杭州师范大学真题）

二、简答题

1. 简述教师应具备的素养。（见2014年北京师范大学真题）
2. 简述朱熹的教育思想。

【答】朱熹是南宋著名的理学家，一生主要从事学术活动和教育事业，他的主要教育思想如下：

（1）教育实践上：①编撰《四书章句集注》。②修复白鹿洞书院，亲自制定《白鹿洞书院揭示》作为书院的学规和教育宗旨，使之成为后世一般学校的学规范本和办学准则，也使书院教育逐步走上制度化发展的轨道。

（2）教育作用上：朱熹继承发展了董仲舒和韩愈"性三品"的学说。教育的作用就在于要让"道心"显现出来，也就是把"天理"凸显出来，把人的私欲藏起来，这就是"明天理，灭人欲"，使"人心"服从"道心"。这个过程也就是"明人伦"的过程。

（3）论"小学"和"大学"教育：学生8岁入小学，15岁入大学。小学和大学是不可割裂的两个学习阶段，都是为了认知天理，只是内容程度有所不同：小学学其事，大学明其理；小学为大学打基础，大学是小学的深化。他编写《小学》《童蒙须知》，对儿童日常生活中应该遵守的礼仪、行为做了具体规范，认为大学学习以自学为主。

（4）朱熹的道德教育思想。（见2021年内蒙古师范大学真题）

（5）朱子读书法。（见2016年华东师范大学真题）

（6）朱熹教育思想的评价：①朱熹的教育思想虽然带有浓厚的理学倾向，客观唯心主义色彩浓厚，但他对教育作用的重视是值得肯定的。②朱熹关于"小学"和"大学"教育的见解，反映了人才培养的某些客观规律，为中国古代教育理论的发展增添了新鲜内容。③"四书"在后来的中国封建社会占据了极其重要的地位，甚至超过了"五经"，这也反映出了朱熹不可忽略的历史地位。④"朱子读书法"反映了读书学习的基本规律和要求，在今天仍具有一定的参考价值。但也存在着一定的局限性：朱熹提倡读的书是宣扬封建伦理道德的圣贤书；他的读书法主要强调书本知识，忽视了知识与实际之间的联系，造成了"万般皆下品，唯有读书高"的不良学风。

3.简述夸美纽斯的泛智教育思想。（见2020年湖南师范大学真题）

4.简述蔡元培的教育思想。（见2013年北京师范大学真题）

5.简述赫尔巴特的教育思想。（见2015年北京师范大学真题）

6.简述影响中学生品德发展的主要因素。（见2019年首都师范大学真题）

三、论述题

1.论述劳动教育的意义以及如何开展劳动教育。（见2021年安徽师范大学真题+2020年首都师范大学真题）

2.论述如何处理掌握知识和发展智力的关系。（见2012年东北师范大学真题）

3.论述自我效能感理论及其教育启示。（2010年东北师范大学真题+2011年西北师范大学真题）

内蒙古师范大学

2010年内蒙古师范大学 333 教育综合真题·凯程详解

一、名词解释

1.教育目的（见2015年北京师范大学真题）

2.学校教育制度（见2019年北京师范大学真题）

3.教学（见2013年陕西师范大学真题）

4.榜样示范法（见2016年北京师范大学真题）

5.苏格拉底法（见2011年北京师范大学真题）

6.《大教学论》（见2012年杭州师范大学真题）

二、简答题

1.简述我国基础教育课程改革的三维目标。

【答】在新课程改革的背景下，三维目标旨在改变过于注重知识传授的倾向，强调形成积极主动的学习态度，使学生在获得基础知识和基本技能的同时学会学习和形成正确的价值观。

（1）知识与技能：知识主要包括人类生存所不可或缺的核心知识和学科基本知识；技能包括获取、收集、处理、运用信息的能力，创新精神和实践的能力，终身学习的能力。

（2）过程与方法：包括人类生存不可或缺的过程与方法。过程指应答性学习环境和交往、体验。方法包括基本的学习方式（如合作学习、探究学习等）和具体的学习方式。

（3）情感态度与价值观：不仅指学习兴趣、学习责任，更重要的是乐观的生活态度、求实的科学态度、宽容的人生态度。

三维目标的提出，既强调知识与技能的掌握，又倡导对知识思想文化内涵的理解，引导学生情感态度与价值观的形成，让知识贴近实际，走进生活，还学科以本来面目。

2.简述教师劳动的特点。（见2015年东北师范大学真题）

3.简要分析学生学习的特点。（见2010年河南师范大学真题）

4.简要回答陶行知的生活教育理论。（见2014年北京师范大学真题）

三、论述题

1.试述创造性的培养措施。（见2011年北京师范大学真题）

2.联系实际论述德育过程是培养学生知、情、意、行的过程。（见2015年北京师范大学真题）

3.试论述孔子和韩愈的教师观。（见2018年华中师范大学真题+2018年北京师范大学真题）

4.试论述杜威教育本质论的主要内容及影响。（见2018年东北师范大学真题）

2011 年内蒙古师范大学 333 教育综合真题·凯程详解

一、名词解释

1.教育学（见2011年陕西师范大学真题）

2.课程标准（见2015年北京师范大学真题）

3.教学评价（见2015年北京师范大学真题）

4.德育过程（见2014年华东师范大学真题）

5.《大教学论》（见2012年杭州师范大学真题）

6.绅士教育（见2012年华东师范大学真题）

二、简答题

1.简述全面发展教育的组成部分。（见2010年东北师范大学真题）

2.简述教学过程应处理好的几种关系。（见2011年东北师范大学真题）

3.简述迈克卡等人关于学习策略和内容的基本主张。（见2012年山西师范大学真题）

4.简述蔡元培"五育"并举的教育方针。（见2016年华东师范大学真题）

三、论述题

1.试分析影响问题解决的主要因素。（见2017年陕西师范大学真题）

2.试述新一轮基础教育课程改革的具体目标。（见2017年东北师范大学真题）

3.论述《学记》中教育教学的原则和方法。（见2011年东北师范大学真题）

4.试述《国防教育法》的内容及影响。（见2014年华东师范大学真题）

2012 年内蒙古师范大学 333 教育综合真题·凯程详解

一、名词解释

1.课程标准（见2015年北京师范大学真题）

2.教学（见2013年陕西师范大学真题）

3.教育目的（见2015年北京师范大学真题）

4.性善论（见2012年福建师范大学真题）

5. 道德教育（见2016年东北师范大学真题）

6. 知识表征（见2012年北京师范大学真题）

7. 道尔顿制（见2011年北京师范大学真题）

8. 自我效能感（见2014年华东师范大学真题）

9. 精细加工策略（见2016年东北师范大学真题）

二、简答题

1. 简述制定教育目的的依据。

【答】从教育的基本规律来讲，一个国家教育目的的制定，既要符合社会发展的需要，又要符合个体身心发展的特点和水平。

（1）时代与社会发展需要。

①社会生产力的发展是确立教育目的的最终决定性因素。生产力的发展水平体现人类的发展程度，这对人的进一步发展提出了要求，提供了可能性。在推动社会发展的各因素中，社会生产力的发展起到最终的决定作用，因而也是确立教育目的的最终决定性因素。

②教育目的要反映生产关系和科技发展对人才的需要。随着现代科学技术的迅猛发展，要求社会在培养人才时注重对能力与智力的开发。注重个性、开拓性和创造性成了当代社会对人才培养的普遍要求。

③教育目的要符合社会政治、经济、文化的需要。教育目的的性质和方向是由政治、经济、文化决定的。在阶级社会里，教育目的反映统治阶级的利益，集中体现统治阶级对人才培养的根本要求。

（2）个体身心发展的特点与需要。

教育目的的确立要符合教育对象身心发展的规律和特点，使教育对象得到更完全的发展，也要符合教育对象不同阶段的身心发展规律、兴趣、需要、生活和个性。

2. 简述教育、教学、智育之间的关系。（见2016年东北师范大学真题）

3. 简述社会本位论与个体本位论。（见2010年北京师范大学真题）

4. 简述埃里克森的心理社会发展理论及其对教育的启示。（见2020年北京师范大学真题）

5. 简述认知结构迁移理论的基本观点。

【答】（1）简介：认知结构迁移理论是奥苏伯尔于1963年在有意义言语学习理论的基础上提出来的。

（2）基本观点：这一理论认为，一切有意义的学习都是在原有认知结构的基础上产生的，不受原有认知结构影响的有意义学习是不存在的。一切有意义的学习必然包括迁移。迁移是以认知结构为中介进行的，先前学习所获得的新经验，通过影响原有认知结构的有关特征影响新学习。认知结构迁移理论指出，学生学习新知识时，认知结构可利用性高、可辨别性大、稳定性强，就能促进对新知识学习的迁移。"为迁移而教"实际上是塑造学生良好认知结构的问题。在教学中，可以通过改革教材内容和教材呈现方式改进学生的原有认知结构变量以达到迁移的目的。

6. 简述影响学习动机的因素。（见2010年华中师范大学真题）

三、论述题

1. 论述德育过程是培养学生知、情、意、行的过程。（见2015年北京师范大学真题）

2. 如何培养创造性思维？（见2011年北京师范大学真题）

2013年内蒙古师范大学333教育综合真题·凯程详解

一、名词解释

1. 教育制度（见2012年华东师范大学真题）

2. 教学目的（见2017年重庆师范大学真题）

3. 教学原则（见2013年哈尔滨师范大学真题）

4. "六艺"（见2012年华东师范大学真题）

5. 陶行知

【答】陶行知是中国杰出的人民教育家、思想家，伟大的民主主义战士，爱国者，中国人民救国会和中国民主同盟的主要领导人之一。先后创办晓庄学校、生活教育社、山海工学团、育才学校和社会大学。提出了"生活即教育""社会即学校""教学做合一"三大主张。生活教育理论是陶行知教育思想的理论核心。

6.产婆术（见2011年北京师范大学真题）

7.导生制（见2012年北京师范大学真题）

8.《国防教育法》（见2010年湖南师范大学真题）

二、简答题

1.简述文化对教育的影响与制约。（见2017年山东师范大学真题）

2.简述教育的政治功能。（见2012年北京师范大学真题）

3.简述贯彻因材施教德育原则的基本要求。

【答】①深入了解学生的个性特点和内心世界。这是进行德育的前提和基础，也是因材施教的前提和基础。

②根据学生个人特点有的放矢地进行教育。学生都有自己的生活环境、成长经历、个性特点和精神世界，对学生的教育必须区别对待、有的放矢，采用不同的内容和方法来教育。

③根据学生的年龄特征有计划地进行道德教育。学生的思想认识与品德发展有明显的年龄特征，因而进行德育有必要研究和弄清每个年级学生的思想特点。

4.简述有意义学习及其条件。（见2013年北京师范大学真题）

5.简述教学与发展的关系及理论基础。

【答】（1）最近发展区的含义："实际的发展水平与潜在的发展水平之间的差距。前者由个体独立解决问题的能力而定，后者指在成人的指导下或与更有能力的同伴合作时解决问题的能力"。

（2）教学与发展的关系：

①教学应当走在发展的前面。维果茨基提出"教学应当走在发展的前面"，这是他对于教学与发展关系问题的最主要的理论。也就是说，教学决定着智力的发展，这种决定作用既表现在智力发展的内容、水平和智力活动的特点上，也表现在智力发展的速度上。

②教学应该考虑儿童现有的发展水平。教学要落在最近发展区内，带动儿童的发展。一方面，教学决定着儿童发展的内容、速度和水平等，使最近发展区变为现实；另一方面，教学也创造着新的最近发展区。

③教学存在最佳期限。教学最佳期是由最近发展区决定的，而最近发展区本身是动态发展的，随着某一阶段教学过程的结束，最近发展区转化为现有发展水平，在此基础上又形成了一个高于原来最近发展区的新的最近发展区。因而教学最佳期也是不断发展变化的，并且教学最佳期也是因人而异的，教师要把握教学的适当时机。

④教学在创造最近发展区。儿童的两种水平之间的差距是动态的。随着时间的推进，一些之前不能完成的任务逐渐被儿童掌握，取而代之的是更加复杂和困难的任务。所以，教学要不断的创造新的最近发展区，促进学生获得新发展。

6.简述培养学生创造性的原则。

【答】（1）协同性原则。人们在教育思想上要树立大教育的观念，要充分认识到教育与学习是一项广泛的社会活动。不仅教师的言行举止会对受教育者产生影响，家庭中的父母以及社会上的各类人和事，都可能对受教育者的人格发展产生不同程度的影响。

（2）主体性原则。世界上没有两片完全相同的树叶，每个人的人格都反映了他自身独特的与他人有所区别的人格特点。

（3）活动性原则。人是作为社会的人，会在学习过程中、在生产劳动中、在各种社会活动中、在与他人的交往过程中表现出人格的社会属性。因此，进行个体的人格塑造要设法利用个体周围的社会力量，去培养个体的创造性人格特点。

（4）自我教育和终身教育原则。人格教育特别强调培养受教育者自尊、自爱的精神和积极乐观的生活态度。因此，创造性人格的培养也必须坚持自我教育和终身教育的原则。

（5）早期教育原则。早期的智力开发、情感培养和意志训练等将对人格的形成和发展产生潜移默化的深刻影响。

三、论述题

1.论述美育对教育的价值。

【答】美育是指培养学生健康的审美观，发展他们感受美、鉴赏美、表现美、创造美的能力，培养他们的高尚情操和文明素质的教育。美育在人的全面发展的教育中占有重要的地位，它能积极地推动学生在德、智、体诸方面得到发展。

（1）可以提高学生的思想认识，培养学生高尚的道德情操。审美教育本身就含有德育的内容，审美教育首要任务就是帮助学生树立正确的审美观点和审美思想。学校中的美育，要善于运用艺术作品和生活中的美好事物教育学生，以提高他们的思想认识，形成他们的道德品质，学生在美好的事物中体验美，而美好的情感正是高尚道德的基础。

（2）可以丰富学生知识，发展学生智力。美育可以帮助学生认识现实，认识历史，扩展学生的视野，丰富学生的知识，同时可以发展学生的观察力、想象力，丰富学生的形象思维，培养他们的创造能力。艺术是人们认识世界的一条重要途径，可以帮助人更深刻地探究和更完善地了解各种生活现象，唤起人的新感情。

（3）可以增进学生的身心健康，提高体育运动的质量。美育可以协调身体的发展，使体态匀称，形成有力的、熟练的、敏捷的、健美的动作。人体健美象征着生命的活力，在一定意义上说体育是健与美的有机结合，有利于增进人的身心健康。

（4）可以鼓舞学生热爱劳动、热爱劳动人民，并进行创造性的劳动。美育可以陶冶人的情操，鼓舞学生热爱劳动、热爱劳动人民，是社会主义精神文明建设的重要内容。它对树立新的社会风尚，对推进社会主义各项事业的健康发展，都有积极的作用。

2.举例说明结构不良问题的解决过程。

【答】结构不良问题的解决过程与结构良好问题的解决过程有明显的差别，结构不良问题的解决过程更主要的是一种"设计"过程，而不是在一定的逻辑结构中进行的系统的"解法搜寻"。乔纳森把结构不良问题的解决过程总结为以下环节：

（1）厘清问题及其情境限制。①在解决结构不良的问题时，解决者常常首先要确定问题是否真的存在。②问题解决者要查明问题的实质。③在厘清问题时，问题解决者需要反思自己原有的知识经验。

（2）澄清、明确各种可能的角度、立场和利害关系。在解决结构不良问题时，问题解决者还需要进一步考虑问题中的多种可能性。从多个角度、不同立场来看这一问题，在此基础上再把各个侧面、各个角度结合起来，看哪种理解方式最有意义，最有利于问题的解决。

（3）提出可能解决的办法。在确定了各种不同立场和理解方式之后，解决者就可以分别从这些立场和理解方式出发，看有哪些相应的解决方法。

（4）评价各种方法的有效性。结构不良问题通常没有唯一的标准答案，因此这种问题的解决实际上是要寻找一种在各种方案中最为可取的解决方案。解决者要为自己确定的解法提供证据，用有力、充分的理由来支持自己的判断。

（5）对问题表征和解法的反思监控。所有问题解决都需要元认知监控，包括对解决问题过程的计划、对理解状况的监察、对解法的评价等。在解决结构不良问题的过程中，由于问题更为开放，更为复杂，监控过程就显得尤为重要。

（6）实施、监察解决方案。在实际实施解决方案的过程中，问题解决者需要认真监察问题解决的效果，看它能否达到所期望的目标，能否满足不同方面的要求，能否在给定的条件（如时间、经费、人力等）下解决问题，以及是否还有更有效、更便捷的解决方案等。

（7）调整解决方案。问题解决往往都不是一次性完成的，针对问题解决结果的反馈信息，解决者常常需要调整解决方案，或者改变解决问题的方式和思路。认为问题解决方法有效后，解决者还要反思解决问题的思路，以从中获得问题解决的启示。

2014年内蒙古师范大学333教育综合真题·凯程详解

一、名词解释

1.**课程**（见2019年北京师范大学真题）

2.**学制**（见2019年北京师范大学真题）

3.**课外活动**

【答】课外活动是培养全面发展人才不可缺少的途径，是课堂教学的必要补充，是丰富学生精神生活的重要组成部分。课外活动又可以分为校内活动和校外活动，二者的区别在于组织指导的不同。校内活动是由学校领导、教师组织指导的活动；校外活动是由校外教育机关组织指导的活动。

4. 电化教学

【答】电化教学是指在教育教学过程中，运用投影、幻灯片、录音、录像、广播、电影、电视、计算机等现代教育技术传递教育信息，并对这一过程进行设计、研究和管理的一种教育形式。它是促进学校教育教学改革、提高教育教学质量的有效途径和方法，是实现教育现代化的重要内容。

5. 教育目的（见 2015 年北京师范大学真题）

6.《教育漫话》（见 2016 年湖南师范大学真题）

7.《三字经》

【答】《三字经》是中国的传统启蒙教材，《三字经》取材典范，包括中国传统文化的文学、历史、哲学、天文地理、人伦义理、忠孝节义等，而核心思想又包括了"仁、义、诚、敬、孝"。在格式上，三字一句朗朗上口，因其文通俗、顺口、易记等特点，使其与《百家姓》《千字文》并称为中国传统蒙学三大读物，合称"三百千"。

8. 有教无类（见 2010 年北京师范大学真题）

9.《民主主义与教育》（见 2016 年杭州师范大学真题）

10. 程序性知识（见 2018 年华东师范大学真题）

11. 创造力（见 2015 年浙江师范大学真题）

12. 迁移（见 2011 年湖南师范大学真题）

13. 上位学习（见 2016 年湖南师范大学真题）

二、简答题

1. 简述教育的基本要素。（见 2015 年北京师范大学真题）

2. 简述德育的实现途径。（见 2014 年北京师范大学真题）

3. 简述问题发现教学。

【答】（1）含义："发现教学"是指在教师的启发诱导下，学生通过对一些事实和问题的独立探究，积极思考，自行发现并掌握相应的原理和结论的一种教学方法。使"发现教学"形成理论并做出新发展的，是美国著名的认知学派心理学家、教育家布鲁纳。

（2）实质：布鲁纳认为，学习的本质不是被动地形成刺激—反应的联结，而是使学生主动地形成认知结构，学习者不是被动地接受知识，而是主动地获取知识，不论是认识一种样式、掌握一个概念、解决一个问题，还是提出一个科学理论，对学生来说都是一个主动的过程。学习者通过把新获得的信息和已有的认知结构联系起来，进而积极地构成他的知识体系。

（3）过程：布鲁纳认为，"学习一门学科，看来包括三个几乎同时发生的过程"。这三个过程是：①新知识的获得；②知识的转换；③知识的评价。布鲁纳认为，学习任何一门学科的最终目的是构建学生良好的认知结构。因此，教师应明确学生所要建构的认知结构包含的要素，采取有效措施帮助学生通过获得、转换、评价去掌握新知识，从而使学科的知识结构转变为学生的认知结构，使书本的知识转化为学生自己的知识。

4. 简述孔子的教学思想。（见 2012 年北京师范大学真题）

5. 简述卢梭的自然主义教育思想。（见 2012 年华东师范大学真题）

6. 简述自我调节理论。

【答】（1）简介：自我调节理论是由观察学习理论中的自我强化概念衍生出来的。自我调节包括自我观察、自我判断和自我反应三个基本过程。自我调节理论是班杜拉社会学习理论最重要的转折点，表现了人的认知对行为的多种影响。

（2）基本观点：班杜拉认为，各种社会示范会对儿童道德标准的建立和整个社会进程产生重要的影响，而人一旦社会化，就不再依靠外在的奖励或惩罚，而是靠自己内部标准来调节自己的行为。

（3）自我调节的作用：自我调节是儿童道德行为发展的一项重要指标，是儿童调节自己道德行为的内在动机，是他们通过积极思考不断加强道德认识的过程，也是学生对道德原理、道德规范的自我体验并使之内化为自己的道德信念的过程。所以，在道德教育中应重视对儿童的自我调节能力的培养，提高儿童自我控制、自我调节、自我管理和自我教育的水平。

7. 简述如何加强学习策略的应用。

【答】（1）教师在学习策略的指导训练中要遵循主体性原则、内化性原则、特定性原则、生成性原则、有效监控原则、个人效能感原则。（2）教师要善于选择合适的学习策略。（3）善于不断寻求新的学习策略。（4）能将学习策略明确地、有意识地教给学生。（5）能提高学生掌握学习策略的意识水平。

8. 简述科尔伯格的道德发展观。（见 2013 年华东师范大学真题）

三、论述题

1. 论述影响人的发展的诸要素及其作用。（见2015年北京师范大学真题）

2. 论述唐朝科举制度对学校教育制度的影响。（见2010年北京师范大学真题）

3. 试述科学心理观。

【答】（1）关于人的心理的实质有不同的观点：

①唯心主义心理观认为心理是非物质的、至高无上的灵魂活动，是产生宇宙万物的本源。其中客观唯心主义认为世界上一切事物都是由存在于世界之外的"绝对观念"或"宇宙精神"决定的，都是这种看不见、摸不着的"绝对观念"的产物；主观唯心主义认为人心是世界上万物的主宰，客观事物都是由个人的感觉、思维，即心理决定的，是心理的产物。

②唯物主义心理观认为世界是物质的，物质是客观存在的，物质决定心理、精神，而心理、精神是由物质派生的，不能离开物质而存在。

（2）科学心理观：

①心理的实质：心理是脑的机能，任何心理活动都产生于脑，即心理活动是脑的高级机能的表现。巴甫洛夫认为，大脑皮质最基本的活动是信号活动，从本质上可将条件刺激区分为两大类，一类是现实的具体的刺激，如声、光、电、味等刺激，称为第一信号；另一类是抽象刺激，即语言文字，称为第二信号。对第一信号产生反应的机能系统，叫第一信号系统，是动物和人共有的。对第二信号产生反应的机能系统，叫第二信号系统，是人类所特有的。第二信号系统的活动，是和人类的语言机能密切联系的神经活动，是在个体发育过程中逐渐形成的，是在第一信号系统或非条件反射的基础上建立起来的。

②心理是对客观现实的反映，即所有心理活动的内容都来源于外界环境。

③心理是外界事物在脑中主观能动的反映。

4. 联系实际论述科学发展观。

【答】科学发展观，第一要务是发展，核心是以人为本，基本要求是全面协调可持续发展，根本方法是统筹兼顾。科学发展观是指导我国各项事业发展的世界观和方法论的集中体现，内涵极为丰富，对以培养人为特点的教育来说，具有特殊的重要意义。

（1）树立以人为本的教育观。

树立以人为本的教育观，意味着肯定教育的根本主旨在于促进人的全面发展，在生产力发展的基础上尽可能地满足大多数人的文化需要，尽可能地让每个人有公平的受教育机会，尽可能地开发每个人的发展潜能，为社会主义现代化建功立业。树立以人为本的教育观，还意味着肯定人是自我教育、自我发展的主体。教育的艺术和教育的实效，在很大程度上取决于启发、培养、引导、激励和发挥人的自我教育、自我发展的能动性。

（2）把教育摆在优先发展的战略地位。

教育在我国社会主义现代化建设中具有基础性、先导性、全局性意义。落实科学发展观，实施科教兴国和人才兴国战略，就必然要求把教育摆在优先发展的战略地位。

①所谓教育的基础性，实质上是人的素质在社会主义现代化建设中的基础性作用。教育对人的个性素质全面发展的促进，既是个人为人立世的基础，也是社会稳定和发展的基础。

②所谓教育的先导性，是指教育的发展对社会主义现代化建设具有引领作用，社会主义建设要依靠教育来传播最新知识技术，培养创新型人才。

③所谓教育的全局性，是指教育的发展关乎社会主义现代化建设的方方面面，对社会主义现代化建设具有全局性的影响。我们应当全面发挥教育的功能，促进人的全面发展和社会的全面进步。

（开放性试题，围绕科学发展观自由发挥，言之有理即可。）

2015年内蒙古师范大学333教育综合真题·凯程详解

一、名词解释

1. **教育制度**（见2012年华东师范大学真题）

2. **教学策略**（见2017年首都师范大学真题）

3. **课程设计**（见2016年上海师范大学真题）

4.《学记》（见 2013 年东北师范大学真题）

5.《大教学论》（见 2012 年杭州师范大学真题）

6.《爱弥儿》（见 2019 年上海师范大学真题）

二、简答题

1. 简述教学的任务。（见 2013 年北京师范大学真题）

2. 简述教师劳动的特点。（见 2015 年东北师范大学真题）

3. 简述孔子关于德育的原则与方法。（见 2012 年东北师范大学真题）

4. 简述杜威的教育本质观。（见 2018 年东北师范大学真题）

三、论述题

1. 如何正确认识教育的相对独立性？（见 2010 年华中师范大学真题）

2. 分析书院产生的原因及宋朝书院的特点。（见 2011 年西南大学真题 +2017 年华中师范大学真题）

3. 论述建构主义学习理论的基本观点及其主要内容。（见 2013 年华东师范大学真题）

4. 阐述自我效能感理论的主要内容。（见 2010 年浙江师范大学真题）

5. 阐述问题解决的基本过程。（见 2010 年山东师范大学真题）

6. 什么是创造性思维？其主要特征有哪些？

【答】（1）创造性思维就是指发散性思维。这种思维方式在遇到问题时，能从多角度、多侧面、多层次、多结构去思考，既不受现有知识的限制，也不受传统方法的束缚。其思维路线是开放性、扩散性的。创造性思维是在一般思维基础上发展起来的有创见的思维，是人类思维的最高形式，是以新的方式解决问题的思维活动。它解决问题的方法不是单一的，而是在多种方案、多种途径中去探索、选择。创造性思维具有流畅性、变通性、独特性、综合性、突发性等特点。

（2）创造性思维的主要特征：①创造性思维具有独特性，它贵在创新，具有独到之处，在前人的基础上有新的见解、发现和突破，从而具有一定范围内的首创性、开拓性。②创造性思维具有极大的变通性。它无现成的思维方法、程序可循，人可以自由地发挥想象力。③创造性思维具有艺术性和非拟化的特点。它的对象多属"自在之物"，而不是"为我之物"。

（3）创造性思维具有十分重要的作用和意义。首先，创造性思维可以不断增加人类知识的总量；其次，创造性思维可以不断提高人类的认识能力；再次，创造性思维可以为实践活动开辟新的局面；最后，创造性思维的成功，又可以反馈激励人们去进一步进行创造性思维。

7. 请阐述科尔伯格道德发展阶段理论的主要内容。（见 2013 年华东师范大学真题）

2016 年内蒙古师范大学 333 教育综合真题·凯程详解

一、名词解释

1. 教育目的（见 2015 年北京师范大学真题）

2. 学制（见 2019 年北京师范大学真题）

3. 教育原则（见 2020 年西南大学真题）

4. 美育（见 2010 年东北师范大学真题）

5. 道尔顿制（见 2011 年北京师范大学真题）

6.《新教育大纲》

【答】《新教育大纲》是我国第一部系统运用马克思主义的观点和方法阐明教育原理、理论密切联系中国实际的重要著作，它比较集中地反映了杨贤江关于教育理论的基本思想。《新教育大纲》主要论述了以下几个方面的教育理论问题：教育的起源及教育的变质；教育的归属及特性；教育的职能及与经济、政治的关系；对各种错误教育思潮的分析与批判。

二、简答题

1. 简述教育的基本要素。（见 2015 年北京师范大学真题）

2.简述人的主观能动性对教育的作用。

【答】（1）个体的主观能动性在个体发展中起着最终的决定作用。学校、环境和遗传素质只是为个体提供了发展条件，这些条件能否发挥作用以及能在多大程度上发挥作用，最终完全取决于个体自己。

（2）个体的主观能动性制约着环境影响的内化与主体的自我建构。人在同环境的相互作用中改着着环境，也在改造环境的过程中提升了个人的能力与素质，这是主体的自我建构过程。可见，每个学生发展的特点和成就，主要取决于他的态度和能动性的发挥状况。

（3）个体通过能动的活动选择，建构着自我的发展。人在发展中，自我意识和自我控制能力逐渐发展，个体能够逐渐有目的地、自觉地影响自己的发展。

3.简述孟子的德育原则。

【答】孟子对中国传统文化的重要贡献还在于他提出了"大丈夫"的理想人格，丰富了中国古代的精神境界。

（1）孟子对"大丈夫"的理想人格的描绘：①"富贵不能淫，贫贱不能移，威武不能屈，此之谓大丈夫。"②"大丈夫"有高尚的气节。他们绝不向权势低头，绝不无原则地顺从。③"大丈夫"有崇高的精神境界——"浩然之气"。"浩然之气"可以理解为受信念指导的情感和意志相混合的一种心理状态或精神境界，是对自己行为的正义性的自觉。

（2）培养"大丈夫"理想人格的途径。

①持志养气。指树立并坚持崇高的志向。一个人有了志向与追求，就会有相应的"气"——精神状态。养气，一是靠坚定的志向，二是靠平时的善言善行来积累道义。

②动心忍性。就是指意志锻炼，尤其是在逆境中的磨炼。

③存心养性。存养的障碍来自人的耳目之欲。要扩充"善端"，就要寡欲，发挥理性的作用。

④反求诸己。当你的行动未得到对方的回应时，就应当首先反躬自问，从自己身上找原因，对自己提出更高的要求，然后对别人做得更好。凡事必须严于律己，时时反省。

4.简述陶行知的生活教育理论。（见2014年北京师范大学真题）

5.简述心理发展的一般规律。

【答】（1）人的心理发展具有连续性。（2）人的心理发展具有顺序性。（3）人的心理发展既有共同性，又有特殊性。（4）心理的各组成成分的发展速度有所不同，其各自发展到成熟阶段所需的时间以及发展的高峰期所出现的年龄阶段也不尽相同。（5）人的心理发展具有阶段性。

6.简述加德纳的多元智力理论。（见2019年华东师范大学真题）

7.简述有意义学习的内容及条件。（见2013年北京师范大学真题）

8.简述学习动机的作用。

【答】（1）引发作用。当学生对某些知识或技能产生迫切的学习需要时，就会引发学习内驱力，最终激起学习行为。

（2）定向作用。学习动机以学习需要和学习期待为出发点，使学生的学习行为在初始状态就指向一定的学习目标，并推动学生为达成目标而努力学习。

（3）维持作用。学生学习是认真还是马虎，是持之以恒还是半途而废，在很大程度上取决于学习动机的水平。

（4）调节作用。学习动机调节学习行为的强度、时间和方向。如果行为活动未达到既定目标，动机还将驱使学生转换行为活动方向以达到既定目标。

三、论述题

1.如何把握好教师的主导作用和学生的主动性的关系？（见2010年北京师范大学真题）

2.评述卢梭的自然主义教育。（见2012年华东师范大学真题）

3.论述皮亚杰的认知发展阶段理论的内容和特点。（见2012年东北师范大学真题）

2017年内蒙古师范大学333教育综合真题·凯程详解

一、名词解释

1.外铄论（见2017年东北师范大学真题）

2.**教育**（见2014年北京师范大学真题）

3.**价值澄清模式**（见2011年云南师范大学真题）

4.**文化教育学**

【答】文化教育学产生于19世纪的德国，又称精神科学教育学。其代表人物有狄尔泰、斯普朗格、利特等。文化教育学的基本观点为：①人是一种文化的存在，人类历史是一种文化的历史；②教育过程是一种历史文化过程；③教育研究必须采用精神科学或文化科学的方法；④教育的目的是培养完整的人格；⑤培养完整的人格的主要途径是"陶冶"与"唤醒"，建构和谐的师生关系。

5.**元认知策略**（见2011年北京师范大学真题）

6.**CIPP模式**

【答】CIPP模式由斯塔夫比姆提出，即背景评价、输入评价、过程评价和结果评价。CIPP模式主要围绕着为决策者提供信息进行评价。这种评价可以使研究者用一种比较客观的眼光来看待评价对象，尽可能地全面描述、分析研究对象的特征，从而为教育决策者提供更有效的信息。

二、简答题

1.**简述建构主义教育理论。**（见2013年华东师范大学真题）

2.**简述品德不良的纠正与教育策略。**（见2012年华南师范大学真题）

3.**简述颜之推的家庭教育思想。**（见2013年哈尔滨师范大学真题）

4.**简述教学设计的方法。**（见2012年首都师范大学真题）

5.**简述赫尔巴特的道德教育理论。**（见2012年华南师范大学真题）

6.**简述实验教育学。**（见2013年首都师范大学真题）

7.**简述人格差异的教育策略。**

【答】（1）在教学活动中根据学生的人格差异，因人施教。内向人格的人其心理活动是指向于自己内心世界的，心理活动很少展露于外。相反，外向人格的人其心理活动是指向于外的，总爱把内心世界展露于外。

（2）在学习动机上，外向学生偏爱社会动机，内向学生注重内在动机。在学习习惯上，外向学生虽然头脑比较灵活，但比较浮躁，不扎实；内向学生往往能严格要求自己，其意志的坚韧性较强。在学习方式上，外向学生比较喜欢探索性、归纳性、大步骤的讲授方式；内向学生偏好支持性、演绎性、小步骤的传授方式。

（3）根据不同的人格特质，因势利导。

（4）人格差异的教育意义。培养学生良好的健全人格，是学校教育义不容辞的责任。人格差异研究对教育的借鉴意义主要表现在：①教师应具有学校心理学的知识，以培养学生具有完整健康的人格。②在活动中培养良好的人格。③在集体中形成良好的人格。④提高学生的自我教育能力，提高学生认知水平及道德判断推理能力。

8.**简述德可乐利学校及教学思想。**

【答】比利时教育家德可乐利于1907年在布鲁塞尔市郊创办"生活学校"（亦称"隐修学校"）。他的教学思想如下：

（1）主张学校要加强与生活的联系，为儿童的发展提供合适的、有刺激的环境。他强调应在生活中进行为生活预备的教育，并提供适合儿童发展倾向的环境，给予适当的刺激。将班级分解为能力小组，施行主动的、个别化的适合儿童需要和兴趣的学校课程。

（2）提出以兴趣为中心的课程论思想。将兴趣作为教学的基础，课程论思想以"兴趣中心"为其重要特征，提出学校需要注意培养儿童的自制力、创造力和合作能力，主张课程应以儿童的需要为根据，在食、宿、防御和工作四个范围内组织教学过程。

（3）根据儿童的发展特点和教育要求，他创办了"德可乐利教学法"。他把教学过程分为三个阶段：观察、联想和表达。其中表达是最重要的一个步骤。德可乐利的教学方法增加了许多有用的知识与技能，大大激发了学生的学习和生活热情。他的方法也具有一定的普遍性，得到了比利时政府的重视，被引入国立学校，同时也受到其他国家的重视。

9.**简述赞科夫的发展性教学。**（见2011年华中师范大学真题）

三、论述题

1.**论述当前国外课程改革的趋势。**（见2017年浙江师范大学真题）

2.**论述陶行知的生活教育理论。**（见2014年北京师范大学真题）

2018 年内蒙古师范大学 333 教育综合真题·凯程详解

一、名词解释

1. 课程方案（见 2013 年华东师范大学真题）
2. 骑士教育（见 2010 年华东师范大学真题）
3. 形成性评价（见 2013 年华中师范大学真题）
4. 设计教学法（见 2015 年华东师范大学真题）
5. 观察学习理论（见 2019 年北京师范大学真题）
6. 最近发展区（见 2011 年北京师范大学真题）

二、简答题

1. 简述教育的社会流动功能和意义。（见 2010 年北京师范大学真题）
2. 简述环境在人的发展中的作用。（见 2019 年山东师范大学真题）
3. 简述癸卯学制的内容及意义。（见 2017 年北京师范大学真题）
4. 如何贯彻教育影响的一致性和连续性原则？（见 2010 年北京师范大学真题）

三、论述题

1. 论述教师的权利和义务。（见 2015 年天津师范大学真题）
2. 论述杜威的实用主义理论。（见 2014 年首都师范大学真题）
3. 论述皮亚杰的认知发展阶段理论。（见 2012 年东北师范大学真题）
4. 论述《学记》的教育制度和教育管理。（见 2011 年东北师范大学真题）

2019 年内蒙古师范大学 333 教育综合真题·凯程详解

一、名词解释

1. 教育制度（见 2012 年华东师范大学真题）
2. 教育原则（见 2020 年西南大学真题）
3. 《学记》（见 2013 年东北师范大学真题）
4. 道德情感（见 2012 年南京师范大学真题）
5. 学习动机（见 2013 年北京师范大学真题）
6. 自我效能感（见 2014 年华东师范大学真题）
7. 陈述性知识学习（见 2017 年浙江师范大学真题）
8. 认知策略（见 2013 年江苏师范大学真题）
9. 专家型教师

【答】在专业知识方面，专家型教师运用知识比新手更有水平；在其专长的领域，能在较短的时间内完成更多的工作；在处理突发的问题时，专家型教师更能找到新颖和适当的方法去解决问题。

二、简答题

1. 我国基础教育教学的主要任务是什么？

【答】我国基础教育的教学任务有以下几个相互联系的方面：

（1）教学的基础性任务是引导学生能动地学习、运用和掌握科学文化基础知识和基本技能。

（2）发展学生的体力、智力、能力和创造才能是培养全面而自由发展新人的要求。

（3）培养正确价值观、情感与态度。学生个人的价值观、情感与态度，构成其灵魂、个性的核心，对于上面所说的各种能力来说，起着定向、动力、组织、调节与引导的作用。

总之，学生个体素质的发展，既有德、智、体、美、综合实践能力等不同维度，又具有整体性；教学诸任务的完成过程，既可分解，又相互关联。所以，每门学科的教学既要兼顾所有教学任务，又要承担起本学科应当承担的特有任务。

2.简述学校德育的主要途径。(见2014年北京师范大学真题)

3.简述董仲舒的三大文教政策。(见2010年陕西师范大学真题)

4.简述文艺复兴时期人文主义教育的主要特征。(见2011年华东师范大学真题)

5.简述夸美纽斯制定的学年制和班级授课制的内容。

【答】(1)为了改变当时学校教学活动缺乏统一安排的无序状况,夸美纽斯在《泛智学校》中制定了学年制度。所谓学年制,就是所有学校各个年级在一年之中只招一次学生,秋季始业,同时开学,同时放假。学年结束时,同年级学生通过考试同时升级。这样便于同一年级的学生统一学习进度。此外,学校工作应按年、按月、按日、按时安排妥切。

(2)班级授课制的内容。(见2014年北京师范大学真题)

6.分析实验法在教育心理学中的有效性。

【答】①实验法可以人为地创造实验条件,可以观测到自然环境中不易观察到的信息,还可以扩大研究范围。

②实验法要求用比较严格的程序组织研究,便于重复验证,提高结论的科学性。

③实验法要求预设实验条件,明确区分变量并加以控制,对测量的事物明确规定操作定义,使研究者便于测量,这样使得测试结果往往更能说明问题,更加可靠精确。

④实验法可以较大限度地发挥研究者的主动性,以取得比较可靠的研究结果。

7.简述心理发展观中主动发展观的内容。

【答】(1)个体的发展是多种因素共同作用的结果。(2)个体的实践活动(包括生理活动、心理活动和社会实践活动)是个体发展的动力,起决定作用。(3)人在自身发展的过程中具有能动性。

8.简述认知策略的促进条件。

【答】(1)内部促进条件:①学习者要有丰富的知识背景。②有反省认知发展水平,即对自己的认知活动有自我意识与自我体验,能在学习中体验到策略的适当应用与不适当应用的条件。③动机水平,学习者的动机决定他们选择什么策略,并决定使用这些策略的效果。

(2)外部促进条件:①在训练方法上,策略学习应和教材内容相结合为宜,策略训练不能离开专门领域的知识与特殊策略的学习。②变式与练习,在练习中提供多种变化的情境使认知策略得以迁移、灵活运用。③有一套可以操作的训练技术。认知策略是个体对自己的内在调控活动,从外部难以直接观察到,但在个体的认知行为中仍会有所反映,所以如果把认知策略转化为一套具体可操作的技术来控制学习者的认知行为,那就可以培养学习者良好的认知或学习习惯,改变其不良的认知行为,从而培养他们良好的认知策略。

三、论述题

1.在教学过程中如何处理教师的主导作用和学生的主动性的关系?(见2010年北京师范大学真题)

2.试述孔子教育论思想的主要内容。(见2012年北京师范大学真题)

2020年内蒙古师范大学333教育综合真题·凯程详解

教育学原理与中外教育史

一、名词解释

1.课程实施

【答】课程实施是指把课程计划付诸实践的过程,它是达到预期课程目标的基本途径。一般而言,课程实施是指把新的课程计划付诸实践的过程。而新的课程计划通常蕴含着对原有课程的一种变革,课程实施就是力图在实践中实现这种变革,或者说是将变革引入实践。在课程实施中,教师扮演着重要角色。

2.美育(见2010年东北师范大学真题)

3.教育目的(见2015年北京师范大学真题)

二、简答题

1.简述教育的文化功能。(见2016年北京师范大学真题)

2.简述智育的基本任务。

【答】(1)向学生传授系统的科学文化知识,为学生各方面发展奠定良好的知识基础;(2)培养训练学生,使其形成基本技能;(3)培养和发展学生的智力才能,增强学生各个方面的能力;(4)培养学生良好的学习品质和热爱科学的精神。

3.简述隋唐时期的文教政策与汉代的三大文教政策。

【答】（1）隋唐的文教政策可以归纳为"重振儒术，兼容佛道"。同时，根据政治的需要和统治者主观的爱好，不断调整三者的关系，以达到巩固统治的目的。

①崇儒兴学思想的确立和措施。提高孔子和儒生的地位；推崇儒学，统一经学。

②对佛教、道教的提倡和利用。佛教在隋唐时期走上了中国化的发展道路。隋代大兴佛教；唐代注意平衡儒、佛、道三者的关系，但不过分尊崇佛教。

③儒、佛、道融合的趋势。儒、佛、道相互斗争、相互融合，不仅开阔了人们的视野，提高了人们的思维水平，而且共同形成了隋唐时期光辉灿烂的文化。

④文教政策对教育的影响。在教育制度上，隋唐封建教育的核心是经学教育体系；在教学的形式和方法上，各成体系，为书院的产生奠定了基础；在教育思想上，隋唐的教育思想也呈现出儒、佛、道杂糅融合的特点。

（2）汉代的三大文教政策。（见2010年陕西师范大学真题）

4.简述卢梭的教育适应自然的内涵。（见2012年华东师范大学真题）

5.简述夸美纽斯的班级授课制的主要内容。（见2014年北京师范大学真题）

三、论述题

1.论述现代教师应具备的专业素养。（见2014年北京师范大学真题）

2.论述陶行知"生活即教育"的内涵。（见2014年北京师范大学真题）

教育心理学

一、简答题

1.简述有意义学习及其条件。（见2013年北京师范大学真题）

2.简述建构主义关于学习的基本观点。（见2013年华东师范大学真题）

3.如何激发学生的学习动机?（见2012年华东师范大学真题）

二、论述题

论述加涅的学习理论。（见2020年华中师范大学真题）

2021年内蒙古师范大学333教育综合真题·凯程详解

一、名词解释

1.教育的基本要素（见2010年广西师范大学真题）

2.文化知识的价值

【答】（1）简介：教育主要是通过文化知识的传递来培养人，文化知识之所以对人的发展至关重要，主要是因为文化知识蕴含着有利于人的发展的多方面价值。

（2）内容：

①知识的认识价值：学生认识的发展依赖于对知识资料、资源的思维加工，由不知转化为已知，由旧知通向新知，在头脑里构思和想象现实中尚不存在的东西。

②知识的能力价值：学生学习知识的过程就是学生心理认识能力和行为操作技能的形成过程。

③知识的陶冶价值（也叫作精神价值）：学生经过科学精神和人文精神的陶冶，才能真正形成人生智慧，具有人生理想，担当起社会责任。

④知识的实践价值：学生通过学习获取知识，认识事物特性，也就获得了通过社会实践改造事物的可能性。

（3）启示：鉴于知识的多方面价值，教育必须引导学生尊重知识、热爱知识、主动学习，探究真知，创造性地理解和运用知识。

3.《学记》中的教学原则（见2011年东北师范大学真题）

4.朱熹的德育教育

【答】（1）简介：道德教育是朱熹理学教育的核心，也是朱熹教育思想的主要内容，朱熹十分重视道德教育，主张将道德教育放在教育工作的首位。

（2）目的：道德教育的目的是"明人伦"。朱熹强调"父子有亲，君臣有义，夫妇有别，长幼有序，朋友有信，此人之大伦也"。

（3）根本任务："明天理，灭人欲"。要实现这一根本任务，就必须进行以"三纲五常"为核心的封建伦理道德教育，这是朱熹道德教育的基本内容，也是他道德教育思想的重要特点。

（4）主要方法：立志、居敬、存养、省察、力行。

5.终身教育（见2011年华东师范大学真题）

6.赫尔巴特的儿童管理方法和策略

【答】（1）管理的目的：赫尔巴特强调儿童管理是要使儿童遵守社会秩序，而非造就守秩序的奴隶。他强调管理的目的是培养学生守秩序的精神。

（2）管理的方法和策略：

①监督：赫尔巴特认为监督是儿童管理的重要方式。不过，他充分认识到单纯地监督只能造成儿童"完全丧失诚意的服从的危险"。另外，监督还会妨碍儿童控制和考验自己，使他们不能认识那些在教育圈子中永远看不到的事物。同时，对于经常处在监督之下的儿童，他们也不可能机智、敏捷、具有创造力。因此"监督不能上升到使儿童始终感到有压力的地步"。对于儿童，必须采用温和与强硬相结合的手段，即权威与爱并行，只有这样，才能既保证教学顺利进行，又不伤害儿童的心灵。

②威胁：赫尔巴特提出，在特定的情况下可以使用威胁的方法，如果父母或教师在儿童的眼泪和请求之下，就因此退却，教育就达不到任何效果。所以，若有必要运用威胁，就要坚持运用，不过，赫尔巴特更担心威胁的危害性。因此，赫尔巴特建议父母或教师要采用不同的办法来应对不同的情况，把威胁和疏导的方法结合起来。

③惩罚：赫尔巴特认为，在管理儿童的过程中，如果监督、威胁等手段未能奏效，或当它们都不能取得训育的效果时，实施相应的惩罚包括体罚也是必要的。但是他警告家长和教师，对于体罚必须极少采用，体罚时也一定要考虑到受罚者的难堪心理，惩罚的时间要尽量短。

④权威和爱：为弥补上述几种管理手段的不足，赫尔巴特还建议采用"权威和爱"的辅助手段。权威必须依据心灵的优越感，而爱必须不使他们变得顽劣以至于过度地放纵。"只有爱同必要的严格结合在一起时，爱才是有价值的。"可见赫尔巴特对学生的态度是：严而不凶、爱而不溺、管而不压。在管理与压制之间、在管理与放任之间，他选择了管理，并把管理与爱相结合运用到教师的教学实践中。

7.赞科夫的一般发展中的教学原则

【答】（1）发展性教学原则的定义：教学的内容、方法和进度要适合学生的发展水平，但又有一定难度，需要学生经过努力才能掌握，以便有效地促进学生的身心发展。

（2）发展性教学原则的内容：①以高难度进行教学的原则；②以高速度进行教学的原则；③让理论知识起主导作用的原则；④使学生理解学习过程的原则；⑤使班上全体学生都得到一般发展的原则。

（3）贯彻发展性教学原则的基本要求：①了解学生的发展水平，从实际出发进行教学；②考虑学生认识发展的时代特点。

二、简答题

1.简述问题的类型及问题解决的策略。

【答】（1）问题的类型：问题是个体想做某件事，但不能马上知道完成这件事所需要采取的一系列行动的一种情景。问题的类型主要包括结构良好领域问题与结构不良领域问题。

①结构良好领域问题：具有明确的初始状态、目标状态和解决方法的问题。如求三角形的面积公式。

②结构不良领域问题：没有明确的初始状态、目标状态和解决方法的问题，即没有明确的结构和解决途径。如针对当地的环境污染问题写一篇论文。

（2）问题解决的策略。（见2010年华东师范大学真题）

2.简述资源管理策略。（见2016年西北师范大学真题）

3.简述知识学习的特点以及分类。

【答】学习是个体在特定情境下由于练习或反复经验而产生的行为或行为潜能的比较持久的变化。所以，学习的实质就是行为的持久改变，是学习者心理结构的质变、重建的过程。

（1）特点：

①学习的发生是由经验引起的。②学习导致行为或行为潜能的变化。③行为的变化不等同于学习的存在。由学习导致的行为变化是比较持久的，这种变化会使行为水平提高。④学习不等同于表现。学习所带来的行为变化往往通过行为表现出来。⑤学习是一个广义概念，它不仅是人类普遍具有的，也是动物所具有的。

（2）分类：

①按学习主体分类：可以分为动物的学习、人类的学习、机器的学习。

②按学习水平分类：加涅按学习的繁简水平不同，提出了八类学习。

a.信号学习：个体学习对某种信号做出某种反应，其过程是刺激—强化—反应（经典性条件作用）。

b.刺激—反应学习：在一定情境下，个体做出反应，然后得到强化，其过程是情境—反应—强化。

c.连锁学习：一系列刺激—反应的联合。

d.言语联想学习：由言语单位所连接的一系列刺激—反应的联合。

e.辨别学习：个体学会识别多种刺激的异同，并对它们做出不同的反应。

f.概念学习：个体对刺激进行分类时，学会对一类刺激做出同样的反应，也就是对事物的抽象特征的反应。

g.规则（原理）的学习：规则指两个或两个以上概念的联合，规则学习即个体了解两个或两个以上概念之间的关系。

h.解决问题的学习：又叫高级规则的学习，在各种情况下，个体使用所学规则解决问题。

4.简述德育的途径。（见2014年北京师范大学真题）

三、论述题

1.论述教师如何处理好教授知识和培养道德的关系。

【答】（1）教授知识和培养道德的关系即智育与德育的关系。德育与智育相互依存、相互渗透、相互融合、相互促进。一方面智育促进德育，因为"行善"必先"知善"，德育需要借助智育的力量，学校德育不能仅仅教给学生一些具体的道德规则，还必须培养学生的道德判断力和道德思考能力；另一方面，德育促进智育，表现为不迷信、不盲从、实事求是的科学态度，并且这类"理智的美德"对于学生的求知和智力的发展极为重要。

（2）在教学实际中，教师处理好二者关系的策略：

①秉持德育、智育一体观，注重德育的重要性，实现德育与智育的平衡。

德育在学校工作中应居于首位。成才先成人，教育要想培养出合格的人才，教育者就要注重德育的作用，秉持德育、智育一体观，在教育教学中实现德育与智育的平衡。

②以课程为载体，无形中渗透道德教育。

智育的每一种素材、每一个过程都深刻地包含着道德思想和道德精神，都蕴含着德育的因素和力量，如果每位教师都能努力深挖智育中的德育因素，就能最大限度地释放出智育中德育的能量。

2.什么是问题？创造性问题解决的过程及其影响因素是什么？

【答】（1）问题的含义：问题是指个体想做某件事，但不能马上知道完成这件事所需采取的一系列行动的一种情景。

（2）创造性问题解决的过程。（见2010年山东师范大学真题）

（3）创造性问题解决的影响因素。（见2017年陕西师范大学真题）

2022年内蒙古师范大学333教育综合真题·凯程详解

一、简答题

1.简述教育的政治功能。（见2012年北京师范大学真题）

2.个人本位论是教育目的价值选择上一种典型的主张，简述其主要观点。（见2013年北京师范大学真题）

3.简述教学的意义。（见2015年福建师范大学真题）

4.简述班级授课制的主要优点。（见2020年北京师范大学真题）

5.简述蒙台梭利提出的感官教育的实施原则。

【答】（1）简介：蒙台梭利的感官教育主要包括视觉、听觉、嗅觉、味觉及触觉等感觉器官的训练，其中以触觉训练为主。她说："幼儿常以触觉代替视觉或听觉。"即常以触觉来认识周围世界，故她尤为注重触觉。蒙台梭利还为发展幼儿的各种感官，设计了各种创造性的教具。

（2）感官教育的原则：①自我教育原则。她一再强调"人之所以成人，不是因为教师的教，而是因为他自己的做"。②循序渐进原则。在实施感官教育时，不要急于求成，一定要循序渐进。她说："一旦感官教学走上正路，并唤起兴趣，我们就可开始真正的教学。"

6.简述苏霍姆林斯基和谐发展教育实施的基本途径。

【答】苏霍姆林斯基认为，培养全面和谐发展的人，要做到教育与创造性劳动相结合，与自我教育相结合，课堂教育与课外、校外教育相结合，学校教育与家庭教育相结合。基本途径包括：

（1）通过实例、各种活动以及集体教育等方式使儿童和少年获得有关道德准则的知识，激发其道德情感、养成道德习惯、获得初步的道德素养。

（2）除学科教学外，通过思维课，培养学生的认识与思维能力；通过课外读书培养学生的独立思考能力；通过课外小组活动，培养学生的探索精神、好奇心及求知欲。

（3）通过体育课与经常性的运动锻炼，促进学生体型的美观和肢体的灵活性，加强耐力的锻炼和性格意志的培养。

（4）通过大自然的美景、文学艺术中美的形象、优美的音乐和绘画，提高学生对美的理解和感受，在此基础上创造美。

（5）通过劳动教学大纲规定的必修课和课外活动小组中的劳动教育进行劳动教育和综合技术教育，不断完善劳动技能和技巧，提高学生的劳动素养。

7.从教育思想发展史来看，韩愈的《师说》在当时是具有新意的，具体表现在哪些方面？（见 2018 年北京师范大学真题）

二、论述题

1.结合实际，谈谈掌握知识和发展智力的关系。（见 2012 年东北师范大学真题）

2.论述朱子读书法的主要内容。（见 2016 年华东师范大学真题）

3.维果茨基的发展性教学主张是什么？对教学有何意义？（2018 年湖南师范大学真题）

4.如何理解学习动机？怎样培养和激发学生的学习动机？

【答】（1）学习动机是激励并维持学生朝向某一目的的学习行为的动力倾向。学习动机与学习兴趣、学习需要、个人价值观、态度、志向水平、外来鼓励、学习后果等都有密切联系。

（2）培养和激发学生的学习动机。（见 2012 年华东师范大学真题）

5.试述促进学习迁移的基本条件，联系实际说明如何促进学习迁移。

【答】（1）学习迁移的基本条件。（见 2017 年北京师范大学真题）

（2）促进学习迁移的方法。（见 2014 年北京师范大学真题）

6.结合实例说明家庭和学校对学生品德发展的影响。（见 2019 年首都师范大学真题）

7.心理健康的意义和标准是什么？请举例说明学校开展心理健康教育的途径。

【答】（1）心理健康的意义：

①心理健康是学习、工作的重要保证。一个心理健康的人才能保持对环境的良好适应能力，从而充满自信，积极乐观，富有创造性地投入学习和工作。

②心理健康有助于防止身心疾病。人的心理活动与生理活动是相互联系、相互影响的。一个人的心理活动，如情绪和行为等，与健康和疾病有着密切的关系。

③心理健康是一个民族振兴和发展的重要保障。一个民族的文明程度、社会的发展与国民的心理素质的高低密切相关。

（2）心理健康的标准。（见 2014 年华中师范大学真题）

（3）开展心理健康教育的途径。（见 2015 年华中师范大学真题）

贵州师范大学

2013 年贵州师范大学 333 教育综合真题·凯程详解

一、名词解释

1.学制（见 2019 年北京师范大学真题）

2.**学校管理**（见2015年北京师范大学真题）

3.**导生制**（见2012年北京师范大学真题）

4.**《学记》**（见2013年东北师范大学真题）

5.**技能**（见2011年华中师范大学真题）

6.**教育心理学**

【答】教育心理学是一门应用心理学的科学研究方法，是揭示教与学相互作用过程中基本心理规律的科学，研究内容主要包括学习心理、教学心理、学生心理和教师心理四个方面。

二、简答题

1.简述中国古代书院的特点。（见2017年华中师范大学真题）

2.简述王守仁有关儿童教育的思想。（见2016年北京师范大学真题）

3.简述古风时代斯巴达教育与雅典教育的不同之处。（见2019年东北师范大学真题）

4.列举杜威的教育思想。（见2011年北京师范大学真题）

三、论述题

1.请结合教育知识，分别分析下面三个片段的肯定之处与不足之处，及其体现的教育原理。并结合教师的作用分析教师应如何教学，与学生保持什么样的关系。

【答】（1）第一个片段指明了教师在教学中扮演重要角色。教师是学生学习的引导者和帮助者，强调了教师的重要性。但是这种观点夸大了教师对学生学习产生的作用。"灵魂的工程师"并不单单指教师，而应该指整个教育系统，整个教育系统的各个因素都是学生灵魂的塑造者。第二个片段肯定了教师高尚的品德和专业素养，赞美了教师对教育事业的奉献，但体现了一种不健康的师生关系，不利于良好教育环境的形成。第三个片段呈现了教师应有的知识观，体现了对教师知识水平的要求。这三个片段体现的是教师在教学过程中的重要作用，呈现了不同的师生关系。

（2）教师和学生关系的模式。

①学生中心论。"学生中心论"是美国进步主义教育思想家杜威针对赫尔巴特的传统教育理论与思想的批判而提出的。他把学生视为教育过程的中心，全部的教育教学都要从学生的兴趣、需要出发，教师只能处于辅助地位。但是这种观念往往造成放任型的师生关系，师生人格并不能真正平等，容易滋生个人主义或无政府主义。

②教师中心论。"教师中心论"是由传统教育的集大成者赫尔巴特提出的。他强调教师的权威，教师在教育中处于绝对支配地位，学生绝对服从教师，处于被动地位。这是不平等的专制型师生关系，学生的价值与尊严得不到真正的尊重，个性发展也被严重地扭曲。

（3）理想的师生关系。

根据师生之间在教育过程中不同的情感、态度和行为表现，可将师生关系分为三种类型：专制型、放任型和民主型。民主型师生关系是当今社会倡导的并正在努力实践的师生关系类型。

（4）新型师生关系的建立。（见2019年陕西师范大学真题）

2.结合相关知识谈谈你对教学及教学过程的认识。

【答】（1）教学过程是一种特殊的认识过程。教学过程是学习和运用知识的认识活动，是在相关的认识与交往活动基础上进行的，师生为传承知识而相互作用的认识活动是教学活动区别于其他活动的最突出、最基本的特点。其特殊性在于：间接性，即学生主要以掌握人类长期积累下来的科学文化知识为中介，间接地认识现实世界；引导性，需要在富有知识的教师的引导下进行认识，而不能独立完成；简捷性，走的是一条认识的捷径，是一种科学文化知识的再生产过程。

（2）教学过程必须以交往为背景和手段。有目的地进行教学必须以交往为背景，以沟通、交流为重要手段和方法。教师在教学中应当注意师生之间的平等对话、思想情趣的坦诚沟通，以便激起师生在认识与情感上的共鸣、智慧与志趣的共享，从而在学生的个性发展上培养和形成教育者所期望的品质。

（3）教学过程也是一个促进学生身心发展、追寻与实现价值目标的过程。引导学生通过掌握知识，进行认识及交往的活动，是教学的基本活动；而促进学生身心发展及其价值目标的实现则是在这个认识及交往活动过程中所要完成的教学任务。教学过程应有积极的价值追寻，让学生的思想情感深受启发、熏陶与益尽。

3.结合成败归因理论和自我效能感来分析学生形成品德不良行为的原因，以及如何纠正学生的不良行为。

【答】（1）品德不良行为的成因。

①成败归因理论认为，影响学生进行归因的维度有：是否可控，内在还是外在，以及是否稳定。根据这三个

维度，可以将影响归因的因素分为以下六个：能力、努力程度、工作难度、运气、身心状况和外界环境。学生品德不良行为的产生一部分源于学生对自身行为造成的影响做出的不正确归因。产生品德不良行为的学生，更易于将成功归因于工作难度、运气等外在的、不稳定的且不可控的因素，这就导致学生的自我效能感水平降低，怀疑自身进步成功的可能性，从而逐渐形成品德不良行为。

②基于不正确的归因，学生自我效能感水平会降低。班杜拉将自我效能感定义为人们对自身能否成功胜任某项任务做出的知觉判断。自我效能感水平低的学生会对自己能否进行品德良好行为产生怀疑，从而做出品德不良行为，再经由反馈，增强了不愉快刺激使得学生自我效能水平持续降低，陷入一种恶性循环。

（2）学生品德不良行为的矫正。（见2012年华南师范大学真题）

4.请论述建构主义学习理论的相关观点。（见2013年华东师范大学真题）

2014年贵州师范大学333教育综合真题·凯程详解

一、名词解释

1.教学（见2013年陕西师范大学真题）

2.学校管理（见2015年北京师范大学真题）

3.学习动机（见2013年北京师范大学真题）

4.稷下学宫（见2020年北京师范大学真题）

5.白板说（见2013年北京师范大学真题）

6.苏格拉底法（见2011年北京师范大学真题）

二、简答题

1.简述影响人的发展的基本因素。（见2015年北京师范大学真题）

2.简述陈鹤琴和王守仁的儿童教育思想。（见2015年北京师范大学真题+2016年北京师范大学真题）

3.简述北宋的三次兴学。（见2014年辽宁师范大学真题）

4.简述科尔伯格的道德发展阶段理论。（见2013年华东师范大学真题）

三、论述题

1.结合教育知识，分析判断下面这两段话正确与否，并给出理由。

【答】（1）材料一的观点是正确的。教师以民主而不是以专制的方式管理学生，鼓励学生表达不同的意见，允许学生在自行探索中发现知识，那么这种教育方式有利于学生创造性的培养。创造性的培养需要教师具有创新教育的理念，营造鼓励创造的环境，进行民主式的教育和管理，培养学生的创造性人格，保护学生的好奇心，鼓励学生表达自己的观点，解除学生对错误的恐惧心理，鼓励独创性与多样性。

（2）材料二的观点是错误的。汉语拼音的学习产生的影响属于负迁移现象这一观点是错误的。从迁移的影响效果看，迁移可以分为正迁移与负迁移。正迁移是一种学习对另一种学习的积极影响；负迁移是一种学习对另一种学习的消极影响。一般情况下，汉语拼音的学习对学习汉字有积极的影响，是正迁移，但对英语单词的学习有消极的影响，是负迁移。汉语拼音的学习产生的影响有积极的也有消极的，故既有正迁移又有负迁移。

2.教师怎么样才能上好一堂课？如何对教师授课的质量进行评价？

【答】（1）上好一堂课的要求。（见2010年华中师范大学真题）

（2）第一，教师的业务水平评价。包括教师对教材内容的熟悉程度，教师对重点、难点掌握的准确程度，教学的科学性与思想性，教师组织课堂讨论、选用编写教材、选习题及试题的水平等方面。

第二，教师的教学方法评价。如突出重点、分散难点的讲授方法是否恰当，是否结合学生实际，能否调动学生的积极性，是否达到教学大纲的要求及能否妥善组织各个教学环节，承前启后及启发式教学方式运用得如何，能否因材施教，表达与板书是否清楚与有条理等。

第三，教师的教学态度评价。如是否认真备课，是否执行教学计划，能否不断改进教学、更新教学内容，能否既教书又育人等。

3.论述赫尔巴特的教育思想。（见2015年北京师范大学真题）

4.请结合师生关系的作用以及新型师生关系的特点对材料加以分析。

【答】（1）师生关系的作用：

①良好的师生关系是教育教学活动顺利进行的重要条件。材料中张老师刚开始对学生要求十分严格，学生对他敬而远之，后来张老师改变了自己的态度，师生关系改善，学生们学习也更认真了。

②师生关系是衡量教师和学生学校生活质量的重要指标。专制型的师生关系会培养学生的依从性、专制的品质，民主型的师生关系会培养学生的民主素质。师生关系改善之后，学生也对张老师有话说了。

③师生关系是一种重要的课程资源和校园文化。良好的师生关系是提高教学质量宝贵的人文资源。张老师开始居高临下，师生间相互割裂和封闭，缺乏必要的沟通和交流，师生关系疏远和淡漠，张老师反思之后，与学生真诚地沟通，教学平等民主，建立起和谐、融洽的师生关系，无形中也影响了学生的性格，提高了学生学习的积极性。

（2）新型师生关系的特点：

①尊师爱生，相互配合。得到学生尊重是教师最大的需要和满足。材料中张老师开始对学生过于严格，以致学生对他敬而远之，转变对学生的态度之后，学生学习更认真了，也愿意和他讲话，他也有了自我成就感。

②民主平等，和谐亲密。师生关系的民主平等体现了师生在教育过程中相互尊重人格和权利、相互开放、平等对话、相互理解、相互接纳等关系。张老师能理解学生，发挥非权力性影响力，善于倾听不同意见，也要求学生正确地表达自己的思想和行为，使其学会合作和共同学习。民主平等、共同参与的结果是师生的融洽、协调。和谐、亲密体现了师生间的人际亲和力、心理融洽度。

③共享共创，教学相长。共创就是教师和学生在相互适应的基础上，相互启发，使师生的认识不断深化，共同生活的质量不断提升。共享共创体现了师生关系的动态性和创造性，是师生关系的最高层次。张老师通过和学生谈心，改变了自己，也改变了学生。教师和学生相互促进、共同发展，最终的结果是学生的道德、思想、智慧、兴趣、人格等的全面生成，教师专业的自我成熟。

2015年贵州师范大学333教育综合真题·凯程详解

一、名词解释

1.学校教育制度（见2019年北京师范大学真题）

2.教学（见2013年陕西师范大学真题）

3.德育原则（见2018年天津师范大学真题）

4.《大学》中的"三纲领"（见2016年陕西师范大学真题）

5.苏格拉底教学法（见2011年北京师范大学真题）

6.反思（见2014年山西师范大学真题）

二、简答题

1.《学记》中的教育原则有哪些？（见2011年东北师范大学真题）

2.请简述陶行知"生活即教育"的教育理念。（见2014年北京师范大学真题）

3.请简述《国防教育法》的相关立法执行情况。（见2014年华东师范大学真题）

4.请简述杜威"做中学"的教育理念。（见2014年东北师范大学真题+2011年浙江师范大学真题）

三、论述题

1.请结合材料谈谈课堂提问应该如何把握正确方向。

【答】苏霍姆林斯基说："问题是激起求知欲的刺激剂。"就课堂提问而言，关键是提问的时机要成熟，要找出提出问题的恰当时机；提问及时有利于学生对问题的理解，能开发学生智力，激发学生快速思考的能力。

例如，在新课的教学中，对新讲授的内容具有启发作用的旧知识，宜在讲课前提问，以引导学生复习、回忆，从而与待讲的知识接轨，这样做可以使新旧知识衔接，促使学生从整体上领会和把握知识结构。在把握提问时机的同时要注意调动全体学生的积极性，因为在任何一个班集体中，学生的学习水平和学习能力都存在差异，总是有少数学生对问题的理解能力强，反应快，善于发表自己的见解，他们往往在老师提出问题后就能立即举手回答，答案也较正确。因此老师对他们的关注较多，也乐于对他们提问，而大部分学生要么反应较慢，要么不愿回答或者不善于表达而长期被老师忽视。这样的课堂提问就成了少数学生与老师的对话，绝大多数学生成了"局外人""旁听生"而被冷落。

因此，教师要在教学目标范围内设计不同层次、不同难度的问题，使不同水平和不同能力的学生都有问题可答；对于不愿回答问题的学生设法调动其积极性；对于不善于表达的学生给予锻炼的机会，从而把每个学生都吸引到教学活动中来，调动全体学生的积极性。

2. 请结合材料谈一谈如何构建和谐的师生关系。

【答】（1）遵守现行的教育法规是构建和谐的师生关系的保证。"万物皆有法，有法天下和"。现代社会是一个法制社会，无论是谁，都要按照法律的要求来办。

（2）树立新型的师生观是建立和谐的师生关系的关键。新型的师生观是相对于旧的师生观而言的，传统的师生观提倡"师道尊严"，教师是绝对的"权威"，至高的"主宰"，教师的话句句是"真理"，学生对教师只能听而不问、信而不疑。

（3）加强教师与学生的交往，是建立和谐的师生关系的前提。教师只有深入到学生中去，和学生交往才能了解学生，只有了解了学生的家庭背景、个性差异、兴趣爱好、心理发展变化等特点，教师才有与学生相处的基础，才能有针对性地开展学生的工作。

（4）教师树立自身的威信为构建和谐的师生关系创造有利的条件。构建和谐的师生关系取决于师生双方的共同努力，但起主导作用的是教师。

3.（1）李南这名新教师出现这样的问题，原因是什么？并加以分析。

（2）请向李南提出在教学和课堂管理方面的建议和方法。

【答】（1）李南老师没有树立正确的教师观、教学观与学生观。

①李南老师对教师职业有所误解，教师承担着教学育人的责任，不仅仅有备课、上课等教学任务，还有培养学生思想品德、发展学生良好人格等育人的工作。

②李南老师没有树立正确的教学观，没有把学生放在主体的地位上。教师要根据学生的实际情况进行引导，发挥教师主导和学生主体的作用，促进共同进步。

③李南老师没有把学生看作发展中的人，只看到了他们的缺点，却没有看到学生有无限的发展潜力。教师要采取合理的教育教学方式，引导学生朝积极的方向发展。

（2）①在教学过程中要贯彻"教育性教学"原则，不仅关注教学的知识传授，也要重视教学的育人功能。帮助学生树立正确的学习观，需要将严格要求与尊重信任相结合。例如：制定课堂规则，培养学生自觉遵守纪律的行为和习惯。

②树立正确的学生观。学生是发展中的个体，学生有巨大的潜力，学生之间的发展有差异性，因此需要因材施教，树立多维评价观，形成积极向上的班风学风。例如：不以学习成绩的好坏为唯一标准评价学生，而应该发现学生不同的闪光点，注重过程性评价。

③灵活运用多种教学方法，充分激发学生的学习兴趣。传统的讲授式教学，难以激发大部分学生的学习兴趣，学生感觉枯燥乏味自然会做出出格的行为来引起大家关注，作为物理教师，李南应该充分发挥物理实验教学法的优势，让学生感受物理世界的神奇与美妙，也会树立起自己作为老师"专业、博学"的新形象，赢得学生的尊重。

4. 请论述中小学教学的原则。（见 2018 年东北师范大学真题）

2016 年贵州师范大学 333 教育综合真题·凯程详解

一、名词解释

1. 学在官府（见 2017 年华中师范大学真题）

2. 最近发展区（见 2011 年北京师范大学真题）

3. 学习动机（见 2013 年北京师范大学真题）

4. 宫廷教育

【答】宫廷教育是人文主义教育的形式之一，是针对贵族子弟的教育。宫廷教育的目的主要是培养上层人物，如君主、侍臣、绅士等。

5.班级授课制（见2016年北京师范大学真题）

6.教育目的（见2015年北京师范大学真题）

二、简答题

1.简述教育与文化的关系。（见2013年天津师范大学真题）

2.简述科举制度对古代封建制度的影响。

【答】（1）科举原来的目的是为政府从民间提拔人才。相对于世袭、举荐等选才制度，科举考试无疑是一种公平、公开及公正的方法，它改善了用人制度。最初日本、韩国、越南均有效法中国举行科举，后来渐渐形成被欧美各国仿效的文官制度，故有人称科举是中国文明的第五大发明。今天的考试制度在一定程度上仍是科举制度的延续。

（2）从宋代开始，科举便做到了不论读书人出身、贫富皆可使其参加。这样不但大大拓宽了政府选拔人才的基础，而且让处于社会中下阶层的知识分子，有机会通过科考向社会上层流动。可以说，科举是一种笼络、控制读书人的有效方法，可以巩固封建统治。

（3）科举为中国历朝发掘、培养了大量人才。一千三百年间科举产生的进士接近十万，举人、秀才数以百万。明朝英宗之后的惯例更是"非进士不进翰林，非翰林不入内阁"，科举成为高级官员必经之路。科举对于知识的普及和民间的读书风气，亦起了相当的推动作用。而且由于这些读书人都是相同制度下的产物，学习的亦是相同的"圣贤书"，故亦间接维持了中国各地文化及思想的统一和向心力。

（4）科举所造成的恶劣影响主要在其考核的内容与考试形式上。明代开始，大部分读书人为应科考，思想渐渐被狭隘的"四书五经"、迂腐的八股文束缚。科举制度为政府发掘人才的同时，亦埋没了民间在其他各方面的杰出人物。清政府为了奴化汉人，更是严格束缚科举考试内容，对考场舞弊的处分虽然特别严厉，但由于科举制本身的弊病，舞弊越演越烈，科举制最终被废除。但就算在科举被废除以后，它仍然在中国的社会中留下不少痕迹。时至今日科举的一些习惯仍然可以在高考中看见。例如，分省取录、将考卷写有考生身份信息的卷头装订起来，从而杜绝判卷人员和考生串通作弊；称高考最高分者为状元等，俱是科举残留的痕迹。

3.简述蔡元培的"五育"教育。（见2016年华东师范大学真题）

4.简述赫尔巴特的四段教学法。（见2017年东北师范大学真题）

三、论述题

1.方仲永五岁能作诗，但十二三岁时不如以前，二十岁时和众人一样，用相关教育理论进行评论。

【答】影响人发展的主要因素有：遗传、环境、教育和人的主观能动性。

①遗传是指人从上代继承下来的生命机体及其解剖上的特点，如机体的结构、形态、感官和神经系统的特点及本能、天赋倾向等。遗传素质是人的身心发展的物质基础和生理前提，为人的身心发展提供了可能性。方仲永五岁能作诗，说明其有作诗的天赋，遗传为其提供了很好的前提条件。

②环境是人的发展的外部条件，为个体的发展提供了可能性和限制。方仲永所处的家庭环境主要是由其父亲决定的，其父只贪图眼前利益，让其错失了学习的最佳时间，影响了发展。

③教育在人的身心发展中起主导作用。"父利其然也，日扳仲永环谒于邑人，不使学。"意思是说方仲永的父亲只贪图眼前的利益，目光短浅，并没有让方仲永接受后天教育。人的才能有赖于后天的教育，即使天赋很高的人，如果不加以教育和培养，也会变成平庸无能的人。所以后天教育对一个人能否成才至关重要。

④个体的主观能动性在个体发展中起着最终的决定作用，制约着环境影响的内化与主体的自我建构，个体通过能动的活动选择，建构着自我的发展。一个人是否能成才，与天资有关，更与后天所受的教育以及自身的学习有关。方仲永接受父亲的安排，自己亦不主动学习，不提高自己，最终"泯然众人"。

总之，在人的发展过程中，遗传、环境、教育和人的主观能动性缺一不可，其中人的主观能动性起决定性作用。

2.一位教师用一条活鱼来引导《鱼》一课，播放关于解剖鱼的相关视频使学生了解鱼的知识。该教师用了什么教学原则？该如何运用此原则？

【答】（1）该教师运用了直观性原则。直观性原则是指在教学中通过引导学生观察所学事物或其图像，聆听教师用语言对所学对象的形象描绘，形成有关事物具体而清晰的表象，以便理解所学知识。通过各种形式的感知，丰富学生的直接经验和感性认识，使学生获得生动的表象，从而比较全面、深刻地掌握知识。直观手段种类繁多，一般分为三大类：实物直观、模象直观、语言直观。该教师综合使用了实物直观和模象直观，增加了学生对鱼的直观了解，有助于学生将感性认识转化为理论知识。

（2）运用时的基本要求：①正确选择直观教具和现代化教学手段。选择直观教具时应该考虑学生已有的知识水平，应根据所授内容和教具的契合程度以及实际教学条件等因素进行合理选择。②直观要与讲解相结合。使用直观教具的目的是帮助学生更容易理解知识，形成理论认识，所以不应仅仅呈现直观教具，而应该配合理论的讲解。③防止直观的不当与滥用。呈现直观教具或使学生获得感性认识，但这不是教学的最终目的，所以应该避免为了直观而直观。④重视运用语言直观。语言直观存在于教学的方方面面，更具有灵活性，正确运用语言直观能使课堂内容通俗易懂，学生易于理解和接受。

3.如何看待教师"错一罚十、漏一补十"的做法？运用相关记忆规律分析此做法。（见2017年江西师范大学真题）

4.用现代学生观分析该教师的行为。

【答】（1）现代学生观的内涵。（见2020年西南大学真题）

（2）评述该教师的行为：

①教师作为学生学习和发展的促进者与引导者，教师应在工作中遵循教育规律，实施素质教育，循循善诱，诲人不倦，因材施教，激发学生的创新精神，促进学生全面和个性发展。材料中教师并没有充分发挥自身的引导性作用，践行教师的职业道德要求，更好地促进学生的全面发展，而是否定了学生的想象力。该教师并没有遵循教书育人的职业道德规范。

②每个学生都是独立于教师的头脑之外，不以教师的意志为转移的客观存在，学生是学习的主体，教师应调动学生学习的积极性和主动性。该教师的行为打击了学生的积极性和主动性，没有用发展的眼光看待学生，应反思自己的教育行为。

2017年贵州师范大学333教育综合真题·凯程详解

一、名词解释

1.学校教育（见2010年华中师范大学真题）

2.教育目的（见2015年北京师范大学真题）

3."六艺"教育（见2012年华东师范大学真题）

4.骑士教育（见2010年华东师范大学真题）

5.学习策略（见2015年北京师范大学真题）

6.最近发展区（见2011年北京师范大学真题）

二、简答题

1.简述教育的相对独立性。（见2010年华中师范大学真题）

2.简述孔子教育思想的贡献。（见2012年北京师范大学真题）

3.简述现代教育对教师素养的要求。（见2014年北京师范大学真题）

4.简述夸美纽斯的泛智教育思想。（见2020年湖南师范大学真题）

三、论述题

1.论述杜威的教育本质论及其现实意义。（见2018年东北师范大学真题）

2.论述新一轮的课程改革对教师的要求。

【答】课程改革是教育改革的核心，而教师则是课程改革的核心。基础教育课程改革能否在农村顺利实施和全面推进，关键在于教师的素质能否适应要求。当前我国基础教育课程改革对教师的教育观念、专业素养、教学能力等均提出了新的要求。新的要求主要表现在：

（1）教师要有明确的教育理念。观念是行为的先导，观念对人的行为具有持久的影响。教师的工作都是在一定的教学信念、教育理念和教育哲学的影响、指导、支配下进行的。新一轮基础教育课程改革体现了新的教育思想和教育观念。这就要求教师也要了解、熟悉、掌握这些教育理念。

（2）教师要有正确的角色行为。教师的角色是多样的，教师的任务是多重的，其作用是多元的，教师决不单单是知识的传授者。教师既是学生学习的组织者、帮助者、支持者，也是学生学习的咨询者、服务者和评价者。

（3）教师要有明确的课程意识和一定的课程开发能力。长期以来，由于我国基础教育课程权力相对集中，地方、学校和教师很少有课程的决策权力。因而大多数教师都缺乏课程意识，教材是教学的主要依据，教师很少对教学内容进行进一步的加工、创造。教师在教学过程中要充分发挥组织者、创造者的作用，要根据学生的特点和需要、教学情景、课程标准、课程资源等，创造性地进行教学。

（4）教师要有科学的评价观。基础教育课程改革着眼于建立促进学生全面发展的评价体系。要求学校、教师以及社会不仅要关注学生的学业成绩，而且还要发现和发展学生多方面的潜能。要求教师要了解学生发展中的需求，帮助学生认识自我，建立自信。特别提出要发挥评价的教育功能，促进学生在原有水平上的发展。

（5）教师要有持续的自我发展能力。教师职业要求教师要根据学生的发展变化和社会的发展变化不断调整、不断适应、不断提高。教师要引领学生的发展，促进学生的发展。

（6）教师要有一定的组织、协调、咨询和辅导能力。教师的工作是一个塑造生命的过程，课堂则是一个复杂的组织。新课程要求教师不单单是知识的传递者，而更多的是组织者、协调者。无论是课堂教学还是社区服务，无论是学科课程还是研究性学习，无论是教师与学生之间还是教师与教师之间，都要通过组织协调进行，而不再是强迫、命令。特别是课堂教学、研究性学习等，教师的组织协调是关键因素。

3.分析二者的回答，你更喜欢谁的回答？用思维的原理进行分析。

【答】小方的思维属于常规性思维，小明的思维属于创造性思维。相对于小方的回答，我更喜欢小明的回答。

常规性思维是指人们根据已有的知识经验，按现成的方案和程序直接解决问题。创造性思维的本质是发散性思维。遇到问题时，这种思维方式能从多角度、多侧面、多层次、多结构去思考，去寻找答案，既不受现有知识的限制，也不受传统方法的束缚，有积极的求异性、敏锐的洞察力、创造性的想象、活跃的灵感和新颖的表述等。

4.如果你是周老师，你会怎么做？

【答】如果我是周老师，我会和同学们建立良好的关系，也就是要在每个学生心中树立良好的形象，具体来说有以下几种做法。

（1）老师的心地一定要善良，用高尚的师德去影响学生。古人云："桃李无言，下自成蹊。"当我们时时、事事、处处真正为学生着想的时候，学生在无形之中，自然会明白班主任是一个什么样的老师。有人说："诚挚的心灵，是学生情感的钥匙；高尚的师德，是学生心灵的明镜。"我们要真心实意地为学生着想。时间久了，一个不断地提升自我修养的老师，才是真正能令学生爱戴敬仰的老师。因为这样的老师会从内心深处真正地爱每一个学生。反之，如果一个老师心术不正，动机不良，甚至人格与心理都不健全，是不会被人喜欢的，更不用说让学生接近这样的老师或者是听老师的话了。

（2）凡事躬行可以很好地拉近与学生之间的距离。一个学校制定一些规章制度，是为了让学生向良好的方向发展。在我们这个时代，由于社会的复杂，受各种思潮的冲击，如果硬性要求学生做什么不做什么，这种说教是起不到太大作用的。"榜样的力量是无穷的"，榜样可以为学生提供范例。作为班主任，应该给学生树立一个好的榜样。班主任与学生接触的时间最长，是学生能看见的好榜样。

因此，要管理好学生，一个好的办法就是凡事躬行，与学生打成一片，如果要求学生做到什么，班主任就应该首先做到什么。比如说，可以与学生一起读书，与学生一起参加体育活动，与学生一起整理班务卫生，开会时与学生坐在一起听会，跑操时站在队伍后面一起跑，而不是在前台闲逛、闲聊，也不是躲在远处偷偷监视。劳动时亲自动手，而不是只做"甩手掌柜"。如果只是做一个监督者，不管什么事情，班主任只是动嘴说说，抬手指指画画，那么学生就会视这样的老师为监工，冷冰冰的，没有亲切的感觉。同时，为了让学生形成好的行为习惯，班主任还应该在礼仪、谈吐、外表、衣着等方面，做出表率与示范。如果老师以身作则，学生就会模仿，并下定决心去做好，同时还能感到老师平易近人，和蔼可亲，从而使师生关系融洽，增强老师的威信，正所谓"喊破嗓子，不如做出样子"。

（3）给学生物质上的鼓励，培养学生的成就感。年轻班主任不妨经常准备一些糖果之类的零食，如果学生做了一些有利于班级，有利于同学，有利于自己学习的事情，就奖励他们。糖果不是值钱的东西，甚至在家中学生也不一定喜欢吃。但是被班主任奖励的就不同了，糖果是肯定与荣誉的象征，再普通的糖果学生也会吃得津津有味，而且学生会记忆很深。对于身体健康情况不好的学生，班主任一定要认真关照，经常关心询问，提供帮助。这样其他学生也会学会关爱同学，增强班级向心力。

2018年贵州师范大学333教育综合真题·凯程详解

一、名词解释

1. 教育（见2014年北京师范大学真题）
2. 课程（见2019年北京师范大学真题）
3. 有教无类（见2010年北京师范大学真题）
4. 认知策略（见2013年江苏师范大学真题）
5. 产婆术（见2011年北京师范大学真题）
6. 问题解决（见2011年南京师范大学真题）

二、简答题

1. 简述杜威的教育思想。（见2011年北京师范大学真题）
2. 简述启发性教学原则的基本要求。（见2012年北京师范大学真题）
3. 简述马克思主义关于人的全面发展的学说。（见2017年华南师范大学真题）
4. 简述马斯洛的需要层次理论。（见2013年西南大学真题）

三、论述题

1. 上述材料体现了什么德育原则？怎样处理？

【答】（1）该教师违反了严格要求和尊重学生相结合及因材施教的德育原则。

（2）严格要求与尊重学生相结合原则是指进行德育时要将对学生的思想和行为的严格要求与对他们个人的尊重和信赖结合起来，使教育者对学生的影响与要求易于转化为学生的品德。贯彻这一原则的基本要求为：①爱护、尊重和信任学生；②严格要求学生。

因材施教原则是指进行德育时要从学生品德发展的实际出发，根据他们的年龄特征和个性差异进行不同的教育，使每个学生的品德都能得到最优的发展。贯彻因材施教原则的基本要求为：①深入了解学生的个性特点和内心世界；②根据学生的个性特点有的放矢地进行教育；③根据学生的年龄特征有计划地进行教育。

2. 上述材料中老师在班级管理上体现了什么样的管理观念？有什么启示？

【答】（1）班主任在班级管理上体现了民主、以学生为本的管理观念。传统的教学视课堂教学为个体活动的复合体，而不是一种群体的共同活动，只注意对学生灌输某些知识技能和引导学生个体的一般发展。材料中的班主任把班会看成师生、生生交往和对话的平台，更把班会看成一种集体的教学力量，尊重学生，让学生自主地去表演。

（2）启示：

①丰富班级管理角色。在班级管理中增加管理岗位，使更多的学生在集体中承担责任、服务于群体，这样不仅能增强班级凝聚力和学生集体的自我管理能力，而且能激发学生个体的积极性，锻炼学生的管理能力，从管理者的角色中学会自我管理。

②构建"开放、多维、有序"的班级活动体系。班级建设必须构建一个由自主性的课堂教学活动、选择性的课外活动、创造性的社会实践活动有机组合的开放、多维、有序的共同活动体系，从而为每一个成员提供发现、尝试、锻炼和表现自己天赋和才能的自由时间和空间。班主任在班级日常活动中，应注意唤醒学生的自主意识，主动地参加到班级的日常活动中去。

3. 论述陶行知的教育思想及其对当前学校教育的启示。（见2014年北京师范大学真题）

4. 论述班杜拉的观察学习理论及其现实意义。（见2016年东北师范大学真题）

2019年贵州师范大学333教育综合真题·凯程详解

一、名词解释

1. 教育目的（见2015年北京师范大学真题）
2. 课程（见2019年北京师范大学真题）

3. 壬寅学制

【答】1902年，在管学大臣张百熙的主持下拟定了一系列学制系统文件，统称《钦定学堂章程》，又称"壬寅学制"。这是中国近代第一个以中央政府的名义制定的全国性学制系统，学制划分为三段七级，蒙学堂和寻常小学堂共7年，规划为义务教育性质。它虽然正式公布，但是并没有实行。

4. 绅士教育（见2012年华东师范大学真题）

5. 元认知策略（见2011年北京师范大学真题）

6. 因材施教（见2010年东北师范大学真题）

二、简答题

1. 简述"五育"并举。（见2016年华东师范大学真题）

2. 简述颜之推的教育思想。（见2013年哈尔滨师范大学真题）

3. 简述夸美纽斯的教育思想。（见2016年西南大学真题）

4. 简述学校教育在人的发展中的作用。（见2016年东北师范大学真题）

三、论述题

1. 论述建设师德师风的重要性。

【答】（1）振兴民族的希望在于创新教育，振兴创新教育在于教师。党和国家把无限的厚望寄托在教师身上。在全面实施素质教育的过程中，对教师提出了更高的要求。教师不但要教学生学好文化科学知识，而且要教学生怎样做人；不但对学生的当前负责，而且要对学生的一生负责。这就要教师有高超的教育艺术和诲人不倦的教育精神，而良好的师德师风是激励教师学政治、钻业务、全面提高自身创新能力素质的内在动力。

（2）教师素养的品德要求即教师职业道德，又称"教师道德"或"师德"，是指教师在从事教育劳动中所遵循的行为准则和必备的道德品质。它是社会职业道德的有机组成部分，是教师行业特殊的道德要求。它从道义上规定了教师在教育劳动过程中以什么样的思想、感情、态度和作风去待人接物，处理问题，做好工作，为社会尽职尽责。当前教师职业道德的时代特征主要有爱国守法、爱岗敬业、教书育人、关爱学生、为人师表、终身学习。其中爱与责任是师德的核心与灵魂。

（3）党的十九大中，习近平总书记指出"人才培养，关键在教师"，教师队伍素质直接决定着学校办学能力和水平。首先，加强师德师风建设，是教师发展事业的需要。其次，加强师德师风建设，是学生健康成长的需要。最后，加强师德师风建设，是推进社会文明的需要。因此，广大教师要不断加强师德修养，自觉增强职业荣誉感、历史使命感和社会责任感，以培育优秀人才、发展先进文化和推进社会进步为己任，站在时代的前列，树立高尚的道德情操和精神追求，甘为人梯，身体力行，敬业、精业、乐业，努力做受学生爱戴、让人民满意的教师。

2. 论述卢梭的自然主义教育。（见2012年华东师范大学真题）

3. 如何培养学生的学习动机？（见2012年华东师范大学真题）

4. 论述启发式教学及其要求。（见2018年云南师范大学真题）

2020年贵州师范大学333教育综合真题·凯程详解

一、名词解释

1. 稷下学宫（见2020年北京师范大学真题）

2. 学习动力（见2013年北京师范大学真题）

3. 产婆术（见2011年北京师范大学真题）

4. 班级授课制（见2016年北京师范大学真题）

二、简答题

1. 简述教育对政治的影响。（见2012年北京师范大学真题）

2. 简述影响遗忘的因素。

【答】（1）记忆痕迹衰退说。完形心理学家提出人们在学习时神经活动引起大脑产生某种变化，留下各种记忆痕迹，它们会随着时间逐渐衰退。只有不断地练习，记忆痕迹才能保持。

（2）材料间的干扰说。这一理论认为，遗忘的发生是由于人们在某时期所学习的材料或所获得的信息之间会发生相互影响，正是这种影响造成了遗忘的发生。

（3）检索困难说。现代信息加工心理学认为，人们所获得的信息是以某种编码形式永久地储存在长时记忆中的，人们一时无法回忆起所需要的信息是因为难以找到其提取的线索。

（4）知识同化说。奥苏伯尔根据其同化理论指出，遗忘是知识的组织和认知结构简化的过程。遗忘的往往是一些被较高一级的观念所替代的低一级的观念，从而减轻了记忆的负担。

（5）动机性遗忘说。这一理论认为，遗忘是因为我们不想记起，而将一些记忆推出意识之外，因为它们太有损于自我。遗忘不是保持的消失而是记忆被压抑。由此也被称为压抑理论。

总之，遗忘的原因是多方面的，上述每一种理论都能解释遗忘发生的部分原因，但又不能解释所有的遗忘现象，需要进行多角度、多侧面、综合性的思考与解释。

3. 简述夸美纽斯的教育思想。（见 2016 年西南大学真题）

三、论述题

1. 论述科举制的利弊及对高考的启示。（见 2019 年华中师范大学真题）

2. 论述教育惩戒的意义。

【答】教育惩戒的主要目的在于教育，其教育意义主要体现在学生、学校和社会三方面。

（1）教育惩戒有利于促进学生身心发展。学生的成长过程是一个由"他律"走向"自律"的过程。作为发展尚未成熟的学生，首先必须接受外在的由教师代表社会所给予的强制规范的影响，这是一个促使个体社会化的过程。一方面，要对学生遵守规范的行为予以表扬，促进良好行为的发生、保持和发展；另一方面，也要对学生违反规定的行为予以惩戒，杜绝不良行为的产生与恶化。此外，惩戒教育作为学生不良行为的警戒灯与矫正器，不仅有利于学生形成社会认可的行为规范，更重要的是，有助于培养学生法律观念与责任意识。

（2）教育惩戒有利于完善学校教育制度，实现教育活动规范化。教师惩戒权的行使具有维护学校秩序的作用。学校作为专门培养人的教育组织机构，各项工作都应该井然有序地开展，这就需要一定的纪律来维护。教师惩戒权的存在是为了维护学校正常的教育教学秩序，保障学校活动的有序进行，消除那些违规行为对学校正常活动的不良影响。这有利于形成正确的舆论环境，树立良好的校园风气，有效地抵制学生中的"歪风邪气"，维护学校纪律和各项规章制度，进一步完善学校教育制度，使得师生的权利义务、职责地位及其互动关系明确化，创造制度化、规模化的现代教育体制。

（3）教师惩戒权对于社会的和谐稳定有一定的促进作用。现实生活中，每个人都有可能获得成功与赞赏，遭遇失败与惩戒。生活世界的这两种情况投射在学校教育中，就表现为赏识教育与惩戒教育并存。学校是社会的缩影。在学校阶段，恰当的惩戒手段可以使学生知法守法，因违"法"而被"究"，体验法律的严肃性及违法的痛苦，促使养成良好的遵纪守法习惯，从而预防犯罪。这对于学生走出学校，步入社会，降低整个社会的违法犯罪率，促进社会的和谐稳定发展是有利的。另外，通过教育惩戒能够提高人的心理承受能力，从而减少社会自杀率。

3.（1）请说说如何界定教育惩戒。

（2）中小学教师如何进行教育惩戒？

【答】（1）教育惩戒，是指教师和学校在教育教学过程和管理中基于教育目的与需要，对违规违纪、言行失范的学生进行制止、管束或者以特定方式予以纠正，使学生引以为戒，认识和改正错误的职务行为。教育惩戒是教师履行教育教学职责的必要手段和法定职权。

（2）中小学教师实施教育惩戒，应当遵循以下原则：

①育人为本。应当基于关爱学生的宗旨、符合育人规律，达到教育学生遵守规则、增强自律、改过向上的目的。

②合法合规。应当以事先公布的规则为依据，尊重学生基本权利和人格尊严，遵循法治原则，程序正当、客观公正。

③惩罚适当。应当根据学生的性别、年龄、个性特点、身心特征、认知水平、一贯表现、过错性质、悔过态度等，选择适当的惩戒措施，实现最佳教育效果。

④保障安全。应当事先了解学生行为动机、判断行为性质，并注意方式、场所和环境的安全，防范可能出现的风险。

2021年贵州师范大学333教育综合真题·凯程详解

一、单选题 （30个）（缺失）

二、多选题 （10个）（缺失）

三、简答题

1. 简述蔡元培"五育"并举的思想。（见2016年华东师范大学真题）

2. 简述促进学习迁移的方法。（见2014年北京师范大学真题）

3. 简述国务院关于教育评价的措施。

【答】（1）基本定位：新时代的教育评价坚持以立德树人为主线，以破"五唯"（"唯分数、唯升学、唯文凭、唯论文、唯帽子"）为导向，以五类主体为抓手，着力做到政策系统集成、举措破立结合、改革协同推进。

（2）具体措施：《深化新时代教育评价改革总体方案》围绕党委和政府、学校、教师、学生、社会五类主体，坚持破立结合，重点设计了5个方面22项改革任务。

①改革党委和政府教育工作评价。"破"的是短视行为和功利化倾向，"立"的是科学履行职责的体制机制，相应提出完善党对教育工作全面领导的体制机制、完善政府履行教育职责评价、坚决纠正片面追求升学率倾向等3项任务。

②改革学校评价。"破"的是重分数轻素质等片面办学行为，"立"的是立德树人落实机制，相应提出坚持把立德树人成效作为根本标准、完善幼儿园评价、改进中小学评价、健全职业学校评价、改进高等学校评价等5项任务。

③改革教师评价。"破"的是重科研轻教学、重教书轻育人等行为，"立"的是潜心教学、全心育人的制度要求，相应提出坚持把师德师风作为第一标准，突出教育教学实绩，强化一线学生工作，改进高校教师科研评价，推进人才称号回归学术性、荣誉性5项任务。

④改革学生评价。"破"的是以分数给学生贴标签的不科学做法，"立"的是德智体美劳全面发展的育人要求，相应提出树立科学成才观念、完善德育评价、强化体育评价、改进美育评价、加强劳动教育评价、严格学业标准、深化考试招生制度改革7项任务。

⑤改革用人评价。"破"的是文凭学历至上等不合理用人观，"立"的是以品德和能力为导向的人才使用机制，相应提出树立正确用人导向、促进人岗相适2项任务。

（3）意义：凸显了教育评价在新时代教育事业发展中的重要地位，深刻影响了全社会的教育观念，进而影响了家庭的教育选择，并在很大程度上影响甚至塑造了一个时代的教育生态。

4. 简述教育摆在优先发展的战略位置的理论基础和实践。

【答】党的十六大报告提出，要大力发展教育和科学事业，指出教育是发展科学技术和培养人才的基础，在现代化建设中具有基础性、先导性和全局性作用，必须摆在优先发展的战略地位。

（1）理论基础：人力资本理论。

人力资本就是指凝聚在劳动者身上的知识、技能及其表现出来的能力，是通过投资产生的。对个人来说，人力资本能提升个体的报酬；对社会来说，人力资本能促进国家的经济发展，因而要重视教育投资对人力资本的作用。

"科教兴国""将教育摆在战略地位"等国家方针政策，实际上，谈的是一个国家、一个民族的人力资源开发管理。只有一个国家的人力资源得到了充分地开发和有效地管理，一个国家才能繁荣，一个民族才能振兴。

（2）实践：

①把教育摆在优先发展的战略位置是党和国家长期坚持的指导思想和重大方针。党的十八大指出："要坚持教育优先发展，全面贯彻党的教育方针，坚持教育为社会主义现代化建设服务、为人民服务，把立德树人作为教育的根本任务，培养德智体美全面发展的社会主义建设者和接班人。"党的十九大报告指出，优先发展教育事业。建设教育强国是中华民族伟大复兴的基础工程，必须把教育事业放在优先位置，加快教育现代化，办好人民满意的教育。这些都体现了我们党对教育优先发展战略的认识的不断深化。

②增加教育经费。2012年我国教育经费投入占GDP的4%。在《中华人民共和国教育法》中明确提出了三个增长（财政教育拨款有所增长且高于财政经常性收入的增长；生均教育经费有所增长；教师工资和生均公用经费有所增长）和两个提高（财政教育经费支出占国民生产总值的比例有所提高；教育经费的支出占财政总支出的比

例有所提高），从而保障教育经费的投入比例。

四、论述题

针对"停课不停学"的线上教学，谈一谈你的看法。

【答】（1）含义："停课不停学"是指因特殊原因、在特殊时期全体学生不能到学校上课，通过网络平台进行教学，实现教师们在网上教、学生们在网上学的网络课程的居家学习方式。在2020年的疫情期间，为了保障教学活动的正常开展，教育部办公厅、工业和信息化部办公厅联合印发《关于中小学延期开学期间"停课不停学"有关工作安排的通知》，对"停课不停学"工作做出了安排。

（2）问题：在线教学在取得突出成效的同时，也暴露出一系列问题。

①"互联网＋教育"认识错位。大多数教师对"互联网＋教育"的认识不到位，实施在线教学仅停留在互联网技术和教学活动的简单叠加应用。

②在线教学创新的理论指导匮乏。研究发现，大部分教师未能真正理解在线教学的实质规律，缺乏在线教育理论指导。

③条件保障仍需持续优化。当下，一些经济欠发达及边远贫困地区的网络环境较差，教学平台及资源不足，硬件条件有待进一步优化。目前，少见基于AI+大数据的智能教学平台和工具，教学支持服务仍较为薄弱。

④政策机制有待完善。学校教研、技术支持和科研等多部门之间的联动机制有待完善。

（3）措施：

①彰显在线教学的功能和价值。未来，信息化支撑下的新型教育生态必将形成。教师、学生、学校、家长和管理者等不同角色需要重新审视在线教学的功能和作用，面向教育未来发展方向，合力创新现有教育教学的理论、方法、模式和评价，彰显在线教学功能价值。

②创新在线教学设计理论。在线教学方式的创新离不开在线教育理论的指导。以学生居家学习的特征和规律为出发点和落脚点，融入互联网思维，再度整合创新在线教学设计理论，从而提升在线教学活动的效率。

③加强在线教学规范指导。规范相关技术工具的使用场景和频率；加强教学设计的理论指导，倡导教学主题多维多样，尊重不同学段、不同年级、不同学生居家学习规律，尊重学生认知规律，适应学生自主管理能力，建立良好的家校协同机制。

④优化在线教学条件保障。各个地方及学校应根据自身实际情况，制定在线教学工作方案，鼓励创新，突出特色；一校一策，一校一案，保障在线教学的有序开展。

⑤提升师生在线教学胜任力。教师转变教学观念，以高尚的道德情操、一流的专业水平、扎实的教学能力、良好的信息素养和持续的教学创新开展在线教学；学生转变学习方式，以坚韧的意志品格、严谨的学习态度、持续的学习能力、良好的信息素养进行在线学习。

2022年贵州师范大学333教育综合真题·凯程详解

一、单选题（缺失）

二、多选题（10个）（缺失）

三、名词解释

1.教师（见2016年东北师范大学真题）

2.书院（见2017年东北师范大学真题）

3.骑士教育（见2010年华东师范大学真题）

4.学习策略（见2015年北京师范大学真题）

四、简答题

1.简述《中华人民共和国家庭教育促进法》规定的家庭教育应当符合的要求。

【答】家庭教育应当符合以下要求：

（1）尊重未成年人身心发展规律和个体差异。

（2）尊重未成年人人格尊严，保护未成年人隐私权和个人信息，保障未成年人合法权益。

（3）遵循家庭教育特点，贯彻科学的家庭教育理念和方法。

（4）家庭教育、学校教育、社会教育紧密结合、协调一致。

（5）结合实际情况采取灵活多样的措施。

2.简述如何纠正学生不良行为。（见2022年云南师范大学真题）

五、论述题

问题：（1）新修订的教育方针的完整表述是什么？

（2）教育方针体现了我国教育目的的什么特点？

（3）新发展阶段，如何落实和促进新教育方针？

【答】（1）新修订的教育方针的完整表述是：教育必须为社会主义现代化建设服务、为人民服务，必须与生产劳动和社会实践相结合，培养德、智、体、美、劳全面发展的社会主义建设者和接班人。

（2）我国教育目的的特点。（见2012年北京师范大学真题）

（3）新发展阶段，落实和促进新教育方针的主要措施：

①要促进全面发展教育的实现：a.要以素质教育为核心。b.要确立和体现全面发展的教育观。具体表现在：确立全面发展教育观的必要性；正确理解和把握全面发展；正确认识和处理各育关系。

②在全面发展的基础上促进个性发展：个性发展是全面发展的核心，全面发展和个性发展是相辅相成的；在教育实践中，注重培养人的独立个性，注重发挥、调动人的主体性，应当在基本素质全面发展的基础上发展个性，同时以个性的和谐发展推动人的全面发展。

沈阳师范大学

2010年沈阳师范大学 333 教育综合真题·凯程详解

一、名词解释

1.教育目的（见2015年北京师范大学真题）

2.学校教育制度（见2019年北京师范大学真题）

3.教学（见2013年陕西师范大学真题）

4.榜样示范法（见2016年北京师范大学真题）

5.苏格拉底法（见2011年北京师范大学真题）

6.《大教学论》（见2012年杭州师范大学真题）

二、简答题

1.简述我国基础教育新课程改革的三维目标。（见2010年内蒙古师范大学真题）

2.简述教师劳动的特点。（见2015年东北师范大学真题）

3.阐述陶行知的"生活教育"理论。（见2014年北京师范大学真题）

三、论述题

1.试论创造性的培养措施。（见2015年华东师范大学真题）

2.联系实际论述德育过程是培养学生知、情、意、行的过程。（见2015年北京师范大学真题）

3.试论述孔子和韩愈的教师观。（见2018年华中师范大学真题+2018年北京师范大学真题）

4.试论述杜威教育本质论的主要内容及影响。（见2018年东北师范大学真题）

2011 年沈阳师范大学 333 教育综合真题·凯程详解

一、名词解释

1. 教育学（见 2011 年陕西师范大学真题）
2. 课程标准（见 2015 年北京师范大学真题）
3. 教学评价（见 2015 年北京师范大学真题）
4. 德育过程（见 2014 年华东师范大学真题）
5.《大教学论》（见 2012 年杭州师范大学真题）
6. 绅士教育（见 2012 年华东师范大学真题）

二、简答题

1. 简述全面发展教育的组成部分。（见 2010 年东北师范大学真题）
2. 简述教学过程中应处理好的几种关系。（见 2011 年东北师范大学真题）
3. 简述迈克卡等人关于学习策略的结构和内容的基本主张。（见 2012 年山西师范大学真题）
4. 简述蔡元培"五育"并举的教育方针。（见 2016 年华东师范大学真题）

三、论述题

1. 试分析影响问题解决的主要因素。（见 2017 年陕西师范大学真题）
2. 试述新一轮基础教育课程改革的具体目标。（见 2017 年东北师范大学真题）
3. 论述《学记》教育教学的原则和方法。（见 2011 年东北师范大学真题）
4. 论述《国防教育法》的内容及影响。（见 2014 年华东师范大学真题）

2012 年沈阳师范大学 333 教育综合真题·凯程详解

一、名词解释

1. 德育原则（见 2018 年天津师范大学真题）
2. 生活准备说（见 2016 年安徽师范大学真题）
3. 学习（见 2013 年陕西师范大学真题）
4. 建构主义学习观（见 2012 年陕西师范大学真题）
5. 全面发展教育（见 2019 年杭州师范大学真题）
6. 学校管理（见 2015 年北京师范大学真题）

二、简答题

1. 简述"朱子读书法"。（见 2016 年华东师范大学真题）
2. 简述人的身心发展规律对教育的要求。（见 2010 年华中师范大学真题）
3. 简述课程目标设计的基本方式。（见 2017 年山东师范大学真题）
4. 简述中小学德育的基本途径。（见 2014 年北京师范大学真题）

三、论述题

1. 试论陈鹤琴"活教育"的思想体系。（见 2015 年北京师范大学真题）
2. 述评科尔伯格的道德发展阶段理论。（见 2013 年华东师范大学真题）
3. 论述夸美纽斯建立统一学制系统的内容及影响。

【答】（1）内容：按照儿童身心发展的自然规律，夸美纽斯提出建立统一的学制系统，以落实其泛智教育主张。夸美纽斯把人的学习期以 6 年为一阶段，划分为婴儿期（0～6 岁）、儿童期（6～12 岁）、少年期（12～18 岁）和青年期（18～24 岁）四个阶段，与之相应的是母育学校、国语学校、拉丁语学校和大学四级学制系统。各级学校均按照适应自然的原则，采用班级授课制和学年制开展工作，分别开设不同的课程来教育和培养儿童。如母育学校要在各个家庭实施，注重体育、自然与思维的研究；国语学校要在每个城镇和乡村开设，招收一切儿童，注重国语的读写以及算术等；拉丁语学校在较大的城市设立，招收较有理想的学生，主要学习"七艺"；大学在每个王国或省部设立，提供哲学、医学、法学、神学的训练，培养未来的教师和学者。

（2）影响：夸美纽斯的学制系统，总结了古希腊以来西方教育家们对于学校教育设置的基本构想，为宗教改革以来形成的国民教育理念的实践提供了具体而详尽的指导，也使得科学革命以来出现的实在论教育学说获得了实践制度的支持。

4.试论班主任应具备的素质要求。（见2015年华东师范大学真题）

2013年沈阳师范大学333教育综合真题·凯程详解

一、名词解释

1.学校教育制度（见2019年北京师范大学真题）

2.课程设计（见2016年上海师范大学真题）

3.教学原则（见2013年哈尔滨师范大学真题）

4.学校管理（见2015年北京师范大学真题）

5.《理想国》（见2010年东北师范大学真题）

6.绅士教育（见2012年华东师范大学真题）

二、简答题

1.简述教学工作的基本环节。（见2020年华东师范大学真题）

2.简述德育的主要方法。（见2020年陕西师范大学真题）

3.当代教育心理学研究的基本趋势是什么？

【答】（1）在研究取向上，从行为范式、认知范式向情景范式转变。

（2）在研究内容上，强调教与学并重，认知与非认知并举，传统领域与新领域互补。

（3）在研究思路上，强调认知观和人本观的统一，分析观和整体观的结合。

（4）在研究方法上，注重分析与综合、量性与质性、现代与生态、人文与科学的结合。

4.简述孔子的教学方法论。（见2013年东北师范大学真题）

三、论述题

1.论述教育的社会变迁功能。（见2014年北京师范大学真题）

2.评述加里培林的心智技能按阶段形成理论。（见2019年山东师范大学真题）

3.论述赫尔巴特的教学形式阶段理论。（见2017年东北师范大学真题）

4.试论陶行知的"生活教育"理论体系。（见2014年北京师范大学真题）

2014年沈阳师范大学333教育综合真题·凯程详解

一、名词解释

1.个体发展（见2019年华中师范大学真题）

2.中学为体，西学为用（见2011年北京师范大学真题）

3.教育中介系统（见2018年山东师范大学真题）

4.有教无类（见2010年北京师范大学真题）

5.教育目的的价值取向（见2010年广西师范大学真题）

6.课程标准（见2015年北京师范大学真题）

二、简答题

1.简述人格发展的一般规律。（见2013年华中师范大学真题）

2.简述人文主义教育的主要特征。（见2011·年华东师范大学真题）

3. 简述学校管理的发展趋势。（见 2020 年华东师范大学真题）

4. 简述启发性教学原则。（见 2012 年北京师范大学真题）

三、论述题

1. 论述马斯洛学习动机的需要层次理论。（见 2013 年西南大学真题）

2. 论述杜威关于教育本质的主要观点。（见 2018 年东北师范大学真题）

3. 论述蔡元培"五育"并举的教育方针。（见 2016 年华东师范大学真题）

4. 联系实际论述德育过程是培养学生知、情、意、行的过程。（见 2015 年北京师范大学真题）

2015 年沈阳师范大学 333 教育综合真题·凯程详解

一、名词解释

1. 教育学（见 2011 年陕西师范大学真题）

2. 教育目的的个人本位论（见 2010 年浙江师范大学真题）

3. 教学评价（见 2015 年北京师范大学真题）

4. 德育过程（见 2014 年华东师范大学真题）

5. "六艺"教育（见 2012 年华东师范大学真题）

6. "教学做合一"（见 2018 年湖南师范大学真题）

二、简答题

1. 简述社会经济政治制度对教育的制约。（见 2018 年南京师范大学真题）

2. 简述循序渐进的原则。（见 2016 年南京师范大学真题）

3. 简述《理想国》的教育思想。（见 2017 年哈尔滨师范大学真题）

4. 简述观察学习的含义。

【答】班杜拉认为，人类的学习有两种形式：一种是直接学习，另一种是间接学习。观察学习是一种间接学习的形式。观察学习主要包括四个阶段：注意过程、保持过程、复制过程和动机过程。

（1）注意过程影响观察者对榜样行为的探索和知觉过程，决定观察者的观察内容。

（2）保持过程使观察者将示范行为以某种形式储存在头脑中以便今后可以指导操作。

（3）复制过程（动作再现过程）是观察者以内部表征为指导，将榜样行为再现（模仿）出来。

（4）动机过程决定个体复现榜样行为的具体内容，换言之，决定哪一种经由观察习得的行为得以表现。

三、论述题

1. 联系实际论述教学过程中的掌握知识和发展智力的关系。（见 2012 年东北师范大学真题）

2. 试论《学记》的教育教学原则与方法。（见 2011 年东北师范大学真题）

3. 试论赫尔巴特的教学阶段理论和意义。（见 2017 年东北师范大学真题）

4. 举例说明迁移及其分类。

【答】迁移是指已经获得的知识、动作技能、情感和态度等与新的学习之间的相互影响。

（1）根据迁移性质的不同分为正迁移与负迁移。

①概念。正迁移也叫"助长性迁移"，是指一种学习对另一种学习起到积极促进作用。负迁移是指两种学习之间相互干扰、阻碍。

②举例。学习数学有利于学习物理，学习珠算有利于学习心算，属于正迁移。地方方言对学习普通话具有消极影响，属于负迁移。

（2）根据迁移方向的不同分为顺向迁移与逆向迁移。

①概念。顺向迁移是指先前的学习对后来学习的影响。逆向迁移是指后继学习对先前学习的影响。无论是顺向迁移或是逆向迁移，其产生的影响都有积极的或消极的。

②举例。在物理中学习了"平衡"这一概念，就会对以后学习化学平衡、生态平衡、经济平衡产生影响，这是顺向迁移；学习对数有利于理解指数，属于逆向迁移。

（3）加涅根据原有知识在新情境中应用的难度和结果将迁移划分为水平迁移与垂直迁移。

①概念。水平迁移也称横向迁移，是指处于同一概括水平的经验之间的相互影响。垂直迁移也称纵向迁移，是指处于不同概括水平的经验之间的相互影响。

②举例。学习从钝角迁移到锐角、平角属于水平迁移；对植物、动物等概念的理解影响着对生物这一概念的掌握属于垂直迁移。

（4）布鲁纳根据迁移范围的大小划分为一般迁移与特殊迁移。

①概念。一般迁移：是原理原则态度的迁移。特殊迁移：是把从一种学习中习得的具体的、特殊的经验直接迁移到另一种学习中去。

②举例。我们在解决所有问题时都会按自己的方式和自己的态度来，属于一般迁移；在某道证明题中我们学到了反证，然后在其他的证明题中我们都会想是否也可以用反证，属于特殊迁移。

（5）同化性迁移、顺应性迁移与重组性迁移。

①同化性迁移：在学习的过程中，学习者的原有认知结构没有发生改变，直接将原有的认知经验应用到本质特征相同的一类事物中去。

②顺应性迁移：在学习的过程中，学习者需调整原有的经验或对新旧经验加以概括，形成一种能包容新旧经验的更高一级的认知结构，才能适应外界的变化。

③重组性迁移：在学习的过程中，学习者需要重新组合原有认知系统中某些构成要素或成分，调整各成分间的关系或建立新的联系，从而应用于新情境。

（6）低路迁移和高路迁移——所罗门、帕金斯。

①低路迁移：是指经过充分练习的技能自动迁移，不需要反省性思维。

②高路迁移：是指有意识地将先前习得的抽象知识应用于新的情境。

2016年沈阳师范大学333教育综合真题·凯程详解

一、名词解释

1.教育者（见2020年华南师范大学真题）

2.分科课程（见2017年华东师范大学真题）

3.《国防教育法》（见2010年湖南师范大学真题）

4.苏格拉底法（见2011年北京师范大学真题）

5.教学方案

【答】教学方案是教师对单元教学过程的计划安排，是教师实施教学的依据。教师授课的效果如何，在很大程度上取决于教学方案设计的质量。教学方案是教学实施的方案设计，教无定法决定了教学方案设计的多样性。为减少教师备课的工作量，提高教学工作效率，教学方案的设计内容应简单明了，准确到位，真正起到授课依据的作用。

6.教育的社会变迁功能（见2011年山东师范大学真题）

二、简答题

1.简述人的发展规律。（见2010年华中师范大学真题）

2.简述陶行知的生活教育思想。（见2014年北京师范大学真题）

3.简述学习动机需要层次理论。（见2013年西南大学真题）

4.简述集体教育原则。（见2011年华东师范大学真题）

三、论述题

1.结合实际论述教师指导学生的德育过程。（见2015年华中师范大学真题）

2.论述杜威的教育思维和教学方法。（见2011年北京师范大学真题）

3.试论孔子的道德教育论。（见2012年东北师范大学真题）

4.试论影响问题解决的因素。（见2017年陕西师范大学真题）

2017 年沈阳师范大学 333 教育综合真题·凯程详解

一、名词解释

1. 启发性教学原则（见 2012 年辽宁师范大学真题）
2. 科举制（见 2016 年西南大学真题）
3. 学校教育（见 2010 年华中师范大学真题）
4. 白板说（见 2013 年北京师范大学真题）
5. 自我效能感（见 2014 年华东师范大学真题）
6. 校本教育

【答】校本教育是指以学校为单位，面向教师的学习方式，内容以学校的需求和教学方针为中心，目的是提高教师的业务水平和教育教学能力。此外，校本课程是一种新的课程领域，是基于学生的直接体验，密切联系学生自身生活和社会生活，体验对知识综合运用的课程。它的基本学习方式是探究学习。

二、简答题

1. 简述教育的基本要素和相互关系。（见 2015 年北京师范大学真题）
2. 简述《师说》的内容。（见 2018 年北京师范大学真题）
3. 简述昆体良的教育思想。（见 2018 年辽宁师范大学真题）
4. 简述促进知识迁移的措施。（见 2014 年北京师范大学真题）

三、论述题

1. 论述人的身心发展的规律性，结合实际说说在教学中的运用。（见 2010 年华中师范大学真题）
2. 试述杜威的教育本质并联系实际说明对今天的影响。（见 2018 年东北师范大学真题）
3. 论述孔子的教学思想并进行评价。（见 2013 年东北师范大学真题）
4. 试述培养创造者的措施。（见 2011 年北京师范大学真题）

2018 年沈阳师范大学 333 教育综合真题·凯程详解

一、名词解释

1. 教育（见 2014 年北京师范大学真题）
2. 课程（见 2019 年北京师范大学真题）
3. 长善救失（见 2020 年西北师范大学真题）
4. 因材施教（见 2010 年东北师范大学真题）
5. 卢梭的自然教育原则（见 2013 年陕西师范大学真题）
6. 有意义的学习（见 2014 年华东师范大学真题）

二、简答题

1. 简述教育的要素及其相互关系。（见 2015 年北京师范大学真题）
2. 简述荀子的性恶论。（见 2017 年云南师范大学真题）
3. 简述班级授课制及其优缺点。（见 2020 年北京师范大学真题）
4. 简述学习动机如何影响学习效果。

【答】尽管学习效果的好与差受多种主观与客观因素的影响，诸如学习者的先天素质、学习基础、学习态度、学习方法、学习习惯、智力水平、人格特点、健康状况，以及学习环境和课外指导等，然而好的学习动机始终是取得好的学习效果的直接动力。

（1）学习动机与学习效果之间存在着同一性，也存在着矛盾性。同一性反映着学习动机与学习效果之间的必然性。比如学习动机好，学习效果好；学习动机不好，学习效果也不好。而矛盾性则反映着学习动机与学习效果之间的偶然性。比如学习动机好，学习效果不好；学习动机不好，学习效果好。如学习动机是为了取得好成绩，把别的同学都压下去，唯我独尊，这种学习动机显然是不正确的，但也能产生强大的动力，从而取得好的成绩。

（2）学习动机与学习效果之间存在着矛盾性和偶然性，因而在错误动机的支配下取得的好成绩是不会长久的。学习动机与学习效果的关系是以学习行为为中介变量的，有良好的学习动机，没有良好的学习行为和学习习惯，亦不可能取得好的学习效果。

因而，中小学生的学习心理辅导，不仅要重视学习动机的辅导，也要重视学习行为和学习习惯的辅导。

三、论述题

1.人的发展规律性表现在哪些方面？结合实际，谈谈学校教育工作如何按规律进行。（见2010年华中师范大学真题）

2.试述孔子"性相近，习相远"的教育思想。（见2013年江苏师范大学真题）

3.苏霍姆林斯基关于个性的全面和谐发展教育观的主要内容是什么？有何现实意义？

【答】（1）苏霍姆林斯基关于个性的全面和谐发展教育观的主要内容。（见2016年北京师范大学真题）

（2）苏霍姆林斯基关于个性的全面和谐发展教育观的现实意义。

①当今教育也要倡导"五育"全面发展。苏霍姆林斯基倡导的体育、德育、智育、劳动教育和美育与我们今天要培养的全面发展的人的内涵相一致，启示我们今天的"五育"也要全面、和谐、统一。假如其中任何一育有偏废，都不能培养出全面发展的人。

②当今教育要以立德树人为教育的根本任务。苏霍姆林斯基强调全面发展的核心是高尚的道德，德育应当居于首位，这与我们今天所强调的立德树人的根本任务是一致的。因此，当今教育也要将立德树人融入教育的各个环节、各个阶段。

4.分析人本主义教学观的基本观点，根据这些教学观提出的教学模式是什么？阐述这种教学模式的特征。

【答】（1）人本主义教学观的基本观点。

①在教育目的方面，强调发展人性，注重创造潜能的激发，引导认知与经验的结合，注重人的理性与情感的均衡发展，使学习者肯定自己，进而促进自我实现。

②在教育方法上，重视自由创造、经验的学习、主动探索与角色扮演。

③在课程设计方面，重视以人与社会的幸福为学习内容，注重师生共同设计、解决问题并从行动中加以学习。

④在教学思想和实践上，主张以自我发展为导向，一切教育措施应适合学生的需要，帮助学生发展。

（2）根据这些教学观提出的教学模式是非指导性的教学模式。

（3）非指导性的教学模式特征。

①带有"较多的不明示性、间接性、非命令性"等特征。在非指导性教学中，对讨论负有主要责任的是学生，教师只是做一些非指导性应答以引导或维持讨论。非指导性应答通常是一些简短的答话，这些话不是解释、评价或给予忠告，而是对理解加以反映、澄清、接受和证明，目的在于形成一种让学生愿意展开他们正在表达的观念的气氛。

②非指导性教学的学习评价主要是学生的自我评价。这种自我评价使学生更能为自己的学习负起责任，从而更加主动、有效、持久地学习。罗杰斯指出："当个人意识到那种标准对他很重要，他力图达到那些目标和实现那些目标时，他才真正知道应承担对他自己和他的各方面所负起的责任。"

2019年沈阳师范大学333教育综合真题·凯程详解

一、名词解释

1.学校教育制度（见2019年北京师范大学真题）

2.课程标准（见2015年北京师范大学真题）

3.学校管理的过程

【答】学校管理的过程包括以下四个环节。①计划：对学校工作目标的全面设计和统筹规划。它是学校管理过程的起始环节，在管理活动中起着指明方向、规划进程、统一步调、提高效率的作用。②实施：将计划付诸行动，使学校的人、财、物、时间、空间、信息等资源产生最大的实际效益与社会价值。学校管理者要做好组织、指导、协调和激励工作。③检查：对计划的执行情况进行考核，其目的在于发现问题和解决问题，检查具有监督、考评和激励的作用。④总结：就是对学校管理过程的计划、实施、检查工作进行分析、评价等反思性活动。

4. 孟轲的性善论（见2012年福建师范大学真题）

5. 《莫雷尔法案》（见2010年华东师范大学真题）

6. 创造性（见2019年华南师范大学真题）

二、简答题

1. 如何处理教学过程中的几对关系？（见2011年东北师范大学真题）

2. 简述建构主义的学生观。（见2013年华东师范大学真题）

3. 简述杜威的从做中学的思想和课程论。（见2014年东北师范大学真题+2011年浙江师范大学真题）

4. 简述孔子的学思行教学原则。（见2010年江苏师范大学真题）

三、论述题

1. 在社会变迁的过程中教师角色转变的趋势有哪些方面？这意味着什么？联系实际生活，教师要如何面对这种趋势？

【答】（1）社会变迁中教师角色转变的趋势。（见2015年华东师范大学真题）

（2）如何面对这种趋势：

客观上：①必须进一步切实提高教师的社会地位与经济待遇，改善教师的生活和工作条件，努力解决教师的实际困难；②努力创造条件，给教师提供进修、提高与发展的机会，并给予教师公正、客观、科学的评价，认可并肯定教师的劳动，满足教师的成就感；③加强对教师的思想教育，增强其责任感与使命感等。

主观上：教师的自身努力是关键因素。①教师要树立自尊、自信、自律、自强的自我意识。②教师要根据实际情况的需要，从许多角色中挣脱出来，把时间和精力用到那些对其更有价值的角色上。③教师应学会处理冲突的艺术，控制自己的情绪和行为，做到心胸开阔、意志坚定，切实有效地完成教师角色的任务。

2. 谈谈马克思、恩格斯关于人的全面发展与实际相结合的教育思想。（见2017年华南师范大学真题）

3. 论述陶行知的生活教育理念。（见2014年北京师范大学真题）

4. 结合实际谈谈科温顿的自我价值理论对我们的教育活动有什么启示。

【答】（1）自我价值理论：这一理论立足于学生的自尊，要从实际的角度来解释学生的动机问题。

该理论认为，人天生就有维护自尊和自我价值感的需要。当一个人的自尊和自我价值感受到威胁时，他就需要采取各种措施来维护、保持自我的价值感和能力感，学习同样有这种需要。自我价值理论的基本观点：①自我价值感是个人追求成功的内在动力，个体为了体现自己能干，喜欢找高难度的任务挑战；②个人把成功看作能力的展现，而不是努力的结果；③成功难以追求，则以逃避失败来维持自我价值；④学生对能力与努力的归因随年龄而改变，当年龄渐大后，他们开始意识到努力的重要性，不再偏执于把一切成就归为能力。自我价值理论将动机划分为四种类型，相应地也将学生划分为四种类型：①高趋低避型；②低趋高避型；③高趋高避型；④低趋低避型。

（2）自我价值理论对教育活动的启示。

自我价值理论的意义在于把指导学生认识学习目的、培养学生学习动机视为学校教育最重要的目的。自我价值理论对教育过程中的很多现象具有独特的解释能力，如对学生努力的态度，学习动机随年龄的增长而降低，对任务的选择、目标的选择、考试的抱怨等都能进行合理的解释。但这种理论把人的学习动机视为对成功的追求和个人能力的炫耀，只看到一部分学生缺乏理性的价值取向，并存在忽视自身努力、轻视教师作用的倾向。现实中并不是所有学生都这样，所以该理论的普遍性、代表性不强。

2020年沈阳师范大学333教育综合真题·凯程详解

一、名词解释

1. 教育规律（见2019年山东师范大学真题）

2. 学科课程（见2017年华东师范大学真题）

3. 班级授课制（见2016年北京师范大学真题）

4.孔子的"有教无类"（见2010年北京师范大学真题）

5.亚里士多德的自由教育

【答】自由教育是亚里士多德总结的古希腊教育传统。它是指对自由公民所施行的，强调通过自由技艺的学习进行非功利的思辨和求知，从而免除无知愚昧，获得各种能力全面完美的发展以及身心和谐自由状态的教育。其教学内容为不受任何功利目的影响的自由知识，包括音乐、文法、修辞学、几何、算术、天文、逻辑（辩证法），也称为自由学科（"七艺"）。自由教育成为西方经典的教育模式之一，对西方教育传统的形成具有重要作用。

6.问题解决（见2011年南京师范大学真题）

二、简答题

1.人的发展有何特点？（见2010年华中师范大学真题）

2.简述书院的教育特点。（见2013年华东师范大学真题）

3.简述美国的"返回基础"教育运动的内容。

【答】20世纪70年代，由于公众对公立学校的教育质量普遍感到不满，美国掀起了"返回基础"教育运动，主要是针对中小学校出现的知识教学和基本技能训练薄弱的问题而言的。

（1）内容：①小学阶段，强调阅读、写作和算术教学，学校教育应将精力集中在这些方面的基本技能训练上；②中学阶段，主要应把精力集中在英语、自然科学、数学和历史的教学上；③教师要在学校教育的一切阶段起主导作用，"不得有任何学生自主的活动"；④教学方法包括练习、背诵、日常家庭作业以及经常性测验等；⑤经过考试证明学生确已掌握所要求的基本技能和知识后，方可升级或毕业，取消只凭学满课程所要求的时间就予以毕业或升级的做法；⑥取消选修课，增加必修课；⑦严明纪律等。

（2）评价："返回基础"教育运动曾在美国教育界引起一场激烈的争论。提倡者和赞同者甚至把这场运动视为拯救美国基础教育的"灵丹妙药"，但也有许多人严厉地指责它，认为这场运动从实质上讲是恢复传统教育。

4.简述影响学生学习动机的外部条件。（见2010年华中师范大学真题）

三、论述题

1.论述社会变迁中教师角色发展的趋势。（见2013年华东师范大学真题）

2.论述蔡元培"五育"并举的教育方针。（见2016年华东师范大学真题）

3.结合实际论述裴斯泰洛齐的"教育与生产劳动相结合"的内容及现实意义。（见2020年东北师范大学真题+2018年东北师范大学真题）

4.什么是生成性学习模式？根据这种观点谈谈教师如何促进学生的学习。

【答】（1）生成性学习的最初提出者是维特罗克，它属于结构主义的一种教学方法。生成性学习，就是要训练学生对他们所阅读的东西产生一个类比或表象，如图形、图像、表格或图解等，以加强其深层理解。生成性教学是指在弹性预设的前提下，在教学的展开过程中由教师和学生根据不同的教学情境自主构建教学活动的过程。

（2）基本观点：该模式认为，学习是一个主动的过程，学习者积极参与其中并非被动地接受信息，而是主动地建构自己对信息的解释，并从中做出推论。"他可能不理解教师讲解的语句，但他肯定理解自己加工生成的语句。"维特罗克认为学习的生成就是学习者原有的认知结构、储存在长时记忆中的事件和脑的信息加工策略，与从环境中接受到的感觉信息（即新的知识）相互作用，并主动选择信息和建构信息的过程。生成性学习理论从心理学角度确认了学生所拥有的主体作用及与环境的相互作用，重视新知、已有长时记忆内容与信息之间的相互联系和作用，并承认教师的指导作用。

（3）如何实施：教师是教学的主导，教学的每一个环节都需要教师去调控，当生成性学习的良机出现的时候，教师一定不能轻易放过，要善于捕捉。对生成性学习时机的正确捕捉，能使一堂课收到意想不到的教学效果，而且有利于学生自信心的建立和学生学习方法的指导。因此，教师在教学过程中应做到以下几点：①备课一定要充分；②课堂上要保持良好的精神状态；③注意捕捉学生的信息并做出恰当的反馈；④评价时注意保护学生的自尊心和求知欲；⑤评价时能和学生平等地交流；⑥注意调动学生群体，做出全面评价；⑦课余注意提高自身素质。

2021 年沈阳师范大学 333 教育综合真题·凯程详解

一、名词解释

1. 教学要素（教育活动的要素）（见 2010 年广西师范大学真题）
2. 教学评价（见 2015 年北京师范大学真题）
3. 学校管理过程（见 2019 年沈阳师范大学真题）
4. 杨贤江的全人生指导（见 2018 年浙江师范大学真题）
5. 英国公学（见 2017 年东北师范大学真题）
6. 社会规范的内化（见 2017 年辽宁师范大学真题）

二、简答题

1. 简述班集体的组建过程。（见 2014 年华东师范大学真题）
2. 简述夸美纽斯普及教育的内容和措施。

【答】（1）普及教育的内容：夸美纽斯认为普及教育就是人人都可以接受教育。普及教育的核心是泛智论。泛智论是指"把一切知识教给一切人"，并且认为"一切儿童都可以教育成人"。泛智论具体包括教育内容泛智化及教育对象普及化。普及教育是夸美纽斯教育思想的核心主题。

（2）普及教育的措施：广设泛智学校；采用班级授课制；实行学年制；编写统一的"泛智"教材；建立全国统一的学制；设立督学等。夸美纽斯建立的全国统一的既分段又连贯的学校制度和加强国家管理的思想，对后世影响很大，各国的普及教育及公立学校制度正是在此基础上逐步发展起来的。

（3）评价：夸美纽斯首次提出普及教育思想的基础是人们对儿童身心发展特点的认识；理论体系比较完整；关心贫民子弟；教育内容丰富；具有宗教色彩。

3. 简述颜之推儿童教育的原则。（见 2013 年哈尔滨师范大学真题）
4. 简述心智技能和操作技能的关系。（见 2020 年广西师范大学真题）

三、论述题

1. 怎样上好一堂课？（见 2010 年华中师范大学真题）
2. 论述孔子对教师要求的内容及其现实意义。

【答】（1）对教师的要求。（见 2018 年华中师范大学真题）

（2）现实意义：

①教师要有终身学习的精神，要不断优化自己的知识结构。教师要想跟上时代的发展，成为一名合格的教师，就要具有终身学习的精神。教师要不断地提高自身的知识储备能力，优化自己的专业结构，了解国内外学术发展的前沿和趋势。孔子所提出的"学而不厌"与终身学习的内涵一致，都是在强调教师要有自强不息和不断进取的精神。在孔子看来，作为一个教师必须知识渊博、通晓古今，掌握学科知识，预见发展趋势。孔子的好学精神就达到了"发愤忘食，乐以忘忧，不知老之将至"的地步。

②教师要加强自身的道德建设，努力提升自己的职业素养。《中学教师专业标准（试行）》（以下简称《专业标准》）中很明确地对教师提出了"师德为先，学生为本，能力为重，终身学习"的要求。而《专业标准》的第一条就是"师德为先"。教师必须具有高尚的师德，这是因为中国长期将教师视为社会文化道德的维系者，所谓"道之所存，师之所存"。教师的职业工作是传道、授业、解惑，因此，对教师的职业要求更多地体现在对职业道德的强调上。孔子所提出的诲人不倦、以身作则、爱护学生就是对强调教师的敬业精神、人格感化和道德示范作用这些要求的生动体现。近年来，频发的师德师风问题，更加要求教师要自觉提高自身的职业素养和道德水平，对教育、对学生永怀一颗敬畏之心。

3. 论述终身教育理论的内容和现实意义。（见 2015 年北京师范大学真题）
4. 论述建构主义的思想渊源和理论取向及如何促进学生的学习。

【答】（1）建构主义的思想渊源。

建构主义的兴起是教育心理学和学习理论领域发生的一场革命。建构主义学习理论是学习理论从行为主义到认知主义的进一步发展。

①皮亚杰的建构主义思想。皮亚杰认为人的认知结构始终处于变化与建构之中，环境和个体特征是影响它的两个决定性因素，而建构的基本心理机制就是同化和顺应（或称双重建构）。

②布鲁纳的建构主义思想。布鲁纳通过儿童心理发展过程中对客观世界表征形式的不同，讨论了不同时期的

儿童如何对客观世界进行建构。布鲁纳还阐明了认知结构的来源和知识建构的问题。

③维果茨基的建构主义思想。他认为个体的学习是在一定的历史社会文化背景下进行的，社会可以为个体的学习发展起到重要的支持和促进作用。

④杜威的建构主义思想。杜威主张教育就是经验的改组和改造，学生应该从经验中产生问题，探索新知，产生新观念。

（2）建构主义的理论取向。（见2011年曲阜师范大学真题）

（3）促进学生学习的方法。

建构主义强调自主建构性、社会互动性与情境性。在教学中要想促进学生学习，就要做到以下几点：

①教学应重视学生原有的知识经验背景和社会历史文化背景、动机以及情感态度等多种智力因素和非智力因素在认知学习过程中的综合作用。建构主义认为学习是学习者主动的意义建构过程。同化和顺应是建构意义的主要操作，并且对知识学习的结果并不是知识的简单复制，而是对知识赋予了富有个人特质的理解。因此，教师的首要任务是"了解学生"。这种了解不是抽象意义上的对学习者的分析，而应是具体的、多方面的，包括以前的学业成绩、所生活的社区文化、家庭教育情况、学生对学习的态度、学生对学校和教师的态度等，越细致、越具体，越有利于教师采用正确的教育教学方法。

②注重师生、生生之间的多边互动。建构主义强调社会互动性，认为互动性有利于增强学习者的学习建构。因此，在教学活动中，学生和老师的双重积极性应同时并重，既重视师生之间的"双边活动"，也要充分调动学生之间的"双边活动"或者"多边活动"。

③创造良好的学习环境。建构主义非常强调学习环境在学习中的作用，认为"情景""合作""会话"和"意义建构"是学习环境的四大要素。"意义建构"是指较深刻地理解事物的性质规律以及事物之间的内在联系，从而在学习者的大脑中实现"图式化"，即所学内容的认知结构；而"合作"和"会话"发生在学习过程的始终，其作用是使每一个学习者的智慧为整个"学习团体"所共享。因此，对于在社会文化背景大环境下的教学小环境即学习环境，要给予足够的重视，并做到尽可能的"情景化"。

2022年沈阳师范大学333教育综合真题·凯程详解

一、名词解释

1. 广义的教育（见2011年华南师范大学真题）

2. 课程设计（见2016年上海师范大学真题）

3. 德育原则中的长善救失原则（见2020年西北师范大学真题）

4. 韩愈的"性三品"

【答】（1）简介：韩愈的《原性》从唯心主义的天命论出发，继承了董仲舒的"性三品"说，提出"性三品"的主张，将人性分为三品：上品之性为善性；中品之性可善可恶，尚未定型；下品之性为恶性。人性中有性，也有情，性是情的基础。性可移，但性的品级不可移。

（2）性三品与教育的作用：①人性决定教育所起的作用。人性是决定教育发展的主要因素，教育只能在人性品位内发生作用。②人性规定了教育的权利。"上者可教，而下者可制也"。③人性决定教育的主要内容。人性以仁、义、礼、智、信为内容，儒家经典是最好的教育内容。

（3）评价：①韩愈的"性三品"把封建主义的的仁、义、礼、智、信等道德原则说成人的本性，并作为区分善恶的标准，使人们遵从道德原则的制约从而达到维护封建社会秩序的目的。②韩愈对教育作用的论述具有唯心主义色彩。③韩愈也为多数人可以接受教育提供了理论依据。

5. 苏格拉底法（见2011年北京师范大学真题）

6. 有意义学习（见2014年华东师范大学真题）

二、简答题

1. 简述如何理解教学过程。（见2013年陕西师范大学真题）

2. 简述西周时期的"六艺"教育。（见2011年南京师范大学真题）

3. 简述昆体良的教学理论。（见2018年辽宁师范大学真题）

4. 简述程序性知识理解的一般过程。（见2021年陕西师范大学真题）

三、论述题

1.举例说明人的发展顺序性规律，并说明教学中如何应用。（见 2010 年华中师范大学真题）

2.论述孔子的历史影响。（见 2015 年陕西师范大学真题）

3.论述赫尔巴特的教育性教学原则及其现代价值。（见 2011 年杭州师范大学真题）

4.什么是学业求助策略？教师应如何开展学业求助策略的教学。（见 2013 年河南师范大学真题）

中央民族大学

2011 年中央民族大学 333 教育综合真题·凯程详解

一、名词解释

1.课程标准（见 2015 年北京师范大学真题）

2.最近发展区（见 2011 年北京师范大学真题）

3."六艺"（见 2012 年华东师范大学真题）

4.恩物（见 2012 年北京师范大学真题）

5.因材施教原则（见 2010 年东北师范大学真题）

二、简答题

1.简述学校教育在人的发展中的作用。（见 2016 年东北师范大学真题）

2.简述教师专业化的内涵。

【答】（1）教师专业发展是指教师在整个职业生涯中，通过专门训练和终身学习，逐步习得教育专业的知识与技能，并在教育专业实践中不断提高自身的从教素质，从而成为教育专业工作者的专业成长过程。它既指教师个体的专业化，又指教师群体的专业化。

（2）教师专业发展依赖于教育实践，并且遵循一个多阶段的连续的过程。美国学者凯兹概括并提出了教师发展分为求生期、强化期、求新期和成熟期四个阶段。国内学者叶澜把它分为"非关注""虚拟关注""生存关注""任务关注""自我更新关注"五个阶段。

（3）教师的专业性发展的最终目标是成为一个比较成熟的教育专业人员，即以能够促进学生的全面发展为个人追求目的，具有独立自主地从事教育与教学的专业知识与技能，有较强的启发性和创造性，具有从多个角度观察、分析问题和解决问题的能力等。

3.简述问题解决的基本过程。（见 2010 年山东师范大学真题）

三、论述题

1.论述教育的社会功能。（见 2014 年北京师范大学真题）

2.论述《师说》的教师观。（见 2018 年北京师范大学真题）

3.论述杜威的教育思想。（见 2011 年北京师范大学真题）

4.结合中国的教育改革，谈谈当今很多教育不公平的事件，举例说明它们出现的原因和解决措施。

【答】（1）教育不公平现象的主要表现：

①教育公共投入严重不足。教育经费是一种具有长期公益性的投入，各国通常是通过一定的法规，明文规定国民生产总值的一定比例用于教育投资。我国公共教育经费的投入比例低于发展中国家的平均水平，甚至比一些贫穷国家还要低。如 2015 年，我国教育经费占国民生产总值的比例只有 4.26%，而发达国家平均达到了 5.1%，我国与之相比，仍有巨大差距。

②城乡之间、地区之间存在明显的差距问题。由于我国城乡二元经济结构一直没有变革，导致城乡、地区之间的经济发展严重不平等，必然导致城乡之间教育发展的不平衡。首先，教育经费与设备配置的差异导致教育条件的不公平。其次，师资力量与教学水平的差异导致教育过程的不公平。再次，城乡学校的教育条件与教学水平

的差距导致教育结果的不公平。最后，教育投入的差距深刻影响教育的公平。

③农民工子女受教育需要妥善解决的问题。一是留守儿童教育问题。留守儿童长期得不到父母的照料、监管和关爱，他们在生活、学习品德与心理上都会出现不同程度的问题，需要及时解决。二是农民工子女上学难问题。农民工子女往往受到不公平的对待，甚至失去上学机会。不妥善解决，会影响社会主义现代化建设，而且影响社会的和谐与稳定。

④优质教育资源短缺引发的教育机会不公平问题。一方面是受社会、经济、传统等影响，优质教育资源短缺；另一方面是随着教育普及和社会发展的需要，人们对优质教育资源的需求越来越强烈。优质教育资源的分配与学生家庭经济社会背景和父母的社会阶层之间存在显著关联。高学历、高收入和从事优势职业者的子女多集中在优质小学和中学学习，也拥有更多的优质高等教育机会。

（2）解决措施：

①普及和巩固义务教育。义务教育是我国教育事业的重中之重，而难点在农村。要巩固和完善近年来建立的义务教育经费保障体制，教育公共投入应继续向农村义务教育倾斜，由国家全面负责农村义务教育经费。

②大力发展中等职业教育。有利于拓宽就业渠道，有利于推进我国产业结构的调整和经济增长方式的转变。为此，要调动各方面办学的积极性，充实教师队伍，调整专业设置；拓宽中职毕业生的就业渠道，实行优质优酬，并提供继续深造的机会。

③大力提高高等教育质量。高等教育在整个教育发展中处于龙头地位，既是数以万计的专门人才的"培养所"，又是技术创新、知识创新、观念创新的"发源地"。首先，要明确学校定位并办出特色。其次，要大力培养和提高教师队伍素质。再次，要培养学生的践行能力和创新能力。最后，要用不同的尺子评估不同类型的学校。

④加大对农村经济的投入，改革对农村教育资源的配置，义务教育经费应该统筹管理。

⑤改革不合理的制度。在义务教育并非均衡发展的情况下，推出的禁择校令只能治标不能治本。而在高等教育入学机会上，则应在关注地区教育发展不平衡、体现个人平等的基础上，进行高考录取制度综合改革。

⑥监督国家专项的教育经费的合理分配和用途，加强国家行政执行能力。

⑦补助乡村家庭中的教育经费，或者帮助乡村贫困家庭的子女解决入学问题。

⑧对农民工子女投入更多的关注和关爱，并出台相关政策，要求城市各校无条件地接受农民工子弟，并在教育教学的过程中对在校学生无差别对待。

2012年中央民族大学333教育综合真题·凯程详解

一、名词解释

1."五育"并举（见2011年东北师范大学真题）

2.学校教育（见2010年华中师范大学真题）

3."六艺"教育（见2012年华东师范大学真题）

4.产婆术（见2011年北京师范大学真题）

5.学习动机（见2013年北京师范大学真题）

二、简答题

1.简述德育途径。（见2014年北京师范大学真题）

2.简述蔡元培的"五育"并举。（见2016年华东师范大学真题）

3.简述裴斯泰洛齐的教育思想。（见2020年东北师范大学真题）

三、论述题

1.论述教育的社会功能。（见2014年北京师范大学真题）

2.论述《学记》的贡献。（见2011年东北师范大学真题）

3.论述加里培林的阶段形成理论。（见2019年山东师范大学真题）

4.结合实际论述激发学习动机的方法。（见2012年华东师范大学真题）

5.论述教育的社会制约性和独立性以及二者的关系。

【答】教育并不是孤立于社会发展的，教育受到政治、经济、文化等各方面的影响和制约。

（1）教育受到社会各方面的制约叫作教育的社会制约性，主要表现为受生产力、政治经济制度和文化的制约。

（2）教育的独立性是一种相对独立性。所谓教育的相对独立性，是指作为社会的一个子系统，它对社会的能动作用具有自身的特点与规律性，它的发展也有其连续性与继承性。主要表现有：①教育是有目地培养人的活动，主要通过所培养的人作用于社会。②教育具有自身的活动特点、规律与原理。③教育具有自身发展的传统与连续性。教育的社会功能是教育的相对独立性的依据和主要体现。如果教育没有自己特有的社会功能，便不可能发展成为社会的一个重要的子系统，形成教育的相对独立性。

（3）教育的社会制约性并不能说明教育不具有独立性，但是这种独立性是相对的，不是绝对的。教育与社会的联系并非只是直接的、简单的吻合，而是需要通过一定的转化机制，在发展时间上二者不完全同步，存在时间差。生产力和政治经济制度对教育有制约作用，同时，教育对生产力和政治经济制度有促进作用。但从历史上看，教育与生产力和政治经济制度的变革并非完全同步。如教育相对独立于生产力的发展水平，有两种情况：一种情况是在一定时期内，由于人们的思想意识落后于较为先进的生产力，教育的思想、内容、手段、方法等也落后于生产力的发展；另一种情况是在生产力处于较低水平的情况下，由于文化交流、社会转型或受传统的影响，教育的思想、内容，甚至方法也可能超越生产力发展的水平。教育相对独立于政治经济制度也有两种情况：一种情况是教育的发展落后于政治经济制度的发展；另一种情况是教育的发展超越政治经济制度的发展。

2013 年中央民族大学 333 教育综合真题·凯程详解

一、名词解释

1. 学校教育（见 2010 年华中师范大学真题）
2. 教育目的（见 2015 年北京师范大学真题）
3. 分组教学（见 2011 年华中师范大学真题）
4. 讲授法（见 2010 年华中师范大学真题）
5. 最近发展区（见 2011 年北京师范大学真题）

二、简答题

1. 简述奥苏伯尔的关于学习的性质和分类。

【答】（1）奥苏伯尔的关于学习的性质：奥苏伯尔是美国当代著名的心理学家。他主张学生的学习应当是有意义的学习。他认为有意义学习就是将符号所代表的新知识与学生认知结构中已有的适当观念建立非人为的和实质性的联系。实质性的联系指新旧知识之间的联系是非字面的，是新的符号或符号代表的观念与学习者认知结构中已有的表象和已经有意义的符号、概念或命题的联系。非人为的联系指这种联系不是任意的或人为强加的，是新知识和原有的认知结构中的有关观念建立的某种合理的或逻辑基础上的联系。有意义学习的条件：外部条件为学习材料本身的性质，内部条件为学习者自身的因素。

（2）奥苏伯尔关于学习的分类：奥苏伯尔着重谈的是认知领域知识的学习。他根据两个维度，对认知领域的学习进行了分类。一个维度是学习进行的方式，是接受还是发现；另一个维度是学习材料与学习者原有知识的关系，即是机械的还是有意义的。这两个维度互不依赖，彼此独立。并且，每一个维度都存在许多过渡形式。如接受学习可以分为机械的接受学习和有意义的接受学习；发现学习也可以分为机械的发现学习和有意义的发现学习。

2. 简述教育研究的一般过程。（见 2019 年西南大学真题）
3. 列举五种欧美现代教育思潮。（见 2012 年浙江师范大学真题）

三、论述题

1. 论述人的发展特点及其教育学意义。（见 2010 年华中师范大学真题）
2. 论述陶行知的生活教育理论。（见 2014 年北京师范大学真题）
3. 论述赞科夫的发展性教学理论。（见 2017 年北京师范大学真题）
4. 联系实际论述问题解决能力的培养。（见 2010 年华中师范大学真题）
5. 论述杜威的教育思想。（见 2011 年北京师范大学真题）

2014 年中央民族大学 333 教育综合真题·凯程详解

一、名词解释

1. 学校教育（见 2010 年华中师范大学真题）

2. 心理发展（见 2015 年华中师范大学真题）

3. 人的发展（见 2012 年华南师范大学真题）

4. 教师资格证制度

【答】教师资格是国家对准备进入教师队伍、从事教育教学工作的人员的基本要求。教师资格证制度包括三层含义：第一，教师资格证制度是国家实行的一种职业资格制度。教师资格是国家对专门从事教育教学工作人员的基本要求，是公民获得教师职位、从事教师工作的前提条件。第二，实行教师资格证制度是法律规定的，必须依法实施。第三，教师资格是教师职业许可，自实行教师资格制度之日起，凡是从事教育教学工作的教师，必须具有依法取得的相应的教师资格，没有相应教师资格的人员不能被聘为教师。

5. 产婆术（见 2011 年北京师范大学真题）

6. 学习的高原现象（见 2010 年杭州师范大学真题）

二、简答题

1. 简述教育的社会制约性。（见 2012 年华南师范大学真题）

2. 简述蔡元培的教育思想。（见 2013 年北京师范大学真题）

3. 简述科举制度的影响。（见 2019 年华中师范大学真题）

三、论述题

1. 论述孔子的教育思想。（见 2012 年北京师范大学真题）

2. 论述赫尔巴特的道德教育理论。（见 2012 年华南师范大学真题）

3. 论述学生品德不良的成因。（见 2012 年华南师范大学真题）

4. 论述陈鹤琴的活教育思想。（见 2015 年北京师范大学真题）

5. 如何推进依法治校？（见 2012 年华南师范大学真题）

2015 年中央民族大学 333 教育综合真题·凯程详解

一、名词解释

1. 德育（见 2015 年华南师范大学真题）

2. 活动课程（见 2013 年东北师范大学真题）

3. 元认知（见 2011 年北京师范大学真题）

4. "六艺"（见 2012 年华东师范大学真题）

5.《国防教育法》（见 2010 年湖南师范大学真题）

6. 先行组织者（见 2010 年北京师范大学真题）

二、简答题

1. 简述建构主义教学观。（见 2013 年华东师范大学真题）

2. 简述 1922 年"新学制"。（见 2014 年东北师范大学真题）

3. 简述苏霍姆林斯基的教育理论。（见 2016 年北京师范大学真题）

4. 简述掌握知识与发展智力的关系。（见 2012 年东北师范大学真题）

三、论述题

1. 教学过程中的教育方法有哪些？

【答】我国中小学常用的教学方法有：讲授法、谈话法、讨论法、读书指导法、演示法、练习法、实验法、实习作业法、研究法。

（1）讲授法：是教师通过语言系统连贯地向学生传授科学文化知识、思想理念，并促进他们的智能与品德发展的方法。其可分为讲述、讲解、讲演、讲读。运用讲授法的基本要求是：①精炼讲授内容。②注重讲授的策略与方式。③讲究语言艺术。

（2）谈话法：是教师按一定的教学要求向学生提出问题让学生回答，通过问答、对话的形式来引导学生思考、探究，获取或巩固知识，促进智能发展的方法。运用谈话法的基本要求是：①要准备好谈话计划。②要善问。③要善于启发诱导。④做好归纳与小结。

（3）讨论法：是学生在教师指导下为解决某个问题而进行探讨、评析，以辨明是非获取真知。学生通过讨论、争辩，能提高学生的思辨能力和教育质量。运用讨论法的基本要求是：①讨论的问题要有吸引力。②要善于在讨论中对学生进行启发、引导。③做好讨论小结。

（4）读书指导法：是教师指导学生通过阅读教科书、参考书以获得知识或巩固知识的方法。运用读书指导法的基本要求是：①提出明确的目的、要求和思考题。②教给学生读书的方法。③善于在读书中发现问题与解决问题。④适当组织学生交流读书心得。

（5）演示法：是教师通过展示实物、直观教具或实验使学生认识事物、获得知识或巩固知识的方法。演示法的基本要求是：①演示之前要做好准备。②使学生明确演示的目的、要求与过程，让学生主动投入观察与思考。③讲究演示的方法。

（6）练习法：是学生在教师指导下运用知识去反复完成一定的操作、作业与习题，以加深理解和形成技能技巧的方法。练习法是教学的一种基本方法。运用练习法的基本要求是：①提高练习的自觉性。②循序渐进、逐步提高。③严格要求。

（7）实验法：是在教师指导下学生运用一定的仪器设备进行独立作业，观察事物的特性，探求其发展和变化规律，以获得知识和技能的方法。运用实验法的基本要求是：①做好实验前的准备。②明确实验目的、要求与做法。③注意实验过程中的指导。④做好实验小结。

（8）实习作业法：是学生在教师的指导下进行一定的实际活动，以培养学生实际操作能力的方法。运用实习作业法的基本要求是：①做好实习作业的准备。②做好实习作业的动员。③做好实习作业过程中的指导。④做好实习作业的总结。

（9）研究法：是学生在教师的指导下通过独立的探索，创造性地解决问题，获取知识和发展科研能力的方法。运用研究法的基本要求是：①正确选定研究课题。②提供必要的条件。③让学生独立思考与探索。④循序渐进、因材施教。研究法有利于打破课堂和教科书的束缚，使教学与现实需要联系起来，有利于扩大学生的视野，激发学生的求知欲望。

2. 论述科举制的历史发展和影响。（见 2019 年华中师范大学真题）

3. 论述创造性的培养。（见 2011 年北京师范大学真题）

4. 论述张之洞"中体西用"思想的历史性及局限性。（见 2014 年华东师范大学真题）

2016 年中央民族大学 333 教育综合真题·凯程详解

一、名词解释

1. **学习的迁移**（见 2011 年湖南师范大学真题）

2. **有教无类**（见 2010 年北京师范大学真题）

3. **公学**（见 2017 年东北师范大学真题）

4. **"五育"并举**（见 2011 年东北师范大学真题）

5. **京师同文馆**（见 2012 年北京师范大学真题）

6. **义务教育**（见 2012 年东北师范大学真题）

二、简答题

1. **简述疏导原则。**（见 2011 年北京师范大学真题）

2. **简述书院的特点。**（见 2017 年华中师范大学真题）

3. **简述奥苏伯尔的认知同化理论。**（见 2015 年山东师范大学真题）

4. **列举五种欧美现代教育思潮。**（见 2012 年浙江师范大学真题）

三、论述题

1. 论述1922年"新学制"。（见2014年东北师范大学真题）

2. 论述赞科夫的发展性教学。（见2017年北京师范大学真题）

3. 如何提高学生的学习积极能动性？（见2012年华东师范大学真题）

4. 论述教师的素养及角色发展趋势。

【答】（1）教师的素养：教师是年轻一代的教育者，是教育事业的主要依靠力量，教师的素养如何直接关系到我国年轻一代成长的质量，关系到教育事业乃至社会主义建设事业的兴衰成败。依据我国社会主义现代化建设的要求和教师劳动职业的需要，教师应具备以下素养。（见2014年北京师范大学真题）

（2）角色发展趋势。（见2015年华东师范大学真题）

2017年中央民族大学333教育综合真题·凯程详解

一、名词解释

1. 常模参照测验（见2014年首都师范大学真题）

2. "六艺"（见2012年华东师范大学真题）

3. 《学记》（见2013年东北师范大学真题）

4. 智者（见2018年东北师范大学真题）

5. 多元智力理论（见2011年华南师范大学真题）

6. 同化（见2016年东北师范大学真题）

二、简答题

1. 简述班主任工作的内容。（见2012年西南大学真题）

2. 简述中小学常用的教学方法。（见2015年中央民族大学真题）

3. 评述夸美纽斯的班级授课制。（见2014年北京师范大学真题）

4. 简述布鲁纳的认知发现说。（见2016年广西师范大学真题）

三、论述题

1. 有人说"近墨者黑"，也有人说"近墨者未必黑"。请运用相关理论并结合个体经历谈谈你的看法。（见2010年山东师范大学真题）

2. 论述梁漱溟乡村教育的实施。

【答】1931年，梁漱溟在山东邹平开办了山东乡村建设研究院，专门研究乡村建设问题，培养乡村建设人员，规划和指导实验区的乡农教育。

（1）乡农学校的设立。

①1933年，山东省政府将邹平、菏泽划为县政建设实验区，县长由乡村建设研究院提名、省政府任命，实验区两县的行政机构与研究院事实上合一，而整个行政系统与各级教育机构合一，希望以教育的力量替代行政的力量。实验区将全县划分为若干个区，各区成立乡农学校校董会，开办乡农学校。乡农学校由学长、学董、教员、学众组成。

②乡农学校分村学和乡学两级。从教育程度上分，文盲和半文盲入村学，识字的成年农民入乡学；从行政功能上分，村学是乡学的基础组织，乡学是村学的上层机构。乡农学校的组织结构，按农村自然村落及其行政级别形成。

（2）组织原则："政教养卫合一""以教统政"；学校式教育与社会式教育"融合归一"，在乡农学校中成立儿童部、成人部、妇女部和高级部。

（3）乡农学校的教育内容。

所有教育内容强调服务于乡村建设，密切适合农村生产、生活的需要。课程分为两大类：

一类是各校共有的课程，包括识字、唱歌等普通课程和"精神讲话"。所谓"精神讲话"是指在教员指导下启发民众的思想，做切实的"精神陶炼"功夫，步骤是先用旧道德巩固他们的自信力，再用新知识、新道理改变从前不适用的旧习惯，以适应现在的新世界。

另一类是各校根据自身生活环境需要而设置的课程，如产棉地区学习植棉技术。

（4）评价梁漱溟的教育思想。

乡村建设理论和乡村教育思想，本质上是中国知识分子通过改造中国农村来改良中国社会的理想，是在探索拯救中国的"第三条道路"。但它否认阶级斗争，体现了消极的一面。可取之处在于认识到中国问题是农村问题，立足于文化传统来思考中国社会的改造是有识之风，对农村有一定的贡献。

3.论述苏霍姆林斯基的教育思想。（见2016年北京师范大学真题）

4.论述激发学习动机的途径与方法。（见2012年华东师范大学真题）

2018年中央民族大学333教育综合真题·凯程详解

一、名词解释

1.榜样法（见2016年北京师范大学真题）

2.分组教学（见2011年华中师范大学真题）

3.修辞学校

【答】修辞学校（相当于高等学校）是罗马共和后期的学校，这类学校招收16~20岁的男性，主要进行演说、雄辩的训练，以培养未来的政治家。在当时，从事政治活动，需要以演说争取群众。因此，有无演说、雄辩才能，是衡量一个罗马人有无教养的重要标志。

4.生计教育（见2015年华东师范大学真题）

5.自我效能感（见2014年华东师范大学真题）

6.程序性知识（见2018年华东师范大学真题）

二、简答题

1.简述教育的相对独立性及其主要表现。（见2010年华中师范大学真题）

2.简述学制制定的依据。（见2010年陕西师范大学真题）

3.简述教师专业发展的主要内容。（见2011年中央民族大学真题）

4.简述洋务学堂的特点。（见2013年西南大学真题）

三、论述题

1.论述加德纳的多元智能理论及其意义。（见2019年华东师范大学真题）

2.试述永恒主义教育理论及其对当代世界教育实践的影响。（见2010年华东师范大学真题）

3.论述颜之推的家庭教育思想。（见2013年哈尔滨师范大学真题）

4.分析分科课程、活动课程、综合课程的特点，以及我国基础教育课程设置的现状。（见2013年杭州师范大学真题）

2019年中央民族大学333教育综合真题·凯程详解

一、名词解释

1.诊断性评价（见2013年首都师范大学真题）

2.教师专业化（见2011年华东师范大学真题）

3.《学记》（见2013年东北师范大学真题）

4.三舍法（见2013年北京师范大学真题）

5.鸿都门学（见2011年北京师范大学真题）

6.要素教育（见2017年陕西师范大学真题）

二、简答题

1.简述教育的社会功能。（见2014年北京师范大学真题）

2.简述活动课程的特点。（见2010年北京师范大学真题）

3. 简述师生关系的特征。

【答】师生关系是指教师和学生在教育、教学过程中结成的相互关系，包括彼此所处的地位、作用和相互对待的态度等。

师生关系的特征有：（1）教育性。师生关系是教师和学生为实现教育目标，直接促进学生发展的目的而建立的一种特殊的社会关系和人际关系。（2）多样性。师生关系可以分为社会关系、教育关系和心理关系等多种关系。（3）多层次性。社会关系、教育关系和心理关系等的内部又可以细分为多个层次，使师生关系构成一个多层次的关系体。（4）稳定性。师生关系一经建立，就会维持一段时间，甚至终身。（5）弥散性。以教育关系为基础的师生关系，可以影响到生活的各个方面。

4. 简述罗杰斯的学生观和教学观。（见 2017 年华中师范大学真题）

三、论述题

1. 论述教育评价的 CIPP 模式。（见 2020 年东北师范大学真题）

2. 试述终身主义教育思潮。（见 2015 年北京师范大学真题）

3. 论述归因理论及其教育价值。（见 2019 年北京师范大学真题）

4. 论述洋务运动的教育改革。（见 2013 年湖南师范大学真题）

2020 年中央民族大学 333 教育综合真题·凯程详解

一、名词解释

1. 有教无类（见 2010 年北京师范大学真题）

2. 活动课程（见 2013 年东北师范大学真题）

3. 《颜氏家训》（见 2019 年北京师范大学真题）

4. 洛克的"白板说"（见 2013 年北京师范大学真题）

5. 思维定势（见 2016 年杭州师范大学真题）

6. 贝尔 - 兰卡斯特制（见 2012 年北京师范大学真题）

二、简答题

1. 简述奥苏伯尔有意义学习的实质和条件。（见 2013 年北京师范大学真题）

2. 简述昆体良的教育思想。（见 2018 年辽宁师范大学真题）

3. 简述西周教育的特点。

【答】（1）学在官府：奴隶社会的经济、政治条件决定了当时只有官学而没有私学，官学机构与政治机构联系在一起，没有分离、独立，历史上称这种现象为"学在官府"。形成这种局面的客观原因是：惟官有书，而民无书；惟官有器，而民无器；惟官有学，而民无学。

（2）国学与乡学：国学由中央政府办理，设在天子、诸侯的王都内，是专为贵族子弟设立的教育机构；乡学是设在王都郊外六乡行政区内的学校，入学对象是一般奴隶主和部分庶民的子弟。

（3）大学与小学：大学教学以礼、乐为重，射、御次之，天子所设的大学叫辟雍，诸侯所设的大学叫泮宫；小学的学习内容是关于奴隶主贵族道德行为准则和社会生活知识技能的基本训练。

（4）家庭教育：家庭教育的内容有基本的生活技能与习惯教育、初步的礼仪规则、初级的"数"的观念。孩子从 7 岁起进行男女有别的教育，有明显的计划性。

（5）教育内容："六艺"。西周时期教育的六项基本内容是：礼、乐、射、御、书、数。其中，礼、乐是"六艺"的中心。

4. 简述教师素养。（见 2014 年北京师范大学真题）

三、论述题

1. 比较杜威和赫尔巴特的教学过程。（见 2016 年陕西师范大学真题）

2. 论述学习动机的影响因素。（见 2010 年华中师范大学真题）

3. 论述唐代科举制的作用和影响。（见 2019 年华中师范大学真题）

4. 论述德育过程中知、情、意、行的关系。（见 2015 年北京师范大学真题）

2021 年中央民族大学 333 教育综合真题·凯程详解

一、名词解释

1. 课程标准（见 2015 年北京师范大学真题）

2. 学制（见 2019 年北京师范大学真题）

3. 顺应（见 2021 年福建师范大学真题）

4. 终身学习

【答】（1）含义：终身学习是指社会中每个成员为适应社会发展和实现个体发展的需要，贯穿人的一生的、持续的学习过程，即我们所常说的"活到老，学到老"或者"学无止境"。

（2）特点：在特殊的社会、教育和生活背景下，终身学习理念得以产生，它具有终身性、全民性、广泛性等特点。

（3）启示：终身教育和终身学习提出后，各国普遍重视并积极实践。终身学习启示我们树立终身教育思想，使学生学会学习，更重要的是培养学生主动的、不断探索的、自我更新的、学以致用的和优化知识的良好习惯。

5. 教学评价（见 2015 年北京师范大学真题）

6.《学记》（见 2013 年东北师范大学真题）

二、简答题

1. 简述最近发展区。（见 2018 年湖南师范大学真题）

2. 简述日本明治维新时期的教育改革。（见 2019 年华南师范大学真题）

3. 简述现代教育的特征。（见 2013 年北京师范大学真题）

4. 简述美国进步主义教育家帕克的昆西教学法。（见 2018 年江西师范大学真题）

三、论述题

1. 论述蔡元培的教育思想和意义。（见 2013 年北京师范大学真题）

2. 如果一个学生自暴自弃，放弃学习，教师应该怎么做？

【答】（1）如果一个学生自暴自弃，放弃学习，教师首先要去寻找原因。有的是外因；有的是学生个体的内因。针对不同个性、不同生活背景下的学生，教师首先要去探究学生放弃学习的原因，进而才能对症下药。在了解原因时，教师可以采用灵活多样的方法，比如，可以和学生当面交谈或写信沟通，也可以通过与学生的父母、朋友交谈间接地了解学生的情况。

（2）其次，教师要运用教育机智，采取具体的策略。针对不同的原因，教师要运用自己的教育机智，采取不同的对策。如果是父母不正确的教养方式导致的，教师可以与家长沟通，进而在教育观念上达成一致；如果是学习者自身对学习缺乏信心，教师可以给予学习者更多的支持，如教给学生一些有效的学习方法和策略，帮助学习者一起制订并监控学习计划或者给学习者安排一位"小老师"辅助学习。同时，教师要注重营造良好的学习环境（家庭环境、学校环境等），帮助学习者与身边的群体构建良好的关系。在制定具体策略时，教师也可以同学习者共同商量，让学习者感受到自身的能动性。

（3）最后，注重持续的积极评价与反馈。厌学问题可能会反复在学习者身上出现，为此，教师和家长都要做好心理准备。在学习者出现厌学情绪时，要尽可能地体察学习者的情绪与感受，做到因势利导，循循善诱。在平常的学习中给予其积极的评价与反馈，帮助学习者感悟到学习的乐趣，进而建立学习的信心。

3. 比较斯巴达和雅典的教育。（见 2019 年东北师范大学真题）

4. 论述学习动机的培养与激发。（见 2012 年华东师范大学真题）

2022 年中央民族大学 333 教育综合真题·凯程详解

一、名词解释

1. 教育适应生活说（见 2012 年陕西师范大学真题）

2. 个人本位论（见 2010 年浙江师范大学真题）

3.外铄论（见2017年东北师范大学真题）

4.筛选假设理论

【答】（1）1973年，迈克尔·斯宾塞发表的《筛选假设——就业市场信号》一文阐述了筛选假设理论。此外，伯格、斯蒂格利茨等也提出了一系列论点。

（2）主要观点：

①基本假定前提：不完全信息和不确定投资。

②求职者的个人属性可分为两类：信号与标识。

③教育具有表征功能。教育能表征一个人的能力，因为教育成本与能力呈负相关。

④教育与工资呈正相关。由于教育水平反映了求职者的能力，因而教育水平越高的人，雇主付给他们的工资也越高，反之亦然。

（3）评价。①优点：筛选假设理论描述和解释了20世纪70年代以来困扰许多国家的教育文凭膨胀问题，并因此在世界各国得到了广泛传播。②缺点：该理论片面强调教育的筛选作用，否认教育能够提高人的认知技能，从而提高劳动生产率，这一观点是错误的。

5.实验教育学（见2013年首都师范大学真题）

6.教学模式（见2014年杭州师范大学真题）

二、简答题

1.简述学制建立的依据。（见2010年陕西师范大学真题）

2.简述《学记》中的教育原则和方法。（见2011年东北师范大学真题）

3.简述人文主义教育的基本特征。（见2011年华东师范大学真题）

4.简述激发学生学习动机的措施。（见2012年华东师范大学真题）

三、论述题

1.评析教育是生产力的观点。（见2010年陕西师范大学真题）

2.阐述心理发展与教育的关系。

【答】心理发展是指个体从胚胎期经由出生、成熟、衰老一直到死亡的整个生命过程中所发生的持续而稳定的内在心理变化过程，主要包括认知发展、人格发展和社会性发展三个方面。

（1）认知发展与教育的关系。（见2014年西北师范大学真题）

（2）人格发展与教育的关系：

①教育工作者必须按照人格发展的规律来进行教育。人格发展理论在一定程度上揭示了人格或者人格某一方面的发展规律和特点。所以，我们要重视利用人格发展的规律和特点进行人才培养。

②教育能促进人的人格发展。人格既受先天的影响，又受后天环境和教育的影响。人格是一个非常复杂的系统，它具有一定的稳定性，一旦成型很难改变，但这并不代表它不受环境和教育的影响，这种影响更大程度上是潜移默化的。

③人格发展对教育的启示：a.人格发展所具有的特征和阶段性有助于教育工作者了解教育对象，采取相应的教育指导，帮助受教育者顺利发展。b.埃里克森、科尔伯格等学者揭示了人格发展在不同阶段所面临的不同任务与危机。教育应该充分借鉴这些理论，了解学生人格发展不同阶段的独特性，认识和培养学生解决发展危机的能力，促进个体的发展。c.通过设置问题情境帮助学生解决各阶段危机。d.利用道德两难问题和团体公正法发展学生的道德判断能力。e.教师应该注意文化和性别对人发展的影响。

（3）社会性发展与教育的关系：

①教育工作者必须按照社会性发展的规律来进行教育。社会性发展的相关研究揭示了社会性发展的规律与特点，教育只有顺应社会性发展的规律与特点，才能取得最佳教育效果。

②教育也能促进人的社会性发展。有效的教育教学活动对人的社会性发展起主导和推动作用。

③社会性发展的实质就是个体由自然人成长为社会人，包含亲社会行为、攻击行为、同伴关系。教育要促进学生亲社会行为的发展，有意识地帮助学生发展良好的同伴关系，利用教育教学方法改变学生的攻击行为。

3.阐述夸美纽斯的教育思想和贡献。（见2016年西南大学真题）

4.阐释科举考试方法的价值。

【答】（1）历史价值。

①扩大了统治基础，有利于加强中央集权。通过科举考试升迁，平民及中小地主阶层的士子获得了参政的机

会，打破了门阀士族地主垄断统治权力的局面，扩大了封建政治的统治基础。同时通过科举考试，选士大权从地方官吏手中收归于中央政府，强化了中央集权的统治。

②标准统一，制度健全，选拔人才较为客观公正。隋唐科举考试在发展的过程中，逐步建立了较为完备的考试制度，如考试内容较为确定，考试方法逐步固定、统一，实行分级考试，保证考试的客观公正；同时逐步建立了一系列的考试防范措施，加强考试的管理。使得科举考试比两汉的察举制及魏晋南北朝的九品中正制更为客观、公正、科学。

③政教合一，促进了学校教育的发展。由于没有门第、阶层的限制，科举考试成为许多读书士子改变社会地位和经济地位的途径。它激发了广大学子的求学愿望，在社会上形成了"万般皆下品，唯有读书高"的风气，在客观上有利于推动学校教育及封建教育事业的发展。

（2）当代价值：科举考试对当代考试制度的建立和完善有一定借鉴价值。

①考试注重公平取材，选拔高素质人才。采用公开考试，择优录取的公平竞争方式，以考试成绩作为选拔依据，即分数面前人人平等。当今高考的公平竞争性，同样在素来讲究人情与关系的中国社会起到了制约人情关系的作用，能有效地选拔高素质人才。

②构建统一严密的考试程序，建立法律保障系统。古代的科举考试构建了统一严密的考试程序，如明代科举考试实行编号、闭卷、密封、监考、回避、入闱、复查等办法。当今各项考试制度也需构建统一严密的考试程序，以法律形式对考试的相关事宜作出规定，建立法律保障体系。

③了解考试的双刃性，创建多样化的考试体系，促进人才全面发展。古代的科举考试调动了民间士子学习的积极性，推动了古代文化教育的普及，但也束缚了士子的思想，压抑了人的个性。当代的考试激发了广大青少年学习的积极性，促进了中国的文教发展。但同时，我们也要积极引导社会大众的考试心理向正确的方向发展，建立多样化的考试体系，促进人才全面发展。

④积极研究与改革考试内容与方法。当今考试制度要借鉴古代科举考试的经验教训，在关注考试效率的同时，我们也应重视考试的多元性，转变考试组织形式、考试内容、考试方法、考试层次和考试时间，变单一为追求效率的考试、为多元性的考试，从而真正发挥考试选拔人才的功能。

苏州大学

2010年苏州大学333教育综合真题·凯程详解

一、名词解释

1. 人的发展（见2019年华中师范大学真题）

2. 教育的社会流动功能（见2020年上海师范大学真题）

3. 终身教育（见2011年华东师范大学真题）

4. 元认知（见2011年北京师范大学真题）

5. 骑士教育（见2010年华东师范大学真题）

6. 有教无类（见2010年北京师范大学真题）

二、简答题

1. 教师角色的冲突有哪些？如何解决？（见2015年上海师范大学真题）

2. 比较孟子与荀子的人性观及他们对教育作用的认识。（见2014年山东师范大学真题）

3. 学生认知的差异有哪些表现？为此，教学应注意哪些方面？（见2017年广西师范大学真题）

4. 简述卢梭的自然教育思想。（见2012年华东师范大学真题）

三、论述题

1.教育的相对独立性表现在哪些方面？并就此谈谈你对教育与社会发展的关系的认识。（见2010年华中师范大学真题+2012年杭州师范大学真题）

2.试论隋唐科举制与学校教育的关系，并分析其在历史上的影响。（见2010年北京师范大学真题+2019年华中师范大学真题）

3.论述皮亚杰的道德认知发展理论，并联系实际加以评价。（见2012年东北师范大学真题+2010年南京师范大学真题）

4.论述文艺复兴时期人文主义教育的主要特征、影响及其贡献。（见2019年华中师范大学真题）

2011年苏州大学333教育综合真题·凯程详解

一、名词解释

1.狭义的课程

【答】课程有广义和狭义之分。狭义的课程指一门学科，如语文、数学、外语等。所谓学科是指根据一定的教学目标，从某一门科学中选择出基本事实、基本概念、基本原理，并按照一定的逻辑 — 心理顺序重新组织构成的新的知识体系。学科主要是与科学相对应的一个概念，是根据教学需要重新组成的与原有科学相对应的新的知识体系。可以说，学科是课程的知识来源，教学科目则是对该学科的称谓。

2.终身教育（见2011年华东师范大学真题）

3.鸿都门学（见2011年北京师范大学真题）

4.元认知（见2011年北京师范大学真题）

5.白板说（见2013年北京师范大学真题）

6.教育的社会流动功能（见2020年上海师范大学真题）

二、简答题

1.教师个体专业性发展的内涵包括哪些方面？（见2011年首都师范大学真题）

2.简述梁启超"新民"的教育目的观。

【答】梁启超的教育目的是培养"新民"。这种"新民"是具有资产阶级政治信仰、思想观念、道德修养和适应资本主义社会生活的知识技能的新国民。这里的"新民"品质明显侧重德育方面，反映了梁启超想沿着"政学"、精神文明、品德这条路线，尽快培养具有资产阶级意识的维新人才，普遍转变人民的思想观念，推动政治改革的迫切愿望。

3.简述杜威的道德教育思想。

【答】杜威认为道德教育的任务是协调个人与社会的关系，他提出了新个人主义：①新个人主义强调人与人之间的合作关系，而不是无情的竞争，落实到教育上，杜威则特别强调培养儿童的合作精神，要求学校为一个真正的合作社会造就公民；②新个人主义重视理智的作用。

（1）德育目的：培养时代的新人，这种人不会因追逐个人私利而不顾公利，也不会因头脑僵化、固守成规而对变动不居的社会熟视无睹。

（2）德育途径：杜威认为道德教育应在社会中进行，要求学校、教材、教法皆渗透社会精神，他将学校的现实生活、教材和教法称为"学校德育之三位一体"。

（3）德育方法：杜威将道德教育的原理分为社会方面和心理方面，社会方面指社会性的情境、社会性的内容和社会性的目的；心理方面是指道德教育必须建立在学生本能冲动、道德认识、道德情感的基础之上。社会方面主要是关于德育的目的和内容，心理方面主要是关于道德教育的方法和精神。前者决定做什么，后者决定怎么做。在方法方面，他重视德育的问题情境的创设和学生的感情反应。所有这些思想，对改进当今的德育工作，十分有借鉴意义。

4.简述建构主义的学习观。（见2013年华东师范大学真题）

三、论述题

1.结合现实分析全面发展教育各组成部分的相互关系。（见2010年东北师范大学真题）

2.论述陶行知"生活即教育"的思想内涵，并联系实际分析其现实意义。（见2014年北京师范大学真题）

3.在外国近现代教育史上，你喜欢哪一位教育家？并就此阐释喜欢的原因。（此题为开放性试题，自由作答即可，此处略）

4.联系当前实际，阐述学生品德不良的成因及其教育策略。（见2012年华南师范大学真题）

2012年苏州大学333教育综合真题·凯程详解

一、名词解释

1.教育（见2014年北京师范大学真题）

2.教学（见2013年陕西师范大学真题）

3.学制（见2019年北京师范大学真题）

4.太学

【答】汉武帝下令为五经博士设弟子，标志着太学正式成立，也标志着以经学教育为主要内容的中国封建教育制度的正式确立。到东汉时，太学盛极一时。汉代太学是中国教育史上第一所有完备规制、史实详尽可查的学校。自始创到清末，历代的最高学府多被称为太学。利用学校教育来强化官方的意识形态，也始于汉代的太学。东汉太学生为了反抗黑暗的宦官政治所发动的政治运动，掀开了中国学生运动史上的第一页。

5.恩物（见2012年北京师范大学真题）

6.学习策略（见2015年北京师范大学真题）

二、简答题

1.简述教育目的与教育方针的主要区别。

【答】（1）教育目的有广义和狭义之分。广义的教育目的是指教育培养人的质量规格，亦指教育要达到的预期结果，反映教育在人的培养规格标准、努力方向和社会倾向性等方面的要求。狭义的教育目的一般指国家对培养的人才要达到什么样的质量和规格的总要求，是各级各类学校都必须遵守的总要求。

（2）教育方针是国家或政党根据一定时期政治、经济发展的总路线、总任务规定的教育工作的发展思路和发展方向。教育方针一般由三部分组成：①教育的性质和方向；②教育的目的；③实现教育目的的根本途径和方法。

（3）联系：教育目的和教育方针都含有"为谁培养人"的规定，都体现了国家对教育的基本要求，可以说二者在性质上具有内在的一致性。

（4）区别：①教育方针包含了教育目的，教育目的是教育方针的核心和基本内容。教育目的一般包括"为谁培养人"和"培养什么样的人"的问题。而教育方针除此之外，还含有"怎样培养人"的问题和教育事业发展的基本原则。②教育方针与教育目的也是手段和目的的关系。教育方针是为实现一定时期的教育目的而规定的教育工作的总方向。

2.简述学校管理校本化的基本含义和意义。

【答】（1）含义：学校管理校本化是指学校在教育方针与法规的指引下，可以根据自己的实际情况和需要来自主确定发展目标和方向，自主进行学校的教育教学和管理工作。简而言之，就是以学校为本位的管理。与传统的学校管理相比，校本化管理自身具有很多优点。

（2）意义：传统的学校管理是一种"自上而下"的外控式管理，它强调等级制度、权威和集权，学校只能严格执行上级的指令。然而，在社会发展速度越来越快，人们对学校教育期望不断提高的情况下，这种权力高度集中的外控式学校管理很难适应形势发展。于是，一种以学校为本位的校本管理便应运而生，很快被人们所接受。由于权力下放，学校拥有了自主决策空间，可以根据自身实际情况来决定资源分配、课程设置、教材选择，进行人事决策等，从而优化了学校教育，提高了教育质量，给学校发展带来了新的生机与活力。

3.简述《学记》中"道而弗牵，强而弗抑，开而弗达"的基本含义。（见2010年江苏师范大学真题）

三、论述题

1.评述孔子"有教无类"的思想。（见2011年华南师范大学真题）

2.试述永恒主义教育思想的基本内容及其对现代教育的启示。（见2010年华东师范大学真题）

3.试述教师专业发展的内涵、意义及主要途径。（见2011年首都师范大学真题+2020年华东师范大学真题）

4.举例说明你是如何激发学生的学习动机的。（见2012年华东师范大学真题）

2013年苏州大学333教育综合真题·凯程详解

一、名词解释

1.教育家

【答】教育家是指通过亲力亲为的教育实践创造出重大教育业绩，对一定时期、一定范围的教育思想和实践产生重要影响的优秀教育工作者，是一个用于描述高层次杰出教育人才的概念。教育家从个人贡献领域可分为教育思想家、教育理论家、教育实践家等。我国著名教育家古代有孔子、孟子、荀子、朱熹、王守仁、王夫之等；近代有郑观应、梁启超等；现代有蔡元培、陶行知、徐特立等。古希腊的著名教育家有苏格拉底、柏拉图、亚里士多德等；近代西方的著名教育家有杜威、苏霍姆林斯基等。

2.双轨制（见2017年北京师范大学真题）

3.稷下学宫（见2020年北京师范大学真题）

4.《爱弥儿》（见2019年上海师范大学真题）

5.恩物（见2012年北京师范大学真题）

6.倒摄抑制

【答】前后所学的信息之间的消极影响称为抑制。倒摄抑制是指后面所学的信息干扰了先前所学的信息在记忆中的保存。

7.心智技能（见2016年北京师范大学真题）

8.皮格马利翁效应（见2012年首都师范大学真题）

二、简答题

1.简述欧洲文艺复兴时期人文主义教育的基本特征。（见2019年华中师范大学真题）

2.简述德育过程的基本特征。（见2019年北京师范大学真题）

3.简述夸美纽斯的教育思想的基本主张。（见2016年西南大学真题）

4.简述建构主义学习理论的基本观点。（见2014年杭州师范大学真题）

5.简述创造性的心理结构及其培养措施。（见2015年华东师范大学真题+2011年北京师范大学真题）

三、论述题

1.论述教学过程的性质，并结合实际，分析进行教学应处理的一些关系。（见2013年陕西师范大学真题+2011年东北师范大学真题）

2.根据教育对社会的发展作用，论述孔子"庶、富、教"的思想。

【答】（1）教育对社会发展的作用（政治、经济、文化）。（见2014年北京师范大学真题）

（2）孔子是我国最早论述教育与经济关系的教育家。孔子阐述了他的"庶、富、教"的施政大纲，他认为经济的发展是教育发展的物质基础，只有在先庶、先富的基础上才能有效地进行教化，发展教育事业。孔子主张通过文化教育工作把社会的政治思想、伦理道德传播到民众当中去，这样就会对政治产生重大影响。

2014年苏州大学333教育综合真题·凯程详解

一、名词解释

1.《颜氏家训》（见2019年北京师范大学真题）

2."七艺"（见2016年华东师范大学真题）

3.《莫雷尔法案》（见2010年华东师范大学真题）

4.教育目的（见2015年北京师范大学真题）

5.学习策略（见2015年北京师范大学真题）

6.校长负责制（见2016年北京师范大学真题）

二、简答题

1.简述朱熹的道德教育方法。（见2011年陕西师范大学真题）

2.简述永恒主义教育思想。（见 2010 年华东师范大学真题）

3.简述建构主义学习观的基本观点。（见 2013 年华东师范大学真题）

4.简述德育过程的性质。（见 2019 年北京师范大学真题）

三、论述题

1.试述蔡元培在北京大学的改革措施及其影响。（见 2013 年北京师范大学真题）

2.论述马克思关于人的全面发展的教育思想。（见 2017 年华南师范大学真题）

3.评述我国新课程改革的基本理念。（见 2013 年南京师范大学真题）

4.结合实际谈谈如何维护教师的心理健康。

【答】身为教师，自身的心理健康状况如何，不仅影响着自己的生活质量，而且也关系着学生的健康成长，因此教师一定要维护好自己的心理健康，可以从以下几个方面入手。

（1）情绪控制。

情绪控制指个体对自身情绪状态的积极主动的影响，这里主要讲教师在学生面前应控制自己的消极情绪，不把挫折感带进教室，更不要发泄在学生身上。情绪控制的方法可以从两个方面入手：一是从认识上分析造成不良情绪的原因，看自己的反应是否合理、是否适度；二是从情绪本身方面控制可能发生的冲动行为，采用合理或间接手段进行适当疏导。例如，自己提醒自己在情绪激动时不要批评学生，等到自己能心平气和地冷静处理问题时再批评学生，防止言行过激。

（2）合理宣泄。

如果不良情绪积蓄过多，得不到适当的宣泄，容易造成身心的紧张状态。若这种紧张持续时间过长或强度过高，还可能造成身心疾病。因此，教师也应该选择在合适的时候，以合理的方式宣泄自己的情绪。

（3）从其他地方寻求满足感。

如果教师觉得在学校中无法获得心理上的成就感和满足感，可以培养一项有创造性的爱好。个体能够随这些爱好的深入而体验到满足。另外，教师应努力建立一个幸福和谐的家庭。美满的家庭能促进个体健康人格的形成与发展，能在个体遇到困难时给予鼓励和帮助。

（4）积极参与继续教育。

现代社会飞速发展，新的知识层出不穷，教师应不断接受继续教育，学习新的知识就成为必然之举。教师只有不断提高自身的综合素质，不断学习和掌握新的知识，掌握新的教学方法才能寻求新的发展。教师不断地接受新知识，开阔自己的视野，能使自己站在更高的角度看问题，更少地体验到焦虑和挫折，对维护心理健康有重要意义。

（5）坚持锻炼。

身体健康能促进心理健康，因此，坚持体育锻炼，增强体质，预防生理疾病也是维护心理健康的好方法。不过，教师在体育锻炼时应注意量的问题，不要适得其反，因疲劳而影响了正常的工作和学习。

2015 年苏州大学 333 教育综合真题·凯程详解

一、名词解释

1.班级授课制（见 2016 年北京师范大学真题）

2.学制（见 2019 年北京师范大学真题）

3.课程（见 2019 年北京师范大学真题）

4.中世纪大学（见 2013 年西南大学真题）

5.教学模式（见 2014 年杭州师范大学真题）

6.癸卯学制（见 2018 年东北师范大学真题）

二、简答题

1.简述教育对人的发展的作用。（见 2016 年东北师范大学真题）

2.简述罗杰斯的人本主义教学观。（见 2017 年华中师范大学真题）

3.简述英国《1944 年教育法》。（见 2020 年湖南师范大学真题）

4.简述教学过程的性质。（见 2013 年陕西师范大学真题）

三、论述题

1.论述洋务学堂的特点、兴起的背景及在近代教育中的作用。

【答】（1）洋务学堂的特点。

①新特点：

a.培养目标：造就各项洋务运动事业需要的人才。

b.办学性质：专科性学校，属于部门办学，直接为本部门的需要培养人才。

c.教学内容：以学习"西文"与"西艺"为主，课程多包含与各自专业相关的科学技术课程，注重学以致用。

d.教学方法：按照知识的接受规律由浅入深、循序渐进地安排教学内容，重视理解，理论与实践相结合。

e.教学组织形式：制定分年课程计划和学制年限，采用班级授课制。

②洋务学堂因根植于半殖民地半封建社会的土壤，具有新旧杂糅的特点：

a.缺乏全国性的整体规划和学制系统，学校之间很孤立。

b.在"中学为体，西学为用"的总原则下，不放弃对"四书五经"的学习。

c.管理上有封建官僚习气，关键管理环节受洋人挟制，影响学堂正常办理。

（2）洋务学堂兴起的背景。

洋务学堂是洋务运动的重要组成部分，其目的在于培养洋务运动所需要的翻译、外交、工程技术、水陆军事等多方面的专门人才，教学内容以"西文"与"西艺"为主。洋务学堂的举办是随着洋务运动的展开而开始的。

（3）洋务学堂在近代教育中的作用。

洋务学堂拉开了中国教育近代化的序幕。它以西方近代科技文化作为主要课程，在形式上引入了资本主义因素，初步具备近代教育的特征。其产生之初，虽然并未有意与以科举为核心的旧教育相对抗，但产生之后，逐渐动摇和瓦解了旧教育体系，实际上启动了近代中国教育改革的进程，历史意义重大。

2.论述卢梭自然主义教育思想的内容及影响。（见2012年华东师范大学真题）

3.结合教育的社会流动功能，试分析现阶段我国教育的公平问题。（见2010年北京师范大学真题+2010年山东师范大学真题）

4.结合自身实际，谈谈如何培养和发展学生的创造性思维能力。（见2011年北京师范大学真题）

2016年苏州大学333教育综合真题·凯程详解

一、名词解释

1.**义务教育**（见2012年东北师范大学真题）

2.**庚款兴学**（见2018年山东师范大学真题）

3.**最近发展区**（见2011年北京师范大学真题）

4.**终结性评价**

【答】终结性评价是在一个大的学习阶段、一个学期或者一门课程结束时对学生学习结果的评价，也称总结性评价。主要方法有期中测试、期末测试等量的评价方式。

5.**发现学习**（见2017年华东师范大学真题）

6.**要素主义教育**（见2017年华东师范大学真题）

二、简答题

1.简述教师劳动的特点。（见2015年东北师范大学真题）

2.简述欧洲人文主义教育的特征和贡献。（见2019年华中师范大学真题）

3.简述黄炎培的职业教育思想。（见2018年华中师范大学真题）

4.简述精细加工策略的主要内容。（见2011年华东师范大学真题）

三、论述题

1.论述柏拉图的教育思想。（见2017年哈尔滨师范大学真题）

2.论述董仲舒的教育思想。

【答】董仲舒是西汉最著名的儒家学者，有"汉代孔子"之称。董仲舒学识渊博，遍通"五经"，他的著作中,《春秋繁露》和《对贤良策》影响最大。

（1）《对贤良策》与三大文教政策。

董仲舒在《对贤良策》中，向汉武帝提出三大文教政策建议：第一，罢黜百家，独尊儒术，统一思想；第二，兴太学以养士；第三，重视选举，任贤使能。董仲舒的三大建议都被汉武帝采纳，成为汉代三大文教政策，并确定了整个封建社会遵从儒术的文化与教育局面。

（2）论人性与教育作用。

人性学说是董仲舒论述教育作用的理论依据。①他认为人性中有"仁气"和"贪气"。②董仲舒将人性和善区别开来。③董仲舒提出了"性三品说"，将人性分为"圣人之性""中民之性"与"斗筲之性"。认为教育只对上、中等人起作用。

（3）论道德教育。

①德育的作用：德教是立政之本。道德教育是董仲舒教育思想的核心。董仲舒虽主张教化与刑罚并重，但强调以道德教化为本、为主。

②教育内容：以"三纲五常"为核心的道德教育内容。董仲舒强调"三纲五常"。所谓"三纲"指"君为臣纲，父为子纲，夫为妻纲"；"五常"是仁、义、礼、智、信。

③德育的原则和方法：第一，确立"重义轻利"的人生理想。"正其义不谋其利，明其道不计其功"是这一原则的总概括。第二，"以仁安人，以义正我"。第三，"必仁且智"。第四，"强勉行道"。

3.论述学科结构课程的主要观点。（见2013年华东师范大学真题）

4.论述学校管理的发展趋势。（见2020年华东师范大学真题）

2017年苏州大学333教育综合真题·凯程详解

一、名词解释

1.稷下学宫（见2020年北京师范大学真题）

2.学习动机（见2013年北京师范大学真题）

3.学制（见2019年北京师范大学真题）

4.绅士教育（见2012年华东师范大学真题）

5.进步主义教育（见2014年北京师范大学真题）

6.《国防教育法》（见2010年湖南师范大学真题）

二、简答题

1.简述19世纪末20世纪初期的教育思潮和教育实验。（见2011年南京师范大学真题+2015年重庆师范大学真题）

2.简述埃里克森的心理社会发展理论。（见2020年北京师范大学真题）

3.简述《大学》的"三纲领八条目"。（见2016年陕西师范大学真题）

4.简述科尔伯格的道德发展阶段理论。（见2013年华东师范大学真题）

三、论述题

1.请结合实际论述教育对社会的功能。（见2014年北京师范大学真题）

2.为什么教育对人的发展起主导作用？试分析教育起主导作用的条件。（见2019年华中师范大学真题）

3.试述《学记》的教育思想。（见2011年东北师范大学真题）

4.试述并评价主要的学习理论。

【答】学习理论主要包括：学习的联结理论、学习的认知理论、学习的建构主义理论、学习的人本主义理论。（列举几个理论即可）

（1）行为主义。（见2011年西北师范大学真题）

（2）结构主义（认知派）包括：布鲁纳（见2013年华东师范大学真题）；奥苏伯尔（见2013年北京师范大学真题）；加涅（见2020年华中师范大学真题）。

（3）学习的建构主义理论。（见2013年华东师范大学真题）

（4）学习的人本理论。（见2017年华中师范大学真题）

2018年苏州大学333教育综合真题·凯程详解

一、名词解释

1. 学习动机（见2013年北京师范大学真题）

2. 教学模式（见2014年杭州师范大学真题）

3. 朱子读书法（见2015年东北师范大学真题）

4. 发现学习（见2017年华东师范大学真题）

5. 义务教育（见2012年东北师范大学真题）

6. 进步主义教育（见2014年北京师范大学真题）

二、简答题

1. 简述教育起源的主要观点。（见2020年广西师范大学真题）

2. 简述经验主义课程论的代表人物和主要观点。

【答】（1）经验主义课程又称学生中心主义课程，其主要代表人物有杜威、罗杰斯等。

（2）经验主义课程论的主要观点包括了以下几个方面：

①学生是课程的核心；②学校课程应以学生的兴趣或生活为基础；③学校教学应以活动和问题反思为核心；④学生在课程开发中起重要作用。

（3）评价：经验主义课程看到了学科中心主义的不足，看到了学生在学习中的作用，对于现代课程的改造起到了重要的理论指导作用。但是，由于它过分注重经验，强调心理逻辑，重视实用性，以至于对知识的系统性，学科自身的逻辑性、学术性照顾不够，具有浓厚的实用主义和自然主义色彩。

3. 简述社会本位论的主要观点。（见2020年山东师范大学真题）

4. 简述影响人的身心发展的主要因素。（见2015年北京师范大学真题）

5. 简述布鲁纳认知结构教学论的基本原则。（见2016年南京师范大学真题）

三、论述题

1. 教学中应该遵循哪些原则？选择一个你喜欢的举例论证。（见2018年东北师范大学真题）

2. 结合人的全面发展的思想，论述中国学生核心素质的构成要素。

【答】（1）人的全面发展的思想。（见2010年东北师范大学真题）

（2）核心素养的构成包括三大方面、六大要素、十八个基本点。

①文化基础。人文底蕴：人文积淀、人文情怀、审美情趣。科学精神：理性思维、批判质疑、勇于探究。

②自主发展。学会学习：乐学善学、勤于反思、信息意识。健康生活：珍爱生命、健全人格、自我管理。

③社会参与。责任担当：社会责任、国家认同、国际理解。实践创新：劳动意识、问题解决、技术运用。

四、材料分析题

1. 自选角度结合教育原理进行分析。

【答】（1）学生观是指对学生正确的认识态度和看法。材料中的教师没有树立正确的学生观，主要表现在：

①没有把学生看作有独立意识的人。材料中的教师把学生放在附属地位，自己直接判断并质疑学生的成绩。

②学生是有巨大发展潜能并处于发展中的人。材料中的教师没有看到学生的发展潜能，看不到学生的努力，没有用发展的眼光去看待学生。

③师生之间没有建立民主平等的师生关系。材料中的教师轻视后进生，对后进生不管不顾，在后进生取得进步时怀疑他。

④没有及时反思自己的教育教学行为。材料中的教师心中没有后进生，服务意识不强，看到后进生进步之后也没有反思之前对待后进生的态度，反而变本加厉地怀疑他。

⑤没有正确地评价学生。材料中的教师在后进生进步时，不仅没有及时予以表扬，反而怀疑他的成绩，在全班人面前质疑他，没有看到学生背后付出的努力，也没有考虑到学生的自尊心。

（2）该教师要转变自己对待后进生的态度：

①没有真正的"差生"，只有差异生。有的学生学习成绩不好，但是其他方面很优秀，"差生"是人为的标签。

②不能歧视"差生"，只要存在考试就有"差生"，而且这些"差生"更需要老师的帮助。如果教师能够对他们施以援手，在学习上帮助他们，在师生关系上平等地对待他们，相信后进生也会慢慢有所进步。

2. 根据材料谈谈你对教学回归儿童生活世界的理解。

【答】两则材料都体现了儿童的课程内容是来源于生活的，儿童的身心发展特点决定了儿童教育必须寓于生活之中。杜威与陶行知都曾探讨过教育与生活的关系，他们的教育思想对教学回归儿童生活世界有以下启发：

（1）杜威的教育思想对教学回归儿童生活世界的启示：

①从做中学。杜威认为教育应该与学生的实际生活相联系，学校应与社会相联系，促进儿童的生长，因此他提出了"学校即社会"，并提出了"从做中学"的原则。杜威要求从做中学，从经验中学，要求以活动性、经验性的主动作业来取代传统书本式教材的统治地位。这种活动性、经验性课程的范围很广，包括园艺、烹饪、缝纫、书写等形式。这些活动既能满足儿童的心理需要，又能满足社会性的需要，还能使儿童对事物的认识具有统一性和完整性。

②教材心理学化。杜威批判传统课程，认为它在智育方面极度贫乏，教材中充斥着呆板且枯燥无味的内容，于是提出了教材心理学化。儿童获取的知识应当符合儿童的心理水平，在课程中占中心地位的应是各种形式的活动作业，让儿童"从做中学"。

（2）陶行知的生活教育理论对教学回归儿童生活世界的启示：

①陶行知的生活教育理论以"生活"为中心、为基础，以生活和教育的辩证关系为基本矛盾展开。这种教育要培养的是实际动手能力强、自觉追求真理、喜欢探索的人。生活教育理论提醒我们将教育与实践相结合，将书本知识与社会活动相结合，提高学生的行动能力。

②生活教育理论强调民主平等的师生观。学生和教师之间以"做"为中介，达到教与学合一，师与生合一。在教育教学活动中，教师与学生的关系不是固定不变的，而是随活动的展开而发生转换的。

③生活中随处存在可学习的东西，要拓宽我们的课程资源。教科书不应是唯一的课程资源，教学要给予学生充分的自主空间和活动空间。在教育教学活动中，要尊重学生的主体地位，让学生做学习与活动的主人，探索个性的学习方法。

2019 年苏州大学 333 教育综合真题·凯程详解

一、填空题

1. 桑代克   2. 同化；顺应   3. 书；数   4. 巴甫洛夫

5. 1902；壬寅   6.《学记》   7. 西周

8. 过程与方法；情感态度与价值观   9. 桑代克；沛西·能   10. 杜威

二、名词解释

1. 道尔顿制（见 2011 年北京师范大学真题）

2. 三舍法（见 2013 年北京师范大学真题）

3. 先行组织者（见 2010 年北京师范大学真题）

4. "五育"并举（见 2011 年东北师范大学真题）

三、简答题

1. 简述夸美纽斯的教学原则。（见 2016 年西南大学真题）

2. 简述孔子的教师观。（见 2018 年华中师范大学真题）

3. 简述科尔伯格的道德发展阶段论。（见 2013 年华东师范大学真题）

4. 简述人的身心发展的特点。（见 2010 年华中师范大学真题）

5. 简述教育生物起源说的观点。（见 2020 年广西师范大学真题）

四、论述题

1. 论述赫尔巴特的教学形式四阶段理论。（见 2017 年东北师范大学真题）

2.论述教育的个体功能和社会功能的关系。（见2012年首都师范大学真题）

五、材料分析题

用教育理论评述材料，并对良好师生关系的建立提出建议。（见2019年陕西师范大学真题）

2020年苏州大学333教育综合真题·凯程详解

一、填空题

1.实验　　2.杨贤江　　3.加德纳　　4.哲学家　　5.明人伦

6.文法　　7.具体运算　　8.效果律　　9.程序性知识　　10.动作技能目标

二、名词解释

1.**教师的期望效应**（见2012年首都师范大学真题）

2.**中体西用**（见2011年北京师范大学真题）

3.**活动课程**（见2013年东北师范大学真题）

4.**教育功能**（见2016年西南大学真题）

5.**元认知**（见2011年北京师范大学真题）

6.**同化**（见2016年东北师范大学真题）

三、简答题

1.简述现阶段教育体制的发展趋势。（见2011年南京师范大学真题）

2.简述1958年美国《国防教育法》的主要内容。（见2014年华东师范大学真题）

3.列举《学记》中的教学原则。（见2011年东北师范大学真题）

4.列举几个有代表性的德育模式。（至少4个）

【答】德育模式有：体谅模式（见2016年福建师范大学真题）、社会学习模式（见2012年华东师范大学真题）、道德认知发展模式、社会行动模式、集体教育模式。

（1）道德认知发展模式。

道德认知发展模式的代表人物是瑞士的皮亚杰和美国的科尔伯格。皮亚杰将道德发展分为他律和自律两个阶段；科尔伯格把儿童的道德发展划分为三水平六阶段。主要方法：团体公正法和道德两难故事。该模式启示我们应该先了解儿童的道德发展水平，才能使德育具有实效性和针对性。

（2）社会行动模式。

社会行动模式的主要倡导者是纽曼。道德教育社会行动模式整合了道德认知、情感和行动等多个方面，并且将它们同公民投身社会变革联系起来。它的核心概念是"环境能力"，即影响环境的能力。纽曼认为德育不应该强调教育活动本身，而应注意培养学生改变环境的能力，用实际行动改变外在环境，达到理想目的。

（3）集体教育模式。

集体教育模式由苏联著名教育家马卡连柯提出。他认为，教育工作的基本对象是集体，教育的任务就是培养集体主义者。教育工作的主要方式就是集体教育。马卡连柯关于集体教育的思想可以简单概括为"在集体中、通过集体、为了集体"的教育体系。①集体教育模式的前提是尊重与信任。②教育原则是集体教育和前景教育。③教育的手段和方法是劳动教育、纪律、合理奖励与惩罚。

5.简述"泰勒原理"的四个基本内容。（见2012年华东师范大学真题）

四、论述题

1.试论述陶行知的生活教育理论。（见2014年北京师范大学真题）

2.试论述卢梭的自然教育阶段及任务。（见2012年华东师范大学真题）

五、材料分析题

1.利用教育学和心理学知识给予建议。

【答】小明把考试不理想的原因归结于"自己很笨"，这是一种把失败原因归结为内在的、稳定的、不可控的因素的方式。小明把失败归于内部原因，会产生内疚和无助感，把失败归因于稳定的因素，学习的积极性会降低。提高小明的学习成绩的方法有以下几个方面：

（1）教师与父母注意小明的归因倾向，引导小明积极正确地归因。

①帮助小明了解自己的优点和缺点，并鼓励他制定切实可行的目标。

②改变小明的归因倾向，帮助小明将失败归因于缺乏努力，而不是缺乏能力，使小明明白"只要付出努力便会成功"的道理。

③教小明学会按时完成学习计划，并对小明的每一个学习行为给予及时反馈。

（2）教师教给小明学习策略。

学习策略是指学习者为了提高学习的效果和效率，有目的、有意识地制定的有关学习过程的复杂方案。学习策略由两种相互作用的成分组成：一种是基本策略，直接用于学生的认知活动；另一种是辅助性策略，用来维持合适的学习心理状态，如情绪调控策略。教师要教授小明学习策略，促使小明更好地学习。

（3）父母要多鼓励小明。

小明本身是很努力的学生，遇到失败，自我效能感会降低很多。如果这个时候父母不是批评，而是去鼓励他，告诉他失败与努力程度是密不可分的，但有时候也会受运气等成分影响，并不是因为他笨，从而引起和增强小明的自我效能感，有利于培养小明的学习动机。

2.结合事例，说明影响人的身心发展的因素。

【答】案例1中的方仲永由于先天遗传因素的影响，很小的时候就可以"指物为诗"，但是后天没有接受教育，自身能动性不强，长大后和普通人并无差别，"泯然众人矣"。案例2中的达尔文虽然从小学习成绩一般、贪玩，但是他对大自然有浓厚的兴趣，在自然环境和教授指导的情况下主动探索自然，最后写成了《物种起源》。从以上两个案例我们可以看出，虽然遗传因素对人的身心发展有一定的影响作用，但是后天的教育和环境的影响作用也很重要，同时还要有自身的能动性。因此，一个人的身心发展是由各种因素共同作用实现的。（"影响因素"见2015年北京师范大学真题）

2021年苏州大学333教育综合真题·凯程详解

一、名词解释

1.**图式**（见2010年辽宁师范大学真题）

2.**发现学习**（见2017年华东师范大学真题）

3.**流体智力**（见2012年东北师范大学真题）

4.**分科课程**（见2017年华东师范大学真题）

5.**生计教育**（见2015年华东师范大学真题）

6.**诊断性评价**（见2013年首都师范大学真题）

二、简答题

1.**简述崇宁兴学的改革政策。**

【答】"崇宁兴学"是由蔡京在宋徽宗崇宁年间主持的第三次兴学运动。第三次兴学对北宋教育事业发展的促进作用超过了前两次。具体措施有：

（1）全国普遍设立地方官学。至此，形成了遍布全国州县的学校网络，无论在数量上、规模上，还是在分布的范围上，都远远地超过了以往任何一次兴学。

（2）建立县学、州学、太学三级相联系的学制系统。县学考生经过考试升入州学，州学学生再根据成绩升入太学的不同舍，成绩上者升上舍，中者升下等上舍，下者升内舍，其余升外舍。这种学制系统对元、明、清的学校教育影响深远。

（3）新建辟雍，发展太学。崇宁元年营建辟雍，也叫"外学"，作为太学的外舍。同时在太学实行"三舍法"和积分法，增加了学生的数量。

（4）恢复设立医学，创立算学、书学、画学等专科学校。崇宁年间的画学是中国古代唯一举办过的专门美术学校。

（5）罢科举，改由学校取士。这是对取士制度的重大改革。

2.**简述文艺复兴中的人文主义。**（见2019年华中师范大学真题）

3.简述教育目的和培养目标的区别。

【答】（1）教育目的：教育目的有广义和狭义之分，广义的教育目的指教育要达到的预期结果，反映教育在人的培养规格标准、努力方向和社会倾向性等方面的要求。狭义的教育目的一般指国家对培养人才要达到什么样的质量和规格的总要求。

（2）培养目标：培养目标是指各级各类学校依据国家教育目的和不同类型教育的性质与任务，对受教育者身心发展所提出的具体标准和要求。

（3）培养目标与教育目的的关系：教育目的与培养目标是一般与特殊的关系。教育目的是制定培养目标的依据，培养目标是教育目的的具体化。

4.简述加涅对学习结果的分类。（见2021年哈尔滨师范大学真题）

5.简述赞科夫的教学原则。（见2017年北京师范大学真题）

三、论述题

1.论述晏阳初的"四大教育"和"三大方式"。（见2017年湖南师范大学真题）

2.论述建立学制依据的原则。（见2010年陕西师范大学真题）

四、材料分析题

材料中教师的做法是否正确？请用常见的德育原则给出建议。

【答】（1）材料中教师的做法是错误的。首先，材料中提到，刘勇上课迟到被教师罚去打扫卫生，却遭到了同学讥笑，心中倍感委屈，说明教师的做法没有考虑到学生的年龄特点，造成了师生之间的矛盾，教师的做法违背了德育中的照顾年龄特点与照顾个性特点相结合的原则。其次，教师在课堂上气愤地撕了刘勇的日记，缺少对学生的尊重，违背了德育中的严格要求与尊重信任相结合的原则。

（2）建议：

①德育原则中要求教师在进行德育时要将照顾年龄特点与照顾个别特点相结合。在德育过程中，德育的要求、内容、形式、方法要与学生年龄特点和个别特点相适应，有的放矢地进行教育。在材料中，刘勇是一名小学三年级的学生，该年龄段的学生自主性开始增强，同时个性变得更加敏感，更加注重教师和同伴的看法，有更强的羞耻心。当刘勇迟到时，教师可以私下询问原因并给出具体的建议，鼓励刘勇早到。教师也可以充分利用这个年龄段的孩子都愿意积极主动承担班委的心理特点，让刘勇担任早读课代表，从而解决学生迟到的问题。

②德育原则中明确提出要将对学生的严格要求与尊重信任相结合，其中，爱护、尊重和信任学生是基本要求。当学生犯错时教师需要做的是引导学生认识并自觉改正错误。材料中，刘勇真诚、勇敢地表达了自己的观点，老师却气愤地撕了他的日记，明显伤害了学生的自尊心。关于迟到等常见的学生问题，教师完全可以采用民主管理的方式，在和学生商量的情况下建立班级公约，并且教师也应以身作则，成为班级公约中被约束的一员，从而增强班级公约的公信力。

2022年苏州大学333教育综合真题·凯程详解

一、填空题

1.自然类比法	2.智者	3.泛爱学校	4.黄宗羲
5.分析	6.外显学习	7.诂经精舍	8.乌申斯基
9.自动化阶段	10.私塾		

二、名词解释

1.**形成性评价**（见2013年华中师范大学真题）

2.**接受学习**（见2016年北京师范大学真题）

3.**隐性课程**（见2018年北京师范大学真题）

4.**内发论**（见2011年安徽师范大学真题）

5.**学习动机**（见2013年北京师范大学真题）

6.**晶体智力**

【答】晶体智力是由美国心理学家卡特尔等人提出的，根据智力的不同功能，将智力划分为两种：流体智力和晶体智力。晶体智力是指应用从社会文化中习得的解决问题的方法的能力，是在实践中形成的能力。这种智力在人的一生中都在增长，如知识的广度、判断力、常识等。晶体智力依赖于后天的学习和经验。

三、简答题

1. 简述董仲舒的三大文教政策。（见 2010 年陕西师范大学真题）

2. 简述罗杰斯的师生关系。

【答】罗杰斯的人本主义教育理论主要包括培养"自我实现的人"的教育目的、"非指导性教学"的教学过程以及"有意义学习"与"非指导性学习"的教学方法三部分。在罗杰斯的教育教学思想下，师生关系呈现以下特点：

（1）师生间的接受与理解。罗杰斯的教育目的观是培养充分发挥作用的人、自我发展的人和自我实现的人，他认为如果教育能提供有利的条件，那么这些实现自我的潜能就能自然释放出来。教师与学生在相处时，教师应表现出真诚和关怀的态度，尝试从学生的角度观察问题，对学生出现的问题表示接受和理解。学生在这样的师生关系下获得尊重，从而客观地评价自己的经验，充分显现自己的潜能，提高自我完善的能力，完成自我实现。

（2）师生间的合作与对话。罗杰斯提出了以学生为中心的教学观，即在教学实践中运用非指导教学模式。强调教师和学生在完成共同的教学任务时，教师与学生对话沟通，帮助学生梳理他自己的需求，同时帮助学生安排适宜的学习活动与材料。在教学实践中，教师和学生形成一种合作关系，师生之间交换意见，建立对话的平台，教师不再以一种施道者的姿态对待学生，而是作为学生学习的促进者。

（3）师生间的平等与民主。非指导教学模式构建了一种建设性的师生关系，在教学实践中，教师要具有民主意识，教师应把学生当作平等的合作对象。教师的角色应从传统的决策者转为与学生平等交流的促进者，形成了一种平等的伙伴关系，使整个教育教学在一种民主平等的心理氛围下展开。

3. 简述建构主义学生观。（见 2013 年华东师范大学真题）

4. 简述马卡连柯的集体教育。（见 2010 年陕西师范大学真题）

5. 简述英国《1944 年教育法》的主要内容。（见 2020 年湖南师范大学真题）

四、论述题

1. 论述杜威反省思维五步教学法及其在教学当中的应用。

【答】杜威特别强调思维在经验中的重要作用，认为凡是"有意义的经验"都是在思维的活动中进行的。于是，形成了反省思维五步教学法。

（1）反省思维五步教学法。（见 2012 年天津师范大学真题）

（2）反省思维五步教学法在教学当中的应用：杜威强调在教学中要重视学生的主动性和创造性，使学生主动地活动，积极地思维，并注重情境性，注意学生的兴趣与需要，这正是当前课堂教学所缺少的重要部分，十分值得我们借鉴。也为发现法奠定了基础。

①创设引发思维的学习情境。当前学校的学习活动多以学习间接经验为主，忽视联系学生的经验情境，这就割断了知识和生活的联系，许多知识对学生来说并没有实际价值和意义。所以，我们应该在学习过程中创设引发学生思维的情境，促进其联系实际，主动发现问题。

②关注和培养学生的兴趣。当儿童的好奇心转化为求知欲望时，教师必须知道如何传授知识，防止学生对学习失去兴趣。对教师而言，只有了解学生的经验和兴趣，才能更好地指导学生养成反省思维能力。

③注重引导学生自主思维。父母或教师的任务是提供刺激思维的条件，并对学习者的活动采取同情的态度。学生只有经过自己的思维判断，才能将知识内化为自己的知识，才能真正领会知识的内涵。首先，从实际操作开始，学习新的经验时应着眼于已经熟悉的事物；其次，把兴趣转移到理智问题上；最后，培养思维的爱好，抽象是教育所要达到的目的。学生是为了他们活动中感兴趣的事情，而自由持续地从事反省的检查和验证。这样形成的思维习惯会逐步增强。

2. 比较两种不同课程取向实施中的异同。（见 2010 年北京师范大学真题）

五、材料题

结合案例，说明材料中的德育方法，并说明具体的要求。

【答】材料中，张伯苓为了教导学生戒掉吸烟的不良习惯，销毁自己的烟卷，折断自己的烟袋杆。在对学生进行道德教育中，张伯苓言传身教，做好学生的表率，做到了知行统一。主要采用的是榜样示范法：

（1）含义。（见 2021 年陕西师范大学真题）

（2）基本要求。（见 2021 年陕西师范大学真题）

湖南大学

2010年湖南大学333教育综合真题·凯程详解

一、简答题

1. 简述教育与生产力水平的关系。（见2010年陕西师范大学真题）
2. 简述教师职业专业化的条件。（见2015年西南大学真题）
3. 简述选择教学方法的依据。（见2018年天津师范大学真题）
4. 简述皮亚杰的心理发展理论。（见2012年东北师范大学真题）
5. 简述马斯洛的需要层次理论。（见2013年西南大学真题）

二、论述题

1. 试述全面发展教育的基本内容。（见2010年东北师范大学真题）
2. 试述教师与学生的关系。（见2017年南京师范大学真题+2019年陕西师范大学真题）
3. 试述我国中小学的教学原则。（见2018年东北师范大学真题）
4. 试述思维的品质及其培养。

【答】（1）含义：思维的品质是指人们在思维过程中所表现出来的各自不同的特点，如敏捷性、灵活性、深刻性、独创性和批判性等。思维品质是智力品质的核心，而智力品质是智力活动，特别是思维活动中智力特点在个体身上的表现。在教学过程中抓住了思维品质的培养，就抓住了发展智力、培养能力的关键。

（2）思维品质的培养：

①加强科学的思维方法训练。人们的思维必须从客观的实际情况出发，按照事物发展的客观规律思考问题，最终才能使得人们学会全面地、发展地、实事求是地看问题。

②运用启发式方法调动学生思维的积极性。启发式教学能够调动学生思维活动的积极性与自觉性，使得学习过程成为一个积极主动的探索过程。

③增强学生的主动性，加强言语交流训练，发挥定势的积极作用。教师在教学过程中要不断培养学生思维的逻辑性，同时加强学生的语言训练，培养其语言的逻辑性与联系性。

④培养学生解决实际问题的能力。要在实践中发展思维的广阔性和深刻性，通过实践，培养学生思维的批判性、灵活性、独立性等品质。

5. 试述能力发展的个别差异及其教育。

【答】（1）能力发展的个别差异即智能差异，主要表现在：①智力类型上的差异；②智力发展水平上的差异；③智力发展速度上的差异；④智力发展有性别上的差异，但无高低之分。

（2）能力发展的个别差异的教育：

①按能力分组，进行因材施教。教育者必须针对学生在智力上的个别差异进行因材施教，解决这个问题的方法之一就是能力分组。能力分组一般是以学生的智力和学业成绩为依据，将同一智力水平或同一学业成绩的学生分为一组，并给予适合他们的教育内容和教育方式。

②设置不同的教育目标。针对智力超常的学生，教育目标是进行多元智能的充分开发，对其进行高学历教育和个性优化教育。针对智力落后的学生，教育目标是根据智力低下的类型来确定的：对于轻度智力落后学生，教育目标是通过训练使其能够掌握较高的生活能力，较好地适应社会生活；对于中等智力落后学生，教育目标是通过训练使其能够掌握一些简单的生活技能和社交能力；对于重度智力落后学生，教育目标是通过训练使其掌握一些简单的生活技能。

③选择不同的教育方式。针对不同智力类型的学生要采用不同的教育方式，要做到因材施教。

2011年湖南大学333教育综合真题·凯程详解

论述题

1. 试论人的身心发展的主要影响因素及其作用。（见2015年北京师范大学真题）
2. 试论新型师生关系的建设。（见2019年陕西师范大学真题）
3. 试论书院教育的特点。（见2013年华东师范大学真题）
4. 试述赫尔巴特的教育思想。（见2015年北京师范大学真题）
5. 试论述建构主义学习理论的基本观点及其教育启示。（见2014年杭州师范大学真题）

2012年湖南大学333教育综合真题·凯程详解

一、名词解释

1. 中国古代教育的"六艺"（见2012年华东师范大学真题）
2. 西方古代教育的"三艺"（见2015年上海师范大学真题）
3. 科举制度（见2016年西南大学真题）
4. 苏湖教法（见2014年北京师范大学真题）
5. 蔡元培的"五育"并举中的"五育"（见2011年东北师范大学真题）
6. 乌申斯基

【答】（1）简介：乌申斯基是19世纪俄国卓越的教育家，俄国国民学校和教育的奠基人。他的著作是《师范学校草案》，他被誉为"俄国教师的教师"和"俄国教育科学的创始人"。

（2）教育思想。①论教育的本质：教育是一门艺术，一门需要耐心、天赋的才能和本领以及专门知识的艺术。②教育的目的：培养全面和谐发展的个人。③论教学：教学要适应学生的心理特点；他批判形式教育论和实质教育论的片面性，认为知识和能力是相互联系、不可分割的；主张开设实科课程；他所提倡的基本教学原则有直观性原则、自觉性与积极性原则、连贯性原则和巩固性原则。④论道德教育：重视道德教育的作用，认为爱国主义情感的培养是德育最重要的内容。⑤论教育学及师范教育：乌申斯基把教育学分为广义和狭义两类；教育学要从一切方面去教育人，首先要从一切方面去了解人；培养一批教育学者的最好途径就是创办教育系。

二、简答题

1. 简述学生心理发展的个别差异及其教育。

【答】（1）学生心理发展的个别差异表现。（见2019年东北师范大学真题）

（2）学生心理发展差异的教育：

①认知差异与教育：a.针对认知水平的差异，按能力分组，进行因材施教；设置不同的教育目标；选择不同的教育方式。b.针对认知方式的差异，教师应该帮助学生识别自己的认知类型；教师要明确适应认知方式的匹配策略和失配策略；教师要调整自己的教学风格，提供多模式教学。

②人格差异与教育：a.教师应具备心理学的知识，以培养学生完整健康的人格；b.在活动中培养良好的人格；c.在集体中形成良好的人格；d.提高学生的自我教育能力；e.依据学生人格类型的不同，做到因材施教。

③性别差异与教育：a.教育要因势利导，发挥不同性别的优势。b.教师要避免性别偏见。

2. 简述建构主义学习理论的主要观点及其对教学的启示。（见2014年杭州师范大学真题）

三、论述题

1. 试论教学过程中掌握知识和培养思想品德、掌握知识和培养能力、注重智力因素和非智力因素的关系。（见2011年东北师范大学真题）

2. 试论教师专业化及其实现途径。（见2015年西南大学真题+2020年华东师范大学真题）

2013年湖南大学333教育综合真题·凯程详解

一、名词解释

1. 中学为体，西学为用（见2011年北京师范大学真题）

2. 蔡元培的"五育"（见2011年东北师范大学真题）

3. 陶行知生活教育论的两大主张

【答】（1）简介。受裴斯泰洛齐、杜威教育思想的影响，陶行知在实验的基础上，将杜威的"教育即生活""学校即社会"进行改造，形成了自己的生活教育理论。

（2）内容。①生活即教育是生活教育理论的核心：生活含有教育的意义；实际生活是教育的中心；生活决定教育，教育改造生活。②社会即学校是生活即教育在学校与社会关系问题上的具体化：一是指"社会含有学校的意味"或者说"以社会为学校"；二是指"学校含有社会的意味"。

4. 赫尔巴特的教学四阶段论（见2010年北京师范大学真题）

5. 杜威的教育观

【答】在杜威看来，教育的本质就是：教育即生活，教育即生长，教育即经验的不断改造。杜威教育观的基本要求是实现教育的内在价值与工具价值的结合，教育过程本身既是有趣的，有益于儿童个人的，又是富有实效的，有利于国计民生的。这种教育观直接的、根本的目的是通过活动性、经验性的课程和教学方法促使学生掌握科学思维的方法，并富有智慧。这种教育观体现了现实主义与理想主义的结合。

6. 赞科夫的教学五原则（见2021年内蒙古师范大学真题）

二、简答题

1. 简述多元智力理论。（见2019年华东师范大学真题）

2. 简述成就动机理论。（见2021年江苏师范大学真题）

三、论述题

1. 试述学校教育在人的身心发展中起主导作用。（见2010年西北师范大学真题）

2. 试述创造性及其培养措施。（见2011年北京师范大学真题）

2014年湖南大学333教育综合真题·凯程详解

一、名词解释

1.《学记》（见2013年东北师范大学真题）

2. 三舍法（见2013年北京师范大学真题）

3. 晏阳初（见2010年云南师范大学真题）

4. 欧洲文艺复兴时期人文主义教育的基本特征

【答】（1）人本主义。目标上注重个性发展，教学方法上反对禁欲主义，尊重儿童天性。（2）古典主义。人文主义教育思想吸收了许多古人的见解，人文主义教育实践尤其是课程设置已具有古典性质，但非纯粹复古，而是古为今用。（3）世俗性。不论从教育目的还是从课程设置等方面看，人文主义教育都充溢着浓厚的世俗精神，关注人道而非神道，教育更关注今生而非来世。（4）宗教性。人文主义教育家虽抨击教会的弊端，但不反对宗教，更不欲消灭宗教。（5）贵族性。人文主义教育的对象主要是上层子弟；教育形式多为宫廷教育和家庭教育；教育的目的主要是培养上层人物，如君主、侍臣、绅士等。

5. 夸美纽斯的教学原则观

【答】（1）适应自然原则。这一原则贯穿于夸美纽斯的整个教学思想之中。适应自然原则体现在教育上，则要依据人的自然本性。（2）直观性原则。在夸美纽斯的教学理论中，直观性原则居于首要地位。（3）自觉性和积极性原则。他主张在教学过程中应首先把学生的学习热情和欲望激发起来。（4）系统性与循序渐进性原则。他主张学生在学校中应该学习周全而有系统的知识，应先从教学要有系统性的计划做起。（5）巩固性原则。要求学生牢固地掌握所学习的教材。首先，要把学习的基础打好。其次，要记住已领悟的教材。最后，他认为练习是巩固性教学所必不可缺的因素。（6）量力性和因材施教的原则。教学应根据学生的年龄特点及其能力来进行。教学的科目及其内容应根据学生的年龄特点及其理解水平来排列。

6.爱尔维修

【答】爱尔维修是法国启蒙运动中提倡唯物主义的重要成员之一，爱尔维修把人的成长归因于教育与环境。但他在这个问题上走了极端，提出"教育万能"的口号，否定了遗传因素的影响。但爱尔维修表达了人人智力天生平等和教育民主化的主张，直接抨击了以人的天赋不平等论证社会及教育的等级制度。

二、简答题

1.简述教育的显性功能和隐性功能。

【答】从教育作用的呈现方式划分，可以将教育功能划分为显性功能和隐性功能。

（1）教育的显性功能是依照教育目的、任务和价值，教育在实际运行中所表现出的与之相符合的结果。例如，促进人的全面和谐发展、促进社会的进步等。

（2）教育的隐性功能是伴随显性教育功能所出现的非预期的、间接的，且具有较大隐藏性的功能，这种结果既非事先筹划，也很难被察觉到。例如，不公正的教育复制了现有的社会关系，再现了社会的不平等。

（3）二者的区分是相对的，一旦隐性的潜在功能被有意识地开发、利用，就转变成了显性功能。

2.简述活动课程及其特点。（见 2010 年北京师范大学真题）

3.简述最近发展区的含义。（见 2018 年湖南师范大学真题）

4.品德的心理结构包括哪些?（见 2013 年南京师范大学真题）

三、论述题

1.在实际教学中，我们该如何处理教师主导与学生主体的关系?（见 2010 年北京师范大学真题）

2.联系实际，论述心理发展的差异与教育。（见 2019 年东北师范大学真题 +2012 年湖南大学真题）

2015 年湖南大学 333 教育综合真题·凯程详解

一、简答题

1.简述教育管理的意义表现在哪些方面。

【答】（1）满足对加强现代教育管理的需要。现代教育越来越复杂化，教育系统组织内部功能逐渐多元化，所以需要教育管理来加强对内部教育资源的整合。

（2）协调教育发展的需要。教育管理工作是让专业的人员为教育事业出谋划策，可以扬长避短，能够完善教学系统和教学秩序，从而促进教育事业更好、更快发展。

（3）合理规划和利用教育资源的需要。教育管理更加合理地使用和支配教育事业内部的人、财、物，从而提高教育事业的办事效率。

（4）为教育服务的需要。教育管理可以集中教育资源，从而更好地服务于人民的教育事业。

2.比较教育管理体制中中央集权制和地方分权制的异同。

【答】（1）依据中央和地方教育管理事权的分配关系，将教育管理体制分成中央集权制和地方分权制。

（2）相同点。两者都是中央与地方教育管理的分配关系模式，各有优劣。

（3）不同点。①内涵：教育管理的中央集权制为中央政府及其教育行政部门直接领导和管理整个国家的教育事业，地方政府及地方教育行政部门主要以实施中央制定的教育法律、政策、规划和指令为己任。教育管理的地方分权制是指国家的教育事权由中央政府和地方政府分别执掌，以地方自主管理为主的制度。②中央和地方的关系上：中央集权制为一种垂直的、领导与被领导的隶属关系；地方分权制是中央和地方有各自的职责范围，维持着一种相对独立而非领导与被领导的隶属关系，所以这也是一种平行的管理体制。

3.在教职工参与决策的程度上应把握哪三条原则?

【答】教育领导者在教职工参与决策程度上，应把握如下三个原则：

（1）相关原则：要看该决策是否与参与者的利益相关。

（2）能力原则：要考虑参与者的专业能力，看他对有关决策的问题是否能提出建设性的意见。

（3）权限原则：要看决策作出后，是否交与参与者执行。

4.学校管理者应该如何来抓好教学质量？

【答】（1）增强质量意识，全员参与教学质量管理。学校管理者要加强质量教育，让质量意识深入人心。在教学质量管理中，要确立全员参与的观念。不但教导处工作人员要把好教学质量的关，其他教职员工也要参与教学质量管理工作；不但上课的教师要参与质量管理，而且不上课的学校后勤辅助人员也要视情况为教学质量管理提供条件。

（2）加强流程控制，抓好教学质量的全过程管理。教学质量管理要体现一种全过程的管理。在实施教学过程的每一阶段、每一环节，都要有质量管理。要从单纯检验教学质量的结果，转向检验教学的全过程。每一阶段、每一环节都要提出明确的要求，采取相应的管理措施，从而达到整体教学过程的最优化。

（3）开展教育科研，以科学的理念与方法改进教学质量。教学质量的改进不能靠无节制的加班加点苦干来换取，而是要在科学理念的指导下，运用有效的方法来获得。教育科研的开展，能够促使教师将教学过程中遇到的问题转化为研究课题，通过科研寻求合理的对策，逐步改变陈旧的教学观念，把握教学规律，提高教学效能。

二、论述题

1.我国中小学教育中普遍存在片面追求升学率现象，试论述该现象的危害性，并分析其形成的原因。

【答】（1）危害性：

①危害学生身心健康，容易把学生引向只注重死记硬背知识的片面发展道路上去。

②学生易受不公平对待，教师偏爱优生，后进生感到被歧视，丧失信心，甚至厌学。

③影响学生的升学观和就业观，使教育脱离为社会发展服务的轨道，危害了社会风气。

（2）形成原因：

①教育改革中存在的问题。由于许多用人单位聘用员工时倾向于高学历，许多学校树立重点中学形象，家长对学生的期望也是考高分，造成了"以成绩论英雄"的现象，对应试教育的改革还是不够彻底。

②管理部门的问题。社会对学校的评价以升学率为唯一标准，导致学校、教师片面追求升学率。

③社会问题。当前，社会对人才的评价标准存在不合理的地方，在对人才的评价和选拔上，存在严重的"唯学历论"倾向。

④传统问题。家长为了子女的"长远利益"，为孩子报辅导班、高薪聘请家教"加负"。学生被迫与素质教育分道扬镳。

2.结合教学实际情况，谈谈我国中小学行政组织与专业人员的冲突与融合。

【答】（1）我国现行的中小学行政机构设置，其形式虽有所不同，但大致上是相近的。第一，并非所有中学都设有政教处，不设政教处的中学，其学生的德育工作由教导处统筹管理；第二，绝大部分的小学不设政教处；第三，有些民办学校有其特殊架构形式；第四，一些学校不设传统的"两处"或"三处"，改设有关的委员会；第五，越来越多的学校设立了教育科研室，负责统筹和协调全校的教育科研工作；第六，为改善学校办学条件，部分学校成立了校办工厂（或校办农场、商店）。

（2）目前我国中小学行政机构有一般的形式，也有依学校情况不同而架构的特殊形式。像人力资源培训室、策划宣传研究室等机构。当然，也并非学校机构变化越多、越新就越好，一切都要从学校实际出发去考虑机构的设置。

（3）小学招生数逐年减少，越来越多的学校开始尝试小班化教学。这样一来，学校组织机构也会发生相应变化，每个包班制教师甚至可能直接接受教导处或校方的领导和管辖。现在不少地方实行了学校合并，导致中学规模的扩大，这样一来，分部制的机构管理形式可能会越来越多。

总而言之，学校的行政组织与专业的教学人员在学校教学与管理职能的冲突中不断实现新的融合。

三、案例分析题

试用所学的教育管理理论，对新校长的管理策略进行分析。

【答】（1）明确校长的权力与责任。校长是学校的法人代表，应按有关规定行使职权、履行职责，并代表政府承担管理学校的全部责任。校长对学校的各项工作，包括教学、科研、行政管理等，应当全面负责。例如，有权按照章程自主管理学校，有权组织实施教育教学活动，有权聘任教师及其他教育人员，有权管理本校的设施和经费等。材料中，新校长作为学校的一把手，把握全局，善于管理，做好领导、控制、监督的权力和责任，合理分工，提高了管理效率。

（2）协调管理人员，知人善用，各尽其职。教育管理工作是让专业的人员为教育事业出谋划策，可以扬长避短，能够完善教学系统和教学秩序，从而促进教育事业更好、更快发展。材料中的新校长善于识人、用人，积极发挥自身的领导作用，鼓励副校长各司其职、大胆工作，从而促进了学校的各项事业发展。

（3）党组织保证监督实行校长负责制。学校党组织的职能发生了变化，由过去对学校工作的直接领导，转变为对学校工作的保证监督，即监督保证党的路线、方针、政策在学校的贯彻落实，保证办学的社会主义方向，保证学校的各项任务能够顺利完成。这体现了在我国校长负责制具有良好的适用性，既调动了教职工参与学校管理工作的积极性，也提高了办学效益。

2016 年湖南大学 333 教育综合真题·凯程详解

一、名词解释

1. 最近发展区（见 2011 年北京师范大学真题）
2. 苏湖教学法（见 2014 年北京师范大学真题）
3. 进步主义教育（见 2014 年北京师范大学真题）
4. 赫尔巴特的教育目的（见 2014 年北京师范大学真题）
5. 自我效能感（见 2014 年华东师范大学真题）
6. 奥苏伯尔的有意义接受学习（见 2014 年北京师范大学真题）

二、简答题

1. 简述科尔伯格的道德发展阶段理论。（见 2013 年华东师范大学真题）
2. 简述教育的社会流动功能。（见 2010 年北京师范大学真题）
3. 简述教师的专业素养。（见 2014 年北京师范大学真题）
4. 简述百日维新的教育改革。（见 2014 年陕西师范大学真题）

三、论述题

1. 论述教学原则及基本要求。（见 2018 年东北师范大学真题）
2. 论述影响问题解决的主要因素。（见 2017 年陕西师范大学真题）

2017 年湖南大学 333 教育综合真题·凯程详解

一、名词解释

1. 狭义的生理发展

【答】生理发展，也叫生物因素的发展，是人类个体的生理结构与机能及其本能的变化。个体的生理发展过程是一种内发过程，即个体按照自身预定的程序和节奏而自然成熟、成长的过程。

2. 技能（见 2011 年华中师范大学真题）

3. 顺应（见 2021 年福建师范大学真题）

4. 内部学习动机

【答】根据学习动机的动力来源，可把学习动机分为内部学习动机和外部学习动机。内部学习动机是指人们由学习本身的兴趣所引起的动机。它不需要用外界的诱因、奖惩来使行动指向目标，行动本身就是一种动力。

5. 成就动机（见 2010 年陕西师范大学真题）

6. 遗忘

【答】遗忘是指对识记过的材料不能再认与回忆，或者错误地再认与回忆。遗忘分为暂时性遗忘和永久性遗忘，前者指在适宜条件下还可能恢复记忆的遗忘；后者指不经过重新学习就不可能恢复记忆的遗忘。

二、简答题

1. 简述"六艺"的教育内容。（见 2011 年南京师范大学真题）
2. 简述亚里士多德的教育思想。

【答】（1）灵魂论。亚里士多德认为人的灵魂由三个部分构成，即营养的灵魂、感觉的灵魂和理性的灵魂。这三个部分与植物的灵魂、动物的灵魂和人的生命相对应。

（2）教育作用论。亚里士多德认为教育的最终目的在于发展人的理性。他认为教育在人的形成中不是万能的。教育不能使那些天性卑劣而又在不良环境中养成坏习惯的人服从理性的领导，对于这种人，强制和惩罚是必要的。

（3）道德教育论。伦理思想是亚里士多德进行道德教育的理论基础，同时，他强调实践道德的重要性，认为人们必须先进行有关德行的现实活动，才能获得德行。

（4）和谐教育论。亚里士多德提出的和谐教育是指德、智、体、美和谐发展。其中，特别强调音乐是和谐教育的核心部分。

（5）自然教育与年龄分期论。亚里士多德从灵魂论出发，根据人的身心发展的特征，首次提出并论述了教育效法自然的原理，并把这一原理运用到教育的年龄分期论和人的身心和谐发展的教育理论之中。

（6）自由教育。自由教育最早是由亚里士多德提出的，又叫作文雅教育。其教育内容为不受任何功利目的影响的自由知识，也被称为自由学科（"七艺"）。自由教育成为西方经典的教育模式之一，对西方教育传统的形成具有重要作用。

三、论述题

1.论述影响人身心发展的主要因素及其作用。（见 2015 年北京师范大学真题）

2.结合实际论述讲授法的有效性。（见 2014 年陕西师范大学真题）

2018 年湖南大学 333 教育综合真题·凯程详解

一、名词解释

1."六艺"（见 2012 年华东师范大学真题）

2."四书"（见 2014 年曲阜师范大学真题）

3."五育"并举（见 2011 年东北师范大学真题）

4."七艺"（见 2016 年华东师范大学真题）

5.人文主义教育（见 2013 年华东师范大学真题）

6.赫尔巴特教学阶段理论（见 2010 年北京师范大学真题）

二、简答题

1.简述教学过程的基本环节。（见 2020 年华东师范大学真题）

2.简述问题解决能力的培养。（见 2010 年华中师范大学真题）

三、论述题

1.论述认知学派的学习理论及其对教育的启示。

【答】（1）布鲁纳的学习理论及其启示。（见 2013 年杭州师范大学真题）

（2）奥苏伯尔的学习理论及其启示。（见 2019 年东北师范大学真题）

（3）加涅的学习理论及其启示。（见 2020 年华中师范大学真题）

2.论述教师专业化及其实现途径。（见 2015 年西南大学真题 +2020 年华东师范大学真题）

2019 年湖南大学 333 教育综合真题·凯程详解

一、名词解释

1."八条目"（见 2018 年浙江师范大学真题）

2."六经"（见 2016 年天津师范大学真题）

3.唐代科举考试的主要方法

【答】唐代科举考试的主要方法有帖经、墨义、口试、策问、诗赋五种。（1）帖经：各科考试中普遍应用的方法，类似如今的填空考试，侧重考查考生的记忆背诵能力。（2）墨义：一种简单的对经义的笔试问答，主要考查记忆能力。（3）口试：一种简单的对经义的口头问答。（4）策问：考察一个人治国安邦的才能，题目的范围是人事政治，也称方略策、时务策。（5）诗赋：要求考生当场写作诗、赋各一篇，主要考查学生的文学修养和文学创作能力。

4.三舍法（见2013年北京师范大学真题）

5.蒙学的主要识字教材

【答】我国古代历来重视蒙学教材的编写，且蒙学起源较早。（1）最早的蒙学教材见载于西周时代的《史籀篇》，秦代蒙学识字读本《仓颉篇》是秦始皇统一文字的范本。（2）宋元时期的蒙学教材，按内容的侧重点，大致分为五类，其中识字教学类有流传最广的"三、百、千"（南宋王应麟的《三字经》、北宋初的《百家姓》、南朝梁周兴嗣的《千字文》），主要目的是教儿童识字、掌握文字工具，同时也综合介绍一些基础知识。

6.颜元

【答】颜元，明末清初杰出的教育家。他深刻地批判了程朱理学脱离实际的书本教育，为了培养"实才实德之士"，颜元提出了"真学""实学"的教育内容，以及"实文""实行""实体""实用"的教学原则。他亲自创办漳南书院，陈设"六斋"，反对理学，实行"分斋教学"，并规定了各斋的具体教育内容。颜元注重实践的教育思想对今天的教育仍有很强的借鉴意义。

二、简答题

1.简述教师主导地位与学生主体地位的关系。（见2010年北京师范大学真题）

2.简述认知同化学习理论。（见2015年山东师范大学真题）

三、论述题

1.论述因材施教的教学原则及其基本要求。（见2019年华东师范大学真题）

2.论述罗杰斯学习理论的观点及教育价值。（见2017年华中师范大学真题）

2020年湖南大学333教育综合真题·凯程详解

一、名词解释

1.《大学》（见2019年华中师范大学真题）

2.太学（见2012年苏州大学真题）

3."先生"大学

【答】中世纪大学按领导体制可分为"学生"大学与"先生"大学两种。"先生"大学是指由教师掌管校务，教授的选聘、学费的数额、学期的期限和授课时数等学校诸事均由教师决定。

4.雅典教育中的"三艺"（见2015年上海师范大学真题）

5.《颜氏家训》（见2019年北京师范大学真题）

6.苏格拉底法（见2011年北京师范大学真题）

二、简答题

1.简述教学中掌握知识与发展智力的关系。（见2012年东北师范大学真题）

2.简述维果茨基的最近发展区。（见2018年湖南师范大学真题）

三、论述题

1.结合实际谈谈因材施教。（见2019年华东师范大学真题）

2.结合自己报考的学科教育或教育管理专业，依据心理学的内在动机理论，谈谈如何激发学生的学习动机或老师的学习动机。（见2012年华东师范大学真题）

2021年湖南大学333教育综合真题·凯程详解

一、名词解释

1.形式教育派（见2017年杭州师范大学真题）

2."七艺"（见2016年华东师范大学真题）

3.稷下学宫（见2020年北京师范大学真题）

4.罗森塔尔效应（见 2012 年首都师范大学真题）

5.班级授课制（见 2016 年北京师范大学真题）

6.因材施教（见 2010 年东北师范大学真题）

二、简答题

1.简述学科课程、活动课程的特点及其关系。

【答】（1）学科课程、活动课程的特点。（见 2013 年杭州师范大学真题）

（2）学科课程与活动课程的关系。（见 2015 年陕西师范大学真题）

2.简述苏格拉底的产婆术。（见 2013 年东北师范大学真题）

3.简述学习动机的类型。

【答】（1）根据学习动机的动力来源，可分为内部学习动机和外部学习动机。内部学习动机是指人们由学习本身的内在需要所引起的动机。外部学习动机是指人们由外部诱因所引起的动机。

（2）奥苏伯尔根据学习动机影响学生学业成就的不同，将学习动机分为认知内驱力、自我提高内驱力与附属内驱力。认知内驱力是个体了解、理解和掌握知识，以及系统地阐述问题并解决问题的需要，是一种内部动机。自我提高内驱力是个体因自己的胜任能力或工作能力而赢得相应地位的需要，是一种外部动机。附属内驱力是个体为了获得和保持他人的赞许和认可而表现出来的把工作做好的一种需要，它也是一种外部动机。

（3）根据学习动机起作用的范围不同，可分为个人动机与情境动机。个人动机是与个体自身的需求、信念和价值观以及性格特征密切相关的动机。情境动机是与情境因素密切相关的动机。

（4）根据学习动机在活动中的地位，可分为主导性动机和辅助性动机。主导性动机是对学习活动起支配作用的动机。辅助性动机是对学习行为起辅助作用的动机。

（5）根据动机的作用与学习活动的关系远近，可分为近景的直接性动机和远景的间接性动机。近景的直接性动机是指与近期目标相联系的一类动机。远景的间接性动机是指动机行为与长远目标相联系的一类动机，也就是说与学习的社会意义和个人的前途相联系。

（6）根据学习动机内容的社会意义，学习动机分为正确的、高尚的学习动机与错误的、低级的学习动机。

三、论述题

1.论述布鲁纳的认知结构教学理论及其对现代教育的影响。（见 2012 年云南师范大学真题）

2.根据 2020 年颁布的《2020 年教育评价深化改革》教育实践中的教育评价的问题，并根据所报考的教育管理和学科教育，分析应该怎样在实践中运用科学的教育评价方法。（见 2015 年辽宁师范大学真题）

2022 年湖南大学 333 教育综合真题·凯程详解

一、名词解释

1.实质教育派（见 2017 年杭州师范大学真题）

2.进步主义教育（见 2014 年北京师范大学真题）

3.最近发展区（见 2011 年北京师范大学真题）

4.因材施教（见 2010 年东北师范大学真题）

5.元认知（见 2010 年华中师范大学真题）

二、辨析题

人的发展的不平衡性决定教师的教育活动必须抓住身心发展的关键期。

【答】正确。

（1）人的发展的不平衡性是指在同一个体内，身心的发展不是同步进行的，这主要表现在两个方面：一方面，在不同的年龄阶段，其身心发展是不均衡的；另一方面，在同一时期，青少年身心不同方面的发展也是不均衡的，有的方面在较低的年龄阶段就达到了较高的水平，有的方面要在较高的年龄阶段才能达到成熟水平。

（2）依据人的身心发展的不平衡性特征，要求教育要掌握和利用人的发展的成熟机制，抓住发展的关键期，不失时机地采取有效措施，促进学生健康地发展。

综上所述，题干说法正确。

三、简答题

1. 简述学习策略的类型。（见2018年东北师范大学真题）

2. 简述夸美纽斯的学年制与班级授课制。（见2019年内蒙古师范大学真题）

四、论述题

1. 试述学习动机与学习效果的关系。（见2010年湖南师范大学真题）

2. 请结合教育教学策略，指出"双减"政策背景下面临的难题并提出相应的解决办法。

【答】（1）面临的难题：

①学生补课的需求真实、客观存在，禁止教培"一刀切"的做法是否合适。很多学生确实难以跟上课堂进度，需要进行一些补偿性的课业辅导，同时，学校教师任务繁重，难以顾及每位学生做针对性教学。

②高昂的一对一辅导费用和住家教师新职业，是否造成新的教育焦虑，是否加剧教育分层。一对一辅导价格高昂，一二线城市中住家教师这一新职业也在不断发展。所谓住家教师可以理解成"教育保姆"，可以定时辅导孩子的学习。然而这些高昂的费用同时也加剧了新的教育分层。

③禁止教培后学校教育的责任更重，如何实现教育质量均衡的义务教育。学生留在学校的时间变长了，需要学校进行思考如何设计并利用好这些时间。同时校与校之间差距较大，如何保证课后延时服务与暑假托管质量值得进一步思考。

（2）解决办法。（见2022年首都师范大学真题）

宁夏大学

2010年宁夏大学333教育综合真题·凯程详解

一、名词解释

1. 学校教育的特殊性

【答】学校教育属于一种特殊的社会环境，它具有极大的人为性。具有明确的目的，有指定的教育内容与活动计划，有系统的组织和特殊的教育条件。这些特殊性使学校在影响人的发展上具有独特的功能：（1）学校教育对个体的身心发展方向作出了社会性规范。（2）学校教育具有加速个体发展的特殊功能。（3）学校教育具有开发个体特殊才能和发展个体个性的功能。

2.《普通教育学》（见2014年南京师范大学真题）

3. 课程计划（见2016年江苏师范大学真题）

4. 特朗普制（见2018年杭州师范大学真题）

5. 社会学习论

【答】社会学习论包括：（1）社会认知论。班杜拉认为，儿童通过观察他们生活中重要人物的行为而习得社会行为。（2）交互作用论。学习不但会受外部环境的影响，而且会受到内部认知的调节和自我调节的影响。（3）观察学习论。人类的学习有直接学习和间接学习两种形式。（4）自我效能论。这指个人对影响其生活的事件能够施加控制的信念。

6. 人力资本论（见2014年云南师范大学真题）

二、简答题

1. 简述教师专业化的基本条件。（见2015年西南大学真题）

2. 简述终身教育的含义及其基本性质。

【答】（1）含义。（见2015年北京师范大学真题）

（2）终身教育的基本性质包括：

①终身性：这是终身教育最大的特征。它突破了正规学校的框架，把教育看成是个人一生中连续不断的学习

过程，是人们在一生中所受到的各种培养的总和。

②全民性：终身教育的全民性是指接受终身教育的人，包括了所有的人。终身学习是现代社会给每个人提出的新课题。

③广泛性：终身教育既包括家庭教育、学校教育，也包括社会教育。可以这么说，终身教育包括人的各个阶段，是一切时间、一切地点、一切场合和一切方面的教育。

④实用性：表现在任何需要学习的人可以随时随地接受任何形式的教育。学习的时间、地点、内容、方式均由个人决定。人们可以根据自己的特点和需要选择最适合自己的学习。

3. 简述奥苏伯尔的认知同化论的主要观点。（见2015年山东师范大学真题）

4. 简述《学记》中关于教育教学的原则。（见2011年东北师范大学真题）

三、论述题

1. 论述我国传统价值取向中的消极因素对今天教育的影响。

【答】（1）重传统、重权威的价值取向对教育过程和师生关系的影响。支配中国师生关系的观念是师道尊严，即在教学与教育中无原则的服从教师的权威。在教学中，强调教师教的过程和作用，而忽视学生学的过程和作用；教师倾向于按事先安排好的方案教学，而不习惯于根据学生的实际情况灵活地安排；教师习惯于向学生提问，而不习惯于不断被学生提问。在思想教育方面，教师习惯于"教导"，而不习惯于平等地与学生交流。在班级管理上，教师习惯于发号施令和监督处罚，不习惯于引导学生的自我意识与自我管理。由于长期处于被动的地位，我国的学生多具有自信心、主动性、独立性、自学性及进取性不足的弱点。而这些特点是当今时代非常需要的品质。

（2）重功名的价值取向对中国当代的教育价值和教育质量观的影响。重功名反映在教育价值观就是把能否培养出"当官的""出名的"人作为评判教育是否成功的标准，把考取高等院校人数的多少，看作教育质量高低的标准。这种观念在现代的消极影响是：片面强调书本知识，忽视学生能力和创造力的培养，忽视兴趣、情趣、意志、个性等非智力因素的培养；片面强调少数尖子生的培养，忽视面向全体学生与教育质量的普遍提高。

（3）重忠孝的价值取向对当代中国的学生观的影响。从价值取向的角度看，不论孝还是忠，都表现一种建立在血缘和等级基础上的服从关系。这种价值取向影响教师对学生的态度，影响学生观的形成。在多数的教师和家长的眼中，顺从、听话、老实一直被看成是好学生的重要标志。

2. 试分析比较晏阳初与梁漱溟乡村教育思想的异同及对新农村教育的启示。

【答】（1）晏阳初与梁漱溟乡村教育思想的异同。（见2021年江苏师范大学真题）

（2）对新农村教育的启示：

①优先发展农村教育。晏阳初与梁漱溟的共同信念是"要救济中国，必先救济中国的农村，要建设中国，必先建设中国的农村"。当前，振兴农村教育依然是时代的要求，也是民族振兴、国家发展的要求。

②把培养农民作为新农村教育的核心任务。中国农民是社会主义新农村的主体，没有农民的参与，没有农民综合素质的提高，新农村建设将会成为无本之木、无源之水。新农村建设要求培养观念新、有文化、讲文明、懂技术、会经营的新型农民。

③在教育内容上，培养新型农民应强调实际知识技能的掌握，晏阳初的"四大教育"可以借鉴。但是在强调掌握技术、技能的同时，丝毫不能放松对农民进行精神陶冶，梁漱溟提倡的"精神陶冶"，就是要培养农民的思想道德素质、心理素质与政治素质。

④在教育方式上，农民技能培训要结合正规训练和非正规培训。正规培训如晏阳初的"学校式教育"和梁漱溟的"知识教育和精神陶冶"；非正规培训如晏阳初的"家庭式教育""社会式教育"与梁漱溟的"生产劳动和自卫训练"等都可以借鉴。

3. 试述激发和培养学生学习动机的主要措施。（见2012年华东师范大学真题）

4. 试评裴斯泰洛齐教育心理学化的提出背景、基本主张和历史意义。（见2016年湖南师范大学真题）

2011年宁夏大学333教育综合真题·凯程详解

一、名词解释

1. 教育双轨制（见2017年北京师范大学真题）

2. 道德体谅模式

【答】体谅模式也称"学会关心"的道德教育模式，形成于20世纪70年代初，风靡于英国和北美，是英国教育家麦克菲尔和他的同事诺丁斯创立的。体谅模式把道德情感的培养置于中心地位。理论假设：（1）与人友好相处是人类的基本需要，帮助学生满足这种需要是教育的重要职责。（2）道德教育重在提高学生的人际意识和社会意识，引导学生学会关心、学会体谅。（3）鼓励处于社会试验期的青少年试验各种不同的角色和身份。（4）教育即学会关心。

3. 课程标准（见2015年北京师范大学真题）

4. 先行组织者（见2010年北京师范大学真题）

5. 平行教育原则（见2021年杭州师范大学真题）

6. 课外活动（见2014年内蒙古师范大学真题）

二、简答题

1. 简述孔子的教育思想的主要表现。（见2012年北京师范大学真题）

2. 简述教育对文化的作用。（见2016年北京师范大学真题）

3. 简述斯金纳提出的程序学习的编程原理。

【答】（1）小步子原则：把学习的整体内容分解成由许多知识片段所构成的教材，把这些知识片段按难度逐渐增加排成序列，使学生循序渐进地学习。

（2）积极反应原则：要使学生对所学内容作出积极的反应。

（3）及时强化（反馈）原则：对学生的反应要及时强化，使其获得反馈信息。

（4）自定步调原则：学生根据自己的学习情况，自己确定学习的进度。

操作方法：把一门课程的教学总目标分为许多小步骤，学习者每完成一步，课后都会及时得到强化，然后进入下一步骤的学习。在学习过程中，学生可以自定步调，自主进行反应，逐步达到总目标。

4. 简要介绍终身教育的主张。（见2015年北京师范大学真题）

三、论述题

1. 结合实际，谈谈如何实现我国的教育目的。

【答】（1）我国教育目的的精神实质。（见2012年北京师范大学真题）

（2）实现我国教育目的的途径：①要坚持教育事业的社会主义方向培养，要坚持政治思想道德素质与科学文化知识能力的统一。②学生要在德、智、体、美、劳等方面全面发展，要求坚持脑力和体力的和谐发展。③要适应时代的要求，强调学生个性的发展，培养学生的创造精神和实践能力。④实现我国教育目的的基本途径是教育与生产劳动和社会实践相结合。

2. 论述科尔伯格的道德发展阶段论及其在学校道德教育上的主张。（见2013年华东师范大学真题）

3. 试述教师与学生的关系。（见2017年南京师范大学真题+2019年陕西师范大学真题）

4. 分析陶行知的生活教育理论及其现实意义。（见2014年北京师范大学真题）

2012年宁夏大学333教育综合真题·凯程详解

一、填空题

1.《关于改革学制的决定》　2. 赫尔巴特　3. 双轨学制

4. 孟禄　5.《学记》　6. 壬戌学制　7. 目的明确

8.《大教学论》　9. 皮亚杰　10. 维果茨基　11. 多元智能理论

12. 桑代克　13. 巴甫洛夫　14. 自律阶段　15. 教材中心

16.《教育漫画》　17. 卢梭

二、名词解释

1. 教育（见2014年北京师范大学真题）

2. 学习（见2013年陕西师范大学真题）

3. 发现学习（见2017年华东师范大学真题）

4.学习动机（见2013年北京师范大学真题）

5.自我效能感（见2014年华东师范大学真题）

6.技能（见2011年华中师范大学真题）

7.品德（见2015年湖南师范大学真题）

8.校本课程（见2010年陕西师范大学真题）

9.教学（见2013年陕西师范大学真题）

三、简答题

1.学生学习的基本特点有哪些?（见2020年上海师范大学真题）

2.如何激发学生的学习动机?（见2012年华东师范大学真题）

3.培养心智技能的方式有哪些?（见2016年华中师范大学真题）

4.简述科尔伯格道德发展的阶段和水平。（见2013年华东师范大学真题）

5.如何矫正学生的不良行为?（见2012年华南师范大学真题）

6.如何建立良好的师生关系?（见2019年陕西师范大学真题）

四、案例分析题

1.请结合案例谈谈我们应该如何应对挫折。

【答】（1）正确认识挫折。要提高承受挫折的能力，首先要正确认识挫折，建立一个正确的挫折观。事实上，挫折并不都是坏事，处理得好的话，它也可以成为自强不息、奋起拼搏、争取成功的动力和精神催化剂。只要能坦然面对挫折，树立战胜挫折的勇气和信心，就可以适应任何变化中的环境。

（2）改变不合理观念。心理学研究表明，引起强烈挫折感的与其说是挫折、冲突，不如说是受挫者对所受挫折的看法，以及所采取的态度。日常生活中面对挫折时，我们要改变不良的认知方式，纠正错误的观念，实事求是地评价挫折带来的后果，才能从根本上解决问题。

（3）加强修养，勇于实践。在日常生活中，应主动、自觉地将自己置身于充满矛盾的、复杂的社会环境中去磨炼，向生活学习，而不是逃避社会。同时，还应提高自身的思想修养、道德修养和知识素养，培养"慎独"精神，养成冷静思考的习惯。从心理发展的角度看，积极主动的适应、勇敢顽强的拼搏、反复不懈的磨炼，会促进心理朝着健康、向上的方向发展。

（4）优化自身人格品质。提高承受挫折的能力应从培养良好的人格品质入手，从细微小事中严格要求自己，努力在实践中锻炼，使自己的心理得到充分、有效的发展，心理健康达到高水平的状态。

2.试用所学教育学知识，揭示案例中所反映的教育学原理。

【答】（1）教师要言传身教。要充分认识到自己的一言一行对学生的潜移默化作用。教师的言行和处理问题的方式对学生会产生重要的教育影响。因此，教师应该规范自身行为，为学生树立优秀榜样。该教师把粉笔灰吹向讲台方向，照顾到了讲台下的学生，能够为他人考虑，为学生树立了榜样。

（2）体现了教师的职业道德。教师的职业道德又称"教师道德"或"师德"，是指教师在从事教育劳动中所遵循的行为准则和必备的道德品质。当前，教师职业道德的时代特征主要有爱国守法、爱岗敬业、教书育人、关爱学生、为人师表、终身学习。该教师能够做到关爱学生，为人师表。

（3）教师队伍的素质直接决定着学校的办学能力和水平。教师要不断加强师德修养，自觉增强职业荣誉感、历史使命感和社会责任感，以培育优秀人才、发展先进文化和推进社会进步为己任，站在时代的前列，树立高尚道德情操和伟大精神追求，甘为人梯，身体力行，"敬业、精业、乐业"，努力做受学生爱戴、让人民满意的教师。

五、论述题

教育在个体发展过程中具有哪些功能影响? 试分别对其进行详细分析。（见2020年陕西师范大学真题）

2013年宁夏大学333教育综合真题·凯程详解

一、填空题

1.经验主义课程论	2.美国	3.上课	4.《普通教育学》
5.维果茨基	6.加德纳	7.讲授法	8.了解学生

9. 班级授课制   10. 循序渐进

二、名词解释

1.《学记》（见 2013 年东北师范大学真题）

2. 智者派（见 2018 年东北师范大学真题）

3. 学习动机（见 2013 年北京师范大学真题）

4. 教科书（见 2017 年华南师范大学真题）

三、简答题

1. 简述蔡元培的主要教育思想。（见 2013 年北京师范大学真题）

2. 简述永恒主义教育流派的基本主张。（见 2010 年华东师范大学真题）

3. 简述信息社会教育的基本特征。（见 2010 年云南师范大学真题）

4. 试述衡量一堂好课的基本标准。（见 2010 年华中师范大学真题）

5. 简述当代教学观念变化的趋势。（见 2019 年首都师范大学真题）

6. 教育要适应人的身心发展的哪些规律和特点？

【答】（1）人的身心发展的一般规律。（见 2010 年华中师范大学真题）

（2）人的身心发展的特点。（见 2012 年云南师范大学真题）

四、论述题

1. 试论科举制及其在中国教育史上的作用和影响。（见 2019 年华中师范大学真题）

2. 试分析影响智力发展的各种因素及其关系。

【答】（1）影响智力发展的因素：

①遗传素质。如机体的结构、形态、感官和神经系统的特点及本能、天赋倾向等。

②环境因素。主要包括自然环境、社会环境和家庭环境。

③个体的主观能动性。包括个体在后天生活中形成的人生态度、价值理想、道德品质、知识结构、身体素质、个性特征等。

④学校教育。主要是指教师与学校环境和氛围的影响。

（2）各因素之间的关系：遗传素质是智力发展的自然前提，它决定了智力发展的潜在的可能范围，而环境因素、学校教育、个体的主观能动性等后天因素则决定智力发展的程度。因此促进智力发展应从早期教育、学校教育和组织实践活动三方面入手。

3. 试论述如何激发学生的学习动机。（见 2012 年华东师范大学真题）

2014 年宁夏大学 333 教育综合真题·凯程详解

一、选择题

1～5. CAADD   6～7. AB

二、名词解释

1. 先行组织者（见 2010 年北京师范大学真题）

2. 学习（见 2013 年陕西师范大学真题）

3. 成就动机（见 2010 年陕西师范大学真题）

4. 学习动机（见 2013 年北京师范大学真题）

5. 自我效能感（见 2014 年华东师范大学真题）

6. 技能（见 2011 年华中师范大学真题）

7. 品德（见 2015 年湖南师范大学真题）

8. 程序教学（见 2017 年天津师范大学真题）

三、简答题

1. 简要介绍教育起源的几种学说。（见 2020 年广西师范大学真题）

2.简述激发学生学习动机的基本举措。（见2012年华东师范大学真题）

3.简述实用主义教育学的基本观点。（见2014年首都师范大学真题）

4.简述科尔伯格道德发展的阶段和水平。（见2013年华东师范大学真题）

5.简述矫正学生不良行为的基本方式。（见2012年华南师范大学真题）

6.简述当代教学观念发展的新趋势。（见2019年首都师范大学真题）

四、案例分析题

1.你是如何看待这一问题的，试用所学的教育学理论分析这一现象。

【答】（1）面对学生画影子的举动，教师不是鼓励夸奖而是批评教育学生，扼杀了学生的创新力，禁锢了学生的思维，不利于儿童的身心发展，所以我认为老师的这一行为是不正确的。

（2）幼儿期是创造性思维形成的黄金时期，幼儿具有创造力的萌芽，他们的创造力具有不自觉性、不稳定性和可塑性强等特点，利用他们的可塑性对他们进行早期教育，使其创造力趋向自觉、稳定，让其处于萌芽状态的创造力得到发展是幼儿教育的一个重要任务。

（3）学生创造性的培养措施。（见2011年北京师范大学真题）

2.试用所学教育学知识，揭示案例中所反映的教育学原理。（见2012年宁夏大学真题）

五、论述题

1.联系实际，试分析和论证如何组织和建立一个良好的班集体。（见2014年华东师范大学真题）

2.试分析教育在个体发展过程中各种具体功能的影响作用。（见2020年陕西师范大学真题）

2015年宁夏大学333教育综合真题·凯程详解

一、选择题

1～5. AAACC

二、名词解释

1.内隐学习（见2019年浙江师范大学真题）

2.知识（见2016年华南师范大学真题）

3.教育制度（见2012年华东师范大学真题）

4.校本课程（见2010年陕西师范大学真题）

5.教学设计（见2016年首都师范大学真题）

三、简答题

1.简述教育在个体发展过程中的基本功能。（见2020年陕西师范大学真题）

2.简述知识经济时代如何培养学生的人文精神和创新精神。

【答】（1）人文精神是一种普遍的自我关怀，表现为对人的尊严、价值、命运的维护、追求和关切，对一种全面发展的理想人格的肯定和塑造。创新精神是指要具有能够综合运用已有的知识、信息、技能和方法，提出新方法、新观点的思维能力和进行发明创造、改革、革新的意志、信心、勇气和智慧。

（2）在知识经济时代，学校教育要实现人文精神与创新精神的统一。具体措施如下：

①营造鼓励创造的环境。学校应改革考试制度，增加学生自主选择课程的机会；家长应善于发现孩子的创造性；社会应为学生提供创造性的人物榜样。②培养创造性的教师队伍。转变教师教育教学观念；教给教师必要的创造技法和思维策略；不断学习关于创造性的心理学知识。③发展和培养创造性思维。加大思维的"前进跨度""联想跨度"和"转换跨度"；给学生大胆探索与推测的机会。④塑造学生的创造人格。保护好奇心；消除学生对错误的恐惧心理；鼓励独创与多样。⑤开设创造课程，教授创造方法。创造方法有头脑风暴法、系统探求法、联想类比法、组合创新法等。⑥在日常生活中，教师和家长要注重培养学生移情和同理心，引导学生与人合作交流。⑦带领学生走进大自然，接触原始自然的一草一木，培养学生的人文精神。

3.简述皮亚杰发展理论对教育的影响。（见2010年南京师范大学真题）

4.简述工业社会时期教育的基本特征。

【答】（1）现代学校的出现和发展；（2）教育与生产劳动从分离走向结合，教育的生产性日益突出；（3）教育的公共性日益突出；（4）教育的复杂程度和理论自觉性都越来越高，教育研究在推动教育改革中的作用越来越大。

四、案例分析题

1.试用教育学、教育心理学理论分析其中的原因。（见2013年杭州师范大学真题）

2.（1）从教育的社会功能角度，分析材料观点的合理性。

（2）根据相关理论分析材料中教育目的的价值取向。

【答】（1）合理性：针对当时国弱民贫的严峻现实，以及满足于个人完善、培养圣贤的教育传统，论者更加强调发挥教育的社会功能，通过培养人的社会意识和能力，服务社会公共事业，促进社会进步。这种主张切中时弊，具有历史进步意义。20世纪以来教育对经济发展、文化变革、政治变革、道德进步的促进作用日益突出，论者在20世纪之初就洞察到教育的社会功能，颇具远见。

（2）①材料中"夫教育目的不能仅在个人。当日多在造成个人为圣为贤，而今教育之最要目的，在谋全社会的进步"表明教育目的不仅在于个人，更在于社会。当今教育最重要的目的不在于造就圣贤，而在于谋求社会进步，培养具有效劳社会的能力的新人。这表明论者在教育目的上具有鲜明的社会本位价值取向。

②教育目的的社会本位论。（见2020年山东师范大学真题）

五、论述题

联系实际，试说明教师职业倦怠的成因及对策。

【答】（1）教师职业倦怠是指教师在工作一段时间后，有部分教师会对工作提不起兴趣，对职业充满厌倦情绪，工作绩效明显降低，身体疲惫。教师是职业倦怠的高发人群。教师职业倦怠与教师的年龄和教龄因素、角色定位因素、人格因素、社会支持因素、个人成就感因素等直接相关。

（2）教师要树立正确的学生观，即对学生有正确的认识态度和看法。正确的学生观主要包括：①教师要真正认识到学生是一个客观存在的、有独立意识的人；②教师要正确认识到学生是有个性差异的、独特的人；③学生是学习的主体；④学生是有巨大的发展潜能并处于发展中的人；⑤在教学过程中，教师与学生的位置是可以转化的，学生可以是教师，教师也可以是学生，要建立民主、平等的师生关系；⑥教师要及时反思自己的教育教学行为，心中有学生，增强服务意识；⑦教师要正确地评价学生。

2016年宁夏大学333教育综合真题·凯程详解

一、名词解释

1.教育（见2014年北京师范大学真题）

2.美育（见2010年东北师范大学真题）

3.学习动机（见2013年北京师范大学真题）

4.学习策略（见2015年北京师范大学真题）

5.课程（见2019年北京师范大学真题）

二、简答题

1.简述农业社会教育的基本特征。

【答】（1）古代学校的出现和发展：①以古典学校为主。②学校的目的是培养古代统治阶级所需要的人才。③课程内容主要是古典学科，教学方法强调严格的纪律和严酷的体罚。④教学组织形式以个别化教学为主。⑤师生关系反映了农业社会的阶级关系、等级关系。⑥劳动人民被排斥在学校教育体系之外。

（2）教育阶级性的出现和强化：教育的阶级性不仅体现在教育权和受教育权上，而且还体现在教育目的、教育内容、教育方法、教师的选择和任用等方面。

（3）学校教育与生产劳动相脱离：由于不劳而获的统治阶级对学校教育权的控制，他们要求自己的子弟学习一些统治术、战争术和外交术；在思想观念上影响他们轻视生产劳动和与之有关的知识技能。

2.简述教育学的价值。（见2016年首都师范大学真题）

3.一堂好课的基本标准是哪些？（见2010年华中师范大学真题）

4.简述如何矫正学生的不良行为。（见2012年华南师范大学真题）

三、案例分析题

试用所学教育学原理分析其中的道理。

【答】（1）渔霸的女儿在老渔民的培养下成了一个武艺高强的渔民起义领袖，老渔民的女儿在渔霸的教育下却成了一个弱不禁风的娇小姐，体现了遗传素质在人的身心发展过程中不起决定作用，教育、环境和个人的主观能动性在人的身心发展中起重要作用。

（2）人的身心发展的主要影响因素及其作用。（见2015年北京师范大学真题）

四、论述题

1.结合实际，论述良好师生关系建立的基本策略。（见2019年陕西师范大学真题）

2.结合实际，试分析如何培养学生的学习兴趣。

【答】（1）利用教师的期望效应培养学生的学习兴趣。教师的期望对学生具有深刻的影响，只有教师把学生看作渴望学习的人，学生才更有可能成为渴望学习的人。

（2）利用学生已有的动机和兴趣形成新的学习兴趣。教师可以利用学生爱好的游戏或其他科技、文体活动的动机和兴趣，使这些已有的动机和兴趣与学习发生联系，把这些活动的动机转移到学习上。

（3）加强课外活动指导，发展学习兴趣。课外阅读和课外活动对于培养兴趣、增长知识、开阔视野是极好的途径。教师要针对学生的个别差异，指导学生的课外阅读和课外活动，培养学生的学习兴趣。

2017年宁夏大学333教育综合真题·凯程详解

一、名词解释

1.内隐学习（见2019年浙江师范大学真题）

2.校本课程（见2010年陕西师范大学真题）

3.最近发展区（见2011年北京师范大学真题）

4.学习（见2013年陕西师范大学真题）

5.教学（见2013年陕西师范大学真题）

二、简答题

1.简述教育在个体发展过程中的基本功能。（见2020年陕西师范大学真题）

2.简述知识经济时代如何培养学生的人文和创新精神。（见2015年宁夏大学真题）

3.简述如何矫正学生的不良行为。（见2012年华南师范大学真题）

4.阐述基于问题教学模式的基本学习环节。

【答】问题教学模式就是教材的知识点以问题的形式呈现在学生的面前，让学生在寻求、探索解决问题的思维活动中，掌握知识、发展智力、培养技能，进而培养学生自己发现问题和解决问题的能力。"问题教学"为学生提供了一个交流、合作、探索、发展的平台，在教学活动中以"问题"为线索，基于问题情境发现探索知识、掌握技能，促进学生创造思维的发展。

（1）创设问题情境，激活学生思维。实践证明，疑问、矛盾、问题是思维的"启发剂"，它能使学生的求知欲由潜伏状态转入活跃状态，有力地调动学生思维的积极性和主动性，是开启学生思维器官的钥匙。有经验的教师都很注意通过质疑问难，创设问题情境，让学生在这些问题面前自求自得、探索思悟。创设情境可以用提问法、激情法、演示法、故错法等。

（2）讲究"布白"艺术，追求启发思维的实效。"布白"艺术，即指在教学中要留有余地，让学生在利用想象填补空白的过程中，追求启发思维的艺术效果。因此，这种"布白"有利于激发学生的求知欲，提高学生探究并解决问题的兴趣。

5.简述班杜拉自我效能感的基本功能。（见2011年西北师范大学真题）

三、案例分析题

1.试分析日本教育中的合理性，中国教育中的合理性和不合理性。

【答】（1）日本教育中的合理性：

①日本的教师，以儿童为中心、主体，关注个体，张扬个性，注重真实的学习情景创设。②课堂氛围民主、开放，凸显的是自由自主的情景化、活动化、个性化的体验学习，学习者的内部言语操作过程非常鲜明，不关注学习结果。③善于启发学生，培养学生的创新能力。日本的教师在面对孩子画出的方苹果时，耐心地询问了学生为什么画方苹果，在得知原因之后鼓励学生说"你真会动脑筋，祝你早日培育出方苹果"，肯定了学生的创造性。

（2）中国教育中的合理性：

①知识本位的课程具有结构性、系统性、简约性等优点，非常有助于学生学习和巩固基础知识，也易于教师教授。②中国的教师也有意识地去培养学生的创造性，为学生有创造力而感到开心。

（3）中国教育中的不合理性：

①中国的教育是知识本位的，当学生画出五颜六色、形状各异的苹果时，家长愤怒了，因为这些"苹果"不符合常识，不是真正的苹果。②注重学科知识，强调知识本位，这忽视了学生实践能力和创新精神的培养。③中国的教育以教师为主体，注重预设和控制，强调"教"的过程，轻视"学"的过程，关注学习结果，凸显的是接受性的、封闭性的、抽象的外部操作学习。教师在让学生画苹果的过程中并没有去和孩子们探讨为什么要画出这样的苹果，以至于家长看到结果只会很愤怒。④中国的教育缺乏创新性的条件。即使教师有意识地去培养孩子的创造性，也需要家长的配合。应该为孩子提供民主的管理与教育、宽松的学习环境。

2.请根据教师职业道德素养理论，结合案例谈谈教师如何把对学生的热爱落到实处。

【答】（1）教师职业道德。（见2019年华中师范大学真题）

（2）教师如何把对学生的热爱落到实处：

①热爱教育事业，富有奉献精神和人文精神。热爱教育事业，是搞好教育工作的基本前提。另外，教师还应具备基本的人文精神，要关怀学生的生存和发展、人生价值的实现，要关怀民族、人类的现实生存境遇和未来发展前景。

②热爱学生，诲人不倦。热爱教育事业具体体现在热爱学生上。爱学生是教师的天职，是教育好学生的重要条件。教师只有热爱学生，才能教育好学生。

③严于律己，为人师表。教师劳动具有示范性，因此教师必须以身作则，严于律己，凡是要求学生做到的，教师都要首先做到；凡是要求学生不能做的，教师都应首先自律。当学生向老师问好并敬礼时，教师也要以身作则，对学生有所回应。

四、论述题

1.试分析教育的日常概念与科学概念的区别及其内涵特征。

【答】（1）教育的日常概念是广义的教育，凡是有目的地增进人的知识技能，影响人的思想品德，增强人的体质的活动，不论是有组织的还是无组织的，系统的还是零碎的，都是教育。它包括人们在家庭中、学校里、亲友间、社会上所受到的各种有目的的影响。每个人的发展普遍受到广义的教育的影响。

（2）教育的科学概念是指狭义的教育，是指教育者专门组织的不断趋向规范化、制度化和体系化的教育，主要指学校教育。学校教育是一种狭义的教育，指教育者根据一定社会或阶级的要求，遵循年轻一代身心发展的规律，有目的、有计划、有组织地引导受教育者获得知识技能，陶冶思想品德，发展智力、体力的一种活动，以便把受教育者培养成一定社会和阶级所需要的人。人的身心发展受多种因素的影响和制约，其中学校教育起着主导作用。

（3）教育所具有的本质属性，即教育是一种有目的地培养人的社会活动，这是教育区别于其他现象的基本特征，是教育的质的规定性。

2.试评析当代教育学发展的状态。

【答】（1）教育学的研究领域发展到20世纪末，研究的问题领域已经从微观的教育教学过程扩展到了高等教育，从正规教育扩展到了非正规教育，从学校教育扩展到了社会教育等。

（2）教育学研究学科的基础进一步扩展。以前教育学研究学科的基础主要是哲学和心理学，而当代教育学研究学科的基础涵盖了更加广阔的学科领域，如生理学、社会学等。

（3）教育学领域范式的多样化。有的从科学主义的角度，强调对教育活动中数量关系的描述；有的从人文主义的角度，强调对教育活动中非数量关系的质的东西进行分析；还有的介于两者之间，综合运用科学主义与人文主义的研究方法来促进教育学的研究。

（4）教育学加强了对自身的反思，形成了教育学的元理论。

（5）教育学的进一步分化与综合，教育科学体系逐步形成。出现了许多平行性分支学科和交叉性分支学科，构成了以普通教育学为基础，以分支学科为支持的庞大的教育科学体系。

（6）教育学与教育改革的关系日益密切。当代教育学的研究者们更关心的是教育实践中到底存在哪些问题，问题产生的原因是什么以及如何解决这些问题等。

（7）教育学的学术交流与合作日益加强。各国之间不断加强的教育交流和合作交流，有利于各国互相取长补短，以发展本国的教育事业与拓宽教育研究的视野。

（8）教育理论异彩纷呈，出现了许多影响广泛并对教育实践产生重大指导意义的教育理论。例如，布鲁纳的结构课程理论、赞科夫的实验教学论体系等。

（9）教育理论与教育实际的结合日益紧密。①学者关心教育实践中存在的问题，为教育实践都提供理论支持，提高教育实践活动的自觉性和实效性。②广大教育实践工作者通过行动研究，将教育经验升华为教育理论，并在教育实践中发展和完善教育理论。

2018年宁夏大学333教育综合真题·凯程详解

一、名词解释

1. 学习迁移（见2011年湖南师范大学真题）
2. 教育制度（见2012年华东师范大学真题）
3. 教学设计（见2016年首都师范大学真题）
4. 校本课程（见2010年陕西师范大学真题）
5. 教育（见2014年北京师范大学真题）

二、简答题

1. 简述皮亚杰教育理论对教学的启示。（见2010年南京师范大学真题）
2. 简述工业社会教育的特征。（见2015年宁夏大学真题）
3. 简述一堂好课的基本标准。（见2010年华中师范大学真题）
4. 简述基于问题教学模式的基本学习环节。（见2017年宁夏大学真题）

三、案例分析题

1. （1）从教育的社会功能角度，分析材料观点的合理性。

（2）根据相关理论分析材料中教育目的的价值取向。

【答】（1）教育的社会功能。（见2015年宁夏大学真题）

（2）教育目的的价值取向。（见2010年北京师范大学真题）

2. 运用所学教育学原理对材料中的现象给出原因及防范措施。

【答】（1）材料中悲剧产生的原因如下：①教师违反职业道德，体罚学生。②在学生受到教师体罚后，家长没有采取相应的措施，既没有反映给学校，也没有报警处理，更没有及时开导该学生，最终酿成了悲剧。③学校监管不力，没有将违反职业道德的教师及时清除出教师队伍。

（2）防范措施：建立完备的法律规范，保护未成年人的合法权益，禁止教师体罚学生。完善学校的管理制度，实行教师失德一票否决制，建立报告与举报渠道，设置应急预案，及时制止，避免事态严重。教师应该提高自身素质，遵守职业道德，培养融洽的师生关系，严于律己，为人师表。就家庭而言，当孩子遇到问题时，应该耐心地与孩子沟通，面对教师的过度体罚，应该及时向学校及有关部门反映，并寻找专业的人士为孩子做心理辅导，确保孩子的人身安全和心理健康。家校共同建立善后体系。当孩子受到创伤之后，要及时为孩子配备专业的心理咨询师，做好心理辅导并进行跟踪指导，让孩子感受到来自各方面的关爱，促进心理健康。

总之，学校、家庭、教师各方都要高度重视，参与到问题解决中以此来保护学生健康成长。

四、论述题

1. 阐述教育的个体谋生与享受功能的内涵及实现条件。

【答】（1）教育的个体谋生和享用功能。（见2015年首都师范大学真题）

（2）实现条件。①从学校教育内部来讲：a.学校教育要尊重受教育者的主观能动性与身心发展规律。b.学校教育办学水平。主要体现为：教育的物质条件、教师的素质、教育管理水平及其课程设置的合理性等。②从学校教育的外部来讲：a.家庭教育与学校教育的积极配合程度。b.社会发展的稳定性以及社会教育与学校教育的配合程度。c.科技、信息对学校教育的改造程度。

2.论述杜威生活教育理论与陶行知生活教育思想的联系及区别。（见2016年天津师范大学真题）

2019年宁夏大学333教育综合真题·凯程详解

一、名词解释

1.刻板效应

【答】刻板效应，又称刻板印象，它是指对某个群体产生一种固定的看法和评价，并对属于该群体的个人也给予这一看法和评价。刻板印象虽然可以在一定范围内进行判断，不用探索信息，迅速洞悉概况，节省时间与精力，但是往往可能会形成偏见，忽略个体差异性，人们往往把某个具体的人或事看作某类人或事的典型代表，把对某类人或事的评价视为对某个人或事的评价，因而影响正确的判断，若不及时纠正，会进一步发展或可扭曲为歧视。

2.教学（见2013年陕西师范大学真题）

3.归因理论

【答】韦纳在前人的基础上，对行为结果的归因进行了系统探讨，发现人们倾向于将活动成败的原因归结于六个因素：能力高低、努力程度、任务难易、运气好坏、身心状态、外界环境。他把这六个因素归为三个维度，即内部归因和外部归因，稳定归因和非稳定归因，可控归因和不可控归因。依据这三个维度，他把成就行为归因于能力、努力、任务难度、运气这四个有代表性的因素。

4.知识（见2016年华南师范大学真题）

二、简答题

1.简述班级授课制的定义、特点和优缺点。（见2020年北京师范大学真题）

2.现代教育的主要特点有哪些？（见2013年北京师范大学真题）

3.在实施新课程时教师应该有哪些理念？

【答】（1）重新定位的教学观。①充分调动学生的学习兴趣。②教学应服务于学生的学习方式。③教学内容要与实际生活相结合。

（2）挑战教师的素质观。首先，超越教材，带领学生就教材的内容进一步地延伸、修改、再创造；其次，超越课堂，教学应触及学生成长；最后，超越教师。

（3）促进全面发展的学生观。一切为了学生的发展是新课程的核心理念。教师要采取恰当的教育方式和手段，最大限度地挖掘学生的潜在能力，促进学生主动学习和主动发展。

（4）建立新型的师生观。①树立教育民主思想。②保护学生的合法权益。③加强师德师风建设。④教师要关爱学生。⑤体现教学的魅力，品味成功的喜悦。

总之，教师只有不断提高自身的综合素质、转变教育观念，才能适应新课改对教师的要求。

4.简述当代教学观念变化的趋势。（见2019年首都师范大学真题）

三、案例分析题

1.材料大意：名单上的学生进步快。（问题缺失，答案略）

2.材料大意：教师针对学生作业字迹潦草实行"小红花"奖励措施。（问题缺失，答案略）

四、论述题

1.评析当代教育学的发展状况。（见2017年宁夏大学真题）

2.班主任的作用是什么？如何组织和建立良好的班级群体？

【答】（1）班主任的作用：①班主任是班级的教育者和组织者，是学校领导进行教导工作的得力助手。②班主任是班级的全面管理者，在很大程度上决定了一个班级的精神面貌和发展趋势。③班主任是学生全面发展的主导者，深刻影响着班级里每个学生的全面发展。

（2）如何组织和建立良好的班级群体。（见2014年华东师范大学真题）

2020年宁夏大学333教育综合真题·凯程详解

一、名词解释

1. 教育目的（见2015年北京师范大学真题）
2. 教育制度（见2012年华东师范大学真题）
3. 知识（见2016年华南师范大学真题）
4. 德育（见2015年华南师范大学真题）
5. 学习压力

【答】学习压力是指学生在就学过程中所承受的来自环境的各种紧张和刺激，以及学生在生理、心理和社会行为上可测定、可评估的异常反应。适度的学习压力可以激发我们的干劲和潜能，使我们表现得更积极；而过度的学习压力则会使焦虑不断增加，影响学习效率和已有水平的正常发挥；学习没有压力，可能会使我们失去动力，止步不前。

二、简答题

1. 简述皮亚杰认知发展阶段理论的教育启示。（见2010年南京师范大学真题）
2. 简述班杜拉的自我效能感理论。（见2010年浙江师范大学真题）
3. 简述知识经济时代如何培养学生的人文精神和创新精神。（见2015年宁夏大学真题）
4. 简述教育的日常概念和科学概念的联系和区别。（见2017年宁夏大学真题）
5. 简述信息化教育的基本特征。（见2010年云南师范大学真题）
6. 举例并简述20世纪前期国内外的教育思潮。

【答】（1）20世纪前期国内的教育思潮。（见2020年华中师范大学真题）
（2）20世纪前期国外的教育思潮。（见2012年浙江师范大学真题）

三、案例分析题

（1）运用教师职业道德的相关理论作答。
（2）运用教育学原理，简述教师的竞争压力。

【答】（1）教师的职业道德是教师在从事教育劳动中所遵循的行为准则和必备的道德品质。它是社会职业道德的有机组成部分，是教师行业特殊的道德要求。它是调整教师与教师、教师与学生、教师与学校领导、教师与学生家长，以及教师与社会其他方面关系的行为准则，是一般社会道德在教师职业中的特殊体现。爱与责任是师德的核心与灵魂。当前，教师职业道德的时代特征主要有爱国守法、爱岗敬业、教书育人、关爱学生、为人师表、终身学习。

（2）教师从事的是一项复杂的工作，他们是否有压力对教学效果的影响较大。学校追求升学率、教师要应付各种考试、考查、考评，这给教师带来了很大的竞争压力。教师应该正确对待竞争压力，通过不断提升自己的专业水平、职业素养来减少这种压力。教师个体专业化的主要途径有：教师自身要有专业发展的观念和意识，寻求自我专业发展的途径；教师要积极参加职前培训（师范教育）与在职培训；制订自我生涯发展规划；进行教育研究；进行经常化、系统化的教学反思；对新教师进行入职辅导；在参与课程改革和课程开发中获得专业发展。

四、论述题

（1）如何将学生热情落到实处？（见2017年宁夏大学真题）
（2）教师如何调动学生学习的积极性？（见2012年华东师范大学真题）

2021年宁夏大学333教育综合真题·凯程详解

一、名词解释

1. 教育（见2014年北京师范大学真题）
2. 学制（见2019年北京师范大学真题）
3. 先行组织者（见2010年北京师范大学真题）

4.有教无类（见 2010 年北京师范大学真题）

二、简答题

1.简述《学记》的内容。（见 2011 年东北师范大学真题）

2.简述教师专业化发展。（见 2015 年西南大学真题）

3.简述教育要素的构成及关系。（见 2015 年北京师范大学真题）

4.简述行为主义的学习理论。（见 2011 年西北师范大学真题）

三、案例分析题

1.互联网＋教育。（材料不全，题干缺失）（见 2017 年首都师范大学真题）

2.校园欺凌。（材料不全，题干缺失）（见 2018 年杭州师范大学真题）

四、论述题

1.论述蒙台梭利的思想。（见 2017 年华中师范大学真题）

2.如何理解教育的过程就是学生生活的过程？

【答】（1）从杜威的教育即生活的理论来理解教育的过程就是学生生活的过程。杜威从教育与社会生活的关系这一角度提出"教育的本质即生活"。

①教育是生活的过程，学校是社会生活的一种形式。即教育与生活紧密联系，学校与社会紧密联系。

②教育不是为学生未来的生活做准备，而是为学生当下的生活做准备。学生的教育过程，就是学生为了更好地生活的过程。

③学校生活应与儿童自己的生活相契合。学生在学校接受教育的过程需要和学生的生活经验相联系，这样学生才能够更好地理解教育的过程。

④学校生活应与学校以外的社会生活相契合。学生在学校接受教育的过程，本身就是为了帮助学生更好地融入生活，为他们未来的生活做充足的准备。

（2）从陶行知的生活教育理论来理解教育的过程就是学生生活的过程。

①生活含有教育的意义。学生的生活无时无刻不包含教育的意义，而教育也是从生活的经验汲取的精华。

②实际生活是教育的中心。教育不能脱离学生的实际生活，教育要通过生活来进行，教育方法和内容都要根据生活的需要来确定。

③生活决定教育，教育改造生活。学生的生活能够帮助他们理解教育的原则、目的、内容、方法。同时，教育又可以帮助学生改善生活方式。

2022 年宁夏大学 333 教育综合真题·凯程详解

一、名词解释

1.内隐学习（见 2019 年浙江师范大学真题）

2.产婆术（见 2011 年北京师范大学真题）

3.书院（见 2017 年东北师范大学真题）

4.壬子癸丑学制

【答】1912—1913 年，教育部在参照日本学制的基础上，结合中国的实际经验，制定了中国近代第一个资产阶级性质的学制，称为"壬子癸丑学制"，又称"1912—1913 年学制"。其主系列划分为三段四级。小学阶段男女同校；设立师范类和实业类学校；大学不设经科，消除教育中的封建性和等级性；改进教学方法，反对体罚，使教育更加联系儿童实际，适应儿童身心发展。

5.多元智能理论（见 2011 年华南师范大学真题）

二、简答题

1.简述教育的价值。（见 2020 年西南大学真题）

2.简述朱子读书法。（见 2016 年华东师范大学真题）

3.简述永恒主义教育。（见 2010 年华东师范大学真题）

4.简述学习动机的作用。（见2016年内蒙古师范大学真题）

5.简述教育的文化创造功能。（见2016年北京师范大学真题）

三、论述题

1.论述影响课程改革的因素以及社会经济市场对课程改革的影响。（见2020年南京师范大学真题）

2.比较赫尔巴特和杜威的思想异同。（见2015年东北师范大学真题+2016年陕西师范大学真题）

四、案例分析题

1.论述支持培训机构的原因，不支持的原因，并提出解决方案。（材料缺失）

【答】（1）支持的原因：

①教育具有经济功能。教育能够产生经济效益，是经济发展的新的增长点，人力资本理论和其他多项研究表明，教育对经济增长的贡献率在30%以上，现代经济与经济增长之间呈显著正相关，这说明教育发展对经济增长具有明显的促进作用，培训机构的存在在一定程度上促进了经济的发展。

②教育具有社会流动功能。社会成员通过教育的培养、筛选与提高，能够在不同的社会区域、社会层次、职业岗位、科层组织之间转换、调整与变动，以充分发挥其个性特长，展现智慧才能，实现其人生价值。培训机构的存在能够弥补后进生在学习上的不足，在一定程度上促进教育的社会流动功能。

③个体发展具有差异性。个体身心发展的差异性要求教育必须从实际出发，充分考虑不同受教育者的发展特征，做到因材施教，有的放矢。培训机构中的兴趣培养可以满足学生的特长爱好，促进其个性发展。

（2）不支持的原因：

教育具有相对独立性。教育具有自身的活动特点、规律与原理，具有自身发展的传统与连续性。学校教育是有自己的形态的，教育机构是破坏了教育生态，打压了学生的学习热情，唯成绩论则增加了学生的负担，降低了学生的学习兴趣。

（3）解决方案：

①正确调整培训机构，破除唯成绩论、唯学科论的状况，激发和优化培训机构对于培养学生个性特长、兴趣爱好方面的正向功能，促进学生的个性发展。

②维护教育的生态。教育具有相对独立性，教育具有自身的活动特点、规律与原理，我们应以学校教育为主，保证教育发展的传统与连续性，将培训机构发展成为我们学校教育的辅助。

2.没有教不好的学生，只有教不好的老师，分析其原理。（材料缺失）（见2010年西南大学真题）

河南大学

2010年河南大学333教育综合真题·凯程详解

教育学部分

一、名词解释

1.学校教育制度（见2019年北京师范大学真题）

2.教师个体专业性发展（见2011年华东师范大学真题）

二、简答题

1.简述当代教育学的发展状况。（见2017年宁夏大学真题）

2.简述学生发展的含义及其一般规律。

【答】（1）学生发展的含义：指学生的全面、健康、和谐、可持续发展，这里的发展既包括知识、技能方面的发展，也包括过程、方法方面的发展；既包括情感、态度、价值观方面的发展，也包括形成健全的人格等方面的发展。

（2）学生发展的一般规律。（见2010年华中师范大学真题）

3.班级组织的功能包括哪些内容?

【答】(1)班级的社会化功能。班级作为学校实施教育的基本组织,是通过有意识地营造一个教育化的学生社会,借助教材的传授、班级各种活动的开展以及班级的人际交往,并利用班级的目标、规范舆论、班风等对学生的影响,为学生营造一个良好的环境,促使学生实现个体社会化。

(2)班级的个性化功能。它是指按照学生身心发展的特征、水平及差异性,通过班级的学习、活动、交往等途径,形成和发展学生的个性。

(3)班级的整合功能。它是指班级这个独立的教育实体对班级目标、班级组织、班级活动及班级的教育影响力具有整体优化组合、综合发挥效力的作用。

三、论述题

1.试述当代教育观的转变。

【答】(1)以人为本的理念。现代教育强调以人为本,把重视人、理解人、尊重人、爱护人、提升人和发展人的精神贯注于教育教学的全过程、全方位。它更关注人的现实需要和未来发展,更注重开发和挖掘人自身的禀赋和潜能,更重视人自身的价值及其实现,并致力于培养人的自尊、自信、自爱、自立、自强意识,不断提升人们的精神文化品位和生活质量,从而不断提高人的生存和发展能力,促进人自身的发展与完善。

(2)全面发展的理念。现代教育以促进人的自由全面发展为宗旨,因此它更关注人的发展的完整性、全面性。这就要求人们在教育观念上实现由精英教育向大众教育、由专业性教育向通识性教育的转变,在教育方法上采取德、智、体、美、劳"五育"并举、整体育人的教育方略。

(3)素质教育的理念。现代教育更注重教育过程中知识向能力的转化工作及将其内化为人们的良好素质,强调知识、能力与素质在人才整体结构中的相互作用、辩证统一与和谐发展。现代教育更加强调学生实践能力的锻造,全面素质的培养和训练,主张能力与素质是比知识更重要、更稳定、更持久的要素,把学生综合素质的培养与提高作为教育教学的中心工作来抓,以帮助学生学会学习和强化素质为基本教育目标,旨在全面开发学生的诸种素质潜能,使知识、能力、素质和谐发展,提高人的整体发展水准。

2.教师教育行为研究的过程包括哪些环节?并举例说明。

【答】教师教育行为是教师教育意识的外在表现,指教师在教育活动中为实现某种教育意图所采取的具体的教育行动。教师教育行为包括对具体教育过程的设计及实施,如确定与实施教育的具体目标、计划、内容、方法、组织形式等。

教师教育行为的研究是研究教师行为由不成熟发展到相对成熟的,具体可分为三个阶段。

(1)新手教师阶段。一般指刚走上工作岗位1~3年的教师。新手教师是实现由师范生向正式教师角色转换的时期,是所学理论与现实实践的"磨合期",也是教师专业发展的关键期,需要教师在知识、信念、态度和行为上不断作出调整。

例如,一般新手教师经过1~3年的教学实践,获得了一定教学经验后,一般都能顺利地成长为熟手教师。经过了理论知识与教学实践的磨合,新手教师获得了处理教学问题常规水平上的能力。

(2)熟手教师。这一阶段的教师成长可划分为三个阶段:第一阶段是"任务"阶段的熟手;第二阶段是"问题"阶段的熟手;第三阶段是"稳定"阶段的熟手。"稳定"阶段的熟手是教师从新手到专家的专业发展的重要时期,其核心问题在于教学专长能否在熟练水平上得到新的提高。

例如,从业10年以上的熟手教师在教学过程中具有较强的课堂情势的认知能力,能够通过观察、提问了解学生的知识掌握情况,甚至通过捕捉学生在学习活动时的表现来调控教学进程。

(3)专家型教师。一般认为,专家型教师主要具有以下特征:①具有丰富和组织化的专业知识;②具有较高的自动化问题解决水平和自我监控能力;③具有创造性地解决教学问题的能力。

例如,处于专家型的教师可以自动化地处理教学常规问题,将有限的心理资源投入到创新教学活动中;对教学问题的洞察力不断提高;具有高水平的教学自我监控能力;明确且稳定的教育信念;具有较高的创新水平。

心理学部分

一、名词解释

1.性格

【答】性格是指表现在人对现实的态度和相应的行为方式中的比较稳定的、具有核心意义的个性心理特征,它是一种与社会最密切相关的人格特征,在性格中包含有许多社会道德含义。性格表现了人们对现实和周围世界的态度，并表现在他的行为举止中。性格主要体现在对自己、对别人、对事物的态度和所采取的言行上。

2. 挫折

【答】挫折是指人们在有目的的活动中，遇到无法克服的阻碍。心理学上指个体有目的的行为受到阻碍而产生的必然的情绪反应，会给人带来实质性伤害，表现为失望、痛苦、沮丧、不安等。挫折易使人消极、妥协。

3. 前摄抑制

【答】前摄抑制（也称前摄干扰）是指先前所学的信息干扰了后面信息的学习。例如，当我们学习英语单词时，我们以前学习过的汉语拼音对我们的记忆有干扰，这就是前摄抑制。

4. 能力

【答】能力是完成一项目标或者任务所体现出来的素质。人们在完成活动中表现出来的能力有所不同。能力是顺利完成某一活动所必需的主观条件，是直接影响活动效率，并使活动顺利完成的个性心理特征。

二、简答题

心理健康的标准有哪些?（见2014年华中师范大学真题）

三、论述题

1. 结合实际，谈谈教育工作者应该如何根据学生的气质特征采取有效的教育方法。

【答】（1）对胆汁质类的学生，在教育方法上，要讲明道理，然后要耐心说服，尤其注意态度不能简单粗暴。教育中，老师应和蔼地教育学生遇事要沉着，做事要持之以恒，不断学会自制，同时还要鼓励学生在学习、活动、交往中表现出主动热情的一面，培养学生富于理性的勇敢进取、大胆创新等品质。

（2）对多血质的学生，要教育学生注意严格要求自己，要养成做事有计划、有目标、有要求的习惯，不能使他们感到无事可做。要教育他们培养稳定的兴趣，发挥他们热情奔放、机敏灵活的品质，要求他们在学习和生活中不要心猿意马、朝秦暮楚，做事要专心致志、持之以恒和敢于面对困难等。

（3）对黏液质的学生，教育者热心、有耐心。学习和活动的任务交给他们时，在讲清具体要求后，要支持他们独立地完成任务。要给予他们在集体中的活动空间和自我表现的机会，鼓励他们主动去探索新问题，诱导他们生动活泼、机敏灵活地完成任务。

（4）对抑郁质的学生，要注意多鼓励他们发挥自己善于思考的优势，多赞赏他们的优点，要有意地去放大他们的优点，缩小他们的缺点，并及时肯定他们的见解和有利的一面。教育群体中的同学要多给予他们关怀和帮助，绝不要轻易在公开场合批评和指责他们。

2. 请用心理学的知识解释上述现象。

【答】（1）环境对人身心发展的作用。（见2011年北京师范大学真题）

（2）材料中的现象与解决措施。（见2018年陕西师范大学真题）

2011年河南大学333教育综合真题·凯程详解

教育学部分

一、名词解释

1. 教育制度（见2012年华东师范大学真题）

2. 国家课程（见2011年首都师范大学真题）

二、简答题

1. 简述信息社会教育的主要特征。（见2010年云南师范大学真题）

2. 简述我国教育目的的精神实质。（见2012年北京师范大学真题）

3. 简述教师的职业角色。（见2018年东北师范大学真题）

三、论述题

1. 试述程序性知识及其教学设计。（见2018年南京师范大学真题）

2. 为什么说教师的研究属于行为研究？（见2012年首都师范大学真题）

心理学部分

一、名词解释

1. 感觉

【答】感觉是指人对于直接作用于感觉器官的客观事物的个别属性的反应。人对客观事物的认识是从感觉开始的，它是最简单的认识形式。例如，当菠萝作用于我们的感觉器官时，我们通过视觉可以反映它的颜色；通过味觉可以反映它的酸甜味；通过嗅觉可以反映它的清香气味；通过触觉可以反映它表面的粗糙。

2. 性格（见2010年河南大学真题）

3. 能力（见2010年河南大学真题）

4. 再造想象

【答】再造想象就是根据语言的表述或非语言的描绘（图样、图解、模型、符号记录等）在头脑中形成有关事物的形象的想象。例如，当你看到一个禁止吸烟标志，头脑会浮现出吸烟者的神情，浮现出吸烟引起火灾而导致人身和财产遭受损失的情景，这个过程就是再造想象。

二、简答题

1. 影响随意注意的因素主要有哪些？

【答】随意注意又称有意注意，是指有目的且需要一定意志努力的注意，是注意的一种积极、主动的形式。影响随意注意的因素主要包括：

（1）对注意目的与任务的依从性。随意注意是一种有预先目的的注意，目的越明显、越具体，随意注意就越容易保持。

（2）对兴趣的依从性。有趣的事物容易引起随意注意。在随意注意的产生中间接兴趣有重要作用。

（3）对活动组织的依从性。能否正确地组织活动也关系到随意注意的引起和维持。

（4）对过去经验的依从性。知识经验对随意注意也有重要的影响。一方面人们对自己异常熟悉的事物或活动可以自动地进行加工和操作，无须特别集中注意；另一方面人们想要在活动中维持自己的注意，又和他们的知识经验有一定关系。

（5）对人格的依从性。一个具有顽强、坚毅性格特点的人易于使自己的注意服从于当前的目的与任务；相反，意志薄弱、害怕困难的人不可能有良好的随意注意。

2. 简述情绪和情感的功能。

【答】情绪和情感同其他心理活动一样，也是脑的机能。从神经机制来看，情绪和情感是在客观现实的影响下，以大脑皮层活动为主导，皮层和皮层下中枢的神经过程协同活动的结果。情绪和情感具有以下功能：

（1）信号功能：表现在个人能够凭借表情实现人与人之间的信息的传递和思想的沟通。

（2）动力功能：指情绪情感对人的行为活动具有增力和减力的作用。

（3）组织功能：体现为积极的情绪情感对认知活动的协调、组织和促进的作用。

（4）感染功能：指个体产生某种情绪情感后，不仅自身感受到相应的主观体验，而且还可以通过表情外显为他人所知，进而引起他人相同相似的现象。

（5）保健功能：指情绪情感对一个人的身心健康有增进或损害的效能。

3. 简述哪些心理因素影响问题解决。（见2017年陕西师范大学真题）

三、论述题

根据创造性思维定义及其特点分析两位学生回答的优劣。（材料缺失）（见2015年首都师范大学真题）

2012年河南大学333教育综合真题·凯程详解

教育学部分

一、名词解释

1. **教学模式**（见2014年杭州师范大学真题）

2. **教学功能**（见2016年西南大学真题）

二、简答题

1. 简述德育的一般规律。（见2019年北京师范大学真题）

2. 简述班主任如何管理班级。（见2014年华东师范大学真题）

3. 简述教师专业化发展的途径。（见2020年华东师范大学真题）

三、论述题

论述新课改的趋势。（见2015年西南大学真题）

心理学部分

一、名词解释

1. 行为矫正治疗

【答】行为矫正治疗，又称行为改变或行为治疗。它是指通过行为分析，针对性开展和实施某些程序和方法，来帮助人们改变他们的行为。例如，对儿童口吃、发脾气、厌学、说谎、言行不一等不良行为的治疗或对成人酗酒等行为的矫正，以达到改进其生活的某些方面的目标。

2. 内隐记忆

【答】内隐记忆指在不需要意识或有意回忆的条件下，个体的过去经验对当前任务自动产生影响的现象，因为内隐记忆是在研究精神病患者的启动效应中发现的，所以人们常把内隐记忆和启动效应作为同等概念使用。

二、简答题

1. 知觉有哪些特性？

【答】（1）知觉理解性。它是指在知觉过程中，人根据自己已有的知识经验对客观事物进行解释，并用词语加标志的特性以赋予其意义的组织加工过程。

（2）知觉选择性。它是指人受自己的需要和兴趣等因素的影响，有意或无意地把某些刺激信息或刺激的某些方面作为知觉对象而把其他事物作为背景进行组织加工的过程。

（3）知觉整体性。知觉的对象都是由不同属性的许多部分组成的，人们在知觉它时却能依据以往经验组成一个整体。

（4）知觉恒常性。当知觉的客观条件在一定范围内改变时，我们的知觉映象在相当程度上却保持着它的稳定性。知觉恒常性包括形状恒常性、大小恒常性、明度恒常性、颜色恒常性。

2. 为什么说大脑是心理的主观能动性的器官？

【答】（1）主观是一种人的意志意识，会受到特定的个人偏见和局限性影响。例如，有人认为榴莲好吃，有人认为榴莲很臭，这就是一种主观。能动是对外在或者内部刺激的一种反应。能动分为很多层次，通常对于人是称为主观能动性，就是指人在认识和改造这个世界的时候，一切的有目的、有计划、积极主动的活动。简单来说，就是"想""做""决心、干劲"这三个方面。

（2）心理的产生的物理基础就是人脑，而不是手脚或者其他器官。并且，心理不是无缘无故、毫无根据冒出来的，它源于客观现实，带有个人的偏见和一定的局限性，而且心理是含有人的目的或者计划，是人脑对外部或者内部刺激的积极主动的反映。

3. 教师为什么要学心理学？

【答】教师的专业化发展和综合素质的提高需要一系列的专业理论素养来支撑，学习教育心理学知识对提高教师的素质具有必要性和具有现实的意义。

（1）教师学习教育心理学知识，是应对当代错综复杂、瞬息万变的社会的必然要求，是全面提高自己综合素质的必然要求，也是强化教师队伍实力的必然要求。

（2）教师学习教育心理学知识，有利于帮助教育者更新教育观念，提高自我教育的能力。教师不仅要夯实自己的专业知识，更要了解学生个体发展的心理需求，掌握一些心理理论并灵活地运用到自己的教学实践中，提高自己的教学能力。

（3）教师学习教育心理学知识，有助于提高教育教学工作的质量和效率。教师只有掌握了教育心理学的基本原理和方法，才能合理地安排教学的各个环节，才能选择适当的教学方法，从而才能提高教学效率和质量。

三、论述题

论述教师应具备什么样的心理素质。

【答】（1）获取知识的渴望心理。没有学习的渴望，势必成为时代的落伍者。每一位教师都应不断学习，获取新知识，充实和丰富自我。知识的储备越丰厚，可供调用的知识信息就越多，运用起来就越灵活，产生新思想的可能性就越大。

（2）正确认识教师权威的自省心理。学生自身蕴藏着巨大的发展潜能，教师只有学会以平等的态度与学生共同商讨，和学生做探索中的合作伙伴，在知识面前应该忘却师生界限，这样才能达到在教学相长中共同提高，使师生都能在这种氛围中发挥最大的创造潜能。

（3）有教无类的博爱心理。要具有对学生一视同仁的心理，了解学生在认知、理解和各种能力方面所表现出的差异水平以及在创新思维中所反映出的差异程度。要针对每个学生的特点，针对不同身心成长条件和智力发展水平的实际实施教育，让每个学生都有平等参与和竞争的机会。

（4）勇于探索的创新心理。教师必须勤学苦思，不迷信、不盲从、不唯书、不唯上，以科学的理论为指导，以客观规律和客观现实为依据，通过自己的独立思考和实践，不断探索出教学的新路子，让学生在教师的创新探索中不断培养发现新知识和获得新知识的能力，从而促进学生发展。

2013年河南大学333教育综合真题·凯程详解

教育学部分

一、名词解释

1. 教育价值

【答】教育价值就是指教育活动的有用性或者说是"效用"，是人们有意识地把握、利用、接受及享有教育时，对教育活动有用性的看法和评价。教育价值有外在价值和内在价值两种，在审视和判断教育的价值时，人们总是以一定的利益和需要为根据。

2. 学校管理（见2015年北京师范大学真题）

二、简答题

1. 教育的个体功能表现在哪些方面？（见2020年陕西师范大学真题）

2. 简述教育目的的定向功能。（见2010年湖南师范大学真题）

3. 影响课程实施的因素有哪些？（见2013年江西师范大学真题）

4. 什么是"有指导的自主学习"教学模式？

【答】（1）含义："有指导的自主学习"教学模式是主体教育思想在教学领域的反映，是指以目标为依据，教师精心创设情境，营造民主合作的学习氛围，通过启发引导，促进学生充分参与、主动探究、自我发展的课堂教学模式。

（2）基本思想：①独立性高于依赖性。②过程重于结论。③超越高于接受。④师生人格平等。⑤"先学后教，超前断后"。

（3）操作程序：①启动；②引探；③内化；④作业与总结。

三、论述题

教师应树立怎样的学生观？（见2020年西南大学真题）

心理学部分

一、名词解释

1. 社会知觉

【答】社会知觉是指个人在社会环境中对自己与他人（某个人或群体）的心理状态、行为动机和意向（社会特征和社会现象）做出推测和判断的过程。

2. 性格（见2010年河南大学真题）

二、简答题

1. 简述运用测验法和调查法的注意事项。

【答】（1）运用测验法时要注意两个基本要求，即测验的信度和效度。信度是指测验结果的稳定性、一致性程度，即对于同一个被测对象，几次测量的结果是不是一致，如果是一致的，测验信度就高，反之就不高。以智力测验为例，如果某一个成人在一个月内两次接受同一智力测验，得分相等或者大致相等，那么该测验的信度就高；如果两次得分悬殊，测验的信度就低。效度是指测验结果的正确性、有效性程度，可以通过对行为的预测来表示。因此，运用测验法所选用的量表一定要有较高的信度和效度。

（2）调查法中需要注意的一个重要的问题就是抽样，调查所选取的样本一定要有代表性，否则不能贸然下结论。例如，要研究"中学生学习压力与心理健康的关系"，就不能只选择某一地区的中学生或某一年龄段的中学生作为调查对象。为了全面、真实地反映情况，通常要采用特定的抽样方法，如随机抽样和分层抽样等。

2. 注意分配依赖的条件有哪些？

【答】（1）在同时进行的多种活动中，必须有一些活动是非常熟练的或已达到自动化的程度。这样，个体就可以集中大部分精力去关注比较生疏的活动，从而保证对几种活动的注意分配顺利进行。学生上课时可以边听讲边记笔记，这显然是由于写字已经达到熟练甚至自动化的程度，注意力主要集中在听讲上。如果同时进行的活动都是生疏的，都需要高度的注意力，结果就会顾此失彼。

（2）同时进行的几种活动必须有内在联系才便于注意的分配。同时进行的几种活动在性质和内容上有一定的联系，通过训练使这些活动之间形成某种反应系统，即已组合成一个整体的操作系统，这时注意分配就能顺利进行。例如，一个有经验的教师在课堂上一边讲课，一边观察学生的听课情况，同时还可以板书和把握上课时间。他之所以能同时顺利地进行几种活动，是因为他经过长期的教学使这些活动形成了系统。人的注意分配能力主要是后天学习和训练形成的。

3. 想象的功能有哪些？

【答】（1）预见功能。人类活动同动物本能的根本区别就在于活动的目的性、预见性和计划性，也就是说人能实现对客观现实的超前反映。人类的任何实践活动，无论是制造简单的工具，还是进行艺术创作与科学发明，在活动之前，人们总是先在大脑中形成关于未来活动过程和结果的形象，并利用这些预见指导调节活动，实现预定的目的和计划。科学家的发明创造、工程师的工程设计，都是想象预见功能的体现。

（2）补充功能。人脑能够通过感知揭示作用于感觉器官的事物的属性和意义。在社会实践中，由于时间、空间及主客观条件的制约，我们常常遇到一些靠感知无法直接认识的东西，如宇宙间的天体运动、原始人类生活的情境等。这些空间上遥远和时间上久远的事物，我们要直接感知很困难，甚至是不可能的，但我们可以借助想象的补充功能，超越时空局限或个体狭隘经验的束缚，对客观世界产生更充分、全面、深刻的认识。

（3）代替功能。现实生活中，由于各种因素的制约，人们的某些需要和欲望不可能满足或全面实现时，可以通过想象的方式，使人们的需求从心理上得到一定的补偿和满足。例如，在游戏活动中，儿童借助想象，满足其模仿成人的愿望，增长知识和才干，象征性地实现自己参与社会生活的愿望。

4. 教师在教学工作中应担当哪些角色？（见2018年东北师范大学真题）

三、论述题

论述智力发展的特点、影响因素以及如何发展智力。

【答】（1）智力发展的特点：智力发展的一般趋势包括增长、稳定和老退；智力发展具有稳定性和可变性；智力发展有差异性，包括水平差异、类型差异和速度差异。

（2）影响智力发展的因素。（见2013年宁夏大学真题）

（3）如何发展智力：遗传素质是智力发展的自然前提，它决定了智力发展的潜在可能范围，而环境因素、学校教育、个体的主观能动性等后天因素则决定智力发展程度。因此促进智力发展应从以下三个方面进行：早期教育与智力开发；学校教育与智力开发；实践活动与智力开发。

2014年河南大学333教育综合真题·凯程详解

教育学部分

一、名词解释

1. 教学目标（见2012年南京师范大学真题）

2.教育智慧

【答】教育智慧是教育思维方式、生活方式和实践方式的总和，是引导教育成功的重要条件。关于教育智慧的结构，尚有多种分歧，学者们认为教育智慧可分为教育理论智慧和教育实践智慧；或理性教育智慧、价值教育智慧和实践教育智慧；或知性智慧、理性智慧、情感智慧和实践智慧；或理解性智慧、情境性智慧、反思性智慧。

二、简答题

1.简述教育价值观的构成。

【答】（1）政治经济和文化传统是教育价值观形成的社会条件。作为意识形态的重要内容之一，教育价值观深受人类社会政治经济和文化传统的影响和制约。它是社会物质生产生活过程及其条件在教育观念上的反映。

（2）主体的需要和自我意识是教育价值观形成的逻辑前提。教育价值观的形成还有赖于主客体的分化、自我意识的形成和对主体需要的把握。个人、社会对教育的需要直接构成教育的价值关系，对需要的意识本身是自我意识的重要内容，主体正是基于意识到的需要对各种价值关系进行判断、选择和整合，才形成一定的价值观。

（3）人的实践活动是教育价值观形成的现实依据。人的实践活动是创造价值、实现价值的活动，人们也是在实践活动中认识、评价和体验价值的，在这种价值体验得到强化后，就会成为一种相对稳定的价值态度和看法，从而形成一种价值观。

2.简述教师劳动的特点。（见2015年东北师范大学真题）

3.简述课程研制的过程。

【答】课程研制的过程包括确定课程目标、选择课程内容、组织课程内容、形成课程结构和开展课程评价五个阶段。

（1）确定课程目标。课程目标居于课程中的核心地位；既是课程研制的起点，也是课程研制的终点；既是选择课程内容、组织课程内容和进行课程实施的依据，也是进行课程评价的根本标准。

①确定课程目标的步骤：a.确定课程目标的来源依据。b.根据要求对课程目标进行初选。c.根据标准对课程目标进行重组。

②确定课程目标的方法：主要有筛选法和参照法两种方法。

（2）选择课程内容。课程内容的选择既是课程研制中的重要一环，也是许多课程问题的集结之处。关于如何进行课程内容的选择，不同的研究者有不同的见解。

（3）组织课程内容。经过精心选择的课程内容，必须以恰当的方式进行编排和组织，以适当的方式呈现给学生，才能使学生的学习产生累积的效应，有利于教学效率的提高。为此，泰勒提出以连续性、顺序性和整合性为原则，组织课程内容。

（4）形成课程结构。形成课程结构与组织课程内容的含义并不完全等同。形成课程结构，强调对构成课程的各个要素或部分之间相互关联的方式进行探讨和把握。从涉及的范畴来看，课程结构可分为宏观课程结构、中观课程结构和微观课程结构；从其表现形式来看，课程结构可分为表层课程结构和深层课程结构。

（5）开展课程评价。课程评价是根据一定的价值标准和运用一定的评价方法，对课程进行全方位评定的活动。需要说明的是，课程评价一方面是课程研制过程中的一个环节，另一方面也是贯穿于整个课程活动之中的重要组成部分。

4.简述备课的内容。（见2022年江西师范大学真题）

三、论述题

论述我国教育改革的发展方向。

【答】（1）优先发展，突出教育强国的战略地位。实现教育优先发展需要做到以下几点：第一，切实解放思想，转变观念；第二，切实加大教育投入力度，优化投入结构；第三，依法推动优先发展；第四，科学促进优先发展；第五，创新机制促进优先发展。

（2）育人为本，回归教育价值的内在职能。需要做好如下几点：第一，坚持德育为先；第二，坚持教育以促进人的发展为本；第三，坚持学校以育人为本、以学生为主体；第四，坚持办学以学生为本、以教师为主导；第五，坚持尊重个性和承认差别，办好适合每个学生成长需要的教育；第六，坚持教育为人民服务的宗旨，努力办好人民满意的教育；第七，坚持以终身学习理念引领学校教育改革，为人一生学习奠定基础。

（3）改革创新，凸显教育发展的强大动力。一要创新观念；二要创新思路；三要创新方法；四要创新机制；五要创新载体；六要创新环境。

（4）促进教育公平，彰显国家的基本教育国策。教育公平可以分为三个层次：①确保人人都享有平等的教育权利和义务；②提供相对平等的受教育的机会和条件；③教育成功的机会和教育效果的相对平等。

（5）提高质量，实现教育改革的核心任务。提升教育质量的措施有：一是树立科学的教育质量观；二是走特色发展之路；三是注重教师队伍建设；四是建立健全质量保障体系。

心理学部分

一、名词解释

1. 首因效应

【答】首因效应由美国心理学家洛钦斯首先提出的，也叫首次效应、优先效应或第一印象效应，指交往双方形成的第一次印象对今后交往关系的影响，也指"先入为主"带来的效果。

2. 学校心理辅导

【答】学校心理辅导是指学校辅导老师根据学生心理、生理的发展特点，运用心理学的知识和技能，通过形式多样的辅导活动，帮助学生了解、认识环境，克服学习、人际关系和生活中的问题及情感困扰，增强其社会适应性，充分发挥个人潜能，促进身心全面发展的一种教育活动。

二、简答题

1. 简述实验室实验法。

【答】（1）含义：实验室实验法是指在特定实验室中，借助各种仪器设备，严格控制各种条件而进行的实验研究，多用于对心理过程和认知的研究。研究者严格控制实验条件，使实验结果能进行反复验证。

（2）运用实验法要求：①做好实验前的准备；②明确实验的目的、要求与做法；③在学生实验过程中进行指导；④做好实验小结。

2. 影响问题解决能力的因素有哪些？（见2017年陕西师范大学真题）

3. 分析情绪、情感在学生学习中的作用。

【答】（1）情绪、情感对学生学习行为的激发功能。兴趣是最好的老师，只有培养学生对学习的良好、健康、持久的兴趣，才能够真正推动学生的学习行为。而学习兴趣的激发，必须以培养学生对学习的良好情感为基础。要达到这一目的，则需要给学生创设宽松、愉悦的学习环境，让他们经常体验到学习带来的成功与满足，通过学习行为本身，使学生发现自我、认识自我、肯定自我，进而欣赏自我，逐渐激发他们学习的热情。

（2）情绪、情感对学生学习行为的维持功能。良好的学习品质，不仅表现在学习初始的高度自觉性上，而且表现在学习行为的持久性上。学习情绪和情感的激发，不仅能够激起学生的学习行为，而且能够有效地维持学习行为的发生。因为良好的学习情绪和情感，能够成为个体持续学习的强大的内在动力。学生个体在学习过程中，获得的是一种轻松、愉悦的心理体验，而这种体验又可成为学生个体进一步学习的内在动力，形成良好的循环。

（3）情绪、情感对学生学习效果的促进功能。情绪、情感对学生学习行为的影响不仅表现在能够激发推动学生的学习行为上，而且更重要的是，良好的学习情绪和情感能够有效提升学生的学习效率。这种效果的达成主要取决于两个方面：一是情绪、情感能够为学习行为提供内在动力，激发学生学习的积极性；二是良好的情绪和情感可以有效激活学生的认知潜力，促进记忆。

4. 简述智力和知识的关系。（见2012年东北师范大学真题）

三、论述题

论述教学过程中如何激发学生的学习动机。（见2012年华东师范大学真题）

2015年河南大学333教育综合真题·凯程详解

教育学部分

一、名词解释

1. 教育价值观

【答】教育价值观是主体在实践活动过程中社会条件和自我意识相互作用的结果。首先，政治经济和文化传统是教育价值观形式的社会条件。其次，主体的需要和自我意识是教育价值观形成的逻辑前提；最后，人的实践活动是教育价值观念形成的现实依据。

2. 课程计划（见2016年江苏师范大学真题）

二、简答题

1. 简述我们教育目的的精神实质是什么。（见2012年北京师范大学真题）

2. 简述德育过程的特点。（见2019年北京师范大学真题）

3. 简述专家型教师的特点。

【答】（1）具有优良的专业知识结构。专家型教师之所以在自己所擅长的领域和特定的情境中表现优越，是因为他们在学科知识结构中的知识比一般教师更丰富、更系统，解决本学科难点、疑点、易混点的能力比一般教师更高。

（2）具有完善的教学监控能力。专家型教师不仅关注目标达成度，还能不断地对教学进行积极的检查、评价、控制和调节，教学内容、学生行为、课堂气氛等诸多因素都是他们思维活动的对象。

（3）具有教育教学的艺术性。教学是借助语言进行的，专家型教师对学生的教育具有策略性和技巧性，能够按照学生的认知规律和教育规律引导学生、启迪学生，真正做到"润物细无声"。

（4）具有教育科研的主动性和积极性。专家型教师对教育教学有自己的独特见解，积累了丰富的有价值的教学经验和思想，特别是在培养学生创新精神和实践能力等方面取得的成果，形成专题性或系列性的教学成果，对提高该学科的教学质量有促进作用，并且可以供同行借鉴学习。

4. 学生的角色定位有哪些？

【答】学生是指在各级各类学校或其他教育机构中学习的人。在教育过程中，教师是教育者，学生是受教育者；教师是教育的主体，学生是教育的对象和认识发展的主体；教师起着主导作用，学生起着主体作用。

（1）学生是具有独立人格的人。学生首先是人，是生活在一定社会关系中的具有独立人格的人。

（2）学生是需要接受教育的人。学生是教育的对象，是受教育者，这种角色不是外部强加的，而是学生角色本身所赋予的。

（3）学生是主动学习的人。在学习化社会里，人人都是学习者，而学生更应该是学习者。原因在于学生具有受教育的必要性，即必须是学习者。

（4）学生是具有发展潜力的人。学生的角色在很大程度上意味着发展的多种可能性的存在。青少年学生身心的各个方面都潜藏着极大的发展可能性和不确定性，这就要求教师必须以发展的眼光看待学生，要耐心、细心，对所有学生都要充满爱的期待。

三、论述题

关于"给学生一杯水，教师要有一桶水"这个说法，论述教学是否就是知识的传授过程，为什么？

【答】（1）"给学生一杯水，教师要有一桶水。"比喻教师要教好学生，自己必须有比学生更丰富的知识。以此来激励教师要不断地学习，掌握真才实学，才能不误人子弟。一位好的教师，除了要不断充实自己，丰富自己的学识外，还要转变传统的教学方法和教学理念，面向全体学生，提高学生的科学素养，倡导探究式教学，充分调动起学生学习积极性，在教学过程中教师必须以学生为主体。

（2）教育的最终目的就在于"教会学生学会如何生存"。教学并非简单的知识传授，更重要的是培养学生的能力。如果说教学内容已体现了这一方面的要求，而仍采用"填鸭式"的教学方式的话，就无所谓能力的培养了。因此我们主张要由"喂养"式教学转为"觅食"式的教学。如果只"教"或只"教学"，把学生当作"容器"，使其被动地接受知识，调动不起学生学习的积极性，就不能启发学生的独立思考。素质教育主张教师是主导，学生是主体，所以教师的社会职能就是体现出"导"这个特点来。

（3）"教的法子必须根据学的法子"，学生怎样学就怎样教。这里所指的从实际出发，包括两层含义：一是学生的知识程度和接受水平；二是指适合学生学习的教学方法。学生的学决定教师的教；教学内容的选择和安排一定要根据学生的实际接受能力来确定；教学过程不取决于教师的主观意图和外界加的压力，而应该取决于学生的快慢程度。

心理学部分

一、名词解释

1. 晕轮效应

【答】晕轮效应是指对他人的认知判断首先主要是根据个人的好恶得出的，然后从这个判断推论出认知对象的其他品质的现象。例如，"情人眼里出西施"这种现象表明知觉主体如果对认知对象标明好的品质，他就被好的光圈笼罩，并赋予一切好的品质。

2.过度学习

【答】过度学习指在学习达到掌握水平以后的附加学习，也叫超额学习。据研究，过度学习的量并不是越多越好，研究表明，150%的过度学习是最适宜的。

二、简答题

1.在使用测验法和调查法时应该注意哪些情况？（见2013年河南大学真题）

2.简述智力和知识的关系。（见2012年东北师范大学真题）

3.教师应该如何处理课堂行为问题？（见2022年云南师范大学真题）

4.简述动机的概念及动机的功能。

【答】（1）含义：动机是推动人们进行某种活动，以达到一定目的的内在原因或内部动力。动机是激励并维持学生朝向某一目的的学习行为的动力倾向。动机与学习兴趣、学习需要、个人价值观、态度、志向水平、外来鼓励、学习后果等，都有密切联系。

（2）动机的功能：激发功能；引导功能；维持功能；调节功能。

三、论述题

根据生活实际，举例说明怎样进行有效的情绪调节，保持身心健康。

【答】（1）理智调节。所谓理智，首先要求自己理智地考虑消极情绪带来的不良后果。作为教育工作者要培养学生理智调节情绪的能力，最好的时机就是在学生最不理智地爆发消极情绪时，教师以合乎原则性、逻辑性的思维，理智地帮助他。

（2）转移调节。转移调节就是根据自我要求，有意识地把已有的情绪转移到另一个方向上，使情绪得以缓和。例如，有人用舌头在口腔里转圈的方法来分散和缓解紧张情绪，用看电影、听音乐、下棋、打球、郊游等方法使其精神上得到放松，从而使自己重新振作起来。

（3）积极的自我暗示。这是一种用内部语言或书面语言的形式来自我调节情绪的方法。例如，可以在心中默念"别人能行，我也一定能行"，使自己恢复应有的快乐和自信。

（4）合理宣泄。人的情绪处于压抑状态时应给予合理的宣泄途径，才能调节机体的平衡，缓解不良情绪的困扰，恢复正常的情绪、情感状态。

（5）幽默调节。幽默与欢笑是情绪的调节剂，它能给极度恶劣的情绪一个缓冲，使不良情绪得到有效控制。

（6）身心放松调节。当人们感觉过分紧张、烦恼、恐惧时，可采用深呼吸的方法来放松自己，还可以通过回忆过去成功的经验来鼓励自己。

（7）自然陶冶调节。人们在学习工作之余，在自然中欣赏美好的风光是摆脱苦恼情绪的一种心理调节方法。

（8）音乐调节。要选择能配合当时心情的音乐，然后逐步将音乐更换为能反映自己所希望获得的心情的音乐。例如，在心情抑郁时，先听哀伤音乐，这样虽然看来会增添忧郁，却是着手改变压抑、烦恼的第一步，然后再欣赏欢快活泼的乐曲，可以使精神振奋。

2016年河南大学333教育综合真题·凯程详解

教育学部分

一、名词解释

1.**学科课程**（见2017年华东师范大学真题）

2.**教师专业化**（见2011年华东师范大学真题）

二、简答题

1.简述教育学对教育实践的价值。

【答】教育学来源于教育实践，是人们教育经验的概括、总结和升华，教育学所阐述的原理、原则、内容、方法必须付诸教育实践才具有其真实的理论价值。教育学之于教育实践的价值体现在以下三个方面：

（1）解释教育实践问题。教育学的研究对象是教育问题，因此，关注教育问题、解释教育问题、解决教育问题是教育学的基本任务。

（2）提升教育实践水平。教育学以其特定的学术视野，启发教育实践工作者了解教育的本质、功能、价值、目的、制度，掌握教育的规律、原则、方法、途径，了解教师职业的意义、特性以及教师发展的路径，了解学生的特质和成长规律，从而规范教育行为，最终达到教育实践水平和质量的提升。

（3）推动教育实践改革。教育学的理论成果一方面可以预测教育趋势，引领教育改革方向；另一方面可以干预教育行为，影响教育改革进程。

2.《中华人民共和国教师法》规定教师的权利有哪些？（见2015年天津师范大学真题）

3. 现代班级管理的"人本主义"理念的内涵是什么？

【答】（1）要求班主任在实施班级管理时应把促进人的自我发展和完善，看作教育和管理过程的出发点和归宿，应始终把发展人的素质、提高与扩展人的价值看作全部教育和管理活动的轴心。

（2）要求班主任的班级管理应该以学生为本。

（3）在班级管理中要重视对学生的人文关怀。

4. 简述教学过程的特点。（见2014年湖南师范大学真题）

三、论述题

什么是教育的个体功能？什么是教育的社会功能？（见2012年首都师范大学真题）

心理学部分

一、名词解释

1. 实验室实验法

【答】实验室实验法是指在特定实验室中，借助各种仪器设备，严格控制各种条件而进行的实验研究，多用于对心理过程和认知的研究。研究者严格控制实验条件，使实验结果进行反复验证。

2. 职业心理枯竭

【答】职业心理枯竭是指教师在处理教育教学事务中所表现出来的由于工作的压力、紧张的心情及较低的成就感而导致的情绪低落和身心疲惫的心理状态。

二、简答题

1. 简述影响识记的因素。

【答】（1）识记的目的与任务。有无明确的识记目的和任务，直接影响识记的效果。明确的识记目的和任务有利于调动一个人的识记积极性和针对性。

（2）识记方法。采用不同的方法和途径去识记材料，其效果是不同的。一般意义识记要比单纯重复的机械识记效果好，是由于意义识记把所要识记的材料与学习者已有的知识经验联系起来，先理解材料的意义，再把它纳入已有的知识体系，这样识记效果就好。

（3）材料的数量和性质。识记材料的数量对识记的效果是有影响的。一般来说，要达到同样的识记水平，材料越多，识记所用的平均时间和次数就越多，呈现出材料数量与识记效率呈负相关的趋势。识记也受材料性质的制约，当识记的材料成为人的活动的直接对象时，识记的效果就好。

（4）识记时的情绪状态。识记时的情绪状态对人的识记效果会产生影响。一般来说，在积极的情绪状态下，人的识记效果好；在消极情绪状态下，人的识记效率低。

2. 简述流体智力与晶体智力的关系。（见2015年上海师范大学真题）

3. 如何营造良好的课堂心理气氛？

【答】（1）教师从领导者转变成促进者。教师要发挥其促进者的作用需具备三个条件：①诚实，在学生面前，教师要如实地表达自己的感情与看法，但并不把这些强加给学生，师生之间坦诚相待；②接受，要求教师要接受学生的想法，无论这种想法多么荒谬；③理解，也被称为移情性理解，指教师能够设身处地、从学生的角度出发去理解学生。

（2）改变教学组织形式。罗杰斯关于教学组织的思想与传统的教学组织思想的根本不同是，他提倡教学组织活动围绕着课堂心理气氛，或者说围绕学生的情感活动来进行，教学活动的重点主要是组织一种良好的心理气氛。组织教学心理气氛的总方针为：鼓励自我表现而不是自我戒防，教学组织的任务是赋予每个人一种强烈的归属感，鼓励学生相信自己。

（3）倡导移情。学习过程是学生与教师两个完整的精神世界的互相沟通、理解的过程，再好的课程也只是一个骨架，要想使整个学习活动生机盎然，就得深入学生内在的情感世界，情感既可以是认知的动力，也可以成为阻力。理解学生是教学有效进行所不可缺少的条件，移情的作用就是使教师从主客观两方面洞察学生成为可能。

（4）构建安全的心理环境。研究表明，适度焦虑、保持乐观是有效教学的必要条件，人的思维活动是一种非常复杂的活动，只有保持乐观、轻松自如，个体思维才能活跃。例如，一些创造性的灵感通常诞生于轻松愉悦的心境。

4.简述引起和保持有意注意的条件。（见2011年河南大学真题）

三、论述题

教师的情绪、情感如何促进和加强学生的心理健康？

【答】（1）教师情绪、情感的亲切功能，可促使学生的身心健康发展。师生关系是影响学生发展、成长的重要人际关系。

（2）教师情绪、情感的感染功能，可引起学生心理上的共鸣。教师利用自己的情绪与情感的感染力向学生提出要求，会使学生感到亲切与善意，就易于为他们所接受，成为学生前进的动力。

（3）教师情绪、情感的迁移功能，可增强学生的学习兴趣。教师通过情绪与情感的感染，使学生体验到愉快、振奋的情绪。这会提高他们智力活动的积极性，会引起他们模仿或重复进行这一类行为或活动。在教育教学过程中，教师富有情感的评论，会使学生获得各种不同的情绪与情感体验，这种体验不仅有助于他们借助情绪记忆去推动学习和提高学习效率，也有助于他们通过迁移来正确对待交往。

（4）教师情绪、情感的内化功能，可使学生效法教师。模仿是青少年学习的一种有效方式，而积极的情感能够促进他们进行模仿学习。心理学关于模仿的研究证明，人总是趋向于模仿爱他和他所爱的人，即爱能产生模仿的意向。学生模仿和效法他所喜欢的老师的性格、动作、语调等，把它们内化为自己的行为，有利于促进和加速学生的健康成长。

2017年河南大学333教育综合真题·凯程详解

教育学部分

一、名词解释

1.教育的筛选功能

【答】教育的筛选功能是指在个体的社会化过程中，教育客观上所发挥的对个体的选拔作用。学校教育的层层筛选形成人的受教育水平的差异，同时也由此造成人的社会分层和社会职业的不同。教育的筛选功能自教育产生以来就在进行，进入近现代社会以后这种功能更为突出。

2.师德

【答】教师的职业道德，简称师德。它是教师从事教育活动过程中所形成的比较稳定的道德观念、行为规范和道德品质的总和，是调节教师与学生、教师与学生家长、教师与教师集体以及教师与社会其他成员之间关系的行为准则。它从道义上规定了教师在教育过程中应该以什么样的思想情感态度、行为和作风去处理问题，做好工作。

二、简答题

1.教育价值观是怎样形成的？（见2014年河南大学真题）

2.简述教育目的的确立依据。（见2012年内蒙古师范大学真题）

3.简述教师职业生涯规划的步骤。

【答】（1）自我分析。准确的自我认识和自我评价是教师制订个人职业规划的前提。教师的自我分析就是对自身所具备的专业知识、专业能力和职业精神，以及个人的需求、兴趣、性格、气质等进行深入分析，明确自己的发展状态，分析自己的优势所在，清晰地知道自己的劣势，以确立正确的发展方向。

（2）环境分析。环境分析主要是分析社会环境和学校环境对教师职业生涯发展的影响。教师生活在社会环境和学校环境中，在制订职业生涯规划时必须分析社会环境和学校环境的特点和发展变化的情况，自己与环境的关系以及对成长有利的方面和不利的方面等。

（3）确定发展目标。发展目标是教师职业生涯规划的重要组成部分，教师的成功很大程度上取决于有无正确适当的目标，没有发展目标就没有发展的方向。目标的定位是教师职业生涯发展的新抉择。

（4）制订行动方案并实施。制订目标就是选择发展方向。发展目标的确定为教师的行动指明了方向。但如何行动还需要制订详细的实施计划和落实目标的具体措施。

（5）在实施中评估与调整规划。影响教师职业规划的因素很多，有些可以预测到，有些则难以预测。要使教师的职业生涯规划行之有效，就必须适时对规划进行评估和修订，对拟定的行动计划和目标结合实际情况进行相应的调整。

4.简述班主任如何培养班集体。（见2014年华东师范大学真题）

三、论述题

论述教学过程是掌握知识和促进智力发展的统一。（见2012年东北师范大学真题）

心理学部分

一、名词解释

1.内隐记忆（见2012年河南大学真题）

2.行为矫正技术（见2012年河南大学真题）

二、简答题

1.简述教师情感在教学过程中的功能。（见2016年河南大学真题）

2.调查法和测试法在使用的过程中应该注意哪些问题？（见2013年河南大学真题）

3.学校心理辅导课程的内容和形式是什么？

【答】（1）学校心理辅导内容主要包括：学习辅导、生活辅导和职业辅导。

（2）学校心理辅导的形式：主要有团体辅导和个别辅导两种。团体辅导以全体学生为对象，以预防辅导为主；个别辅导以少数学生为对象，以矫治辅导为主，属于补救性辅导。

4.什么是知觉的整体性？它的影响因素有哪些？

【答】（1）知觉的整体性是指人根据自己的知识经验把直接作用于感官的客观事物的多种属性整合为统一整体的组织加工的过程。

（2）影响知觉的因素主要有三类：知觉对象、知觉者和知觉情境。

①知觉对象：知觉对象本身与环境的对比度越大，被注意到的可能性越大。那些强度较强、体积较大、运动变化、色彩鲜艳的事物，更容易被人注意到而被选择成知觉对象，相反，那些强度弱、体积小、静止不动、色彩灰暗的事物，则容易被忽略。知觉对象外观的相似性、空间和时间上的接近等特点也会影响到知觉的整体性和理解性。

②知觉者：知觉者的差异性与本身的经验、态度、情绪状态、需要、职业、个性、兴趣等相关。

③知觉情境：每一种知觉都是在特定的情境中产生的，情境的特点会影响一个人的知觉。情境是指知觉者知觉时的具体环境，知觉者与知觉对象发生互动的场所也影响知觉者对知觉对象的形成。情境作用主要表现在三个方面：一是选择什么刺激；二是如何解释刺激；三是对刺激的添加和想象。

三、论述题

针对学生的学习动力不足问题，试论教师如何培养学生的学习动机？（见2012年华东师范大学真题）

2018年河南大学333教育综合真题·凯程详解

教育学部分

一、名词解释

1.教育方针（见2020年杭州师范大学真题）

2.教师专业发展（见2018年南京师范大学真题）

二、简答题

1.简述上层建筑说关于教育本质观的核心观点。

【答】相比教育本质的其他观点，上层建筑说是影响最大的一种学说。该学说认为，教育是一个复杂的社会现象，教育的基本要素如教育目的、教育制度、指导思想等，都具有鲜明的上层建筑特点，它是一定社会经济基础的反映，在阶级社会中有阶级性。因为这些教育的基本因素具有上层建筑的特征，所以教育属于上层建筑。上层建筑说有如下核心观点：教育是社会的上层建筑，是通过培养人为政治、经济服务的一种社会的上层建筑。上层建筑建立在经济基础之上，并反作用于经济基础，为经济基础服务。该学说的持有者举出了上层建筑说的理由，其中最重要的理由是：历史唯物主义认为，上层建筑由经济基础所决定，在阶级社会中具有阶级性。教育是随着经济基础的变化而变化的，人类社会经历了五种不同的经济形态，相应地产生了五种不同性质的教育。这是上层建筑的共同特点，教育完全具备这些特点。

2.简述确定课程目标的步骤。

【答】（1）目标分解：任何一级的教学目标的确定，必须以其上一级目标为依据，下位目标是为上位目标服务的。教学目标自上而下的分解过程，是一个不断具体化的过程。

（2）任务分析：单元目标或者课时目标确定后，我们就可以根据单元目标或课时目标进行任务分析。这里的任务分析，实际上就是指对学生为了达到单元目标或课时目标规定的知识、能力、情感态度等进行具体的剖析。通常的做法是，从已确定的教学目标开始提问和分析。

（3）起点确定：教学目标不仅是对教师的教学行为的要求，更是对学生预期的学习结果的要求。因此，要设计出合适的教学目标，就需要对学生的学习起点能力进行分析，即确定教学的起点。教学起点的确定，直接关系到教学目标的作用发挥。一般说来，确定教学起点，主要应对学生进行学习习惯、学习兴趣、学习方法、学习态度以及学生目标技能的分析。

3.简述教师职业生涯规划的步骤。（见2017年河南大学真题）

4.教师如何在共同体中发展？

【答】（1）在教师共同体中，教师立足于教育教学实践自觉进行反思教学研究活动，不仅能相互学习、相互激励，加快自主发展的步伐，而且还能够有效地提高教育教学质量，促进学生健康成长。

（2）在教师共同体中，教师能够互相依靠。可见，教师共同体恰恰为教师之间的合作和教师的自主发展提供了安全、亲切而有效的平台。在教师共同体中，教师之间可以彼此分享教育教学经验和各自所学的内容，并在专业对话和合作实践中通过思想碰撞和观点交流，为教师个体的自主发展提供丰富的发展资源。教师既可以学习其他教师的优秀教育教学经验，了解他们学习的新知识、新观念，也可以从与其他教师的对话分享中，了解到对问题的不同观察角度和观点，从而在反思中建构新知识。

（3）在教师共同体中存在着鼓励与支持教师学习的文化氛围，并通过提供各种支持性条件和学习资源来支持教师学习。教师在这样的学习氛围中可以相互影响、相互鼓励，从而坦然面对困难，积极解决问题，实现自身不断发展。

三、论述题

如果你是一名教师，你将如何与学生建立健康的师生关系？（见2019年陕西师范大学真题）

心理学部分

一、名词解释

1.观察法

【答】（1）含义：观察法是直接认知被评价者行为的最好方法。它适用于在教学中评价那些不易量化的行为表现（如兴趣、爱好、态度、习惯与性格）和技艺性的成绩（如唱歌、绘画、体育技巧与手工制成品）。

（2）要求：为了提高观察的精确度和可靠性，一方面应使观察经常化，记录一些学生的行为日志或轶事报告，使评价所依据的资料更全面；另一方面可采用等级量表，力求观察精确。

2.首因效应（见2014年河南大学真题）

3.课堂心理气氛

【答】课堂心理气氛又称课堂教学气氛，它通常是指课堂里存在于师生之间的某些占优势的相对稳定的态度与情感的综合状态。

二、简答题

1.简述在使用测验法和调查法过程中需要注意的事项。（见2013年河南大学真题）

2.思维的品质是什么?（见2010年湖南大学真题）

3.如何营造良好的课堂心理氛围?（见2016年河南大学真题）

三、论述题

结合自己的学习经验，谈谈如何根据记忆规律提高记忆效率，减少遗忘。（见2018年广西师范大学真题）

2019年河南大学333教育综合真题·凯程详解

教育学部分

一、名词解释

1.培养目标（见2016年东北师范大学真题）

2.班集体

【答】一个真正的班集体，有明确的奋斗目标，健全的组织，严格的规章制度和纪律，强有力的领导核心，正确的舆论导向和优良的作风，能够有计划地开展各种教育活动，能自觉反思、总结经验，使集体不断自我教育，自我提高，不断向前发展。但不是任何一个班都能称得上班集体。集体是群体发展的高级阶段，纪律松弛、思想涣散、无所作为的班不能算班集体。

二、简答题

1.简述教师劳动的特点。（见2015年东北师范大学真题）

2.简述教学过程的特点。（见2014年湖南师范大学真题）

3.简述德育的理念。（见2017年南京师范大学真题）

4.简述教师职业生涯规划的步骤。（见2017年河南大学真题）

三、论述题

论述教育对个人的促进功能。（见2020年陕西师范大学真题）

心理学部分

一、名词解释

1.课堂心理气氛（见2018年河南大学真题）

2.自变量

【答】自变量又称刺激变量、输入变量或实验变量，是由研究者主动操纵而变化的变量，是能独立地变化并引起因变量变化的条件、因素或条件的组合，包括操纵性自变量和非操纵性自变量。

3.晶体智力（见2022年苏州大学真题）

二、简答题

1.简述学生的心理发展特征。（见2016年内蒙古师范大学真题）

2.简述记忆的品质。

【答】（1）记忆的敏捷性。记忆的敏捷性是指一个人在识记事物时的速度方面的特征。记忆的敏捷性是记忆的品质之一，但它不是衡量一个人记忆好坏的唯一标准。在评价记忆的敏捷性时，应与其他品质结合起来才有意义。

（2）记忆的持久性。记忆的持久性是指记忆内容在记忆系统中保持时间长短方面的特征。一般来讲，记忆的敏捷性与记忆的持久性呈正相关，记得快的人，保持得时间较长。但也不尽然，有的人记得快，但保持的时间短。

（3）记忆的准确性。记忆的准确性是指对记忆内容的识记、保持和提取时是否精确的特征。记忆的这一品质，与人的暂时神经联系的精确性有关。准确性是记忆的重要品质，如果离开了准确性，敏捷性、持久性就失去了意义。

（4）记忆的准备性。记忆的准备性是指对保持内容在提取应用时所反映出来的特征。记忆的目的在于当实际需要时，能迅速、灵活地提取信息，回忆所需的内容加以应用。记忆的这一品质，是上述三种品质的综合体现，而上述三种品质，只有与记忆的准备性结合起来，才有价值。

3.简述影响识记效果的因素。（见2016年河南大学真题）

三、论述题

学习无动力，如何激发学习动机？（见2012年华东师范大学真题）

2020年河南大学333教育综合真题·凯程详解

教育学部分

一、名词解释

1.课程标准（见2015年北京师范大学真题）

2.教学艺术

【答】教学艺术是教师在课堂上遵照教学法则和美学尺度的要求，灵活运用语言、表情、动作、心理活动、图象组织、调控等手段，充分发挥教学情感的功能，为取得最佳教学效果而施行的一套独具风格的创造性教学活动。

二、简答题

1.简述课程作为经验载体的三个基准范畴。

【答】课程作为经验的载体，所涉及的经验有三个既对立又统一的范畴。

（1）直接经验与间接经验。不存在毫无间接经验的直接经验，也不存在毫无直接经验的间接经验。就人类和个体的认识发展过程而言，在早期，直接经验所占的比重较大，而间接经验的比重较小，而后直接经验所占的比重越来越小，间接经验的比重则逐渐增长。但无论在哪一个方面的极点上，另一方也始终存在。

（2）主动经验与被动经验。现在人们越来越关注个体的主动经验，但这并不排除被动经验的教育性。个体的成长既离不开主动经验，也离不开被动经验，是主动经验与被动经验的交融。

（3）外显经验与内隐经验。虽然外显经验为判断个体的发展状态提供直接明显的证据，但内隐经验由于已经内化于个体的心灵与精神的深处而更能反映个体的发展状态。

2.简述当前我国教育改革的发展走向。（见2014年河南大学真题）

3.简述教师的角色定位。（见2018年东北师范大学真题）

4.简述德育实施过程中应注意什么。

【答】德育活动的实施环节，是教师激发学生道德情感的过程，是学生践行的过程，也是德育理论联系实际的过程。在具体的德育活动实施时，要注意以下几点：

（1）注重学生知、情、意、行的统一发展，追求活动的全面性。学生道德品质的发展是知、情、意、行的统一发展，彼此不能相互取代。

（2）注意与学生对话，激发学生道德成长的主观能动性。学生道德成长的主观能动性是学生根据自身道德发展产生的道德需要，积极主动地学习道德知识，体验道德情感，实践道德行为。

（3）解决学生的道德冲突，满足学生的道德需要。在学生的道德成长的过程中，学生必将面临两难、三难乃至多难的道德冲突，德育过程就是解决学生道德冲突的过程。

三、论述题

结合实际分析如何用情感陶冶法对学生进行德育。（见2021年湖南师范大学真题）

心理学部分

一、名词解释

1. 知觉的恒常性

【答】知觉的恒常性是指在知觉过程中，当知觉的条件在一定范围内发生变化时，人的知觉的映象仍然保持相对不变的特性就叫知觉的恒常性。例如，远处的一个人向你走近时，他在你视网膜中的图像会越来越大，但你感知到他的身材却没有什么变化。

2. 角色心理期待

【答】角色心理期待是指团体中多数成员期望或要求其中某一成员作出的某些应有的行为方式，即担任某一职位者被期待的特性和行动，其内涵包括信仰、期望、主观的可能性、权利与义务的行使等。角色心理期待的主要功能在于使角色行使者明白其权利与义务，也即角色的学习。

3. 气质（见 2010 年广西师范大学真题）

二、简答题

1. 简述引起和保持有意注意的条件。（见 2011 年河南大学真题）

2. 简述智力与非智力因素的关系。（见 2016 年北京师范大学真题）

3. 简述性格的定义及特性。

【答】（1）性格的定义：性格是指表现在人对现实的态度和相应的行为方式中的比较稳定的、具有核心意义的个性心理特征，它是一种与社会最密切相关的人格特征，在性格中包含许多社会道德含义。性格表现了人们对现实和周围世界的态度，并表现在人们的行为举止中。性格主要体现在对自己、对别人、对事物的态度和所采取的言行上，它是个性的核心部分，最能表现个别差异。

（2）性格的特征：

①性格的稳定性。性格是个体稳定的个体心理特征，是在社会生活实践中逐渐形成的，一经形成便比较稳定，构成个体一定的态度体系和特有的行为方式，并且贯穿于他的全部行动之中，会在不同的时间和情况下表现出来。

②性格的社会性。性格的社会性一方面体现在它是在一定的社会条件下，在个体长期生活历程中逐渐形成的，尤其是儿童早期的生活经验对个体性格的形成具有重要的影响；另一方面体现在人们对性格特征的评价方面，有明显的社会价值取向。

③性格的核心性。性格是具有核心意义的个性心理特征。

三、论述题

论述情绪智力在学生整体心理素质中的作用。

【答】（1）内省情绪智力在提高学生整体心理素质中的作用：内省情绪智力主要指个体对自己的情绪、情感的感知、体验、表达、评价、调控的能力。内省情绪智力的核心是元情绪。元情绪是一种主体通过回忆而意识到诸如快乐、喜悦、愤怒、悲伤或羞愧等自我情绪，并对产生的因果关系有进一步认知的能力。内省情绪智力就像其他智力一样，是可以通过有步骤、有计划地培养而得到提升的。经过训练的高情绪智力者很容易进入自己的内心世界了解自己的感受，分辨各种不同的心理状态，并能有效地运用这种认知指导自己的行为。

（2）人际情绪智力在提高学生整体心理素质中的作用：人际情绪智力主要表现的是人际交往方面的能力，它相对于内省情绪智力而言是转向外部或其他个体的。人际知识练达的人，能够解释其他个体内隐的或外显的各种心情变化，并可能依照这种知识作出适当的情绪行为反应。高情绪智力的人在人际互动中，能从他人的语言、声音、体态、手势等中分辨出他人的感受和不同情绪，并能分析出产生这些情绪的根源和原因，同时调节自己的情绪与行为来感染和改变对方的感受和情绪。这种人往往处在主动控制的一方，也是常能获得和谐的人际关系的一方。

（3）环境情绪智力在提高学生整体心理素质中的作用：环境情绪主要指自然环境、人工环境、人际环境、社会环境等静态存在和动态变化的各种情景和氛围。由于人们的背景知识和心态倾向不同，对各种生态情景的认知和作出的情绪和行为反应也有所差异。所谓环境情绪智力就是指个体对各种环境情景的认知、评价、描述、调控的能力。

2021年河南大学333教育综合真题·凯程详解

教育学部分

一、名词解释

1.课程计划（见2016年江苏师范大学真题）

2.师德（见2017年河南大学真题）

二、简答题

1.简述如何处理教学过程中直接经验与间接经验的关系。（见2014年华中师范大学真题）

2.简述教育目的精神实质。（见2012年北京师范大学真题）

3.简述教师如何在共同体中发展。（见2018年河南大学真题）

4.简述教育管理的特点。

【答】教育管理既有一般管理的共性，同时又有自己特有的个性。

（1）教育管理具有教育性。这是教育管理区别于一般管理的一个显著特征。教育管理是对育人工作的管理。教育管理的大政方针、规章制度、措施和手段等都应把育人工作放在第一位。

（2）教育管理的复杂性。育人工作要受到来自社会、家庭、学校等方面诸多因素的制约和影响，这就给教育管理带来了复杂性。

（3）教育管理具有层次性。教育管理系统是一个十分复杂的社会系统，从国家最高教育行政部门一直到一所学校、一个班级、一个教师，形成了一个从上到下既相互衔接又相互作用的垂直链条，客观地呈现出层次性。合理的、有序的层次关联不仅可以减少内耗，而且还可以充分利用管理资源，产生增值效应。教育管理系统本身的层次性决定了教育管理主体与教育管理客体也表现出相对的层次性、制约性。

（4）教育管理具有双边性。教育管理主体与客体之间最基本的关系是实践关系和认识关系。教育管理主体与客体之间的实践关系是指教育管理主体改造教育管理客体以及教育管理客体被改造的关系。

（5）教育管理具有延续性。人才培养的周期长，见效慢，具有效果的潜在性，正所谓"十年树木，百年树人"。即使是一项具体的教育教学工作，也需要若干周期持续不断的组织实施才能奏效，这就决定了教育管理是一项延续性的工作活动，体现出延续性的基本特性。

（6）教育管理具有动态性。作为社会大系统中的子系统，教育管理系统总是要依附于一定的社会环境。随着社会环境的不断变化，教育管理系统的管理活动也必然要随之改变。因此，在客观上就决定了教育管理始终处于一个动态的、随机的过程中，这就要求教育管理者必须高度重视调查研究，及时了解和掌握信息的动态变化，以便及时把握时机，做好调控工作。

（7）教育管理具有可控性。世界上可控制的事物必须具备三个条件：第一，该事物必须具有一定程度的组织性，此为控制的前提；第二，该事物必须存在着多种发展的可能性，此为控制的理由；第三，该事物要有相应的控制手段和方法，此为控制的措施。教育管理具备上述三个条件，因此教育管理具有可控性。

三、论述题

论述教师的发展阶段。

【答】（1）美国学者凯兹概括并提出了教师发展的四个阶段。

①求生期：在工作的第一年，努力适应以求得生存。②强化期：一年后，对一般学生的情况有了基本的了解，开始把注意力放在有问题的学生身上。③求新期：在第三年和第四年，教师开始寻求新的教育教学方法。④成熟期：教师花费三年、五年或更多的时间，成为一个专业工作人员，能够对教育问题做出反省性思考。

（2）国内学者叶澜等从自我更新取向角度对教师专业发展阶段进行了深入研究，将其分为五个阶段。

①非关注阶段：无意识中以非教师职业定向的形式形成了较稳固的教育信念，具备了一些"直觉式"的"前科学"知识和与教师专业能力密切相关的一般能力。

②虚拟关注阶段：对合格教师的要求开始思考，在虚拟的教学环境中获得某些经验，对教育理论及教师技能进行学习和训练，有了对自我专业发展反思的萌芽。

③生存关注阶段：在"现实的冲击"下，产生了强烈的自我专业发展的忧患意识，特别关注专业活动中的"生存"技能，专业发展集中在专业态度和动机方面。

④任务关注阶段：随着对教学基本"生存"知识、技能的掌握，自信心日益增强，由关注自我的生存转到更

多地关注教学任务，由关注"我能行吗"转到关注"我怎样才能行"。

⑤自我更新关注阶段：不再受外部评价或职业升迁的牵制，自觉依据教师发展的一般路线和自己目前的发展条件，有意识地自我规划，以谋求最大程度的自我发展，关注学生的整体发展，积累了比较科学的个人实践知识。

心理学部分

一、名词解释

1. 性格（见2010年河南大学真题）

2. 注意的转移

【答】注意的转移是指根据活动任务的要求，主动地把注意从一个对象转移到另一个对象。影响因素有：①对原活动的注意集中程度；②新注意对象的吸引力；③明确的信号提示。

3. 实验室实验法（见2016年河南大学真题）

二、简答题

1. 简述影响知觉选择的因素。

【答】（1）主观因素：知觉的选择过程就是优先从背景中分出对象的过程，知觉之所以具有选择性，是由于人的意识有选择性。人的需要、愿望、兴趣、任务、以往的知识经验以及刺激物对人的意义是否重要与此有极为密切的关系。

（2）客观因素：①强度大的、对比明显的刺激物容易成为知觉的对象。例如，夜深人静时的窃窃私语、黑夜映衬下的霓虹灯闪烁、草原上奔跑的骏马都容易成为知觉的对象。②空间位置相近、连续，形状上相似，轮廓上闭合的刺激物也容易成为知觉的对象。例如，鉴别色弱或色盲的图例常常是利用亮度或色彩接近的点或块组成图形来让测试者加以辨认。

2. 简述教师情感在教学过程中的功能。（见2016年河南大学真题）

3. 简述学校心理咨询与辅导的形式和内容。（见2017年河南大学真题）

三、论述题

举例说明课堂问题行为产生的原因？如何处理和应对课堂行为问题？

【答】（1）课堂问题行为的概念及特点：课堂问题行为是指在课堂情境中发生的，违反课堂规则、妨碍及干扰课堂学习活动的正常进行或影响教学效率和学习效率的行为。课堂问题行为是一个教育性概念。课堂问题行为是可以接受的，也是可以矫正的，属于教育中的常态问题。以消极性、普遍性、轻度为主要特点。

（2）课堂问题行为产生的原因。

导致学生课堂问题行为的原因概括起来有三点：①学生自身方面的人格特点、生理因素、挫折经历、寻求注意等；②教师方面的教学技能、管理方式、威信等；③校内外的环境，如大众传媒、家庭环境、课堂座位编排等。

（3）处理和应对课堂行为问题的策略。（见2022年云南师范大学真题）

2022年河南大学333教育综合真题·凯程详解

一、名词解释

1. 师生关系（见2017年西南大学真题）

2. 教学（见2013年陕西师范大学真题）

3. 控制变量

【答】控制变量又称干扰变量或无关变量，是指研究中与特定的研究目标和研究对象无关的非研究变量。由于它会对研究的因变量产生影响，可能会导致研究结果出现偏差或无法取得研究结果，所以需要在研究过程中对它进行控制或消除。

4. 意志

【答】意志是指一个人自觉地确定目的，并根据目的来支配和调节自己的行动，克服种种困难以实现预定目的的心理过程。意志是人类特有的心理现象，是人的意识能动性的集中表现。有无意志是人和动物最本质的区别之一。

5.近因效应

【答】近因效应是指人们倾向于记住最后的事情。因为最末了的项目几乎不存在其他信息的干扰。因此，开始阶段和最后阶段所学的信息比其他阶段的信息更容易被记住。例如，某教师在班会上强调了学习、纪律、卫生等班级各方面问题，而学生往往对最后强调的问题记得最清楚。

二、简答题

1.我国中小学德育的基本内容有哪些方面？（见2010年首都师范大学真题）

2.教育学创立的主客观条件分别是什么？

【答】教育学的创立是种种主客观条件综合作用的结果。

（1）教育学的创立是社会和教育实践发展的需要。17—19世纪，资本主义产生，蓬勃发展的现代大工业生产对知识型劳动者的需求给教育发展带来了巨大变化。教育逐渐摆脱宗教桎梏走向世俗化，教育规模迅速扩大，教育内容不断丰富，各种教育制度相继形成，所有这些都迫切需要专门化和系统化的教育理论指导。

（2）教育学的创立是人类对教育系统认识不断深化的结果。启蒙运动和产业革命推动了科学发展，改变了人们对世界的看法和研究的策略，进而为教育问题的探索提供了新的方法论基础和更为丰富的研究路径。教育研究从追逐绝对实在论的教育理想逐渐转向对它的批判，开始审视和反思具有浓烈形而上学色彩的教育目标，从而为教育学的发展提供了理论空间。

（3）教育学的创立是一些著名学者和教育家们努力的结果。教育学的创立从1632年夸美纽斯的《大教学论》问世，到1806年以赫尔巴特的《普通教育学》出版为标志的教育学独立学科的形成，历时近200年，凝聚了几代教育家的心血，培根、夸美纽斯、康德、卢梭、洛克、裴斯泰洛齐、赫尔巴特等都为教育学的诞生做出了卓越贡献。

3.专家型教师的特征有哪些？（见2015年河南大学真题）

4.简述当前中国教育价值取向确立的主要内容。（见2010年北京师范大学真题）

5.简述影响遗忘的因素。（见2020年贵州师范大学真题）

6.简述需要的概念、特征和规律。

【答】（1）概念：需要是个体自身或外部生活条件的需求在大脑中的反映。它是个体感到某种缺乏时产生的主观状态，是个体活动积极性的源泉。需要通常以意向、愿望的形式表现出来。

（2）特征与规律。

①多样性与优选律。不同的人有不同的需要，同一个人也有多种需要，并且不断发生变化。总体来讲，需要种类繁多，层次复杂。当各种需要同时出现，争相发挥动力作用时，需要与需要之间必然发生冲突，最后，优势需要必然战胜劣势需要而取得支配地位，这条规律称为优选律。

②驱动性与恒动律。需要一旦出现，就会产生一种力量，推动人去从事各种活动，寻求需要的满足。驱动性是需要的最本质的特性。一般来说，需要的强度越大，推动力量越大，活动的积极性也就越高。相反，需要的强度越小，推动力量越小，活动的积极性也就越低。需要与生俱来，并贯穿于生命的全过程，发挥着永恒的动力作用，这条规律称为恒动律。

③发展性与递进律。人的需要不是孤立的、静止的，需要一旦满足，就会产生新的需要。需要的满足总是暂时的、相对的，而不满足是永久的、绝对的。需要在量的方面要求越来越多，在质的方面要求越来越好，不断向前递进发展，这条规律称为递进律。

④变化性与可控律。需要是客观世界的主观映像，是个体对自身和外在生活条件的需求的反映。随着生活环境的变化和个体成长，需要必然会不断变化。同样，需要的满足受客观外在因素与主观内在因素的双重制约，这条规律称为可控律。

7.简述流体智力和晶体智力的关系。（见2015年上海师范大学真题）

8.简述教师职业的劳动特点。（见2015年东北师范大学真题）

三、论述题

1.结合实例，说明班主任应如何组织和培养班集体。（见2014年华东师范大学真题）

2.举例说明学生心理发展受哪些因素影响？教学过程中如何根据学生的心理发展规律进行教学？（见2015年北京师范大学真题+见2010年华中师范大学真题）

湖北大学

2010 年湖北大学 333 教育综合真题·凯程详解

一、名词解释

1. 教育目的（见 2015 年北京师范大学真题）
2. 学校教育制度（见 2019 年北京师范大学真题）
3. 德育（见 2015 年华南师范大学真题）
4. 学科课程（见 2017 年华东师范大学真题）
5. 耶克斯 - 多德森定律（见 2010 年四川师范大学真题）
6. 程序性知识（见 2018 年华东师范大学真题）

二、简答题

1. 简述孔子的教育实践与教育思想。（见 2012 年北京师范大学真题）
2. 简述日本教育的发展。

【答】（1）明治维新时期的教育改革：明治初期，日本的教育积极学习西方的文化教育制度、改革教育内容和方法。明治后期，教育政策开始向军国主义方向发展。明治维新时期的教育改革一开始就带有浓厚的封建主义和军国主义的色彩，但通过改革，逐渐向近代资本主义教育转变。

（2）军国主义教育体制的形成与发展：日本军国主义教育体制的形成主要体现在加强对学校的控制、加强军国主义教育思想灌输、军事训练学校化和社会化三个方面。

（3）《教育基本法》和《学校教育法》：1947 年，日本国会公布了《教育基本法》和《学校教育法》两个重要教育法案，否定了"二战"时军国主义教育政策，为"二战"后教育指明了发展方向。这两个法案标志着"二战"后日本教育改革的开端。

（4）二十世纪七八十年代的教育改革：1971 年，日本中央教育审议会提出《关于今后学校教育综合扩充、整顿的基本措施》的咨询报告，主要涉及中小学教育和高等教育方面的改革。

3. 简述加里培林的智慧技能形成阶段理论的主要观点。（见 2019 年山东师范大学真题）
4. 举例说明影响问题解决的因素有哪些。（见 2017 年陕西师范大学真题）

三、论述题

1. 联系我国实际，论述教育与社会发展的关系。（见 2012 年杭州师范大学真题）
2. 联系教学实际，分析教学过程中应当处理好的几种关系。（见 2011 年东北师范大学真题）
3. 我国近代教育体制的变革表现在哪些方面？

【答】（1）民国初年的教育改革。①制定教育方针：民国第一任教育总长蔡元培主持了一系列教育改革措施，确立了公民道德教育、军国民教育、实利主义教育和美感教育的教育方针。②颁布壬子癸丑学制：在蔡元培的主持下，教育部陆续公布了一系列法令法规，形成一个全面完整的学制系统，称为壬子癸丑学制。

（2）新文化运动影响下的教育思潮和教育运动。新文化运动促进了中国教育观念的变化，教育的个性化、教育的平民化、教育的实用化、教育的科学化成为追求，在这个时期出现了平民教育思潮、工读主义教育思潮、职业教育思潮、勤工俭学运动、科学教育思潮和国家主义教育思潮。

（3）学校教学方法的改革与实验。受"五四"新文化运动思想解放潮流的激荡，以及受实用主义教育、科学主义教育的影响，在学制和课程与教材改革的推动下，一场改革教学法的运动在 20 世纪 20 年代逐渐形成高潮。

（4）1922 年"新学制"。北洋政府教育部于 1922 年 9 月召开了专门的学制会议，颁布了"壬戌学制"，随后施行。又因有小学六年，初中和高中各三年的分段形式，故又称为"六三三"学制。

（5）收回教育权运动。1922 年 3 月，蔡元培在《新教育杂志》上发表《教育独立议》，极力主张教育脱离政党与宗教而独立，率先举起反基督教教育的大旗，1925 年，收回教育权运动在"五卅运动"中达到高潮。

4. 阐述夸美纽斯的教育思想。（见 2016 年西南大学真题）

2011年湖北大学333教育综合真题·凯程详解

一、名词解释

1. 狭义的教育（见2014年北京师范大学真题）
2. 教育的相对独立性（见2022年天津师范大学真题）
3. "六艺"教育（见2012年华东师范大学真题）
4. 有意义学习（见2014年华东师范大学真题）
5. 京师大学堂（见2013年北京师范大学真题）
6. 学习动机（见2013年北京师范大学真题）

二、简答题

1. 简述皮亚杰的认知发展阶段理论。（见2012年东北师范大学真题）
2. 简述学习策略的意义。（见2018年东北师范大学真题）
3. 简述我国教育目的的基本精神。（见2012年北京师范大学真题）
4. 简述人文主义教育的基本特征。（见2011年华东师范大学真题）

三、论述题

1. 论述教学过程的本质特征。（见2014年湖南师范大学真题）
2. 论述德育过程的基本规律。（见2019年北京师范大学真题）
3. 论述陶行知的生活教育理论。（见2014年北京师范大学真题）
4. 论述终身教育的理论。（见2015年北京师范大学真题）

2012年湖北大学333教育综合真题·凯程详解

一、名词解释

1. 最近发展区（见2011年北京师范大学真题）
2. 学校教育制度（见2019年北京师范大学真题）
3. 狭义的教育（见2014年北京师范大学真题）
4. 活动课程（见2013年东北师范大学真题）
5. 内部学习动机与外部学习动机

【答】（1）内部学习动机。（见2017年湖南大学真题）

（2）外部学习动机是指人们由外部诱因所引起的动机。学习者不是对学习本身感兴趣，而是对学习所带来的结果感兴趣。例如，有的学生是为了得到奖励、避免惩罚而取悦教师等。

（3）关系：二者的划分不是绝对的，二者可以共同存在，相互影响。

6. 美育（见2010年东北师范大学真题）

二、简答题

1. 简述赫尔巴特的教育思想。（见2015年北京师范大学真题）
2. 简述孔子的教育思想。（见2012年北京师范大学真题）
3. 简述试误说的含义及启示。

【答】（1）含义。（见2017年山西师范大学真题）

（2）启示：在教学中，教师应该允许学生犯错误，并鼓励学生从错误中进行学习，这样学生获得的知识才会终生不忘；教师也应努力使学生的学习得到他自己满意的积极结果，防止无所获或得到消极结果；同时，应注意在学习过程中加强合理地练习，并注意在学习结束后不时地进行练习；任何学习都应该在学生有准备的状态下进行，不能经常搞"突然袭击"。

4. 简述促进知识迁移的主要条件。（见2017年北京师范大学真题）

三、论述题

1. 联系实际，分析教育的本质特征。（见 2020 年天津师范大学真题）
2. 联系实际，谈谈教师的素养与培养。（见 2020 年华东师范大学真题）
3. 联系实际，阐述蔡元培的教育思想与教育实践。（见 2013 年北京师范大学真题）
4. 阐述斯宾塞的教育思想。（见 2012 年江西师范大学真题）

2013 年湖北大学 333 教育综合真题·凯程详解

一、名词解释

1. 自我中心思维

【答】皮亚杰把认知发展视为认知结构的发展过程，以认知结构为依据区分心理发展阶段。他把认知发展分为四个阶段，在前运算阶段中，儿童的思维具有自我中心主义的特点。这个阶段的儿童缺乏观点采择能力，只以自己的观点看待世界，难以认识他人的观点。

2. 正迁移与负迁移

【答】（1）正迁移。（见 2018 年山东师范大学真题）

（2）负迁移：一般是指一种学习对另一种学习的消极影响，多指一种学习所形成的心理状态。例如，定势对另一种学习的效率或准确性产生了消极影响，或阻碍了另一种学习的顺利进行。

3. 壬子癸丑学制（见 2022 年宁夏大学真题）
4. "六艺"（见 2012 年华东师范大学真题）
5. 教育目的（见 2015 年北京师范大学真题）
6. 学校教育（见 2010 年华中师范大学真题）

二、简答题

1. 简述布鲁纳学习理论的主要观点。（见 2013 年华东师范大学真题）
2. 什么是内部学习动机和外部学习动机？二者对学习的影响分别是什么？二者的关系如何？

【答】（1）含义：根据学习动机的不同动力来源，可把学习动机分为内部和外部两类。内部学习动机是指人们由学习本身的兴趣所引起的动机，它不需要外界的诱因、惩罚来使行动指向目标，行动本身就是一种动力；外部学习动机是指人们由外部诱因所引起的动机。学习者不是对学习本身感兴趣，而是对学习所带来的结果感兴趣。例如，有的学生是为了得到奖励、避免惩罚而取悦教师等。

（2）对学习的影响：都能够激发起学生学习的积极性和主动性，但内部学习动机更为持久。

（3）关系：内部学习动机和外部学习动机的划分不是绝对的，外部学习动机的实质仍然是一种学习的内部动力，我们在教育过程中强调内部学习动机，但也不忽视外部学习动机的作用。教师应该一方面逐渐使外部学习动机转化为内部学习动机，另一方面又应该利用外部学习动机使学生已经形成的内部学习动机处于持续的激起状态。

3. 简述教育与社会发展的关系。（见 2012 年杭州师范大学真题）
4. 简述日本教育的发展。（见 2010 年湖北大学真题）

三、论述题

1. 阐述孔子的教育实践与教育思想。（见 2012 年北京师范大学真题）
2. 结合教学实际，分析教学过程中应当处理好的基本关系。（见 2011 年东北师范大学真题）
3. 联系当前学校教育实际阐述德育的基本途径。（见 2014 年北京师范大学真题）
4. 阐述裴斯泰洛齐的教育思想。（见 2020 年东北师范大学真题）

2014年湖北大学333教育综合真题·凯程详解

一、名词解释

1. 教育内容（见2019年哈尔滨师范大学真题）

2. 学制（见2019年北京师范大学真题）

3. 形成性评价（见2013年华中师范大学真题）

4. 先行组织者（见2010年北京师范大学真题）

5.《雷佩尔提教育方案》

【答】《雷佩尔提教育方案》是在法国大革命时期由雅各宾派的雷佩尔提起草的国民教育法案。《雷佩尔提教育方案》批评《康多塞方案》未能解决贫苦儿童入学的物质保障问题。该法案强调"贫民教育的费用要由富人来负担"，提出由国家向富人征收累进所得税来开办寄宿学校；组织儿童参加农业和专设的实习工厂的劳动；学习《人权宣言》和法国革命的历史。

6. 科举考试制度（见2016年西南大学真题）

二、简答题

1. 简述在教学过程中如何处理好直接经验和间接经验的关系。（见2014年华中师范大学真题）

2. 简述教育相对独立性的表现。（见2010年华中师范大学真题）

3. 比较孟子和荀子教育思想的异同。（见2014年山东师范大学真题）

4. 简述皮亚杰认知发展理论的教学含义。（见2012年东北师范大学真题）

三、论述题

1. 结合实际工作，谈谈新时代教师应具备怎样的素养？如何培养这些素养？（见2020年华东师范大学真题）

2. 试述黄炎培的职业教育思想及其对当前中国教育改革的启示。（见2018年华中师范大学真题）

3. 试述终身教育思想及其引发的教育变革。

【答】（1）终身教育思想。（见2015年北京师范大学真题）

（2）终身教育思想引发的教育变革如下：①在教育观念上，要革新旧的观念，树立"活到老、学到老"的新教育观念，主张教育贯穿人的一生，改变过去将人的一生划分为学习期和工作期两个阶段的观念；②在教学方法上，教师要更新教学方法，善于运用启发式和引导式的教学方法，尊重学生的主体地位，让学生做学习的主人，引导学生主动思考、积极学习；③在师资队伍上，教师自身要不断学习，跟上时代的步伐，不断探索、学习新的知识技能，做学生的榜样；④在教育内容上，要超越现有的学校教育的局限，将教育内容拓展到人类生活的整个空间，教育不单单是知识的传递，而应该贯彻人的全面发展的精神，培养个人对环境变化的主动适应性。

4. 结合实际，谈谈如何激发学生的外部学习动机和内部学习动机。（见2012年华东师范大学真题）

2015年湖北大学333教育综合真题·凯程详解

一、名词解释

1. 科举制度（见2016年西南大学真题）

2. 壬子癸丑学制（见2022年宁夏大学真题）

3. 课程（见2019年北京师范大学真题）

4. 中世纪大学（见2013年西南大学真题）

5. 自然实验法

【答】自然实验法是在教育活动的自然状态下所进行的实验，指在日常生活条件下，适当控制条件并结合教育教学工作，以引起某种心理活动而进行心理研究的方法。自然实验的组织形式一般有三种：单组实验、等组实验和轮组实验。教学研究中，实验法的很多教学实验一般采用自然实验。

6. 最近发展区（见2011年北京师范大学真题）

7.客观性测验

【答】测验法是教学评价的方法之一，测验主要以笔试进行，是考核、测定学生成绩的基本方法。它适用于对学生学习文化科学知识的成绩评定。测验的质量指标有信度、效度、难度和区分度。常用的测验有：论文式测验、客观性测验、问题情境测验和标准化测验。客观性测验是通过给出一系列客观性试题要求学生回答来测定他们的知识与能力水平的测验。

8.新教育运动（见2019年华东师范大学真题）

二、简答题

1.简述孔子在教育史上的贡献。（见2012年北京师范大学真题）

2.简述人文主义教育的主要特征。（见2011年华东师范大学真题）

3.简述启蒙运动的主要观点及其对教育的影响。

【答】（1）启蒙运动作为世界近代史上继文艺复兴之后的又一重要思想解放运动，为资产阶级取得政治、经济的统治地位做了思想上的准备。主要观点如下：

①相信在物质的宇宙中存在自然法则，万物都受自然法则的支配。理性是衡量一切的标准，凡是违反理性的，都应予以打倒。

②相信人类过去充满了黑暗和愚昧，而未来则是一片光明；人类的状态总是逐步改善的，人类进步是人类社会发展的规律，从而确立了乐观的进步主义观念。

③启蒙思想家极力主张发展教育，使广大民众都能受到教育、获得知识、发展理性。

（2）启蒙运动思想对教育的影响深刻而持久，具体体现在：

①开始强调教育的可能性和必要性，要求教育不仅要为经济社会服务，更要为人服务，提出人的发展有必要通过教育，深刻影响了现代教育思想发展的基调。

②启蒙运动崇尚人的理性，尊重人的天性和自由，为自然主义教育奠定了舆论氛围。

4.简述中国近代教会学校的发展和教会教育的性质与作用。

【答】（1）发展：《南京条约》签订后，西方传教士纷纷来华传教办学。第二次鸦片战争后，教会学校由原来的五个沿海通商口岸发展到内地，数量迅速增加。1877年以后，教会学校加强了相互之间的联系，加速了教会学校的制度化发展。20世纪20年代，在华外国教会已建立起一个从初等教育到高等教育并包括各种专门教育在内的相互衔接的教会教育系统。进入20世纪后，教会学校在数量和办学层次上都有所发展，并形成了一个完整而独立的办学体系。

（2）性质与作用：①在性质上，教会学校是西方社会殖民扩张的产物，带有强烈的殖民性质，是近代中国半殖民地的国家性质在教育上的表现。②在客观上，教会学校在中国的举办开启了中国教育接触国际的大门，也是中国传统教育向近代教育过渡的促进因素。教会学校的广泛设立，无疑加速了西学在中国传播的进程。③通过教会教育这个渠道，中国人逐渐开阔了教育视野，如开放女子教育，设立学前教育机构，都是从教会教育开始的。④教会学校的毕业生至少在知识结构上符合新式教育的需要，他们成为洋务运动时期乃至维新时期、清末新政时期新式学堂教师的重要来源。

5.简述教育的基本要素及其相互作用。（见2015年北京师范大学真题）

三、论述题

1.试述"个人本位论"与"社会本位论"之争对于人的培养与成长有何重大意义。（见2010年北京师范大学真题）

2.有的家长在孩子取得高分时便给予金钱或物质的奖励，在孩子考得差的时候就责骂处罚，甚至棍棒加身。请分析这种做法的利弊，并提出合理化的建议。

【答】在家庭教育中，不可避免地要对孩子进行表扬、批评、奖励等教育活动。这些活动对于培养孩子的责任感、自控能力、纪律性以及调动其学习、工作的积极性等方面起着不可替代的作用，它是达到教育目的的手段。不管是批评还是表扬，都属于心理学中所说的强化理论的应用。为了达到预期的教育效果必须注意以下几个方面：

（1）奖惩的客观性和公正性。客观、正确的奖惩标准才能达到教育的目标。奖惩要对事不对人，在评论具体的行为和事件时，不是简单、抽象或总体的肯定或否定，而是多讲小道理，少讲大道理。

（2）奖惩的力度、次数和时机。奖惩的力度要适当，应与孩子努力程度、付出代价及行为结果相一致。过重的奖惩可能造成难以弥补的后果；过轻的奖惩可能使它失去作用，奖惩的次数或概率、时机也要适当。

（3）奖惩方式的选择。要多表扬、奖励，少批评、惩罚。在批评时，可先表扬其优点或先讲些孩子能接受的观点，对其提出较低的要求，使其有改正错误的信心和勇气，感到容易遵照执行，然后逐渐提高要求。

（4）奖惩方式多样化。对待孩子，奖惩方式也应因情况而异，尽量少用金钱奖励、打骂的惩罚方式。

四、案例题

（1）试分析上述案例中班主任的做法违背了哪些德育原则。

（2）试谈教师应该具有怎样的学生观。

【答】（1）班主任的做法违背了疏导原则、长善救失原则、严格要求与尊重学生相结合原则、因材施教原则、在集体中教育原则。

（2）教师应该具有的学生观。（见2020年西南大学真题）

2016年湖北大学333教育综合真题·凯程详解

一、名词解释

1. 狭义的教育（见2014年北京师范大学真题）

2. 教育的相对独立性（见2022年天津师范大学真题）

3. "六艺"教育（见2012年华东师范大学真题）

4. 京师大学堂（见2013年北京师范大学真题）

5. 有意义学习（见2014年北京师范大学真题）

6. 学习动机（见2013年北京师范大学真题）

二、简答题

1. 简述我国教育目的的基本精神。（见2012年北京师范大学真题）

2. 简述文艺复兴时期人文主义教育的特征。（见2011年华东师范大学真题）

3. 简述掌握学习策略的意义。（见2018年东北师范大学真题）

4. 简述皮亚杰的认知发展的四阶段。（见2012年东北师范大学真题）

三、论述题

1. 联系实际，论述教学过程的性质。（见2014年湖南师范大学真题）

2. 联系实际，论述德育过程的基本规律。（见2019年北京师范大学真题）

3. 述评陶行知的生活教育理论。（见2014年北京师范大学真题）

4. 论述终身教育思想的主要观点。（见2015年北京师范大学真题）

2017年湖北大学333教育综合真题·凯程详解

一、名词解释

1. 教育（见2014年北京师范大学真题）

2. 教育目的（见2015年北京师范大学真题）

3. 陶行知（见2013年内蒙古师范大学真题）

4. 洋务学堂

【答】洋务学堂是洋务运动的重要组成部分，其目的在于培养洋务运动所需要的翻译、外交、工程技术、水陆军事等多方面的专门人才，教学内容以"西文"与"西艺"为主。洋务学堂的举办是随着洋务运动的展开而开始的。其主要类型包括外国语（"方言"）学堂，如京师同文馆等；军事（"武备"）学堂，如福建船政学堂等；技术实业学堂，如福州电报学堂等。

5.同伴关系

【答】同伴关系是指个体在交往过程中建立和发展起来的个体之间的，特别是同龄人之间的一种人际关系。同伴关系存在于整个人类社会，无论是原始社会还是现代社会，个体的成长都离不开同伴。

6.皮亚杰

【答】皮亚杰是瑞士著名的发展心理学家。他提出了著名的认知发展理论，这个理论被公认为20世纪发展心理学上最权威的理论。该理论摆脱了遗传和环境的争论和纠葛，旗帜鲜明地提出内因和外因相互作用的发展观。他把认知发展视为认知结构的发展过程，以认知结构为依据区分心理发展阶段，将认知发展分为四个阶段。他的理论对之后的心理学产生了深远的影响。

二、简答题

1.简述教育心理学。

【答】（1）含义：教育心理学是研究教育教学情境中主体的心理活动及其发展变化机制、规律和有效促进策略的学科。

（2）研究对象：教育教学情境中教师的教与学生的学的过程中相互作用的心理活动及其发展变化的机制、规律和有效促进策略。

（3）研究任务：探索教育理论和指导教学实践。教育心理学是心理科学与教育科学相结合的产物，它的产生是心理科学与教育科学发展的需要。这一性质决定了它具有理论建设和实践指导的双重任务。这两个方面的任务是彼此统一、相互促进的。

（4）三大功能：描述与测量；解释与说明；预测与控制。

2.简述苏格拉底法。（见2013年东北师范大学真题）

3.简述教育学。（见2017年湖南师范大学真题）

4.简述攻击行为。（见2020年曲阜师范大学真题）

三、论述题

1.论述常见的教育学研究方法。

【答】常用的教育学研究方法有：历史法、调查法、实验法、统计法等。

（1）历史法：

①含义：历史法就是从事物发生和发展的过程中去进行考察，以弄清它的实质和发展规律。我们要了解教育的某一问题，探求教育发展的规律，总结学校和教师的教育经验，都需要运用历史法进行研究。

②步骤：a.搜集史料；b.鉴别史料；c.对史料进行分类。

③在运用历史法研究教育问题时，要注意以下几点：a.要坚持全面分析的方法；b.要把历史分析和阶级分析结合起来；c.要正确处理批判与继承的关系。

（2）调查法：

①含义：调查法是了解教育情况、研究教育问题的基本方法，它对于制订教育规划、检查教育质量、总结教育经验，都起着重要的作用。

②调查法分为：全面调查、重点调查、抽样调查和个案调查。

③在运用调查法研究教育问题时，要注意以下几点：a.确定好调查的目的；b.选择适当的调查对象；c.拟定调查提纲；d.计划好调查的步骤和方法。

④调查的方法是多种多样的，经常采用的有：观察法、谈话（口头访问）法、查阅资料法、问卷法。

（3）实验法：

实验法是研究者根据对改善教育问题的设想，创设某种环境、控制一定条件所进行的一种教育实践活动。一般分为三种：①单组实验法；②等组实验法；③循环实验法。

（4）统计法：

统计法是数量分析的一种方法，它对于各种工作都有着重要意义。统计法是认识教育现象，实行教育管理，开展教育研究不可缺少的一种科学方法。统计法包括对数字资料的搜集、整理、计算和分析等一系列的步骤。研究教育问题时，根据需要有选择地采用。

2.论述教育活动三要素。（见2015年北京师范大学真题）

3.述评蔡元培的北大改革。（见2013年北京师范大学真题）

4.论述杜威"学校即社会"的含义及意义。

【答】（1）含义：根据"教育即生活"，杜威又提出了一个基本的教育原则——"学校即社会"，明确提出应把学校和社会紧密联系起来，把学校创造成一个小型的社会，使学校生活成为一种经过选择的、净化的、理想的社会生活，使学校成为一个合乎儿童发展的雏形社会。为了落实"学校即社会"的思想，杜威提出了代表社会生活的活动课程和"从做中学"的教学思想。

（2）意义：杜威提出的"学校即社会"强调学校教育不仅要教人成才，也要教人成人，将学校看作小型社会，主张在学校里培养学生在社会上实用的生活技能，他对以赫尔巴特为代表的传统教育理念进行了批判，推动了教育学的发展，更新了人们对于学校教育的看法，拓展了学校教育的内涵和功能，在全世界范围内都具有深远的影响。

2018年湖北大学 333 教育综合真题·凯程详解

一、名词解释

1.**教育制度**（见 2012 年华东师范大学真题）

2.**教育目的**（见 2015 年北京师范大学真题）

3.**孔子**

【答】孔子，名丘，字仲尼，鲁国人。孔子是中国古代伟大的思想家、教育家，儒家学派的创始人，也是私学的创始人之一。《论语》是孔子的弟子以及其再传弟子记录孔子及其弟子言行的书。孔子是我国教育史上第一个将毕生精力贡献给教育事业的人，也是我国春秋时期世界公认的伟大思想家与教育家，他的教育学说为中国古代教育奠定了理论基础。

4.**有效教学**（见 2014 年南京师范大学真题）

5.**蔡元培**（见 2010 年东北师范大学真题）

6.**学习动机**（见 2013 年北京师范大学真题）

二、简答题

1.**简述教育学的研究对象和任务。**（见 2017 年湖南师范大学真题）

2.**简述教育心理学。**（见 2017 年湖北大学真题）

3.**简述人本主义心理学。**（见 2017 年华中师范大学真题）

4.**简述欧洲新教育运动。**

【答】（1）欧洲新教育运动是指 19 世纪末 20 世纪初在欧洲兴起的教育改革运动，又称为新学校运动。其主要内容是在教育的选址、目的、内容、方法和道德教育上建立起与传统学校完全不同的新学校，作为新教育的"实验室"。

（2）主要学校：①1889 年，雷迪创办了欧洲第一所新学校——阿博茨霍尔姆学校，标志着新教育运动的开始，该校被誉为欧洲"新学校"的典范；②英国的尼尔创办了夏山学校；③德国教育家利茨开办了德国第一所乡村教育之家；④1898 年，法国德莫林创办了法国第一所新学校——罗歇斯学校。

（3）特点：学校环境优美，采用家庭式教育管理方式；注重体育、手工，注重培养学生的自由精神；在课程方面，注重人文科学和自然科学相结合；在教学方法上，注重学生兴趣与思维能力的培养，反对体罚；同时注重培养学生的动手能力和合作精神。

（4）评价：欧洲新教育运动引起人们对传统教育的反思，建立起各国教育之间的联系，但是因其收费昂贵，教育对象仅限于少数上层阶级的孩子，所以没有产生大规模化的教育影响。

三、论述题

1.**影响人发展的基本因素有哪些?**（见 2015 年北京师范大学真题）

2.**什么是教育? 试述教育的质的规定性。**（见 2020 年天津师范大学真题）

3.**试述杜威的"学校即社会"的含义及意义。**（见 2017 年湖北大学真题）

4.**评述陶行知的生活教育理论。**（见 2014 年北京师范大学真题）

2019 年湖北大学 333 教育综合真题·凯程详解

一、名词解释

1. 教育（见 2014 年北京师范大学真题）
2. 教育制度（见 2012 年华东师范大学真题）
3. 全面发展（见 2014 年华南师范大学真题）
4. 道尔顿制（见 2011 年北京师范大学真题）
5. 卢梭

【答】卢梭是 18 世纪法国著名的启蒙思想家和教育家，被称为"教育史上的哥白尼"，是自然主义教育思想的主要代表。其代表作为《爱弥儿》，在书中卢梭集中论述了自然主义的教育理论。卢梭认为自然教育的核心就是"归于自然"，即教育必须遵循自然规律，适应儿童的自然本性，自然教育就是要培养"自然人"。他的自然主义教育思想转变了人们的教育观念，使儿童正式成为教育的中心，后逐渐成为一种教育思潮，影响了各国初等教育的实践。

6. 科举制（见 2016 年西南大学真题）

二、简答题

1. 简述影响人身心发展的因素。（见 2015 年北京师范大学真题）
2. 简述陶行知的生活教育论。（见 2014 年北京师范大学真题）
3. 简述教育的基本要素。（见 2015 年北京师范大学真题）
4. 简述裴斯泰洛齐的教育心理学化。（见 2016 年湖南师范大学真题）

三、论述题

1. 论述人的发展的规律性及评价。（见 2010 年华中师范大学真题）
2. 评价张之洞的"中学为体，西学为用"。（见 2014 年华东师范大学真题）
3. 论述教育目的的价值取向。（见 2010 年北京师范大学真题）
4. 论述杜威的教育本质论。（见 2018 年东北师范大学真题）

2020 年湖北大学 333 教育综合真题·凯程详解

一、名词解释

1. 课程（见 2019 年北京师范大学真题）
2. 学制（见 2019 年北京师范大学真题）
3. 人本主义教育

【答】人本主义教育兴起于二十世纪五六十年代的美国，由马斯洛创立，以罗杰斯为代表，被称为除行为主义学派和精神分析学派以外心理学上的"第三势力"。人本主义学派和其他学派最大的不同是特别强调人的本质和价值，而并非集中研究人的问题行为，并强调人的成长和发展。

4. 教育（见 2014 年北京师范大学真题）
5. 苏格拉底法（见 2011 年北京师范大学真题）
6.《学记》（见 2013 年东北师范大学真题）

二、简答题

1. 简述科举制。（见 2019 年华中师范大学真题）
2. 简述终身教育思潮的主要观点。（见 2015 年北京师范大学真题）
3. 简述教育学。（见 2017 年湖南师范大学真题）
4. 简述教师劳动的特点。（见 2015 年东北师范大学真题）

三、论述题

1.论述影响人发展的因素。（见2015年北京师范大学真题）

2.论述杜威的教育本质论，结合我国的教育问题，谈谈我国未来教育的发展趋势。

【答】（1）杜威的教育本质论。（见2018年东北师范大学真题）

（2）我国未来教育的发展趋势。

①教育培养目标转向以能力培养为主。"教育即经验的改造"体现了杜威重视直接经验的价值，启发我们要培养学生的能力，未来社会所需要的人才和当今社会需要的人才有着极大的不同，面对未来职业的改变，教育领域必须及时调整人才培养目标，由以知识记忆为主转向以能力培养为主，更加注重培养人的批判性思考能力、创造能力、创新精神。

②学生的培养更加个性化。杜威的"教育即生长"观点要求尊重学生身心发展特点，使其充分生长和发展。这启示我们要进行个性化培养，即学校根据每个学生的特点而采取针对性教育培养的人才培养模式，发挥学生的最大潜能，激发学生的学习兴趣。

③终身学习成为人们的生活方式。杜威的"教育即生活"观点要求学生、学校、社会生活相契合，要适应社会的发展，需要终身学习。随着人类社会迈入知识社会，社会对人们知识和能力的要求日新月异，在学校完成学习的方式已经不能够适应社会发展的需要，学习将伴随人的一生，终身学习将成为人们的日常生活方式。

3.列举4种教学方法及其应用。（见2018年北京师范大学真题）

4.论述蔡元培的"五育"并举思想，并谈谈你对它的理解。（见2016年华东师范大学真题）

2021年湖北大学333教育综合真题·凯程详解

一、名词解释

1.教育（见2014年北京师范大学真题）

2.教育制度（见2012年华东师范大学真题）

3.教育目的（见2015年北京师范大学真题）

4.苏格拉底法（见2011年北京师范大学真题）

5.教学（见2013年陕西师范大学真题）

6.科举制（见2016年西南大学真题）

二、简答题

1.简述蔡元培为北京大学确立的"思想自由，兼容并包"的办学指导思想。（见2011年北京师范大学真题）

2.简述卢梭的自然主义教育思想。（见2012年华东师范大学真题）

3.简述教育学的研究对象和研究任务。（见2017年湖南师范大学真题）

4.至少列举三个教育学的研究方法。

【答】（1）教育观察研究：指研究者通过感官和辅助仪器，在一定时间内的自然情境下，有目的、有计划地对教育领域的某一现象及其变化过程进行全面、细致的考察和探究，从而获得比较客观的教育材料、探索教育规律的一种研究方法。

（2）教育调查研究：指在教育理论的指导下，围绕一定的教育问题，通过观察、列表、问卷、访谈、个案研究，以及测验等科学方式，搜集教育研究资料，从而对教育的现状做出科学的分析和认识，并提出具体工作建议的一整套教育实践活动。

（3）教育实验研究：指研究者按照研究目的，合理地控制或创设一定的条件，人为地变革研究对象，从而验证假设，探讨教育现象因果关系的一种研究方法。换言之，教育实验研究是针对一定的研究假设，主动操纵研究变量，干预研究对象的变化，进而揭示研究变量之间因果关系的教育研究活动。

三、论述题

1.中国近代教育家梁启超深受西方男女平等思想的影响，提出"欲强国必由女学"，试评述其女子教育思想。

【答】（1）简介：梁启超是中国近代思想家、政治家、教育家，中国近代维新派代表人物。女子教育是梁启超维新教育思想的重要内容。他在《变法通议·论女学》中系统论述了女子教育问题。

（2）女子教育思想。

①女性受教育的必要性。梁启超从女子自养自立、成才成德、教育子女、实施文明胎教等方面揭示了女子教育的必要性，并进一步指出接受教育是女子的天赋权利，也是男女平等的保障。

②女性是一种独特的人才资源。女子有耐心、喜静、心细等特点，中国应充分开发和利用女性这一巨大的人才资源。

③女子受教育程度反映国势强弱。他指出中国欲救亡图存，由弱变强，就必须大力发展女子教育。

④女子教育的出发点。发展女子教育必须从破除女子缠足陋习、给女子行动自由开始。

⑤梁启超亲自创办女学。1898年，他积极参与中国第一所女学——经正女学的筹办。

（3）评价：梁启超关于女子教育的主张，反映了他的男女平权、妇女解放的思想，比起"女子无才便是德"的封建教育要先进得多，具有鲜明的近代特征。

2. 英国教育思想家洛克认为，教师对儿童进行体罚，进行奴隶式的管制，只能养成儿童的奴性，请结合其绅士教育的思想，评析这一观点。

【答】（1）洛克的绅士教育。（见2012年上海师范大学真题）

（2）题干体现的是洛克对体罚的看法。他主张尽可能不要使用体罚，体现了其思想的世俗化和先进性，但同时他又认为如果儿童顽强反抗是可以使用体罚的，忽视了对儿童的爱与引导，具有一定的局限性。

近几年我国也在不断完善教育惩戒制度，明确了教育惩戒的概念、适用范围、实施原则、类型以及救济途径。但惩戒与体罚有区别：

①教育惩戒是指学校、教师基于教育目的，对违规违纪学生进行管理、训导或者以规定的方式予以矫治，促使学生引以为戒、认识和改正错误的教育行为。教育惩戒是手段与目的的结合，只有符合教育目的的惩罚方式才是教育惩戒。

②体罚是指通过对身体的责罚，给学生造成身体和心理伤害，这是一种不合理的惩罚。

因此，教师要明确合理与不合理的边界，反对不符合教育目的的体罚，在惩戒权内实施教育惩戒，避免不作为或越界。

3. 试分析影响人发展的基本因素。（见2015年北京师范大学真题）

4. 试分析构成教育活动的基本要素。（见2015年北京师范大学真题）

2022年湖北大学333教育综合真题·凯程详解

一、名词解释

1. 狭义的教育目的（见2015年北京师范大学真题）
2. 教育规律（见2019年山东师范大学真题）
3. 狭义的教育（见2014年北京师范大学真题）
4. 学校教育制度（见2019年北京师范大学真题）
5. 学习策略（见2015年北京师范大学真题）
6. 学习迁移（见2011年湖南师范大学真题）

二、简答题

1. 简述孟子的"性善论"及其对当今教育的意义。（见2018年浙江师范大学真题）
2. 简述苏格拉底的产婆术及其优缺点。（见2013年东北师范大学真题）
3. 简述什么是教育心理学。（见2017年湖北大学真题）
4. 简述学习动机的作用。（见2016年内蒙古师范大学真题）

三、论述题

1. 论述影响人发展的基本因素。（见2015年北京师范大学真题）
2. 结合常见的教学方法，谈谈你对"教学有法，教无定法"的看法。（见2020年江苏师范大学真题）
3. 论述陶行知的教育精神以及对当代教师的借鉴意义。（见2014年北京师范大学真题）
4. 谈谈杜威的"从做中学"及其对当今课改的启示。（见2014年东北师范大学真题）

扬州大学

2010年扬州大学333教育综合真题·凯程详解

一、名词解释

1. 广义的教育（见2014年北京师范大学真题）
2. 教学评价（见2015年北京师范大学真题）
3. 学校管理（见2015年北京师范大学真题）
4. 道尔顿制（见2011年北京师范大学真题）
5. 创造性（见2019年华南师范大学真题）
6. 自我效能感（见2014年华东师范大学真题）

二、简答题

1. 简述教育的社会流动功能。（见2010年北京师范大学真题）
2. 简述严格要求与尊重学生相结合的德育原则。（见2018年华东师范大学真题）
3. 简述孟轲的教育思想。（见2015年北京师范大学真题）
4. 简述如何培养和提高学生的问题解决能力。（见2010年华中师范大学真题）

三、论述题

1. 联系实际，论述教学过程中教师主导作用与学生主体性的关系。（见2010年北京师范大学真题）
2. 陶行知生活教育理论体系的主要内容是什么？对今天的教育改革有何借鉴意义？（见2014年北京师范大学真题）
3. 终身教育理论的主要观点有哪些？当今社会为什么要实行终身教育？（见2015年北京师范大学真题）
4. 影响学生学习动机的因素有哪些？联系实际谈谈如何激发学生的学习动机。
【答】（1）影响学生学习动机的因素。（见2010年华中师范大学真题）
（2）学习动机的培养与激发。（见2012年华东师范大学真题）

2011年扬州大学333教育综合真题·凯程详解

一、名词解释

1. 教育学（见2011年陕西师范大学真题）
2. 教学（见2013年陕西师范大学真题）
3. 教育目的（见2015年北京师范大学真题）
4. 设计教学法（见2015年华东师范大学真题）
5. 学习（见2013年陕西师范大学真题）
6. 心理发展（见2015年华中师范大学真题）

二、简答题

1. 简述生产力对教育的制约。（见2018年华南师范大学真题）
2. 简述教师职业道德的内容。（见2018年北京师范大学真题）
3. 简述董仲舒的道德教育思想。（见2016年苏州大学真题）
4. 简述苏霍姆林斯基的教育思想。（见2016年北京师范大学真题）

三、论述题

1. 联系教学实际，论述教学中为什么要强调启发性以及教学中如何贯彻启发性原则。（见 2012 年北京师范大学真题）

2. 述评"朱子读书法"，并谈谈对自己读书的启示。（见 2016 年华东师范大学真题）

3. 论述杜威关于教育的本质与目的的主要思想，谈谈其对我国教育改革的借鉴作用。（见 2015 年浙江师范大学真题）

4. 影响学生问题解决的因素有哪些？结合实际谈谈如何培养学生的问题解决能力。

【答】（1）影响学生问题解决的因素。（见 2017 年陕西师范大学真题）

（2）培养学生的问题解决能力。（见 2010 年华中师范大学真题）

2012 年扬州大学 333 教育综合真题·凯程详解

一、名词解释

1. 教育制度（见 2012 年华东师范大学真题）

2. 教学（见 2013 年陕西师范大学真题）

3. 德育方法

【答】德育方法是指为达到德育目的而在德育活动中所采用的教育者与受教育者相互作用的活动方式的总和。包括教育者的施教传道方式和受教育者受教修养方式。德育方法包括说服法、榜样法、实践锻炼法、修养法、陶冶法和奖惩法。

4. 白板说（见 2013 年北京师范大学真题）

5. 学习（见 2013 年陕西师范大学真题）

6. 元认知（见 2010 年华中师范大学真题）

二、简答题

1. 简述人的发展的含义。（见 2020 年辽宁师范大学真题）

2. 简述因材施教的教学原则。（见 2019 年华东师范大学真题）

3. 简述"朱子读书法"的主要内容。（见 2016 年华东师范大学真题）

4. 简述影响品德形成的内部因素。（见 2013 年西北师范大学真题）

三、论述题

1. 联系教学实际，论述教学过程的性质。（见 2014 年湖南师范大学真题）

2. 论述孔丘的主要教育思想及其意义。（见 2012 年北京师范大学真题）

3. 论述苏霍姆林斯基的个性全面和谐发展及其对我国教育改革的启示。

【答】（1）苏霍姆林斯基的个性全面和谐发展。（见 2016 年北京师范大学真题）

（2）对我国教育改革的启示。（见 2018 年沈阳师范大学真题）

4. 论述创造性的心理结构和培养学生创造性的主要措施。（见 2011 年北京师范大学真题 +2015 年华东师范大学真题）

2013 年扬州大学 333 教育综合真题·凯程详解

一、名词解释

1. 教育制度（见 2012 年华东师范大学真题）

2. 骑士教育（见 2010 年华东师范大学真题）

3. 最近发展区（见 2011 年北京师范大学真题）

4. 自我效能感（见 2014 年华东师范大学真题）

5.活动课程（见 2013 年东北师范大学真题）

6.美德即知识（见 2015 年湖南师范大学真题）

二、简答题

1.简述奥苏伯尔的有意义接受学习理论。（见 2013 年北京师范大学真题）

2.简述教学过程中直接经验和间接经验的关系。（见 2014 年华中师范大学真题）

3.简述黄炎培职业教育思想的主要观点。（见 2018 年华中师范大学真题）

4.简述教学中促进知识迁移的策略。（见 2014 年北京师范大学真题）

三、论述题

1.结合教师素养的主要内容，谈谈提高教师专业素养的主要途径。（见 2015 年西南大学真题+2020 年华东师范大学真题）

2.结合人的发展的基本规律，谈谈相应的教育策略。（见 2010 年华中师范大学真题）

3.论述夸美纽斯的主要教育思想及其意义。（见 2016 年西南大学真题）

4.论述陈鹤琴的"活教育"思想及其对我国当前教育改革的启示。

【答】（1）陈鹤琴的"活教育"思想。（见 2015 年北京师范大学真题）

（2）对我国当前教育改革的启示：

①幼儿教育改革要适合本国国情。"活教育"的目的就是"做人，做中国人，做现代中国人"，根据当前我国国情的具体需要，努力培养孩子从小就爱自己的祖国，将来成为我们国家和社会所需要的人。

②树立正确的儿童教育观。教育者应尊重儿童的人格、尊重儿童的权利、保护儿童的天性、树立科学的儿童观，认识到儿童的心理是相当复杂的，把儿童当作一个独立的人来看待。

③保教结合。保育主要是指对婴幼儿的保护和养育，即提供适宜环境以促进儿童健康发展，提高其生存能力。教育则是培养人的社会活动，拒绝幼儿园"小学化"。

④构建综合化课程模式。综合化是当前世界范围内基础教育课程改革的一个基本趋势。教育对象的年龄愈小，课程的综合化程度愈高。

⑤应对挑战，提高幼师素质。幼师既要有良好的职业道德，又要具备高尚的道德品质，还应该有系统的教育科学知识与能力素质。

⑥创设家庭、学校、社会合作的"金三角"。幼儿教育应该是家庭教育、幼儿园教育与社会教育的结合。

2014 年扬州大学 333 教育综合真题·凯程详解

一、名词解释

1.课程标准（见 2015 年北京师范大学真题）

2.循序渐进原则（见 2019 年天津师范大学真题）

3.生计教育（见 2015 年华东师范大学真题）

4.实验教育学（见 2013 年首都师范大学真题）

5.人格发展

【答】人格是指人所具有的与他人相区别的独特而稳定的思维方式和行为风格，也指一个人整体的精神面貌，是具有一定倾向性的和比较稳定的心理特征的总和。人格体现在一个人的思想、情感、情绪、性格、意志力、需要、动机、兴趣、价值观、世界观等方面。人格发展的规律：①顺序性和连续性。②阶段性和针对性。③共同性和差异性。④整体性和关联性。⑤稳定性和可变性。⑥社会性。

6.品德不良（见 2015 年华南师范大学真题）

二、简答题

1.简述教学评价的种类。（见 2019 年西北师范大学真题）

2.简述学生学习的特点。（见 2020 年上海师范大学真题）

3.简述结构主义教育的主要观点。（见 2013 年华东师范大学真题）

4.简述个人本位论的主要观点。（见2013年北京师范大学真题）

三、论述题

1.根据我国的教育目的的基本精神，谈谈目前中小学教育实践存在的主要问题以及应如何改革。

【答】（1）我国教育目的的基本精神。（见2012年北京师范大学真题）

（2）中小学教育实践存在的问题：对劳动教育的认识和实践都不重视。

（3）改革措施：①课程建设上，把劳动教育作为必修课纳入中小学的课程方案，从法理上给予保障。在其他学科课程中也应该渗透劳动教育的理念，并且这种设计要将小学、中学、大学贯通起来进行系统化的设计。②课程设置上，要明确课内外劳动时间，因为劳动教育不能仅在课堂上讲，更要让学生有劳动实践的经历。③学校应处处营造尊重劳动者的文化环境，加强校园文化建设，培养学生优秀的劳动品质。④完善相应的评价方式，应强调对劳动经历的写实记录，把学生的劳动经历实事求是地记录下来，在此基础上对学生做出评价，并把评价的结果与升学等挂钩。⑤家长要转变心态，鼓励孩子进行劳动，让孩子参与一定量的家务，体验劳动的快乐。⑥社会、学校和家庭要形成合力，只有这样才能使劳动教育真正得到普及，真正让儿童德、智、体、美、劳全面健康发展。

2.联系实际，论述德育过程是教师引导下学生能动的道德活动过程。（见2015年华中师范大学真题）

3.论述卢梭的自然教育理论及其启示。（见2012年华东师范大学真题）

4.联系实际，论述重视青少年心理健康的原因及实施措施。

【答】（1）心理健康的含义。（见2014年华中师范大学真题）

（2）重视青少年心理健康的原因。

①心理健康是社会发展的需要。随着我国经济、社会、文化的不断发展，人民对精神文化和物质生活的要求越来越高，这就使得加强青少年心理健康教育成为社会发展的需要。

②心理健康是素质教育的需要。心理健康教育工作是促进素质教育有效落实的重要组成部分。加强青少年心理健康是加强素质教育的需要，是青少年终身发展的需要。

③心理健康是青少年全面发展的需要。青春期是人一生中身心发展的重要时期，这一时期学生的身心会产生巨大变化，加强中小学心理健康教育是树立青少年心理健康意识的助推器，是及时解决青少年成长困惑和心理危机的必要措施。

④心理健康是培养良好人格特征的需要。在青春期阶段，学生往往自控能力差，没有自我约束能力。加强青少年心理健康教育，有利于提高对青少年的心理素质和良好人格的培养。

⑤心理健康是促进青少年可持续发展的需要。加强青少年心理健康教育工作可以帮助中小学生抵制生活和学习中的不良诱惑，为青少年营造一个阳光的成长环境。

（3）实施措施。（见2015年华中师范大学真题）

2015年扬州大学333教育综合真题·凯程详解

一、名词解释

1.教学组织形式（见2017年哈尔滨师范大学真题）

2.课程方案（见2013年华东师范大学真题）

3.骑士教育（见2010年华东师范大学真题）

4.自我效能感（见2014年华东师范大学真题）

5.有意义学习（见2014年华东师范大学真题）

6.学习动机（见2013年北京师范大学真题）

二、简答题

1.简述文化知识对人的发展价值。（见2018年华中师范大学真题）

2.简述教师劳动的主要特点。（见2015年东北师范大学真题）

3.简述青少年心理健康教育的目标。（见2016年华南师范大学真题）

4.简述韩愈论述教师问题的主要观点。（见2018年北京师范大学真题）

三、论述题

1.教学过程中直接经验和间接经验的关系是什么？在具体学科教学中应怎样联系学生的生活实际？

【答】（1）教学过程中直接经验和间接经验的关系。（见2014年华中师范大学真题）

（2）以数学学科为例，直接经验和间接经验各有作用。

①直接经验有利于对知识本质的理解。数学知识中数学概念的学习借助直接经验教学有利于学生对其本质的理解。数学概念具有的重要特征之一就是抽象性，它的抽象性体现在数学概念代表的是一类对象的本质属性，加之数学中形式化、符号化语言的使用，使数学概念"脱离"现实，也就是抽象程度高，获取数学概念的常用方法之一就是对大量例子进行抽象概括。

②间接经验有利于对知识体系的把握。数学知识中数学思想、方法的学习借助间接经验教学有利于学生对整个知识体系的把握。数学思想、方法为数学活动提供思路和手段以及具体操作原则，是对数学知识学习过程的提炼、抽象、概括和升华。教师需要对不同的内容、形式进行长期地、有意识地、有目的地呈现以帮助学生形成自己的知识体系。

③直接经验与间接经验的融合有利于学习能力的增强。在实际的数学教学中，教师正确认识和处理直接经验和间接经验的关系，让学生在直接经验的教学下加深对知识本质的理解，同时以间接经验的形式为学生呈现数学思想和方法，帮助其建立完整的知识体系，只有在二者的完美融合下，才能正确、高效地运用各种数学技能、思想、方法，促进学生数学思维能力的形成，增强数学学习能力。

2.终身教育理论的观点应包含哪些内容？按照终身教育理论，学校教育应该进行哪些方面的改革？

【答】（1）终身教育理论。（见2015年北京师范大学真题）

（2）终身教育理论引发的变革。（见2014年湖北大学真题）

3.论述书院教育的特点及其对当代教育的借鉴。

【答】（1）书院教育的特点。（见2013年华东师范大学真题）

（2）对当代教育的借鉴：

①加强道德品质教育。书院强调对学生进行道德品质教育，并将此作为学生为学的根本，这值得当代教育借鉴。

②加强理想教育。理想对于学生的成才和发展非常重要，无论是家庭教育还是学校教育，都应当把引导学生树立远大理想作为其教育内容的重要组成部分，长期予以贯彻落实。

③创造宽松自由的学术环境。面对新的时代特征，教育必须致力于培养富有创新精神的人才，只有创新才有发展、才有价值。同时需要强调教师独立的学术意识，促进校与校之间学术交流的规范化和制度化，使学术自由有平台保障和机制保障。

④良好的师生关系是教育的催化剂。良好的师生关系是古代书院教育成绩斐然的重要因素，而书院教师以身作则、热爱学生、诲人不倦的作风是建立良好师生关系的前提。在教育过程中，学生主要通过感染、模仿、暗示三种途径接受教师的影响。这就要求教师除了课堂教学交流之外，还要主动深入学生的课后生活。

4.创造性的认知品质包含哪些？培养学生创造性的措施有哪些？（见2011年北京师范大学真题+2015年华东师范大学真题）

2016年扬州大学333教育综合真题·凯程详解

一、名词解释

1.社会本位论（见2011年华东师范大学真题）

2."产婆术"（见2011年北京师范大学真题）

3.最近发展区（见2011年北京师范大学真题）

4.元认知（见2010年华中师范大学真题）

5.班级授课制（见2016年北京师范大学真题）

6.结构主义教育（见2018年天津师范大学真题）

二、简答题

1.简述奥苏伯尔的有意义接受学习理论。（见2013年北京师范大学真题）

2.简述现代教育的特点。（见2013年北京师范大学真题）

3.简述黄炎培职业教育思想的主要特点。（见2018年华中师范大学真题）

4.简述影响问题解决的主要因素。（见2017年陕西师范大学真题）

三、论述题

1.教师专业素养包含哪些内容？结合教师素养的主要内容，谈谈提高教师专业素养的主要途径。

【答】（1）教师素养的构成。（见2014年北京师范大学真题）

（2）教师素养的培养。（见2020年华东师范大学真题）

2.联系实际，论述教学过程中应该处理的几种关系。（见2011年东北师范大学真题）

3.论述夸美纽斯的主要教育思想及其意义。（见2016年西南大学真题）

4.论述陶行知的"生活教育"思想及其对我国当前课程改革的启示。（见2014年北京师范大学真题）

2017年扬州大学333教育综合真题·凯程详解

一、名词解释

1.启发式教学原则（见2012年辽宁师范大学真题）

2.学校教育制度（见2019年北京师范大学真题）

3.学校管理（见2015年北京师范大学真题）

4.书院（见2017年东北师范大学真题）

5.混合式学习

【答】混合式学习就是要把传统学习方式的优势和网络化学习的优势结合起来，也就是说，既要发挥教师引导、启发、监控教学过程的主导作用，又要充分体现学生作为学习过程主体的主动性、积极性与创造性。

6.自我强化

【答】自我强化指社会向个体传递某一行为标准，当个体的行为表现符合甚至超过这一标准时，他就对自己的行为进行自我奖励。例如，某同学为自己设立了成绩标准，他依据自己是否达标，而对自己的行为进行自我奖赏或自我批评。

7.狭义的教育（见2014年北京师范大学真题）

二、简答题

1.简述人的发展规律。（见2010年华中师范大学真题）

2.简述科举制度的历史影响。（见2019年华中师范大学真题）

3.简述建构主义学习理论的要义及其教学指导原则。（见2014年杭州师范大学真题）

4.简述有意义学习的实质和条件。（见2013年北京师范大学真题）

5.简述教师的基本权利。（见2015年天津师范大学真题）

三、论述题

1.分析班主任素质的基本要求。（见2015年华东师范大学真题）

2.论述教育对人发展的作用。（见2010年西北师范大学真题）

3.论述蔡元培"五育"并举的教育方针及其对现代教育的启示。

【答】（1）蔡元培"五育"并举的教育方针。（见2016年华东师范大学真题）

（2）对现代教育的启示：

①加强对教师素质的培养，夯实全人教育的基础。在现阶段，专业水平仍是从事教育工作的第一要件。教师只有对所从教专业有广博精深的钻研，才能适应未来的需要。同时还应该高度重视教师的职业素质，教师应不断提高自身素质。

②改革课程设置，加快全人教育的进程。改变以往传统的只设置文化课的模式，要设置文化基础课、专业技

术课和劳动实践课。教育内容既要密切结合当前的实际情况，又要创新科技成果。只有以全人教育理念进行课程改革才能真正实现学生的全面发展。

③改进教学方法，完善全人教育的实施。教师在课堂教学中要注意充分调动学生的积极性，关注学生的个性发展，必须坚持手脑并用、教学结合、学做合一的理论与实践相联系的教学方法。

④创造良好的舆论氛围，创设良好的教育环境。当前阶段人们对于教育质量和水平的衡量还是以升学率和考试成绩为标准，这给全人教育造成了很大的心理压力，要改变这种现状就需要大力宣传全面发展的教育方针，使广大群众树立起正确的人才观，为全人教育创设良好的舆论氛围。

4.论述夸美纽斯的普及教育思想及其历史贡献。（见2016年西南大学真题）

5.论述慕课对当前学校教育产生的影响。

【答】（1）含义：慕课（大规模开放在线课程）是新近涌现出来的一种在线课程开发模式，它发源于过去的那种发布资源、学习管理系统以及将学习管理系统与更多的开放网络资源综合起来的旧的课程开发模式。简言之，慕课是大规模的网络开放课程，是为了增强知识传播而由具有分享和协作精神的个人或组织发布的、散布于互联网上的开放课程，是"互联网＋教育"的产物。

（2）慕课的特点：①大规模。不是个人发布的一两门课程，而是由那些参与者发布的大型的或大规模的课程。②开放课程。遵从创用共享协议。③网络课程。不是面对面的课程，这些课程材料广泛分布于互联网上，上课地点不受局限。

（3）影响：①慕课将分布于世界各地的最优质的教育资源，让任何有学习愿望的人能够低成本，甚至是免费地学习。它正在改变几千年来的传统教育方式，使授课者与学习者能跨越时空，让知识获取方式发生根本变化。②慕课促进教育公平。慕课的理念是："任何人，在任何地方、任何时候，都能学到任何知识"。当任何一位愿意学习的人都能听到世界一流大师的课时，教育就会更加公平了。

2018年扬州大学333教育综合真题·凯程详解

一、名词解释

1. 班级授课制（见2016年北京师范大学真题）
2. "六艺"（见2012年华东师范大学真题）
3. 心理过程（见2017年江苏师范大学真题）
4. 教育目的（见2015年北京师范大学真题）
5. 学校管理体制（见2018年辽宁师范大学真题）
6. 迁移（见2011年湖南师范大学真题）

二、简答题

1. 简述苏格拉底法。（见2013年东北师范大学真题）
2. 简述学生学习的特点。（见2020年上海师范大学真题）
3. 简述加德纳的多元智能理论。（见2019年华东师范大学真题）
4. 简述人发展的基本规律。（见2010年华中师范大学真题）

三、论述题

1. 论述陶行知的生活教育理论及其对当代教育的启示。（见2014年北京师范大学真题）
2. 论述心智技能的培养方法。（见2016年华中师范大学真题）
3. 分析现实生活中的教师角色冲突及其解决办法。（见2015年上海师范大学真题）
4. 论述韩愈《师说》中所蕴含的教育思想及其对当代教育的启示。（见2018年北京师范大学真题）

2019 年扬州大学 333 教育综合真题·凯程详解

一、名词解释

1. 教育的社会流动功能（见 2011 年华南师范大学真题）
2. 课程标准（见 2015 年北京师范大学真题）
3. 德育过程（见 2014 年华东师范大学真题）
4. 结构主义教学观（见 2018 年天津师范大学真题）
5. 有教无类（见 2010 年北京师范大学真题）
6. 发现学习（见 2017 年华东师范大学真题）

二、简答题

1. 简述教育的政治功能。（见 2012 年北京师范大学真题）
2. 简述读书指导法的基本要求。（见 2020 年江苏师范大学真题）
3. 简述罗杰斯的学生中心教学观。（见 2017 年华中师范大学真题）
4. 简述文艺复兴时期人文主义教育的特征。（见 2011 年华东师范大学真题）

三、论述题

1. 如何理解教育是一种有目的地培养人的社会活动？（见 2010 年西北师范大学真题）
2. 分析教学过程中直接经验与间接经验的关系。（见 2014 年华中师范大学真题）
3. 分析影响问题解决的主要因素及其对教育的启示。

【答】（1）影响问题解决的因素。（见 2017 年陕西师范大学真题）

（2）对教育的启示：掌握影响问题解决的主要因素有助于个体问题解决能力的培养。

①从教师角度出发，教师在日常教学实践过程中应有意识地培养学生问题解决的能力，这就需要教师：a. 充分了解学生已经掌握的知识经验，合理提出与他们知识背景相符合的问题；b. 表征问题时采用学生能够理解的表征方式，或者通过不同的问题情境和表征方式来锻炼学生解决问题的能力；c. 充分调动学生的学习积极性，增强解决问题的动机。

②从学生角度出发，学生学习时遇到需要解决的问题可以从以下角度入手：a. 充分调动已有知识和经验，建立问题与知识结构中已有经验之间的联系；b. 遇到难以解决的问题时，能用积极的态度和坚定的意志去面对困难；c. 灵活理解问题情境，尝试通过不同的表征方式来促进问题的解决；d. 有意跳出思维定式和功能固着，不仅要运用以往的经验，而且要关注问题的本质；e. 遇到迟迟不得解决的问题，可以适当放下，一段时间后可能问题会迎刃而解。

4. 论述杜威的教育本质思想及其历史影响。（见 2018 年东北师范大学真题）

2020 年扬州大学 333 教育综合真题·凯程详解

一、名词解释

1. 教育内容（见 2019 年哈尔滨师范大学真题）
2. 书院（见 2017 年东北师范大学真题）
3. 课程（见 2019 年北京师范大学真题）
4. 循序渐进原则（见 2019 年天津师范大学真题）
5. 教育管理体制校本化（见 2017 年安徽师范大学真题）
6. 认知学习观

【答】认知学习观是布鲁纳认知发现说中的观点。布鲁纳认为，第一，学习的实质是学习者主动形成认知结构，即学习者不是被动地接受知识，而是主动地获取知识，通过把新获得的知识和已有的认知结构联系起来，积极地建构起知识体系。第二，学习包含三个几乎同时发生的过程：新知识的获得、知识的转换、评价，即学生在获得新知识以后，运用各种方法将其变成其他形式，以适应新任务，并获得更多的知识，最后对知识的转换进行检查。

二、简答题

1.简述促进认知策略迁移的措施。（见2019年内蒙古师范大学真题）

2.简述教师师德的主要内容。（见2018年北京师范大学真题）

3.简述人身心发展的规律及其教育启示。（见2010年华中师范大学真题）

4.简述人文主义教育思潮。（见2019年华南师范大学真题）

三、论述题

1.材料是关于杜威和赫尔巴特的师生观，结合现代教育学，谈谈对教学过程中学生地位作用的认识。

【答】（1）二者的师生观。

①杜威的师生观：杜威认为学生是中心，学生占据绝对的主体地位。在教学过程中，教师是学生的引导者、帮助者。教师地位被大大弱化。

②赫尔巴特的师生观：赫尔巴特认为教师是教学的中心，学生应该服从教师的安排。

③杜威和赫尔巴特的师生观截然不同，但他们都没有很好地平衡学生和教师之间的关系。杜威片面强调学生的主体性，忽视教师的重要作用；赫尔巴特则忽视了学生主体地位的作用。

（2）对学生地位作用的认识：在教育教学上，学生的主体作用表现为"教师以学生为本"，发挥学生的主观能动性，促进学生全面健康发展。其中，学习主体的主动努力程度往往决定其学习的效果。教学过程中，要充分发挥教师的主导地位和学生的主体地位。学生是积极的主体，是学习的主人，是正在成长着的人，教育的目的就是育人。

（3）树立现代学生观。（见2020年西南大学真题）

2.论述教师劳动的创造性及其培养措施。

【答】（1）教师劳动的创造性及表现。（见2014年山西师范大学真题）

（2）教师劳动的创造性的培养措施包括：

①营造一个自由、竞争的创造环境，激发教师创新。民主、宽松而又充满激烈竞争的环境中，个体就有一种危机感和紧迫感，有一种想展示自我价值，得到别人尊重的意愿，从而产生强大的成就动机，萌发强烈的创新意识，并通过行为证实自己的才能。

②教师教育应重视教师内在品质的培养与提高。a.加大创新教育理论的教学力度；b.提供实用的、可操作的创造性教学范例和模式；c.从事教师教育的教师应得到相应的培训；d.教师教育要了解受训教师的特点和需要；e.重视现代化教育技术的使用和教学。

③重视师范精神的培养。师范精神是教师发挥创造性的基石和依托。创造活动是一个艰难的过程，需要教师付出极大的热情，用敏锐的洞察力去了解每个学生，用心与情和学生对话，通过独立的创造活动，引导、激发和促进学生创造性的发展。

3.论述奥苏伯尔的有意义接受学习及其对当代的启示。（见2019年东北师范大学真题）

4.根据《爱弥儿》中的一段材料，述评卢梭的教育思想及其对我国教育的启示。（材料缺失）（见2012年华东师范大学真题）

2021年扬州大学333教育综合真题·凯程详解

一、名词解释

1.**课程标准**（见2015年北京师范大学真题）

2.**教学**（见2013年陕西师范大学真题）

3.**进步主义教育**（见2014年北京师范大学真题）

4.**生成性目标**

【答】生成性目标是指在教育情境之中随着教育过程的展开而自然生成的课程目标，它是问题解决的结果，是人的经验生长的内在要求。生成性目标本质上是对"实践理性"的追求。它强调学生、教师与教育情境的交互作用，正是在这种交互作用中不断产生课程与教学的目标，而不是课程开发者和教师所强加的目标，学生有权利也能够决定什么是最值得学习的。

5. "五育"并举（见2011年东北师范大学真题）
6. 学校德育（见2018年西北师范大学真题）

二、简答题

1. 简述心理健康的标准。（见2014年华中师范大学真题）
2. 简述班集体的培养方法。（见2014年华东师范大学真题）
3. 简述苏霍姆林斯基的个体全面和谐发展说。（见2016年北京师范大学真题）
4. 简述人的发展的规律。（见2010年华中师范大学真题）

三、论述题

1. 论述陶行知的生活教育理论以及教育启示。（见2014年北京师范大学真题）
2. 如何理解学生必须要以直接经验为基础学习间接经验，并谈谈其对教学的启示。（见2014年华中师范大学真题）
3. 论述班杜拉的观察学习理论及其教育启示。（见2016年东北师范大学真题）
4. 为什么教育要放在优先发展战略地位？（见2010年西北师范大学真题）

2022年扬州大学333教育综合真题·凯程详解

一、名词解释

1. 课程标准（见2015年北京师范大学真题）
2. 教育目的（见2015年北京师范大学真题）
3. 学校管理（见2015年北京师范大学真题）
4. 平民教育运动（见2020年华东师范大学真题）
5. 苏格拉底法（见2011年北京师范大学真题）
6. 编码与组织策略（见2021年安徽师范大学真题）

二、简答题

1. 简述现代教育的特征。（见2013年北京师范大学真题）
2. 简述我国学校德育的主要原则。（见2011年湖南师范大学真题）
3. 简述百日维新中的教育改革内容。（见2014年陕西师范大学真题）
4. 简述学习动机的内部影响因素。（见2010年华中师范大学真题）

三、论述题

1. 论述高尚师德的内容及其养成方法。

【答】（1）高尚师德的内容。（见2018年北京师范大学真题）

（2）高尚师德的养成方法。

①加强对教师的师德教育与引导。加强对教师师德养成的教育引导，有助于他们对所从事行业的特殊性有深入的了解，从而培养其职业情感，并将其内化为自身的职业理想，以良好的状态投入教书育人的工作。

②优化教师师德建设的运行机制。积极探索、建立健全教育、宣传、考核、监督与奖惩相结合的师德建设工作机制，是加强教师师德建设的有效保障。

③构建教师师德建设的人文环境。教师的师德建设是在特定的环境下进行的，包括社会环境、校园环境以及工作生活环境，构建良好的师德建设的人文环境，有利于提高教师师德修养的积极性和自觉性，建设一支高素质的教师队伍。

④提高教师的自我修养。教师应该主动进行师德学习，积极参加师德培训和实践活动，从培养自律意识、养成良好的师德行为等多方面来提高自身的师德修养。

2. 论述杜威的"教育无目的"思想，并谈谈对当代教育的启示。（见2016年北京师范大学真题）
3. 评述科尔伯格的道德认知发展理论。（见2013年华东师范大学真题）

4.论述课程的主要类型及其含义。

【答】（1）学科课程。（见2015年陕西师范大学真题）

（2）活动课程。（见2015年陕西师范大学真题）

（3）综合课程。（见2017年西南大学真题）

（4）分科课程。（即学科课程）

（5）必修课程：指教学计划中规定学生必须学习的课程，包括公共课、基础课、专业课等。

（6）选修课程：指教学计划中向学生推荐的根据学生自己的兴趣、爱好和特长自愿选择的课程，其主要目的在于满足学生的需要，发展学生的个性。

（7）显性课程：国家正式实施的课程。

（8）隐性课程：国家没有正式实施，但是在学校环境中伴随着显性课程的实施与评价而产生的实际存在的课程。

（9）国家课程：由国家统一开发和管理、通过国家行政力量在全国范围内推行的课程。它具有合法性、权威性和强制性，也具有多样性。它体现了国家的意志，是专门为未来公民接受基础教育之后所要达到的共同素质而开发的课程。国家课程体现在官方课程文件中，如课程标准、教学大纲、教科书等。

（10）地方课程：指地方各级教育主管部门根据国家课程政策，以国家课程标准为基础，在一定的教育思想和课程观念的指导下，根据地方经济、政治、文化的发展水平及其对人才的特殊要求，充分利用地方课程资源而开发、设计、实施的课程。它由地方政府负责编制，在本地区实施和评价，体现地方特色的课程。

（11）校本课程。（见2010年南京师范大学真题）

宁波大学

2010年宁波大学333教育综合真题·凯程详解

一、名词解释

1.**学校教育**（见2010年华中师范大学真题）

2.**教师个体的专业发展**（见2011年华东师范大学真题）

3.**教育目的**（见2015年北京师范大学真题）

4.**义务教育**（见2012年东北师范大学真题）

5.**课程目标**（见2010年哈尔滨师范大学真题）

6.**新教育运动**（见2019年华东师范大学真题）

二、简答题

1.**简述教育的功能。**（见2014年北京师范大学真题）

2.**简述孔子的教育思想及其历史影响。**（见2012年北京师范大学真题）

3.**简述人文主义教育的特征和历史影响。**（见2019年华中师范大学真题）

4.**简述科尔伯格的道德发展阶段理论。**（见2013年华东师范大学真题）

三、论述题

1.**论述学习教育学的价值和意义。**（见2016年首都师范大学真题）

2.**论述新文化运动影响下的教育思潮。**（见2020年华中师范大学真题）

3.**解读赫尔巴特和杜威的教育思想及影响，并在此基础上，结合现实，对传统教育与现代教育进行对比分析。**

【答】（1）赫尔巴特的教育思想及影响。（见2015年北京师范大学真题）

（2）杜威的教育思想及影响。（见2011年北京师范大学真题）

（3）传统教育与现代教育的对比分析。（见2015年东北师范大学真题）

4.举例说明影响学习迁移的条件，以及在教学中如何促进学生的学习迁移。

【答】（1）影响学习迁移的条件。（见2017年北京师范大学真题）

（2）在教学中促进学生学习迁移的措施。（见2014年北京师范大学真题）

2011年宁波大学333教育综合真题·凯程详解

一、名词解释

1.苏格拉底法（见2011年北京师范大学真题）

2.骑士教育（见2010年华东师范大学真题）

3.要素教育论（见2017年陕西师范大学真题）

4.新教育运动（见2019年华东师范大学真题）

5.教师个体的专业发展（见2011年华东师范大学真题）

6.学校教育（见2010年华中师范大学真题）

二、简答题

1.简述1922年"新学制"的标准和特点。（见2014年东北师范大学真题）

2.简述英国《1988年教育改革法》的主要内容。（见2014年东北师范大学真题）

3.简述教育目的的功能。（见2022年重庆师范大学真题）

4.简述学习与个体心理发展的关系。

【答】学习与个体的心理发展之间是辩证关系，二者相互制约、相互促进，表现为个体的心理发展制约学习，学习促进个体的心理发展。

（1）个体的心理发展对学习的制约作用。学习是心理结构的构建过程，是通过同化和顺应将个体新获得的经验和原有经验相整合而实现的。个体心理发展的各个阶段受心理发展规律的制约，学习必须适应个体心理发展的规律，在心理发展的不同阶段应有不同的学习要求、学习内容和学习形式。

（2）学习对个体的心理发展的促进作用。从个体一生的发展来看，学习在心理发展中是一个最直接的决定因素；从心理发展的动力机制来看，新的学习情境会引起个体的认知不平衡，从而使个体产生相应的学习需要与学习期待，使个体学习动机由潜在状态转为活动状态，成为学习的实际动力。

总之，由于学习在心理发展过程中有非常重要的作用，因此在教育过程中若能充分有效地利用学习规律，则对加速、促进学生个体的心理发展无疑具有重要的作用。

三、论述题

1.结合自己体会，论述学习教育学的价值和意义。（见2016年首都师范大学真题）

2.从社会和个体两个方面，阐述教育的功能。（见2012年首都师范大学真题）

3.论述科举制度的全部发展过程及其对当代教育改革的启示。（见2019年华中师范大学真题）

4.结合目前的教育教学实践和社会状况，谈谈如何激发学生的学习动机。（见2012年华东师范大学真题）

2012年宁波大学333教育综合真题·凯程详解

一、名词解释

1.教育制度（见2012年华东师范大学真题）

2.教材（见2019年首都师范大学真题）

3.有教无类（见2010年北京师范大学真题）

4.设计教学法（见2015年华东师范大学真题）

5.最近发展区（见2011年北京师范大学真题）

6.教学设计（见2016年首都师范大学真题）

二、简答题

1.试析教育的社会功能。（见2014年北京师范大学真题）

2.概述课程目标的基本特征。

【答】（1）整体性。整体性不仅仅是指在各级课程目标上保持整体一致，而且课程目标要充分体现"以人为本"的教育理念，关注人的整体发展。

（2）阶段性。课程目标不是一成不变的，其内容和表达可随着时代的发展并通过时间的检验以及人们认识的深化而进行适当的调整，对课程目标赋予新的解释、新的理解、新的内涵和意义，若固守已有的课程目标，不善因时而适当变化，必然会带来各种问题。

（3）持续性。在一定时期，课程目标应该保持相对的稳定性；在不同的历史时期，则应该保持前后相对的持续性，以便与相关的政策和措施相互协调，不频繁变动。

（4）层次性和递进性。课程目标应该充分考虑学生的身心发展特点，因而课程目标的表述应该是层层递进的。

3.简述科举制对中国封建社会后期的影响。（见2016年贵州师范大学真题）

4.评析裴斯泰洛齐的教育心理学化思想。（见2016年湖南师范大学真题）

三、论述题

1.请结合实际谈谈教师进行教育研究的优势和素养。

【答】（1）教师进行教育研究的优势：

①最佳的位置。由教师来研究、改进自己的专业工作是最直接、最适宜的方式。外来的研究者对实际情境的了解往往很肤浅，因此提出的研究建议往往无法切入问题的关键。

②丰富的机会。教师最主要的活动场所是课堂，从研究实验的角度来看，课堂是检验教学理论的实验室，教师可以通过一个研究过程来系统地解决课堂中遇到的问题。

③更多的权利。我国新一轮基础教育课程改革从根本上改变了教师的角色，教师成了课程的主体，拥有了前所未有的课程开发权和教学自主权。

（2）教师进行教育研究的素养：

①不断学习的能力。教师进行教学的过程，从某种程度上来说其实就是一个教师不断学习的过程。教师应该大量阅读，通过学习在教学研究中取得更为主动的地位。

②反思的能力。教师的职业生涯是一个不断探索、实践和反思的过程，要求教师对日常教学活动进行反思。

③能够进行有效的合作。教师参与研究是提高教师自身素质的一条有效途径，但教师一开始往往缺乏必要的研究技能和足够的理论准备，这就要求教师要进行有效的合作。

④要能够"理解自己"。每一位教师都有一套个人化的或情境依赖性很强的教学观念，因而教师要能够理解自己，寻求发展的空间，从而获得发展。

2.试论蔡元培在北京大学的教育改革实践及其影响。（见2013年北京师范大学真题）

3.述评杜威的教育思想。（见2011年北京师范大学真题）

4.请举例说明教师威信对教育成效的影响。

【答】教师威信是教师的教育教学行为对学生的影响所产生的众望所归的心理效应，把教育和教学对象紧密聚集在自己周围，是进行双向交流、完成教学任务的重要条件。教师的威信体现着对学生的凝聚力、吸引力、号召力和影响力，是开展有效教学的基础和前提。可以从构成教师威信的三个方面分别论述教师威信对教育成效的影响：

（1）人格威信。教师表现出来的求真务实、爱岗奉献的人格魅力是教师威信的重要来源。教师在教学和日常交往中表现出来的认真负责、维护和坚持真理、刚正不阿的人格以及以身作则的行为范式，不仅会给学生带来潜移默化的影响，而且会带来信服和敬重的威信感。

（2）学识威信。学识是人格完善的重要条件。虽然不同的时期有着不同的知识观，但知识对人及人格的重要意义是毋庸质疑的，因而，教师应该具有深厚的人文知识素养。也只有这样的教师才能给学生树立现实的榜样，激发学生的求知欲，影响学生知识、能力的发展和人格的完善。

（3）情感威信。一个教师如果爱生如子、对学生平等相待，从思想上、学习上和生活上予以关心爱护，学生就会产生信赖感。如果教师对学生怀着真挚的情感，为人谦逊，态度和蔼，就会使学生产生亲切感。在有了信赖感和亲切感后，教师对学生的影响力就会增强，教师威信也就会在无形中得到提高。

2013 年宁波大学 333 教育综合真题·凯程详解

一、名词解释

1.课程标准（见 2015 年北京师范大学真题）

2.学校教育制度（见 2019 年北京师范大学真题）

3.智者（见 2018 年东北师范大学真题）

4.实验教育学（见 2013 年首都师范大学真题）

5.学习动机（见 2013 年北京师范大学真题）

6.品德（见 2015 年湖南师范大学真题）

二、简答题

1.简述教育促进文化延续与发展的功能。（见 2016 年北京师范大学真题）

2.试析书院的教学特点。（见 2013 年华东师范大学真题）

3.简述学习策略与学习方法的联系与区别。

【答】（1）学习策略与学习方法的联系：

①学习策略和学习方法都是一系列相互关联的提高学习成效的活动。学习策略和学习方法的指导理论来自学习实践，又指导和应用于学习实践。②学习策略和学习方法都是学习的对象。掌握学习策略和学习方法的意义在于高效学习。③学习策略与学习方法同属于操作性的知识，都是关于完成某项学习任务的知识。

（2）学习策略与学习方法的区别：

①知识的属性不同。学习方法属于程序性知识，关注的是如何做；学习策略属于策略性知识，关注的是为什么要这么做，怎样可以做得更快、更好。②看待问题的角度不同。学习方法是我们学习时采用的一种能让学习变得更好的学习技能。而如何正确地看待方法，本身也有一个方法论的问题，也就是策略的问题。③学习方法要受制于学习策略。学习策略在层次上高于学习方法。学习策略是广义的、宏观的和抽象的认识、决策和选择，它属于战术层面。同时，学习策略也要考虑学习方法的实施效果。前者是指做这件事的安排和选择，后者指具体怎样操作这件事。

4.简述影响学习迁移的因素。（见 2017 年北京师范大学真题）

三、论述题

1.作为一名教师，请谈谈构建良好师生关系的基本策略。（见 2019 年陕西师范大学真题）

2.试论教师从事教育研究的意义。（见 2021 年南京师范大学真题）

3.试论陶行知的生活教育理论。（见 2014 年北京师范大学真题）

4.试论赫尔巴特的教学形式阶段理论。（见 2017 年东北师范大学真题）

2014 年宁波大学 333 教育综合真题·凯程详解

一、名词解释

1.教育和义务教育（见 2014 年北京师范大学真题 +2012 年东北师范大学真题）

2.学校教育制度（见 2019 年北京师范大学真题）

3.稷下学宫（见 2020 年北京师范大学真题）

4.废科举

【答】1898 年维新变法中已出台设立经济特科，取消八股考试的措施，但以变法失败而告终。1901 年拟行新政后，又重新确认了这两项改革措施。1903 年张之洞、袁世凯上书废科举，要求确定废科举的最后期限、具体步骤和时间表，并提出按岁递减，十年后停止科举的方案。迫于形势，光绪帝于 1905 年 9 月 2 日上谕："著即自丙午科为始，所有乡会试一律停止，各省岁科考试亦即停止。"这宣告了自隋代起实行了一千三百年之久的科举考试制度的终结。

5.品德（见 2015 年湖南师范大学真题）

6.图式（见2010年辽宁师范大学真题）

二、简答题

1.简述教师专业发展的内涵及内容。（见2015年西南大学真题）

2.简述福泽谕吉的教育思想。

【答】福泽谕吉是日本近代著名的启蒙思想家、教育家，其主要著作为《劝学篇》《文明论概略》等，主要思想如下：

（1）论教育作用：知识富人，教育立国。

（2）论智育：修习学问，唯尚实学。①智育的目标：提高学习者的智慧水平，进而提高个人思考、分析、理解事物的能力。②智育的具体实施：应向学生传授一些与社会生产实际紧密联系的经世致用之学。

（3）论德育：培养国家观念和独立意识。①一个国家文明水平的高低，不仅反映在国民的智慧水平上，也反映在道德水平状况上。②在德育实施中，福泽谕吉竭力反对向学生灌输封建伦理道德，反对用忠臣、孝子、义士、节妇等故事向学生传授封建伦理观念。道德教育在学校实施的同时，还必须由学校协同家庭、社会的方方面面来实施。

（4）论体育：造就健康国民。体育锻炼的目标，旨在使人健壮无病，精神活泼、愉快，从而克服社会上的各种艰难而独立生活。他认为体育锻炼无固定的方式，应列为必修课。

3.什么是意义学习？简述实现意义学习的条件。（见2013年北京师范大学真题）

4.简述培养学生动机的有效策略。（见2012年华东师范大学真题）

三、论述题

1.结合当前我国社会政治改革和发展的特点，谈谈政治对教育的影响以及教育应该担负的政治功能。（见2018年南京师范大学真题）

2.回答教学的含义，并结合实际，谈谈如何理解加重教师和学生、知识传授和能力培养、教和学、结果和过程之间的关系。

【答】（1）教学的含义。教学是在一定的教育目的的规范下，教师的教与学生的学共同组成的一种教育活动。在这一活动中，学生在教师有计划的组织和引导下，能动地学习、掌握系统的科学文化基础知识，发展自身的智能和体力，养成良好的品行与美感，逐步形成全面发展的个性。简言之，教学是在教师引导下学生能动地学习知识以获得个性发展的活动。

（2）教师和学生的关系。在教学的过程中，教师起主导作用，同时学生又是学习的主体，因而要掌握好教师的主导作用和学生的主动性之间的关系。发挥教师的主导作用是学生有效地学习知识、发展身心的必要条件；尊重学生、调动学生的学习主动性是教师有效地教学的一个主要因素。因而要防止忽视教师主导作用和忽视学生主动性的两个偏向。

（3）知识传授和能力培养的关系。能力是成分复杂的集合，下面以智力为例说明掌握知识和发展能力在教学过程中的统一性。智力的发展和知识的掌握二者相互依存、相互促进。生动活泼地理解和创造性地运用知识才能有效地发展智力；智力的发展能更有效地理解和创造性地运用知识。因而要防止单纯重知识教学或只重智力发展的两个偏向。

（4）教与学的关系。教学是由教与学两种活动构成的。单一的教师的教或者学生的学，都不能称之为教学。一方面，教与学是两种不同性质的活动；另一方面，教与学之间是紧密联系的，两者共同构成教学过程。"教"不能离开"学"，离开了"学"的"教"毫无意义。

（5）结果和过程的关系。由于教学过程本身有较为连续、漫长的特征，使得对"过程"的评价抽象不易定量与操作。但就教学的"过程"与结果的辩证关系看，只重"结果"，不重"过程"的评价体系，有失偏差，不能适应时代发展的要求，应认识到"过程导致结果"才是教学的规律。应加大力度研究对"过程"的评价体系，既是按教学规律办事的需要，也是充分调动学生学习积极性、主动性，使学生拥有更大的个性发展空间的必要手段，只有这样，才能更符合实际、更客观，才能收到良好的教学效果。

3.论述陶行知的生活教育理论及其当代意义。（见2014年北京师范大学真题）

4.如何理解赫尔巴特的教育性教学？（见2011年杭州师范大学真题）

2015 年宁波大学 333 教育综合真题·凯程详解

一、名词解释

1. **夸美纽斯**（见 2012 年江苏师范大学真题）

2. **教育叙事**

【答】教育叙事即讲述有关教育的故事。它是教育主体叙述教育教学中的真实情境的过程，其实质是通过讲述教育故事，体悟教育真谛的一种研究方法。并非为讲故事而讲故事，而是通过教育叙事展开对现象的思索，对问题的研究，是一个将客观的过程、真实的体验、主观的阐释有机融为一体的一种教育经验的发现和揭示过程。

3. **学生生活**

【答】学生生活是社会生活的一个重要组成部分，是由教师的教学活动和学生在学校的一切行为的总和共同构成的。学生生活主要包括两个方面的内容：一是教师的教学活动。教学是学校工作的重心，学生在校主要的任务是发展智力，进行学习，因此教学是学生学习的主要渠道；二是学生在校的一切行为的总和。

4. **《教育漫话》**（见 2016 年湖南师范大学真题）

5. **陶行知**（见 2013 年内蒙古师范大学真题）

6. **昆体良**（见 2011 年江西师范大学真题）

二、简答题

1. **简述文化教育学的基本观点。**

【答】文化教育学是 19 世纪出现在德国的一种教育学说，又称精神科学教育学，代表著作有狄尔泰的《关于普遍妥当的教育学的可能》、斯普朗格的《教育与文化》、利特的《职业陶冶、专业教育、人的陶冶》等。

文化教育学基本观点为：（1）人是一种文化的存在，人类历史是一种文化的历史；（2）教育过程是一种历史文化过程；（3）教育研究必须采用精神科学或文化科学的方法；（4）教育的目的就是要促进社会历史的客观文化向个体的主观文化转变，并将个体的主观世界引向博大的客观世界，培养完整的人格；（5）培养完整人格的主要途径就是"陶冶"与"唤醒"，建构对话的师生关系。

2. **简述新教育运动。**（见 2018 年湖北大学真题）

3. **列举两至三所近代教会大学，并分析其办学特点。**

【答】教会大学，一般是指 19 世纪到 20 世纪的天主教教会和基督教新教教会在中国开办的大学。由于对中国的文化、科技影响很大，故称教会大学。其中比较出名的有燕京大学、辅仁大学等。

（1）燕京大学是 20 世纪初由美国及英国基督教教会联合在北京开办的大学，是近代中国规模最大、质量最好、环境最优美的大学。它创办于 1916 年，司徒雷登任校长，在国内外名声大噪。在中国高等院校 1952 年院系调整中，燕京大学被撤销。

（2）辅仁大学 1925 年由罗马教廷创办，20 世纪初与北京大学、清华大学、燕京大学并称"北平四大名校"，驰名于海内外华人社会。创始人之一为复旦大学的马相伯先生。

（3）随着世俗化和专业化程度的加强，教会大学在课程设置、教学方法和师生关系等方面都有自己的一些特点：①课程设置。教会大学课程的设置一般分为宗教课程和文化课程。②教学方法。教会大学重理论研究、强调社会实践，注重培养学生的科学研究和社会服务能力。③师生关系。教会大学普遍实行基督化的人格教育。在学校中营造一种平等、博爱的基督教氛围，形成师生间亲密无间的和谐关系。

4. **简述行为问题学生的类型及其产生原因。**

【答】（1）类型：学生的问题行为是指学生个体或群体由错误道德意识支配、严重违反道德规范、损害他人或集体利益的行为。行为问题学生可以分为四种类型：顽固型、随流型、忏悔型、冲动型。

（2）行为问题学生的产生一般有以下原因：

①家庭的不良影响。包括家庭自然结构的破坏、家庭关系结构的破坏、家庭的不良意识、家长的不良性格、家庭教育功能不良等方面。

②学校教育的某些缺陷的不良影响。包括某些教师缺乏正确的教育思想，对学生不能一视同仁；学校教育与家庭教育脱节；有少数教师本身缺乏师德，或者品德不良，给学生带来了直接的不良影响。

③社会环境中的消极因素的不良影响。社会上各种错误的思想、不良风气、社会文化生活中的不健康因素的影响，尤其是坏人的教唆、学生群体中的亚文化与小伙伴的不良影响等。

④中小学生的一般心理特点。中小学生正处在迅速社会化阶段，他们的心理发展未定型、可塑性大；自我意

识能力差，因而抗腐蚀能力不强，容易受到外部条件的诱惑和熏染；既有独立自主的强烈愿望，又乐意成群结队；重感情、易激动。

三、论述题

1. 结合今天我国基础教育的实际，论述你对素质教育的看法。（见2010年东北师范大学真题）

2. 从现实角度论述科举制度的积极意义及局限性。（见2019年华中师范大学真题）

3. 试论道尔顿制的特点及局限性。（见2015年杭州师范大学真题）

4. 联系实际，阐述男生与女生的心理差异及教学建议。

【答】（1）性别差异的原因：①最新研究表示，两性之间的很多行为差异源自男性和女性的不同生活经历，其中包括社会观念和成人对不同性别类型行为的强化。②学校教学中普遍存在性别偏见（也叫性别刻板印象）。

（2）性别差异的主要表现：

①智力的性别差异。在空间知觉上、感官发展上、记忆发展上、思维发展上都存在差异。

②言语发展的性别差异。从婴儿期到青春前期，女孩的言语发展一直优于男孩。女性口头言语有明显的流畅性、情感性，很少有口吃等言语缺陷；男性的言语表达具有较强的逻辑性和哲理性。

③行为的性别差异。从2~5岁开始，男孩在社会性游戏中就表现出比女孩更大的身体侵犯性和言语侵犯性。男性的行为易受情感支配，缺乏自制力而具有冲动性。

④兴趣的性别差异。男性的兴趣多指向于物，即所谓"物体定向"；女性的兴趣多指向于人，一般对人与人之间的关系很注意、很敏感。

⑤自信心的性别差异。一般来讲，女性的自信心低于男性。

（3）针对性别差异的教学建议：

①教育要因势利导，发挥不同性别的优势。心理的性别差异是遗传的生物学因素和后天的环境、教育因素相互作用的结果。环境和教育对性别差异的形成起主导性作用。因此，提供良好的环境条件和施行科学的、正确的教育，可以使男女两性在心理发展中充分发挥各自的优势，克服劣势，促进人的全面发展。

②教师要避免性别偏见。身为教师，要尽可能打破性别偏见，鼓励学生冲破社会固化思维的牢笼，展现自己的个性，尤其要鼓励女生勇敢应对挑战，迎接自己的人生。教师要真正做到在教学过程中尊重不同性别的学生，实现男女平等的教育价值观。

2016年宁波大学333教育综合真题·凯程详解

一、名词解释

1. 教育目的和制定教育目的的依据

【答】（1）教育目的。（见2015年北京师范大学真题）

（2）制定教育目的的依据：①时代与社会发展的需要。社会生产力的发展是确立教育目的的最终决定性因素；教育目的要反映生产关系和科技发展对人才的需要；教育目的要符合社会政治、经济、文化的需要。②个体身心发展的特点与需要。

2. 教育制度和义务教育制度（见2012年华东师范大学真题+2012年东北师范大学真题）

3. 有教无类（见2010年北京师范大学真题）

4. 罢黜百家，独尊儒术

【答】"罢黜百家，独尊儒术"是汉武帝采纳董仲舒的建议所实行的文教政策。董仲舒认为，为了保证政治法纪的大一统，必须首先统一思想。他建议罢黜百家，独尊儒术，以实现思想的统一。大力尊崇儒学，给予学子做官的前途，儒学自然成为大多数士人的追求方向，其他学派也就难以与之"并进"了。该文教政策的确立，标志着封建统治阶级树立起了符合自身利益的意识形态，此后这一文教政策一直维系了两千多年。

5. 自我效能感（见2014年华东师范大学真题）

6. 强化

【答】强化是指通过某一事物增强某种行为的过程。在经典性条件反射中，强化是指使无条件刺激与条件刺激相结合，用前者强化后者。在操作性条件反射中，强化是指正确反应后所给予的奖励（正强化）或免除惩罚（负强化）。

二、简答题

1.简述教育的文化功能及其表现。（见2016年北京师范大学真题）

2.简述卢梭自然教育的基本含义。（见2012年华东师范大学真题）

3.简述教师的社会角色。（见2018年东北师范大学真题）

4.简述认知心理学学习理论的主要观点。

【答】20世纪60年代，行为主义心理学的统治地位被认知心理学所代替。认知主义学习理论与行为主义学习理论相对立，源自格式塔学派的认知主义学习论，经过一段时间的沉寂之后，再度复苏。其中，皮亚杰的建构主义学习理论、布鲁纳的认知结构学习理论、奥苏伯尔的认知同化学习理论、加涅的信息加工学习理论等都有很大影响。认知心理学学习理论的主要观点有：

（1）学习实质：学习不是简单的S—R的联结，而是S—O—R的过程，结果形成"认知地图"。（O代表意识）

（2）学习结果：不是在强化条件下形成刺激反应的联结，而是形成情境的"认知地图"。学习结果是对局部环境的综合表象，是对情境整体的领悟。

（3）学习过程：有机体在达到目的的过程中，根据预期进行尝试，不断对周围环境进行认知，形成"目标—对象—手段"三者联系在一起的认知结构，即形成了整体的认知地图。

三、论述题

1.作为一名教师，你如何理解学习教育学的价值和意义？（见2016年首都师范大学真题）

2.学生发展的含义及一般规律是什么？请根据学生发展的一般规律，谈谈其中的教育意义。

【答】（1）学生发展的含义。（见2010年河南大学真题）

（2）学生发展的规律性及教育意义。（见2010年华中师范大学真题）

3.论述蔡元培主持北京大学改革的措施及其启示。（见2011年北京师范大学真题）

4.论述杜威关于思维与教学方法的主张及其当代价值。

【答】（1）杜威关于思维与教学方法的主张。（见2012年天津师范大学真题）

（2）当代价值。（见2022年苏州大学真题）

2017年宁波大学333教育综合真题·凯程详解

一、名词解释

1.白板说（见2013年北京师范大学真题）

2.《爱弥儿》（见2019年上海师范大学真题）

3.教育（见2014年北京师范大学真题）

4.教育目的（见2015年北京师范大学真题）

5.程序性知识（见2018年华东师范大学真题）

6.最近发展区（见2011年北京师范大学真题）

二、简答题

1.简述韩愈的尊师重道的思想。（见2018年北京师范大学真题）

2.简述古代书院的萌芽及其原因。

【答】（1）书院的萌芽：书院始于唐代，当时有两种场所被称为书院。一种是由中央政府设立的主要用作收藏、校勘、整理图书的机构，如唐代的集贤书院、丽正书院，其性质相当于皇家图书馆；另一种是民间设立的主要供个人读书治学的地方，如李秘书院、松洲书院等。在私人书院中出现了不太普遍的收徒讲学活动，虽没有形成系统的制度，但已成为书院的萌芽。

（2）古代书院萌芽的原因：①社会动荡，官学衰落，士人失学；②我国有源远流长的私学讲学传统；③佛教禅林制度的影响；④印刷术的发展，书籍大量涌现。

3.简述蔡元培提出的"五育"之间的关系。（见2016年华东师范大学真题）

4.简述教育促进个体社会化和个性化功能的表现。（见2020年陕西师范大学真题）

5.简述学生的道德认知和道德行为的关系。

【答】（1）含义：道德认知是指人对道德行为准则及其意义的认识，通常表现为人对道德想象或道德行为的是非、善恶及其意义的认识。它包括对一定道德知识的掌握，也包括以这些道德知识作为自己的行动指南，从而变为信念，并且以此来评价自己的或他人的道德行为。道德行为是人在一定的道德意识的支配下所进行的各种具体行动，是满足道德需要、道德动机的手段。

（2）二者的关系：道德认知和道德行为是德育过程中的两个关键阶段；二者相互统一，相互作用，共同发展；道德认知是道德行为的先导，道德行为是道德认知的外在表现。

6.简述学生对学业成败的归因如何影响其学习行为。

【答】（1）成败归因理论。（见2011年东北师范大学真题）

（2）不同的归因方式对学生学习的影响。（见2020年华中师范大学真题）

三、论述题

1.论述赫尔巴特的教学阶段论。（见2017年东北师范大学真题）

2.论述政治、经济、文化因素对课程变革的影响。（见2020年南京师范大学真题）

3.教师专业发展的内容有哪些？结合自己的经验或体会，谈谈当前教师专业发展中存在的一个或者几个问题。

【答】（1）教师专业发展的内容。（见2011年中央民族大学真题）

（2）当前教师专业发展中存在的问题：

①青年教师专业发展中出现"高原现象"。大部分青年教师从师范学校毕业走上工作岗位后，经过几年的磨合期，他们逐渐掌握了备课、上课、作业批改、课外辅导等教学常规工作，慢慢站稳了讲台，并迅速成长起来。他们在教学实践中摸索出了一定的教学方法，形成了自己的教学风格，事业进入相对稳定的时期，但随后有部分教师在专业发展中会产生"高原现象"，具体表现在：教学水平没有提高甚至下降；专业发展停滞不前；找不到前进的动力。

②中老年教师专业发展中产生"职业倦怠现象"。中老年教师是学校的中坚力量，他们的工作量大，任务繁重，工作时间长，由于其职业的高强度和高压力，导致部分教师产生了"职业倦怠现象"，具体表现在：教学无兴趣，工作无激情；职业兴趣转移；成就感低。

2018年宁波大学333教育综合真题·凯程详解

一、名词解释

1.**非正式群体**（见2010年安徽师范大学真题）

2.**教师威信**

【答】教师威信是教师的教育教学行为对学生的影响所产生的众望所归的心理效应。教师威信的形成必须经历一定的过程。开始只在某一方面（某一学科）具有威信，以后逐步发展到各个方面（品德、学识、能力等）享有威信；开始只在一部分或少数学生中威信很高，然后逐渐发展到全体学生或绝大多数学生中享有威信。教师威信的依赖于一系列的主客观因素，但最主要还是依赖于教师自身的主观因素。

3.**京师同文馆**（见2012年北京师范大学真题）

4.**昆西教学法**（见2018年浙江师范大学真题）

5.**福禄培尔**

【答】（1）简介：福禄培尔是19世纪德国著名的教育家，近代学前教育理论的奠基人，他创办了世界上第一所幼儿园，也是"幼儿园运动"的创始人，被誉为"幼儿教育之父"，其代表作是《人的教育》。

（2）主要思想：把社会合作、互助和参与作为幼儿园重要的教育方法；建立起一个以活动与游戏为主要特征的幼儿园课程体系。

（3）评价：福禄培尔建立了近代幼儿教育理论体系，广泛传播学前教育理论和建立幼儿园，并在培训幼儿师资方面做出杰出贡献。但是福禄培尔的教育思想学说中有着浓厚的神秘主义色彩。

6.**教育的生物起源说和心理起源说。**

【答】（1）生物起源说。（见2020年广西师范大学真题）

（2）心理起源说。它由孟禄提出，认为教育起源于日常生活中儿童对成人的无意识模仿。这种观点是错误的，虽然它将动物排除在外了，但是它认为的"无意识模仿"仍然是先天的、本能的，不是后天的。

二、简答题

1.简述学生的心理差异的主要表现。（见 2012 年湖南大学真题）

2.简述青少年的身体发展、认知发展和人格发展的关系。

【答】（1）含义：青少年的身体发展是指随时间的推移而发生的身体固有的遗传的变化；认知发展是指个体出生后在适应环境的活动中，对事物的认知及面对问题情境时的思维方式与能力表现，随年龄增长而改变的历程；人格发展是指个体从出生到死亡的人格产生、发展的变化过程。其中，认知发展和人格发展是心理发展的两个方面。

（2）关系：青少年的发展是身体发展、认知发展和人格发展的协同发展，三者缺一不可。身体发展可以通过体育实现，是其他方面发展的基础保证，为认知发展和人格发展提供生理基础和保障；认知发展可以通过智育、美育等实现，为其他方面的发展提供认识基础；人格发展为青少年其他方面发展起着保证方向和保证动力的作用。

（3）怎么做：要坚持"五育"并举，处理好各方面发展的关系，使其相辅相成，发挥教育的整体功能。也就是说，随时都要注意引导学生在体、智、德、美、劳诸方面都得到发展，防止和克服重此轻彼、顾此失彼的片面性，坚持全面发展的教育质量观。

3.简述朱熹有关读书方法的观点。（见 2016 年华东师范大学真题）

4.简述科举制与学校教育的关系。（见 2010 年北京师范大学真题）

5.教师职业的社会地位主要包含哪些方面？谈谈你对当前教师社会地位的看法。

【答】（1）教师职业的社会地位主要包括如下方面：

①从社会作用上看，教师是人类文化的传递者，承担为社会培养新人的任务。教师的社会作用不可替代，教师的劳动力应受到全社会的尊重与承认。

②从政治地位上看，随着社会的发展、教育地位的提高，教师政治地位的提高成为提高教师职业社会地位的前提。

③从经济地位上看，教师经济待遇不仅影响教师个体的生存与发展，也影响教师队伍的稳定与专业化程度，它是教师社会地位最直接的表现。

④从法律地位上看，教师的法律地位是对教师的社会地位进行的法律确认和保障。

⑤从专业地位上看，20 世纪中叶以后，教师职业的专业性得到普遍认可与自觉建设。教师职业是专门性职业，教师就是专业人员。

⑥教师的职业声望，即人们对教师职业的总体评价。

（2）对教师地位的看法：

①对于教师的地位，百年大计，教育为本；教育大计，教师为本。

②对于教师的作用，习近平总书记强调广大教师贯彻党的教育方针，教书育人，呕心沥血，默默奉献，为国家发展和民族振兴做出了重大贡献。教师是人类灵魂的工程师；是人类文明的传承者；承载着传播知识、思想、真理，塑造灵魂、生命、人的时代重任，是教育发展的第一资源；是国家富强、民族振兴、人民幸福的重要基石。

③中国特色社会主义进入了新时代，开启了全面建设社会主义现代化国家的新征程。人民对公平而有质量的教育的向往更加迫切。时代越是向前，知识和人才的重要性就越突出，教育和教师的地位和作用就越凸显。

6.简述教育的个体发展功能，为什么说学校教育在人的发展中起主导作用？

【答】（1）教育的个体发展功能。（见 2020 年陕西师范大学真题）

（2）学校教育在人的发展中起主导作用。（见 2010 年西北师范大学真题）

7.简述政治制度和经济发展水平对教育的制约作用。（见 2018 年南京师范大学真题）

三、论述题

1.试论述杜威对于教育本质的主张及其启示。（见 2018 年东北师范大学真题）

2.师生关系有哪些基本类型，分别有哪些特点？你认为良好的师生关系应该具备什么特征？说出你的依据和理由。

【答】（1）师生关系的类型及特点。（见 2018 年南京师范大学真题）

（2）师生关系应具备的特征。（见 2017 年南京师范大学真题）

2019年宁波大学333教育综合真题·凯程详解

一、名词解释

1. 班集体（见2019年河南大学真题）

2. 单轨学制

【答】单轨学制最先产生于美国。19世纪，由于产业革命在短时间内发展起来的群众性小学和中学将等级特权所淹没，从而形成美国单轨学制。美国单轨学制的结构是：小学、中学，而后可以升入大学。单轨学制的特点是一个系列，多种分段。

3. 最近发展区（见2011年北京师范大学真题）

4.《学记》（见2013年东北师范大学真题）

5. 结构主义教育（见2018年天津师范大学真题）

6.《普通教育学》（见2014年南京师范大学真题）

二、简答题

1. 简述教师职业的基本特征。（见2017年湖南师范大学真题）

2. 简述程序性知识的教学策略。（见2018年南京师范大学真题）

3. 简述夸美纽斯的教育适应自然的原则。（见2012年西南大学真题）

4. 简述文艺复兴时期人文主义教育的基本特征。（见2011年华东师范大学真题）

5. 简述埃里克森的心理社会发展理论。（见2020年北京师范大学真题）

6. 简述发现学习的特点。（见2014年华中师范大学真题）

7. 简述加涅对学习的分类。（见2021年内蒙古师范大学真题）

三、论述题

1. 论述陈鹤琴的"活教育"思想体系及其启示。（见2015年北京师范大学真题+2013年扬州大学真题）

2. 试论学生评价理论与实践的变革及其对我国基础教育改革的影响。

【答】（1）学生评价理论与实践的变革。（见2012年首都师范大学真题）

（2）对我国基础教育改革的影响。

①促进了教师转变评价观念，树立正确的学生评价观。正确的学生评价观一旦在教师头脑中形成，就使得教师乐于对每个学生抱以积极热切的期望，乐于从多个角度评价、观察和接纳学生，主动、积极地发现学生身上的闪光点。

②优化了评价方法。教师在对学生的评价实践中，更关注学生获得知识和能力的过程。使学生养成正确的学习态度和科学的世界观，才能促进学生的全面发展。

2020年宁波大学333教育综合真题·凯程详解

一、名词解释

1. 主题班会

【答】主题班会是班级教育活动的形式之一，是班主任根据教育教学要求和班级学生的实际情况确立主题、围绕主题开展的一项班会活动。通过主题班会来澄清是非、提高认识、开展教育，对促进学生的成长和树立正确的人生观都起着重要的作用，是学生的必修课。

2. 档案袋评价法

【答】档案袋评价法是在20世纪80年代西方中小学评价改革运动中形成和发展起来的一种新的质性评价方式。它是指教师和学生有意地将各种有关学生表现的材料收集起来，并进行合理的分析与解释，以反映学生在学习与发展过程中的努力、进步状况或成就。档案袋评价的基本特征是：（1）档案袋的基本成分是学生作品，而且数量很多；（2）作品的收集是有意而不是随意的；（3）档案袋应提供给学生发表意见和对作品进行反省的机会。

3. 创造力（见2015年浙江师范大学真题）

4.**学习策略**（见2015年北京师范大学真题）

5.**设计教学法**（见2015年华东师范大学真题）

6.**察举制**（见2011年云南师范大学真题）

二、简答题

1.**简述班级授课制。**（见2020年北京师范大学真题）

2.**简述苏霍姆林斯基的劳动教育。**

【答】（1）苏霍姆林斯基十分重视劳动在人的全面和谐发展中的作用，他认为劳动既是学生认识和理解客观世界的手段，也是他们自我认识和自我教育的途径，劳动教育和德育、智育、体育、美育是不可分割、相辅相成的，要使热爱劳动及早成为个人最重要的品质之一。

（2）在《帕夫雷什中学》一书中，苏霍姆林斯基结合该校的劳动教育实践归纳了劳动教学的一些内容：

①要求：劳动教育应与各育相结合；劳动教育应对个性与才能具有发展作用；儿童从小就应接受劳动教育等。

②实际措施：要为劳动教育的实施提供一定的场所、工具、设备等物质基础；通过劳动教学大纲所规定的必修课和课外活动小组中的课外劳动教学实行多种劳动技能、技巧教育等。

③方法：树立优秀的劳动榜样、对所进行的劳动过程和操作方式加以复习、完成集体劳动作业等。

④建立正确的劳动制度应有三个条件：智力劳动和体力劳动的结合与交替；由学生自由选择最适合他个人的才能与兴趣的劳动项目；必须给学生相当的空余时间。苏霍姆林斯基认为经过这种全面的劳动教育，才能完成理想的目标。

3.**简述宋元时期蒙学教材的类型及其特点。**（见2016年东北师范大学真题）

4.**简述裴斯泰洛齐的教育心理学化的含义及其影响。**（见2016年湖南师范大学真题）

5.**简述现代认知学习观。**

【答】（1）布鲁纳认为，学习的实质是主动地形成认知结构，学习者是主动地获取知识，并通过把新获得的知识和已有的认知结构联系起来，积极地建构其知识体系。学习包括新知识的获得、知识的转换和评价三个过程，即学生在获得新知识以后，运用各种方法将它们变成另外的形式，以适合新任务，并获得更多的知识，最后对知识的转换进行检查。

（2）奥苏伯尔认为应当进行有意义学习。他认为应该将符号所代表的新知识和学生认知结构中已有的适当观念建立起非人为的和实质性的联系，从而加强对新知识的理解，使认知结构或旧知识得到改善，新知识获得实际意义。

（3）加涅认为学习这一过程可分成若干阶段，每一阶段需进行不同的信息加工。教学过程既要依据学生的内部加工过程，又要影响这一过程。因而，教学阶段与学习阶段是完全对应的。教学的艺术就在于学习阶段与教学阶段的完全吻合。

6.**简述形式训练说。**

【答】（1）形式训练说是一种早期的学习迁移理论，源于古希腊罗马，形成于17世纪，盛兴于18—19世纪。它主张迁移要经过一个"形式训练"的过程才能产生。

（2）这种理论是以官能心理学为基础，认为人的心智是由各种官能，如注意力、记忆力、推理力等官能组成的，这些官能可以像肌肉一样通过训练而得到发展和加强。如果一种官能在某种学习情境中得到改造，就可以在与该官能有关的所有情境中自动地起作用，从而表现出迁移的效应。

（3）但在20世纪初以后，形式训练说不断遭到来自心理学实验结果的驳斥。这些研究表明，形式训练说所主张的官能可以因训练而得以普遍促进的假设，缺乏足够的实验依据和现实依据。

7.**简述心智技能的培养。**（见2016年华中师范大学真题）

三、论述题

1.**分析比较文艺复兴时期的人文主义教育、新教教育和天主教教育之间的联系、区别和影响。**

【答】（1）联系：

①宗教性。都信仰上帝，但是程度不同，人文主义教育有宗教性，同时也带有异教因素，新教教育和天主教教育都是宗教教育，都反对人文主义教育的异教倾向，宗教改革运动中带有宗教性和世俗性的双重目的。②重视古典主义和人文主义。各个教育都以古典人文学科作为课程的主干。③教育教学在管理方面逐渐取消体罚，注意身心全面发展。出现并逐步完善班级年级制。④世俗性增强。人文主义教育倡导的是一种肤浅的世俗性，局限于

社会上层，它反对宗教腐败但赞同天主教。新教改革压制人文主义世俗倾向，客观上却是世俗精神的大弘扬，教育与世俗生活结合紧密，世俗性知识比重加大，自然科学进入课堂。

（2）区别：

①人文主义教育具有贵族性，新教教育具有较强的群众性和普及性。天主教教育也具有贵族性，但它是出于控制社会精英的政治目的而重视上层社会子女的教育。而人文主义者将古典知识作为贵族阶级自身的高级享受。②这三种教育的根本差异在于他们所服务的对象不同，人文主义教育为贵族服务，新教教育为新教服务，天主教教育为天主教服务。

（3）影响：

尽管宗教改革是人文主义引发的，但是宗教改革对近代教育转折的历史意义远远高于人文主义，它为西方近代教育走向国家化、世俗化和普及化的历程拉开了序幕，这种转折标志着世俗性的近代教育从根本上取代了宗教性的中世纪教育。三种力量的相互冲突和融合，共同奠定了近代西方教育的基本格局，标志着教育正迈向近代化（世俗化、国家化、普及化）。

2.论述我国教育目的的价值取向及其对我国基础教育改革的启示。（见2010年北京师范大学真题）

2021年宁波大学333教育综合真题·凯程详解

一、名词解释

1.非制度化教育

【答】非制度化教育又称非正式教育，具体是指在日常生活、工作中进行的不具有结构性或组织性的自主、偶发性学习活动。如与家人或邻里自主交谈，在工作岗位和市场里进行的讨论，在图书馆、博物馆进行的读书或参观、考察，以及在一定场合进行的娱乐活动等。非正式教育的特点是自主、灵活、范围广、时间长，弥补了正规教育与非正规教育的不足。随着社会的发展、科技的进步，非正式教育与正规教育、非正规教育一起构成终身教育、终身学习的体系。

2.教育目的的价值取向（见2010年广西师范大学真题）

3.校本课程（见2010年陕西师范大学真题）

4.素丝说（见2016年西北师范大学真题）

5.惩罚

【答】惩罚是指当有机体做出某种反应后，呈现一个厌恶刺激或不愉快刺激，以消除或抑制此类反应的过程，可以分为正惩罚和负惩罚。正惩罚是指当儿童出现不适宜的行为时，家长可以施加一个厌恶刺激，从而减少儿童不适宜行为的出现。负惩罚是指当儿童出现一个不适宜行为时，去掉一个愉快刺激，即不给予原有的奖励，以减少儿童不适宜行为的出现概率。

6.攻击性行为

【答】攻击性行为是一种经常有意地伤害和挑衅他人的行为。这种行为是儿童、青少年中比较常见的一种问题行为，对儿童、青少年的人格和品德的发展有着消极的影响，严重的甚至会导致儿童、青少年走向犯罪。

二、简答题

1.简述裴斯泰洛齐的要素教育论。（见2018年华东师范大学真题）

2.简述成败归因理论。（见2011年东北师范大学真题）

3.简述永恒主义教育。（见2010年华东师范大学真题）

4.简述终身教育理论。（见2015年北京师范大学真题）

5.简述程序性知识的产生机制。（见2018年南京师范大学真题）

6.简述学生身心发展的特点。（见2010年华中师范大学真题）

7.简述日本明治维新时期的教育改革措施。（见2019年华南师范大学真题）

三、论述题

1.论述黄炎培的职业教育目的、方针、原则。（见2018年华中师范大学真题）

2.基于对教师是一种专业化的职业这一认识，论述如何提高教师的专业能力。（见2019年东北师范大学真题）

2022 年宁波大学 333 教育综合真题·凯程详解

一、名词解释

1.**制度化教育**（见 2016 年首都师范大学真题）

2.**教育的个体发展功能**

【答】教育的个体发展功能也称为教育的本体功能，是在教育系统内部发生的。简言之，教育的个体发展功能表现为教育的个体个性化功能、个体社会化功能、谋生功能和享用功能。

3.**形成性评价**（见 2013 年华中师范大学真题）

4.**全人生指导**（见 2018 年浙江师范大学真题）

5.**自我概念**

【答】自我概念又称自我意识或自我，是个体对其存在状态的认知，包括对自己的生理状态、心理状态、人际关系及对社会角色的认知。

6.**学习动机**（见 2013 年北京师范大学真题）

二、简答题

1.**简述学生发展的一般规律。**（见 2010 年华中师范大学真题）

2.**简述《理想国》的积极因素和局限性。**

【答】（1）《理想国》的积极因素。（见 2017 年哈尔滨师范大学真题）

（2）《理想国》的局限性。过于强调一致性，用一个刻板的模子塑造人，忽视了个性发展，且拒绝改变，认为变革会给国家带来危害，不让体育和音乐翻新，这些思想都具有局限性。

3.**简述马卡连柯的集体教育思想。**（见 2010 年陕西师范大学真题）

4.**简述教学设计过程。**（见 2012 年首都师范大学真题）

5.**简述问题解决过程。**（见 2010 年华东师范大学真题）

6.**简述皮亚杰的认知发展理论。**（见 2012 年东北师范大学真题）

7.**简述柏林大学与现代大学制度。**

【答】（1）1810 年洪堡创建柏林大学，柏林大学的办学理念。（见 2022 年山东师范大学真题）

（2）柏林大学是世界上第一个建立了现代大学制度的高等学府，是世界高等教育的典范，对现代高等教育有着重要启示。

①大学应重视科研的教育意义，以科研促进教学。科学研究在丰富我们的理论成果和社会服务方面成效显著，与此同时，它在促进人才培养方面也有不可估量的教育意义，这就要求我们树立科研是重要教育手段的观念，大力推进科研与教学相融合，使科研在人才培养中的作用得到充分发挥。

②给予大学的教和学应有的自由。应当赋予教育充分的自由，让教育从各种外部和内部的束缚中解放出来，使师生能够在一种宁静、宽容、开放、和谐的环境中，切磋学问，修养德行，发展智慧，提升境界。

三、论述题

1.**论述王守仁"致良知"的教育思想和教育作用。**（见 2016 年北京师范大学真题）

2.**论述教育专门化和教师专业化。**

【答】（1）教育专门化：狭义的教育指教育者专门组织的不断趋向规范化、制度化和体系化的教育，主要指学校教育。具体描述为依据社会要求和学生的身心发展规律，有目的、有计划、有组织、有系统地向学生传授知识技能，培养学生的思想品德，发展学生的体力与美感，增进其劳动能力并发扬其个性的社会实践活动，通过这种活动把受教育者培养成一定社会所需要的人才。这是教育区别于其他现象的基本特征，是教育的质的规定性。同时国家实行学前教育、初等教育、中等教育、高等教育的学校教育制度。国家建立科学的学制系统，学制系统内的学校和其他教育机构的设置、教育形式、修业年限、招生对象、培养目标等，由国务院或者由国务院授权教育行政部门规定，这都是教育专门化的体现。

（2）教师专业化。（见 2015 年西南大学真题）

（3）二者是相互促进、相辅相成的关系，教师专业化能够促进教育专门化，教育专门化也能够促进教师专业化。教育专门化必须要做到教师专业化。

青岛大学

2010年青岛大学333教育综合真题·凯程详解

一、填空题

1. 单轨学制；分支型学制
2. 认知目标；情感目标；动作技能目标
3. 学生中心；社会需求
4. 了解和掌握学情；精选教学方法
5. 地方课程；校本课程
6. 学习的管理；思想品德的管理
7. 学会做事；学会共同生活；学会生存
8. 古代；近代；现代

二、选择题

1～5. AADDC　　　　6～10. BBCCD　　　　11～15. CACDB　　　　16～20. DCBDC

三、名词解释

1. 学生观

【答】学生观指人们对学生的总体的基本看法，包括对学生的基本属性的认识。学生观形成于教育教学实践之中，受一定社会的政治经济制度、文化传统、教育传统所制约，并受到教育工作者自身世界观和对学生身心发展规律的认识水平的影响。制约教育工作者对学生采取的态度和方法，并在一定程度上影响教育的目的、目标、内容和方法等。

2. 教育民主化

【答】（1）含义：教育民主化就是要求教育具有平等、民主、合作、能调动教育者与受教育者的积极性等特点。它包括教育的民主和民主的教育两个方面，前者是把民主的外延扩展到教育领域，使每个受教育者都享有平等的公民权利；后者指把专制的教育改造成民主的教育。

（2）要求：教育机会均等；师生关系的民主化；教育活动、教育方式、教育内容等民主化。

3. 综合课程（见2012年华东师范大学真题）

4. 讨论法（见2014年哈尔滨师范大学真题）

5. 学校教育（见2010年华中师范大学真题）

四、简答题

1. 简述当代形态教育的主要特征。（见2013年北京师范大学真题）

2. 简述影响个体发展的因素。（见2015年北京师范大学真题）

3. 简述教育的文化功能。（见2016年北京师范大学真题）

4. 简述教学过程中直接经验与间接经验的关系。（见2014年华中师范大学真题）

5. 简述教师职业的特点。（见2014年陕西师范大学真题）

6. 简述现行德育课程内容的主要特点。

【答】（1）生活化。遵循不同阶段学生生活的逻辑，以学生的现实生活为课程内容的主要源泉，以密切联系学生生活的主题活动为载体。

（2）综合化。每一学段课程内容力求体现多重价值，整合多种学科内容。《品德与生活》包含了品德教育、科学教育、社会文化教育等多方面的内容。

（3）人本性。课程内容主张从学生成长、发展与生活实际出发，从学生思想品德发展的现状、问题和需要出发，尊重学生已有的生活经验。

（4）开放性。从面向学生逐步扩展到整个生活世界，从封闭的教科书扩展到所有对学生有意义、有兴趣的题材。

（5）针对性。学生在品德发展过程中，往往知、情、意、行发展不平衡，导致各因素间不协调或者严重脱节，这就需要现行的德育课程来平衡学生的不协调。

五、论述题

1. 教学中应该注意哪些教学原则？试举例论述你感受最深的一个教学原则。

【答】（1）教学中应该注意的教学原则。（见2018年东北师范大学真题）

（2）以因材施教原则为例。子路问孔子："听到什么就马上行动吗？"孔子说："你有父兄在，怎么能听到什么就去做什么呢？"冉有问了同样的问题，孔子却说："应该马上去行动。"公西华问孔子："为什么同样的问题回答却不同？"孔子说："冉有做事畏手畏脚，所以要鼓励他去行动。子路好勇过人，所以我让他谦退"。孔子根据弟子的特点进行了因材施教。

2. 试述班级授课制的特点、优点、局限及其变革方向。（见2014年重庆师范大学真题+2020年北京师范大学真题）

3. 结合实际，谈谈你对素质教育的理解与认识。（见2010年东北师范大学真题）

2011年青岛大学333教育综合真题·凯程详解

一、判断改错题

1. 错误。我国最早的一部教育著作是《学记》。

2. 错误。20世纪初，美国教育家杜威认为学校教育应以传授儿童经验为主。

3. 错误。最早的正式学校是在奴隶社会出现的。

4. 正确。

5. 正确。

6. 错误。教育目的的制定要考虑时代与社会需要、个体身心发展的特点与需要。

7. 正确。

8. 错误。诊断性评价是在一个学期开始或一个单元教学开始时，为了解学生的学习准备状况及影响学习的因素而进行的评价。

9. 错误。有意义接受学习是学生学习的主要形式。

10. 错误。维果茨基认为，最近发展区是指儿童在有指导的情况下，借助成人或更有能力的同伴的帮助所能达到的解决问题的水平与独自解决问题所达到的水平之间的差异，实际上是两个邻近发展阶段间的过渡状态。

11. 正确。

12. 错误。新提倡的三维教学目标是知识与技能、过程与方法、情感态度与价值观。

13. 错误。学校教育与生产劳动相脱离是古代形态教育的特征。

14. 正确。

15. 正确。

二、简答题

1. 简述皮亚杰的认知发展阶段理论。（见2012年东北师范大学真题）

2. 简述教育的文化功能。（见2016年北京师范大学真题）

3. 简述教师的权利。（见2015年天津师范大学真题）

4. 简述传授知识与发展智能的关系。（见2012年东北师范大学真题）

5. 简述新一轮基础教育课程改革的主要目标。（见2017年东北师范大学真题）

三、案例分析题

1. 某学校按照上级教育管理部门要求，号召教师开发校本课程，但他们认为课程开发是教育专家的工作，普通教师只要上好课行了。请针对上述现象，从课程改革、教师角色等方面进行分析。（见2018年杭州师范大学真题）

2. 某中学的王老师第一次当班主任，一位资深班主任对他说，初中孩子最难管，三天不打，上房揭瓦，所以你一定要压制住他们，绝不能给他们好脸色。请判断这样的说法是否正确，并分析原因，假如你是这位班主任，你应该怎么做。

【答】（1）这位班主任前半句的说法是正确的，初中孩子确实很难管；但是后半句"三天不打，上房揭瓦，所以你一定要压制住他们，绝不能给他们好脸色"这句话是错误的。

（2）错误原因：初中孩子刚刚进入青春期，所以在很多的时候会出现叛逆的心理，是很难管教。教师应该积极地引导，而不是体罚和不给好脸色。

（3）如果我是材料中的班主任，我会做到以下方面：

①要关心而不担心。教师首先自己要对学生交往过程中将会出现的问题有清醒、正确的认识，有足够的估计。教师要学会运用罗森塔尔的"期待效应"，对学生有良好的"期待"，并指出努力的方向、途径和方法，进而激发出学生喜悦、乐观、奋发图强、积极向上的情绪。

②要指导而不指令。要适时指导学生学习交往的原则和技巧，引导学生通过对典型案例的分析，或通过对交友故事、交友箴言的学习，或讲述自己与同学、家人乃至路人交往过程的得失，去学习、领悟、建立同学友谊的原则和方法。

③要多说而不啰唆。在教育过程中，老师要特别注意说话的内容和语气。无论是个别谈话，还是课堂交流，必须让孩子真切地感受到老师的评说和指导是客观的、新颖的，而且是真诚的。

④要放手而不放任。要创造学生交流交往、展示自我、锻炼提高的机会，引导学生在活动中学会协调同学之间的关系。课堂上多组织分组讨论、小组辩论；课外多组织文体活动，引导和鼓励每一个学生都参与进去，让他们在集体活动中沟通想法、交流意见，进而逐步学会正确地表达自己的意见，虚心地接纳他人的看法，客观地对待他人的评价。

四、作文题

学生差异之我见

任何一个正常学生的心理发展都会经历一些共同的基本阶段，但发展的速度、最终达到的水平以及发展的优势领域往往不尽相同，表现出个体之间的差异性。具体表现如下：

（1）不同个体身心发展的速度不同。比如有的早慧，有的大器晚成。方仲永五岁可写诗，长大之后却泯然众人矣；曾国藩连续六次考秀才都没有考上，最后成为晚清名臣，受到后人的尊敬。

（2）不同个体身心发展的质量不同。心理学家加德纳提出的多元智能理论认为人的智能是多元的，个体身上可能存在七种以上的智能，不同个体之间的优势智能是不同的。有些儿童的语言智能比较好，有些儿童的音乐智能占优势，有些儿童的人际智能突出。所以不存在所谓的"好学生""后进生"，只是个体的优势智能有所差异而已。

学生之间存在差异性的原因主要有以下几个方面：

（1）遗传素质对人的差异性有一定的影响作用。有的孩子天生好动，有的孩子天生文静，一个失明的孩子不可能成为一名出色的画家，一个失聪的孩子不可能成为一名歌唱家。

（2）环境是人的发展的外部条件，为个体的发展提供了可能性和限制。如果失去人类社会的文化环境，"人"只能是以孤立的"自我"形式而活着的"人"。印度"狼孩"、立陶宛的"熊孩"、伊朗的"羊孩"，接受了某种动物性或者片面发展了人的生物性，丢失了人类的群体性。

（3）学校教育在人的身心发展中起着主导作用。主要原因如下：①学校教育是一种有目的、有计划、有组织、有系统地培养人的社会活动，它规定着人的发展方向；②学校教育给人的影响比较全面、系统和深刻；③学校有专门负责教育工作的教师和管理人员；④学校教育通过传授知识培养人，知识有认识价值、实践价值、思想价值、陶冶价值；⑤学校教育对提高人的现代性有显著作用。学校教育不仅教给人们现代化的知识，更培养了现代人的价值观、态度和行为方式。

（4）个体的主观能动性在个体发展中起着最终的决定作用。学校、环境和遗传素质只是为个体提供了发展条件，这些条件能否发挥作用以及能在多大程度上发挥作用，最终完全取决于个体自己。

作为教师，针对学生的差异性，应从以下几个方面着手：

（1）树立正确的学生观。学生是发展中的人，教师要正确认识学生智能的差异性，没有所谓的"差生"，学生只是在德、智、体、美、劳全面发展方面不够均衡，教师要做的就是帮助学生发展弱的方面，促使学生全面发展。

（2）公平公正地评价学生。教师不能随意给学生贴标签，不能因为学生学习成绩差或者纪律表现不好就认为学生是差生，教师要看到学生的闪光点，着力培养学生的优势智能的同时帮助学生改变不良行为，促进学生全面发展。

（3）根据学生的个体差异，因材施教。教师要从实际出发，充分考虑到受教育者在不同年龄阶段的不同发展特征，做到因材施教，有的放矢。

2012 年青岛大学 333 教育综合真题·凯程详解

一、选择题

1～5. BBCAD 　　　　6～10. CDBAD 　　　　11～15. CCAAA

二、名词解释

1. 元认知（见 2010 年华中师范大学真题）
2. 班级授课制（见 2016 年北京师范大学真题）
3. 课程标准（见 2015 年北京师范大学真题）
4. 学制（见 2019 年北京师范大学真题）
5. 形成性评价（见 2013 年华中师范大学真题）

三、简答题

1. 简述教育的政治功能。（见 2012 年北京师范大学真题）
2. 简述新一轮基础教育课程改革的具体目标。（见 2017 年东北师范大学真题）
3. 简述教为主导、学为主体的教学规律。（见 2010 年北京师范大学真题）
4. 简述建构主义学习理论的基本观点。（见 2013 年华东师范大学真题）
5. 简述教学过程作为一种特殊的认识过程的特殊性。（见 2010 年广西师范大学真题）
6. 简述我国现行学制的改革趋势。（见 2011 年南京师范大学真题）

四、论述题

1. 结合实际，谈谈在教学中怎样处理间接经验与直接经验的关系。（见 2014 年华中师范大学真题）
2. 概述教师的职业素养，结合当前教育现状，谈谈你的认识。（见 2014 年北京师范大学真题）

五、作文题

不要让孩子输在起跑线上之我见

"不要让孩子输在起跑线上"的观念越来越深入人心。家长们为了不让孩子输在起跑线上，无所不用其极，从备孕阶段就开始上胎教班，婴儿期上早教班，幼儿园要读双语学校，义务教育阶段要买学区房，要上各种特长班，高中要小班教学，总之，会尽自己所能，为孩子提供各种资源，为的就是能读一所好大学，能找一份好工作，能拥有"成功"的人生。但是这么做真的正确吗？对此，我持否定的态度，主要原因如下：

（1）离开"终点线"谈"起跑线"是没有意义的。人生"终点线"不同，"起跑线"自然不同。如果人生是一场短跑，起跑线越靠前，成功的概率越大；如果人生是一场马拉松，"起跑线"越靠前，到最后可能会筋疲力尽，反而输掉比赛。每个人的追求不同，"终点线"不同，所在的"跑道"不同，所谓的"起跑线"就没有可比性。

（2）教育是一辈子的事情，没必要担心输在"起跑线"上。现代社会已发展为终身学习型社会，终身教育不仅是一个贯穿于一切教育的理念，更是构建未来教育体系的一种制度实践。终身教育要培养孩子自学能力，以便其在走出校门后也能够学习新的知识和技能，适应不同的工作要求。生命有限，学无止境，任何时候都是"起跑线"。

如果非要谈"起跑线"，父母帮助孩子树立正确的价值观、人生观、世界观，是给予孩子最好的"起跑线"。父母可从以下方面提高孩子的"起跑线"。

（1）帮助孩子树立正确的价值观。一个孩子在从婴儿期发展为社会人的过程中，价值观起着十分重要的作用，它影响人生的品质、高度与宽度。家长不能唯分数至上，家长要注重培养孩子的责任感、独立性、高尚的品格、良好的性格。现在许多家长都不会让孩子做家务，有时候孩子有心帮忙，也会被"不用你管，你只要好好学习就行"这样的理由所拒绝，所以现在许多孩子五谷不分，生活不能自理，这样何谈未来？

（2）帮助孩子树立正确的人生观。父母要尊重孩子的意愿，了解孩子真正想要的生活，而不是强加给孩子所谓的"成功人生标配"。让孩子去学习自己感兴趣的知识，从事自己喜欢的工作，而不是为了金钱、面子等外在利益学习自己不感兴趣的知识，做自己不喜欢的工作。人的自我成就感比别人所认同的成功更能让人觉得幸福。

（3）帮助孩子树立正确的世界观。由于人们的社会角色不同，看待世间万物的角度不同，父母要帮助孩子去客观、辩证地看待世间万物，让孩子从实践中去了解世界、感受世界、热爱生活。

"十年树木，百年树人"，教育孩子的过程是一个长期的过程，家长要用心浇灌，给予适合"树苗"生长的温度、土壤，让这棵"树苗"在未来能够成长为参天大树。

2013年青岛大学333教育综合真题·凯程详解

一、选择题

1~5. BBCDC　　　　　　6~10. DCBAC　　　　　11~15. DDAAD

二、判断题

1~5. ×√×××　　　　　6~10. ×√×√√

三、简答题

1.简述奥苏伯尔有意义学习的实质和条件。（见2013年北京师范大学真题）

2.简述现代心理健康的标准。（见2014年华中师范大学真题）

3.简述选择教学方法的标准和依据。（见2018年天津师范大学真题）

4.简述教学过程中直接经验与间接经验的关系。（见2014年华中师范大学真题）

5.简述当代教育的特征。（见2013年北京师范大学真题）

四、论述题

1.论述教师应该具备怎样的素养。（见2014年北京师范大学真题）

2.述评皮亚杰的认知发展阶段理论及其与教学的关系。

【答】（1）皮亚杰的认知发展阶段理论。（见2012年东北师范大学真题）

（2）认知发展阶段理论与教学的关系。（见2010年南京师范大学真题）

五、作文题

对于基础教育课程改革的认识与思考

为了应对时代挑战，全面推进素质教育，优化人才培养模式，我国进行了新一轮课程改革。我国新一轮课程改革的核心理念是"以人为本"和"以学生发展为本"。具体表现为：为了学生的终身发展（本次课程改革的根本理念），为了每位学生的发展，为了学生的全面发展，为了学生的个性发展。

（1）我国新一轮课程改革的基本动向主要表现在以下几个方面：

①以学生发展为本，促进学生全面发展与培养个性相结合。把学生的发展作为课程开发的着眼点和目标，强调学生是能动实践的主体。"为了每位学生的发展"是我国基础教育课程改革的核心理念，也是未来课程改革的基本趋势。这种趋势将使学习者有更多机会主动地参与教学过程，充分激发学习主体的自觉性和主动性。

②加强道德教育和人文教育，加强课程科学性与人文性的融合。道德教育绝不只是政治思想品德课的责任，不仅要重视正式课程的作用，也要重视非正式课程即隐性课程潜移默化的作用，进而形成学校、社会、家庭三位一体的局面。

③加强课程综合化。综合化课程既是为了避免增设新学科造成学生课业负担的需要，也是为了学生认识和把握科学基础知识的需要。学生在学习综合化课程中不仅可以初步建立合理的认知结构，而且可以养成综合思维能力，培养自主创新的品质。

④课程与现代信息技术相结合，加强课程个性化和多样化。课程的个性化实际上就是因材施教的问题。网络信息技术在学校教育中的普遍运用，为课程个性化和教学过程的因材施教提供了技术支持。多样化的课程是我国未来的课程改革所倡导的。多样化是统一性前提下的多样化，它是与特色化、层次性、可选择性结合在一起的。

（2）新课程改革成败的关键在于教师，提高教师队伍的整体素质，是我国当前新课程改革的重中之重。要想提高教师队伍的素质，要做到：

①国家要为教师的发展提供各种在职培训的机会，尤其是重在向教师讲解新课程的教育观念和教学方法，提高教师的理论素养。

②不同经济条件的地区要加强联系，实行互帮互助政策，如北京市某重点中学与青海某贫困县的小学结成互助关系，实现资源共享，发动优秀教师去贫困地区支教，传播先进的教育方法和理念。

③加强教师与专家之间的合作。

④改变教师观念，教师行业不再是铁饭碗，教师需要在教育岗位上不断提升自己的教学水平。

⑤学校应该开办一些讲课比赛活动，重视老教师带新教师，一些竞赛活动可以调动教师改进讲课的积极性。

⑥国家还要不断完善教师从业制度和管理制度等。

2014年青岛大学333教育综合真题·凯程详解

一、选择题

1～5. BDABD   6～10. DBBCA   11～15. BBCDC

二、简答题

1. 简述个体的能动性在人的发展中的作用。（见2017年华中师范大学真题）

2. 简述古代教育的基本特征。（见2019年哈尔滨师范大学真题）

3. 简述讲授法的含义及运用讲授法的基本要求。（见2014年陕西师范大学真题）

4. 简述自我效能感及其来源。（见2017年东北师范大学真题）

5. 简述学习动机的需要层次理论。（见2013年西南大学真题）

三、论述题

1. 联系实际，论述在教学过程中为什么要处理好智力活动与非智力活动的关系。（见2016年北京师范大学真题）

2. 论述维果茨基文化历史发展理论的主要观点，并阐述教学与认知发展的关系。（见2010年北京师范学真题＋2021年四川师范大学真题）

四、案例分析题

1.（1）请用相关的德育原则对该班主任的做法进行评价。

（2）你认为针对学生出现的问题，教师应该怎样去做？

【答】（1）以上教师的做法很明显的违反了以下德育原则，它们分别是：

①疏导原则。疏导原则要求进行德育要循循善诱、以理服人，从提高学生的认识入手，调动学生的主动性，使他们积极向上。而材料中的教师显然违反了疏导原则，采用简单粗暴的评选"坏学生"的方式来解决问题。

②长善救失原则。长善救失原则是指进行德育要调动学生自我教育的积极性，依靠和发扬他们自身的积极因素克服品德上的消极因素，促进他们的道德成长。材料中的教师没有"一分为二"地看待学生。其中一个学生只有9岁，但是教师没有意识到或者可能忽视了学生是不断变化的个体，其思想和知识都具有很强的可塑性，而是通过简单粗暴的方式就把学生贴上了"坏学生"的标签。

③严格要求和尊重学生相结合原则。严格要求和尊重学生相结合原则是指进行德育要把对学生的思想和行为的严格要求和对他们个人的尊重和信赖结合起来。材料中的教师采取的这种公开"批斗"的形式，显然是没有尊重学生的人格，伤害了学生的自尊。

（2）针对学生出现的问题，教师应该做到以下几点：

①提高学生的道德认知，消除意义障碍。通过道德认知的培养，使学生获得准确的道德知识，发展积极、正确的道德评价，而且要使学生形成牢固的道德信念。道德认知的培养方法一般有短期训练法、小组讨论法和认知冲突法。

②注重移情体验，消除情感障碍。学生在对事物进行判断和决策之前，应将自己处在他人的位置上，考虑他人的心理反应，理解他人的态度和情感体验。

③锻炼意志力，消除其他障碍。进行德育的最终目的是改变材料中学生们的道德行为，因而，必然要锻炼其意志力，消除其他障碍。

④关注情感需求，杜绝简单粗暴的教育行为。像材料中教师的这种简单粗暴的行为应该是被坚决禁止的，教师应尝试理解学生，进而改变学生。

2.（1）他的这种归因是否正确？这种归因对他以后的学习会产生怎样的影响？

（2）如不正确，那正确的归因是怎样的？

（3）对教师来讲，正确掌握归因理论有何意义？

【答】（1）不正确。将失败归因于运气，运气是外在的不可控因素，不利于其学习动机的增强。

（2）①教师应该引导学生进行客观归因，尽量将学习上的成功归因于努力和自己的能力，而将学习上的失败归因于内部的不稳定因素，即努力不够，只有这样才能使学生产生更高的学习动机，树立对下次学习成功的期望，不放弃努力，争取在以后的学习中获得成功。

②教师应该帮助学生建立积极的自我概念。积极的自我概念，也是激发学生的学习动机，形成良好的归因模式的一个重要因素。这是一个长期任务，需要教师在日常生活中谨慎地对学生做出评价，以引导学生建立积极的自我概念。

（3）对教师来讲，正确掌握归因理论的意义：

①了解心理和行为的因果关系。归因理论显示，任何行为都有其原因，人们会将自己在某种活动中的成功或失败自觉或不自觉地归于某种原因，教师对这种因果关系的掌握有助于对学生心理与行为之间进行有效的把控。

②教师可以根据学生的归因倾向预测他们以后的动机。归因理论的一个重要价值就是使得教师可以根据学生当前的归因倾向预测学生在未来此方面的动机。

③通过归因训练，有助于教师帮助学生提高自我认识。让学生学会正确且积极归因是对学生进行心理教育的一项重要任务。学生学会归因的过程也就是提高自我认识的过程，通过归因训练可以帮助学生在了解到认识自己的过程中建立明确的自我观念。

2015年青岛大学333教育综合真题·凯程详解

一、选择题

1～5. DBADD　　　　6～10. BABCA　　　　11～15. CCBAD

二、简答题

1. 简述教育的基本要素及其相互关系。（见2015年北京师范大学真题）

2. 简述教育目的的主要价值取向。（见2015年宁夏大学真题）

3. 简述教学的启发性原则及其要求。（见2012年北京师范大学真题）

4. 简述埃里克森提出的个体心理社会发展要经历哪几个阶段及每个阶段要解决的问题。（见2020年北京师范大学真题）

5. 简述加德纳多元智能理论的观点。（见2019年华东师范大学真题）

三、论述题

1. 论述教育与文化之间的关系。（见2013年天津师范大学真题）

2. 论述建构主义学习理论的基本观点及其在学习和教学中的应用。（见2014年杭州师范大学真题）

四、案例分析题

1.（1）请你运用现代教育理论对该教师的行为进行评析。

（2）如果你是教师，遇到这样的情况会怎样做？

【答】（1）该教师的行为是不正确的。该案例涉及运用现代教育理论，即教师应具有正确的教育思想及教育观念。

①"看小蝌蚪在玩游戏呢。"孩子具有童心、童真与童趣，具有孩子特有的想象力，教师要善于了解孩子的"内心世界"。新的教育取向不只关注知识和技能，还要关注过程与方法，情感态度与价值观。教师要尊重并保护孩子的兴趣与想象。

②"一个教师看到他们满身是灰的样子，生气地走过去问：'你们在干什么？'"处于其自身的活动过程，

学生是能动的、发展的人，教师要善于保护，给学生心理上的支持，而该教师的行为没有尊重学生的主观能动性。

③"'胡说，蝌蚪会玩什么游戏！'老师的声音提高了八度。严厉的斥责……"师生要平等相待，教师不能以权威压制学生。

④"小声嘟囔说：'您又没来看……'"教师缺乏民主意识，要和学生实行等距离教学。

综上，教师的行为是不正确的。

（2）应当采取的做法：

①以人为本，付出关爱。作为一名老师，应尊重每一位学生。心理学家认为"爱是教育好学生的前提"。对于几个学生趴在池塘边的草地上观察蝌蚪弄得满身是灰，教师应以关爱之心来触动他们的心弦，促使他们主动地认识并改正错误。

②以生之助，友情感化。在学生群体中，绝大部分学生不喜欢老师过于直率，尤其会因老师在批评他们的时候太严肃而接受不了。因此，老师可以和几位同学交朋友，一起观察蝌蚪玩游戏，让学生在快乐中学习、生活。

③因材施教，循循善诱。每一个学生的实际情况都是不同的，这就要求老师要深入了解学生的行为，及其观察蝌蚪的原因，从而确定行之有效的对策，因材施教，正确引导。

2.（1）此种看法反映了哪一种动机理论？简述其理论观点。

（2）请分析此动机理论应用于教学实践中的效果。

（3）结合理论和实际，谈一谈如何有效激发和培养学生的学习动机。

【答】（1）反映了学习动机的强化理论。（见2016年华中师范大学真题）

（2）强化理论广泛应用于教学实践，奖惩的手段的确可以收到立竿见影的效果。但该理论把行为的原因归结为外部刺激和外部强化的作用，虽然纠正了本能论过分强调先天本能的不足，但只重视外部动机而忽视了学习者的主动性和自觉性，可能会产生负面结果。

（3）学习动机的有效激发和培养。（见2012年华东师范大学真题）

2016年青岛大学333教育综合真题·凯程详解

一、选择题

1～5. BCBCD　　　　6～10. BABBA　　　　11～15. CCABD

二、简答题

1.简述教育演进中的几种形态及其特点。

【答】根据社会生产力发展水平的高低，教育的发展阶段可以划分为不同的历史形态：原始社会的教育、古代教育和现代教育。

（1）原始社会教育的特点。（见2014年西南大学真题）

（2）古代教育的特点。（见2019年哈尔滨师范大学真题）

（3）现代教育的特点。（见2013年北京师范大学真题）

20世纪以来，科技革命的发展极大地促进了教育的现代化，20世纪后期，教育改革和发展的特点包括以下几个方面：①教育的终身化；②教育的全民化；③教育的民主化；④教育的多元化。

2.简述个体身心发展的一般规律。（见2010年华中师范大学真题）

3.简述现代学制的主要类型及其特点。（见2010年浙江师范大学真题）

4.请列举加涅对学习的分类，并分别举例说明。（见2021年内蒙古师范大学真题）

5.简述新手型教师与专家型教师的差异。（见2021年南京师范大学真题）

三、论述题

1.教师是一种职业、专业还是事业？为什么？

【答】要考察教师的生存与发展方式不外乎是教师职业、专业及事业三个角度。相应地，我们把教师的生存与发展类型分为职业型教师、专业型教师及事业型教师三种。

（1）从教师职业的角度来考察教师的生存与发展，这是教师生存与发展的最低层次，以这种生存与发展方式来从教的教师就属于职业型教师。职业型教师主要表现为在课堂教学之中"贩卖知识"（照本宣科与填鸭灌输）、"目中无人"（忽视学生的客观存在），以及在课外"事不关己"（责任心不强及主人翁精神的缺失）。之所以说这属于最低层次，完全是因为，处于教师职业层次的教师群体还仅仅是把从教当作谋生的基本手段之一，无暇顾及知识的理论探究与创新即专业发展问题。

（2）从教师专业的角度来考察教师的生存与发展，这属于比较高的层次，以这种生存与发展方式来从教的教师就属于专业型教师。专业型教师的主要表现为在课堂教学之中，以高深的专业技术来有效解决学生学习、掌握及运用知识之中存在的问题。在课外，专业型教师能以适当的教育技术和策略解决学生的生活与心理问题。尽管这个层面上的教师生存与发展方式仍旧没有摆脱职业的外在束缚，但毕竟是高于上述那个单纯把从教当作谋生手段的生存与发展方式。那么，如何引导与促进教师由从教当作谋生的基本阶段转为自主的专业发展阶段却是个非常重要的现实问题。这要求教师有：长期的专业训练；完善的知识体系；系统的伦理规范；明确的从业标准；严格的资格限制；具有专业上的自主性；具有发展成熟的专业组织等。整个过程仍旧任重而道远。

（3）从教师事业的角度来考察教师的生存与发展，这是教师生存与发展的最高层次或最高境界，以这种生存与发展方式来从教的教师就属于事业型教师。"教师事业"一词是相对"教师职业"与"教师专业"而言的。它是教师生存与发展的最高级状态。它的特点就在于教师从教心态高度的自觉性及理想性。事业型教师主要表现为在生活之中不仅关注自身的生命价值和意义，而且能以自己的生命智慧去引导和促进学生的生命成长；而在课堂之上，事业型教师不再是仅仅传授知识的"教书匠"，也不再是仅仅以高深的专业技术来"僵化""机械"地处理有关生命成长的问题，而是已经把科学教育和人文教育有机融合在一起的教育大师。关照学生生命的成长、引领他人生命的航向、促进从教心态的生命化是事业型教师的追求。

2.在日常学习过程中，有的学生考试失败了，可能会将原因归于自己比较笨，以至于破罐子破摔。那么，不同的归因对学生的学习有什么不同的影响？老师应如何指导学生进行积极归因？

【答】（1）不同的归因对学生学习的影响。（见2020年华中师范大学真题）

（2）教师如何指导学生进行积极归因。（见2020年华中师范大学真题）

四、案例分析题

（1）在教学过程中，教师常用的教学原则有哪些？

（2）上述案例中，苏格拉底采用的是什么教学原则？贯彻这一教学原则的基本要求有哪些？

【答】（1）教师常用的教学原则。（见2018年东北师范大学真题）

（2）①上述案例中，苏格拉底采用的是苏格拉底法。它并不是把学生所应知道的原理直接教给学生，而是从学生所熟知的具体事物开始，通过师生间的对话、提问和讨论等方式来揭示学生认识中的矛盾，刺激学生在教师帮助下寻找正确答案，使其得出正确的原理。苏格拉底法主要采用的是启发式教学原则。

②贯彻启发性原则的基本要求。（见2012年北京师范大学真题）

2017年青岛大学333教育综合真题·凯程详解

一、简答题

1.简述教学过程中的几个必然联系。（见2011年东北师范大学真题）

2.新一轮基础教育课程改革的具体目标有哪些？（见2017年东北师范大学真题）

3.简述有关教育目的的两个典型的价值取向。（见2010年北京师范大学真题）

4.根据皮亚杰的观点，教学中如何发展儿童的认知能力？（见2010年南京师范大学真题）

5.简述陈述性知识获得的机制。

【答】（1）同化：指个体把新的刺激纳入已有图式中的认知过程。同化意味着学习者联系、利用原有知识来获取新概念，它体现了知识发展的连续性。

（2）顺应：儿童改变已有图式或形成新图式来适应新刺激的认知过程。顺应则意味着新旧知识之间的磨合、协调，体现了知识发展的对立性和改造性。

（3）同化与顺应的关系：

①同化理解新知识的意义是原有知识发生顺应的基础，而真正的同化离不开顺应的发生，因为只有转变了原有的错误观念，解决了新旧知识之间的冲突，新观念才能与原有知识体系协调起来，从而真正一体化。

②知识建构一方面表现为新知识的理解和获得；另一方面又表现为原有知识的调整和改变。同化和顺应作为知识建构的基本机制，两个方面是互相依存、不可分割的。

6.简述加德纳的多元智能理论。（见 2019 年华东师范大学真题）

二、论述题

1.个体身心发展有哪些规律？针对这些规律你认为应该采取怎样的教育措施？（见 2010 年华中师范大学真题）

2.联系实际，谈谈学校教育中如何培养学生的创造性。（见 2011 年北京师范大学真题）

三、案例分析题

你认为天才来自何处，从爱因斯坦的大脑中能找到天才的因子吗？由此分析一个人的发展受哪些因素影响？这些影响因素在人的发展中各起怎样的作用？对上述的天才研究你作何评价？

【答】（1）我认为天才是遗传、环境、教育以及个人主观能动性共同作用的结果。我认为从爱因斯坦的大脑中不能找到天才的因子。

（2）影响人发展的因素及其在人的发展中的作用。（见 2015 年北京师范大学真题）

（3）人们对于天才的研究初衷是值得肯定的，但是人的发展取决于多种因素，是诸种因素相互作用与建构而形成的结果。人们对这些因素有不同划分，对其在人的发展中的作用也有不同的认识和评估。人的发展受遗传、环境、教育和个体的能动性等多方面的因素影响，所以人们对于天才的研究效果不是很明显。

2018 年青岛大学 333 教育综合真题·凯程详解

一、简答题

1.简述政治经济制度和教育的关系。（见 2018 年南京师范大学真题）

2.简述素质教育。（见 2010 年东北师范大学真题）

3.简述直接经验和间接经验。（见 2014 年华中师范大学真题）

4.简述问题解决的过程和影响因素。（见 2010 年华东师范大学真题 +2017 年陕西师范大学真题）

5.简述维果茨基的最近发展区理论。（见 2018 年湖南师范大学真题）

6.简述自我效能感。（见 2017 年东北师范大学真题）

7.简述班级授课制的优缺点。（见 2020 年北京师范大学真题）

二、案例分析题

你怎么看？你怎么做？结合材料分析教师应该有哪些素质？

【答】（1）该教师的做法是错误的。

（2）如果是我，我会告诉学生是我失误了，并告诉学生如何才能避免失误。

（3）教师应该具有的素质。（见 2014 年北京师范大学真题）

三、论述题

论述学习动机的培养与激发。（见 2012 年华东师范大学真题）

四、作文题

乡村振兴战略下的农村教育

我国是一个农业大国，农业人口众多，农村教育质量直接关系到我国的整体国民素质。我国当前农村教育主要存在以下问题：

（1）留守儿童家庭教育缺失。

现在许多农村地区，都是父母在外打工，爷爷奶奶负责照顾孩子。许多爷爷奶奶都溺爱孩子，基本上孩子想做什么就会让孩子做什么，孩子犯错误的时候，也是不痛不痒地说几句，也没有能力辅导孩子的家庭作业。

（2）农村职业教育发展缓慢。

由于资金短缺、师资力量薄弱、农民观念落后以及区域位置偏僻等问题，我国农村地区职业教育发展缓慢。

乡村振兴战略下的农村教育发展路径：

（1）多层面、多角度解决留守儿童问题。

①政府可合理调整学校布局，加大寄宿制中心学校建设，让留守儿童尽量住校，并为留守儿童配备生活教师、心理教师。

②调整人口管理制度，实行农民工"市民待遇"，让孩子可以到父母工作所在地读书。

③发展现代农业技术，提供更多的工作岗位，让农民工在户籍所在地有工作岗位，彻底解决留守儿童问题。

（2）促进农村职业教育发展。

加强对职业教育的宣传，改变大家对职业教育的偏见，提高农民对职业教育的支持力度。也要加大对农村职业学校的支持力度，提高农村职业学校的教学质量，促进农村职业学校的发展。

（3）加强师资队伍建设。

农村教育质量的好坏关键在教师，因此要提高教师素质，加强师资队伍建设。

①为农村教师的发展提供各种在职培训的机会，把农村教师送往发达地区进行培训，学习新的教育理念和教育教学方法，提高教师的理论与实践素养。

②实行一帮一活动。发达地区要对农村地区进行一对一的帮助，发动优秀教师去贫困地区支教，传播先进的教育方法和理念，也可实行网络互动，采取远程方式进行授课、解惑。

③改革农村学校教师聘任机制，提供优厚的待遇，吸引大量的优秀人才到农村地区去工作，优化师资结构，促进农村教育质量的提高。

④创建教师定向培养机制。农村地区可根据实际需要定向培养专业技术人员，保证教师储备充实。

（4）开发农村特有课程资源。

农村地区有自己独特的资源，农村学校可利用自身所处的环境，开发出具有自身特色的课程资源，形成独特的办学特色。

基于乡村振兴战略背景下，农村留守儿童的教育和农村职业教育具有十分重要的作用。只有多方面合力解决农村留守儿童的教育问题、促进农村职业教育发展，提高农村师资队伍建设、开发农村课程资源才能更好地促进农村教育的发展。

2019年青岛大学333教育综合真题·凯程详解

一、名词解释

1.学制（见2019年北京师范大学真题）

2.课程标准（见2015年北京师范大学真题）

3.形成性评价（见2013年华中师范大学真题）

4.学习策略（见2015年北京师范大学真题）

5.观察学习（见2019年北京师范大学真题）

二、简答题

1.简述增强学习动机的方法。（见2012年华东师范大学真题）

2.简述教师的权利。（见2015年天津师范大学真题）

3.简述演示法应注意什么。

【答】（1）做好演示前的准备。要根据教学需要，选择典型的实物、教具，放大或用色彩显示要认真观察的部分，还要考虑好演示的方法与过程。若是演示实验，教师应先试做一遍。

（2）让学生明确演示的目的和要求。让学生知道看什么、怎样看，主动投入观察与思考。

（3）讲究演示的方法。要紧密配合教学，过早拿出直观教具或者演示完不及时收好教具，都会分散学生注意力；演示过程中，要适当提问、指点，引导学生边看边思考，以获取最佳教学效果。

4.简述掌握知识与发展智力的关系。（见2012年东北师范大学真题）

5.简述科尔伯格的道德发展阶段。（见2013年华东师范大学真题）

三、论述题

1.怎样在教学中利用作业评价?（见2012年首都师范大学真题+2015年首都师范大学真题）

2.论述德育原则。（见2011年湖南师范大学真题）

四、案例分析题

1.分析校园欺凌的原因。（材料缺失）（见2018年杭州师范大学真题）
2.论述道德培养的措施。（材料缺失）（见2014年北京师范大学真题）

五、作文题

寒门难出贵子之我见

2011年，一名中学老师在网络上发帖称："做了15年老师，我想告诉大家，这个时代寒门再难出贵子！"一时之间引起许多人的共鸣。我认为寒门难出贵子的现象是客观存在的，主要有以下原因：

（1）享有的教育资源不同。相较于富人的孩子，寒门的孩子能拥有的教育资源是少之又少，富人家的孩子从小就上各种培训班，参加各种夏令营活动，寒门的孩子基本上除了学校教育，很少有机会去接受其他的教育，这在无形中就拉开了与富人的孩子之间的差距。

（2）父母对孩子的期望不同。父母对孩子的期望一般都是要超越自己，富人本身的起点就会高一些，他们对孩子的要求会更高，希望孩子能够考入国内顶尖学府，甚至国际一流学府深造，而寒门家庭对孩子的要求还停留在考上本科就行。

（3）家庭教育不同。富人家庭的父母一般都接受过良好的教育，自己本身就有很强的应试能力，能够和孩子进行良好沟通，有些富人家庭会针对孩子的弱势科目聘请专业的家庭教师，以此来促进孩子更好地成长。而寒门的父母一般情况下自己就没有走过高考独木桥，自身学习能力也不强，更不用提辅导孩子功课了，而且他们没有足够的经济能力为孩子聘请家庭教师。

（4）对孩子的教育投入不同。在减负的大背景下，寒门的父母在时间、经济能力上都有所受限，除学校教育外，不能提供额外的教育，而富人在学校减负后对孩子的要求更高了，让孩子参加各种夏令营、社会实践活动。

"寒门难出贵子"确实是一种客观存在的现象，但是这并不代表寒门不出贵子。即使在欧美社会阶层比较固化的国家，虽然逆袭难度大，但仍有一些寒门的孩子逆袭成功。在我国，社会分层还没有完全形成，寒门的孩子还是有很多机会可以通过自己的努力来改变命运。可从以下几个方面着手：

（1）寒门的孩子要更加努力。人的智力差异很小，寒门的孩子只要肯努力用心读书，充分利用时间，提高学习效率，学习成绩是不会比富人家的孩子差的。清华、北大每年也有许多寒门的孩子，进入学校之后也很优秀，毕业之后也在工作岗位上做出了很大的成绩。

（2）寒门父母也要花一些时间来陪伴孩子。现在很多父母总是觉得自己没有时间陪伴孩子，却有时间玩手机。一边刷着手机，一边吐槽着寒门难出贵子。寒门的父母能做的或许不如富人父母多，但是可以每天抽出半个小时的时间陪孩子阅读，让孩子从书中获取更多的知识，如果做不到陪伴，也要做到不打扰，为孩子提供一个良好的学习环境，孩子学习时，不要放电视，大声聊天影响孩子的注意力。

（3）规范校外培训机构。明确校外培训机构的作用——配合校内教育，对校外培训机构实行资格准入制度，校外培训机构的内容也要符合课程标准的要求，严禁超纲内容，一经发现，直接取消办学资质。这样富人的孩子和寒门的孩子所学的内容基本一致，考试的标准也一致，更能够体现教育的公平。

我们选择不了家庭出身，但是可以通过自己的努力来奋斗出美好的人生。拼不了父母，就拼自己，拼一拼对学习的投入，拼一拼自己的努力程度，毕竟家境贫寒不是一个人不成功的根本因素，父母给予的只是前半生，父母的光环不可能一直都在，真正决定人生价值的，还是自己努力奋斗出来的后半生。

2020年青岛大学333教育综合真题·凯程详解

一、名词解释

1.道德情感（见2012年南京师范大学真题）
2.诊断性评价（见2013年首都师范大学真题）
3.图式（见2010年辽宁师范大学真题）
4.探究性学习（见2019年陕西师范大学真题）

二、简答题

1. 简述阿特金森成就动机理论。（见2021年江苏师范大学真题）

2. 简述三元智力理论。

【答】1985年斯腾伯格提出了三元智力理论。

（1）斯腾伯格认为，成功智力具有三种基本成分。①分析性智力，用于解决问题和判定思维成果的质量。②创造性智力，帮助个体从一开始就形成好的问题和想法。③实践性智力，将思想及其分析结果以一种行之有效的方法加以实施。成功智力是一个有机的整体，只有在它的组成部分相互协调、相互平衡的时候，个体才能取得成功。

（2）成功智力有四个关键元素。①应在一个人的社会文化背景内，按照个人的标准，根据在生活中取得成功的能力定义智力。②个体取得成功的能力依赖于利用自己的力量改正或弥补自己的不足。③成功是通过分析、创造和实践三方面智力的平衡获得的。④智力平衡是为了实现适应、塑造和选择环境的目标，而不仅仅是传统智力所强调的对环境的适应。

（3）评价。斯腾伯格认为三元智力理论仍不足以解释现实社会中的人类智力，因此他在三元智力理论的基础上提出更具实用和现实取向的成功智力理论，强调智力不应仅仅涉及学业，更应指向真实世界的成功。

3. 简述因材施教的内涵和原则。（见2019年华东师范大学真题）

4. 简述教学过程是一种特殊的认识过程的含义。（见2010年广西师范大学真题）

5. 简述班主任如何培养班集体。（见2014年华东师范大学真题）

6. 简述接受学习和发现学习的区别。（2014年华中师范大学真题）

三、材料分析题

1. 根据所给材料，评价老师的行为和对成为好老师的启示。

【答】材料中的老师并没有批评乱举手的小孩，老师没有去打击学生的积极性，说明老师特别懂得尊重学生的主体性，不伤害学生积极举手的特点。这对成为一位好老师的启示是：

（1）以人为本。以人为本的教育观就要求教师在教育教学活动中：①以促进学生发展为目的；②全面看待学生，确立学生的主体地位；③公平公正地对待每个学生；④尊重热爱学生；⑤因材施教，促进学生的个性发展；⑥树立为学生服务的意识。材料中的老师以促进学生发展为目的，利用学生爱举手的特点订下了"左右手"的君子协定，促使其学习进步。

（2）教师观。现代教师观认为教师是促进学生发展的指导者、塑造幼儿心灵的工程师、学生学习的支持者、沟通学生与社会的中介者、教育科学的研究者。材料中的老师在学生的身上就起着引导、塑造的作用。

（3）学生观。学生是处于发展中的人，既是教育对象又是主体、独立的人、完整的人、具有社会意义的人，而且教师的本职是教书育人，所以教师应当学会关爱和维护学生，尊重和信任学生，研究和了解学生，并承认学生差异，引导学生。材料中的老师从尊重学生入手，巧妙地采取"左右手"的方法，给学生在班上表现自己的机会，既保护了其自尊心，又提高了学生的学习自信心和学习兴趣。

2. 结合新手教师和专家型教师相关内容，评价赵老师的不足，如果你是领导，谈谈你如何帮助赵老师。（材料缺失）

【答】（1）新手教师和专家型教师的差异。（见2021年南京师范大学真题）

（2）给赵老师的建议。材料缺失，具体解析略。

四、作文题

教师惩戒权之我见

为落实立德树人的根本任务，保障和规范教师依法履行教育、管理学生的职责，维护师道尊严，促进学生全面发展、健康成长，教育部发布了《中小学教师实施教育惩戒规则（征求意见稿）》，引起了社会强烈反响，教师惩戒权的问题又一次引起了公众关注。教师惩戒是必须的吗？我认为教师必须具有惩戒权。主要原因如下：

（1）在对儿童进行自然教育的过程中要加以正确的引导。教育的目的是要使人变得不断完善起来，但这并不意味着不讲条件地对孩子加以肯定，当孩子有做得不对的地方时，还是要加以引导，如若无效，必要时候还需要进行教育惩戒。引导学生在德、智、体、美、劳诸方面都得到发展，促使学生全面均衡发展。

（2）惩戒是教育的一种手段。教育惩戒不仅仅是为了维护学校教育教学秩序，更是保障学生全面健康发展的手段之一，教师合理惩戒可以促使学生形成规则意识，养成良好的行为习惯，成长为一名合格的社会公民。

但在现实生活中，不敢惩戒、不愿惩戒和滥施体罚的现象依然存在，造成惩戒混乱的原因主要如下：

（1）对"惩戒"概念的界定不清晰。学生上课不认真听讲，教师让学生站起来听课，这算不算惩戒？学生欺凌同学，教师对其进行批评教育并要求其在全班同学面前做检讨，这算不算惩戒？对"惩戒"与"惩罚"的概念界定不清晰，所以有的教师不敢惩戒，有的不愿惩戒，还有的则惩戒过度。

（2）教师实施惩戒缺乏制度与法律保障。由于对惩戒界定不清晰，教师对学生进行惩戒，动不动就被家长找到学校，或者发布到网上，最后受处罚的往往都是教师，"寒蝉效应"导致教师不愿意再对学生进行惩戒，在温和的教育无果的情况下，只能任其放任自流。

针对"惩戒"界定不清晰以及实施惩戒缺乏制度与法律保障。教育部出台了《中小学教师实施教育惩戒规则（征求意见稿）》，对惩戒进行了界定以及对惩戒的实施细则进行了规范性的描述，保障了教师能够进行合理惩戒。那么，教师在此基础上，在教育教学过程中该如何利用手中的惩戒权，更好的管理学生？教师可以从以下几个方面实施惩戒：

（1）教师惩戒的前提是育人为本。教师对学生进行惩戒不是教育的目的，而是通过惩戒这一手段帮助学生改过。

（2）教师惩戒要合法合规。教师应当事先制定惩戒规则，让学生知道什么事情可以有所为、有所不为，惩戒要有依据，尊重学生的基本权利和人格尊严，惩戒客观公正。

（3）惩戒要适当。教师应当根据学生的身心发展规律和性格特点等，选择适当的惩戒措施，实现最佳教育效果。

教师是影响学生成长的一个重要因素，而家长对孩子的影响比教师更大，家长们也要言传身教，帮助孩子形成良好的学习习惯和生活习惯，让教师没有机会可以使用惩戒手段去教育孩子。

2021 年青岛大学 333 教育综合真题·凯程详解

一、名词解释

1. 活动课程（见 2013 年东北师范大学真题）
2. 教材（见 2019 年首都师范大学真题）
3. 相对性评价（见 2018 年辽宁师范大学真题）
4. 最近发展区（见 2011 年北京师范大学真题）
5. 自我概念（见 2022 年宁波大学真题）

二、简答题

1. 简述个人本位论和社会本位论。（见 2010 年北京师范大学真题）

2. 简述我国基础教育三级课程的内涵。

【答】为保障和促进课程对不同地区、学校、学生的适应性，我国新一轮基础教育课程改革要求实行国家、地方和学校三级课程管理。

①国家课程：教育部总体规划基础教育课程，制订基础教育课程管理政策，确定国家课程门类和课时。制订国家课程标准，积极试行新的课程评价制度。

②地方课程：省级教育行政部门依据国家课程管理政策和本地区实际，制订本省（自治区、直辖市）实施国家课程的计划，规划地方课程，报教育部备案并组织实施。经教育部批准，省级教育行政部门可单独制订本省（自治区、直辖市）范围内使用的课程计划和课程标准。

③学校课程：学校在执行国家课程和地方课程的同时，应视当地社会、经济发展的具体情况，结合本校的传统和优势、学生的兴趣和需要，开发或选用适合本校的课程。各级教育行政部门要对课程的实施和开发进行指导和监督，学校有权利、有责任反映在实施国家课程和地方课程中所遇到的问题。

3. 简述品德的构成要素，以及通过这些要素，进行德育工作的方法是什么。（见 2013 年南京师范大学真题）

4. 简述如何用班杜拉的社会学习理论帮助学生树立有效榜样。（见 2016 年东北师范大学真题）

5. 简述技能的练习过程对教育教学的启示。

【答】（1）技能的练习过程。

①心智技能的形成过程：

a.加里培林的五阶段形成理论：活动定向阶段→物质活动或物质化活动阶段→有声的言语活动阶段 → 无声的外部言语活动阶段→内部言语活动阶段。

b.冯忠良的三阶段理论：原型定向阶段→原型操作阶段 →原型内化阶段。

c.安德森的三阶段理论：认知阶段→ 联结阶段→ 自动化阶段。

②操作技能的形成过程：

a.菲茨与波斯纳的三阶段模型：认知阶段→联系阶段→自动化阶段。

b.冯忠良的四阶段模型：操作的定向阶段→操作的模仿阶段→操作的整合阶段→操作的熟练阶段。

（2）教育教学的启示。

①对心智技能的教学启示：a.重视确立合适的心智技能操作原型，可以用心理模拟法来建立心智活动的实践模式，确立、检验修正模型。b.遵循智力活动按阶段形成的理论，积极创造条件，帮助他们从外部的物质活动向内部的言语活动转化。c.根据心智技能的种类选择方法，对于那些复杂的、由多种智力活动方式组成的心智技能，可以采用从部分到整体的训练方法；对于那些简单的心智技能宜采用整体方法来练。d.积极创造应用心智技能的机会，教师必须积极创设问题情境。e.注重思维训练，教师在教学过程中要重视学生的思维训练，培养他们的思维能力，养成认真思考的习惯。

②对操作技能的教学启示：a.指导与示范指导者应该做到掌握相关的知识，明确练习目的和要求，形成正确的动作映象。b.获得一定的学习策略，一定程度的过度练习以及科学的练习方式。c.充分而有效的反馈，内部反馈与外部反馈的合理使用，采用何种反馈应依据任务的性质、学习者的学习进程而定。d.建立稳定清晰的动觉，进行专门的动觉训练，可以提高动作的稳定性和清晰性，充分发挥动觉在操作技能学习中的作用。

三、分析论述题

1.论述传统学生评价存在的问题。

【答】（1）从功能上看，传统学生评价过分强调评价的甄别与选拔功能，忽视改进、激励与发展的功能；传统学生评价重视评价结果，忽视评价过程。教师、家长和学生只关心考试得了多少分，排第几名，而很少关心考试中反映的学生发展中存在的问题，传统的学生评价热衷于排名次、比高低，以此证明学生的学习成效。

（2）从主体看，传统学生评价主体比较单一，有失客观。学生的学习受多种环境因素的影响，在传统学生评价主体单一、相对封闭的单一评价模式中，评价结果很容易出现片面、主观等问题，挫伤学生学习的积极性，影响学生的健康成长和教学工作的顺利进行。

（3）从内容看，传统学生评价过分注重学生知识技能的掌握而忽视其他方面的发展。传统教育目标过于关注学生知识获得，轻视技能，忽视学生在学习过程与方法、情感态度、价值观等其他方面的发展，家长也只看重考试成绩。因此，传统学生评价的内容范围是比较狭窄和片面的。这就造成大部分学生"死读书，读死书"的现象，每天埋头课本，成为只会考试的机器，一旦涉足社会则会出现种种问题。

（4）在方法上，传统学生评价方法单一，过分重视量化评价。由于课程目标过分关注知识的获得，其评价方式就采用量化的简单的试卷评价，即"考、考、考"，量化的评价是把复杂的教育现象加以僵死化、简单化和表面化，它不仅无法从本质上保证客观性、精确性，而且往往丢失了学生的情感、态度和价值观这些教育中最根本、最有意义的内容。

2.（1）分析心理发展的特点和分班的影响。

（2）根据分班，谈一谈你对因材施教的理解。

【答】（1）分重点班的影响：

①心理发展的个别差异性。每个人的发展都不尽相同，一般个体间存在发展速度的不同。对学生进行分重点班培养，会有以下不良影响：a.学生很难客观地正视自己，非重点班学生自尊心会受到伤害，降低他们的学习积极性。重点班学生易产生骄傲自满的心理，学生会偏重学习，而不重视其他方面素质的培养与提高，导致高分低能，不利于学生日后发展；b.加速学生流失，使他们过早地步入社会，不利于青少年健康成长。

②心理发展具有连续性和阶段性。学生的心理发展是一个连续的过程，整个发展过程也表现出若干连续的阶段。同时，不同的学生心理发展呈现出不同的阶段特征。根据学生成绩划分重点班，尽管对于学校来说有利于集中优势教育资源提高升学率和学校的知名度，但是这种做法不但难以落实因材施教，还会导致非重点班的学生厌学、老师厌教。这一举动不仅不利于推行素质教育，不利于培养德、智、体、美、劳全面发展的高素质人才，还会打乱教学秩序，不利于教育公平和学生的均衡发展。总之是弊大于利，是不可取的。

（2）班级中学生的因材施教方法。（见2019年华东师范大学真题）

四、作文题

劳动教育的现实价值和实施途径。（劳动教育的精神、问题、实施）（材料不全）（见 2021 年安徽师范大学真题 +2014 年扬州大学真题）

聊城大学

2010 年聊城大学 333 教育综合真题·凯程详解

一、填空题

1. 教学
2. 《大教学论》
3. 遗传；环境；学校教育
4. 诊断性评价；形成性评价；总结性评价
5. 个人本位论；社会本位论
6. 生产力；社会经济制度
7. 教育现象和教育问题
8. 形式教育论者；实质教育论者
9. 启发式；注入式
10. 现行教材；实验教材

二、选择题

1～5. DBCBA   6～10. BCCDC   11～15. CBDBB   16～20. CCCBB

三、名词解释

1. 教育（见 2014 年北京师范大学真题）
2. 课程计划（见 2016 年江苏师范大学真题）
3. 环境决定论（见 2017 年东北师范大学真题）
4. 班级授课制（见 2016 年北京师范大学真题）
5. 教学组织形式（见 2017 年哈尔滨师范大学真题）

四、简答题

1. 简述经济发展水平对教育的制约作用。（见 2012 年华南师范大学真题）
2. 简述学校教育在个体发展中起主导作用的原因。（见 2010 年西北师范大学真题）
3. 简述中小学的主要教学任务。（见 2019 年内蒙古师范大学真题）
4. 简述我国中小学德育的主要内容。（见 2010 年首都师范大学真题）
5. 简述运用讲授法的基本要求。（见 2014 年陕西师范大学真题）

五、分析论述题

1. 试分析这种做法所体现的教学意义及对教学管理可能带来的挑战。

【答】分层教学就是教师根据学生现有的知识、能力水平和潜力倾向把学生科学地分成水平相近的群体并区别对待，这些群体在教师恰当的分层策略和相互作用中得到最好的发展和提高。分层教学又称分组教学、能力分组，它是将学生按照智力测验分数和学业成绩分成不同水平的班组，教师根据不同班组的实际水平进行教学。分层教学的实质是尊重学生个别差异，使学生个性特长得到充分发挥。分层教学虽然能够适应学生学习水平的差异，但容易使水平层次低的学生产生自卑心理，水平层次高的学生产生优越感。

（1）意义：分层教学能照顾到各个层次的学生；可以使学科的学习成绩评价更加合理化；可使教师提高课堂教学效率；可以促使学生向高一层次发展。

（2）带来的挑战：部分学生缺乏归属感；班级凝聚力不强；班主任缺乏教育时机；家校交流不再整齐划一。

2. 试述掌握知识与发展智力之间的关系。（见 2012 年东北师范大学真题）

2011 年聊城大学 333 教育综合真题·凯程详解

一、名词解释

1. 学校教育（见 2010 年华中师范大学真题）

2. 教学过程（见 2018 年上海师范大学真题）

3. 稷下学宫（见 2020 年北京师范大学真题）

4. 苏格拉底法（见 2011 年北京师范大学真题）

5. 有意义学习（见 2014 年华东师范大学真题）

6. 先行组织者（见 2010 年北京师范大学真题）

二、简答题

1. 简述现代教育的特点。（见 2013 年北京师范大学真题）

2. 简述蔡元培的"五育"并举教学思想。（见 2016 年华东师范大学真题）

3. 简述人文主义教育的基本特征。（见 2011 年华东师范大学真题）

4. 简述建构主义学习理论的基本观点。（见 2013 年华东师范大学真题）

三、分析论述题

1. 试析教育与社会发展的关系。（见 2012 年杭州师范大学真题）

2. 试析掌握知识与发展智力的关系。（见 2012 年东北师范大学真题）

3. 试析陶行知的"生活教育"理论。（见 2014 年北京师范大学真题）

4. 试析杜威的教育本质理论。（见 2018 年东北师范大学真题）

2012 年聊城大学 333 教育综合真题·凯程详解

一、名词解释

1. 德育目的

【答】德育目的是通过德育活动在受教育者品德形成发展上所要达到的总体规格要求，即德育活动所要达到的预期目的或结果的质量标准。德育目的是德育工作的出发点，它不仅决定了德育的内容、形式和方法，而且制约着德育工作的基本过程。

2. 德育过程（见 2014 年华东师范大学真题）

3. "五育"并举（见 2016 年华东师范大学真题）

4. 新学校运动（见 2019 年华东师范大学真题）

5. 学习策略（见 2015 年北京师范大学真题）

6. 程序性知识（见 2018 年华东师范大学真题）

二、简答题

1. 简述世界各国课程改革发展的趋势。（见 2017 年浙江师范大学真题）

2. 简述严复的"三育论"。（见 2016 年山东师范大学真题）

3. 简述裴斯泰洛齐的"教育心理学化"思想。（见 2016 年湖南师范大学真题）

4. 简述革命根据地的教育经验。（见 2020 年华中师范大学真题）

三、分析论述题

1. 试析影响人的发展的基本因素。（见 2015 年北京师范大学真题）

2. 试析班级授课制及其优缺点。（见 2020 年北京师范大学真题）

3. 试析赫尔巴特的教学形式阶段理论。（见 2017 年东北师范大学真题）

2013年聊城大学333教育综合真题·凯程详解

一、名词解释

1. **学校教育制度**（见2019年北京师范大学真题）

2. **教学评价**（见2015年北京师范大学真题）

3. **"六艺"**（见2012年华东师范大学真题）

4. **道尔顿制**（见2011年北京师范大学真题）

5. **自我评价**

【答】自我评价是个体对自我发展现状与趋势的评判，是进行自我教育的认识基础。自我评价是自我意识的一部分，在儿童的发展中起着重要作用。儿童把自己当作认识的主体、从客体中区分出来，开始理解我与物、与非我关系后，通过别人对自己的评价和对别人言行评价的过程中，逐渐学会自我评价。它是自我意识发展的产物。

6. **学习动机**（见2013年北京师范大学真题）

二、简答题

1. **简述德育的功能。**

【答】德育的功能，简单地说就是"育德"，即满足学生的道德成长需要，启发学生的道德觉醒，规范学生的道德实践，引导学生的道德成长，培养学生的健全人格，提升学生的人生幸福感。

（1）德育的功能分为育德功能和社会功能。

①德育的育德功能是指培养学生对他人、他物、他事的态度，引导学生懂得为人处世的行为规则和行为方式。

②德育的社会功能则是经过培养的学生积极参与日常生活、人际交往和社会实践，对社会发展与改革发挥出巨大作用，这种作用也就是德育对社会的文化功能、经济功能、政治功能。

③德育的社会功能与德育的育德功能是以学生的学习活动、社会实践、日常生活和人际交往为中介相互促进、相互转化的；二者的联系，实质上是人的个体发展与社会发展之间的互动，也是人生意义与社会理想的沟通，其现实基础在于社会实践，其价值取向则在于以人为本。

（2）德育有正功能与负功能。德育的正功能即育德功能和社会功能；德育的负功能是指由于德育的方向或方法不对，甚至方向、方法都不对，不仅不能促进，反而阻碍了社会发展和学生发展。

2. **简述孟子的"性善论"及其教育作用。**（见2018年浙江师范大学真题）

3. **简述陶行知"生活教育"论的基本思想。**（见2014年北京师范大学真题）

4. **简述赫尔巴特的教学形式阶段理论。**（见2017年东北师范大学真题）

三、分析论述题

1. **试述教师的主导作用与学生主动性的关系。**（见2010年北京师范大学真题）

2. **试述教育怎样适应年轻一代身心发展的规律。**（见2010年华中师范大学真题）

3. **试述卢梭自然主义的教育理论及其意义。**（见2012年华东师范大学真题）

4. **试述布鲁纳的发现学习法及其对当代教学改革的启示。**

【答】（1）布鲁纳的发现学习法步骤。（见2012年南京师范大学真题）

优点：发现学习有利于激发学生的好奇心及探索未知事物的兴趣，有利于调动学生的内部动机和学习的积极性，最大限度地为学生提供自由回旋的余地，并有利于学生创造性、批判性思维的发展。

局限性：布鲁纳歪曲了接受学习的本意；对发现学习的界定缺乏科学性和严密性，而且发现学习比较浪费时间，不能保证学习的水平。因此，发现学习应该根据教材性质和学生的特点来灵活安排。

（2）对当代教学改革的启示：

①注重学生学习方法的训练，培养学生的认知能力。

②激发学生的学习兴趣，培养学生的内部学习动机。

③提倡发现学习法，培养学生的学习主动性。

④训练学生的直觉思维，培养学生的想象力。

⑤注重学科信息的提取，培养学生的迁移能力。

⑥把发现学习与接受学习适当地结合起来，加强教师对学生的指导作用。

2014年聊城大学333教育综合真题·凯程详解

一、名词解释

1. 教育目的（狭义）（见2015年北京师范大学真题）

2. 教育制度（见2012年华东师范大学真题）

3. 稷下学宫（见2020年北京师范大学真题）

4. 癸卯学制（见2018年东北师范大学真题）

5. 教育心理学（见2013年贵州师范大学真题）

6. 最近发展区（见2011年北京师范大学真题）

二、简答题

1. 简述在课程发展问题上争论的几个主要问题。

【答】（1）学科课程和活动课程。（见2015年陕西师范大学真题）

（2）课程的一元化与多样化。

课程的一元化主要是指课程的编制应当反映国家的根本利益、政治方向、核心价值，反映社会的主流文化、基本道德以及发展水平，体现国家的信仰、理想与意志。课程的多样化主要是指课程也应当广泛反映各个方面的多样化需求。坚持课程的一元化有助于民族融合，全国人民的凝聚，国民素质的提高，国家的统一、强盛和进步。但是课程的多样化有助于实事求是、以人为本，尊重不同地区、群体和个人的差异、特色及其对教育与课程的追求，有助于肯定各方面的独特价值，调动每个人的积极性，增进社会的民主、公平，促进社会与个人都能更加生动活泼地得到发展。因此，我们不能一味地追求一元化或者多样性，而是应该将二者结合起来。

2. 简述1922年"新学制"的特点。（见2014年东北师范大学真题）

3. 简述隋唐时期学校教育制度的特点。（见2020年浙江师范大学真题）

4. 简述要素主义教育思想的基本观点。（见2016年华东师范大学真题）

三、分析论述题

1. 试述我国新时期发生的有关教学过程性质的争论有哪些不同的观点？这场争鸣有何意义？你认为应当怎样认识教学过程的性质才是科学的？

【答】（1）新时期关于教学过程性质的争论主要有六种不同的观点，这些观点对教学过程的不同认识反映了不同教学观的根本差异。教学过程的本质问题是教学论中重大的理论问题，教学过程本质的论证有助于形成科学的教学观。这六种不同的观点是：①特殊认识说；②认识—发展说；③认识—实践说；④关联说；⑤交往说；⑥多重本质说。

（2）应从以下几个角度认识教学过程的性质。（见2013年贵州师范大学真题）

2. 试论"个人本位论"与"社会本位论"之争对于人的培养与成长有何重大意义。（见2015年宁夏大学真题）

3. 试从教育的作用、教育任务、教育内容和"苏格拉底法"几方面论述苏格拉底的教育思想。

【答】（1）教育的作用：苏格拉底认为教育的作用就在于帮助人们自省，培养善的观念，成为正义社会的公民。

（2）教育任务：苏格拉底主张教育的首要任务就是教人怎样做人，具体来说就是形成美德。他认为，教育的目的就是培养政治家。在西方教育史上，他最早提出专家治国论。

（3）教育内容：苏格拉底提出了"美德即知识"的主张，他认为一切知识、智慧和美德都存在于人的内心深处，都是善的属性，相互之间具有内在的联系。一个人只有确切地知道什么是善才会去行善，人的行为的善恶主要取决于他是否具有相关的知识。因而，他提出了"德行可教"的主张。

（4）"苏格拉底法"。（见2013年东北师范大学真题）

4. 试述皮亚杰的认知发展理论的主要观点及其对当代教学改革的启示。（见2012年东北师范大学真题+2010年南京师范大学真题）

2015 年聊城大学 333 教育综合真题·凯程详解

一、名词解释

1. 教育制度（见 2012 年华东师范大学真题）
2. 教学（见 2013 年陕西师范大学真题）
3. 最近发展区（见 2011 年北京师范大学真题）
4. 学习动机（见 2013 年北京师范大学真题）
5. 元认知（见 2010 年华中师范大学真题）
6. 发现学习（见 2017 年华东师范大学真题）

二、简答题

1. 简述永恒主义教育思潮的原则。（见 2018 年山东师范大学真题）
2. 简述严复的"三育论"。（见 2016 年山东师范大学真题）
3. 简述在课程发展问题上争论的几个主要问题。（见 2015 年陕西师范大学真题 +2014 年聊城大学真题）
4. 简述维果茨基的教育与认知发展的关系。（见 2014 年西北师范大学真题）

三、分析论述题

1. 为什么说教师职业是一种需要人文精神的专业性职业？其专业性表现在哪里？其人文精神又表现在哪里？（见 2015 年杭州师范大学真题）
2. 试述卢梭的自然主义教育理论及其意义。（见 2012 年华东师范大学真题）
3. 试述学校管理过程的基本环节及其相互关系。（见 2017 年江西师范大学真题）
4. 试述陶行知的生活教育理论的基本内容及其现实启示。（见 2014 年北京师范大学真题）

2016 年聊城大学 333 教育综合真题·凯程详解

一、名词解释

1. 学科课程标准

【答】学科课程标准是根据课程计划以纲要的形式编定的有关课程教学内容的指导性文件，它规定课程的知识范围、深度、体系、教学进度和教学法的要求，一般包括说明、正文两部分。"说明"简明扼要地叙述本学科的目的和任务，选材的主要依据，以及有关的原则性建议。"正文"列出教材的篇、章、节的标题、内容要点和授课时数，实际作业内容和时数，如参观、考试的时数，有的学科课程标准还包括参考书目、教学仪器、直观教具等。

2. 活动课程（见 2013 年东北师范大学真题）
3. 校本课程开发（见 2010 年陕西师范大学真题）
4. 教学方法（见 2013 年华南师范大学真题）
5. 教学目标（见 2012 年南京师范大学真题）
6. 教学组织形式（见 2017 年哈尔滨师范大学真题）

二、简答题

1. 简述课程内容组织的原则。

【答】课程内容采取何种逻辑形式编排和组织，直接影响着课程内容结构的性质和形式，制约着课程实施中的学习活动方式。早在 20 世纪 40 年代，泰勒就明确提出了课程内容编排和组织的三条原则，即连续性原则、顺序性原则和整合性原则。

2. 简述课程目标的取向。

【答】（1）普遍性目标取向。普遍性目标是课程领域一般性、规范性的指导方针，其特点是把一般的教育宗旨或原则和课程目标等同起来，具有普遍性、模糊性、指令性的特点，可普遍运用于所有教育实践。它对各门学科都有普遍的指导价值。

（2）行为性目标取向。行为性目标是以一种具体的、可操作的行为方式来陈述课程目标，指明课程与教学过程结束后学生身上所发生的行为变化，是期待的学生的学习结果，便于对课程目标进行评价和改进。其基本特点是精确性、具体性、可操作性，所以，行为性目标体现的是一种"唯科学主义"的价值观。

（3）生成性目标取向。生成性目标指的是在课程和教学活动中产生的目标，它更加注重学生的经验和能力，强调培养学生的完整人格和自主能力，关注的是学习活动的过程。这一类课程目标取向，趋于在动态中不断完善。其萌芽于杜威"教育即生长"的命题。

（4）表现性目标取向。表现性目标由美国学者艾斯纳提出，指人们在从事某种活动结束时有意或无意得到的结果，它是课程活动的结果。他认为表现性目标具有唤起性，关注无法事先规定的结果，它期望促进学生多样化的、创新性的而不是一致性的反应。

3.简述优化教学的含义及其基本策略。

【答】（1）含义：所谓课堂教学的优化是要求我们在有限的时间里，达到使学生既能掌握基础知识，又能提高能力、开发智力，减轻课业负担的目的。

（2）基本策略：

①优化教学内容，实现教学效果整体化。

②优化课堂教学模式，实现课堂教学的宏观管理。

③优化教学方法，提高课堂教学效率。

④优化教学评价，激励学生学习。

⑤优化课堂训练，强化已学知识。

4.简述教学模式的发展趋势。

【答】（1）单一教学模式向多样化教学模式发展。新的教学思想层出不穷，再加上新的科学技术革命使教学产生了很大的变化，教学模式出现了"百花齐放、百家争鸣"的繁荣局面。

（2）归纳型教学模式向演绎型教学模式发展。归纳型教学模式来自教学实践的总结，不免有些不确定性，有些地方还不能自圆其说；而演绎型教学模式有一定的理论基础，能够自圆其说且有自己完备的体系。

（3）"教"为主向"学"为主发展。现代教学模式的发展趋势是重视教学活动中学生的主体性，重视学生对教学的参与，根据教学的需要合理设计"教"与"学"的活动。

（4）教学模式的日益现代化。当代教学模式的研究中越来越重视引进现代科学技术的创新成果。有些教学模式已经开始注意利用电脑等先进的科学技术的成果，教学条件的科学含量越来越高，能充分利用可提供的教学条件设计教学模式。

5.简述课堂管理的基本模式。

【答】（1）行为主义取向模式。

斯金纳认为人的行为的本质是对环境刺激做出反应。行为能否得以维持，取决于其后果。在课堂管理中，教师要想使学生在课堂中表现出适宜的行为，就必须奖励和强化适宜的行为，忽视学生的不良行为。为了维持良好的课堂环境，教师必须做好以下几个方面的工作：清楚地讲明规则；忽视不良行为；对遵守规则的行为给予奖励。

（2）人本主义取向模式。

人本主义取向的课堂管理者认为，学生有自己的决策能力，他们可以对自己的行为负主要责任。在课堂管理中，教师不应该要求学生百依百顺，而是应该关注学生的需要、情感和主动精神，向学生提供最好的机会去发掘其归属感、成就感和积极的自我认同感，以此来维持一种积极的课堂环境。

（3）教师效能取向模式。

教师效能取向的课堂管理模式关注的是教师课堂管理技能的提高。持这一取向的研究者认为，课堂管理主要取决于教师的管理技能，通过培训提高教师的课堂管理技能可以改善课堂管理质量。

三、分析论述题

1.论述班级授课制的利弊及其改进策略。（见2020年北京师范大学真题）

2.论述教学评价改革的趋势。（见2010年安徽师范大学真题）

四、材料分析题

问题：结合材料分析该教师运用了哪些教学方法？请说明怎么用好这些教学方法。

【答】（1）谈话法；（2）讨论法；（3）讲授法。（见2015年中央民族大学真题）

2017年聊城大学333教育综合真题·凯程详解

一、名词解释

1. 教学设计（见2016年首都师范大学真题）

2. 复式教学（见2013年杭州师范大学真题）

3. 教学模式（见2014年杭州师范大学真题）

4. 校本课程（见2010年陕西师范大学真题）

5. 课堂教学管理

【答】课堂教学管理是教师为了完成教学任务，调控人际关系，和谐教学环境，引导学生学习的一系列教学行为方式。

二、简答题

1. 简述优化教学的基本策略。（见2016年聊城大学真题）

2. 简述加涅的教学目标分类。（见2021年哈尔滨师范大学真题）

3. 简述课程目标的形式取向。（见2016年聊城大学真题）

4. 简述教学手段选择的原则。

【答】（1）有利于理解原则。有利于理解是指教师在选择教学手段时要明确所选择的教学手段必须要最有利于学生对该学科的理解。能否最大限度地促进学生对该学科的理解是选择教学手段时首先要考虑的。

（2）教学手段简单化原则。教学手段简单化是指选择教学手段时在不影响教学效果的前提下尽可能地选择那些使用和操作简单的手段，从而使教师节约工作成本，提高工作效率。如今现代教育技术层出不穷，但我们不能被这些令人眼花缭乱的技术手段所迷惑，切不可一味地追求现代手段，人为地将教学手段复杂化。

（3）适应学生年龄特点原则。适应学生的年龄特点是指教学手段的选择和使用要考虑到学生的年龄特点。低年级的学生注意力保持时间较短而且容易分散，所以应选择能吸引学生注意力的教学手段，而高年级学生由于具有较持久的注意力，则更多地从帮助学生理解教学内容出发去选择教学手段。

（4）传统教学手段和现代教学手段互补原则。传统教学手段和现代教学手段的互补是指在选择教学手段时要根据传统教学手段和现代教学手段的特点和功能的不同来配合使用，以获得最大的教学效果。传统教学手段和现代教学手段的配合使用往往能够产生较好的效果。

5. 简述当前我国中小学教学评价改革呈现的发展趋势。（见2010年安徽师范大学真题）

三、分析论述题

1. 试述影响课程发展的基本因素。

【答】（1）学科的逻辑，即学科自身知识、概念系统的顺序。知识自身是有逻辑的，这些逻辑结构影响着课程的编制与发展。

（2）学生的心理发展逻辑，即学生心理发展的先后顺序、不平衡性和差异性等。课程是要学生掌握并促进其身心健康发展的，所以就必须是学生能够接受的，适合学生身心发展需要的。

（3）社会的要求，如经济、政治、职业的要求等。它们对课程的设置，课程的内容有着不同程度的影响，学校课程是这些社会因素综合作用的结果。

2. 如何选择和运用教学模式？

【答】教学模式建立在教学目标分析、教学内容分析、学习者特征分析等基础之上，决定了教学过程、教学资源的选择与使用形式等。它不仅贯穿了整个教学设计环节，而且是体现教育思想、教学理念的主要形式，不同的教育理念会产生不同的教学模式，实施不同的教学模式和教学策略会产生不同的教学效果，因此它是整个教学设计中的核心环节。

在选择教学模式时，教师要重点考虑以下问题：

（1）教学目标。在选择教学模式时，必须考虑教学目标的具体要求。

（2）学习过程的复杂性。在选择教学模式时，要根据学习过程的复杂程度来选择教学模式。

（3）学生的特点。教学模式必须符合学生的认知发展水平。

（4）各种教学模式对教学资源、教学环境等客观条件的要求。

四、综合提高题

你对班级授课制有哪些认识？（见2014年重庆师范大学真题+2020年北京师范大学真题）

2018年聊城大学333教育综合真题·凯程详解

一、名词解释

1. 课程标准（见2015年北京师范大学真题）

2. 德育（狭义）（见2018年西北师范大学真题）

3. 启发性教学原则

【答】启发性教学原则反映了学生的认识规律。教师要对学生进行启发，而不是告诉学生现成的答案，注意调动学生的主动性，促使学生在教师的引导下积极思考，自觉地掌握科学知识，提高学生分析问题和解决问题的能力。

4. "性善论"

【答】"性善论"是孟子的教育主张，他认为人生来就拥有"善端"，且提出"人人皆可为尧舜"，体现了人性本质上的平等性。孟子从人性论上肯定了每个人发展的可能性。教育对个人的作用是扩充"善性"。"善"的习得依靠教育，教育的作用有两方面：一是"存心养性"；二是"求放心"，寻求失落、放任的心灵，恢复善良本性，找回丧失的"善端"。

5. "五育"并举的教育方针（见2011年东北师范大学真题）

6. 自我效能感（见2014年华东师范大学真题）

二、简答题

1. 简述教育的构成要素及其相互关系。（见2015年北京师范大学真题）

2. 简述孔子的主要教学思想。（见2012年北京师范大学真题）

3. 简述赫尔巴特的教学阶段理论。（见2017年东北师范大学真题）

4. 简述建构主义学习理论的主要观点。（见2013年华东师范大学真题）

三、分析论述题

1. 结合你的基础教育经历，谈谈现实基础教育中存在的问题，并分析论述针对问题如何进行改革。（见2014年广西师范大学真题）

2. 结合实际，分析论述在教育过程中如何处理直接经验与间接经验之间的关系。（见2014年华中师范大学真题）

3. 结合实际，分析论述如何在课堂教学中有效激发学生的内部动机。（见2012年华东师范大学真题）

4. 论述杜威教育思想的主要内容及对当前我国基础教育改革的启示。（见2011年北京师范大学+2016年安徽师范大学真题）

2019年聊城大学333教育综合真题·凯程详解

一、名词解释

1. 教育目的（见2015年北京师范大学真题）

2. 教学原则（见2013年哈尔滨师范大学真题）

3. **义务教育**（见 2012 年东北师范大学真题）

4. **分科课程**（见 2017 年华东师范大学真题）

5. **"四书五经"**（见 2014 年曲阜师范大学真题）

6. **最近发展区**（见 2011 年北京师范大学真题）

二、简答题

1. **简述原始教育的特点。**（见 2014 年西南大学真题）

2. **简述德育目的的考察因素。**

【答】（1）青少年思想品德形成、发展的规律及心理特征；（2）国家的教育方针和教育目的；（3）民族文化及道德传统；（4）时代与社会的发展需要。

3. **简述学制改革的趋势。**（见 2011 年南京师范大学真题）

4. **简述皮亚杰的认知发展。**（见 2012 年东北师范大学真题）

三、分析论述题

1. **论述环境对人的影响。**（见 2019 年山东师范大学真题）

2. **论述斯巴达教育与雅典教育的不同。**（见 2019 年东北师范大学真题）

3. **论述孟子与荀子的教育思想的异同。**（见 2014 年山东师范大学真题）

4. **论述班杜拉的社会学习理论及教学启示。**

【答】（1）班杜拉的社会学习理论。（见 2013 年哈尔滨师范大学真题）

（2）启示：

①班杜拉的社会学习理论提出榜样具有替代性强化的作用，这使人们对榜样在儿童品德教育中的重要性有了更进一步的认识。教育者应该要求自己的行为举止合乎道德规范，不仅注意言传，而且应该注意身教，使儿童的身心健康成长。另外，我们从班杜拉的实验中也看到年幼幼儿童易于模仿地位高的人（如父母、教师、英雄模范人物），模仿受奖行为比受惩行为的可能性更大，敌对的攻击性行为最容易被模仿，因此电视、电影中提供过多攻击性场面，是不利于儿童健康发展的，教师与家长也应该加强指导，以免儿童模仿与社会道德相悖的思想和行为。

②班杜拉的社会学习理论对我们有效地传授知识、培养技能也有启发作用。例如，教学中教师认真做好示范，突出知识技能的主要特征，吸引学生的注意，提供详细的言语解释，使学生建立良好的表象系统和符号编码。在学生运用知识或具体操作过程中，教师要及时进行指导，纠正或改正学生的错误，并调动学生的自主性，使之通过自我调节来改进自己的学习。

2020 年聊城大学 333 教育综合真题·凯程详解

一、名词解释

1. **隐性课程**（见 2018 年北京师范大学真题）

2. **班级授课制**（见 2016 年北京师范大学真题）

3. **骑士教育**（见 2010 年华东师范大学真题）

4. **小先生制**（见 2019 年浙江师范大学真题）

5. **皮格马利翁效应**（见 2012 年首都师范大学真题）

二、简答题

1. **简述人的身心发展的一般规律。**（见 2010 年华中师范大学真题）

2. **简述人文主义的特征。**（见 2011 年华东师范大学真题）

3. **简述孔子关于教学的方法及启示。**（见 2013 年东北师范大学真题）

4. **简述行为不良的矫正。**（见 2012 年华南师范大学真题）

三、分析论述题

1. 论述孔子"庶、富、教"的启示。（见2013年苏州大学真题）

2. 论述陈鹤琴的"活教育"思想及启示。（见2015年北京师范大学真题+2017年东北师范大学真题）

3. 论述杜威关于"什么是教育"的观点及启示。

【答】（1）杜威关于教育本质的观点。（见2018年东北师范大学真题）

（2）杜威关于教育本质的启示：①教育要密切关注儿童的成长和发展，教育的任务是开展教育活动以满足儿童多样化的需要，使他们具有充分的自信和坚持发展的能力；②教育要充分尊重儿童的本能和兴趣，学校的课程设置、课程教学、教学方法以及一切教育活动，都应该服从于儿童的兴趣需要；③教育要与儿童的生活紧密联系，脱离了儿童生活的教育，不但不能激发儿童掌握知识的兴趣，反而会让他们的创新精神和创造能力受到压抑；④教育要与儿童当下生活与未来生活进行融合，只有让学生体验学习的快乐，才能激励他去积极生活，创造美好的未来生活；⑤加强课程与学生实际经验及社会生活的联系，既要注意学生现在与未来生活的需要，又要与学生生活保持适当距离，以利于学生的发展；⑥注重活动教学，改变传统教育忽视生活经验的做法。

4. 论述科尔伯格的道德理论和启示。（见2013年华东师范大学真题）

2021年聊城大学333教育综合真题·凯程详解

一、名词解释

1. 教育制度（见2012年华东师范大学真题）

2. 分科课程（见2017年华东师范大学真题）

3. 苏格拉底法（见2011年北京师范大学真题）

4. 实验教育学（见2013年首都师范大学真题）

5. 《学记》（见2013年东北师范大学真题）

6. 观察学习（见2019年北京师范大学真题）

二、简答题

1. 简述生产力对教育的影响和制约。（见2021年东北师范大学真题）

2. 简述朱子读书法的主要内容。（见2016年华东师范大学真题）

3. 简述要素主义教育思想。（见2016年华东师范大学真题）

4. 简述加涅根据学习结果不同对学习进行的分类。（见2021年内蒙古师范大学真题）

三、分析论述题

1. 举例论述中小学常见的德育原则。（见2011年湖南师范大学真题）

2. 论述陶行知的乡村教育理论及当代启示。（见2014年北京师范大学真题）

3. 论述裴斯泰洛齐的教育心理学化及当代启示。（见2016年湖南师范大学真题）

4. 试述如何培养学生的学习动机。（见2012年华东师范大学真题）

2022年聊城大学333教育综合真题·凯程详解

一、名词解释

1. 美育（见2010年东北师范大学真题）

2. 研究性学习（见2012年陕西师范大学真题）

3. 相对性评价（见2018年辽宁师范大学真题）

4. 恩物（见2012年北京师范大学真题）

5. 精细加工策略（见2016年东北师范大学真题）

6. 永恒主义（见2014年安徽师范大学真题）

二、简答题

1.简述世界各国课程改革的趋势。（见2017年浙江师范大学真题）

2.简述晏阳初开展乡村教育的经验。（见2017年湖南师范大学真题）

3.简述新时代教师应具备的素养。（见2014年北京师范大学真题）

三、分析论述题

1.论述传授/接受教学与问题/探究教学的优点与局限。（见2016年南京师范大学真题）

2.论述苏霍姆林斯基全面和谐发展的思想及其影响。（见2016年北京师范大学真题+2018年沈阳师范大学真题）

3.结合自身经历和认识谈谈性别差异，如何针对学生的性别差异进行教育？（见2015年宁波大学真题）

4.论述陈鹤琴的"活教育"思想及当代价值启示。（见2015年北京师范大学真题+2017年东北师范大学真题）

鲁东大学

2011年鲁东大学333教育综合真题·凯程详解

一、名词解释

1.**课程设计**（见2016年上海师范大学真题）

2.**学校教育制度**（见2019年北京师范大学真题）

3.**班级授课制**（见2016年北京师范大学真题）

4.**"大丈夫"**

【答】（1）简介：孟子提出了"大丈夫"的理想人格，丰富了中国古代的精神境界。

（2）含义：①孟子对"大丈夫"的理想人格的描绘为"富贵不能淫，贫贱不能移，威武不能屈"。②"大丈夫"有高尚的气节。他们决不向权势低头，决不无原则地顺从。③"大丈夫"有崇高的精神境界——"浩然之气"。

（3）培养途径：持志养气、动心忍性、存心养性、反求诸己，主要靠内心修养。

5.**《国防教育法》**（见2010年湖南师范大学真题）

6.**学习迁移**（见2011年湖南师范大学真题）

二、简答题

1.简要分析教学过程的性质。（见2013年陕西师范大学真题）

2.简述教育的政治功能。（见2012年北京师范大学真题）

3.简述"五育"并举的教育方针。（见2016年华东师范大学真题）

4.简述实验教学的主要观点。（见2019年北京师范大学真题）

三、论述题

1.论述对新课程改革目标的理解。（见2017年东北师范大学真题）

2.论述科举制的影响。（见2019年华中师范大学真题）

3.论述杜威教育思想的影响。（见2011年北京师范大学真题）

4.论述建构主义学习理论及其对教学的启示。（见2019年华中师范大学真题）

2012 年鲁东大学 333 教育综合真题·凯程详解

一、名词解释

1. 教育目的（见2015年北京师范大学真题）
2. 课程标准（见2015年北京师范大学真题）
3. 教学（见2013年陕西师范大学真题）
4. 德育（见2015年华南师范大学真题）
5. 学习策略（见2015年北京师范大学真题）
6. 自我效能感（见2014年华东师范大学真题）

二、简答题

1. 简述陶行知的"教学做合一"。（见2014年北京师范大学真题）
2. 简述文艺复兴时期的人文主义教育特点。（见2011年华东师范大学真题）
3. 简述在学校如何激发和维持学生的内在动机。（见2012年华东师范大学真题）
4. 简述如何运用记忆规律促进知识的保持。（见2018年广西师范大学真题）

三、论述题

1. 新一轮课程改革的具体目标有哪些？结合实际，谈谈现在与目标之间的距离。
【答】（1）新一轮课程改革的具体目标。（见2017年东北师范大学真题）
（2）差距：①在课程目标方面，现在仍是过于注重知识传授，学生还是被动地接受，距离实现三维目标还有一段差距；②在课程结构方面，仍然过于注重学科本位，学生学的科目较多，课程综合性不强；③在课程内容方面，注重书本知识，忽略学生的学习兴趣和经验，没有树立学生生活观；④在课程实施方面，仍以接受学习、死记硬背、机械训练为主，没有树立自主学习观；⑤在课程评价方面，过于强调教学评价的甄别与选拔的功能，没能树立发展评价观；⑥在课程管理方面，缺乏校本课程，没有树立校本发展观。
2. 结合当前教育管理现状，谈谈学校管理趋势。（见2020年华东师范大学真题）
3. 论述孔子的教学方法及其启示。（见2012年东北师范大学真题+2013年东北师范大学真题）
4. 论述杜威对教育本质的认识及启示。（见2018年东北师范大学真题+2020年聊城大学真题）

2013 年鲁东大学 333 教育综合真题·凯程详解

一、名词解释

1. 教育制度（见2012年华东师范大学真题）
2. 教学的发展性原则（见2019年华中师范大学真题）
3. 课程（见2019年北京师范大学真题）
4. 德育方法（见2012年扬州大学真题）
5. 苏湖教法（见2014年北京师范大学真题）
6. 生活教育（见2012年北京师范大学真题）

二、简答题

1. 简述布鲁纳的认知发现理论。（见2016年广西师范大学真题）
2. 简述卢梭的自然教育思想。（见2012年华东师范大学真题）
3. 简述班主任工作的内容和方法。（见2012年西南大学真题）
4. 简述教育和文化的关系。（见2013年天津师范大学真题）

三、论述题

1. 结合当前实际，谈谈对提高教师素养的认识。（见2020年华东师范大学真题）
2. 论述墨家教育思想的当代启示。（见2016年湖南师范大学真题）

3.论述马卡连柯的教育思想。（见 2018 年江西师范大学真题）

4.论述心理健康教育的途径。（见 2015 年华中师范大学真题）

2014 年鲁东大学 333 教育综合真题·凯程详解

一、名词解释

1.教学（见 2013 年陕西师范大学真题）

2.德育原则（见 2018 年天津师范大学真题）

3.学在官府（见 2017 年华中师范大学真题）

4.学习策略（见 2015 年北京师范大学真题）

二、简答题

1.简述世界各国课程改革的发展趋势。（见 2017 年浙江师范大学真题）

2.简述德育过程的规律。（见 2019 年北京师范大学真题）

3.简述王守仁的儿童教育思想。（见 2016 年北京师范大学真题）

4.简述杜威的教育本质观。（见 2018 年东北师范大学真题）

三、论述题

1.论述建构主义理论对当今课程改革的启示。（见 2012 年西北师范大学真题）

2.论述赫尔巴特的教育思想。（见 2015 年北京师范大学真题）

2015 年鲁东大学 333 教育综合真题·凯程详解

一、名词解释

1.道尔顿制（见 2011 年北京师范大学真题）

2.恩物（见 2012 年北京师范大学真题）

3.学制（见 2019 年北京师范大学真题）

4.苏格拉底法（见 2011 年北京师范大学真题）

5.学习动机（见 2013 年北京师范大学真题）

6.观察学习（见 2019 年北京师范大学真题）

二、简答题

1.简述教育的经济功能。（见 2019 年华东师范大学真题）

2.简述马卡连柯集体教育的主要理论。（见 2010 年陕西师范大学真题）

3.简述 1958 年《国防教育法》的主要内容。（见 2014 年华东师范大学真题）

4.简述启发性原则的含义及基本要求。（见 2012 年北京师范大学真题）

三、论述题

1.论述人的发展规律及教育的意义。（见 2010 年华中师范大学真题）

2.论述洋务运动中的教育革新。（见 2013 年湖南师范大学真题）

3.如何激发和维持学习动机?（见 2012 年华东师范大学真题）

4.论述基础教育课程改革的目标。（见 2017 年东北师范大学真题）

2016年鲁东大学 333 教育综合真题·凯程详解

一、名词解释

1. 分组教学制（见 2011 年华中师范大学真题）
2. 因材施教（见 2010 年东北师范大学真题）
3. 要素主义（见 2017 年华东师范大学真题）
4. 自我效能感（见 2014 年华东师范大学真题）
5. 苏格拉底法（见 2011 年北京师范大学真题）
6. 元认知（见 2010 年华中师范大学真题）

二、简答题

1. 简述夸美纽斯对教育作用的理解。

【答】（1）教育对社会的作用：教育是改造社会、建设国家的手段。

（2）教育对个人的作用：夸美纽斯高度评价教育对人的作用，他认为只要接受合理的教育，任何人的智力都能够得到发展，不同等级的人接受教育的目的是不一样的。

（3）教育对宗教的作用：教育对宗教有很大的作用，教育是"人类得救的主要手段"。但这一说法有局限性，夸大了教育的作用。

2. 简述罗杰斯的学生中心教学观。（见 2017 年华中师范大学真题）
3. 简述昆体良的教学理论思想。（见 2018 年辽宁师范大学真题）
4. 简述循序渐进原则的含义及要求。（见 2016 年南京师范大学真题）

三、论述题

1. 论述教学评价应该遵循的原则以及中小学教学评价的发展方向。

【答】（1）教学评价的原则。（见 2011 年陕西师范大学真题）

（2）中小学教学评价的发展方向。（见 2012 年首都师范大学真题）

2. 论述科举制的影响。（见 2019 年华中师范大学真题）
3. 结合问题解决相关理论，谈谈如何培养学生的创新思维。（见 2011 年北京师范大学真题）
4. 结合人的发展规律，谈谈当前教育的不足之处。

【答】（1）针对学生的认知和能力的发展，存在揠苗助长现象。人的身心发展应该遵循顺序性，即身心发展是一个由低级到高级、简单到复杂、量变到质变的连续不断的发展过程。这一规律要求教育工作要循序渐进地进行。但是当前存在让儿童过早接触知识和习题的现象，违背了教学的顺序性原则，对儿童发展产生消极影响。

（2）在教育教学内容和方法的选择上存在"一刀切"现象。人的身心发展具有阶段性规律。阶段性是指个体在不同的年龄阶段表现出不同的总体特征及主要矛盾，面临着不同的发展任务。这就意味着教育工作必须根据不同年龄阶段的特点分阶段进行，不能"一刀切"。与此同时，还应注意各年龄阶段之间的衔接和过渡。目前小学到初中，初中到高中等不同学段之间的衔接仍旧需要完善。

（3）当前教育形势不利于学生个性发展。人的身心发展具有差异性，即指个体之间的身心发展以及个体身心发展的不同方面之间，存在着程度和速度的不同。每个儿童的发展方向不同，发展速度也不同，有的少年得志，有的则大器晚成。当前教育对学生的要求过于统一，忽略了学生发展的差异性，不能很好地做到因材施教。只有尊重个体差异，有的放矢地实施教育工作，才能使每个学生都得到最大限度的发展。

2017年鲁东大学 333 教育综合真题·凯程详解

一、名词解释

1. 教学计划

【答】教学计划又称课程计划，是根据学校的培养目标和教育任务，由政府主管部门制定的对学校教育教学工作进行全面安排和规划的指导性文件。

2.泛智论（见2010年陕西师范大学真题）

3.形成性评价（见2013年华中师范大学真题）

4.卢梭的自然教育（见2013年陕西师范大学真题）

5.学习策略（见2015年北京师范大学真题）

6.需要层次理论

【答】马斯洛认为人类有七种基本需要，即生理的需要、安全的需要、归属与爱的需要、尊重的需要、求知与理解的需要、审美的需要和自我实现的需要。前四种属于缺失需要，一旦缺失需要满足，其强度就会下降；后三种属于成长需要，其特点在于永不满足。

二、简答题

1.简述教师劳动的特点。（见2015年东北师范大学真题）

2.简述洛克的绅士教育。（见2012年上海师范大学真题）

3.简述孟子的"大丈夫"。（见2016年内蒙古师范大学真题）

4.简述苏格拉底法。（见2013年东北师范大学真题）

三、论述题

1.论述个人本位论和社会本位论。（见2010年北京师范大学真题）

2.论述学习迁移的方法及培养。（见2014年北京师范大学真题）

3.论述书院的特点及影响。（见2013年华东师范大学真题）

4.论述学生主体和教师主导的关系。（见2010年北京师范大学真题）

2018年鲁东大学333教育综合真题·凯程详解

一、名词解释

1.《大学》（见2019年华中师范大学真题）

2."四大教育"

【答】（1）简介：晏阳初早期开展平民教育运动时，认为中国的大患是民众的愚、贫、弱、私"四大病"，主张通过"四大教育"来解决这些问题。

（2）主要内容：①以文艺教育攻愚，培养知识力。从文字教育入手，使人民认识基本文字，首要的工作是除净青年文盲。②以生计教育攻贫，培养生产力。③以卫生教育攻弱，培养强健力。注重大众卫生和健康，及科学医药的设施，建立医疗保健体系。④以公民教育攻私，培养团结力。使农民有最基本的公民常识、政治道德，以立地方自治的基础，培养公共心与团结力。在这"四大教育"中，公民教育最为根本。

3.学制（见2019年北京师范大学真题）

4.桑代克的联结说

【答】（1）内容。①学习的实质：桑代克把动物和人类的学习过程定义为刺激与反应（S—R）之间的联结，认为知识和技能的获得必须经过"盲目地尝试—错误—再尝试"这样一个过程。②一定的联结需要通过试误建立，并遵循一定的规律，不需要以观念为中介。为此，他提出了学习的三大定律：准备律、练习律、效果律。

（2）评价。"联结—试误说"是教育心理学史上第一个比较完整的学习理论。它有利于确立学习在教育心理学理论体系中的核心地位，从而有利于教育心理学学科体系的建立，试误也是解决问题的一个途径和方法，试误的方法在教学中被普遍推广。

5.《理想国》（见2010年东北师范大学真题）

6.泰勒原理（见2017年南京师范大学真题）

二、简答题

1.简述德育过程的基本规律。（见2019年北京师范大学真题）

2.简述多元智能理论。（见2019年华东师范大学真题）

3.简述我国教育目的的基本精神。（见2012年北京师范大学真题）

4.简述遗传在人的发展中的作用。（见2011年陕西师范大学真题）

三、论述题

1.论述孔子的教师观及现代价值。

【答】（1）孔子教师观的内容。（见2018年华中师范大学真题）

（2）孔子教师观的现代价值：

①教师应拥有崇高的思想道德修养。这一点主要体现在以身作则和爱护学生上。孔子把"有言之教"和"无言之教"结合起来，且更强调"无言之教"。他要求教师不只是用语言去教诲学生，更要用模范行为去感化学生。当前教育越来越提倡师生之间平等互爱的和谐关系，无论是在教学过程中还是在平时的相处过程中，都应注意尊重学生、倾听学生。教师是社会文化道德的维系者和代表者。因此，对教师的职业要求更多地体现在道德素质上，强调教师对学生的人格感化和道德示范作用。

②教师应该具备过硬的专业素养。这一点可以体现为学而不厌和温故知新两个方面。在倡导终身教育、终身学习的今天，教育工作者应培养学生自主学习、学会学习、终身学习的意识和能力，成为一个终身学习的教师。只有这样，教师才能够时刻跟进时代的步伐，时刻为学生提供与时俱进的知识和思想。

③教师应有高超的教育艺术。这一点主要体现为诲人不倦和教学相长两方面。诲人不倦更多的是一种教育信仰和教育能力，例如，教师能否耐心解答学生提出的问题以及教师是否能以充沛的精力和毅力来面对教育事业中遇到的问题。同时，教学相长也很重要。在教育教学的过程中，教师和学生之间拥有着相互促进、相互进步的关系，教师不应持有高高在上的态度，而应该时刻注意学生新奇的想法，从学生身上学到新的东西。

2.论述元认知策略及其教学。（见2014年华东师范大学真题）

3.论述永恒主义的观点及其现代价值。

【答】（1）永恒主义的基本观点。（见2010年华东师范大学真题）

（2）永恒主义的观点的现代价值：

①永恒主义教育本质的现代价值：永恒主义的观点看到了人的发展的重要性。它看到了每一个民族，每一个国家都有其独特的精神文化内涵，它是推动该民族不断进步和创建新文明的精神支撑。在我们强调教育的现代化，加速自然科学知识、新科技信息向教育融入和渗透的同时，应当能够坚持人文精神，即保持一种永恒理性。

②永恒主义教育目的的现代价值：永恒主义者认为教育的目的不是培养适应社会生活的人，而是要培养永恒的理性。一个人性得到充分发展的人，面对迅速变化的社会，能以不变应万变，进而控制环境，使环境变得更加人性化。当前教育如果只着眼于"经济人"的培养，而忽视人的道德和审美等方面的发展，那么培养出的人才终将背离社会主义建设者和接班人的目的。

③永恒主义课程的现代价值：永恒主义倡导的是一种"永恒课程"，认为学习"永恒课程"，学生可以培养理性和养成独立思考的习惯。当今教育对是否继承传统文化的问题颇有争议，从永恒主义观点来看，教育需要继承挖掘优秀的文化遗产和思想，并赋予其新意，同时加以改造和利用，以此来推动当今文明的建设和创造。

4.结合当前深化教育改革，论述掌握知识和发展智力之间的关系。（见2012年东北师范大学真题）

2019年鲁东大学333教育综合真题·凯程详解

一、名词解释

1.教育（见2014年北京师范大学真题）

2.先行组织者（见2010年北京师范大学真题）

3.形成性评价（见2013年华中师范大学真题）

4.产婆术（见2011年北京师范大学真题）

5.教育公平

【答】教育公平是指国家对教育资源进行配置时所依据的合理性的规范或原则。这里所说的合理是指要符合社会整体的发展和稳定，符合社会成员的个体发展和需要，并从两者的辩证关系出发来统一配置教育资源。

二、简答题

1.简述教师享有的专业权利。（见2015年天津师范大学真题）

2.简述教育的文化功能。（见 2016 年北京师范大学真题）

3.简述杜威的教育本质论。（见 2018 年东北师范大学真题）

4.简述孔子的教学方法思想。（见 2013 年东北师范大学真题）

5.简述建构主义学习理论的基本观点。（见 2013 年华东师范大学真题）

三、论述题

1.结合实际，阐述如何培养学生问题解决的能力。（见 2010 年华中师范大学真题）

2.论述蔡元培的教育实践与思想。（见 2011 年北京师范大学真题 +2013 年北京师范大学真题）

3.论述赫尔巴特的道德教育理论。（见 2012 年华南师范大学真题）

4.我国学生发展核心素养包括哪些内容？并结合当时的教育现状论述培养学生核心素养的思路和举措。（见 2022 年西北师范大学真题）

2020 年鲁东大学 333 教育综合真题·凯程详解

一、名词解释

1.教育（见 2014 年北京师范大学真题）

2.课程标准（见 2015 年北京师范大学真题）

3.《理想国》（见 2010 年东北师范大学真题）

4.教学策略（见 2017 年首都师范大学真题）

5.书院（见 2017 年东北师范大学真题）

二、简答题

1.简述人文主义教育的特点。（见 2011 年华东师范大学真题）

2.简述《师说》中的教师观。（见 2018 年北京师范大学真题）

3.简述皮亚杰的认知发展阶段理论。（见 2012 年东北师范大学真题）

4.简述教学过程的性质。（见 2013 年陕西师范大学真题）

5.简述影响人发展的因素。（见 2015 年北京师范大学真题）

三、论述题

1.论述建构主义学习理论及其对教育改革的启示。（见 2012 年西北师范大学真题）

2.论述德育过程是知、情、意、行的过程。（见 2015 年北京师范大学真题）

3.论述培养班集体的方法。（见 2014 年华东师范大学真题）

4.论述杜威"教育即生活"和陶行知"生活即教育"的比较以及启示。

【答】（1）二者比较。（见 2021 年山西师范大学真题）

（2）启示：

①从杜威的"教育即生活"的思想中我们可以看到他所重视的学校教育是与生活紧密相连的。他反对以教师、书本和课堂为中心的传统教育，主张以生活化的活动教学代替传统的课堂讲授，以学生的亲身经验代替书本知识，以学生的主动活动代替教师主导。这些无疑给我们当今学校教学很大的启示。怎样恰如其分地把学生的直接经验运用到教学中，如何让学生以积极的态度和极大的热情投入到各式各样的社会活动中等一系列问题层出不穷，因此我们必须从另一个方向出发，去寻找适合学生自身的道路，让学校教学因融入生活而显得生动完美。

②陶行知的"生活即教育"强调教育以生活为中心，反对传统教育脱离生活，远离实际，而以书本为中心的错误指向。而在现代教育中，正是缺乏积极开阔的生活气息。教学应该将学生的学习与生活相结合，让他们在生活的世界中去发现、探求，才能最大限度地激发起他们的兴趣和好奇心，才能使以文字为中心的教科书变得有趣、生动。让生硬僵化的课本内容跃然纸上，让学生以他们自己独特的视角去探索教材当中的世界。

2021年鲁东大学333教育综合真题·凯程详解

一、名词解释

1. 小先生制（见2019年浙江师范大学真题）

2.《中庸》

【答】（1）含义：《中庸》是《礼记》中的一篇，"四书"之一，是儒家思孟学派的作品。它主要阐述了先秦儒家的人生哲学和修养问题，提出了"中庸之道"。与《大学》互为阐发，具有较强的理论色彩和思辨性，后世儒学尤其是理学的许多概念和方法论都出于此。

（2）评价：《中庸》既是世界观也是方法论，是一种道德修养、为人处世的准则与方法；提出了对后世有影响力的为学顺序。《中庸》思想的局限性在于其具有保守性、缺乏锐气，对中国人的民族性格影响巨大。

3. 课程目标（见2010年哈尔滨师范大学真题）

4. 设计教学法（见2015年华东师范大学真题）

5. 美育（见2010年东北师范大学真题）

6. 元认知策略（见2011年北京师范大学真题）

二、简答题

1. 简述教育与文化的关系。（见2013年天津师范大学真题）

2. 简述教学评价的原则。（见2011年陕西师范大学真题）

3. 简述明代明治维新当中的教育思想。（见2019年华南师范大学真题）

4. 简述孔子的教育思想及其历史影响。（见2012年北京师范大学真题+2015年陕西师范大学真题）

三、论述题

1. 论述布鲁纳认知发现说的内容。（见2016年广西师范大学真题）

2. 论述赫尔巴特课程论的内容及启示。（见2015年北京师范大学真题+2018年陕西师范大学真题）

3. 结合白鹿洞书院，论述我国书院的特点及意义。（见2017年华中师范大学真题）

4. 论述在人工智能背景下教师角色的转换。（见2015年华东师范大学真题）

2022年鲁东大学333教育综合真题·凯程详解

一、名词解释

1. 综合课程（见2012年华东师范大学真题）

2. 教育性教学（见2013年天津师范大学真题）

3. 稷下学宫（见2020年北京师范大学真题）

4. 终结性评价（见2016年苏州大学真题）

5. 技能（见2011年华中师范大学真题）

6. 教学（见2013年陕西师范大学真题）

二、简答题

1. 简述教师活动复杂性的原因。（见2015年东北师范大学真题）

2. 简述颜之推的家庭教育观。（见2013年哈尔滨师范大学真题）

3. 简述孔子的教师观。（见2018年华中师范大学真题）

4. 简述教师与学生良好关系的特征。（见2018年首都师范大学真题）

三、论述题

1. 论述要素主义的观点以及现实意义。（见2016年华东师范大学真题）

2.如何理解"学高为师"和"身正为范",结合实际并举例说明。

【答】"学高为师""身正为范"是著名教育家陶行知先生的名句。陶行知先生是这么说的,也是这么做的,他毕生致力于大众教育事业,一生中他处处以身作则,做学生的楷模。他为自己定下的师德标准,即"科学的头脑、农民的身手、改革社会的精神"。陶行知先生一生以身立教,辛勤耕耘,培育桃李,为人民的教育事业作出了巨大贡献。

(1)对"学高为师"的理解:

①教师要具有宽厚的文化素养:教师的主要任务是通过向学生传授科学文化知识,培养其能力,促进学生个性生动活泼地发展。教师要能够对自己所教的专业融会贯通,能从整体上把握,这样才能深入浅出、高瞻远瞩,达到运用自如的境界。

②教师要有专门的教育素养:

a.教育理论素养。教育理论素养指教师对教育科学基本理论知识的掌握,能恰当地运用教育学、心理学的基本概念、范畴、原理处理教育教学中的各种问题。

b.教育能力素养。教育能力素养指保证教师顺利完成教育、教学任务的基本操作能力。具体包括以下几种能力:课程开发能力、良好的语言表达能力、组织与引导教学的能力、机智地应变与创新能力。

c.教育研究素养。一线教师既有资格也有条件进行教育科学研究,尤其是他们从事的教育或教学研究,教师应富有问题意识、反思能力,善于总结工作中的经验与教训,创造性地解决或改进各种教育问题。

(2)对"身正为范"的理解:示范性是教师劳动最突出的特点。教师劳动与其他劳动最大的一个不同点就在于教师主要是用自己的思想、学识和言行,通过示范的方式直接影响教育对象。

①热爱教育事业,富有献身精神和人文精神。热爱教育事业是搞好教育工作的基本前提。这种献身精神来源于教师高尚的职业理想和坚定的职业信念,发自内心地愿把自己的全部心血灌注在培养下一代上。

②热爱学生,诲人不倦。热爱学生是教师的天职,是教育好学生的重要条件。教师只有热爱学生,才能教育好学生,才能使教育发挥最大限度的作用。

③热爱集体,团结协作。一个学生的成才是教师群体的智慧和共同劳动的结晶。因此,教师之间、教职员工之间应该相互尊重,团结协作,步调一致地教育学生,最大效度地发挥集体的教育力量。

④严于律己,为人师表。教师为人师表,必须以身作则,严于律己。凡是要求学生做到的,教师首先要做到;凡是要求学生不能做的,教师首先要自律。教师只有以身作则,才能树立威信,受到学生的尊敬。

3.结合实际说明影响问题解决的因素。(见2017年陕西师范大学真题)

4.结合实际并举例说明教育与文化的关系。(见2013年天津师范大学真题)

新疆师范大学

2010年新疆师范大学 333 教育综合真题·凯程详解

一、名词解释

1.《理想国》(见2010年东北师范大学真题)

2.终身教育(见2011年华东师范大学真题)

3.《论语》(见2010年东北师范大学真题)

4.蔡元培(见2010年东北师范大学真题)

5.美育(见2010年东北师范大学真题)

6.因材施教(见2010年东北师范大学真题)

二、简答题

1. 简要介绍几种主要的动机理论。（见2010年东北师范大学真题）
2. 简要回答全面发展教育的组成部分及其各自的地位和作用。（见2010年东北师范大学真题）
3. 简要回答影响人身心发展的因素及其各自的地位和作用。（见2015年北京师范大学真题）

三、论述题

1. 什么是创造性？如何对学生的创造性进行培养？（见2011年北京师范大学真题）
2. 试分析陶行知的生活教育思想及其当代价值。（见2014年北京师范大学真题）
3. 述评20世纪60年代美国的课程改革。（见2010年东北师范大学真题）

2012年新疆师范大学333教育综合真题·凯程详解

一、名词解释

1. 课程标准（见2015年北京师范大学真题）
2. 义务教育（见2012年东北师范大学真题）
3. 学而优则仕（见2012年东北师范大学真题）
4. 苏格拉底法（见2011年北京师范大学真题）
5. 生活教育（见2012年北京师范大学真题）
6. 《学制令》（见2012年东北师范大学真题）
7. 流体智力（见2012年东北师范大学真题）
8. 先行组织者（见2010年北京师范大学真题）

二、简答题

1. 简述归因理论。（见2011年东北师范大学真题）
2. 简述中小学研究性学习的目标。（见2012年东北师范大学真题）

三、论述题

1. 论述孔子的德育论及其当代价值。（见2012年东北师范大学真题）
2. 评述终身教育思潮。（见2015年北京师范大学真题）
3. 论述皮亚杰的认知发展理论。（见2012年东北师范大学真题）
4. 论述全面发展教育各部分之间的关系。（见2010年东北师范大学真题）

2013年新疆师范大学333教育综合真题·凯程详解

一、名词解释

1. 教育目的（见2015年北京师范大学真题）
2. 教学（见2013年陕西师范大学真题）
3. 教育制度（见2012年华东师范大学真题）
4. 学校管理（见2015年北京师范大学真题）
5. 最近发展区（见2011年北京师范大学真题）
6. 精细加工策略（见2016年东北师范大学真题）

二、简答题

1. 简要回答《大学》中"三纲领八条目"的内容及其含义。（见2016年陕西师范大学真题）
2. 简述人文主义教育的主要特征。（见2011年下华东师范大学真题）

3.简述问题解决的进程。（见 2010 年山东师范大学真题）

4.简要分析罗杰斯的学习理论。（见 2017 年华中师范大学真题）

三、论述题

1.有人认为"近墨者黑"，有人认为"近墨者未必黑"，请联系相关理论和实践，谈谈你对这个问题的看法。（见 2010 年山东师范大学真题）

2.中国当前的教育不公平主要表现在哪几个方面？请你选择其中一个方面分析其产生的原因，并尝试提出解决的对策。（见 2010 年山东师范大学真题）

3.试述陶行知"生活教育"理论的主要内容。（见 2014 年北京师范大学真题）

4.试述杜威的教育本质论。（见 2018 年东北师范大学真题）

2014 年新疆师范大学 333 教育综合真题·凯程详解

一、名词解释

1.儿童中心论（见 2019 年杭州师范大学真题）

2.学制（见 2019 年北京师范大学真题）

3.赠地法案（见 2010 年华东师范大学真题）

4.教育适应自然原则（见 2019 年华中师范大学真题）

5.最近发展区（见 2011 年北京师范大学真题）

6.普雷马克原理（见 2018 年西北师范大学真题）

二、简答题

1.简述教育目的与培养目标的关系。（见 2021 年苏州大学真题）

2.简述社会主义新型师生关系。（见 2019 年陕西师范大学真题）

3.简述《学记》中的教学原则。（见 2011 年东北师范大学真题）

4.简述教学的基本任务。（见 2019 年内蒙古师范大学真题）

三、论述题

1.论述教育公平与教育效率。

【答】教育公平与教育效率是人类在发展教育事业过程中的两个最基本的目标追求与价值选择，也是教育领域的"两难"问题。教育公平是教育资源分配中质的规定性，关注教育资源配置的合理性。教育效率是教育资源分配中量的规定性，关注教育资源配置的有效性。

（1）教育公平：是教育的一种基本价值观念与准则，它与一定的社会基本制度，尤其是教育制度相联系，并以此为基准规定着社会成员所享有的基本教育权利，规定着教育资源与利益在社会成员之间的合理分配。在现代社会，教育公平包含着一些具体内容和原则：第一，它必须保证每个社会成员的受教育权，体现教育的根本宗旨（以人为本的基本理念），从最实效的意义上为教育的健康发展确立起必要的条件。第二，保证教育的机会平等，保证每个受教育者都应有大致相同的基本受教育机会。第三，公平分配义务教育后教育阶段的教育机会，满足个体进一步发展的需要和社会对各层次人才的需求。第四，补偿原则。

（2）教育效率：就是教育投入与教育产出之间的比率，它是教育投入与教育产出的比较。概括来说，它是教育投入与其所实现的目的之比。它所要说明和揭示的是在教育资源总量给定的情况下，如何使教育的收益最大化的问题，追求的是在总的教育资源固定的情形下，何种教育资源的配置方式与教育的实施能够使教育的收益最大化。

（3）教育公平与教育效率的关系：教育公平是构成一切社会平等关系的前提和基础，对和谐社会的构建具有重要作用。而教育公平又是建立在教育效率的基础之上的，如果没有教育效率，教育既不能促进社会个体的发展，也不能给社会发展带来效益。因此在教育系统内部进行教育资源再分配时，我们必须兼顾公平与效率，追求二者的最优化。

2.论述蔡元培的教育方针。（见 2016 年华东师范大学真题）

3.论述战后美国教育改革的历程。

【答】（1）20世纪50年代的《国防教育法》。1958年由美国国会颁布，是为了改变美国教育质量差的现状。

（2）20世纪60年代的《中小学教育法》。1965年由美国国会颁布，是为了解决教育机会不平等的问题。重申了黑人和白人学校合校教育政策，制定了对处境不利儿童的教育措施。

（3）20世纪70年代的"生计教育"和"返回基础"教育运动。生计教育的实质是以职业教育和劳动教育为核心的适应瞬息万变的社会的教育；"返回基础"教育运动主要是针对中小学校出现知识教学和基本技能训练薄弱的问题而言的。

（4）20世纪80年代的《国家处在危险之中：教育改革势在必行》。1983年，由美国中小学教育质量调查委员会提出，是为了提高美国中小学教育质量。

（5）20世纪90年代的《美国2000年教育战略》和《2000年目标：美国教育法》。前者为1991年制定的美国未来教育的蓝图，继续重视教育质量的提升。后者的颁布是为了提升教育质量，美国从国家到州建立了规范化的各种教育标准。

4.论述影响问题解决的因素以及如何培养问题解决能力。（见2017年陕西师范大学真题 + 2010年华中师范大学真题）

2015年新疆师范大学 333 教育综合真题·凯程详解

一、名词解释

1.**教育学**（见2011年陕西师范大学真题）

2.**发现学习**（见2017年华东师范大学真题）

3.**自然主义教育**（见2013年陕西师范大学真题）

4.**策略性知识**

【答】策略性知识指关于如何学习以及如何思维的知识，即个体运用陈述性知识和程序性知识去学习、记忆以及解决问题的一般方法和技巧。

5.**课程标准**（见2015年北京师范大学真题）

6.**苏格拉底法**（见2011年北京师范大学真题）

二、简答题

1.**简述朱子读书法。**（见2016年华东师范大学真题）

2.**简述奥苏伯尔有意义学习的实质和条件。**（见2013年北京师范大学真题）

3.**简述影响学习迁移的因素。**（见2017年北京师范大学真题）

4.**简述教育的质的规定性。**（见2020年天津师范大学真题）

三、论述题

1.**论述20世纪以后现代社会教育的总特征。**

【答】现代社会的教育包括当代社会主义社会的教育和资本主义社会的教育两种特殊形态，其特征如下：

（1）教育民主化。教育民主化是指个体享有越来越多的平等的教育机会，并受到越来越充分的以自主合作为特征的民主形式的教育，以及教育制度不断转向公正、开放、多样化演变。

（2）教育的终身化。终身教育的概念，重要的一点是教育要贯穿于人生命的始终，所以要使教育与生活密切地结合起来，它对制度化的教育提出挑战，注重人们个性发展的全面性、连续性，比传统教育更加能够显示每个人的个性。

（3）教育的全民性和普及性。全民教育思想的主要观点：①满足所有人"基本学习的需要"；②全民教育是普及教育的继续与发展；③全民教育是解决当代人类困境的基本手段；④国际联合行动，推动全民教育运动的发展。

（4）教育的主体性。主体教育思想的主要观点：①树立现代的教育本质观，明确学生是自身生活、学习和发展的主体；②现代教育过程应该是教师与学生协同活动的过程；③现代教育探索新型的教育管理模式；④应建立民主平等、相互尊重的新型师生关系。

（5）教育的创新性。①创新是知识经济时代教育的基本职能；②教育是知识创新、传播和应用的主要基础，是培育创新精神和创新人才的重要摇篮；③培养创新精神和创新能力是素质教育的重要目标；④创新教育的关键在于培养学生的创新性学习；⑤创新教育的实施原则是个性化原则。

概括而言，就是教育日益彰显其全面发展性、生产性、民主性、主体性、科学性、人文性以及终身化、全民化、多元化。这些不仅是现代教育的特征，也是未来教育发展的趋势。

2.结合新一轮课改的背景和内容，谈谈自己的观点。

【答】（1）课改背景：

①国内：我国基础教育总体水平不高，原有的基础教育课程已不能完全适应时代发展的需要。特别是在全面推进素质教育的背景下，现行基础教育课程弊端日益显现。

②国外：重视调整培养目标，强调学生的全面发展，而不仅仅关注学生的学业目标；关注人才培养模式的变化和调整，强调实现学生学习方式的变革；各国都非常重视课程内容的调整，强调精选适合学生发展和时代需要的课程内容；重视评价改革，评价方式多样化。

（2）课改内容。（见2017年东北师范大学真题）

（3）我的观点：教学应该包括知识与技能、思考、解决问题、情感与态度等几个方面。教会学生知识，教给学生方法，教给学生独立和生存的潜力应是所有教师努力的方向，学生要成为学习的主人。

3.述评杜威的教育目的，并谈谈自己的观点。（见2016年北京师范大学真题）

4.从人性论出发，对比孟子和荀子的教育主张。（见2012年江西师范大学真题）

2016年新疆师范大学333教育综合真题·凯程详解

一、名词解释

1.教育的本体功能

【答】教育的个体发展功能也称为教育的本体功能，是在教育系统内部发生的。简而言之，教育的个体发展功能包括四个方面：个体个性化功能、个体社会化功能、谋生功能和享用功能。

2.苏格拉底法（见2011年北京师范大学真题）

3.学习迁移（见2011年湖南师范大学真题）

4.有教无类（见2010年北京师范大学真题）

5.学习风格（见2019年华东师范大学真题）

6.教师专业自我

【答】教师专业自我是教师个体对自我从事教学工作的感受、接纳和肯定的心理倾向，它对教师的教学行为和教学效果具有显著的影响。

二、简答题

1.如何认识"全面发展"与"个性发展"的关系？

【答】（1）全面发展：是对含有各方面素质培养功能的整体教育的一种概括，是对为使受教育者多方面得到发展而实施培养的教育活动的总称，是由多种相互联系而又各具特点的教育所组成。关于全面发展教育的基本构成，常多以德育、智育、体育、美育作为全面发展教育的构成主体。

（2）个性发展：个性是指个体的稳定的心理特征，即个性是在遗传、环境成熟度和学习等因素的作用下，个体在需求、生活习惯、性格、能力、兴趣、价值观念等方面表现出的稳定的心理特征，不同的个体在个性的某些方面（如需求、能力等）有发展水平高低的差异。

（3）全面发展与个性发展的关系：

①全面发展和个性发展是相辅相成的。全面发展是个性发展的基础；个性发展是全面发展的核心；人的全面发展其实质是追求基本素质的全面发展，个性发展是在基本素质全面发展的基础上实现爱好特长的和谐发展。

②全面发展不等于平均发展，不等于不要个性。个性发展应符合人类基本价值准则，个性发展不等于背离集体，不等于个人主义。在教育实践中，应当在基本素质全面发展的基础上发展个性，同时以个性的和谐发展推动个体的全面发展。

2.简述奥苏伯尔的有意义学习的实质与条件。（见2013年北京师范大学真题）

3.简述德育过程的基本规律。（见2019年北京师范大学真题）

4.简述当代建构主义的学习观。（见2013年华东师范大学真题）

三、论述题

1.评析下述案例中的教育内容、教育方法和师生关系。（材料缺失，答案略）

2.从掌握知识与发展智力的关系的角度，试述在教学中如何处理二者的关系。（见2012年东北师范大学真题）

3.试述《学记》中关于教育教学原则的主张。（见2011年东北师范大学真题）

4.阐述美国进步主义教育运动的主要观点。

【答】（1）以儿童为中心的学生观。进步主义教育协会发布了改进初等教育七原则，阐述了以儿童为中心的教育观，强调儿童的自由和儿童的创造性，重视培养儿童解决问题的能力，教育的任务就是要根据儿童本能生长的不同阶段提供给他适当的材料，促进本能的表现与发展。因此，教育应该是主动的，应该与儿童的兴趣相联系。

（2）以生活为内容的课程观。杜威认为，"教育即生活，教育即生长"，生活和经验是教育的灵魂，离开了生活和经验就没有生长，也就没有教育。学校教育应该利用现有的生活情境作为其主要内容。儿童学习的内容应该是儿童自己的活动所形成的直接经验，在学校课程中，应该把各种活动形式的课程摆在突出的位置。

（3）以解决问题为方法的教学观。杜威指出教学的过程就是培养思维习惯的过程，依据思维的顺序，教师首先应给学生设置一个使其感兴趣的、真实的、经验的情境，使学生在情境内部产生真实的问题，让学生充分占有学习资料，观察问题；最后通过应用来检验学习。这种教学步骤以活动形式贯穿始终，以儿童的需要为中心。

（4）淡化权威意识的教师观。进步主义教育者反对传统教育中教师所具有的那种专断性的主导作用。教师的职务仅仅是依据较多的经验和较成熟的学识来决定怎样使儿童得到生活的训练。因此，在进步主义教育家们看来，教师的权威只能体现在他的经验和学识上，这在很大程度上淡化了传统教育中教师所具有的权威意识。

（5）强调合作精神的学校观。进步主义教育者认为，学校应该鼓励学生们合作，教师应该注意培养学生的合作精神。学校应该是一种生动的社会生活的真正形式，而不仅仅是学习功课的场所；社会是由一些循着共同的路线、具有共同的目的而活动的个人集聚在一起的。学校应该采用各种不同形式的活动作业，使儿童通过直接经验进行学习。

2017年新疆师范大学333教育综合真题·凯程详解

一、名词解释

1."三纲领八条目"（见2018年浙江师范大学真题）

2.学生的失范行为

【答】（1）分类：学生的失范行为主要表现为越轨行为与违法行为两类。①学生的越轨行为主要是指违背教育习俗、教育规章的行为，即违规、违纪行为，具体包括不诚实行为、逃学行为、欺骗行为、违纪行为等。②学生的违法行为主要是指违背教育法律以及国家其他法律、法规的行为。即普通违法行为和犯罪行为。

（2）表现：①校园暴力触目惊心，欺侮现象日渐增多；②青少年色情犯罪严重；③青少年以侵财为目的的越轨犯罪比例最高；④青少年违法违规行为的新倾向，包括吸毒、网络欺凌和不良"短信"。

3.心智技能（见2016年北京师范大学真题）

4.个人本位论（见2010年浙江师范大学真题）

5.有意义学习（见2014年华东师范大学真题）

6.学习动机（见2013年北京师范大学真题）

二、简答题

1.简述教师的职业形象。（见2014年首都师范大学真题）

2.简述进步主义对教育的影响。

【答】（1）促进了教育改革实验的进行。1896年，杜威创办芝加哥实验学校，在他的影响下许多进步教育实验以各种形式展开。19世纪末，帕克创造了"昆西教学法"，被杜威称作"进步教育之父"。之后还有其他进步教育家进行教育改革的实验。

（2）由"儿童中心"转为"社会中心"。1929年的大萧条严重影响了美国进步教育运动的发展。它使进步教育运动发生转向，此前强调儿童中心和个人的自由，此后强调学校的社会职能。

（3）美国的教育中心从初等转向中等。这种转变体现在"八年研究"（1933—1940 年，也叫"三十校实验"）上。

（4）促进了美国教育现代化的转变，影响了现代美国教育发展的方向和格局。

（5）对形成美国学校的特征产生了深远的影响，从根本上改变了美国学校和教室的气氛。

（6）促进了美国教育理论研究的发展和教育理论研究的美国化。

3. 简述维果茨基的理论对建构主义的影响。

【答】（1）维果茨基提出了文化历史理论。他认为，人的思维与智力是在活动中发展起来的，是各种活动、社会性相互作用不断内化的结果，与其他人以及语言等符号系统的这种社会性相互作用，包括教学，对发展起形成性的作用。儿童的认知发展更多地依赖于周围人的帮助，儿童的知识、思想、态度、价值观都是在与他人的交往中发展起来的。他认为，人的高级心理机能是在与社会的交互作用中发展起来的，或者说人的高级心理活动起源于社会的交互作用。

（2）社会建构主义是认知建构主义的进一步发展，是以维果茨基的思想为基础发展起来的，它主要关注学习和知识建构的社会文化机制。主要观点：①虽然知识是个体主动建构的，但这种建构需要与他人交往后调整和修正，且要受到当时社会文化因素的影响；②学习者只有借助一定的文化支持来参与某一学习共同体的实践活动，才能内化有关的知识；③学习共同体，就是由学习者及其助学者共同构成的团体，成员之间形成了一定的规范和文化；④知识建构的过程，不仅需要个体与物理环境的相互作用，更需要通过学习共同体的合作互动来完成。

因此，维果茨基的理论对建构主义有重要的影响。

4. 为促进错误观念的转变，教师应该注意哪些方面？（见 2016 年湖南师范大学真题）

三、论述题

1. 怎样使学习型学校转变为有丰富人性的学校？

【答】（1）学校教育的转变：①让学生从受到管制的生活转向自主的、创造性的生活；②给予学生充分的时间自主发展；③充分给予每个学生自主发展的空间；④要变革学校生活，还要注重学校文化环境的建设问题。

（2）学校教育要有利于学生创新精神和创新能力的激发：①正确认识创新与全面发展教育目的之间的关系，创新是人的自由活动；②正确理解创新和守旧的辩证关系，要把握创新的正确导向。

（3）学校教育要有利于学生人文精神的培育：在知识经济时代，基础教育对学生人文精神的培养旨在协调人与自然的关系、人与社会的关系和人与人的关系。这就对学校教育提出了全新的任务，即培养学生的科学精神和增强社会责任感。

2. 运用学习策略进行阐述。

【答】学习策略是指学习者为了提高学习的效果和效率，有目的、有意识地制定的有关学习过程的复杂的方案。

（1）重视学习策略。教师要有意识地教学生学会如何学习，帮助他们掌握概括化的认知策略和元认知策略。认知策略和元认知策略是可教的，教授学习策略就会促进学习迁移。

（2）合理运用时间管理策略。

①统筹安排学习时间。时间管理策略就是指学习者通过一定的方法合理安排时间，有效利用学习资源。常见的时间管理策略有：设定目标、设定学期计划、规划每周（日）活动。

②高效利用最佳时间。第一，要根据自己的生物钟安排学习活动。第二，要根据一周内学习效率的变化安排学习活动。一周之中，由于长期的双休制，人们也形成智力周期。星期一和星期五临近休息日，智力机能有下降趋势。第三，要根据一天内学习效率的变化来安排学习活动。第四，要根据自己的工作曲线安排学习活动。总之，每个人要根据自己的模式，合理安排学习内容，确保状态最佳时学习最重要的内容。

③灵活利用零碎时间。零碎时间大多是学习的低效时间，如课后、饭前饭后、等人等车、乘车乘船等。这些时间也可以加以灵活利用，可以利用零碎时间处理学习上的杂事，如读短篇、看报纸或杂志等。此外，在轻松的气氛里与人交流，有助于创造性思维的启发。

3. 论述学生在学习活动中的地位。

【答】（1）学生是受教育者，参与教育活动。教师是与受教育者在教学或教导上互动，对受教育者全面发展产生影响的专业人员。

（2）受教育者是学习的主体。其主体地位主要体现在：

①受教育者是积极主动的求知者。受教育者是一个求知的个体，是学习的主体。教育活动的实际效果归根到底必须落实到受教育者的自愿学习、自我建构、自我实现上。教育者的教育活动不能代替受教育者的发展。教育过程中要发挥教师的引导性，也要尊重学生的能动性，促使学生积极主动地参与学习。

②受教育者具有独立性、能动性、选择性和创造性。学生虽然未成年，但学生有自己的思想和看法，想有自己独立施展能力的机会与空间，教师要充分放权，让学生独立思考，独立操作，并及时激励学生。随着受教育者的学习自觉性、能力的提高和知识的不断增长，他们的能动性在教育活动中所起的作用将日益加大，逐步趋向自觉、自动、自主与自律。教师要善于激发学生的求知欲，教学要联系学生的兴趣与需要，激发学生的学习动机，这样一来，教学效果自然突出。

③受教育者缺乏技能，也不成熟，所以具有可塑性。学生是正在迅速发展的人，这种发展性还可以表现为学生具有潜能，教育的目的是要促进学生发展，激发学生潜能，而且教师要用发展的眼光看待学生。

学生之间具有差异性，因为每个学生都是独特的，也是独一无二的，教师要做到充分了解学生，做到因材施教。学生发展周期很长，心理学一般会研究和揭示学生的身心发展规律，并按照其规律把人的身心发展过程分为不同的阶段，明确每个年龄阶段的学生特点，要求教育要按照规律和年龄特点办事。

4.论述陶行知的教育理论。（见2014年北京师范大学真题）

2018年新疆师范大学333教育综合真题·凯程详解

一、名词解释

1.课程（见2019年北京师范大学真题）

2.教育制度（见2012年华东师范大学真题）

3.苏格拉底法（见2011年北京师范大学真题）

4.升斋等第法

【答】升斋等第法就是把国子学分为上、中、下三个等级和六个斋舍，学生按学习程度分别进入不同斋舍学习不同内容，依据其学业成绩和品德行为，依次递升的方法，这是宋代"三舍法"的延续与发展。

5.自我效能（见2014年华东师范大学真题）

6.错误概念（见2020年湖南师范大学真题）

二、简答题

1.简述程序性知识的教学策略。（见2018年南京师范大学真题）

2.简述陶行知的"生活即教育"理论。（见2014年北京师范大学真题）

3.简述教育的个体功能有效发挥的条件。

【答】（1）从学校内部来讲：①教育要尊重受教育者的主观能动性与身心发展规律；②学校教育需要具有一定的办学条件，如硬件设备、场所和师资等。

（2）从学校外部来讲：①家庭教育要与学校教育积极配合；②社会发展的稳定性以及社会教育与学校教育的互相配合，为学校教育营造良好的外部环境；③科技、信息对学校教育提供支持；④学生作为独立的个体，要发挥自己的主动性，一切外因只有通过内因的转化才能发挥作用。

4.简述杜威的"五步教学法"。（见2012年天津师范大学真题）

三、论述题

1.论述教育回归生活。（见2012年湖南师范大学真题）

2.案例中教育的突出问题，根据教育的定义，教师应怎么做？（材料缺失，解析略）

3.论述教师专业发展的价值取向和教师专业发展的途径。

【答】（1）教师专业发展的价值取向：

①理智取向的教师专业发展。此取向重点在于教师的专业知识基础，认为教师要进行有效教学，一要拥有学科知识；二要拥有帮助学生获得知识的知识与技能，即教育知识。

②实践—反思取向的教师专业发展。此取向重视实践，主要通过写日志、传记、构想、文献分析等方式进行单独反思，促使教师对自己的专业活动有更为深入的理解。

③生态取向的教师专业发展。教师的专业知识和技能的获得，不仅是依靠自己学习和提高，向他人学习也是

专业发展的有效途径。因此，教师专业发展最理想的方式是合作的方式。

④专家型取向的教师专业发展。专家型教师指具有丰富的关于普通教育和特殊教育的专门化的知识，能够高效率地应对各种问题，并富有职业的敏锐洞察力和创造力的全纳型教师。

⑤创新型取向的教师专业发展。创新型教师具备创新的教育观念、创新性的人格、多元化的知识结构、丰富的教学经验，能够自主创新地教学。

⑥自我更新取向的教师专业发展。既有学习型教师的自主建构，也有反思型教师的反省认知，既有专家型教师的专业结构，也有终身教育理念的学习态度。这是我国教师的较佳选择。

（2）教师专业发展的途径。（见2020年华东师范大学真题）

4.论述教育行动研究的过程。（见2019年首都师范大学真题）

2019年新疆师范大学333教育综合真题·凯程详解

一、名词解释

1.**全面发展教育**（见2019年杭州师范大学真题）

2.**教师专业自我**（见2016年新疆师范大学真题）

3.**教学相长**（见2013年四川师范大学真题）

4.**智者**（见2018年东北师范大学真题）

5.**陈述性知识**（见2017年浙江师范大学真题）

6.**角色同一性**

【答】角色同一性指对一种角色的态度与实际角色行为的一致性。人们如果清楚地认识到环境条件需要他们作出重大改变，他们就能够迅速地变换自己所扮演的角色。

二、简答题

1.**简述教育的相对独立性。**（见2010年华中师范大学真题）

2.**简述学生在教育过程中的地位。**

【答】教育过程是指在教育者和受教育者的共同参与下，运用各种教育措施实现教育目标的进程。从现代教育观点来看，完整认识学生在教育过程中的地位必须关注两个方面：

（1）学生是教育对象。一方面，学生是教育的承受者，学校教育的成果表现在学生身上，学校的使命就是培养人才，促进学生的积极发展；另一方面，学生是教育教学工作的对象，教师承担着教书育人的任务，在教育过程中起主导作用，而从学生的任务与条件来看，学生在学校的任务是学习。

（2）学生是学习的主体。学生掌握知识，发展智力，培养能力，形成良好品德，都必须通过自己的思维与实践，通过自身的思想矛盾运动才能实现。一切教育教学任务都不可能由教师单独完成。学生是教育活动的主体，发挥主观能动性。积极、主动地接受教育，实现自身的发展，才能使教育的社会目的真正得以实现。

总之，我们要完整地认识学生在教育过程中的地位，一方面，要肯定学生是教育对象，学校和教师不可松懈教育的职责，发挥其育人的主导作用。另一方面，必须强调指明学生是学习与发展的主体，充分发挥学生的主观能动性。

3.**简述支架式教学的基本思路，并举例说明如何为学习活动搭建支架。**

【答】（1）支架式教学的含义：教师或者其他助学者通过和学习者共同完成某项学习任务，为学习者提供某种外部支持，以帮助他们完成自己无法独立完成的学习任务，随着活动的进行，逐步减少外部支持，直到最后完全由学生独立完成任务为止，从而把学生的最近发展区转化为现实。

（2）支架式教学一般包括以下几个方面：①搭建支架；②将学生引入一定的问题情境；③让学生独立探索；④学生协作学习，进行小组协商、讨论；⑤对学习效果的评价。

（3）举例：在讲解高中的《基因工程》时，首先，利用思维导图软件 Mindmanager 为学生搭建任务支架。其次，建立模板性支架，帮助学生对任务进行分解，从而降低难度，方便入手。用多媒体动画课堂为学生搭建模板支架。最后，建立问题性支架，激发学生获取知识的动力，提高学生的学习兴趣；利用学案为学生搭建问题支架，帮助学生理解基因工程的工具和操作步骤。

4.简述社会学习理论的关于道德行为研究的三个经典实验。

【答】班杜拉通过充气娃娃实验，也叫赏罚控制实验，提出观察学习的概念。

（1）在早期的一项研究中，班杜拉及其合作者首先让儿童观察成人榜样对一个充气娃娃拳打脚踢，然后儿童被带到一个放有充气娃娃的实验室，让其自由活动，并观察他们的行为表现。结果发现，儿童在实验室里对充气娃娃也会拳打脚踢。这说明成人榜样对儿童行为有明显影响，儿童会通过观察成人榜样的行为而习得新行为。

（2）在后来的一项实验中，班杜拉等人对早期的实验做了进一步的延伸。他把儿童分为三组，首先让儿童看到电影中成年男子的攻击性行为。在影片结束后第一组儿童看到成人被表扬，第二组儿童看到成人被批评，第三组儿童既未看到成人被表扬也未看到成人被批评。然后，再把儿童带到里面有成人攻击过的对象的实验室。结果发现，第一组儿童的攻击性行为最多，第二组儿童的攻击性行为最少，第三组儿童的攻击性行为居中。这说明榜样的攻击性行为是儿童自发模仿这种行为的决定因素。

（3）但这是不是表示受奖组儿童就习得了攻击性行为，受罚组儿童就没有呢？为此实验人员又以糖果为奖励，让儿童尽量回忆刚才成人是怎么做的，并表现出来。结果发现，三组儿童的攻击性行为几乎一致。这说明榜样行为所导致的后果，只能影响到儿童攻击性行为的表现，而对攻击性行为的学习几乎没有影响。只不过儿童看到榜样受罚后会把习得的行为隐藏起来，不敢表现出来。这个实验要了解的问题：一是榜样的攻击性行为的奖惩后果是否影响儿童攻击性行为的表现；二是儿童是否能不管榜样的攻击性行为的奖惩后果而习得攻击性行为。

三、材料分析题

结合卢梭的自然教育思想，分析上面一段话所揭示的教育问题。（见2012年华东师范大学真题）

四、论述题

1.试总结出文艺复兴时期人文主义教育的基本特点及其产生的原因。

【答】（1）文艺复兴时期人文主义教育的基本特点。（见2011年华东师范大学真题）

（2）产生原因：文艺复兴时期资本主义生产因素的产生和不断发展，新兴资产阶级的出现和日益壮大，人文主义思想的广泛传播，以及科学、艺术的空前发展与繁荣。这些都为人文主义教育的产生奠定了社会基础。人文主义尊崇人的价值和尊严；宣扬人的思想解放和个性自由；肯定现实生活的价值；提倡学术，尊崇理性。故人文主义教育体现出部分人文主义的特点。

2.怎样理解掌握知识与发展智力相统一规律，教学过程中如何实现两者的统一？（见2012年东北师范大学真题）

3.试从信息加工的角度谈学习策略与元认知之间的关系。（见2014年首都师范大学真题）

2020年新疆师范大学333教育综合真题·凯程详解

一、名词解释

1.教育功能（见2016年西南大学真题）

2.教学（见2013年陕西师范大学真题）

3.教师（见2016年东北师范大学真题）

4.教育评价（见2014年西南大学真题）

5.迁移（见2011年湖南师范大学真题）

6."六艺"教育（见2012年华东师范大学真题）

二、简答题

1.简述归因理论。（见2011年东北师范大学真题）

2.简述影响观察学习的因素。（见2016年东北师范大学真题）

3.简述新文化运动后的教育观念。（见2020年华中师范大学真题）

4.简述杜威的教学本质理论。（见2018年东北师范大学真题）

三、论述题

1.论述教学设计的基本程序及基本要素。（见2012年首都师范大学真题）

2.论述学生的本质特征以及在教学中的作用。

【答】（1）学生的本质特征：

①学生是人：学生是完整的人；学生是具有能动性的、主体性的人；学生是具有生命独特性的人。

②学生是儿童：学生是儿童，具有与成人不同的身心特点；学生是儿童，需要得到成人的教育和关怀。

③学生是学生：学生以学习为主要任务；学生的学习是在教师的指导下进行的；学生的学习以间接经验为主；学生的学习是一种规范化的学习；学生具有"学生感"。

（2）学生在教学中的作用：

①学生是教育的对象。在学校教育中，学生是教育的对象。学生是未成熟的个体，具有发展的"未完成性"。学生作为社会中的人有自身发展的需要，需要由一个未成熟的自然人走向一个成熟的社会人，只有这样，才能在社会中生存与发展。学生作为教育对象，既是学生自身发展的需要，也是人类社会的要求。学生发展是教育活动的最终归宿，学校教育活动要始终围绕着学生发展这个重心开展。

②学生是教育过程中的主体。首先，有作为占有和消化教育内容的主体性、自主性、选择性、能动性、创造性。《学会生存》指出：学生在教育中将越来越不成为对象，而越来越成为主体。学生的主体性、需要、兴趣、人格的发展等将越来越受到重视。其次，有作为教育交往的主体间性、交往性、平等性、宽容性、合作性、约束性。

3.论述良好师生关系的特征及怎么样建立良好的师生关系。（见 2017 年南京师范大学真题 +2019 年陕西师范大学真题）

4.论述孔子的教育思想以及其对现实的启示。

【答】（1）孔子的教育思想。（见 2012 年北京师范大学真题）

（2）对现实的启示。（见 2012 年北京师范大学真题 +2012 年东北师范大学真题）

2021 年新疆师范大学 333 教育综合真题·凯程详解

一、名词解释

1.京师同文馆（见 2012 年北京师范大学真题）

2.学制（见 2019 年北京师范大学真题）

3.负迁移

【答】迁移是一种学习对另一种学习的影响，指已经获得的知识、技能，甚至方法和态度对新知识、新技能的影响。这种影响可能是积极的，也可能是消极的。负迁移是一种学习对另一种学习的消极影响。

4.自我意识（见 2022 年宁波大学真题）

5.监生历事制度（见 2011 年湖南师范大学真题）

6.核心课程

【答】（1）含义：核心课程亦称"问题课程"，是以问题为核心，将几门学科结合起来，由一个教师或教师小组连续教学的课程。它旨在把独立的学科知识综合起来，并谋求与生活实际紧密结合。

（2）评价：

优点：统一性、实用性、适用性，学生以积极参与的方式认识和改造社会。

缺点：范围无规定，内容凌乱，学习单元支离破碎。

二、简答题

1.简述影响学生学习动机的因素。（见 2010 年华中师范大学真题）

2.简述皮亚杰的认知发展阶段论。（见 2012 年东北师范大学真题）

3.简述教师的个体专业发展的主要内容。（见 2015 年西南大学真题）

三、论述题

1.论述新型师生关系及其策略。（见 2019 年陕西师范大学真题）

2.举例说明 21 世纪教育发展的趋势。（见 2022 年陕西师范大学真题）

3.论述唐朝科举制度的作用和影响。（见2019年华中师范大学真题）

4.论述卢梭自然教育的观点以及评价。（见2012年华东师范大学真题）

2022年新疆师范大学333教育综合真题·凯程详解

一、名词解释

1.教师专业发展（见2011年华东师范大学真题）

2.义务教育（见2012年东北师范大学真题）

3.有教无类（见2010年北京师范大学真题）

4.苏格拉底法（见2011年北京师范大学真题）

5.先行组织者（见2010年北京师范大学真题）

6.学习动力（见2013年北京师范大学真题）

二、简答题

1.简述《学记》中的教学原则。（见2011年东北师范大学真题）

2.简述陶行知的生活教育理论。（见2014年北京师范大学真题）

3.简述经典性条件作用与操作性条件作用的区别。

【答】（1）含义：

①经典性条件作用：巴甫洛夫通过狗分泌唾液的实验提出了经典性条件反射，即经典性条件作用，是指一个中性刺激与一个原来就能引起某种条件反应的刺激相结合，而使动物学会对那个中性刺激作出反应，即S—R。

②操作性条件作用：斯金纳通过斯金纳箱中的小白鼠实验，认为经典性条件作用虽然能够解释人类的一些行为，但只能解释人类行为中的一小部分，他提出了另外的一种看法，称之为操作性条件作用，即R—S，没有刺激就能使有机体产生某种行为，强调了强化对巩固新行为学习的重要性。

（2）二者区别：

①研究的对象不同。经典性条件作用的研究对象是应答行为，它指的是由已知刺激引发的，有机体被动对环境刺激作出反应；而操作性条件作用的研究对象是操作性行为，它是有机体发出的，作出的是自发的行为，这种行为由于受到强化而成为在特定情境中有目的的操作。

②刺激物（强化）呈现的顺序不同。在经典性条件作用中，刺激物先于或与行为反应同时呈现；而在操作性条件作用中，强化物晚于行为反应呈现，强化物在行为出现之后出现，从而增大了行为在下一次出现的概率。

③刺激物的类型不同。经典性条件作用对特定刺激才能产生反应；操作性条件作用的发生不需要特定的刺激。

④消退的方式不同。经典性条件作用中，条件刺激多次单独出现，条件反射将会减弱并逐渐消失；操作性条件作用中，消退则需要将强化物去掉。

（3）二者关于学习过程的相同之处：认为一切行为都是由反射构成的，都以无条件反射作为基础，都强调刺激—反应的联结。

4.简述加涅的信息加工模型中的学习阶段。（见2020年华中师范大学真题）

三、论述题

1.论述21世纪现代教育的发展趋势。（见2022年陕西师范大学真题）

2.结合实际，论述教学设计的基本内容。（见2012年首都师范大学真题）

3.论述卢梭的自然教育理论并简要评价。（见2012年华东师范大学真题）

4.培养德、智、体、美、劳全面发展的社会主义建设者和接班人已被写入教育法，劳动教育被纳入教育方针，结合实际，论述全面发展教育。（见2010年东北师范大学真题）

河北师范大学

2010年河北师范大学333教育综合真题·凯程详解

一、辨析题

1.培养目标是根据教育目的制定的。

【答】正确。教育目的和培养目标之间的关系是普遍与特殊的关系，它们之间既有联系又有区别。教育目的是对所有的受教育者而言，是社会对教育所要造就的，社会个体质量规定的总的设想或规定；培养目标是针对特定的对象提出来的。教育目的是学校教育所要达到的总目的和共同质量标准，而培养目标是各级各类学校和专业的具体培养要求。具体化的培养目标是根据教育目的的要求依据各级各类学校的培养任务和受教育者的身心发展的特点制定的。

2.教师个体专业化的过程就是获得教师资格证的过程。

【答】错误。教师个体专业化是指教师作为专业人员在专业思想、专业知识、专业能力、专业品质等方面由不成熟到比较成熟的发展过程。教师资格证是国家颁发给个人允许其从事教师职业的一种资格凭证。从事教师职业首先要获得教师资格证书，但获得教师资格证书并不等于成了一个成熟的教育专家人员。而教师个体专业化是一个持续的专业发展的过程。

3.人是教育的产物。

【答】错误。这是一种外铄论的主张，夸大了教育对人发展的影响，它一方面忽视了遗传对身心发展的影响，另一方面忽视了人在发展中的主观能动作用。实际上人的发展是内外因共同作用的结果，教育知识只是给个体发展提供了外部条件。

4.从几种气质类型的特点来看，多血质和黏液质是比较好的气质类型。

【答】错误。气质是人的个性心理特征之一，是个体与生俱来的心理活动的动力特征，是指人的心理和行为活动中表现出的稳定动力特点。它分为胆汁质、多血质、黏液质、抑郁质四种。气质本身并没有好坏之分。

5.定势是使人按照某种固定方式解决问题，对解决问题具有阻碍作用。

【答】错误。定势是指由先前的活动所形成的并影响后续活动趋势的一种心理准备状态。定势虽然对问题的解决有使思维固定化，不寻求创新的消极影响，但是也不能因此而忽略其运用已有的方法快速解决同类课题的积极作用。

二、简答题

1.简述课程结构优化的基本要求。

【答】（1）在课程结构方面，树立综合课程观。改变传统课程结构过于注重学科本位、科目过多和缺乏整合的状况，体现课程的均衡性、综合性和选择性。

（2）整体设置九年一贯的义务教育课程。

①小学阶段以综合课程为主。小学低年级开设品德与生活、语文、数学、体育、艺术（或音乐、美术）等课程；小学中高年级开设品德与社会、语文、数学、科学、外语、综合实践活动、体育、艺术（或音乐、美术）等课程。

②初中阶段设置分科与综合相结合的课程。主要包括思想品德、语文、数学、外语、科学（或物理、化学、生物）、历史与社会（或历史、地理）、体育与健康、艺术（或音乐、美术）以及综合实践活动。积极倡导各地选择综合课程。学校应努力创造条件开设选修课程。在义务教育阶段的语文、艺术、美术课中要加强写字教学。

③高中以分科课程为主。高中阶段在开设必修课程时，设置丰富多彩的选修课，开设技术类课程，积极试行学分制管理。课程设置注重基础性、时代性和选择性。

④从小学至高中设置综合实践活动并作为必修课程。综合实践活动课程是新的基础教育课程体系中设置的必修课程，自小学三年级开始设置，每周平均3课时。《基础教育课程改革纲要（试行）》中规定：从小学至高中设置综合实践活动并作为必修课程，其内容主要包括信息技术教育、研究性学习、社区服务与社会实践，以及劳动

与技术教育。

2.简述全人发展的课程价值观的特点。

【答】课程实践在本质上是一种价值创造活动，因而必须遵循一定的价值原则。课程的价值是作为主体的社会和学生与作为客体的课程之间的需要关系的反映。经过新一轮的课程改革后确立了全人发展的课程价值观，表现出以下特点：

（1）注重课程目标的完整性，强调学生的全面发展。

（2）重视基础知识的学习，提高学生的基本素质。

（3）注重发展学生的个性。

（4）着眼于未来，注重学生能力的培养。

（5）强调培养学生良好的道德品质。

（6）强调国际意识的培养。

3.简述一般心理问题、严重心理问题和神经症性心理问题的区别。

【答】心理问题的严重程度将心理不健康分为一般心理问题、严重心理问题和神经症性心理问题。其中，具有一般心理问题、严重心理问题的正常人是心理咨询或学校心理辅导的对象，神经症性心理问题必要时要考虑寻求心理治疗的帮助。

（1）一般心理问题的特点是：由现实因素激发；持续时间较短；情绪反应在理智控制下；不严重破坏社会功能；情绪反应尚未泛化。

（2）严重心理问题的特点是：由相对激烈的现实因素激发；初始情绪反应剧烈；持续时间长久；情绪反应充分泛化。

（3）神经症性心理问题的特点是：问题表现与现实处境没什么关系，通常涉及生活中不太重要的事情且没有明显的道德色彩；问题程度还没严重到被诊断为神经症或神经病。

4.举例说明动机冲突的几种形式。

【答】（1）接近型冲突（双趋）指当两种或两种以上的目标同时吸引着人们、有着同样动机的强度，而必须选择其中一种的矛盾心理状态，如鱼和熊掌不能兼得。

（2）回避型冲突（双避）指当两种或两种以上的目标都是人们力图回避的事物，而又只能回避其中的一种目标时产生的困扰心理状态，如龋齿疼，不就医，因为就医疼，回避其中一种。

（3）接近回避型（趋避冲突）是在同一事物对人既有吸引力又有排斥力的情况下产生的，如学生想参加篮球队又怕耽误学习。

（4）多重接近回避型冲突是人们面对两个或两个以上目标时，每个目标分别具有吸引和排斥两方面的作用，人们必须进行多重选择而产生的冲突。

5.简述什么是系列位置效应及其形成原因。

【答】（1）当我们背诵一篇课文时，开头部分和结尾部分容易记住，而中间部分就容易想不起来，这种现象就是系列位置效应。

（2）系列位置效应是由两种干扰造成的，一种叫作前摄抑制，一种叫作倒摄抑制。

①前摄抑制是指先学习的内容对学习和回忆后学习的内容产生干扰。

②倒摄抑制是指后学习的材料对识记和回忆先学习的内容产生干扰。

例如，课文的开头一开始学，只会受到倒摄抑制的影响；类似的课文的结尾，只会受到前摄抑制的影响；而课文的中间部分，既受到前摄抑制，又受到倒摄抑制的影响。因此，课文中间部分的记忆受到的干扰最大，被遗忘的内容也就最多。

三、论述题

1.试述教育在个体发展中负向功能的表现、成因和解决对策。

【答】教育的负向功能指教育对社会和个体发展的消极影响和阻碍作用。

（1）教育在个体发展中负向功能的表现：

①教育活动中的体罚和变相体罚对受教育者的身心造成伤害。

②过于强调科学世界的教育，忽视生活世界的教育，造成精神家园的荒芜。

③应试教育、标准化的教育教学和刚性的管理无视甚至抹杀学生的个性。

（2）教育在个体发展中负向功能的成因：

①教育者不能因材施教，超过了受教育者的承受能力，造成过重的课业负担，影响了身心健康，就会出现教育对个人发展的负向功能。同理，课业负担过轻，导致学生学习失去兴趣和不能满足学习需求，这样的教育同样会对受教育者个体造成伤害，影响个体正常发展。

②具有负面作用的文化、知识的影响。

③学校的管理模式，过于强调顺从，不利于学生主体性的发挥和创造力的培养。

（3）解决对策：

①教育出现负向功能不足为怪，要正确认识教育的负向功能。

②要加强科学的预见性，努力强化正向功能，尽可能弄清负向功能的作用程度及其对正向功能的影响程度，进而对教育目标的达成作出现状评价和预期估测。

2.试述教师应具备的教育理念。

【答】（1）以人为本的教育理念：发展个性、实现潜能，加强能力培养，提高创造力和自主地位，形成良好的师生关系，构建和谐的教学氛围。

（2）可持续发展：教师终身学习，了解自身发展需要，注重自身能力的提高，关注教育事业发展，培养学生的可持续发展能力。

（3）创新教育：以学生为中心培养学生的创新精神；以实践为重点；以成才为目标。

（4）依法执教：教师要在法律法规的框架内实施教育教学活动，积极学习相关法规，遵守法律法规。

（5）主体性教育理念：教师要重视确立学生在教学活动中的主体地位，使学生充分发挥学习潜能和创造精神。

3.什么是自我意识？如何培养学生的自我意识？

【答】自我意识：是主体对其自身的意识，是主体知觉到自身存在的心理过程，是人对自身状态及自己与客观世界关系的意识。在培养上，要关注从认识和评价自我（识我），到接受和悦纳（自我），热爱自我并能够控制和调节自我（主导自我），然后到发展自我、完善自我这样几个阶段。这几个阶段之间有着必然的联系：

（1）引导学生正确认识自我，评价自我。首先，要让学生明白"人无完人，金无足赤"这一道理。其次，要引导学生从偏重于评价别人发展到学会评价自己。最后，要引导学生从横向和纵向比较来全面地评价自己。

（2）让学生学会接受自我、悦纳自我，培养自尊、自信心理。教师要在自己的教育和教学过程中，特别注意发扬学生各自的优点，通过正面、积极地引导，激发他们的自尊，对他们的微小进步及时表扬，培养他们的自信。

（3）帮助学生正确面对成功和失败。教师要在平时的教学过程中注重对学生的引导，在适当时候给予合适的批评和夸奖，引导学生正视成功和失败。

（4）引导学生逐步学会自我控制和调节。一是让学生明白某些行为的危险；二是经常强化学生对自己的行为进行调控的愿望和自觉性；三是使学生坚信自我调控是可以学会并能养成习惯的；四是多创造能让学生实现自我调控的机会；五是组织他们参加一些有意义的活动。

（5）通过角色互换训练加强学生社会认知能力，在自我认知或社会交往中摆脱自我中心的限制，在自我与交往对象之间转换观察问题的角度，将自己与他人的观点进行比较，分析他人的观点，最后得出较为客观的观点或结论。

（6）要帮助学生学会自我教育，例如，通过帮助学生树立学习的目标，并积极鼓励和帮助学生树立近期学习目标，引导其为之付诸努力。

4.试分析两位老师在组织教学时使用的有关的注意规律，说明两种教学组织策略的优劣，你认为如何根据注意的种类及特点，有效地组织教学？

【答】（1）甲老师上课用有意注意的方法，长时间会让学生很劳累，会降低学生掌握知识的学习效率。乙老师上课用无意注意的方法，使学生精力无法集中，不易于学生对知识点的了解。

（2）根据注意的种类及特点有效的组织教学。

①运用无意注意的规律组织教学：a.优化教学环境（班级布置都会影响组织教学）；b.合理组织教学内容（加强趣味性）；c.灵活多样的教学形式和教学方法；d.考虑学生的情绪状态（调动学生的积极情绪）。

②运用有意注意的规律组织教学：a.加深学生对学习目的、任务的理解；b.培养间接兴趣；c.合理组织教学活动；d.加强意志锻炼。

③运用两种注意相互转换的规律组织教学。

2011年河北师范大学333教育综合真题·凯程详解

一、名词解释

1. 实用主义教育学

【答】（1）简介：19世纪末20世纪初，实用主义教育学在批判以赫尔巴特为代表的传统教育的基础上提出，代表人物有杜威、克伯屈等。

（2）主要观点：教育即生活；教育即经验；学校即社会；教育即生长；以儿童为中心。

（3）评价：实用主义教育学对传统教育理念进行了深刻的批判，推动了教育学的发展。但它在一定程度上忽略了系统知识的学习，忽视了教师的主导作用，忽视了教育的相对独立性，因此不断遭到批判。

2. 过度教育

【答】过度教育，指由于过分扩张教育，中等、高等教育毕业生数量的快速增长开始超过劳动力市场的实际需求，受教育的劳动力面临着知识失业，或者从事了与学历不匹配的工作，结果导致收入下降，教育资源被浪费。它也指施教者所实施的教育超过了学生身心全面健康成长的需要，具体表现为教育内容、方法等超出了社会对该年龄阶段的学生的普遍要求，超出了学生生理、心理成熟程度、现有知识经验水平以及学生的兴趣、志向等。

3. 显性课程

【答】显性课程是一个教育系统内或教育机构中用正式文件颁布而提供给学生学习，学生通过考核后可以获取特定教育学历或资格证书的课程，表现为课程方案中明确列出和有专门要求的课程。

4. 道德感

【答】道德感是人依据一定的道德需要和规范评价自己和他人的言行时所产生的内心体验。道德感是一种高级情感。同情、反感、眷恋等属于道德感，同志感、友谊感、爱国主义感、集体主义感也属于道德感。人们对道德需要是否得到实现或满足所产生的体验和道德信念、道德判断密切相关。因而具有明显的社会性和阶级性。

5. 社会助长

【答】个人的活动效率由于他人同时参加或在场旁观而提高就被称为社会助长或社会促进。最早以科学方法揭示社会助长现象的是心理学家特利普里特。他通过让被试者骑自行车行驶25公里的实验发现，有人在场或群体性活动会明显提高人们的行为效率。

6. 动机（见2010年广西师范大学真题）

二、简答题

1. 简述课程结构优化的基本要求。（见2010年河北师范大学真题）

2. 简述基础教育课程改革要求教师应树立的教学设计理念。

【答】（1）全人发展的课程价值观：①注重课程目标和完整性，强调学生的全面发展；②注重基础知识的学习，提高学生的基本素质；③注重发展学生的个性；④着眼于未来，注重能力培养；⑤强调培养学生良好的道德品质；⑥强调国际意识的培养。

（2）科学与人文整合的课程文化观：①科学主义课程文化观；②人本主义课程文化观；③科学人文性课程文化观的确立。

其中科学人文性指建立在科学理性之上的，并用人文精神来规范、统领科学从而实现科学与人文浑然一体的关系。而科学人文性课程是科学主义课程与人本主义课程的科学素质与人文修养的辩证统一。

（3）回归生活的课程生态观：①生态主义及生态主义课程思潮；②回归生活的课程生态观，就是强调自然社会和人在课程体系中的有机统一，使自然社会和人成为课程的基本来源。此外还有综合取向的课程设计观、缔造取向的课程实施观、民主化的课程政策观等。

3. 简述如何利用注意规律组织教学。（见2010年河北师范大学真题）

4. 简述如何培养学生的想象力。

【答】（1）增加学生的表象储备。教师要注意拓展课本上没有的知识，使学生的知识范围在课本的基础上有所丰富，这样才能使学生产生丰富的想象。

（2）提高学生的思维。学生的思维能力提高，面对事物才能有更多的思考，更多的想象。

（3）丰富学生的情感：①树立正确的世界观和价值观；②培养学生的同情心、爱心、友谊等；③老师利用创设情境等方法激发学生情感。

（4）激发学生的灵感：①致力于长期的艰苦的创造性劳动是产生灵感的基本条件；②注意克服僵化的思维模式；③善于抓住灵感出现的时机。

5.简述对全体学生实施心理健康教育的途径。（见2015年华中师范大学真题）

6.简述自卑心理的成因及克服方法。

【答】（1）自卑心理的定义：自卑是一种不能自助和软弱的复杂情感，是指自己过低评价自己，认为无法赶上别人的一种心理。

（2）产生原因：①生理和心理方面的缺陷。学生会因为自己的家庭环境被破坏、生理缺陷等原因产生自卑心。②遭受挫折，有的学生会因为遇到了他人的言语打击、遭受失败、没有获得理想成绩等原因产生自卑心理。③过分重视他人对自己的评价。还有的学生对自我认知不够，过分依赖和在乎他人的评价，没有正确的主观认知，导致学生容易失去自己的立场而产生自卑心理。

（3）克服方法：①让学生客观认识、正确评价自己。学生需要对自己有正确的认知，即使自身有生理缺陷，或者面对失败，也能够在失败和缺陷中找到自己的闪光点，不轻易放弃，坚韧不拔。②让学生悦纳自己，正视自己的不足和长处。学生需要正确归因，即使遭遇了失败或者挫折，都能够从不利的环境中分析出原因，找到自己应该改善的地方，然后积极面对。③让学生进行积极的自我暗示。学生的替代效应除了以他人为榜样，还会从自己的经历和认知中产生，一定积极的心理暗示能够帮助学生从消极的心态中走出。

三、论述题

1.试述如何促进教师专业发展。（见2020年华东师范大学真题）

2.结合实际，谈谈家庭教育和学校教育对学生性格形成的影响。

【答】（1）家庭教育对学生性格形成的影响：

①父母性格的影响，如果父母都是抑郁质的气质类型，这样的性格组合对孩子性格的形成可能具有消极的影响。

②父母的教育方式、教育观念及态度的影响，如父母溺爱的孩子容易骄傲任性，民主型的父母培养出的孩子一般具有独立、创造精神。

③在家庭中的地位及角色的影响，如长子、独生子比其他孩子具有更多的优越感。

（2）学校教育对学生性格形成的影响：

①班集体的影响，优秀的班集体会充分调动每个学生的积极性、主动性和自觉性。从而促进学生良好性格的形成。

②教师的影响，教师是直接接触学生的主体，其一言一行都可能对学生产生深刻的影响，如民主型的教师尊重学生的人格和自尊心，学生则表现为情绪稳定，态度积极友好、开朗、诚实、有领导能力。从而培养出具有良好心态、积极乐观、豁达开朗、宽容和友善的性格。

3.分析下列材料所揭示的问题及原因，并论述如何通过课堂教学组织形式的改变，促进教学过程当中的教育机会均等。

【答】（1）材料所揭示的问题是：教学过程中的机会均等是教育机会均等的一个重要方面，大多数教师能够意识到在教学中应该给学生提供均等的学习机会，实践中却难以做到。

（2）材料揭示了造成上述问题的一个重要原因：现行的教学组织形式影响了学生在教学过程中获得均等的教育机会。由于班级授课制是一种面向学生集体的教学组织形式，如何保证学生享有均等的学习机会，一直是班级教学中的一个难题。

（3）为了克服班级授课制的上述局限，可从如下几个方面改进课堂教学组织形式：

①缩小班级规模，实行小班教学，使学生获得更多的学习机会。

②压缩集体教学时间，增加个别辅导时间。

③增加辅导教师，实施小队教学。

④组织小组合作学习，发动学生辅导同伴。

⑤按能力或兴趣分组，进行分组教学。

2012年河北师范大学333教育综合真题·凯程详解

一、名词解释

1. 学习化社会（见2014年河南师范大学真题）
2. 个人本位论（见2010年浙江师范大学真题）
3. 显性课程（见2011年河北师范大学真题）
4. 头脑风暴法

【答】（1）含义：头脑风暴法又叫智力激励法。即像狂风暴雨一样，给头脑以不同观念的冲击。通过多人集体讨论，在相互激励、相互启发、相互感染的集体氛围中，摆脱固有观念的束缚，跳出僵化的思维习惯，激发想象力和思考力，从而引起创造性思维，形成创新思路。

（2）实施原则有：庭外判决原则（延迟评判原则）；自由畅想原则；以量求质原则；综合改善原则；突出求异创新原则；限时限人原则。

5. 社会认知

【答】社会认知，主要是指对他人表情的认知，对他人性格的认知，对人与人关系的认知，对人的行为原因的认知。社会认知是个人对他人的心理状态、行为动机、意向等作出推测与判断的过程。社会认知的过程既是根据认知者的过去经验及对有关线索的分析而进行的，又必须通过认知者的思维活动来进行。社会认知是个体行为的基础，个体的社会行为是社会认知过程中做出各种裁决的结果。

6. 去个性化

【答】（1）含义：个体在群体压力或群体意识的影响下，会有自我导向功能的削弱或责任感的丧失，产生一些个体单独活动时不会出现的行为。

（2）去个性化的外在条件有两个：一是身份的隐匿；二是责任的模糊化。

二、简答题

1. 简述实用主义教育学的主要观点。（见2011年北京师范大学真题）
2. 简述学生的基本权利。

【答】我国现行《中华人民共和国教育法》对各级各类学校学生的基本权利所做的规定，可以概括为五个方面：

（1）学生有参与教育教学计划安排的各种活动和使用教育教学设施、设备、图书资料的权利。

（2）学生有按照国家规定获得奖学金、贷学金或助学金的权利。

（3）学生有在学业成绩和品行上获得公正评价和在完成规定的学业后获得相应的学业证书、学位证书的权利。

（4）学生有对学校给予的处分不服向有关部门提出申诉，对学校、教师侵犯其人身权、财产权等合法权益，提出申诉或者依法提出诉讼的权利。

（5）学生享有法律、法规规定的其他权利。

3. 简述创造性学生的共同心理特征。

【答】（1）强烈的好奇心，善于发现问题，主要体现在思维的灵活性，善于思考，总是能愿意接受新的观念和假设，并进行自己的思考。

（2）具有优秀的个性品质，创造性学生的自我效能水平普遍较高，并且能够关注任务本身，拥有更集中的注意力和自控能力。

（3）具有敏锐的观察力，准确判断信息中的要点，并能运用各种加工策略，对复杂信息进行初步的处理加工。

（4）具有丰富的想象，能够自由往返于幻想和现实之间，不拘泥于现有的规则和认知。

4. 简述情绪、情感的含义及其功能。（见2011年河南大学真题）
5. 简述如何培养学生的学习动机。（见2012年华东师范大学真题）
6. 简述认知矫正程序在考试焦虑中应用的步骤。

【答】（1）检查自己的担忧：要求学生把自己有关的担忧写出来。

（2）对担忧进行合理分析：分析自己所担忧的事项哪些是合理的，哪些是不合理的，从而找出认知错误。

（3）与担忧质辩：要求学生针对担忧的不合理处，用事实、常理予以驳斥，并对不合理的担忧作"危害分析"。

（4）得出合理分析。

三、论述和材料分析题

1. 如何正确认识教育者的主导作用？（见 2010 年北京师范大学真题）

2.（1）两个材料说明的主要观点是什么？

（2）结合有关知识分析说明上述观点。

【答】（1）舒尔茨与丹尼森都认为教育具有促进经济发展的功能：

①提高劳动者的素质，促进经济发展；

②促进社会产业结构和职业结构向合理化方向发展；

③教育是科学技术再生产的主要手段；

④教育是生产科学技术的主要手段。

（2）教育是使可能的劳动力转化为现实的劳动力的基本途径。

普通教育传授一般的文化知识，提高人的文化素质，为经济发展提供良好的人力资源；职业教育传授专门的知识和技能，提高人的劳动能力，使其能够在生产中直接运用高科技，并且创新技术。

①现代教育是生产科学技术、促进经济发展的重要途径。教育传播科学文化知识和技术，实现科学文化知识和技术的再生产；教育也会生产新的科学文化知识；教育还培养创新人才和科技人才，促进科技的发展。

②教育是提高劳动者素质和生产率的重要因素。教育提高生产者对生产过程的理解程度和劳动技能的熟练程度，从而提高工作效率；也能帮助人合理操作、使用工具和机器，使其注意对工具的保养和维护，减少工具的损坏率；教育还能提高人的创新意识和创造力。

③教育能够产生经济效益，是经济发展的新的增长点。人力资本理论和其他多项研究表明，教育对经济增长的贡献率在 30% 以上，现代教育对经济增长呈显著正相关。这说明教育发展对经济增长具有明显的促进作用，教育投资越来越成为经济发展的新的增长点。

3. 结合记忆规律，谈谈教师如何帮助学生改善和提高记忆力？（见 2018 年广西师范大学真题）

2013 年河北师范大学 333 教育综合真题·凯程详解

一、简答题

1. 简述自我效能感的含义及其影响因素。（见 2017 年东北师范大学真题）

2. 简述情绪、情感的功能。（见 2011 年河南大学真题）

3. 简要说明一般心理问题的特点。

【答】（1）一般心理问题具有特定的情景性。一般心理问题作为心理异常的一种表现不具有情景的广泛性，即一般心理问题仅由特定的情景所诱发，在其他情景中则不会出现。

（2）一般心理问题具有偶发性和暂时性。它并不是经常出现也不是持续出现的，只有在为数不多的特定情景的刺激下才会发生，而在其他情景中则不会出现类似心理问题。

（3）一般心理问题不存在心理活动和心理状态的病理性症状，不存在与常人比较有明显不同的各种病理性精神症状。这是区别其他类型心理异常的最显著的标志之一。

4. 简述现代教育的特点。（见 2013 年北京师范大学真题）

5. 简述教育的文化功能。（见 2016 年北京师范大学真题）

6. 简述教学设计理念的更新。

【答】基础教育课程改革要求教师不断更新自己的教学设计理念，其中包括：

（1）教学目标设计理念的更新：从知识本位到注重发展。①教师要"目中有人""心中有人"；②教师要有"全人"的概念；③要注重学生的个体发展。

（2）教学过程设计理念的更新：从以教为本到主体参与。①教师要把学生看作真正的学习主体；②要使全体学生参与教学；③让学生参与课堂教学的全过程；④要引导学生全身心参与。

（3）教学方式设计理念的更新：①设计问题情境；②设计协作。

（4）设计观的更新：①教学目标的设计应有灵活性；②教学内容的设计应有灵活性；③教学过程的设计应有灵活性。

二、论述题

1.结合实例分析人际沟通的构成要素及有效进行人际沟通的条件。

【答】（1）沟通双方必须有共同理解的符号系统；

（2）沟通中信息的传递应答；

（3）信息的接受人要有心理上的准备；

（4）在沟通中要充分考虑到背景因素。

2.培养良好的班集体在班主任工作中有何作用？如何培养良好的班集体？

【答】（1）培养良好的班集体在班主任工作中的作用：班集体不仅是教育的对象，而且是教育的巨大力量。

①班主任开展工作必须先注意培养班集体，因为班集体一旦形成，它便成为教育的主体，具有巨大的教育力量。班集体是促进学生个性发展的一个重要因素。

②在班集体的各种活动中，一方面，每个学生通过自己的经历和感受，积累集体生活的经验，掌握丰富的道德规范，养成社会主义思想品德并且更加社会化；另一方面，每个学生都能找到适合自己的活动、工作和角色，不断发展自己特有的志趣与爱好，并且更加个性化。

③班集体能培养学生的自我教育能力，班集体毕竟是学生自己的集体，有它的组织机构，需要学生学会自我管理、自我教育，尤其需要学生自主地开展各种工作与活动。这无疑能有效锻炼和提高学生的自我教育能力。

（2）培养良好的班集体措施。（见2014年华东师范大学真题）

三、案例分析题

1.（1）针对小艳的情况进行分析。

（2）运用相关知识，提出帮助小艳的对策。

【答】（1）材料中小艳的情况与分析：

①小艳在同桌莉萍每次考试得第一名时，就在背后议论莉萍事先知道了题目或是碰巧考得好。说明小艳出现了嫉妒心理，看到别人在学习方面优于自己，产生不愉快的心理。嫉妒是一般人的心理并非学生独有，与社会人员不同的是，学生嫉妒心理往往导致不良行为。②小艳因为嫉妒把莉萍的笔记本藏起来，让她不能好好上课；莉萍积极主动为班上做好事，小艳说她是爱出风头。这体现出由于嫉妒心理导致的不良行为和心理表现。③小艳喜欢打扮，并因为别人比她穿得漂亮而不高兴，说明小艳出现了自恋心理，自恋是人类的一般属性，但超过了社会允许的程度就成了人格障碍，自恋的人无法同别人建立亲密的人际关系和有效融入团队。④由于以上行为，小艳的朋友越来越少。这是说明小艳出现了人际交往的问题。

（2）小艳的人际问题主要是由于自己的嫉妒心理而导致的，要让小艳正确认识自己，改变自己的行为，学会合理地去与同学沟通，融入集体。教师要用极大的耐心和宽容去对待小艳，循序渐进地开展工作，理解小艳产生自恋的心理，使小艳正确认识自己，正确认识美，要采用恰当的表达方式，讲究教育技巧，避免简单化，避免伤害到小艳的心理：

①帮助学生树立远大理想，克服盲目的争强好胜心态。在培养学生与人为善的心理，拓展其包容万物的博大胸怀上下功夫。②要讲清嫉妒心理的危害。嫉妒心理对自己、他人、社会都有危害，一个群体里若充满嫉妒，就会产生内耗，相互排斥，相互诋毁，相互戒备，很难有集体的合力和凝聚力。③要创造公平的竞争机制。一是搞平等竞争，让学生在同等条件下竞争，使大家都有可能成为"胜利者"。二是奖励要倾斜，即对中差生进步的奖励要明显多于优等生。④要一分为二地对待嫉妒心理，正视其积极因素。教师对有嫉妒心理的同学不能反感、嘲讽、训斥，应耐心细致地做思想工作，充分肯定其内心深处的不甘心落后、想为人先的强烈愿望，并正确引导通过努力去胜过他人。

2.（1）怎样理解校园里的"学生第一"？

（2）怎样理解管理工作中的"学生第二""教师第一"？

（3）你对"教师第一"和"学生第二"的关系是怎样理解的？对李希贵校长的观点如何评价？

【答】（1）"学生第一"是指要以学生为本，调动学生的主动性，保证学生的主体性。调动学生的学习主动性是教师有效教学的重要保障。只有认识到学生是学习的主体，充分发挥学生的主观能动性，才能真正发挥教育应有的功能。

（2）管理中发挥教师的主导作用是保证学生主体性的必要条件。只有教师主导，教学的高效性才能充分发挥，才能使学生更好地完成认识主体的作用，使学生的主体性不断提高，从而有效地学习知识，发展能力。

（3）李希贵校长的观点体现了教师主导性与学生主体性相结合。在教育过程中，要防止忽视学生主体性和忽视教师主导作用的偏向。以赫尔巴特为代表的"传统教育"和以杜威为代表的"现代教育"是这两种偏向的典型表征。以教师为主导，以学生为主体可谓是教学中师生关系的规律性联系，是各种各样师生关系理论的抽象概括，任何强调一方而忽视另一方的做法都是不合适的，应予以纠正。

2014年河北师范大学333教育综合真题·凯程详解

一、简答题

1.简述学校教育及其特点。

【答】（1）学校教育指教育者根据一定社会或阶级的要求，遵循年轻一代身心发展的规律，有目的、有计划、有组织地引导受教育者获得知识技能，陶冶思想品德，发展智力、体力的一种活动，以便把受教育者培养成一定社会和阶级所需要的人。

（2）学校教育的特点：①学校教育是一种有目的、有计划、有组织、有系统地培养人的活动，它规定着人的发展方向。②学校教育给人的影响比较全面、系统和深刻。③学校有专门负责教育工作的教师和管理人员。学校教育通过传授知识培养人，知识有认识价值、实践价值、思想价值、陶冶价值。学校教育对提高人的现代性有显著作用。学校教育不仅教给人们现代化的知识，更培养了现代人的价值、态度和行为方式。

2.说明基础教育课程改革的具体目标。（见2017年东北师范大学真题）

3.简述组织班级开展活动的原则。

【答】班主任和任课教师通过对班级教育条件的协调采取适当的方法，从而有效地推进有计划的教育行为的过程。

（1）改革教育人事制度，优化中小学班主任队伍：①严把班主任"入口"关；②重点培养青年班主任；③"多管齐下"，优化班主任队伍。

（2）社会、个体、组织协同努力，防止班主任的职业倦怠：①改变产生倦怠的应激源；②高度关注班主任；③对班主任期望合理化；④为班主任的发展提供更多的社会支持。

（3）提高班主任工作津贴标准，完善班主任激励制度。

（4）为班主任提供专门培训，促进班主任专业化：①坚持多样化的培训原则，突出针对性和实效性；②体现人文关怀，注重培训的发展性；③依托大学设立培训基地，避免培训机构鱼龙混杂。

4.根据情绪和情感的强度、持续时间，将情绪、情感进行分类，并阐述分析。

【答】（1）情绪的种类：

①心境：一种微弱、平静而持久的情绪状态，弥漫性和长期性是其突出特点。

②激情：一种强烈的、爆发式的、持续时间较短的情绪状态。

③应激：指人对某种意外的环境激发所作出的适应性反应。

（2）情感的种类：

①道德感：关于自己和他人的思想言论、行为举止是否有合社会道德标准而产生的情感体验。

②理智感：人在智力活动中，在认识事物和探求真理时所产生的情感体验。

③美感：指根据一定的审美标准评价客观事物时所产生的情感体验。

5.分析嫉妒的心理特点并说明如何矫正。

【答】（1）定义：是指对比自己优越的人，心怀憎恨的一种心理状态。

（2）心理特点：

①层次的相似性。即所嫉妒的人往往处在同一层次上，或是年龄、学识、先天条件都差不多，接受同样教育，面临共同奋斗目标，只是别人占了优势，自己处于劣势，便产生嫉妒心理。

②认识的片面性。即不能正视别人的优点和长处，更想不到自己的差距，往往用自己的长处与别人的短处相比。

③心态的畸形性。即看到别人成功比看到自己失败还要难受，只想战胜他人，欣赏对方失败。

④言行的公开性。多数学生比较单纯直率，有话藏不住，而且措辞没有分寸，一旦嫉妒心理产生，就会寻找机会发泄，或冷嘲热讽，或公开诋毁，而形成的隔阂也很难消除。

（3）矫正的措施。（见2013年河北师范大学真题）

6. 比较分析算法和启发法。

【答】（1）含义：

①算法：指在问题空间中，随机搜索所有可能的算法或途径，直到选出一种有效的方法来解决问题的策略。

②启发法：是指个体根据自己已有的知识经验，在问题空间内进行较少搜索来解决问题的途径。

（2）区别：

①算法实质上是按照逻辑步骤以保证问题得到解决的一套程序，是能够得出正确答案的特定步骤，这种方法保证问题的解决但是费时费力。

②启发法：并不能完全保证问题解决成功，但是运用这种方法比较省时省力，而且效率高。

二、论述题

1. 论述教师素质。（见2014年北京师范大学真题）

2. 论述家庭教育和学校教育对学生性格形成的影响及如何优化性格。

【答】（1）家庭教育和学校教育对学生性格形成的影响。（见2011年河北师范大学真题）

（2）优化性格的策略。

①加强人生观、世界观和价值观教育。学生认识自身、世界，以及对事情是非进行合理判断是学生良好性格形成的基础。三观的教育影响的是学生的宏观的认知，是吸收知识，接受道德观念的基础。

②充分发挥教学的作用。教学是特殊的教育活动，具有专门性、系统性、集中性等优点。能够有效率地为学生提供知识和人格方面的培养。

③注意教师自身言传身教的作用。学校中除了显性的正式的课程之外，教师的言行和处理问题的方式也对学生产生重要的教育影响，因此，教师应该规范自身行为为学生树立优秀榜样。

④提供实际锻炼的机会，及时强化学生的积极行为。除了培养学生良好的认知，更重要的是关注学生的学习，生活中的行为。所以必须进行实际的锻炼和运用，将知识和技能用于实际问题的解决。

⑤利用集体的力量进行感染和熏陶。学校教育是集体教育，学生与学生之间的关系在学校生活中具有重要意义，优秀学生对一般学生有榜样作用，关系好的学生之间也有相互鼓励，相互影响的作用。

⑥根据性格倾向因材施教，及时进行个别指导。家庭对学生更加了解，能对学生进行更有针对性的教育和指导，同时，学校也应处理好共性和个性之间的关系，进行因材施教。

⑦鼓励并指导学生进行自我教育。自我评价是一种不可缺少的评价方式，能培养学生的反省能力、反思能力以及问题解决的能力。

三、材料分析题

1. 根据材料，设计教学目标。

【答】（1）科学、合理地确定教学目标是进行教学设计时必须正确处理的首要问题，所谓教学目标是指教学活动的指向或学生学习的结果。

（2）设计教学目标的依据是课程标准和学生的发展现状。

（3）要全面设计教学目标，不能只注重知识领域的目标，而忽视其他领域的目标。教学目标的内容范围与课程目标应该是一致的。具体可分为三个领域：知识与技能、过程与方法、情感态度与价值观。

（4）教学目标的表述：①行为目标的ABCD表示方法。②内部过程和外显行为相结合的表述方法。

（5）举例：认识正负数。

教学目标：

①知识与技能。引导学生结合现实生活，了解正负数的意义，会用正负数表示生活中具有相反意义的量。

②过程与方法。在用正负数描述生活中的现象的过程中，感受数学与生活的联系。

③情感态度与价值观。引导学生通过自主思考探究和小组合作，提高学生分析问题与解决问题的能力与合作的能力。

2. 根据韦纳归因理论分析上述同学的归因，并分析这几个同学未来发展的趋势。

【答】甲同学把成功归结为自己的努力，是不稳定的内部可控因素。把成功归结于内部因素，使学生感到满意和自豪，把成功归结于不稳定因素，未来该同学的学习积极性可能提高，也可能降低。

乙同学把成功归结为运气，是不稳定的外部不可控因素。把成功归结为外部原因，会使学生产生惊奇和感激的心情；把成功归因于不稳定因素，未来该生的学习积极性可能提高，也可能降低。

丙同学把失败归因于自己的能力，是稳定的内部不可控因素。把失败归于内部原因，会使学生产生内疚和无助感；把失败归因于稳定因素，会降低学习的积极性。

丁同学把失败归因于任务难度，是稳定的外部不可控因素。把失败归于外部原因，会使学生产生气愤和敌意，把失败归因于稳定因素，会降低学习的积极性。

2015年河北师范大学333教育综合真题·凯程详解

一、简答题

1.简述教育的本质。（见2017年广西师范大学真题）

2.简述基础教育课程改革的基本理念。（见2013年南京师范大学真题）

3.简述什么是头脑风暴法及头脑风暴法的实施原则。

【答】（1）头脑风暴法又叫智力激励法。即像狂风暴雨一样，给头脑以不同观念的冲击。通过多人集体讨论，在相互激励、相互启发、相互感染的集体氛围中，摆脱固有观念的束缚，跳出僵化的思维习惯，激发想象力和思考力，从而引起创造性思维，形成创新思路。

（2）头脑风暴法的实施原则有：

①庭外判决原则（延迟评判原则）。对各种意见、方案的评判必须放到最后阶段，此前不能对别人的意见提出批评和评价。认真对待任何一种设想，而不管其是否适当和可行。

②自由畅想原则。欢迎各抒己见，自由鸣放，创造一种自由、活跃的气氛，激发参加者提出各种荒诞的想法，使与会者思想放松，这是智力激励法的关键。

③以量求质原则。追求数量，意见越多，产生好意见的可能性越大，这是获得高质量创造性设想的条件。

④综合改善原则。探索取长补短和改进办法。除提出自己的意见外，鼓励参加者对他人已经提出的设想进行补充、改进和综合，强调相互启发、相互补充和相互完善，这是智力激励法能否成功的标准。

⑤突出求异创新，这是智力激励法的宗旨。

⑥限时限人原则。

4.简要说明教学如何促进迁移。（见2014年北京师范大学真题）

二、论述题

1.试述班级管理工作的内容。

【答】（1）多维度、多途径对学生实施全面教育：①生理教育、心理教育与伦理教育"三理"整合；②必修课、选修课和活动课"三课"整合；③学校教育、家庭教育、社会教育"三教"整合。

（2）指导学生学习活动，使学生完成学习任务：

①把握学生听课心理，提高课堂教学质量：求知心理；求趣心理；求实心理；求同心理；求成心理。

②重在学法指导，使学生完成学习任务。

（3）组织班级开展活动，提高学生素质：

①组织班级开展活动的准则：主体性准则；多样性准则；整体性准则；创新性准则。

②组织班级开展活动的要求：高素质；良好环境氛围；科学方法。

2.请结合几种动机理论，谈谈在教育教学中如何培养和激发学生的学习动机。（见2012年华东师范大学真题）

三、材料分析题

1.（1）周浩转校的原因是什么？转校对他来说是一种最佳选择吗？

（2）周浩转校事件对学校教育有何启示？

【答】（1）①周浩转校的原因是自我提高内驱力，是个体因自己的学业成就而赢得相应地位的需要，即把学业看成是赢得地位和自尊的根源。

②转校对周浩而言是一种最佳选择。要因材施教，教师要从学生的实际情况和个别差异出发，有的放矢地进行有差别的教学，使每个学生都能扬长避短、长善救失，获得最佳发展。针对学生的特点进行有区别的教学；采取灵活多样的有效措施，使有才能的学生得到充分的发展。教育目的的制定，既要符合社会发展的需要，又要符合个体身心发展的特点和水平。

（2）启示：教师要从学生的实际情况和个别差异出发，有的放矢地进行有差别的教学，使每个学生都能扬长避短，获得最佳发展。教师不仅要针对学生的特点进行有区别的教学，而且要采取有效措施使学生的才能得到充分的发展。

2.请根据所学的心理学知识，分析王某和杨某的行为并提出相应的教育对策。

【答】（1）材料中的王某和杨某都出现了品德不良行为。从学生主观角度分析出现品德不良行为的原因主要有：①缺乏正确的道德观念，法制观念淡薄；②缺乏道德情感或情感异常；③明显的意志薄弱与畸形的意志发展；④养成了不良的行为习惯；⑤青少年学生的心理内部矛盾；⑥杨某认识了品德不良的朋友，受社会方面的影响因素也较大。

（2）作为教师，可以从以下几个方面对王某和杨某进行教育：

①说服教育法：指在分析学生原有品德状况的基础上，以语言为媒介，通过摆事实、讲道理使受教育者明辨是非、善恶，从而提高品德水平的方法。教师可以通过说服教育法，使杨某和王某有正确的道德观念，提高他们明辨是非的能力。

②情感陶冶法：指利用或创设一定的与德育要求一致的自然真实的教育情境，对学生进行积极感化和熏陶，以培养其道德情感的一种方法。

③榜样规范法：以正面人物的优良品质和模仿行为影响受教育者品德的一种方法。

④自我教育法：指在教育者的启发和引导下，受教育者对自己品德表现进行自我认识和反省、自我监督和评价、自我克制、自我改正，以形成良好品德的方法。

⑤行为实践法：指在教育者的指导下，通过有目的、有计划的各种实践活动，培养和训练学生优良品德的方法。

⑥品德评价法：指依据社会品德要求，对受教育者的品德表现予以判断、评价，以培养学生品德的方法。

2016年河北师范大学333教育综合真题·凯程详解

一、简答题

1.简述现代教育的特点。（见2013年北京师范大学真题）

2.简述教师的知识结构。

【答】①学科内容知识：在教师的知识结构中，教师要以精深且广博的学科知识为主干。

②教育学与心理学等知识：现代教师必须系统地学习教育学、心理学、学科教学法等教育理论知识，遵循教育教学规律。

③广博的知识文化修养：教师要拥有广泛的文化知识，尤其是在信息社会的今天，学生的视野更加开阔，教师只有具备广博的知识文化修养，才能不断满足学生的求知欲望。

④关于教育研究的知识："教师即研究者"，作为一线教师，教师应富有问题意识、反思能力，能创造性地解决或改进各种教育问题，这一切都有赖于教师拥有扎实的教育研究方面的知识。

3.简述影响学习迁移的因素。（见2017年北京师范大学真题）

4.简述影响问题解决的因素。（见2017年陕西师范大学真题）

二、论述题

1.论述教学在学校教育中的地位和作用。（见2015年福建师范大学真题）

2.分析态度与品德形成和改变的一般条件。（见2013年西北师范大学真题）

三、材料分析题

1.（1）分析黄冈中学走下神坛的原因。

（2）你如何看待黄冈中学走下神坛的现象？

【答】（1）黄冈中学的改革不适应时代潮流，改革方针不对，不符合基础教育课程改革的要求。

（2）黄冈中学应努力实现新课程改革的目标。（见2017年东北师范大学真题）

2.分析甲、乙两人的气质类型，并提出相应的教育对策。

【答】（1）甲同学的气质类型为胆汁质。对胆汁质型的学生进行教育时，在教育方法上，要讲明道理，然后要耐心说服，尤其注意态度不能简单粗暴。在教育中，要求老师应和蔼地教育学生遇事要沉着，做事要持之以恒，要不断学会自制，同时还要鼓励学生在学习、活动、交往中表现出主动热情的一面，培养学生富于理性的勇敢进取、大胆创新等。

（2）乙同学的气质类型为抑郁质。对抑郁质型的学生，要注意多鼓励他们发挥自己善于思考的优势，多赞赏他们的优点，要有意地去放大他们的优点，缩小他们的缺点，并及时肯定他们的见解和有利的一面。要多给予他们关怀和帮助，绝不轻易在公开场合批评和指责他们。

2017年河北师范大学333教育综合真题·凯程详解

一、简答题

1.简述中华人民共和国教育目的的精神。（见2012年北京师范大学真题）

2.简述校本课程的概念及其意义。

【答】（1）概念：校本课程是由学校参照国家课程标准、地方课程框架和本校学生发展兴趣及需要而开发的，旨在体现学校办学特色的课程，是由学生所在学校的教师编制、实施和评价的课程。

（2）校本课程的意义。（见2010年南京师范大学真题）

3.简述班杜拉观察学习方法的应用价值。（见2019年聊城大学真题）

4.简述如何培养想象力。（见2011年河北师范大学真题）

二、论述题

1.试述提高记忆与复习效率的方法。（见2018年广西师范大学真题）

2.试述综合课程。（见2017年西南大学真题）

三、材料分析题

1.（1）从教育与个人，教育与社会关系出发，分析留守儿童接受教育的重要性。

（2）联系家庭教育、社会教育、学校教育，论述留守儿童教育问题的成因。

（3）从特殊儿童保护的角度论述如何保护留守儿童。

【答】（1）留守儿童接受教育的重要性：

①促进留守儿童全面发展与个性化发展：通过教育，促进留守儿童观念、智力、能力、职业、身份的社会化，使其人格和心理得到健康发展；同时教育通过对个体德、智、体、美等方面的培养促进其主体意识的发展，帮助留守儿童充分开发内在的潜力并充分地发展自己的特长，实现其生命价值。

②促进社会稳定与发展：留守儿童是经济发展与社会发展不均衡产生的问题，通过教育可以提高留守儿童的素质，即劳动者的素质，进而促进经济发展，维护社会的稳定；同时留守儿童接受教育对乡村文化的传播、创新与继承具有推动作用，能促进乡村本土文化发展。

（2）留守儿童教育问题的成因：

①家庭原因：留守儿童多是跟爷爷、奶奶等长辈或者独自在家，父母多外出打工。由于缺少父母的教育和关爱，他们从小没有接受良好的家庭教育，长辈多教育经验有限，对孩子关注不够。因此，留守儿童没有形成良好的行为习惯，其气质、性格没有得到良好的培养，更容易出现心理问题。

②学校原因：留守儿童所处学校较少，而且学校距离家较远，多数留守儿童要走几里的山路才能上学。因此，留守儿童多半辍学。此外，教师在进行教育时，由于教师教育素养较低，对留守儿童关注不够，留守儿童所

处的学校多采用复式教学的教学组织形式，教师不能更多地关注留守儿童的身心发展特点，因此，留守儿童的心理问题可能在一定程度上得到的关注不够。

③社会原因：社会作为一个大的集体，在对留守儿童的关注中并没有起到应有的作用，也没有真实地揭示留守儿童的真实环境，社会慈善机构、团体并没有很好地为留守儿童进行资金筹集，帮助留守儿童摆脱难关。

（3）帮助留守儿童的措施：

①国家：完善和修改法律，保障留守儿童基本的权利，让社会大众更多地关注留守儿童，帮助他们早日入学。

②当地民政局：可以为留守儿童申请最低生活保障，给予他们资金帮助，保证他们基本的生活需要。

③当地有关部门：发挥自身作用，制止学校内歧视、打骂留守儿童的不良行为，保护留守儿童。

④学校：配备心理老师，帮助留守儿童解决他们存在的心理问题，保证身心健康。

⑤社会慈善机构、媒体：为留守儿童筹集资金、图书，当地教育局、财政局应该发挥主要作用，保障儿童最基本的受教育的权利，鼓励并支持留守儿童进入学校，获得知识。

2.（1）分析张某的心理成因。

（2）如何激发张某的学习兴趣和动机？

【答】（1）张某认为物理学不会，把失败原因归结于自己能力的问题，能力是稳定的内部因素。把失败归于内部原因，会使学生产生内疚和无助感。把失败归因于稳定因素，会降低学习的积极性。因此张某产生了自卑、厌学情绪。

（2）激发学生的学习兴趣和动机。（见2012年华东师范大学真题）

2018年河北师范大学333教育综合真题·凯程详解

一、简答题

1.简述师生关系。（见2019年陕西师范大学真题+2018年南京师范大学真题）

2.简述隐性课程的特点。

【答】（1）含义：国家没有正式实施，但是在学校环境中伴随着显性课程的实施与评价而产生的实际存在的课程。

（2）隐性课程的表现形式有：①观念性隐性课程，如校风、学风等；②物质性隐性课程，如校园环境、学校建筑、教室设置等；③制度性隐性课程，如学生守则等；④心理性隐性课程，如人际关系、师生观等。

（3）隐性课程的特点是：内隐性、无意识性、伴随显性课程、可转化为显性课程。不能通过语言、文字、图表或符号明确表述。隐性知识一般很难进行明确表述与逻辑说明，它是人类非语言智力活动的成果。这是隐性知识最本质的特性。所以显性课程与隐性课程互动互补，相互作用、相互转化。

3.简述如何培养学生的观察力。

【答】（1）要让学生明确观察的目的和任务。学生在进行学习前，只有明确了观察目的与任务才能更有针对性地进行观察，提高他们的专注力和效率。

（2）观察前要做好有关知识的准备。教师组织学生观察或参观之前，要向学生介绍相关的知识。在初步了解的基础上，进行观察才能达到深入了解的目的。

（3）教会学生进行观察的程序和方法。在观察中，教会学生把视觉、听觉、嗅觉和运动觉等多种感觉器官结合起来，运用比较的方法，发现细微差别，抓住事物的本质特征。

（4）指导学生整理和总结观察结果。这样做有利于促进学生观察的积极性，使观察更仔细、认真，观察更真实、可靠，还有利于巩固观察结果，便于学生在观察后对观察结果的反复思考中不断发现新问题，促进学生观察力的发展。

4.简述培养态度与品德的主要方法。（见2020年陕西师范大学真题）

5.从个人、学校、社会角度说明学生观的内涵。（见2020年西南大学真题）

6.简述学生良好性格的培养。（见2014年河北师范大学真题）

二、论述题

1. 从教育与社会关系的角度，说明教育扶贫。

【答】教育会受到社会的制约性，同时教育也会影响社会的各个方面，帮助我们教育扶贫：

（1）教育的社会变迁功能可以说明教育扶贫的意义。

①教育是使可能的劳动力转化为现实的劳动力的基本途径。普通教育传授一般的文化知识，提高人的文化素质，为经济发展提供良好的人力资源；职业教育传授专门的知识和技能，提高人的劳动能力，使其能够在生产中直接运用高科技，并且创新技术。

②现代教育是生产科学技术、促进经济发展的重要途径。教育传播科学文化知识和技术，实现科学文化知识和技术的再生产；教育也会生产新的科学文化知识；教育还培养创新人才和科技人才，促进科技的发展。

③教育是提高劳动者素质和生产率的重要因素。教育能提高生产者对生产过程的理解程度和对劳动技能的熟练程度，从而提高工作效率；教育也能帮助人合理操作、使用工具和机器，使其注意对工具的保养和维护，减少工具的损坏率；教育还能提高人的创新意识和创造力。

④教育能够产生经济效益，是经济发展的新的增长点。人力资本理论和其他多项研究表明，教育对经济增长的贡献率在30%以上，现代教育与经济增长之间呈显著正相关。这说明教育发展对经济增长具有明显的促进作用，教育投资越来越成为经济发展的新的增长点。

（2）社会的流动功能也可以说明教育扶贫的意义。

①教育已成为现代社会中个人社会流动的基础。我们必须认识到"基础教育"是个人"走向生活的通行证"，它使享受教育的人能够选择自己将要从事的职业，参与建设集体的未来并继续学习。

②教育是现代社会流动的主要通道。今天我国农村的年轻一代要成功地进行社会流动，尤其是向上流动必须经过教育，甚至只有经过优质的高等教育才能实现。在中国工业化、信息化、城市化建设的进程中，高等教育大众化和普及化的加速，正充分展现出教育主要的社会流动功能，保证了人口与人才的调整、转换与供应。

③教育深刻影响着社会公平。教育的社会流动实质上涉及教育机会均等和社会公平问题。虽然时至今日，入学机会均等也远未能实现，因为家庭、财富、权力乃至居住地，对个人的受教育机会都起着或大或小的作用，弱势群体和强势群体在教育机会上的差距仍在扩大。但是，世界各国因此纷纷实行普及义务教育制度，注重教育公平，这就是教育未来的发展趋势。

2. 张某成绩很好，后来却一落千丈，请分析她的心理问题、形成原因、解决方法。（材料不全，解析略）

2019年河北师范大学333教育综合真题·凯程详解

一、简答题

1. 简述教师的素质。（见2012年陕西师范大学真题）

2. 简述教育目的。（见2012年苏州大学真题）

3. 简述习得性无助及其心理特征、矫正方法。

【答】（1）习得性无助指个体多次失败，并将失败归因于像能力这种不可控制的因素，那么个体就会听任失败，表现出冷漠、压抑、自暴自弃，这种现象被称为习得性无助。

（2）心理特征：①低成就动机；②低自我概念；③低自我效能感；④消极的定势。

（3）矫正方法：

①教师应该引导学生形成正确的归因观，当个体失败时，应该正确分析失败的原因，找到解决的办法，坚持努力，获得成功。

②引导学生正确认识自己。在学习过程中，犯错误是很正常的，应该告诫自己正确认识错误，变失败为成功，努力提高自己，改进自己。

③引导学生正确评价自我，当个体失败时，应该让学生认识到自己在学习的过程中既取得过成功，也面临过失败，既要看到自己的闪光点也要看到自己的不足，知道不足才会更加努力地学习，辩证地认识自己。

4. 简述中学生创造力的发展特点及培养方法。

【答】（1）中学生创造力的发展特点：中学生的创造力随着年龄的增长而不断上升，中学生的创造思维能力结构日趋完整。在发展的过程中，学生思维的敏捷性、变通性、批判性和独创性有所发展。

（2）创造力的培养方法。（见2011年北京师范大学真题）

二、论述题

1.论述教育与社会的关系。（见2012年杭州师范大学真题）

2.论述中学生自我意识的特点及应注意的问题。

【答】（1）特点：①独立性和自主性明显增强。②自我意识的逻辑性和现实性增强。③中学生的自我意识开始趋向于自己的内心世界。④自我开始分化：分化成"主我""客我""理想我""现实我"。

（2）注意事项。（见2010年河北师范大学真题）

三、材料分析题

1.机器人课程是否应该进学校，为什么？如果可以说明一下应注意的问题，如果不可以说明一下原因。

【答】（1）可以开设。

（2）理由：

①从以学生主体，学生中心课程理论方面分析，遵循教育的基本规律。

②从课程与时代发展相结合角度答。

③从课程培养学生兴趣，重视学生能力培养分析。

（也可回答不可开设，可从以下角度进行分析：①从学生身心发展规律分析；②从课程内容的难易程度分析；③从学科的逻辑体系与学生的心理发展不相称方面分析。）

（3）应注意的问题：在开设机器人课程的课程中，编制课程者要考虑三方面的因素。第一，学科的逻辑，即学科自身知识、概念系统的顺序；第二，学生的心理发展逻辑，即学生心理发展的先后顺序、不平衡性和差异性等；第三，社会的要求，如经济、政治、职业的要求等。

2.（1）上述两个阶段经历了皮亚杰认知发展阶段论中的哪些阶段，请分别说明特点。

（2）从上述发展阶段来看皮亚杰发展理论经历了什么趋势？

【答】（1）皮亚杰的道德认知发展阶段理论。（见2012年东北师范大学真题）

（2）需结合材料答题。材料不全，解析略。

2020年河北师范大学333教育综合真题·凯程详解

一、简答题

1.简述课程结构优化的基本要求。（见2010年河北师范大学真题）

2.简述教学设计理念。（见2011年河北师范大学真题）

3.简述培养学生思维能力的策略。（见2010年湖南大学真题）

4.简述认知学派主张的学习过程及其影响因素。

【答】（1）布鲁纳的认知—发现说。

①学习过程。（见2012年南京师范大学真题）

②影响因素：a.老师的知识经验；b.学生的知识背景；c.老师、学生的配合；d.学生的自主性；e.学科的性质；f.学习材料。

（2）奥苏伯尔的有意义接受说。

①学习过程。（见2019年东北师范大学真题）

②影响因素：a.学习材料的价值；b.学习者的知识基础；c.学习者的学习能力；d.老师的教学方法；e.老师的知识储备。

（3）加涅的信息加工学习理论。

①学习过程。（见2020年华中师范大学真题）

②影响因素：a.学习者的知识经验；b.学习过程实施的环境；c.学习者的学习能力；d.老师的教学方法；e.老师的知识储备。

二、论述题

1.论述实用主义教育学的基本观念。（见2014年首都师范大学真题）

2.论述认知技能的形成阶段及其影响因素。

【答】（1）认知技能的形成阶段：①原型定向，原型指那些被模拟的某种事物或过程。由于认知技能具有观念性、内隐性与简缩性的特点。所以在认知技能学习的初期，必须借助一定的物质形式，使这种认知活动"外化"为原型。原型定向就是了解认知活动的实践模式，了解"外化"和"物质化"了的认知活动方式或操作活动程序，了解原型的活动结构。②原型操作，即学习者依据认知技能的实践模式，以外显的操作方式执行在头脑中建立的活动程序和计划。通过原型定向，学习者获得了程序性知识；通过原型操作，学习者获得了充分的动觉映象，为原型内化奠定了基础。③原型内化，即认知活动的实践模式向头脑内部转化，由物质的、外显的、展开的形式转变为观念的、内潜的、简缩的形式的过程。

（2）影响因素：①学习者的学习主动性；②教师的知识背景；③教师的上课策略；④学习者的已有经验。

三、材料分析题

1.（1）简述材料的观点。

（2）论述教育的经济功能。

【答】（1）材料不全，解析略。

（2）教育的经济功能。（见2019年华东师范大学真题）

2.（1）论述班杜拉社会学习理论的应用价值。

（2）中小学教育如何使得榜样教育更有效？

【答】（1）①班杜拉的社会学习理论提出榜样具有替代性强化的作用，这使人们对榜样在儿童品德教育中的重要性有了更进一步的认识。教育者应该要求自己的行为举止合乎道德规范，不但注意言传，更应该注意身教，使儿童的身心健康成长。另外，我们从班杜拉的实验中也看到年幼儿童易于模仿地位高的人（如父母、教师、英雄模范人物）；对受奖行为比受惩行为模仿的可能性大，敌对的攻击性行为最易被模仿，因此电视、电影中提供过多攻击性场面，是不利于儿童健康发展的，即使是好的影片，教师与家长也应该加强指导，以免儿童模仿与社会道德相悖的思想行为。

②班杜拉的观察学习理论对我们有效地传授知识、培养技能也有启发作用。比如，教学中教师认真做好示范，突出知识技能的主要特征，吸引学生的注意，提供详细的言语解释，使学生建立良好的表象系统和符号编码；在学生运用知识或具体操作过程中，教师要及时进行指导，纠正或改正学生的错误，并调动学生的自主性，使之通过自我调节来改进自己的学习。

（2）中小学教育使得榜样教育更有效的方法。（见2020年上海师范大学真题）

2021年河北师范大学333教育综合真题·凯程详解

一、简答题

1.简述现代教育发展趋势。（见2013年浙江师范大学真题）

2.简述课程的作用。

【答】（1）课程是学校人才培养蓝图的具体表现。课程规定了学校"教什么"和"学什么"等基本问题。具体表现为培养人才的蓝图。离开了一定的课程，对人才的培养只能是一句空话。

（2）课程是教师从事教育活动的基本依据。课程主要体现在课程计划、课程标准和教材上，它们是课程的具体化。教师借助一定的教材，引导学生按照教育目的，掌握一定的知识、技能，形成一定的道德品质和价值观，促进身心发展。课程成为教师教的主要手段和依据，直接关系到教学质量的高低和学校教育的成败。

（3）课程是学生汲取知识的主要来源。教学活动是学生的一种特殊认识活动，"特殊点"之一是这种活动具有间接性。在教学活动中，学生主要是掌握间接知识和经验。因此，课程是学生汲取知识的主要来源，也是学生学习的主要依据。

（4）合理的课程设置对学生的全面发展起着决定作用。由于培养人才的主要途径是通过教学实现的，而在教学过程中课程的设置又占据核心地位。因此，合理的课程设置对于学生的身心发展起着决定性作用。

（5）课程是评估教学质量的主要依据和标准。教学质量的评估最主要的是通过对学生学业成绩考核来实现的。对于学生考核的依据及其标准主要是所开设的课程，课程是衡量教学质量的重要尺度，离开这个"尺度"就无法评定教学质量的优劣。

3. 简述如何培养学生的想象力。（见2011年河北师范大学真题）

4. 简述促进迁移的教学策略。（见2014年北京师范大学真题）

二、论述题

1. 论述马克思主义教育学的基本观点。

（1）简介。马克思主义教育学的著作有：①克鲁普斯卡娅的《国民教育和民主主义》，是第一部用马克思主义观点阐述教育学和教育史的专著；②凯洛夫的《教育学》；③杨贤江的《新教育大纲》。

（2）观点。①教育是一种社会历史现象，在阶级社会中具有鲜明的阶级性。②教育起源于生产劳动。③现代教育的根本目的在于促进学生的全面发展。④现代教育与现代大生产劳动相结合是培养全面发展的人的唯一方法。⑤在与政治、经济、文化等的关系上，教育一方面受它们的制约，另一方面又具有相对独立性，即能够促进社会政治、经济、文化等的发展。⑥马克思主义唯物辩证法和历史唯物主义是教育科学研究的方法论基础。

（3）评价。马克思主义的产生为教育学的发展奠定了科学的方法论基础，但在实际教育学的研究过程中，人们往往没有很好地理解和运用马克思主义理论，该理论容易被简单化和机械化。

2. 联系实际，论述学生良好意志品质的培养。

【答】培养学生良好的意志品质，有利于帮助学生克服前进中的困难，形成健康的心理和人格，对促进班级的班风和学风有重要意义。

（1）树立远大志向。坚强意志的前提是有志，学生只有树立远大的志向，才能激发热情，充分发挥自己的主观能动性，冲破层层阻力和障碍，为实现自己的志向而奋斗。可将学生的志向分为远期、中期、近期目标。

（2）进行知识教育。在意志培养工作中，给学生以相应的有关意志的知识也是非常重要的，教师要定期利用班会找出有关意志章节的内容以及生动的事例，带领学生学习并组织学生讨论，然后要求学生根据自己的情况，制订一个奋斗目标和一份自我锻炼计划，让学生在行动中加深理解。

（3）从小事做起。千里之行，始于足下，坚强的意志不是一朝一夕形成的，而是在日常学习、工作和生活实践中逐步培养起来的。应当帮助学生把远大的志向与日常学习、工作和生活联系起来，从小事做起，积极克服小困难，就能逐步培养起人克服大困难的能力，进而取得大胜利。

（4）坚持体育锻炼。体育锻炼对培养学生的意志也有极为重要的意义，体育活动需要意志力的配合和参与，意志力的形成离不开体育锻炼。

（5）注意因人而异。由于意志品质是意志在不同人身上的具体表现，具有个别差异，因此，对意志品质不同的学生采取不同的教育方式和方法。例如，对于行动中常表现出盲目性和独立性的学生，应加强自觉性教育，对于行动中常优柔寡断、草率决定的学生，要培养他们果断性的品质，对于见异思迁、虎头蛇尾、缺乏毅力的学生，要培养他们的坚韧品质，对于任性、怯懦的学生，要培养他们的自制力。

（6）严格制度纪律。作为教师，一方面要爱护、关心、了解、体贴学生；另一方面要对学生提出既合理又严格的要求，一定要按照标准来完成任务，要求是通过制度、纪律来体现的。

综上所述，培养学生良好的意志品质是一项长期复杂的工作，应付各种挑战，才能收到成效。

三、材料分析题

1.（1）课堂教学过程中导入的意义是什么？

（2）论述新课程改革提倡的教学过程的设计理念，并依据设计理念述评该导入设计。

【答】（1）①含义：课堂导入是指教师在教授新知识，开展教学活动前，为了激发学生的学习兴趣，产生学习动机，有意识、有目的地引导学生进入学习情境的一种教学行为。它是课堂教学的一个组成部分，一堂课导入的成与败直接影响着整堂课的效果。

②课堂教学过程中导入的意义。

a. 激发学生的学习兴趣。促使学习者积极寻求认识和了解事物的途径和方法，并表现出一种强烈的责任感和旺盛的探究精神。

b. 吸引学生注意。教学过程需要调动学生多种心理活动的参与，而注意力是否集中则是这种认识过程能否顺利进行的必要条件和重要保证。

c.加深学生和教师的沟通。教师运用独特的开场白来活跃气氛以达到师生心理相容的目的，师生的情感会在导课过程中潜移默化地得到交流和升华。

d.启发学生思维。富有创意的开讲，可以点燃学生思维的火花，开阔学生的视野，增长学生的智慧，使之善于思考问题，并能培养学生的定向思维。

（2）①新课程改革"以学生发展为本"为理念，在教学过程中要注意以下几点：

a.教师在教学过程中要处理好传授知识与培养能力的关系，在实践中学习，促进学生在教师指导下主动地、富有个性地学习。

b.教师应尊重学生的人格，关注个体差异，满足不同学生的学习需要。

c.创设能引导学生主动参与的教育环境，激发学生的学习积极性，培养学生掌握和运用知识的态度和能力，使每个学生都能得到充分的发展。

d.充分发挥信息技术的优势，为学生的学习和发展提供丰富多彩的教育环境和有力的学习工具。

②材料中教师课堂导入的评价：该教师的导入能以旧引新，寻找新旧知识的关联和生长点，注重知识的发生、发展过程，能找到教材特点及本课的疑点，并恰当处理，在课堂上设疑问难，引导点拨。如"关于时间，我们学到了哪些知识？""（出示红绿灯电子计时牌）这是什么？"让学生产生疑惑，引发学生对生活中熟悉的事物开始思考。

教师通过问题导入，与学生增加互动。在授课过程中，教师所讲的内容能够吸引学生的注意力，从所熟悉的知识到新课的知识点，用提问题的方式，让学生对问题进行深刻思考，形成教师与学生的互动关系。但该教师的导入缺乏信息技术的融合，教师可借以信息技术的优势，调动和充实学生对事件的感官体验。

2.（1）张某的表现属于哪种心理问题？

（2）导致这种心理问题的原因是什么？

（3）联系实际说明教师和家长应如何帮助学生避免这种心理问题的产生。

【答】（1）张某缺乏学习动机，甚至因为学习产生的不愉快情绪而出现了逃避条件作用，出现逃学的现象。

（2）①根据马斯洛需要层次论分析，张某对家长和老师有抵触情绪的产生原因是张某的低层次需要没有得到满足，如归属与爱的需要、尊重的需要，导致张某没有高层次的需要，如求知欲理解的需要等。

②根据科温顿的自我价值理论分析，张某对学习不感兴趣，缺乏学习动机的原因是张某目前属于低趋低避型。这类学生不奢望成功，对失败也没有羞耻和恐惧感。他们对成功漠不关心，不接受任何有关能力的挑战。甚至因为在学校学习这个不愉快的情境，出现了逃避条件作用，张某出现逃学现象。

（3）①家长和教师都要重视学生归属与爱的需要，学生缺乏学习动机可能是由于某种缺失需要没有得到充分满足而引起的。例如，家长和教师可以多关心学生的校园体验，学习体验，人际交往等方面，让学生真正的感受到爱的温暖，而不是一味只追求成绩。

②家长和教师要重视学生的"尊重的需要"。学生在生活和学习当中感受不到他人的尊重，便会产生一些不愉快的情绪。例如，家长和教师要给学生自我表达的机会，尊重他们的想法，尤其是在生活和学习中维护他们的自尊心，给予学生积极的肯定。

③教师要重视引导学生追求成长需要。例如，先通过激发学生的外部学习动机，让学生先在学生中体验到成就感和收获愉快体验，再将学生的学习行为转化为内部动机，让学生有自我卷入的求知意识。

④教师和家长要消除学生学习的不愉快体验，消除学生的逃避条件作用。家长和教师要真正了解学生认为在学校学习不愉快的原因，帮助学生消除这种体验，让学生感受到同学、老师们对自己的爱与关心以及学习的快乐。

2022年河北师范大学333教育综合真题·凯程详解

一、名词解释

1.教学评价（见2015年北京师范大学真题）

2.学校教育管理体制（见2018年辽宁师范大学真题）

3.《大学》（见2019年华中师范大学真题）

4.小先生制（见2019年浙江师范大学真题）

5.观察学习（见2019年北京师范大学真题）

6.自我效能感（见2014年华东师范大学真题）

二、简答题

1.简述教育对政治的影响。（见2012年北京师范大学真题）

2.简述活动课程的优势和不足。（见2010年北京师范大学真题）

3.简述德育的原则。（见2011年湖南师范大学真题）

4.简述进步主义的局限性。（见2011年南京师范大学真题）

三、论述题

1.论述王守仁的儿童教育思想。（见2016年北京师范大学真题）

2.论述赫尔巴特的教育心理学化思想。（见2013年陕西师范大学真题）

3.（1）材料所体现的评价标准。（材料缺失，解析略）

（2）结合建构主义、学习的实质和影响因素，说一下教学模式。（材料缺失，解析略）

4.（1）家庭、社会、学校对人的发展有什么作用。（材料缺失，解析略）

（2）结合家庭、学校、社会协同共育，学校应该采取什么措施。（材料缺失，解析略）

宝鸡文理学院

2021年宝鸡文理学院333教育综合真题·凯程详解

一、名词解释

1.**学制**（见2019年北京师范大学真题）

2.**课程标准**（见2015年北京师范大学真题）

3.**《大学》**（见2019年华中师范大学真题）

4.**唐朝四门学**

【答】（1）简介：唐代中央官学的主干是国子监领导下的六学一馆，四门学是六学之一。

（2）教育内容：四门学开设全部的儒家经典课，学生可自己选择通经的门数。学历层次也大致相同，只是学生的出身不同。

（3）生源：体现了明显的等级性。四门学接受文武官七品以上及侯伯子男子之为生者，或庶人子有文化知识经考试选拔为进士者。唐代府学、州学、县学等地方官学的生源，学生毕业后可升入中央官学——四门学继续学习。

（4）管理制度：唐代对学生从入学到毕业都有明确规定。四门学学生在入学之始要行"束脩礼"，一般为绢二匹。毕业考及格者，四门学生可补为太学生。

5.**城市学校**（见2014年华东师范大学真题）

6.**新教育运动**（见2019年华东师范大学真题）

二、简答题

1.简述教学与教育、智育的关系。（见2016年东北师范大学真题）

2.简述学科课程的特点。（见2015年山东师范大学真题）

3.简述绝对性评价和相对性评价。

【答】（1）绝对性评价是用目标参照性测验对学生成绩进行的评定。它依据教学目标和教材编制试题来测量学生的学业成绩，判断其是否达到了教学目标的要求，而不以评定学生之间的差别为目的，故绝对性评价也称目标参照性评价。

（2）相对性评价是用常模参照性测验对学生成绩进行的评定。它依据学生个人的成绩在该班学生成绩序列中或常模中所处的位置来评价和决定他的成绩优劣，而不考虑他是否达到教学目标的要求，故相对性评价也称常模参照性评价。

4.简述一个完整的教育心理学研究范式。

【答】（1）理论探讨：其功能在于能够解释已有的知识和预测未来的知识。

（2）课题选择：实际上是确定研究问题。它的选择既要考虑对现实的指导意义，又要考虑其理论价值。

（3）文献资料的收集与查阅：对确定的课题进行文献研究可使我们掌握目前这方面的研究状况、问题，还可以从别人的研究中获得借鉴和启发。

（4）提出研究假设：是研究者对所研究的问题事先做出的预测，是建立在一定理论基础上的可检验的预测。

（5）研究计划的制定：可使研究工作有章可循。

（6）研究方法和对象的选择：具体方法的选择及组合应用，只有对研究问题、研究对象的具体情况和各种研究方法的特性进行综合考虑后才能确定。

（7）研究的具体实施：这是确保教育心理学研究工作最后得出可靠结果的最直接的保障。

（8）研究结果的整理与分析：经过对原始材料进一步的加工处理，才能真正揭示材料的意义。

（9）研究结果的检验：检验研究结果与现有理论和心理现象之间是否相符。

（10）撰写研究报告：研究报告既是对研究工作的概括总结，也是展示、交流研究成果及完善研究的需要。

三、论述题

1.论述教师的主导作用和学生主体性的关系。（见2010年北京师范大学真题）

2.论述孔子树立教师典范的教育思想。（见2018年华中师范大学真题）

3.论述卢梭的自然主义教育思想。（见2012年华东师范大学真题）

4.论述维果茨基的认知发展和教育的关系。（见2021年四川师范大学真题）

2022年宝鸡文理学院333教育综合真题·凯程详解

一、名词解释

1.**狭义的教育目的**（见2015年北京师范大学真题）

2.**课的结构**（见2011年哈尔滨师范大学真题）

3.**导生制**（见2012年北京师范大学真题）

4.**永恒主义教育思潮**（见2014年安徽师范大学真题）

5.**学习**（见2013年陕西师范大学真题）

6.**品德发展**

【答】（1）含义：品德是在人际交往经验获得的过程中形成和发展起来的。通过接受社会规范，执行社会规范，并从行为结果的反馈中强化个体对规范的必要性认识，获得执行规范行为的体验，确立自觉执行规范的动机，从而使品德得以形成和发展。

（2）实质：①品德发展是个体的品德心理结构不断完善和协调发展的过程。②品德发展表现出阶段性特点。③品德发展是个体对社会规范的学习和内化过程。④品德发展过程就是个体不断社会化的过程。

二、简答题

1.简述启发性原则的基本要求。（见2012年北京师范大学真题+2015年华东师范大学真题）

2.简述唐朝科举制对学校教育的影响。（见2010年北京师范大学真题）

3.简述斯巴达教育与雅典教育的不同。（见2019年东北师范大学真题）

4.简述进步主义教育运动的主要特征。（见2018年哈尔滨师范大学真题）

三、论述题

1. 什么是教育的相对独立性与社会制约性？如何协调两者之间的关系？（见 2012 年山东师范大学真题）

2. 论述习近平总书记关于教育论述中"四有"好老师的标准。

【答】（1）有理想信念。好教师应该始终同党和人民站在一起，自觉做中国特色社会主义的坚定信仰者和忠实实践者，忠诚于党和人民的教育事业，自觉把党的教育方针贯彻到教学管理工作全过程。开展好的教育活动，既需要教师具有丰富的知识和扎实的教学能力，又离不开与时俱进的教育价值和观念的引导。要用好课堂讲坛，用好校园阵地，用自己的行动倡导社会主义核心价值观，用自己的学识、阅历、经验点燃学生对真善美的向往。

（2）有道德情操。合格的教师首先应该是道德上的合格者，好教师首先应该是以德施教、以德立身的楷模，牢记立德树人作为教育的根本任务。师德高尚的老师，自觉地将自己的职业与国家的前途命运紧密结合在一起。①热爱教育事业，富有献身精神和人文精神。②热爱学生，诲人不倦。③热爱集体，团结协作。④严于律己，为人师表。

（3）有扎实学识。扎实的知识功底、过硬的教学能力、勤勉的教学态度、科学的教学方法是老师的基本素质，其中知识是根本基础。①做好教师，要有宽厚的文化素养。教师要能够对自己所教的专业融会贯通，能从整体上系统把握，这样才能深入浅出、高瞻远瞩，达到运用自如的境界。②具有专门的教育素养，包括教育理论素养、教育能力素养、教育研究素养，同时富有问题意识、反思能力，善于总结工作中的经验与教训，创造性地解决或改进各种教育问题。③健康的心理素质。教师要有轻松愉快的心境、昂扬振奋的精神、乐观幽默的情绪以及坚韧不拔的毅力等。

（4）有仁爱之心。好教师对学生的教育和引导应该是充满爱心和信任的，要用爱培育爱、激发爱、传播爱，把自己的温暖和情感倾注到每一个学生身上，用欣赏增强学生的信心，用信任树立学生的信心，让每个学生都健康成长，让每个学生都享受成功的喜悦。①了解和研究学生。教师只有深入、细致地了解学生的性格、志趣、爱好、个性，以学生身心发展的特点和规律为教育教学的出发点，充分调动学生发展的积极性才能更好地引导学生实现全面、个性、自主的发展。②树立正确的学生观。教师在了解和研究学生的基础上，要树立以人为本的学生观。③热爱、尊重学生。教师对学生的肯定、接纳、理解与关爱，对学生发展具有重要的作用。

3. 论述陶行知的"教学做合一"教育思想。（见 2014 年北京师范大学真题）

4. 根据皮亚杰的认知理论，谈谈如何促进学生的认识发展。（见 2012 年东北师范大学真题 +2018 年天津师范大学真题）

渤海大学

2021 年渤海大学 333 教育综合真题·凯程详解

一、名词解释

1. 教育的劳动起源（见 2014 年陕西师范大学真题）

2. 小先生制（见 2019 年浙江师范大学真题）

3. 白板说（见 2013 年北京师范大学真题）

4. 支架式教学（见 2018 年江西师范大学真题）

5. 课堂氛围（见 2018 年河南大学真题）

二、简答题

1. 简述体育目标。

【答】（1）学校体育的总目标是：增进学生健康，掌握和应用基本的体育与健康知识以及运动技能，形成运动的兴趣和锻炼的习惯，形成良好的心理品质，提高人际交往的能力与合作精神，形成健康的生活方式和积极进取的生活态度。

（2）体育目标分为运动参与目标、运动技能目标、身体健康目标、心理健康目标（包括品德发展）和社会适应目标。具体如下：

①获得体育的基础知识和技能，形成参与体育活动的态度和行为。包括：体育的运动技能目标，体育的运动参与目标。

②增进身体健康。即体育的身体健康目标。

③提高心理健康水平。即体育的心理健康目标。

④增强社会适应能力，培养良好品行。即体育的社会适应目标。

2.简述师生关系的特点。（见 2019 年中央民族大学真题）

3.简述晏阳初的"四大教育"。（见 2017 年湖南师范大学真题）

4.简述赞科夫的教育思想。（见 2011 年华中师范大学真题 +2017 年北京师范大学真题）

三、论述题

1.论述问题解决能力的培养。（见 2010 年华中师范大学真题）

2.论述蔡元培的"五育"并举。（见 2016 年华东师范大学真题）

2022 年渤海大学 333 教育综合真题·凯程详解

一、名词解释

1.班级授课制（见 2016 年北京师范大学真题）

2.教育叙事研究（见 2015 年宁波大学真题）

3.苏湖教法（见 2014 年北京师范大学真题）

4.《费里教育法》(《费里法案》)（见 2015 年河南师范大学真题）

5.认知风格（见 2019 年杭州师范大学真题）

6.学习（见 2013 年陕西师范大学真题）

二、简答题

1.简述教育目的的社会基础。（见 2016 年宁波大学真题）

2.简述学科课程与经验课程的优缺点。（见 2015 年陕西师范大学真题）

3.简述中国共产党领导的革命根据地教育的基本经验。（见 2020 年华中师范大学真题）

4.简述如何培养和激发学生的成就动机。（见 2021 年江苏师范大学真题）

三、论述题

1.结合实际谈谈教育研究设计有哪些方面的内容。（见 2019 年西南大学真题）

2.论述赫尔巴特的道德教育理论。（见 2012 年华南师范大学真题）

3.论述陶行知的生活教育理论，并分析其历史价值和现实意义。（见 2014 年北京师范大学真题）

大理大学

2021 年大理大学 333 教育综合真题·凯程详解

一、名词解释

1.课程标准（见 2015 年北京师范大学真题）

2.**教科书**（见2017年华南师范大学真题）

3.**有教无类**（见2010年北京师范大学真题）

4.**产婆术**（见2011年北京师范大学真题）

5.**生成性学习**

【答】（1）简介：生成性学习的最初提出者是维特罗克，它属于结构主义的一种教学方法。

（2）含义：生成性学习，就是要训练学生对他们所阅读的东西产生一个类比或表象，如图形、图像、表格或图解等，以加强其深层理解。生成性教学是指在弹性预设的前提下，在教学的展开过程中由教师和学生根据不同的教学情境自主构建教学活动的过程。

6.**刻板印象**（见2019年宁夏大学真题）

二、简答题

1.**简述我国的德育方法。**（见2020年陕西师范大学真题）

2.**简述教学的基本环节。**（见2020年华东师范大学真题）

3.**简述班级授课制的特点。**（见2014年重庆师范大学真题）

4.**简述学习与脑的塑造。**

【答】（1）经验、环境对脑发育的作用：

①个体经验深刻影响脑的结构和发育。身体发育和经验可以引起神经系统的改变，学习训练也可以引起神经细胞和脑的可塑性变化。

②环境对大脑的发育也起着关键作用。大脑的生理变化是经验的结果，而大脑功能的水平在很大程度上取决于其工作时所处的环境状态，服从"用进废退"的规则。

（2）语言与脑发育：

①脑发育促进语言的学习。语言是人类区别于其他动物的重要标志。人类语言的独特性也表现在人脑的功能和结构上。a.人类基本语言神经网络对语言能力的影响。b.大脑左右半球对语言信息的加工。c.脑发育的机会窗口期。

②语言的学习促进脑发育。多项语言研究发现，早期语言学习经验可对儿童的大脑产生影响，改善其原有的不利于语言发展的条件。

因此，教育者要抓住语言发展的敏感期和大脑发育的窗口期。给予语言和环境的刺激，帮助儿童语言发展与大脑发育，并且在早期给予儿童充足的语言互动和良性刺激，帮助儿童发育"社会脑"。

（3）阅读与脑发育：

①脑发育可以促进阅读。大脑在不断地刺激输入知识的过程中，会根据环境的需要适当微调已有的功能，以满足其他的用途。

②阅读可以促进脑发育。已有研究表明，阅读可以刺激大脑神经的发展，促进儿童的大脑发育与建构。

（4）记忆与大脑加工：大脑加工促进人的记忆。记忆就是人脑对外界输入的信息进行编码、存储和提取的过程。

三、论述题

1.**论述教师教学的改进建议。**

【答】（1）教学从"以教育者为中心"转向"以学习者为主体"。传统教学观更注重教师权威，教学有灌输倾向，新型教学观鼓励学生和教师的互动交流，主张教学要引起学生思考和兴趣，使学生愿意投入学习，体现学生的主体性。

（2）教学从"教会学生知识"转向"教会学生学习"。传统教学观以传授知识、灌输知识、巩固练习为主，忽视了知识是怎么总结出来的，是怎么演化的，用什么方式可以获取知识；新型教学观要求教师指导学生掌握基本的学习过程，指导学生了解学科特征，掌握学科研究方法，培养学生良好的学习习惯和态度，促进学生学会学习和自主学习。

（3）教学从"重结论轻过程"转向"重结论的同时更重过程"。传统教学观重在考试结果，忽视学生的学习过程和方法，也忽视了学生学习的情感；新型教学主张创设生活情境，生活情境要生动形象且符合实际特点。同时，教师要加强引导，教学的本质在于引导。

（4）教学从"关注学科"转向"关注学生本身"。传统教学观中以学科为本位的教学理念的局限是重认知轻情感，重教书轻育人。新型教学观关注人的教学理念的表现：关注每一位学生，关注学生的情绪生活和情感体验，关注学生的道德生活和人格养成。

  2.论述教师的主导作用与学生主体性的关系。（见 2010 年北京师范大学真题）

  3.论述教育与政治经济制度的关系。（见 2018 年南京师范大学真题）

  4.论述杜威的教育即经验及生长。（见 2018 年东北师范大学真题）

2022 年大理大学 333 教育综合真题·凯程详解

一、名词解释

  1.内隐学习（见 2019 年浙江师范大学真题）

  2.终身教育（见 2011 年华东师范大学真题）

  3.普雷马克原理（见 2018 年西北师范大学真题）

  4."六艺"（见 2012 年华东师范大学真题）

  5.教育性教学（见 2013 年上海师范大学真题）

  6.自我卷入的学习者

  【答】自我卷入的学习者是指以让他人对自己的表现做出好评为目标的学生。这类学生有向他人展示自己才智和能力的意愿，但极力回避那些可能失败或会表现出自己低能的情境，因此，他们倾向于选择那些容易实现并能够证明自己有能力的工作。

二、简答题

  1.简述夸美纽斯泛智教育思想的基本观点。（见 2020 年湖南师范大学真题）

  2.简述陶行知的"生活即教育"的基本观点。（见 2014 年北京师范大学真题）

  3.简述卢梭提出的三种不同教育类型的基本观点及其评价。

  【答】（1）卢梭的自然教育理论。（见 2012 年华东师范大学真题）

  （2）公民教育理论：①教育管理：当资本主义社会民主制度建立后，国家应该管理教育，实现人人平等的普及教育制度。②促进平等：帮助贫民子弟入学。③教育目的：理想国家的教育目的是培养忠诚的爱国者。④教师任用：国家负责管理和任用教师，教师需由本国公民担任。⑤教育内容：体育是教育里最重要的部分。此外，德智并重，尽早施教。⑥教育方法：尊重孩子的天性与自由，教育要以儿童为中心，通过消极教育和自然后果法实施教育。

  评价：从卢梭的公民教育思想里也可以看出其对封建社会的痛恨，对理想社会的期待和憧憬。他认为未来的理想国家能够照顾贫苦大众，尤其是建立平等的教育制度，当社会制度更优越时，普及教育的任务当然就要交给国家。

  （3）女子教育论。卢梭关于女子教育的观点是从其"回归自然"的基本思想中引申出来的。主要内容：①"小家碧玉，贤妻良母"是其教育目标。②他主张女孩首先要培养健康的身体，但更着重于培养灵巧，这有益于生育健壮的孩子和获得良好的身段。③女子要学习唱歌、跳舞等艺术活动。④认为女子没有相当精细的头脑和集中的注意力去研究严密的科学。

  评价：针对当时社会贵族妇女不事家务、奢侈放荡的风气来说，他的女子教育思想就是一种进步，因为他提出女子和男子一样，也要接受教育。但他在女子教育问题上总的倾向是保守的，达不到真正发掘女性的智慧潜力，解放女性的目的。

  4.简述存在主义教育的主要观点。（见 2010 年安徽师范大学真题）

三、论述题

  1.论述培养人的教育活动之"实践"品性。

  【答】教育是一种有目的地培养人的社会活动，而教育活动的实践品性体现在这几个方面：

  （1）教育是促进个体个性化与社会化的过程。教育的产生是由社会发展和人的发展的需要共同决定的，同时，又是由社会要求和个体心理水平间的矛盾所决定的，教育的过程就是生物学意义上的个体转化为社会中的个体的过程。这个定义体现了教育的实践性。

（2）教育是有目的地培养人的社会活动。教育的目的是有目的地选择目标、组织内容及活动方式来培养人、促进人的发展。其首要的任务是促进年轻一代体、智、德、美、行（实践智慧与能力）的全面发展，使他们从生物人逐步成长为社会人，进而成为适应与促进社会生活各个方面发展需要的人。

（3）教育是教育者引导受教育者学习、传承、践行人类经验的互动活动。年轻一代需要由有经验的父母、年长一代，或学有专长的教师有目的地进行引导才能有效地发展他们的智能和品行，把他们培养成能适应并能促进社会发展需要的人和各种专门人才。所以教育是教育者引导受教育者学习、传承、践行人类经验的互动的活动。

（4）教育是激励与教导受教育者自觉学习和自我教育的活动。教育者与受教育者的教学互动是以激励学生自学为基础、为动力的，旨在使青少年学生积极主动地成为自觉学习、自我教育的人。总之，教育是有目的地引导受教育者能动地学习与自我教育以促进其身心发展的活动。

2.论述教学过程是一种特殊的认识过程。（见2010年广西师范大学真题）

3.论述德育过程是培养学生知、情、意、行整体和谐发展的过程。（见2015年北京师范大学真题）

四、材料题

从教育与社会发展的关系来看，对上述现象进行分析。

【答】（1）政治经济制度制约着受教育权，这也决定了受教育者的教育公平。①确保人人都享有平等的受教育的权利和义务；②提供相对平等的受教育的机会和条件；③教育成功机会和教育效果的相对均等，即每个学生接受同等水平的教育后能达到一个最基本的标准，包括学生的学业成绩上的实质性公平及教育质量公平、目标层面上的平等。其中，确保人人都有受教育的机会是前提和基础，提供相对平等的受教育机会和条件是进一步的要求，也是教育成功机会和教育效果相对均等的前提。城乡教育均衡发展为学生提供了平等的教育机会和教育过程。

（2）政治经济制度制约着教育目的。教育目的是一个社会的政治经济制度对教育所提出的主观要求和集中体现，它直接反映着统治阶级的利益和需要。我国的教育目的是培养德、智、体、美、劳全面发展的人才，而当前背景下学校过度追求分数成绩，使得学生学习负担过重，身心发展出现了问题，教育与生活相脱离，培养的人才不符合市场对人才的要求，这些都与我国的教育目的相背离。"双减"政策出台的目的是通过加强学校教育，提高学校课堂教学质量，优化作业布置，提升课后活动质量，减轻学生的课余负担，从而提升学生的综合素养，构建教育良好生态。"双减"也减轻了家长的精神负担和家庭的经济负担，让学科教育重新回归学校主阵地。

佛山科学技术学院

2021年佛山科学技术学院333教育综合真题·凯程详解

一、名词解释

1.学校管理（见2015年北京师范大学真题）

2.教学评价（见2015年北京师范大学真题）

3.德育（见2015年华南师范大学真题）

4.教学（见2013年陕西师范大学真题）

5.《学记》（见2013年东北师范大学真题）

6.《巴尔福法案》（见2014年福建师范大学真题）

二、简答题

1. 简述教学原则。（见2018年东北师范大学真题）
2. 简述维果茨基的教学与认知发展。（见2021年四川师范大学真题）
3. 简述科举制度的影响。（见2019年华中师范大学真题）
4. 简述美国20世纪30年代的要素主义教育。（见2016年华东师范大学真题）

三、论述题

1. 用教育功能论述关爱留守儿童的重要性。
【答】（1）教育功能。（见2010年东北师范大学真题）
（2）留守儿童教育的重要性分析。（见2017年河北师范大学真题）
2. 论述卢梭的教育理论。（见2012年华东师范大学真题）
3. 论述梁漱溟的教育理论。（见2019年华南师范大学真题）

2022年佛山科学技术学院333教育综合真题·凯程详解

一、名词解释

1. 教育内容（见2019年哈尔滨师范大学真题）
2. 德育中的长善救失原则（见2020年西北师范大学真题）
3. 课程标准（见2015年北京师范大学真题）
4. 《四书章句集注》（见2014年云南师范大学真题）
5. 骑士教育（见2010年华东师范大学真题）
6. 苏霍姆林斯基（见2019年山西师范大学真题）

二、简答题

1. 简述教育在我国社会主义建设中的地位和作用。（见2015年华南师范大学真题）
2. 简述我国新一轮基础教育改革的具体目标。（见2014年陕西师范大学真题+2017年东北师范大学真题）
3. 简述认知结构理论中关于迁移的主要观点。（见2012年内蒙古师范大学真题）
4. 简述蔡元培的教育思想。（见2013年北京师范大学真题）

三、论述题

1. 结合道德形成的过程和影响因素，论述培养道德的方法。（见2020年陕西师范大学真题）
2. 2020年7月15日，教育部颁布《大中小学劳动教育指导纲要（试行）》文件，试结合相关内容论述实施劳动教育的途径、关键环节和评价。

【答】（1）实施劳动教育的途径：

①独立开设劳动教育必修课。在大、中、小学设立劳动教育必修课程。

②在学科专业中有机渗透劳动教育。中小学道德与法治（思想政治）、语文、历史、艺术等学科要有重点地纳入劳动教育。数学、科学、地理、技术、体育与健康等学科要注重培养学生劳动的科学态度、规范意识、效率观念和创新精神。

③在课外校外活动中安排劳动实践。将劳动教育与学生的个人生活、校园生活和社会生活有机结合起来，丰富劳动体验，提高劳动能力，深化对劳动价值的理解。

④在校园文化建设中强化劳动文化。学校要将劳动习惯、劳动品质的养成教育融入校园文化建设之中。

（2）实施劳动教育的关键环节：

①讲解说明。围绕劳动为什么、是什么问题，有重点地进行讲解，让学生懂得劳动的意义和价值。加强劳动知识技能的讲解，让学生认清事理，掌握实践操作的基本原理、程序、规则，正确使用工具的方法和技术。讲解要与启发思考、示范、练习等结合起来。

②淬炼操作。围绕如何做的问题，注重示范与练习，让学生会劳动。强化规范意识，注重从最基本的程序学起，严守规则，避免主观随意。强化质量意识，注重引导学生关注细节，每个步骤、环节都要精准到位。强化专

注品质，注重引导学生对操作行为的评估与监控，做到眼到、手到、心到，有始有终。

③项目实践。围绕劳动能力的培养，让学生完成真实、综合任务，经历完整劳动过程。注重劳动价值体认，引导学生从现实生活中发现需求，选择和确定劳动项目。引导学生对项目实践进行整体构思，综合运用所学知识、技术，不断优化行动方案。强化身体力行，锤炼意志品质，敢于在困难与挑战中完成行动任务。

④反思交流。围绕劳动价值意义的建构，引导学生总结、交流，促进学生形成反思交流习惯。指导学生思考劳动过程和结果与社会进步、个体成长的关联，避免停留在简单的苦乐体验上。

⑤榜样激励。围绕劳动的精神追求，树立典型，激发劳动热情。注意遴选、树立多类型榜样，不仅要有大国工匠、劳动模范，还要有身边劳动表现优异的普通劳动者和同学。

（3）实施劳动教育的评价：将劳动素养纳入学生综合素质评价体系。以劳动教育目标、内容要求为依据，将过程性评价和结果性评价结合起来，健全和完善学生劳动素养评价标准、程序和方法，鼓励、支持各地利用大数据、云平台、物联网等现代信息技术手段，开展劳动教育过程监测与纪实评价，发挥评价的育人导向和反馈改进功能。

①平时表现评价。要在平时劳动教育实践活动中及时进行评价，以评价促进学生发展。要覆盖各类型劳动教育活动，明确学年劳动实践类型、次数、时间等考核要求。以自我评价为主，辅以他评方式，指导学生进行反思改进。要指导学生如实记录劳动教育活动情况，收集整理相关制品、作品等，选择代表性的写实记录，纳入综合素质档案，作为学生学年评优评先的重要参考。

②学段综合评价。学段结束时，要依据学段目标和内容，结合综合素质档案分析，兼顾必修课学习和课外劳动实践，对劳动观念、劳动能力、劳动精神、劳动习惯和品质等劳动素养发展状况进行综合评定。建立诚信机制，实行写实记录抽查制度，推动将学段综合评价结果作为学生升学、就业的重要参考。

③开展学生劳动素养监测。将学生劳动素养监测纳入基础教育质量监测、职业院校教学质量评估和普通高等学校本科教学质量评估。可委托有关专业机构，定期组织开展关于学生劳动素养状况调查，注重学生劳动观念、劳动能力、劳动精神、劳动习惯和品质等的监测。发挥监测结果的示范引导、反馈改进等功能。

3.试述黄炎培的职业道德教育思想。（见2018年华中师范大学真题）

4.结合实际，谈谈道尔顿制的利弊。（见2015年杭州师范大学真题）

合肥师范学院

2021年合肥师范学院333教育综合真题·凯程详解

一、名词解释

1.教学（见2013年陕西师范大学真题）

2.学校教育制度（见2019年北京师范大学真题）

3.人的发展（见2019年华中师范大学真题）

4.学校德育（见2018年西北师范大学真题）

5.《颜氏家训》（见2019年北京师范大学真题）

6.朱子读书法（见2015年东北师范大学真题）

二、简答题

1.简述教学过程的性质。（见2013年陕西师范大学真题）

2.简述创造力与智力的关系。（见2015年湖南师范大学真题）

3.简述教师劳动的特点。（见2015年东北师范大学真题）

4.简述裴斯泰洛齐的教育思想。（见2020年东北师范大学真题）

三、论述题

1.论述教育的经济功能。（见 2019 年华东师范大学真题）

2.论述蔡元培的教育实践及影响（改革北京大学）。（见 2011 年北京师范大学真题 +2013 年北京师范大学真题）

3.论述杜威的教育思想及其历史影响。（见 2011 年北京师范大学真题）

4.论述皮亚杰的认知发展理论的主要观点及启示。（见 2012 年东北师范大学真题 +2018 年天津师范大学真题）

2022 年合肥师范学院 333 教育综合真题·凯程详解

一、名词解释

1."六艺"（见 2012 年华东师范大学真题）

2.骑士教育（见 2010 年华东师范大学真题）

3.苏区教育

【答】（1）简介：苏区教育工作的目的、内容、形式和特点，即一切服务于战争，因陋就简，因地制宜，多种渠道，多种形式地办教育。

（2）发展时期：1931 年 11 月以前，为形成期；1931 年 11 月—1932 年 12 月，为逐步发展期；1933 年 1 月—1934 年 9 月，为逐步"正规化"时期。1934 年 9 月—1935 年 10 月长征部队到达陕北，苏区教育出现新局面。

（3）学校形式：①各种夜校，如读书班、星期学校等，对象多为成年人；②列宁小学、劳动小学，对象主要为儿童；③专门学校，如师范学校、艺术学校、农业学校等；④培养高级干部的学校。这四种形式的学校承担着三类教育任务，即干部教育、成人教育和儿童教育。

4.心理发展（见 2015 年华中师范大学真题）

5.社会性学习理论（见 2010 年宁夏大学真题）

6.陶行知（见 2013 年内蒙古师范大学真题）

二、简答题

1.简述教育的社会制约性。（见 2012 年华南师范大学真题）

2.简述夸美纽斯的主要思想。（见 2016 年西南大学真题）

3.简述马克思关于人的全面发展的思想内涵。（见 2017 年华南师范大学真题）

4.简述韦纳的成败归因理论。（见 2019 年北京师范大学真题）

5.简述如何培养学生问题解决的能力。（见 2010 年华中师范大学真题）

三、论述题

1.论述维果茨基的教学与发展观及其教育启示。（见 2018 年湖南师范大学真题 +2018 年杭州师范大学真题）

2.论述蔡元培的教育思想对中国教育发展的主要贡献。（见 2013 年北京师范大学真题）

四、材料分析题

1.（1）劳动教育的意义是什么？劳动教育如何与德育、智育、体育、美育融合？

（2）学校如何开展劳动教育活动？

【答】（1）劳动教育的意义。（见 2021 年安徽师范大学真题）

苏霍姆林斯基提出劳动教育应与各育相结合，应对个性与才能具有发展作用，劳动教育应有明确的目的性、多样化、经常化、持续性、弹力性诸要求，要培养劳动的创造性，使智、体、劳动活动相结合以及劳动教育应与多方面的精神生活相结合。他也同时总结了实施劳动教育的许多实际措施：

①要为劳动教育的实施提供一定的场所、工具、设备等物质基础，通过劳动教学大纲所规定的必修课和课外活动小组中的课外劳动教学实行多种劳动技能、技巧教育。

②实施以科学技术进步为主要内容的劳动教育和综合技术教育，也实施必要的、对全面发展起重要作用的手工劳动教育，注重以儿童自我服务为内容的劳动教育等。

③在劳动教育方法中，苏霍姆林斯基介绍并论证了树立优秀的劳动榜样、对所进行的劳动过程和操作方式加以复习、经常完成集体劳动作业、开展劳动创造精神、劳动技艺和劳动在美学上的表现的竞赛等多种劳动教育方法。

④为了使劳动活动充分发挥它在全面发展教育中的作用，苏霍姆林斯基也阐述了在学校教育中建立劳动制度的重要意义。提出建立正确的劳动制度应有三个条件：智力劳动和体力劳动的结合与交替；由学生自由选择最适合他个人的才能与兴趣的劳动项目；必须给学生以足够的空余时间。

经过这种全面的劳动教育，才能完成理想的目标。而这种劳动教育目标的实现可以保证整个教育目的的实现。

（2）学校开展劳动教育活动。（见2020年首都师范大学真题）

2.结合相关材料，谈谈教师如何利用"惩戒"这把尺子。（见2020年贵州师范大学真题）

湖南科技大学

2021年湖南科技大学333教育综合真题·凯程详解

一、名词解释

1.朱子读书法（见2015年东北师范大学真题）

2.课程标准（见2015年北京师范大学真题）

3.内隐学习（见2019年浙江师范大学真题）

4.最近发展区（见2011年北京师范大学真题）

5.校长负责制（见2016年北京师范大学真题）

6.小先生制（见2019年浙江师范大学真题）

二、简答题

1.简述教师教育素养的构成。（见2014年北京师范大学真题）

2.简述夸美纽斯的"教育适应自然原则"。（见2012年西南大学真题）

3.简述学生不良品德的成因。（见2012年华南师范大学真题）

4.简述接受学习与探索学习的异同。（见2014年华中师范大学真题）

三、论述题

1.论述教书与育人的关系，并结合实际，谈谈教学中如何处理这个关系。（见2014年西南大学真题）

2.论述中世纪大学产生的原因、办学特色、历史地位。（见2010年陕西师范大学真题+2018年南京师范大学真题）

3.论述美国进步教育运动的观点及现实意义。（见2014年江西师范大学真题+2015年福建师范大学真题）

4.论述教育的相对独立性，并在此基础上分析教育先行观点。（见2014年华南师范大学真题）

2022年湖南科技大学333教育综合真题·凯程详解

一、名词解释

1.流体智力（见2012年东北师范大学真题）

2.教育目的（见2015年北京师范大学真题）

3. 活动课程（见 2013 年东北师范大学真题）

4. 张之洞的中体西用（见 2011 年北京师范大学真题）

5. "六经"（见 2016 年天津师范大学真题）

6. 学习策略（见 2015 年北京师范大学真题）

二、简答题

1. 简述教学过程应该处理好的几种关系。（见 2011 年东北师范大学真题）

2. 简述影响人发展的基本因素。（见 2015 年北京师范大学真题）

3. 简述夸美纽斯的班级授课制及其意义。（见 2014 年北京师范大学真题）

4. 简述泰勒课程原理的四个基本问题。（见 2012 年华东师范大学真题）

三、论述题

1. 结合实际，论述《学记》的教育教学原则及现实意义。（见 2011 年东北师范大学真题 +2014 年东北师范大学真题）

2. 在实践中如何处理好教育价值取向和遵循教育规律的关系？

【答】（1）教育价值与教育规律：

①教育价值：指教育具有满足个体或者社会需要这一关系的意义；教育价值的重要体现在有效实现教育目的和教育目标。教育价值取向，主要是指教育目的的价值取向问题，包括个人本位论、社会本位论。

②教育规律：是在众多教育经验的基础上，通过抽象概括总结出来的反映事物本质特征或教育发展必然趋势的规律。它摆脱了教育实践的具体形式和地点、时间、类别的种种限制，而具有普遍性、客观性和永恒性的特点。

（2）教育价值取向和遵循教育规律的关系：

①都是教育学的研究任务之一。教育学以培养人的教育活动为研究对象，是一门研究教育现象和问题，揭示教育本质、教育规律和探讨教育价值、教育艺术的学科。

②研究的侧重点不同。教育的价值取向是一种倾向，只有那些有价值的，能引起社会普遍关注的教育现象和教育问题才能构成教育学的研究对象。而教育规律是教育现象同其他社会现象或教育现象内部各构成要素之间的固有矛盾，或彼此间的内在联系。

③互相影响，不可分割。无论何种教育的价值取向都应遵循教育的基本规律，正如一切道理皆有规律可循一样，但是教育规律并非一成不变，它也会受经济政治制度以及教育的价值取向的改变而改变。

3. 论述因材施教的教育心理学依据。

【答】（1）含义：因材施教最早是由孔子提出的，是指教师从学生的实际情况和个别差异出发，有的放矢地进行有差别的教学，使每个学生都能扬长避短，获得最佳发展。

（2）教育心理学依据：

①认知水平的差异，主要表现在智力水平的差异。智力存在个体差异，主要表现在：智力类型上的差异（观察力、记忆力、思维能力等）、智力发展水平上的差异、智力发展速度上的差异、智力发展性别上的差异。针对认知水平差异，要求教育者在进行教育时要按能力分组，进行因材施教，设置不同的教育目标，选择不同的教育方式。

②认知方式的差异，是指学生在加工信息时所习惯采用的不同方式，具有持久性和一致性的特点。表现在：知觉方式差异、记忆方式差异、思维方式差异、认知反应方式差异。教师应该因材施教，帮助学生识别自己的认知方式。

③心理发展的性格差异。性格指人在现实的稳定态度和习惯化的行为方式中所表现出来的个性心理特征，如认真或马虎、勇敢或怯懦、谦虚或骄傲、自律或懒散等，学生的性格差异因人而异，学生在性格方面的差异主要表现在学习动机、学习习惯和学习方式上。

④心理发展的气质差异。气质主要指人的心理活动动力特征的总和，它是人们典型的、稳定的心理特征。气质类型主要有四种，即胆汁质、多血质、黏液质、抑郁质，由于气质特点不同，采取的教育方式也有所不同，这就要求教师在教学中做到对不同气质特点的学生因材施教。

4. 论述"返回基础"教育的优缺点及对现代教育改革的启示。

【答】（1）"返回基础"教育的优缺点。（见 2018 年杭州师范大学真题）

（2）启示（言之有理即可）：

①警惕"轻视知识"教育思潮。"返回基础"教育运动是强调基础知识，重视教育质量的基础教育课程改革运动，其中，"基础"指的是"基础知识"，包括学生日常学习和生活所需的知识及技能，"返回基础"就是把学生日常学习的重心放在基础知识的学习和掌握上，由此可知，"返回基础"教育运动是对知识的追求和保障。

②发挥教师主导性作用。"返回基础"教育运动告诉我们，过度自由带来的是学风涣散、学习混乱。因此，我们必须厘清教学过程中教师和学生的关系，使其各司其职，完成各自的任务。

③完善课程评价体系。美国"返回基础"教育运动在课程评价方面主要依赖最低能力测试制度，通过能力标准测试来衡量学生的学业水平。作为衡量学生成绩（知识和技能的表现）的标准化测试，我国幅员辽阔，各地区、省市经济发展水平、文化背景差异大，学习内容也不尽相同，课程评价问题凸显，所以完善课程评价体系十分重要。

湖州师范学院

2021 年湖州师范学院 333 教育综合真题·凯程详解

一、名词解释

1. 活动课程（见 2013 年东北师范大学真题）
2. 八条目（见 2018 年浙江师范大学真题）
3. 恩物（见 2012 年北京师范大学真题）
4. 美育（见 2010 年东北师范大学真题）
5. 社会性发展（见 2015 年北京师范大学真题）
6. 加德纳的多元智力理论（见 2011 年华南师范大学真题）

二、简答题

1. 简述教育与政治制度的关系。（见 2014 年天津师范大学真题）
2. 简述成功智力理论。（见 2016 年杭州师范大学真题）
3. 简述教育的相对独立性。（见 2010 年华中师范大学真题）
4. 简述熙宁兴学。（见 2016 年西北师范大学真题）

三、论述题

1. 学习动机理论有哪些？如何激发学习动机？（见 2010 年东北师范大学真题 +2012 年华东师范大学真题）
2. 论述进步主义教育运动。（见 2014 年江西师范大学真题 +2015 年福建师范大学真题）
3. 论述德育过程的特点。（见 2019 年北京师范大学真题）
4. 论述晏阳初的乡村教育实验。（见 2017 年湖南师范大学真题）

2022 年湖州师范学院 333 教育综合真题·凯程详解

一、名词解释

1. 学校管理（见 2015 年北京师范大学真题）
2. 德育（见 2015 年华南师范大学真题）
3. 骑士教育（见 2010 年华东师范大学真题）

4. 程序性知识（见 2018 年华东师范大学真题）

二、简答题

1. 简述汉武帝的三大文教政策。（见 2010 年陕西师范大学真题）
2. 简述班主任的素养。（见 2015 年华东师范大学真题）

三、论述题

1. 论述苏格拉底的教育思想。（见 2018 年华南师范大学真题）
2. 论述教育的社会流动功能。（见 2010 年北京师范大学真题）
3. 论述教育心理学的发展过程、未来研究趋势。（见 2020 年哈尔滨师范大学真题 +2014 年山西师范大学真题）
4. 论述陈鹤琴的"活教育"。（见 2015 年北京师范大学真题）

淮北师范大学

2021 年淮北师范大学 333 教育综合真题·凯程详解

一、名词解释

1. 终身教育（见 2011 年华东师范大学真题）
2. 诊断性评价（见 2013 年首都师范大学真题）
3. 最近发展区（见 2011 年北京师范大学真题）
4. "六三三"学制（见 2010 年北京师范大学真题）
5. 学习策略（见 2015 年北京师范大学真题）

二、简答题

1. 简述科尔伯格的三水平六阶段。（见 2013 年华东师范大学真题）
2. 简述素质教育的内涵。（见 2010 年东北师范大学真题）
3. 简述建构主义学习观。（见 2013 年华东师范大学真题）
4. 简述韩愈的《师说》中体现的教育思想。（见 2018 年北京师范大学真题）

三、论述题

1. 论述教学原则及其要求。（见 2018 年东北师范大学真题）
2. 论述要素主义教育。（见 2016 年华东师范大学真题）
3. 论述皮亚杰的认知发展理论及其对教育教学的启示。（见 2012 年东北师范大学真题 +2018 年天津师范大学真题）
4. 论述如何做个"四有"好老师。（见 2022 年宝鸡文理学院真题）

2022 年淮北师范大学 333 教育综合真题·凯程详解

一、名词解释

1. 课程（见 2019 年北京师范大学真题）
2. 学校教育制度（见 2019 年北京师范大学真题）

3.产婆术（见2011年北京师范大学真题）

4.有教无类（见2010年北京师范大学真题）

5.心理素质

【答】（1）含义：心理素质是以生理条件为基础的，将外在获得的刺激内化成稳定的、基本的、内在的，具有基础、衍生、发展和自组织功能的，并与人的精神活动和实践活动密切联系的心理品质。心理素质是一个具有基础性、衍生性、发展性和自组织功能的复杂的、动态的、同构的自组织系统。

（2）结构：心理素质的结构是指心理素质的构成成分。研究表明，学生心理素质由认知品质、个性品质和适应性（或适应能力）三个基本维度构成。

二、简答题

1.简述赫尔巴特的传统教育阶段。（见2017年东北师范大学真题）

2.简述学科课程和活动课程各自的优点和缺点。（见2015年陕西师范大学真题）

3.简述洋务教育的特点。（见2013年西南大学真题）

4.简述生产力对教育的制约。（见2018年华南师范大学真题）

5.简述人本主义教育的观点。（见2017年华中师范大学真题）

三、论述题

1.论述学生认知差异的表现及教育对策。（见2017年广西师范大学真题）

2.论述儒家教育思想的特点及对当今教育的影响。

【答】（1）儒家教育思想的特点。

①重视教育作用：儒家学派重视教育在社会发展中所起的作用，认为教育与经济政治密切相关。孔子阐明其"庶、富、教"的施政大纲，提出通过良好的教育教化民众，取信于民，统治者才能得到百姓的拥护。关于教育对个体身心发展的影响，孔子提出"性相近也，习相远也"。孟子和荀子分别从"性善论"和"性恶论"阐述了教育对于个人的意义。

②贤士人才观：孔子主张以"德政"治国安民，而"德政"就是靠贤士来推行的。孟子认为学校教育的根本目标就是造就遵循"人伦"关系的仁义之士，这样的人再修炼就能成为"富贵不能淫，贫贱不能移，威武不能屈"的大丈夫。荀子价值观中的理想人才是"大儒"。

③德育教育：孔子把道德教育放在首位。而德的外在表现则是"礼""仁"，这也是儒家思想的核心。对于道德教育，孔子提出许多行之有效的方法，如将慎言敏行、内省和外察结合等。孟子也提出"持志养气""反求诸己"等修养道德的方法。荀子认为"积善成德"的过程在于通过"自省"的方式达到道德修养的高度自觉。

④科学的教学方法：孔子"有教无类"的思想满足了平民受教育的愿望。在教学方法上，孔子提出启发诱导、因材施教的方法；在学习方法上，他提出"学、思、行结合"等。孟子还提出"深造自得"。荀子提出"闻见、知、行"。而在此之后的儒家学者基本只在这些方法的基础上有所损益变化。

（2）儒家教育思想的影响。

①扩大教育基础：孔子是中国历史上第一个把教育播向平民的人，打破了"学在官府"的局限，扩大了教育的社会基础，尤其是满足了平民入学受教育的愿望。同时也有利于开发人才的来源，促进了百家争鸣的文化繁荣，客观上为新兴地主阶级掌握文化教育，登上历史舞台准备了条件。

②重视德育：尽管儒家的伦理道德体系中有很多落后守旧的成分，但不容否认的是它依旧比较全面地调节了中国封建社会的人与人的关系，对中华民族的精神文明和民族性格的形成都产生过良好而深刻的影响。当今，我们依旧非常重视教育在完善个体的道德情操和人格方面的重要作用，这与儒家教育思想中重视德育的思想是分不开的。

③科学教学：儒家学派拥有一套科学完备的教学方法，儒家学者对于师生关系、教育和学习的观念和方法都有正确而清楚的认识。从孔子的"三人行，必有我师焉"到韩愈的"道之所存，师之所存也"，强调了知识与老师的关系。在学习方法上，儒家学者主张的学、思、问、行相结合及"专心有恒""善假于物"等都是科学的、行之有效的学习方法。后世也对这套方法有所借鉴和践行。

3.论述实施道德教育的方法和途径。（见2014年北京师范大学真题+2020年陕西师范大学真题）

4.题目缺失，解析略。

5.题目缺失，解析略。

四、材料分析题

（1）"双减"政策下，教师应如何布置作业呢？

（2）结合材料，谈谈教师批改作业的基本要求。

【答】（1）"双减"政策下，教师应从以下方面来布置作业。

①从作业目标看：a.明确的作业目的性，教师布置任何作业所要达成的学习目标都必须是和课堂的课时目标密切相关的。b.作业目标的针对性。唯有回应学生学情的作业才能保证作业任务的精准和不可或缺。c.作业目标的整合性。尽可能让学生通过一个作业的完成达成多个环环相扣的学习目标，追求作业经历的附加值，达到事半功倍的学习效果。d.作业目标的层次性构成了作业设计在目标方面的又一条标准，是学生学情的针对性标准这一原则的进一步细化和落实。

②从作业内容看：重视作业内容的生活性，积极与学生的经验相联系、与现实生活相联系，从而让学生能够通过作业体验来感知学习的意义与价值，即作业的完成过程也是一个现实生活实际问题解决的过程。

③从作业形式看：作业形式的多样性，能够让学生富有变化的经历学习的过程，就很容易消解单一形式可能给学生带来的学习负面感受，从而让学生在"寓学于变"中兴致盎然地展开学习。例如，小组任务和独立任务的作业；口头作业、动手实操作业等形式，让学生在过程中体验学习。同时，要避免家长"做作业"的现象，真正意义上地让学生从作业中巩固知识，高效学习。

④从作业量看：教师应该布置典型性、层次性、趣味性、开放性作业，避免布置大量的重复性、单一性、机械性以及封闭性的作业；依据课程标准设计，保证作业难度适中；以学生问题为中心，布置适合学生发展的必要作业量。

（2）教师批改作业的基本要求。

①作业评价语言的丰富性。大部分学者提出教师应当减少使用甚至避免使用类似"√"与"×"这样的传统符号来批改作业，多使用诸如暗示性等符号与鼓励赞赏型话语，以此来适应学生的心理需求、提高学生的兴趣、增进学生的自信心。

②作业评价要引导学生形成正确态度与良好心理。评价目的是激发学生的学习兴趣和积极性，增强他们学习的自信心。对作业中的问题要指出不足并指明方向，促使他们积极向上；逐渐培养他们对自身学习情况分析的意识。

③在作业批改评价的模式与方法上实行全方位多元评价。将作业中体现学生的态度、解题速度、创新程度、规范程度等方面纳入评价标准。同时，作业批改还可以采取结果性评价与过程性评价相结合、总体评价与分层评价相结合等方式，采用动态、持续且具有针对性的评价利于激发学生学习内驱力、形成自我反思的习惯，助力其全面发展。

总体而言，作业评价方式应具备激励性、针对性与过程性，充分考虑评价目的、评价维度与评价标准等，强调学生的获得感以及对反馈的正确解读与使用。

吉林师范大学

2021 年吉林师范大学 333 教育综合真题·凯程详解

一、名词解释

1. 社会流动功能（见 2011 年华南师范大学真题）

2. 课程标准（见 2015 年北京师范大学真题）

3. 负强化（见 2019 年华中师范大学真题）

4. 顺应（见 2021 年福建师范大学真题）

5. 学在官府（见 2017 年华中师范大学真题）

6. 有教无类（见 2010 年北京师范大学真题）

7. 昆西教学法（见 2018 年浙江师范大学真题）

8. 平行教育原则（见 2021 年杭州师范大学真题）

二、简答题

1. 简述现代教育发展中人的地位和价值发生的变化。（见 2011 年四川师范大学真题）

2. 简述综合实践活动的本质和内容。

【答】（1）本质。（见 2013 年江苏师范大学真题）

（2）内容：综合实践活动是指在教师的引导下，密切联系学生自身生活和社会实际，让学生自主进行综合实践，积累解决实际问题的经验，提高将综合知识应用于实践的能力的教育。其内容主要包括研究性学习、社区服务、社会实践、劳动技术和信息技术等。

3. 简述奥苏伯尔的学习理论。（见 2019 年东北师范大学真题）

4. 简述我国新一轮基础教育课程改革对教师提出的新要求。（见 2017 年贵州师范大学真题）

三、论述题

1. 请用艾宾浩斯的遗忘规律分析小强考试成绩不理想的原因，并用遗忘规律给出学习过程中的有效复习对策。（见 2017 年江西师范大学真题 +2018 年广西师范大学真题）

2. 为什么终身教育会成为现代教育制度的发展方向，怎样才能朝着终身教育的方向发展？（见 2015 年北京师范大学真题 +2014 年湖北大学真题）

3. 述评世界上第一本教育学专著中的主要教育思想。（见 2011 年东北师范大学真题）

4. 述评杜威的教育本质观。（见 2018 年东北师范大学真题）

2022 年吉林师范大学 333 教育综合真题·凯程详解

一、名词解释

1. 活动课程（见 2013 年东北师范大学真题）

2. 形成性评价（见 2013 年华中师范大学真题）

3. 泛智教育（见 2010 年陕西师范大学真题）

4.《颜氏家训》（见 2019 年北京师范大学真题）

5. 二级强化

【答】（1）简介：强化是指能够增强反应率的后果，对强化的控制就是对行为的控制。强化可划分为一级强化和二级强化。一级强化满足人和动物的基本生理需要，如食物、水、安全、温暖与性等。

（2）含义：二级强化是指任何一个中性刺激与一级强化反复结合后，自身获得强化效力。以金钱为例，对于婴儿而言，它不是强化物，但当小孩知道钱能换来糖果时，它就能对小孩的行为产生效果。分数也是受到教师的注意后才具有强化性质的。二级强化可分为社会强化（社会接纳、微笑）、实物（物体，如钱、级别以及奖品等）和活动（自由地玩、听音乐以及旅游等）。

6. 支架式教学（见 2018 年江西师范大学真题）

二、简答题

1. 简述课程中理解的观察学习。（见 2015 年沈阳师范大学真题）

2. 简述归因对学生学习动力的影响。（见 2020 年山东师范大学真题）

三、论述题

1. 论述我国普通中小学的性质和任务。（见 2012 年天津师范大学真题）

2. 论述教育的一致性和连贯性。（见 2010 年北京师范大学真题）

3.论述陶行知的生活教育和陈鹤琴的教育思想的内容及差别。（见2014年北京师范大学真题 + 2015年北京师范大学真题）

4.论述裴斯泰洛齐的教育心理学化思想。（见2016年湖南师范大学真题）

集美大学

2021年集美大学333教育综合真题·凯程详解

一、名词解释

1.教育内容（见2019年哈尔滨师范大学真题）

2.教育的社会变迁功能（见2011年山东师范大学真题）

3.鸿都门学（见2011年北京师范大学真题）

4.私塾

【答】（1）含义：私塾是民间私人所办的蒙学的统称，是对儿童和青少年进行启蒙和基础教育的教育组织，主要承担识字、写字、阅读、作文和封建道德教育的任务。它也是中国古代社会中后期国家基础教育的主要承担者。

（2）私塾的种类：家塾；学馆；义塾；专馆。

（3）特点：在教育宗旨上，强调严格要求，打好基础；在行为培养上，重视用《须知》《学则》的形式培养儿童的行为习惯；在学习动机上，注意根据儿童的心理特点，因势利导，激发他们的学习兴趣；在教学方法上，识记与领悟并重；在教学组织形式上，采取个别教学。

5.《理想国》（见2010年东北师范大学真题）

6.蒙田

【答】（1）简介：蒙田是文艺复兴时期的法国思想家、作家、怀疑论者。

（2）教育观：蒙田反对培养学究，要求培养"完全的绅士"；蒙田提倡怀疑精神，反对盲信盲从、死记硬背，主张加强对知识的理解；反对强制压迫，主张自然发展；反对体罚，主张让教育充满兴趣和欢乐；崇尚实际效用；行动和实践是教育的重要手段，也是检验学生学习效果的尺度；教师应掌握分寸，因材施教。

（3）评价：蒙田的教育思想是对中世纪和文艺复兴前期教育理论和实践深刻反思的成果，充分表现出人文主义教育的新气象。

二、简答题

1.简述罗杰斯的学习观。（见2017年华中师范大学真题）

2.简述文化知识蕴含的有利于人的发展的价值。（见2018年华中师范大学真题）

3.简述杜威的五步学习法。（见2012年天津师范大学真题）

4.简述结构主义教育的基本观点。（见2013年华东师范大学真题）

三、论述题

1.联系实际谈谈如何矫正学生的不良品德行为。（见2011年山西师范大学真题）

2.结合实际论述班主任工作的内容和方法。（见2012年西南大学真题 +2021年福建师范大学真题）

3.结合实际论述教师职业的角色及角色冲突和解决，以及在社会变迁中教师角色发展的趋势。（见2020年山东师范大学真题 +2015年上海师范大学真题 +2015年华东师范大学真题）

4.针对语录"不愤不启，不悱不发，举一隅不以三隅反"，结合实际，论述相关教育家的有关教育教学思想。（见2013年东北师范大学真题 +2017年四川师范大学真题）

2022年集美大学333教育综合真题·凯程详解

一、名词解释

1. **教学**（见2013年陕西师范大学真题）

2. **学校教育体制**（见2018年辽宁师范大学真题）

3. **宋代三次兴学**

【答】（1）简介：宋朝历史上先后出现了三次兴学运动，意在改革科举，强化学校教育。

（2）第一次兴学：由范仲淹在宋仁宗庆历四年主持，史称"庆历兴学"。内容：普遍设立地方官学；改革科举考试；创建太学。第二次兴学：由王安石在宋神宗熙宁年间主持，史称"熙宁兴学"。内容：创立"三舍法"；发展地方学校和专门学校；编撰《三经新义》作为统一教材。第三次兴学：由蔡京在宋徽宗崇宁年间主持，史称"崇宁兴学"。内容：全国普遍设立地方官学；建立三级相联系的学制系统；发展太学；罢科举，改由学校取士。

（3）评价：都不同程度地将宋朝的教育事业向前推进了一大步，第三次兴学对北宋教育事业发展的促进作用更是超过前两次。这三次兴学都是对北宋文教政策最直接、最重要的体现。

4. **全人生指导**（见2018年浙江师范大学真题）

5. **他律道德阶段**

【答】（1）简介：皮亚杰将道德阶段分为前道德阶段、他律道德阶段和自律道德阶段。

（2）含义：5～8岁的儿童处于他律道德阶段，处于这一阶段的儿童的道德认知一般是服从外部规则，接受权威（父母、老师等）制定的规范，而且只根据行为后果来判断对错。

6. **组合学习**

【答】组合学习，也叫并列学习，新旧知识既无上位关系，也无下位关系，这时发生的学习就是并列学习。如先学习"松树"的概念，再学习"柳树"的概念。

二、简答题

1. **简述现代教育的特点。**（见2013年北京师范大学真题）

2. **简述显性知识和隐性知识的关系。**

【答】（1）含义：显性知识是能用语言解释清楚的知识。隐性知识是并不能用语言充分表达的知识。

（2）关系：显性知识与隐性知识的存在是相对而言的，两者能够相互转化。

①通过隐性知识社会化，我们分享别人的经历和经验，理解别人的思想和感情。通过隐性知识外化，我们用其他人能够理解的方式将隐性知识表达为显性知识。

②通过显性知识内化，我们将显性知识与自己的原有知识进行综合，转换成个人的隐性知识。通过显性知识综合化，我们将显性知识进行综合，转换成更复杂的显性知识。教师和学生在实践新的显性的教学模式和学习策略的过程中，也会产生自己的隐性知识。

③教师的教学和教育经验与学生的学习经验中也蕴藏着丰富的知识和才能，其中的显性知识能够被意识到，并能被分享，但有些隐性知识需要教师和学生进行观察、对比和分析才能整理出来，与其他人分享，成为显性知识。

3. **简述加德纳的多元智力理论。**（见2019年华东师范大学真题）

4. **简述斯宾塞的科学教育思想。**（见2013年杭州师范大学真题）

三、分析题

1. **论述现在国兴教育面临的问题及其怎样办好让人民满意的教育。**

【答】（1）国兴教育面临的问题：①对国兴教育认识不到位。②教育资源分布不均，城乡地区差别大。③教育经费投入不平衡。④高校运行成本不断攀升。⑤教育机会严重不公平。⑥教育制度不够健全。⑦办学机制不够灵活。

（2）办好让人民满意的教育是全面贯彻党的教育方针与改善民生、促进公平的共同要求。具体措施：

①要坚持教育优先发展，全面贯彻党的教育方针。坚持教育为社会主义现代化建设服务、为人民服务，把立德树人作为教育的根本任务，培养德、智、体、美、劳全面发展的社会主义建设者和接班人。

②全面实施素质教育，倡导核心素养理念。深化教育领域综合改革，着力提高教育质量，培养学生社会责任

感、创新精神、实践能力。

③完善教育体系，推动学习型社会创建。办好学前教育，均衡发展九年义务教育，基本普及高中阶段教育，加快发展现代职业教育，推动高等教育内涵式发展，积极发展继续教育，完善终身教育体系，建设学习型社会。

④大力促进教育公平，合理配置教育资源。重点向农村、边远、贫困、民族地区倾斜，支持特殊教育，提高家庭经济困难学生资助水平，积极推动农民工子女平等接受教育，让每个孩子都能成为有用之才。

⑤鼓励引导社会力量兴办教育。以实行分类管理为突破口，创新体制机制，完善扶持政策，加强规范管理，提高办学质量，进一步调动社会力量兴办教育的积极性，促进民办教育持续健康发展，培养德、智、体、美、劳全面发展的社会主义建设者和接班人。

⑥加强教师队位建设，提高乡村教师素质。提高道德水平和业务能力，增强教师教书育人的荣誉感和责任感。为教师队伍培养提高多种渠道，全面提升教师素质。

⑦采用"双减"政策扭转学业压力大的应试教育，要求校内外同时减负，实现全面发展。"双减"政策的实施，能够有效减轻学生的学业负担，提高学生的学习兴趣，能够让每一个孩子接受公平的教育，并且在一定程度上减轻家长的压力。

2.论述中体西用思想。（见2014年华东师范大学真题）

3.论述柏林大学的主要内容及其对欧美高等教育的影响。

【答】（1）柏林大学的主要内容。（见2022年山东师范大学真题）

（2）对欧美高等教育的影响：柏林大学是世界上第一个建立了现代大学制度的高等学府，是世界高等教育的典范。对美国、英国、法国、日本、俄国，甚至中国都有深远影响，蔡元培的北大改革就深受柏林大学的启发。

4.论述学校管理人性化的原因及怎么做。

（1）含义：人性化管理是指学校管理工作要以人为本，关注人的情感、满足人的需要、崇尚人的价值、尊重人的主体人格和地位。

（2）学校管理人性化的原因：

①学校管理是一种依靠人、通过人、为了人、促进人的发展的活动。只有坚持以人为本，实现学校管理人性化，才能调动广大师生员工的工作热情和积极性，有效地促进人的发展。

②运用管、卡、罚等非人性的管理手段对于改变师生员工的行为在短时间内是有威慑力的，但它是以人的个性扭曲、人的尊严丧失为惨重代价的。因此，学校管理必须改革，应当按照人道的方式来理解人、尊重人、管理人。

（3）做法：

①要考虑人的因素，一切要从人的实际出发。

②要考虑个体差异，懂得每个人都有自己的思想、情感、兴趣和爱好。

③要强调人的内在价值，通过激励的方式来提高工作效率。

④要努力构建一种充满尊重、理解和信任的人际环境，增强教职工和学生的集体归属感。

⑤要加强校园文化环境建设，充分发挥校园文化的管理和育人功能。

⑥要转变管理观念和管理方式，贯彻管理即育人、管理即服务的思想。

海南师范大学

2021年海南师范大学333教育综合真题·凯程详解

一、名词解释

1.非智力因素

【答】非智力因素主要指兴趣、动机、需要、情感、意志和性格等个性心理特征方面的因素，是在认识事物、掌握知识的过程中产生和发展的。学生是有主观能动性的人，学习动机的强弱、意志品质的持久等非智力因素，直接影响学生的学习效果。

2. 发散思维

【答】发散思维是创造力的核心，是指人们根据当前问题给定的信息和记忆系统中存储的信息，沿着不同方向和角度思考，从多方面寻求多样性答案的一种思维活动。

3. 百家争鸣

【答】"百家"是虚指，乃是形容学派之多。各学派之间因立场和解决社会问题方法的不同，相互斗争，相互批评，相互影响又相互吸取，推动中国的文化学术思想达到空前繁荣的时期，形成"百家争鸣"的局面。

4. 最近发展区（见 2011 年北京师范大学真题）

5. 道尔顿制（见 2011 年北京师范大学真题）

6. 隐性课程（见 2018 年北京师范大学真题）

二、简答题

1. 简述结构主义。（见 2013 年华东师范大学真题）

2. 简述隋唐的科举制度的影响和作用。（见 2019 年华中师范大学真题）

3. 简述卢梭的自然主义。（见 2012 年华东师范大学真题）

4. 简述中世纪大学的特征。（见 2018 年南京师范大学真题）

三、论述题

1. 论述孔子的教育思想。（见 2012 年北京师范大学真题）

2. 论述杜威的教育思想。（见 2011 年北京师范大学真题）

3. 论述师生关系。（见 2010 年重庆师范大学真题 +2018 年南京师范大学真题 +2019 年陕西师范大学真题）

4. 论述影响人身心发展的因素。（见 2015 年北京师范大学真题）

2022 年海南师范大学 333 教育综合真题·凯程详解

一、名词解释

1. 学制（见 2019 年北京师范大学真题）

2. 个人本位论（见 2010 年浙江师范大学真题）

3. "三纲领八条目"（见 2018 年浙江师范大学真题）

4. 朱子读书法（见 2015 年东北师范大学真题）

5. 泛智论（见 2010 年陕西师范大学真题）

6. 《国防教育法》（见 2010 年湖南师范大学真题）

二、简答题

1. 简述《学记》中的教学原则。（见 2011 年东北师范大学真题）

2. 简述蔡元培"五育"并举的教育思想。（见 2016 年华东师范大学真题）

3. 简述罗杰斯自由学习的促进方法。（见 2017 年华中师范大学真题）

4. 简述综合实践活动的本质特征。（见 2013 年江苏师范大学真题）

三、论述题

1. 论述教学过程中应处理好的几种关系。（见 2011 年东北师范大学真题）

2. 举例论述德育过程的基本规律。（见 2019 年北京师范大学真题）

3. 论述科尔伯格的道德发展阶段理论及教育启示。（见 2013 年华东师范大学真题）

4. 论述存在主义教育理论的主要观点及影响。（见 2010 年安徽师范大学真题）

石河子大学

2021 年石河子大学 333 教育综合真题·凯程详解

一、名词解释

1. 教育（见 2014 年北京师范大学真题）
2. 学制（见 2019 年北京师范大学真题）
3. 生活教育理论（见 2012 年北京师范大学真题）
4. 元认知（见 2010 年华中师范大学真题）
5. "三纲领八条目"（见 2018 年浙江师范大学真题）

二、简答题

1. 简述如何上好一堂课。（见 2010 年华中师范大学真题）
2. 简述德育的途径。（见 2014 年北京师范大学真题）
3. 简述洛克的绅士教育理论。（见 2012 年上海师范大学真题）
4. 简述我国教育目的的精神实质。（见 2012 年北京师范大学真题）

三、论述题

1. 论述教师的专业素养。（见 2014 年北京师范大学真题）
2. 分析隋唐时期科举制的产生以及对学校教育的影响。（见 2019 年华中师范大学真题）
3. 论述雅典教育和斯巴达教育的异同以及对当代的启示。（见 2019 年东北师范大学真题 +2013 年重庆师范大学真题）
4. 根据学习迁移的原理和规律说说应如何促进学习。（见 2014 年北京师范大学真题）

2022 年石河子大学 333 教育综合真题·凯程详解

一、名词解释

1. 教育心理学

【答】（1）含义：教育心理学是一门通过科学方法研究学与教相互作用基本规律的科学，是应用心理学的一个分支。教育心理学的知识正是围绕学与教的相互作用过程而组织的，包括学生心理、学习心理、教学心理和教师心理四大部分内容。

（2）研究对象：学习与教学的交互模式；学习与教学的因素；学习与教学的过程。

（3）研究任务：描述和测量；理解和说明；预测和控制。

2. "七艺"（见 2016 年华东师范大学真题）
3. 教学原则（见 2013 年哈尔滨师范大学真题）
4. 狭义的教育（见 2014 年北京师范大学真题）
5. 设科射策

【答】（1）简介：设科射策是太学考试的一种形式。

（2）内容："策"是指教师所出的试题；"射"是指以射箭的过程来描述学生对试题的理解和答题的过程；"科"是指教师用以评定学生成绩的等级标记，从优到劣依次分为甲科、乙科、丙科，学生所取得的等级是授官的依据。

6. 创造性思维（见 2018 年辽宁师范大学真题）

二、简答题

1. **简述稷下学宫。**（见2020年东北师范大学真题）

2. **简述学校的职能。**

【答】（1）含义：学校的职能是指学校所应履行的职责和应发挥的作用。现代学校的发展是与现代社会的发展相适应的。

（2）现代社会赋予学校多种职能，其中基本职能包括以下五个方面：

①提高受教育者素质。现代学校教育是面向全体受教育者，实施以提高受教育者素质为目的的教育。提高受教育者素质，是现代学校最基本的职能。

②培养现代社会的劳动者和各级各类专门人才。现代学校的发展，在一定程度上是适应现代生产的需要。现代学校负有培养现代劳动者和各级各类专门人才的职能。现代学校的这种职能，因学校层次与类别的不同而有所区分。

③文化的传承与创新。这种职能也反映出现代社会发展的需要。学校是传授文化知识的场所，传承文化是学校固有的职能与使命。

④开展科学研究。因为现代各级各类学校都要弘扬创新精神，为培养创新型人才服务，这就需要学校进行科学研究。这种科学研究也包含教学研究。

⑤提供社会服务。现代学校需要着眼于社会的需要，为社会的发展与进步提供各种可能的服务。这种服务，既表现为直接为社会培养和输送劳动者与专门人才，又表现为为社会提供可能的知识与技能。

3. **简述教育对人的发展的作用。**（见2016年东北师范大学真题）

4. **简述教育目的的基本要求。**（见2012年北京师范大学真题）

三、论述题

1. **论述最近发展区。**（见2018年湖南师范大学真题）

2. **论述教学方法。**（见2018年北京师范大学真题）

3. **论述欧美教育思潮。**

【答】（1）改造主义教育。（见2012年浙江师范大学真题）

（2）要素主义教育。（见2012年浙江师范大学真题）

（3）永恒主义教育。（见2012年浙江师范大学真题）

（4）新托马斯主义教育：在基本精神和主要理念上与永恒主义比较一致，西方哲学者将其视为永恒主义宗教派，而将赫钦斯代表的教育思想视为永恒主义世俗派。两派之间最大的区别在于是否承认宗教意义上的上帝或神的存在。新托马斯主义教育认为，教育应该以宗教为基础，要求通过设立以宗教原则为灵魂的课程，将宗教教育作为学校课程的核心。主张各级各类学校都应进行宗教训练，以培养"真正的基督教徒"和"有用的公民"，认为教育应属于教会，从而确立教会的权威领导地位。

（5）存在主义教育。（见2010年安徽师范大学真题）

（6）新行为主义教育：这种教育思想于20世纪30年代产生，主要代表人物是美国的斯金纳。20世纪60年代是其繁盛时期。主要观点：教育就是塑造人的行为；按照程序进行教学；让学生在学习中运用教学机器来强化；教育研究应该以教和学的行为作为研究的对象。从某种意义上讲，新行为主义教育促进了学习理论的发展，并为计算机辅助教学的发展开辟了道路，但是它表现有机械主义的特征。

（7）结构主义教育。（见2013年华东师范大学真题）

（8）分析教育哲学：现代欧美国家把分析教育哲学作为一种方法应用于教育理论，注重教育名词和概念的分析。谢弗勒是主要的代表人物。主要观点：教育哲学是一种"清思"活动；教育哲学的任务是澄清教育领域的概念和命题；用逻辑实证论与语义分析学的方法研究教育。分析教育哲学为教育理论的发展提供了一个有利条件，但是夸大了分析哲学方法的作用，没有考虑教育中的价值和道德的问题，脱离了具体的教育实践情境。

（9）终身教育思潮。（见2012年浙江师范大学真题）

（10）现代人本主义教育思潮。（见2012年浙江师范大学真题）

（11）多元文化教育思潮：多元文化教育思潮于20世纪60年代在美国兴起、发展，并逐渐影响其他国家和地区。多元文化教育是指通过学校及其他教育机构，提供给学生不同文化团体的历史、文化及贡献等方面的知识，使学生了解并认同自己的文化，并能欣赏及尊重他人的文化。主要代表人物包括班克斯、凯伦、格兰特等。

4. **论述王守仁的教育思想。**（见2016年北京师范大学真题）

中国海洋大学

2021 年中国海洋大学 333 教育综合真题·凯程详解

一、名词解释

1. 教学评价（见 2015 年北京师范大学真题）

2. 教师专业发展阶段

【答】教师专业发展阶段是指教师个人的专业发展有其一定的客观规律性，是一个多阶段的、连续的过程。对于这一过程，不同学者有不同表述。（1）美国学者凯兹概括并提出了教师发展的四个阶段：求生期、强化期、求新期、成熟期。（2）国内学者叶澜等从自我更新取向角度对教师专业发展阶段进行了深入研究，将其分为五个阶段：非关注阶段、虚拟关注阶段、生存关注阶段、任务关注阶段、自我更新关注阶段。

3. 稷下学宫（见 2020 年北京师范大学真题）

4.《颜氏家训》（见 2019 年北京师范大学真题）

5. 社会规范学习（见 2014 年华南师范大学真题）

6. 精细加工策略（见 2016 年东北师范大学真题）

二、简答题

1. 简述教育的三要素。（见 2015 年北京师范大学真题）

2. 简述设计教学法。

【答】（1）简介：美国进步主义教育家克伯屈提出设计教学法。

（2）主要内容：①设计教学法强调有目的的活动是设计教学法的核心，儿童自动的、自发的、有目的的学习是设计教学法的本质。②课程上将设计教学法分成生产者的设计、消费者的设计、问题的设计和练习的设计四种模式。③设计教学法有四个步骤：决定目的、制订计划、实施计划、评判结果。④在师生关系上，克伯屈强调教师的指导和决定作用，但实际上则是以学生为主。

（3）评价：①设计教学法充分发挥了儿童的主动性和积极性，使儿童成为学习的主人。②力求使教学符合儿童的心理发展规律，以提高学习效率。③注重培养儿童的合作精神，加强了教学与儿童实际生活的联系。④但设计教学法由于过于强调根据儿童的经验组织教学，其实施的结果必然会削弱对系统知识的学习。

3. 简述朱子读书法。（见 2016 年华东师范大学真题）

4. 简述学习动机的条件。（见 2010 年华中师范大学真题）

三、分析论述题

1. 从德、智、体、美、劳的相互关系出发，论述如何实现教育全面发展。（见 2020 年华南师范大学真题）

2. 从班级授课制的特点出发，论述在线教学对班级授课制的影响以及"互联网＋教育"下教学组织形式的改革趋势。（见 2021 年贵州师范大学真题）

3. 论述苏格拉底法与孔子关于启发式教学的思想异同。（见 2017 年四川师范大学真题）

4. 论述课程目标设计过程中需要完成哪些工作。（见 2018 年河南大学真题）

2022 年中国海洋大学 333 教育综合真题·凯程详解

一、名词解释

1. 活动课程（见 2013 年东北师范大学真题）

2. 元认知（见 2010 年华中师范大学真题）

3. 要素主义教育（见 2017 年华东师范大学真题）

4. 学生发展中的非智力因素（见 2021 年海南师范大学真题）

5. 严复的"三育论"

【答】（1）简介：严复是中国近代从德、智、体三要素出发构建教育目标模式的第一人。他在《原强》中首次阐述了他的"三育论"，认为这是中国改变积贫积弱现状的方法。

（2）具体内容：①"鼓民力"，就是提倡体育。包括禁止吸鸦片和女子缠足等陋习，使国民具有强健的身体。②"开民智"，就是智育。要全面开发人民的智慧，提高人民的文化教育水平，其核心是改革科举制度，讲求西学。③"新民德"，就是德育。主要是用西方的民主、自由、平等取代封建伦理道德，培养人民忠爱国家的观念和意识。严复认为"新民德"最难。

（3）评价：严复提出的德、智、体三育兼备的教育目标体系，无论是结构要素，还是各育的内容，都基本上确立了中国教育目标体系的近代化模式。

6. 蔡元培的教育独立观

【答】（1）简介：1922 年，蔡元培在《新教育》上发表《教育独立议》，阐明教育独立的基本观点，成为教育独立思潮的重要篇章。

（2）内容：①教育经费独立。要求政府划出教育经费，不能移用。②教育学术和内容独立。能自由编辑、出版、采用教科书。③教育行政独立。专管教育的机构不能附属于政府部门之下，要由懂得教育的人担任，不因政局的变动而变化。④教育脱离宗教而独立。不必依存某种信仰或观念。

（3）影响：反对帝国主义国家的文化侵略，推动了收回教育权运动；摆脱军阀政府对教育的控制。教育独立对维持教育基本生存状态有其合理性，但是教育独立在理论上与实践上行不通。

二、简答题

1. 简述陈述性知识迁移的措施。（见 2021 年福建师范大学真题）

2. 简述泰勒原理的主要内容。（见 2012 年华东师范大学真题）

3. 简述《颜氏家训》中关于儿童发展的教育原则。（见 2013 年哈尔滨师范大学真题）

4. 简述家庭环境影响学生品德发展的主客观因素。（见 2019 年首都师范大学真题）

三、论述题

1. 结合当前学生心理问题，论述改善青少年心理健康的措施。（见 2021 年华东师范大学真题）

2. 我们教学评价改革趋向多元化，以基础教育的某一单元或一节课为例，对教学评价进行设计，至少包含三种评价类型。（见 2019 年西北师范大学真题）

3. 结合 21 世纪基础教育改革，分析评价杜威和赫尔巴特的教育阶段观点。（见 2016 年陕西师范大学真题）

延安大学

2021 年延安大学 333 教育综合真题·凯程详解

一、名词解释

1. **课程目标**（见 2010 年哈尔滨师范大学真题）

2. **教育评价**（见 2014 年西南大学真题）

3. **教育平等**

【答】（1）含义：教育平等即教育公平，指所有的学生不论性别、贫富、出身等均享有同等的教育权利和教育机会；每个学生都应得到与其内在潜能相适应的教育待遇。教育公平是一项教育基本原则。

（2）要求：①同等对待相同的学生。教育机会均等，教育过程资源配置均等，教育结果平等。②区别对待不同的学生。因材施教体现教育公平。③优待处境不利的学生。国家政策要帮助贫困儿童、特殊儿童等处境不利的学生。

4. **品德**（见 2015 年湖南师范大学真题）

5. **学习策略**（见 2015 年北京师范大学真题）

二、简答题

1. 简述教师专业发展的内涵。（见 2011 年首都师范大学真题）

2. 简述学生综合素质评价的基本原则。

【答】（1）导向性原则。对学生的评价是依据一定的标准和所要完成的目标进行的价值判断。通过学生综合素质评价体系的建构和使用，引导各个中小学明确学校教育的培养目标和学生的发展追求。

（2）发展性原则。学生综合素质评价应以促进学生发展为根本目的，应当用发展的眼光全面评价学生的综合素质。

（3）公平性原则。提前公布评价的内容、标准以及相关制度等，提供多种人员参与的评价体系，建立相应的学生申诉制度，确保评价工作公开、公正、公平地进行。

（4）多样性原则。学生综合素质评价必须采用多样化的评价方式，把自评与他评结合起来，多方面、多渠道收集有效信息，以保证评价的准确性。

（5）可行性原则。合理制定评价指标体系，选择具有较强的可评行为作为观测点，尽量与学校、学生实际生活相联系，使评价做到客观，具有可操作性。

3. 简述孔子的德育原则。（见 2012 年东北师范大学真题）

4. 简述教学反思的多种方式。

【答】（1）含义：教学反思指教师把自己放到研究者、反思者的位置，通过对教育、教学日常工作中出现的某些疑难问题的观察、分析、反思与解决，提升自己的专业理论水平和专业实践的智慧与能力。

（2）教学反思的方式：通常有观察日志、反思日记、教育轶事、案例研究、行动研究等方式。

①观察日记。指在对同一个或同一组学生长期的、反复的观察过程中，以日记的形式对学生的行为表现进行观察描述的方法。

②撰写教学日记。反思日记是教师积极、主动地对自己教学活动中具有教育价值的各种经验以及在此基础上所进行的批判性的理解和认识予以真实的书面记录和描写，通过书写反思日记可以不断更新教育观念，改进教学工作，促进自身专业发展。

③教育轶事。指教师将其认为有价值的、有意义的或感兴趣的教育事件完整地记录下来。

④案例研究。指教师选择一个或几个场景为研究对象，系统地收集数据和资料，进行深入研究，用以探讨某一现象在实际教学中的状况。

⑤行动研究。指教师为了解决教育实践中的问题，在实际工作情境中通过自主的反思性探索，解决实际问题的一种研究活动。

5. 简述创造性思维的特征。（见 2019 年陕西师范大学真题）

三、论述题

1. 论述中国共产党在革命根据地实施教育的基本经验。（见 2020 年华中师范大学真题）

2. 论述苏霍姆林斯基的"五育"。（见 2016 年北京师范大学真题）

3. 论述教育行动研究的过程及策略。（见 2019 年首都师范大学真题）

2022 年延安大学 333 教育综合真题·凯程详解

一、名词解释

1. **教育**（见 2014 年北京师范大学真题）

2. **学习**（见 2013 年陕西师范大学真题）

3. **教育评价**（见 2014 年西南大学真题）

4.行动研究（见2014年南京师范大学真题）

5.自我调节学习

【答】（1）简介：自我调节学习是指学习者主动激励自己并且积极使用适当的学习策略的学习。可以被看作学习者的一种动态的学习过程或活动。

（2）过程：学生要首先为自己确定学习目标，然后监察、调节、控制自己的认知、动机和行为。齐默尔曼提出了自我调节学习的三阶段循环模式，包括计划、行为表现、自我反思三个阶段，突出强调非认知因素在自我调节学习中的重要性。

6.教师专业发展（见2018年南京师范大学真题）

二、简答题

1.简述当代教育的发展趋势。（见2013年浙江师范大学真题）

2.简述学生的一般发展规律。（见2010年华中师范大学真题）

3.简述建构主义理论。（见2013年华东师范大学真题）

4.简述多元智力理论。（见2019年华东师范大学真题）

三、论述题

1.论述教育是如何提高人地位的。

【答】教育可以促进人在社会中流动，而人可能是横向流动也可能是纵向流动。教育的社会流动功能是指社会成员通过教育的培养、筛选与提高，能够在不同的社会区域、社会层次、职业岗位、科层组织之间转换、调整与变动，以充分发挥其个性特长，展现其智慧才能，实现其人生价值。

（1）教育是现代社会中个人社会流动的基础。如今，一个人无论是参军，还是经商、打工，只要想在社会上生存和流动，就要有一定的文化知识和能力，必须接受一定的教育。

（2）教育是现代社会流动的主要通道。如今，我国的年轻一代要成功地进行社会流动，尤其是向上流动必须经过教育，甚至只有经过优质的高等教育才能实现。

（3）教育深刻影响着社会公平。教育的社会流动实质上涉及教育机会均等和社会公平问题。教育的社会流动功能关乎人的发展权利的教育资源分配问题。这是一种关乎自我实现的教育资源的获得与利用的问题。

因此，教育可以给人的发展奠定基础，让人在生活中各个领域或层次之间进行转换、调整与变动。教育可以提高人的社会地位，为人的纵向发展奠定基础，但这不是绝对的，人的发展还有多种纵横的选择。

2.论述苏格拉底教育思想的启发。（见2020年华南师范大学真题）

3.论述孔子教育思想的启发。（见2012年北京师范大学真题）

4.什么是迁移学习？教师怎样引导学生正向迁移学习？（见2014年北京师范大学真题）

西安外国语大学

2021年西安外国语大学333教育综合真题·凯程详解

一、名词解释

1.基础研究学习

【答】基础研究学习是指通过研究，寻找新的事实，阐明新的理论或重新评价原有理论，它回答的是"为什么"的问题，与建立教育科学的一般原理有关。基础研究学习的主要目的是发展和完善理论。

2.定向研究学习

【答】定向研究学习是为当前已知的或未来可预料问题的识别和解决而提供某方面基础知识的基础研究或学习。

3. 非指导性教学

【答】（1）含义：

①教师应该成为学生学习的"促进者"，教师需要为学生创造良好的学习环境，提供各种学习资源，激发学生的动力与潜能，以学生为中心促进教学。

②"非指导"即指导学生学习的心理氛围，"非指导"不等于"不指导"，它强调指导的间接性、非命令性。

③非指导性教学的关键在于促进形成学习的良好心理氛围。包括真诚一致、无条件地积极关注和同理心（移情性理解）三个因素。

（2）评价：强调了学习者的自主地位；重视教师的促进作用。

4. 课程（见 2019 年北京师范大学真题）

5. 自然教育（见 2013 年陕西师范大学真题）

6. 反求诸己

【答】（1）反求诸己是孟子培养"大丈夫"理想人格的途径之一，孟子认为当你的行动未得到对方相应的反应时，就应当首先反躬自问，从自己身上找原因，对自己提出更高的要求，然后对人做得更到位。同时，面对超过自己的人，不能怨恨，也同样应当反躬自问，从自身找原因，并且学人长处，乐于学习别人的优点来修养自己的品德。总之，凡事须严于律己，时时反思。

（2）朱熹在《白鹿洞书院揭示》里规定的接物之要中写道："己所不欲，勿施于人，行有不得，反求诸己"。

二、简答题

1. 简述社会变迁中教师角色的转变。（见 2015 年华东师范大学真题）

2. 简述进步主义教育。（见 2015 年重庆师范大学真题）

3. 简述赫尔巴特的课程教学论。（见 2011 年华东师范大学真题 +2015 年北京师范大学真题）

4. 简述影响品德形成的因素。（见 2013 年西北师范大学真题）

三、分析题

材料大意是关于孔子启发式教学法和苏格拉底法的，谈谈其思考和启发。（材料缺失）（见 2013 年东北师范大学真题 +2020 年华南师范大学真题）

2022 年西安外国语大学 333 教育综合真题·凯程详解

一、名词解释

1. 教学评价（见 2015 年北京师范大学真题）

2. 《大教学论》（见 2012 年杭州师范大学真题）

3. 持志养气

【答】（1）简介：持志养气是孟子提出培养"大丈夫"的理想人格的途径。

（2）含义：持志养气指树立并坚持崇高的志向。一个人有了志向与追求，就会有相应的"气"——精神状态。养气，一靠坚定的志向，二靠平时的善言善行来积累道义。

（3）意义：强调了人的精神境界是靠"养"出来的，是靠一件件平常的善言善行积累起来的，不能通过拔高的方法为之"助长"。启示我们要树立崇高的志向，规范自身言行举止，用积极向上的精神状态来实现追求。

4. 陈述性知识（见 2017 年浙江师范大学真题）

5. 先行组织者（见 2010 年北京师范大学真题）

二、简答题

1. 简述王安石的教育思想。

【答】（1）简介：王安石是北宋重要的教育改革家，领导了著名的"熙宁兴学"，主张以崇实尚用为特征的教育思想和系统的人才理论。

（2）"熙宁兴学"改革措施：①改革太学，创立"三舍法"；②恢复和发展州县地方学校；③恢复和创设武学、律学和医学；④编撰《三经新义》，作为统一教材。

（3）崇实尚用的教育思想：①认为学校应该培养具有实际才能的治国人才；②主张教学内容应该是"为天下国家之用者"，主要指经术、朝廷礼乐行政之史和武事。

（4）系统的人才理论：①"教之之道"，即人才的教育培养问题；②"养之之道"，即人才管理问题；③"取之之道"，即人才的选拔问题；④"任之之道"，即人才的使用问题。

（5）评价：王安石的改革措施不仅在当时产生了积极作用，而且对中国古代教育的发展也产生了深远影响。

2. 简述支架式教学理论。（见2018年湖南师范大学真题）

3. 简述建构主义学习观。（见2013年华东师范大学真题）

4. 简述综合实践活动的内容。

【答】（1）简介：综合实践活动指在教师指导下，依据学生的生活实际，让学生自主实践活动，来培养解决问题的能力与综合运用知识的能力。其内容主要包括信息技术教育、研究性学习、社区服务与社会实践，以及劳动与技术教育。

（2）举例：学生在老师的组织下进行社区服务实践，比如开展敬老活动，进行法治与卫生保健方面的宣传。这些活动改变了学生的学习方式，拓展了学习空间，让学生走近并体验社会生活，不再局限于课堂。

（3）发展现状：作为国家规定的必修课程，综合实践活动提升了学生的探究能力，培养了学生的创新精神，但目前在实施过程中还存在形式化、缺少教师有效指导等问题。需要我们正确认识和思考，采取更新理念、营造环境氛围、建立配套制度等措施促进综合实践活动的健康发展。

三、论述题

1. 谈谈对美育的任务和内容的理解。（见2013年内蒙古师范大学真题）

2. 论述理性主义教育思想、自然主义教育思想、国家主义教育思想的对比分析。

【答】（1）理性主义教育思想：

理性主义教育思想的代表人物是康德等人，主要观点是：①在人性论上，重视人的理性，肯定人的价值，教育的作用就是要以理性抑制人性中的野性，进而发展人的各种天赋，强调"人完全是教育的产物"。②在认识论上，强调了人的理性思维的重要作用，进而形成对教育过程中学生主体的认识。③在道德论上，强调"道德自律"和"道德义务"的作用。自由是道德教育的最高目的，而必要的"管束"和"训导"是实现自由的必要保证。

（2）自然主义教育思想：

自然主义教育思想的代表人物是卢梭等人，其主要观点是：①在人性论上，坚持"性善论"。②在认识论上，卢梭认为感觉是知识的来源，所有的一切都是通过人的感官进入人的头脑的。③自然教育的基本内容包括自然教育的核心、自然教育的目的、儿童年龄分期、教育教学的主要原则。自然教育的核心是"归于自然"。

（3）国家主义教育思想：

国家主义教育思想的代表人物是爱尔维修、拉夏洛泰、狄德罗。其主要观点是：①由世俗政府管理学校，建立国民教育制度；②实施普及教育，以培养良好的公民。

（4）这三种教育思想的对比分析：

①教育目的不相同，自然主义教育思想的教育目的是培养人的自然本性；理性主义教育思想它强调我们要去培养客观知识，强调知识的客观性、科学性；国家主义教育思想培养的是国家的公民。②教育功能不相同，国家主义教育思想认为教育是要为国家服务的；理性主义教育思想强调抑制原始野性；自然主义教育思想强调教育是让人"归于自然"。③对待教育知识的态度不一样，理性主义教育思想认为知识是客观的、科学的；自然主义教育思想强调人本身的兴趣和经验；而国家主义教育思想的知识观是以培养优秀公民的知识为主。

3. 结合实际，谈谈对"为迁移而教"的理解。（见2014年北京师范大学真题）

4. 论述文化对教育的影响和制约。（见2017年山东师范大学真题）

5. 论述德育和教育，谈谈对教育的认识和思考。

【答】（1）德育：指政治、思想、道德和心理品质教育。它把学生培养成爱国的、具有社会公德和文明习惯的、遵纪守法的好公民，引导他们逐步确立科学的人生观、世界观，并不断提高其社会主义觉悟，为使他们中的优秀分子将来能够成为坚定的共产主义者奠定基础。

（2）教育：指一种对人类认识和改造自身及客观世界的积极的影响。教育的最终目的是"不教"，即教会学生自我反思、自我管理、生存和发展的能力。教学是教师的教和学生的学所组成的一种人类特有的人才培养活动。通过这种活动，教师有目的、有计划、有组织地引导学生积极自觉地学习和加速掌握文化科学基础知识和基本技能，促进学生多方面素质的全面提高，使他们成为社会所需要的人。

（3）认识与思考：

①部分与整体的关系，指德育与其他教育，如智、体、美诸育一样，都是大的"教育"概念的分解或者具体。只有在承认这一关系的前提下，我们才能说"德育为首""德育是统帅""德育是灵魂""立德树人是教育的根本任务"等。也是因为这一逻辑的存在，在学校全部教育工作中具体的"德育工作"的概念仍然成立，因为没有这种"德育工作"概念，德育在教育实践中就会被抽象化、边缘化。

②整体与整体的关系。由于教育本身具有正向的价值属性，"道德是教育的最高目的"（赫尔巴特的命题），全部教育都具有道德教育的性质，从这个角度看，如果道德的教育不存在，那么规范意义上的教育也就不存在了。所以，只谈"德育为首""德育是统帅""德育是灵魂""立德树人是教育的根本任务"等，只强调德育的重要意义肯定不够，教育和德育都是整体且都具有重要意义。

③做法：努力坚守全部教育工作的道德原则。承认德育与教育部分与整体的关系、整体与整体的关系，其实也就意味着我们必须承认、确立两种教育观念：一是"道德教育"，二是"道德的教育"。当全部教育不再是"道德的教育"时，狭义的"道德教育"也就孤立无援，不可能获得应有的实效。总之，教育是一种伦理性的社会实践，要做好真正的德育工作，全体教育工作者就都必须建立起对教育伦理的高度自觉。

青海师范大学

2021年青海师范大学333教育综合真题·凯程详解

一、名词解释

1.比较研究法

【答】（1）含义：指对某类教育现象在不同时期、不同地点、不同情况下的不同表现进行比较分析，揭示教育的普遍规律及其特殊表现，从而得出符合客观实际的结论。

（2）本质：从事物的相互联系和差异的比较中观察事物、认识事物，从而探索规律。

（3）分类：①英国学者将其分为经验范例法、历史和解释法；②我国学者将其分为同类比较研究与异类比较研究、纵向比较研究与横向比较研究、定性分析比较与定量分析比较。

2.单因素方差分析

【答】（1）含义：实验中的自变量称为因素，某一因素的不同情况称为水平，即用方差分析检验法分析某一个因素对因变量的作用，称为单因素方差分析。

（2）类型：单因素方差分析可分为单因素双水平方差分析、单因素多水平方差分析。

3.《理想国》（见2010年东北师范大学真题）

4.导生制（见2012年北京师范大学真题）

5.刻板印象

【答】（1）简介：刻板印象指的是人们对某个特定的群体（以宗教、性别、民族或地域划分）或事物产生的比较固定、概括而笼统的看法。

（2）影响：刻板印象会影响学生的自我概念和自我意识，从而影响学生的价值观、态度、动机、学习期望及其他行为方式。

（3）启示：教师需要寻求积极的解决办法，克服刻板印象的消极影响。

6.稷下学宫（见2020年北京师范大学真题）

二、简答题

1. 简述人文主义的特征。（见2011年华东师范大学真题）

2. 简述定性与定量的区别。（见2012年曲阜师范大学真题）

3. 简述颜之推的家庭教育。（见2013年哈尔滨师范大学真题）

4. 简述韦纳的归因理论。（见2011年东北师范大学真题）

5. 简述当代教育的发展趋势。（见2013年浙江师范大学真题）

三、案例分析题

1. 分析案例中老师的做法体现了哪些德育原则？（案例缺失）（见2011年湖南师范大学真题）

2. "有的人没有学过教育学，有几十年的教学经验，也可以教学。""孔子没有学过教育学，也能教学。"你认同这些说法吗？体现了哪些教育学原理？（见2014年辽宁师范大学真题）

四、论述题

1. 论述学习策略。（见2018年东北师范大学真题）

2. 论述王夫之的道德观及修养方法。

【答】（1）道德观：

①王夫之主张"天理"和"人欲"紧密相连，"天理"存在于"人欲"之中。并不是赞成纵欲和灭欲，而是依据"天理"适当满足人们的欲望，即"节欲"。

②提倡不以"一人之私"而"废天下之公"。王夫之认为在君臣关系上，臣该不该忠君，不能一概而论，取决于君主是否为"天下之君"，能否成为"天下所共奉"。臣不应该对非天下之君主尽忠。

（2）修养方法：

①强调立志。王夫之十分重视"志"在道德修养中的重要作用，他强调教师必须把教育学生树立正确的志向置于重要地位。此外还要求志向必须专一，不可朝三暮四，无论发生什么情况，都要矢志不渝。

②主张自得。王夫之认为道德修养的关键在于学生的自觉。首先学生要能"自勉"，对自己坚持高标准，严要求。其次学生要有"自修之心"。只有在学生产生了道德修养的自觉要求后，教师因势利导给予教育，才会取得好的效果，否则教了也不会见效。

③重视力行。道德修养不能仅停留在知识阶段，还必须将道德知识变成实际行动。道德即是将道德知识转化成为自身的道德行为。

（3）评价：①虽然从根本上说，王夫之的道德观仍没有越出封建道德的窠臼，但其主张理欲相统一，对正统的封建伦理纲常提出了异议和否定，具有进步意义。②尽管总的说来，王夫之的道德修养方法并没有超出个人封建道德的范围，但是其继承和发展了儒家重视道德修养的传统，强调"立志"在道德修养中的重要作用，主张道德修养贵在学生自觉，重视把道德知识转化为道德行为，有积极意义。

2022年青海师范大学333教育综合真题·凯程详解

一、名词解释

1. **隐性课程**（见2018年北京师范大学真题）

2. **终身教育**（见2011年华东师范大学真题）

3. **多元智力理论**（见2011年华南师范大学真题）

4. **信度**（见2013年南京师范大学真题）

5. **实证研究**

【答】（1）简介：教育研究根据研究问题的内容和性质的不同划分为价值研究和实证（事实）研究。

（2）内涵：研究教育中"是什么"或"怎么样"的知识体系，研究事物的实然性。

（3）特点：目的在于认识客观事实，研究现象自身的运动规律及内在逻辑；对研究的现象所得出的结论具有客观性，并根据经验和事实进行检验。

二、简答题

1. 简述学校常用的德育原则。（见2011年湖南师范大学真题）

2. 简述卢梭的教育思想。（见2012年华东师范大学真题）

3. 简述访谈调查的注意事项。

【答】（1）简介：访谈调查是指通过与研究对象交谈，收集所需的客观的、不带偏见的资料的调查方法。它又称访谈法、谈话法或访问法。

（2）注意事项：①谈话要遵循共同的标准程序，避免只凭主观印象，或谈话者和调查对象之间毫无目的、漫无边际的交谈。②访谈前尽可能收集有关被访者的资料，对其经历、个性、地位、职业、专长、兴趣等进行了解；要分析被访者能否提供有价值的材料；要考虑如何取得被访者的信任和合作。③关于访谈所提问题，要简单明白，易于回答；提问的方式、用词的选择、问题的范围要适合被访者的知识水平和习惯；谈话内容要及时记录。④研究者要做好访谈过程中的心理调控。

4. 简述问题解决能力的培养方法。（见2010年华中师范大学真题）

5. 简述陶行知的生活教育理论。（见2014年北京师范大学真题）

三、材料分析题

试分析影响课堂氛围的因素。

【答】课堂氛围作为教学过程中的软情境，通常是指课堂里某种占优势的态度与情感的综合表现。课堂氛围具有独特性，不同的课堂往往有不同的课堂氛围。教师在课堂教学中的主导作用，决定了教师的领导方式、教师的威信，教师对学生的期望以及教师的情绪状态是影响课堂氛围的主要因素。

（1）教师的领导方式直接影响着课堂氛围的形成。在专制型领导、民主型领导和放任型领导这三种不同的领导方式中，民主型领导方式的课堂氛围最好，而专制型领导对控制课堂秩序混乱、人际关系紧张的班级比较有效。

（2）教师的威信通过对学生情感体验的直接影响来制约课堂氛围。当有威信的、受学生尊重的教师上课时，学生就会情绪饱满、精神振奋、专心听讲；反之，学生则表现出无精打采或过度紧张的状态。

（3）教师对学生的期望会影响学生学习的兴趣。教师对学生的高期望可以激发学生的学习兴趣，提高对教师的信赖感；而教师对学生的低期望则可能导致学生自暴自弃、降低学习兴趣，从而影响课堂氛围。

（4）教师的积极情绪状态往往会投射到学生身上，使教师与学生的意图、观点和情感联结起来，从而在师生间产生共鸣性的情感反应，有利于创造良好的课堂氛围。焦虑是教师对当前或预计到可能对自己的自尊心构成威胁时作出的一种情绪反应倾向。适度的焦虑能够激起教师努力改变课堂现状，避免呆板或恐慌反应，从而推动教师不断努力以谋求最佳课堂氛围的出现，过高或过低的焦虑都会对课堂氛围产生不良的影响。

四、论述题

1. 论述罗杰斯的"以学生为中心"。

【答】（1）简介：罗杰斯是美国心理学家和教育学家，人本主义心理学的主要代表人物，他倡导以学生为中心的教育思想。

（2）主要内容：

①批判传统的教学方式：a.教师的任务。罗杰斯反对认知主义和行为主义的教师观，认为教师的任务是为学生提供各种学习的资源，提供一种促进学习的氛围，让学生自己决定如何学习。b.教师的角色。主张教师不是知识的传授者，不是权力的拥有者，而应该是"学习的促进者"。

②非指导性教学：

a.含义：教师应该成为学生学习的"促进者"，以学生为中心促进教学。学生自身具有学习的潜能，"促进者"只需要为他们创造良好的学习环境，提供各种学习资源，指导和激发学习者的动力与潜能，以促进他们的自我实现。

b.特点："非指导"即指导学生学习的心理氛围，"非指导"不等于不指导，它强调指导的间接性、非命令性。

c.教学应用：非指导性教学的关键在于促进形成学习的良好心理氛围。良好的心理氛围包括：一是真诚一致。促进者是一个表里如一、真诚、完整而真实的人。二是无条件积极关注。促进者关心学习者的方方面面，尊重其情感和意见，充分接纳其价值观念和情感表现。三是同理心（移情性理解）。促进者能了解学习者的内在反应，了解其学习过程，设身处地，感同身受。

（3）评价：①强调人在学习中的自主地位。也就是说罗杰斯强调学习中的情感因素，并试图将情感和认知因素在学习中结合起来。②重视教师的促进作用，教师要对学习者持积极乐观的态度。③重视意义学习、自由学习和过程学习。④重视师生友好关系以及课堂良好心理氛围的建立。

2.论述梁漱溟的乡村教育思想。（见2019年华南师范大学真题）

3.试论教育目的。

【答】（1）含义：

①广义的教育目的指教育培养人的质量规格，亦指教育要达到的预期结果，反映教育在人的培养规格标准、努力方向和社会倾向性等方面的要求。

②狭义的教育目的一般指国家对培养的人才要达到什么样的质量和规格的总要求，是各级各类学校都必须遵守的总要求。教育目的是教育活动的方向和目标，也是教育活动的出发点和归宿。

③内容结构：a."培养什么样的人"提出受教育者在知识、智力、品德、审美、体质诸方面的发展要求，以期受教育者形成某种个性结构。这是教育目的内容结构的核心部分；b."为谁培养人"指明这种人符合什么社会的需要或为什么阶级的利益服务。

④层次结构：从宏观到微观依次为教育目的、培养目标、课程目标、教学目标。

⑤我国的教育目的：培养德、智、体、美、劳全面发展的社会主义建设者和接班人。

（2）意义。（见2022年重庆师范大学真题）

闽南师范大学

2021年闽南师范大学333教育综合真题·凯程详解

一、名词解释

1.**人的发展**（见2019年华中师范大学真题）

2.**心理发展**（见2015年华中师范大学真题）

3.**元认知**（见2011年北京师范大学真题）

4.**学在官府**（见2017年华中师范大学真题）

5.**双轨制**（见2017年北京师范大学真题）

二、简答题

1.**简述我国教育目的的基本精神。**（见2012年北京师范大学真题）

2.**简述提高教师素养的主要途径。**（见2020年华东师范大学真题）

3.**简述共同要素论。**

【答】（1）代表人物：桑代克、伍德沃斯。

（2）内涵：学习迁移是由于两种学习情境存在共同要素。不同情境中相同要素越多，迁移程度越高。没有相同要素或者相同成分的过程之间，两个完全不相似的刺激与反应的联结之间，不可能产生迁移。

（3）举例：学生学习"going"中的"ing"，就可以拼写出"playing""coming"。

（4）特点：只能解释部分知识迁移的现象，难以解释全部知识迁移的实质。例如，难以解释由于两种学习材料的相似成分越多则干扰越大的前摄抑制和倒摄抑制现象。

三、论述题

1.**论述福禄培尔的思想。**（见2014年曲阜师范大学真题）

2.**结合实例论述促进知识迁移的措施。**（见2014年北京师范大学真题）

3.论述科举制产生的原因和影响。

（1）原因：

①经济上：经济获得了恢复，生产环境相对和平。

②政治上：世族豪门势力逐步减弱，中小地主阶层数量增加，他们不甘心在政治上受压制，竭力反对九品中正制；社会事务复杂，必须扩大政府机构，因此需要人才。另外封建中央集权统治不断加强，也需要真才实学的人才来维护统治，继续沿行九品中正制只能使官僚集团日趋堕落。

（2）影响。（见2019年华中师范大学真题）

4.论述学校教育的特点并举例说明教师应该如何运用奖惩。（见2012年福建师范大学真题+2013年福建师范大学真题）

2022年闽南师范大学333教育综合真题·凯程详解

一、名词解释

1.学在官府（见2017年华中师范大学真题）

2.癸卯学制（见2018年东北师范大学真题）

3.学校教育制度（见2019年北京师范大学真题）

4.德育（见2015年华南师范大学真题）

5.复述策略

【答】（1）简介：认知策略可以分为复述策略、精细加工策略和组织策略三种。

（2）内涵：复述策略是在工作记忆中为了保持信息，运用内部言语在大脑中重现学习材料或刺激，以便将注意力维持在材料之上的策略。

（3）常用策略：①利用记忆规律，避免干扰、抑制和促进、首因和近因效应；②合理复习，及时复习、集中和分散复习、整体和部分学习、自问自答或尝试背诵、过度学习；③自动化；④亲自参与；⑤情境相似性和情绪生理状态相似性；⑥心理倾向、态度和兴趣。

6.创造性（见2019年华南师范大学真题）

二、简答题

1.简述教学过程中直接经验与间接经验的关系。（见2014年华中师范大学真题）

2.简述教育目的的结构层次。（见2010年湖南师范大学真题）

3.简述欧美教育中的终身教育思潮。（见2015年北京师范大学真题）

4.简述活动课程的含义与优缺点。（见2010年北京师范大学真题）

三、论述题

1.论述教学中的理论联系实际原则的内涵，并结合实例分析如何贯彻此原则。（见2021年浙江师范大学真题）

2.论述蒙台梭利的教育思想。（见2014年江西师范大学真题）

3.论述晏阳初的乡村教育思想。（见2017年湖南师范大学真题）

4.论述动作技能的内涵及其形成过程。

【答】（1）内涵：动作技能又称运动、操作技能，指一系列的外部动作以合理的程序组成，是外部的肌肉、骨骼的操作活动。例如，骑自行车、修鞋子等。

（2）特点：

①活动对象具有客观物质性：客观的物体或肌肉。

②活动调节具有外显性：通过外显的肢体动作来表示。

③活动方式具有扩展性，是不可合并的。

（3）形成过程：动作技能的形成过程是个体通过练习逐步掌握某种动作方式的过程。

①菲茨和波斯纳三阶段模型将动作技能的形成过程分为认知、联系和自动化三阶段。a.认知阶段：学习与技能有关的知识，了解完成这种技能动作的基本要求，将组成动作技能的活动方式反映到头脑中，形成动作映象。

b.联系阶段：对各个独立的步骤进行合并或者"组块"，以形成一个连贯的初步动作系统。这一阶段练习者的视觉控制作用减弱，动觉控制作用逐渐提高，动作间的相互干扰减少，紧张度有所减弱，多余动作趋于消失。c.自动化阶段：动作技能的各个动作在时间和空间上已联合成为一个完整的自动化的动作系统，多余动作和紧张状态已经消失，动作几乎不需要意识控制。

②冯忠良四阶段模型分为操作的定向阶段、操作的模仿阶段、操作的整合阶段、操作的熟练阶段。a.操作的定向阶段：了解操作活动的结构与要求，在头脑中建立起操作活动的定向映象的过程。b.操作的模仿阶段：个体将其在操作定向阶段头脑中形成的定向映象以外显的实际动作表现出来，也就是将头脑中的各种认识与实际的肌肉动作联系起来。c.操作的整合阶段：把操作模仿阶段习得的动作固定下来，并使各动作成分相结合，成为定型的、一体化的动作。d.操作的熟练阶段：形成的动作方式对各种变化的条件具有高度的适应性，动作的执行达到高度的完善化和自动化。

温州大学

2021年温州大学333教育综合真题·凯程详解

一、名词解释

1.内化

【答】（1）含义：指个体将外部实践活动转化为内部心理活动的过程。

（2）内化的关键：语言发展中的自我中心言语。随着儿童的成熟，儿童把外部倾听到的活动，转化为喃喃自语，再发展为耳语、口唇动作、内部语言和思维，从而完成内化过程。

（3）内化的实现途径：①教学、日常生活、游戏和劳动。②教育必须重视内化，促进学生的外部言语向内部言语转化，外部的、对象的动作向内部的、心理的动作转化。

（4）总结：维果茨基的内化论更加强调儿童的认知发展所具有的社会性。

2.活动课程（见2013年东北师范大学真题）

3.启发性教学（见2012年辽宁师范大学真题）

4.无条件反射

【答】巴甫洛夫的经典条件作用提出了条件反射和无条件反射，其中无条件反射又称无条件反应，是指无须训练和经验而自动出现的生理或情绪反应，如巴甫洛夫的狗的唾液分泌实验中，食物本身能够引起狗进行唾液分泌，这是动物的本能反应。

二、简答题

1.简述教育与政治制度的关系。（见2014年天津师范大学真题）

2.简述第一信号系统与第二信号系统。（见2014年内蒙古师范大学真题）

3.简述陶行知的生活教育。（见2014年北京师范大学真题）

三、论述题

1.论述卢梭的自然主义教育。（见2012年华东师范大学真题）

2.论述人的身心发展规律。（见2010年华中师范大学真题）

3.结合学生学习的内部和外部动机，谈谈你对特长班的看法。

【答】（1）含义。（见2013年湖北大学真题）

（2）从学习动机的内外维度来分析"特长班"的学生的学习动机：

①内高外高型：此类学生自身对所学的知识非常感兴趣，能自觉投入学习。同时，父母和老师的奖励或外界对学生的高要求强化了学生学习的积极性，学生能很好地完成学习任务，并可能深入学习。但是如果父母的要求过于苛刻则会削弱学生内在的对学习的积极性，使学生出现一些反叛行为，不利于学生学习。

②内高外低型：此类学生对所学的知识完全出于自己的爱好，父母对学生的支持也是出于让其做自己喜欢的事的目的，学生完全处于没有压力的状况下，能付出超过常人几倍的努力去学习知识，并能取得很大的成就。

③内低外高型：此类学生学习的目的是满足家长的愿望，而自己对知识的兴趣很低，仅满足学习的基本要求，学习成就不高。如果父母的要求过于苛刻则很可能造成学生的厌学现象。

④内低外低型：此类学生的学习很可能出于对学习不负责任的态度，会经常无故缺课，持有这种学习态度的学生根本不应该上"特长班"。

对一个人来说，他的学习动机并不是一成不变的，不同时期，特定情景下可能发生变化。例如，贝多芬刚开始是在父亲的打骂声中被迫学习音乐，但当他突然感受到音乐的奇妙时，他发自内心地喜欢上了音乐，后来即使没有了父亲的打骂，他依然能全身心投入音乐的学习，他的学习动机从内低外高型转到了内高外高型再到内高外低型。

4.有人说"只有不会教的老师，没有学不好的学生"，请谈谈你的看法。（见2010年西南大学真题）

2022年温州大学333教育综合真题·凯程详解

一、名词解释

1.**实验教育学**（见2013年首都师范大学真题）

2.**课程标准**（见2015年北京师范大学真题）

3.**发现学习**（见2017年华东师范大学真题）

4.**形成性评价**（见2013年华中师范大学真题）

5.**定量分析**

【答】（1）简介。定量分析是对教育现象的数量特征、数量关系与数量变化的分析。其功能在于揭示和描述教育现象的相互作用和发展趋势。

（2）对象。具有数量关系的资料，包括数字、文字、图形或声音等。

（3）方法。①数据描述：集中量数、差异量数、地位量数、相关系数。②数据推断：参数估计、统计检验。③推断统计：概率及其应用、参数估计、假设检验。

（4）特点。逻辑具有严密性与可靠性。

6.**先行组织者**（见2010年北京师范大学真题）

二、简答题

1.**简述蔡元培的"五育"并举。**（见2016年华东师范大学真题）

2.**简述好的研究课题的要求。**

【答】（1）问题必须有价值：选定的问题不仅对本学科研究领域具有好的内部价值而且对相关其他领域有高的外部价值。

（2）问题必须有科学的现实性：现实性集中表现为选定的问题要有科学性，指导思想及目的明确，立论根据充实、合理；科学性表现在要有一定的事实依据。

（3）问题必须具体明确：选定的问题一定要具体化，界限要清，范围宜小，不能太笼统。

（4）问题要新颖，有独创性：选定的问题应是前人未曾解决或尚未完全解决的问题，通过研究应有所创新，有新意和时代感。

（5）问题要有可行性：指的是问题是能被研究的，存在现实可能性。

3.**简述教育比较研究方法的种类。**

【答】（1）英国有的学者将教育比较研究方法归纳为两种主要比较方法，包括经验范例法、历史和解释法。

（2）我国学者们一般将教育比较研究方法分为以下三类：

①根据事物之间存在差异性和同一性，分为同类比较研究与异类比较研究。同类比较研究通过比较两种或两种以上同类事物而认识异同点。异类比较研究比较两种或两种以上性质相反的事物或一个事物的正反两方面，通过比较表面相异的两类对象以发现异中之同，找出其中的共同规律。

②根据比较对象历史发展和相互联系，分为纵向比较研究与横向比较研究。纵向比较，是比较同一事物在不同时期内的发展变化。横向比较，是对同时存在的教育现象进行比较。

③根据所有事物都是质和量的统一的观点，分为定性分析比较与定量分析比较。定性分析比较，是通过事物间本质属性的比较来确定事物的性质。定量分析比较，是对事物属性进行量的分析以判断事物的发展变化。

4.简述我国现阶段的教育目的。

【答】（1）内涵：我国要培养德、智、体、美、劳全面发展的社会主义建设者和接班人。

（2）确立依据：社会的需要，主要包括生产力、政治、经济、文化、科技；个人的需要主要包括学生的兴趣、需要、生活、个性与自由、身心发展规律与年龄特点。

（3）基本精神：①总要求是培养"劳动者"或"社会主义建设人才"；②根本性质是坚持教育目的的社会主义方向；③质量标准是坚持全面发展；④宗旨是提高全民素质；⑤培养独立个性。

（4）实现途径：全面发展教育，由德育、智育、体育、美育、劳动教育等部分组成。

三、论述题

1.论述陶行知的生活教育和陈鹤琴的"活教育"及二者的共同特点。

【答】（1）陶行知的生活教育和陈鹤琴的"活教育"的内容。（见2014年北京师范大学真题+2015年北京师范大学真题）

（2）共同点：

①理论基础：两者都是以实用主义为基础，且都进行了中国本土化改造。

②教育目的：都是为了培养儿童的兴趣、适应儿童的需要和生活。

③教育内容：重视直接经验，强调不仅要从书本中获得知识，还要从社会、自然和生活中获取直接经验。

④教育方法：都注重"做"与"教"相结合，要从实践中获得知识。

⑤评价：都突破了传统教育的束缚，推动中国教育向实用化、民主化、生活化发展。

2.结合实际，谈谈德育过程中如何培养学生的自我教育能力。（见2012年北京师范大学真题）

3.结合人的身心发展规律理论，谈谈"双减"政策的科学性。（材料缺失）（见2022年广西师范大学真题）

4.（1）论述韦纳归因理论的内容。（见2011年东北师范大学真题）

（2）论述甲、乙、丙三位同学的归因特点，带来的情绪体验和对学习动机的影响。（见2020年华中师范大学真题）

（3）作为老师应如何引导学生正确归因。（见2020年华中师范大学真题）

西华师范大学

2021年西华师范大学333教育综合真题·凯程详解

一、名词解释

1.**班级授课制**（见2016年北京师范大学真题）

2.**美育**（见2010年东北师范大学真题）

3.**产婆术**（见2011年北京师范大学真题）

4.**疏导原则**（见2014年江苏师范大学真题）

5.**有教无类**（见2010年北京师范大学真题）

二、辨析题

1.遗传在人发展中起决定作用。

【答】错误。

（1）人的身心发展是多种因素交互作用的结果，它受到人的遗传素质、环境、学校教育和人的主观能动性的共同影响。

（2）遗传素质是人身心发展的前提条件和物质基础；环境提供人发展所需要的物质和社会条件；学校教育在人的发展中起主导作用；个人的主观能动性起决定性的作用。

2.课程编制应以分科课程为主，活动课程为辅。

【答】正确。

（1）分科课程指根据各级各类学校培养目标和学生的发展水平，分门别类地从各学科中选择知识，并按照学科的逻辑组织学科内容的课程。活动课程是打破学科逻辑系统的界限，以学生的兴趣、需要、经验和心理逻辑为基础，通过引导学生自己组织的、有目的的活动而编制的课程。

（2）二者是现代学校教育课程的两种基本类型。在课程编制中，以分科课程为主，易于编写教材，易于教师教学，易于学生学习，易于发挥教师的主导作用，也易于对学习效果进行评价，保证教育质量。以活动课程为辅，可以在此基础上充分尊重学生的主体性，注重知识的实用性，使学生可以学以致用。

三、简答题

1.简述教育与社会、政治、经济的关系。（见2012年杭州师范大学真题）
2.简述怎样培养良好的班集体。（见2014年华东师范大学真题）

四、论述题

1.教育应怎样适应学生的个体发展规律和特点？（见2010年华中师范大学真题）
2.孔子提出了哪些教师应具有的精神？结合习近平提出的"四有"好老师的标准谈谈你的看法。

【答】孔子对教师提出的要求体现在教师观中，指的是教师要"学而不厌，诲人不倦，以身作则，爱护学生，温故知新"；习近平提出的"四有"好老师标准是指"有理想信念、有道德情操、有扎实学识、有仁爱之心"的好老师，是对孔子教师观的继承和创新。

（1）继承性：

①在教师师德要求上：孔子提出教师要"以身作则"，"四有"好老师要求教师"有道德情操"；教育不仅是育人知识，更重要的是育人道德。作为教育者，自身就要有高尚的道德情操。

②在教师学科知识上：孔子对教师的要求为"学而不厌、温故知新"，要求教师自身不断学习知识，在教学过程中教师与学生共同进步，通过复习不断学习。"四有"好老师要求教师"有扎实学识"，教育者自身专业素质的不断提升也是基本要求之一。

③在师生关系构建上：孔子强调教师要"爱护学生"，"四有"好老师要求教师"有仁爱之心"；和谐的师生关系有助于促进学生的学习，也有利于激起学生学习的主动性及教师的工作动力；孔子还强调"诲人不倦"，即用耐心的态度对待学生，有助于促进师生关系良好发展。

（2）创新性与时代性：

①师德创新："四有"好老师对教师师德方面的要求是顺应时代发展的，是将德育建立在教师自身德行的基础之上的。同时要求教师有坚定的理想信念，坚定地为社会主义培养建设者和接班人，相信教育的力量。

②学识创新：当今时代，教师要求掌握的以及传授给学生的是不同于孔子时期的，教学内容、教学方法与手段等都要具有时代性，能够适应现代化信息社会。同时构建研究型教师和发展教师的专业素养也是创新性和时代性的体现。

（3）"四有"好老师标准对孔子的教师观既具有继承性，又具有创新性与时代性，虽然在具体的教学内容和现代的道德要求上有所不同，但整体的思想是一脉相承的。

2022年西华师范大学333教育综合真题·凯程详解

一、名词解释

1.人的发展（见2019年华中师范大学真题）
2.学制（见2019年北京师范大学真题）
3.终身教育（见2011年华东师范大学真题）
4.自我效能感（见2014年华东师范大学真题）

5.苏格拉底教学法（见2011年北京师范大学真题）

6.最近发展区（见2011年北京师范大学真题）

二、简答题

1.简述王守仁的儿童教育观。（见2016年北京师范大学真题）

2.简述赫尔巴特的教育性教学原则的思想。（见2011年杭州师范大学真题）

3.简述创造性思维的特点。（见2019年陕西师范大学真题）

4.简述教育的文化功能。（见2016年北京师范大学真题）

三、论述题

1.在实际教学中如何培养问题解决能力？（见2010年华中师范大学真题）

2.论述陶行知的生活教育理论对现在教育改革的启示。（见2014年北京师范大学真题）

3.结合当今教育的实际情况，论述新一轮基础性课程改革的目标。（见2017年东北师范大学真题）

4.论述学校教育的特殊性以及对个体的作用。（见2016年东北师范大学真题）

深圳大学

2021 年深圳大学 333 教育综合真题·凯程详解

一、名词解释

1.《学记》（见2013年东北师范大学真题）

2.苏格拉底问答法（见2011年北京师范大学真题）

3.学校教育制度（见2019年北京师范大学真题）

4.活动课程（见2013年东北师范大学真题）

5.新教育运动（见2019年华东师范大学真题）

6.实科中学（见2017年华东师范大学真题）

二、简答题

1.简述教师工作的特点。（见2015年东北师范大学真题）

2.简述班级授课制的优缺点。（见2020年北京师范大学真题）

3.简述孔子的教育方法。（见2013年东北师范大学真题）

4.简述创造性的心理结构。（见2015年华东师范大学真题）

三、分析题

1.论述我国中小学德育的不足以及建议。（见2010年湖南师范大学真题+2011年重庆师范大学真题）

2.论述劳动教育。（见2021年安徽师范大学真题）

3.论述多元智力理论及其启示。（见2019年华东师范大学真题）

4.论述卢梭的自然主义教育。（见2012年华东师范大学真题）

2022年深圳大学333教育综合真题·凯程详解

论述题

1. 2020年10月，中共中央办公厅、国务院办公厅印发《关于全面加强和改进新时代学校体育工作的意见》，结合学校实际谈谈体育的时代价值和实现路径。

【答】（1）含义：体育指授予学生健康的知识和技能，发展体力、增强体质、培养意志力，使其养成良好的卫生、保健习惯。增强学生的体质是学校体育的根本任务。

（2）时代价值：体育具有重要的育人功能，不仅可以育体、育德，还能育智、育心。①育体是指体育锻炼可以提高身体素质、增强体质健康，提升运动技能为学生未来发展打下良好的生理和心理基础。生命在于运动，加强体育锻炼是保持身心健康的最好办法。②育德是指体育在培养一个人的道德情操中具有独特的作用，隐含着天然的德育，能够锻炼意志品质，培养良好的心态和习惯，提高耐挫折能力，锻炼坚韧不拔、顽强拼搏的精神品格。使人养成规则意识，培养团队合作能力。③育智是指体育还能激发多种感官协调发展，促进智力发育和身体机能。④育心是指体育运动可以让人释放压力，从而调节情绪，促进心理健康发展；在运动中理性面对成败得失，学会处理学习和生活中的各种冲突矛盾。

（3）实现路径：

①政策方面：首先应该适当倾斜，需要根据体育教育发展需求，加强对学校体育发展的经费投入，保证中小学校体育器材、设备的配置和场地建设。其次需要循序渐进地解决体育师资面临的问题。最后，中小学应在各体育部门的支持下，充分利用社会体育资源，在体育馆等校外健身场地发展体育教育的第二课堂。

②学校方面：要配备足够丰富的体育设施，满足学生运动和锻炼的物质条件，尽可能开设多样化的体育课程，营造良好的体育文化氛围。这些都需要科学的评价导向领航，科学的评价能够引导、激励学生积极参加校内外体育活动。体育评价应该更多元，既关注过程，又关注结果，多采用增值性评价。体育要面向全体学生，同时建立分层的、"体教融合"的培养体系和选拔机制，让有天赋、高水平体育人才有机会得到专业化的指导与训练。

③社会方面：系统地、完整地认识到体育的育人价值。转变观念，在全社会形成热爱体育、重视体育的风气，为青少年的健康成长、全面发展创造新的环境和格局。

2. 论述人的发展规律及教育要求。（见2010年华中师范大学真题）

3. 试述陶行知的生活教育，结合实际谈谈其价值和意义。（见2014年北京师范大学真题）

4. 列举两种或两种以上中小学生常见的心理健康问题，并说出作为教师应如何开展心理健康教育。（见2021年华东师范大学真题）

5. 依据教师的多重身份，说说为从事教师这一职业，在研究生期间需要做哪些准备？

【答】教师这一劳动具有复杂性、创造性、示范性、专业性、长效性的特点。在研究生期间我们可以从以下五个角色入手进行职业准备。

①教师要扮演"家长代理人"和"朋友、知己者"的角色。学生渴望得到老师的关注和帮助。在研究生学习期间，我们可以参与支教、实习，和学生近距离接触，了解学生心理活动和学习情况，对学生进行指导，给予呵护和关爱，有利于更好地换位思考，增进自己对教师职业的理解。

②教师要扮演"传道、授业、解惑者"的角色。教师在教学中要渗透思想道德教育，将知识传授给学生，还要启发他们的智慧。在研究生学习期间，我们要树立自己的专业理想，坚持正确的世界观、价值观、人生观。要认真学习专业知识，打好专业基础，提升自己的理论素养，此外还要拓宽自己的知识面，在学习本专业知识之外多接触其他学科知识，例如，加强信息技术知识的学习。通过教师资格证等考试，锻炼自己设计教学的能力、表达能力和交往能力。

③教师要扮演"心理调节者"的角色。教师要适应时代的要求，掌握基本的心理知识，成为学生的心理健康顾问或心理咨询师。在研究生期间，我们可以在日常学习中渗透心理健康教育，培养自己良好的身心素质，积极进行体育运动，养成科学的生活习惯，保持自我身心健康。

④教师要扮演"研究者"的角色。现在要求教师应该成为教育的研究者和改革者，不断地提高自身的教育管理修养和教育教学质量。在研究生期间，我们可以利用资源进行教育教学研究，培养自己对教育教学理论和实践进行探索，发现问题、解决问题的能力。

⑤教师要扮演"管理者"的角色。教师要创造一种和谐、民主、进取的集体环境。在研究生期间，我们可以积极参与学校活动，培养自己团队协作能力和合作意识。

作为一名教育学专业的研究生，做好职业准备，提升自己各方面的教育学素养，对之后从事教师职业是很有帮助的。

天水师范学院

2021年天水师范学院333教育综合真题·凯程详解

一、名词解释

1. 教育（见2014年北京师范大学真题）

2. 教育制度（见2012年华东师范大学真题）

3.《学记》（见2013年东北师范大学真题）

4. 三舍法（见2013年北京师范大学真题）

5. 学习动机（见2013年北京师范大学真题）

6. 发现学习（见2017年华东师范大学真题）

二、简答题

1. 简述社会本位论和个人本位论。（见2010年北京师范大学真题）

2. 简述学校德育的内容。

【答】（1）含义：学校德育是根据一定社会的思想政治观点、道德行为规范和学生的身心发展规律，有目的、有计划地塑造儿童与青少年心灵的教育活动。

（2）途径：①直接的德育是开设专门的德育课程，系统地向学生传授道德知识和道德理论。②间接的德育是在学科教学、学校与课程管理、辅助性服务工作和学校集体生活各个层面对学生进行道德渗透。

（3）原则：①理论和生活相结合原则；②疏导原则；③长善救失原则；④严格要求与尊重学生相结合原则；⑤因材施教原则；⑥在集体中教育原则；⑦教育影响的一致性原则；⑧教育影响的连贯性原则。

3. 简述班主任的工作内容与方法。（见2012年西南大学真题）

4. 简述《郎之万－瓦隆教育改革方案》。（见2017年华东师范大学真题）

三、论述题

1. 论述教师劳动的特点和教师素养。（见2015年东北师范大学真题+2015年华东师范大学真题）

2. 论述孔子的论教师。（见2018年华中师范大学真题）

3. 论述洛克的教育思想。

【答】（1）简介：洛克是英国著名的实科教育和绅士教育的倡导者。代表作有《教育漫话》。

（2）认识论基础：白板说认为人出生后心灵如同一块白板，一切知识都建立在经验的基础上。

（3）教育的作用和意义：洛克高度评价教育在人的发展中的巨大作用，认为人之好坏，或有用或无用，"十分之九都由他们的教育所决定"。他认为教育的社会意义关系到国家的幸福与繁荣，但更加强调教育对个人幸福、事业、前途的影响，显示出鲜明的功利主义和个人主义色彩。

（4）教育目的与途径：目的是培养绅士。注重贵族子弟的教育，主张把他们培养成为身体强健，举止优雅、有德行、智慧和实际才干的事业家。绅士教育的培养途径是家庭教育。

（5）绅士教育的内容和方法：①体育。洛克首先强调体育的重要性，认为人们要能工作、要有幸福，必须先有健康。针对当时贵族子弟多娇生惯养的风气，他强调生活各方面都要忍苦耐劳。②德育。洛克把德行放在比知识更重要的位置。洛克把听从理性的指导、克制自己的欲望看成一切道德与价值的重要标准及基础。他还提出了德育的方法首先要重视理性的领导，其次要重视榜样的示范作用，强调德育中的早期教育、行为习惯和良好榜样，主张尽可能不使用体罚。③智育。洛克尤其强调两点，一是德行重于学问，二是学问的内容必须是实际有用的广泛知识。他还强调要培养学生的良好态度，提高他们的能力，使学生采用正确的方法求知。

（6）评价：洛克的教育思想以其世俗化、功利性为显著特点。在实践中和理论上都对英国及西欧教育的现代化做出了贡献。但他的教育思想局限于绅士教育，缺乏夸美纽斯教育思想上的民主性。

4.论述道德行为的形成与培养途径。

【答】（1）道德行为的含义：道德行为是道德认知和道德情感的集中体现，是个体面对一定的道德情境时，充分调动自己的道德认知，并产生强烈的道德情感，经过内心冲突及外部情况的影响而产生的行为。它是衡量道德品质的客观标准。

（2）道德行为的形成：道德行为过程的四种成分，即解释情境、作出判断、决定道德行动计划和执行道德行动计划。

（3）道德行为的培养途径：

①创设良好的情境，潜移默化地进行熏陶。让个体处在良好的情境中，通过他人的行为对其产生潜移默化的影响，以此来培养其良好的道德行为。

②树立道德榜样，规避不良道德行为。为个体树立可以效仿的道德榜样，让个体能够通过模仿来规避不良的道德行为，培养良好的道德行为。

③养成良好的道德习惯，践行道德行为。通过简单反复、模仿、有意练习与坏习惯做斗争等有意识的训练来培养良好的道德行为习惯。

④制定集体公约，促使学生形成积极的态度。由于各个成员参与了规则的讨论和制定，每个人都对规则负有责任，这会增加规则的约束力。同时，群体中意见高度一致，行为取向一致，这会形成一种无形的规范力。

⑤培养自我教育的能力。让个体在树立正确的道德认识的基础上，善于肯定并坚持自己正确的道德行为，勇于否定并改正自己的错误，通过提高个体自我教育的能力来进行道德行为的培养。

天津外国语大学

2021 年天津外国语大学 333 教育综合真题·凯程详解

一、名词解释

1. 永恒主义（见 2014 年安徽师范大学真题）
2. 课程设计（见 2016 年上海师范大学真题）
3. 朱子读书法（见 2015 年东北师范大学真题）
4. "活教育"（见 2010 年华东师范大学真题）
5. 多元智能理论（见 2011 年华南师范大学真题）
6. 白板说（见 2013 年北京师范大学真题）

二、简答题

1. 简述教学过程中应处理好的几种关系。（见 2011 年东北师范大学真题）
2. 简述裴斯泰洛齐的主要教育思想。（见 2020 年东北师范大学真题）
3. 简述维果茨基的教学理论及其对现代教学的启示。（见 2010 年北京师范大学真题）
4. 简述如何运用认知理论在中小学进行教学。

【答】认知派认为，学习是通过理解，主动地在头脑内部构造认知结构的过程，不是受习惯支配而是受主体的预期所引导。有机体当前的学习依赖于他原有的认知结构和当前的刺激环境，教学的目标在于帮助学习者把外界客观事物（知识及其结构）内化为其内部的认知结构。认知派的学习理论对中小学的教学启示有：

（1）布鲁纳的认知发现说对教育的启示。

①结构教学观：课程编制和教师教学要引导学生主动地形成认知结构。

②发现教学法：教师要使用发现法帮助学生掌握知识。

（2）奥苏伯尔的有意义接受说对教育的启示。

①教师教学广泛使用先行组织者，用来完善学生对认知结构的认识。通过呈现先行组织者，为学习者已有的知识与需要掌握的知识之间架起一道桥梁，使其更有效地学习新材料；通过厘清新旧知识间的关系，形成良好的认知结构。

②肯定了有意义的接受学习的价值，开拓了教师对讲授法的认识。教师讲授有意义的知识，促进学生的意义学习，其实极具价值。教师在讲授时，需要帮助学生将知识细化为具体的知识要点，并促进学生的已有知识与新知识之间的联系。这一教学模式尤其适合高年级学生的教学。

（3）加涅的信息加工理论对教育的启示。

加涅认为学习的过程就是一个信息加工的过程，学习是学生与环境之间相互作用的结果。加涅把学习过程分为八个阶段，教学中教师可以根据这些阶段进行相应的教学设计，安排相应的教学事件。

三、论述题

1.结合实际说明教师专业发展的实现途径。（见2015年西南大学真题+2020年华东师范大学真题）

2.论述陶行知生活教育的思想。（见2014年北京师范大学真题）

3.结合实际，举例说明认知策略在教学中的应用。

【答】认知策略即学习者用来调节自己内部注意、记忆、思维等过程的技能，其功能在于使学习者不断反思自己的认知活动，调控对概念和规则的使用。认知策略可以分为注意策略、精细加工策略、复述策略、编码与组织策略。

（1）注意策略指的是学习者在学习情境中激活与维持学习的心理状态，将注意力集中于有关学习信息或重要信息上，对学习材料保持高度觉醒和警觉状态的学习策略。它指向学习活动的各个阶段，帮助学习者进行知觉定向，实行自我控制，促进有意义学习。常用的注意策略有：在教学中可以设置教学目标，告知学生本课的目标；使用标示重点的线索，如使用手势；增加材料的情绪性，多用带感情色彩的词汇；使用奇特或独特的刺激；告知学生后面讲的内容对他们很重要。

（2）精细加工策略是通过把所学的新信息和已有的知识联系起来以增加新信息意义的策略。例如，学习"医生讨厌律师"这一句话时，我们附加一句"律师起诉了医生，所以医生讨厌律师"。如此一来，以后回忆就会相对容易一些。一个信息与其他信息联系得越多，能回忆出该信息原貌的途径就越多，能提取的线索也就越多。简单的精细加工策略是记忆术，复杂的精细加工策略是灵活处理信息，如寻找信息之间的意义和逻辑，主动应用。

（3）复述策略是在工作记忆中为了保持信息，运用内部言语在大脑中重现学习材料或刺激，以便将注意力维持在学习材料之上的策略。常用的复述策略有利用记忆规律和合理复习。在教学中可以利用这些策略进行教学，例如，将所学的知识用实验、写报告、做总结、与人讨论以及向别人讲解等多种形式进行复习，比单调重复更有利于理解和记忆。

（4）编码与组织策略指整合所学新知识之间、新旧知识之间的内在联系，形成新的知识结构的策略。常用的编码与组织策略有列提纲、做图解、做表格。在教学中可以利用这些策略进行教学，例如，学习中国历史时，可以以时间为轴，将朝代、主要历史人物、历史事件全部展现出来，制成一幅中国历史发展一览图。

4.论述改变学生评价对德、智、体、美、劳全面发展的意义，并说出如何改变学生评价。

【答】（1）我国的教育目的是培养德、智、体、美、劳全面发展的社会主义建设者和接班人，原先我国更突出考核学生的智育评价，导致评价的指挥棒偏向智育，促使教育实践重智轻德，更忽视美育、体育和劳动教育。所以，加强关于学生的"五育"并举的评价，让综合性的评价观引导学校教育抓"五育"，有利于促进学生德、智、体、美、劳的全面发展。

（2）学生评价的改革措施。（见2012年首都师范大学真题）

苏州科技大学

2021 年苏州科技大学 333 教育综合真题·凯程详解

一、名词解释
1. 狭义的教育（见 2014 年北京师范大学真题）
2. 教育目的（见 2015 年北京师范大学真题）
3. 课程标准（见 2015 年北京师范大学真题）
4. 教学模式（见 2014 年杭州师范大学真题）
5. 学制（见 2019 年北京师范大学真题）

二、简答题
1. 用知识论观点解释知识与技能的关系。

【答】（1）知识与技能的联系：

①程序性知识的学习和技能的学习都是将有关事情、动作序列的规则转化为相应的活动方式。从技能学习的角度来说，学习者必须通过合乎动作要领的实际练习，掌握相应的动作方式，获得活动的经验，才能掌握技能。学习者一旦能够表现出技能，反而可能忘记或不能明确说出动作步骤和要领。

②陈述性知识的学习不同于技能的学习，但却是技能学习的起点。陈述性知识的学习目的在于形成比较宽泛的知识背景，它不一定能立刻被应用到解决问题中来，而是对理解问题、分析问题起到帮助作用。而技能就是为了完成某种任务而学的，学习的结果不要求对整个知识的来龙去脉、相关概念有多么深刻的了解，而是要求熟练掌握技能。但是，在技能学习之初，学习者首先要理解并记忆活动所必需的诸如新概念和规则等陈述性知识，为应用相关的知识解决问题做准备。

（2）知识与技能的区别：

对知识与技能的学习要求不同。在常识中，人们往往用"知"与"会"来区分知识和技能。对知识的学习旨在理解并记住一些事实、概念和原理，涉及知道不知道、懂不懂的问题；对技能的学习旨在掌握完成某种活动所要求的动作来解决问题，涉及会不会、熟练不熟练的问题。

2. 简述教育的个体功能。（见 2020 年陕西师范大学真题）
3. 简述永恒主义教育。（见 2010 年华东师范大学真题）
4. 简述二十世纪初我国的科学教育运动。（见 2020 年华中师范大学真题）

三、论述题
1. 论述陈鹤琴的"活教育"课程论。（见 2015 年北京师范大学真题）
2. 论述赫尔巴特的教育性教学原则。（见 2011 年杭州师范大学真题）
3. 论述教育影响中的一致性与连贯性。（见 2010 年北京师范大学真题）

四、综合运用题
论述品德不良的影响因素。（见 2012 年华南师范大学真题）

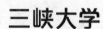

2021年三峡大学333教育综合真题·凯程详解

一、简答题

1. 简述杜威的教育思想。（见2011年北京师范大学真题）
2. 简述教育对人发展的作用。（见2016年东北师范大学真题）
3. 简述孔子的教育思想。（见2012年北京师范大学真题）
4. 简述皮亚杰的认知发展阶段论。（见2012年东北师范大学真题）

二、论述题

1. 线上教学如何激发学生的学习积极性和主动性？

【答】线上教学是近几年兴起的一种新的教学方式，在无法进行线下教学的情况下可以解决传统教学的困境。但是线上教学对教师的授课内容和学生的自觉性都有一定要求，所以需要教师采取有效措施激发学生学习的积极主动性，以求在线上教学中同样收获良好的教学效果。

（1）适当简化教学内容。在线上教学过程中，教师要充分考虑学生的实际情况，适当降低教学难度，让更多的学生能够在更短的时间内掌握教学内容，也要适当简化教学内容，让学生能够更加轻松地掌握教学内容，在较为轻松的环境中学到知识，以免学生产生畏难情绪。

（2）播放教学相关的精彩视频引导学生学习。线上教学最大的优势是教师能够充分利用互联网资源，使课堂高效且有趣。教师在教学过程中可以准备精彩的视频，通过观看教学视频能让学生更好、更加直观地了解关键的教学问题，同时观看精彩的教学视频能够充分激发学生的学习兴趣，使学习不再那么枯燥，不仅能够强化教学效果，而且能够使学生的学习积极性得到充分的提高。

（3）利用社交软件，充分互动。教师进行线上教学时不能一味讲课，要充分考虑学生的掌握情况、学习状态，通过社交软件与学生充分互动，可以拉近与学生的距离，让学生抛掉心理包袱，处在比较轻松活跃的学习环境中。这样教师不仅能够真正掌握学生的学习状态，而且有利于学生提高自主学习的积极性。

（4）讲练结合。教师教学要真正做到讲练结合，不能讲完一个知识点就立即讲下一个知识点，不给学生思考的时间，而是要给学生时间练习，充分消化刚刚学习的知识，尽可能让每个学生都能够掌握所学的内容。在一边讲课一边练习的过程中提高学生的学习成绩，学生能够在学习中获得成就感，就会更有兴趣继续学习。

（5）教师要提高技能。教师作为教学者，需要提高专业技能，明确教学目标，才能更好地培养学生的线上学习能力。在这个过程中，老师可以通过幻灯片演示、播放纪录片等多种方式激发学生的学习兴趣，强化教学效果。而且要具备专业的操作技能，熟练掌握线上教学的操作方法，调整好音量和语速，让学生能够在相对舒适的环境中学习知识，真正有效提高学生的学习技能。

综上所述，线上教学是一种有效的教学方式和手段，可以通过以上方法提高学生线上学习的积极性，让线上学习真正发挥作用，提高学生的学习成绩。

2. 人身心发展的规律有哪些？作为一个教师该如何对照规律进行教育工作？（见2010年华中师范大学真题）

3. 有人认为学校应该坚持"一切为了学生"，有人认为学校应该坚持"教师为本"，说说你对这两种观点的看法。

【答】我认为两个说法都不全面，学校应该既注重学生的主体性，也坚持教师的主导性，建立民主平等的师生关系。

（1）发挥教师的主导作用是保证学生主体性的必要条件。教师主导作用是针对能否引起学生积极学习而言的。首先，教师要以身作则，要有高的威望和亲和力，学生愿意听他的话。其次，在教学上，教师要善于启发诱导，以便使学生积极而高效地掌握知识，提高自身的才能与修养。因而，学生的主动性、反思性、创造性发挥得怎么样，学习的效果怎么样，是衡量教师主导作用发挥得好坏的根本标志，教学中一切不民主的强迫灌输和独断专横做法都有悖于教师的主导作用。

（2）调动学生的学习主动性是教师有效教学的主要因素。学生是有能动性的人，他们不只是教学的对象，也是学习和发展的主体。要调动学生的主动性，仅仅解决教师和学生之间的认知关系是不够的，还要解决师生之间的人际关系，要求教师尊重学生，民主平等地对待学生，不以学生的成绩优劣和家庭贫富而区别对待。需要指出的是，尊重学生的主体性并非放纵学生，听任课堂盲目自发地发展，放弃教师的主导作用，而是提高了对教师教导的要求，加重了教师教学的责任感和工作量。

（3）防止忽视学生主体性和忽视教师主导作用的偏向。以赫尔巴特为代表的"传统教育"和以杜威为代表的"现代教育"是这两种偏向的典型表征。以教师为主导，以学生为主体可谓是教学中师生关系的规律性联系，是各种各样师生关系理论的抽象概括，任何强调一方而忽视另一方的做法都是不合适的，应予以纠正。

（4）民主平等的师生关系对教学活动有重要影响。在社会关系上，师生之间民主平等，和谐亲密，有利于提升教学效果；在人际关系上，师生之间相互尊重友爱，教学上会更加默契；在教育关系上，师生之间相互促进，共同提高，做到教学相长。在心理关系上，师生之间相互宽容理解，增进体谅。

综上所述，我认为两个说法都不全面，既不能以任何形式削弱教师的主导作用，也不能以任何借口剥夺学生的主体地位。只有坚持教师主导，学生主体，建立民主、平等的师生关系才能促进学生全面发展。

山西大学

2021 年山西大学 333 教育综合真题·凯程详解

一、名词解释

1. **教育要素**（见 2018 年首都师范大学真题）

2. **课程**（见 2019 年北京师范大学真题）

3. **学生的失范行为**（见 2017 年新疆师范大学真题）

4. **京师同文馆**（见 2012 年北京师范大学真题）

5. **亚里士多德**

【答】（1）简介：亚里士多德是古希腊百科全书式的学者，对西方教育思想有深远影响。

（2）理论基础：灵魂论。主张人的灵魂由营养的灵魂、感觉的灵魂、理性的灵魂构成；将人的灵魂区分为理性的灵魂和非理性的灵魂两个部分。

（3）教育作用：最终目的是发展人的理性；强调教育在人的形成中不是万能的。

（4）道德教育论：伦理思想是理论基础；强调实践道德的重要性。

（5）和谐教育论：主张德、智、体、美和谐发展。

（6）自然教育与年龄分期论：首次提出并论述了教育效法自然的原理；第一次提出了按照年龄划分教育阶段的思想，划分为三个阶段。

（7）提出自由教育，包括音乐、文法、修辞学、几何、算术、天文、辩证法，即"七艺"。

（8）教育实践：吕克昂学园。

6. **白板说**（见 2013 年北京师范大学真题）

7. **负强化**（见 2019 年华中师范大学真题）

二、简答题

1. 简述态度的特点。

【答】（1）含义：态度是人对客观对象、现象是否符合主体需要而产生的心理倾向。

（2）特点：

①对象性。个体所特有的任一态度都是指向某个具体对象的，离开一定的对象，就无法孤立地存在。

②内在性。态度是个体内在的心理状态，它不能从外部直接观察到，只能间接地推测得知。态度作为内隐的结构虽然会影响个体对刺激的反应，却要通过对个体的语言或行为方式的分析来间接地推测。

③持久性。态度是个体在后天的社会生活中形成的，一旦形成就具有相对的持久性。稳定的态度可以成为个体人格的组成部分，是不易改变的。

④概括性。态度作为一种反应的准备状态，它并不决定特定的行为，而是决定个体一定类型的行为。

2.简述赫尔巴特的教学形式阶段论。（见2017年东北师范大学真题）

3.简述马克思主义教育学。（见2021年河北师范大学真题）

4.简述中国共产党领导下的革命根据地教育的基本经验。（见2020年华中师范大学真题）

三、论述题

1.论述创造性的培养。（见2011年北京师范大学真题）

2.论述教师教育研究的优势和意义。

【答】（1）优势：

①教师在真实的教育情境中进行研究更容易发现问题。教师工作于真实的教育教学情境之中，最了解教学的困难、问题与需求，能及时清晰地知觉到问题的存在。

②在师生共同交往中教师更了解学生。教师与学生的共同交往构成了教师的教育教学生活，因此教师能准确地从学生的学习中了解到自己教学的成效，了解到师生互动需要改进的方面，尤其是能获得第一手资料，这就为研究提供了良好的条件。

③教师的工作有很强的实践性。教师是教育教学实践的主体，针对具体的、真实的问题所采取的变革尝试，能够在实践中得到检验，进而产生自己的知识，构建实践性的教学理论。

（2）意义：

①解决教育实际问题，提高教育质量。教育研究不仅能增进教师对有效教学的认识，扩展教师对新思想、新方法的运用，引发他们对教育教学信念的追求；而且能增进教师对学生学习需求的关注和了解，更有效地促进和指导学生的学习与成长。

②可以使课程、教学与教师真正融为一体。从我国实施的新一轮基础教育课程改革来看，教师必须将新课程所蕴含的教育理念与知识本质付诸实际行动，才能使课程变为实际。

③教育科学发展的需要。教师的教育研究不仅是对理论性研究的重要补充，同时必然要求教师学习和内化新的教育教学理论，而这些理论又通过教师的实践探索，落实到了特定的教育教学情境中，有益于解决实际问题。

④促进教师专业发展，增强教师的职业价值感。教师的教育研究使教师真正成为有思想、有能力、有智性、有悟性的教育实践主体。通过教育教学研究，教师才能不断地找到专业发展的新基点。

⑤有利于教师积累实践经验。教师是教育的行动研究者，在研究过程中，不仅能够解决某一教育现象，同时也会积累丰富有效的问题解决方法和教学方法。教师需要不断学习、积累经验，成为"终身学习"者。

3.列举21世纪教育的发展趋势。（见2013年北京师范大学真题）

4.论述孔子的教师观。（见2018年华中师范大学真题）

5.论述英国的《1988年教育改革法》及启示。

（1）《1988年教育改革法》的内容。（见2014年东北师范大学真题）

（2）启示：

①松紧有度，有的放矢。《1988年教育改革法》先进行基础教育改革，之后循序渐进地推进职业教育和高等教育改革，掌握总体改革的节奏。严格实施统一课程、统一考试的措施，在废除双重制，实施摆脱政策，允许自由择校的基础上，又给予一定的自主权。这启示我们在进行教育改革的时候也要掌握事物发展的规律，不能急于求成，要根据实际情况调整策略。

②认清方向，果断执行。针对当时经济发展的需要和落后的传统教育管理模式，英国在找准教育改革的方向后，坚决执行《1988年教育改革法》。这启示我们在进行教育改革的时候要坚持前进方向不动摇，直至达到改革的目的。

③及时修改，不断完善。20世纪90年代出台的初等教育的"共同化水准"和"多样化结构"，即坚持统一考试、统一课程，要求各个学校办学特色化、多样化，方便家长择校。这正是针对《1988年教育改革法》的完善和修正。这启示我们在进行教育改革的时候要不断根据国情进行修改和完善，这样才能适应社会的要求。

阜阳师范大学

2021 年阜阳师范大学 333 教育综合真题·凯程详解

一、名词解释

1. 学校教育制度（见 2019 年北京师范大学真题）

2. 明人伦

【答】孟子认为办教育的目的在于"明人伦"。"人伦"具体表现为五对关系："父子有亲，君臣有义，夫妇有别，长幼有序，朋友有信"。孟子又极为重视父子——"孝"，兄弟（长幼）——"悌"这两种关系，并以此为中心建立了一个道德规范体系——"五常"，即仁、义、礼、智、信。

3. 庚款兴学（见 2018 年山东师范大学真题）

4. 校本课程（见 2010 年陕西师范大学真题）

5. 学习（见 2013 年陕西师范大学真题）

6. 诊断性评价（见 2013 年首都师范大学真题）

二、简答题

1. 简述夸美纽斯的三种教育和三种灵魂。（见 2016 年西南大学真题）

2. 简述中小学常用的教学方法并说明选择的依据。（见 2018 年北京师范大学真题 +2018 年天津师范大学真题）

3. 简述学生发展的一般规律及其对教育工作的启示。（见 2010 年河南大学真题 +2010 年华中师范大学真题）

4. 简述知识和创造性思维的关系。

【答】（1）含义：知识有狭义与广义之分。狭义的知识是指能储存在语言文字符号或言语活动中的信息或意义，如各门学科的事实、概念、公式、定理等，不包括技能和策略等调控经验。广义的知识是指个体通过与环境相互作用后获得的一切信息及其组织，它将心智技能和认知策略也包含其中，泛指人们所获得的经验。

创造性思维是指用超常规方法，重新组织已有的知识经验，产生新方案和新成果的心理过程，是创造性认知品质的核心。

（2）关系：

①知识储备是进行创造性思维的前提和基础。没有一定的知识经验做基础，是无法进行创造性思维的。

②知识对创造性思维有制约作用。一个人的知识尤其是某一领域的专业知识越多，从创造性思维的角度来看，他的思维受到约束的可能就越大。

③要在知识的运用过程中培养创造性思维。学习知识是手段，运用知识才是目的，培养创造性思维能力能促进知识的运用。

三、论述题

1. 论述杜威的教育本质。（见 2018 年东北师范大学真题）

2. 论述陶行知的生活教育理论及其理论价值。（见 2014 年北京师范大学真题）

3. 论述造成品行不良的原因及其矫正措施。（见 2012 年华南师范大学真题）

4. 论述确立学校教育制度的依据。（见 2010 年陕西师范大学真题）

南京信息工程大学

2021年南京信息工程大学333教育综合真题·凯程详解

一、名词解释

1. 终身学习（见2021年中央民族大学真题）
2. 京师大学堂（见2013年北京师范大学真题）
3. 《莫雷尔法案》（见2010年华东师范大学真题）
4. 教师专业发展（见2011年华东师范大学真题）
5. 最近发展区（见2011年北京师范大学真题）

二、简答题

1. 简述陶行知的生活教育。（见2014年北京师范大学真题）
2. 简述皮亚杰的认知发展阶段。（见2012年东北师范大学真题）
3. 简述人文主义教育的特点。（见2011年华东师范大学真题）
4. 简述教育组织形式及其类型。（见2014年四川师范大学真题+2014年北京师范大学真题）

三、论述题

1. 论述探究学习并举例说明。（见2014年东北师范大学真题+2020年杭州师范大学真题）
2. 论述马克思关于人的全面发展学说及对我国劳动教育的启示。（见2017年华南师范大学真题）
3. 评析学科课程和活动课程的联系和区别，并谈谈你对中小学课程改革的理解。（见2018年陕西师范大学真题+2020年江苏师范大学真题）
4. 论述科尔伯格道德发展阶段理论和对儿童教育的启示。（见2013年华东师范大学真题）

广东技术师范大学

2021年广东技术师范大学333教育综合真题·凯程详解

一、名词解释

1. 教育学（见2011年陕西师范大学真题）
2. 社会本位论（见2011年华东师范大学真题）
3. 正强化（见2018年云南师范大学真题）
4. 发现学习（见2017年华东师范大学真题）
5. 活动课程（见2013年东北师范大学真题）
6. 教育制度（见2012年华东师范大学真题）

二、简答题

1. 简述教育现代化的内容和特征。（见2018年江西师范大学真题）

2. 简述影响人身心发展的因素有哪些。（见 2015 年北京师范大学真题）

3. 简述学习动机有什么作用。（见 2016 年内蒙古师范大学真题）

4. 简述建构主义的教育观。（见 2013 年华东师范大学真题）

三、论述题

1. 论述教育的个体功能和社会功能。（见 2012 年首都师范大学真题）

2. 论述班主任的工作内容。（见 2012 年西南大学真题）

西南民族大学

2022 年西南民族大学 333 教育综合真题·凯程详解

一、名词解释

1. 教育者（见 2020 年华南师范大学真题）

2. 教学组织形式（见 2017 年哈尔滨师范大学真题）

3. 教育独立性（见 2020 年安徽师范大学真题）

4. 表征学习（见 2014 年云南师范大学真题）

5. 程序性知识（见 2018 年华东师范大学真题）

6. 教学评价（见 2015 年北京师范大学真题）

二、简答题

1. 简述人的发展特点。（见 2010 年华中师范大学真题）

2. 简述教育的经济功能。（见 2019 年华东师范大学真题）

3. 简述杜威的反省思维活动的五个阶段。（见 2012 年天津师范大学真题）

4. 简述影响问题解决的主观因素。（见 2017 年陕西师范大学真题）

5. 简述蔡元培的教育思想。（见 2013 年北京师范大学真题）

三、论述题

1. 论述学科课程论和活动课程论的特点及缺点。（见 2015 年陕西师范大学真题）

2. 论述遗忘的影响因素。（见 2020 年贵州师范大学真题）

长江大学

2022 年长江大学 333 教育综合真题·凯程详解

一、名词解释

1. 《学记》（见 2013 年东北师范大学真题）

2.**进步教育运动**（见 2014 年北京师范大学真题）

3.**正强化与负强化**（见 2018 年云南师范大学真题 +2019 年华中师范大学真题）

4.**试误说与顿悟说**（见 2018 年鲁东大学真题 +2019 年江苏师范大学真题）

5.**癸卯学制**（见 2018 年东北师范大学真题）

6.**同化与顺应**（见 2016 年东北师范大学真题 +2021 年福建师范大学真题）

二、简答题

1.**简述自我效能感及影响因素。**（见 2017 年东北师范大学真题）

2.**简述成败归因理论与教育指导。**（见 2019 年北京师范大学真题 +2011 年东北师范大学真题）

3.**简述教育的经济功能。**（见 2019 年华东师范大学真题）

4.**简述启发式教学原则对教学改革的影响。**

【答】（1）启发式教学原则。（见 2012 年北京师范大学真题）

（2）启发教学原则对教学改革的影响：

①转变学生观：a.教师要尊重学生学习的主体性，发挥主动性，帮助学生学会自主学习；b.尊重学生的独立思考能力，教师在提问中激发学生的求知欲，鼓励学生独立思考、反思，锻炼学生的思维能力；c.尊重学生的兴趣与需要。启发式教学原则反对灌输，新课改要求教学要激起学生兴趣，满足学生需要。

②转变教师观：教师与学生之间的关系不应该是专制型或者放任型的，而是建立民主平等的师生观。师生关系融洽，学习氛围会更友好，在这样的气氛中，学生更愿意和老师交流，更能积极跟随老师的启发打开思路。

③革新教学方法：教师使用情境性教学法，加强有效提问，提高课堂效率。

④革新教学理念：a.树立培养创新型人才的人才观。现代社会需要的是有自主学习能力和创造力，有批判思维和合作能力的人才；b.最大限度满足学生学习的差异性与个性。

三、论述题

1.**论述陶行知的生活教育体系。**（见 2014 年北京师范大学真题）

2.**论述夸美纽斯的泛智教育思想。**（见 2020 年湖南师范大学真题）

3.**论述德育过程是自我能力提高的过程。**（见 2012 年北京师范大学真题）

4.**论述全面发展与个性培养的关系。**（见 2016 年新疆师范大学真题）

浙江大学

2022 年浙江大学 333 教育综合真题·凯程详解

一、名词解释

1.**学而优则仕**（见 2012 年东北师范大学真题）

2.**中体西用**（见 2011 年北京师范大学真题）

3.**观察法**（见 2018 年河南大学真题）

4.**个案研究**（见 2011 年西北师范大学真题）

5.**活动课程**（见 2013 年东北师范大学真题）

6.**实验教育学**（见 2013 年首都师范大学真题）

二、简答题

1.**简述赫尔巴特的教育性教学原则。**（见 2011 年杭州师范大学真题）

2.**简述马克思、恩格斯的教育观点。**（见 2017 年华南师范大学真题）

3.简述终身教育思潮的主要观点。（见 2015 年北京师范大学真题）

4.简述我国教育目的的基本精神。（见 2012 年北京师范大学真题）

5.简述教育对个体发展的独特价值。（见 2019 年华中师范大学真题）

6.简述教师劳动的主要特点。（见 2015 年东北师范大学真题）

三、论述题

1.论述 1922 年"新学制"的特点和评价。（见 2014 年东北师范大学真题）

2.制定义务教育阶段学生作业负担的研究计划，包括研究问题、研究对象、抽样、研究思路、研究方法、研究可行性论证。

【答】（1）研究问题："双减"政策下义务教育阶段学生作业负担的调查研究。

（2）研究对象：以 X 市义务教育阶段学校为调查对象。

（3）抽样：采用整群随机取样法，在全市义务教育阶段学校的每个年级随机抽取 2 个班级进行问卷调查，在所调查的学校通过偶遇抽样选择访谈调查对象。

（4）研究思路：①先查阅文献，了解该时代背景下学生的发展情况和教育发展情况，了解前人对学生作业负担等方面的研究情况。②在前人的基础上确定研究问题，改进研究方案。③确定研究对象，制定调查问卷，实施调查。④收集调查资料，数据分析调查结果。⑤查阅文献，提出减轻学生作业负担的有效策略。⑥撰写研究论文。

（5）研究方法：问卷调查法、访谈法。

（6）研究的可行性：①客观条件。既要有必要的资料、设备、时间、经费、技术、人力和理论准备等条件，也要有科学理论的支持和事实依据。②主观条件。研究者本人具备教育背景相关知识，且找到自己感兴趣的研究方向。③时机问题。"双减"政策背景下，学生作业负担成为大众热切关注的问题，国家给出了政策，诸多学者也有了一定程度的研究，且处于教育研究发展的关键期，具有研究的可行性。

3.论述永恒主义的观点及对当代教育改革的启示。（见 2010 年华东师范大学真题）

浙江海洋大学

2022 年浙江海洋大学 333 教育综合真题·凯程详解

一、名词解释

1.个人本位论（见 2010 年浙江师范大学真题）

2.综合实践活动（见 2014 年山东师范大学真题）

3.监生历事（见 2011 年湖南师范大学真题）

4.《费里法案》（见 2015 年河南师范大学真题）

5.贝尔－兰卡斯特制（见 2012 年北京师范大学真题）

6.昆西教学法（见 2018 年浙江师范大学真题）

二、简答题

1.简述新课程倡导的三种学习方式。（见 2020 年杭州师范大学真题）

2.简述斯宾塞的课程设置观。（见 2012 年辽宁师范大学真题）

3.简述宋代书院的教学管理特点。（见 2017 年华中师范大学真题）

4.简述问题解决能力的培养措施。（见 2010 年华中师范大学真题）

三、论述题

1.材料大意为改写课本。班级管理启示和学生观。

【答】（1）内涵：班级管理就是班主任和教师以关注每个学生在班级生活中的参与和成长为宗旨，以开放的而非外在控制的方式推进班级发展，共同建设一个和谐而富有成长气息的班级组织，主要包括班级组织建设、班级制度管理、班级教学管理。

（2）启示：

①在建设上，教师要发挥好班集体的教育作用，培养班级成员的集体意识，培养集体主义情感，做到互相体谅、理解，敏锐觉察班级成员的活动状况，表扬先进、鼓励后进，营造健康的人际关系，开展善意竞争。培养学生具有组织集体和管理集体的能力和技能、自觉遵守纪律的行为和习惯。

②在制度上，教师要规范班级成员遵守和服从学校的规章制度，此外要形成班风、传统等不成文制度，管理上要刚柔结合。

③在教学上，教师要明确教学的目标和任务，让学生在学习中学会合作；要建立有效的班级教学秩序，创设互相支持的班级氛围；建立班级管理指挥系统，调动班级任课教师、学习骨干、小组长；指导学生学会学习，培养正确的学习动机、坚韧的学习意志、较强的自学能力等。

（3）新时代的学生观如下：

①尊重学生的主体性。学生是教育过程中的主体，教育既要发挥教师的引导性，也要尊重学生的主动性。

②尊重学生的独立性。教师要充分放权，让学生独立思考，独立操作，并及时激励学生。

③尊重学生的差异性。学生之间具有差异性，教师要做到充分了解学生，做到因材施教。

④尊重学生的发展性。教育的目的是要促进学生发展，激发学生潜能，而且教师要用发展的眼光看待学生。

⑤尊重学生的个性自由。每个学生具有自己的个性，老师要引导学生适当地规范自由，处理好自由和纪律的关系。

⑥尊重学生身心发展的规律与年龄特点。明确每个年龄阶段的学生特点，要求教育要按照规律和年龄特点进行。

⑦重视学生的生活经验和体验。只有尊重学生的生活经验和体验，才更能展示学习的生活性，加强学生对知识体系的理解和掌握。

⑧尊重学生的兴趣与需要。教师教学要联系学生的兴趣与需要，激发学生的学习动机。

⑨尊重学生对知识的自我建构性。教师要启发学生积极主动地吸收知识，并结合自己的已有经验去完善对知识的理解，建构自己的知识体系。

⑩尊重学生的童趣。教师要充分尊重、利用学生的童趣，建立良好的师生关系，促进他们的发展。

2.论述学生行为不良的产生原因和矫正方法。（见2012年华南师范大学真题）

3.论述陈鹤琴的"活教育"及其现代价值意义。（见2015年北京师范大学真题+2017年东北师范大学真题）

4.结合实际，论述教学过程中应处理好的几对关系。（见2011年东北师范大学真题）

齐齐哈尔大学

2022 年齐齐哈尔大学 333 教育综合真题·凯程详解

一、名词解释

1.**学制**（见2019年北京师范大学真题）

2.**教科书**（见2017年华南师范大学真题）

3.**"六艺"**（见2012年华东师范大学真题）

4.南洋公学

【答】（1）简介：维新派认为改革教育、培养新式人才是实现变法维新的基础，因此设立了维新性质的学堂，其中就包括南洋公学。

（2）特点：采用西方近代学校体系的形式，分初、中、高三个等级，相互衔接，并按年级逐年递升，具有近代三级学制的雏形，将早期改良派学制改革思想付诸了实践。

（3）意义：反映了资产阶级对教育的要求，在教育目标、教育内容和教育方法上都有别于封建主义的旧教育，培养了一批变法人才。

5.导生制（见2012年北京师范大学真题）

6.四段教学法（见2010年北京师范大学真题）

二、简答题

1.简述启发性教学原则和基本要求。（见2012年北京师范大学真题）

2.简述蔡元培的教育思想。（见2013年北京师范大学真题）

3.简述卢梭的自然教育。（见2012年华东师范大学真题）

4.简述问题解决能力的培养。（见2010年华中师范大学真题）

三、论述题

1.论述掌握知识与发展智力的关系。（见2012年东北师范大学真题）

2.论述影响个体发展的因素和作用。（见2015年北京师范大学真题）

3.论述杜威的教育思想。（见2011年北京师范大学真题）

4.论述影响人格发展的因素。

【答】（1）含义：人格是指人所具有的与他人相区别的独特而稳定的思维方式和行为风格，也指一个人整体的精神面貌，是具有一定倾向性的并且比较稳定的心理特征的总和。人格一旦形成，将会长期影响个体的行为。个体的先天遗传和后天生活环境的差异决定了个体会形成各自不同的人格特征。

（2）影响因素。

①气质。气质是指个体在情绪反应、活动水平、注意和情绪控制等方面所表现出来的稳定的心理与行为特征。托马斯和切斯将大部分儿童的气质划分为三种：容易型、困难型和慢活跃型。a.容易型儿童饮食睡眠等都很有规律，情绪比较积极，他们乐于探究新事物，在新事物和陌生人面前会适度紧张，容易适应环境变化。b.困难型儿童的活动没有规律，不容易预测和把握，他们很难适应新环境，对陌生的人或环境反应强烈，常处于紧张的状态。c.慢活跃型儿童在容易型和困难型之间，属于慢性子，心境比较消极。不容易适应环境变化，在陌生人面前反应退缩，对环境刺激的反应比较温和，强度比较低。

②家庭。家庭是孩子最初的生活环境，家长是他们的第一任老师。因此，家庭中的重要人物（特别是父亲和母亲）及权威型、专制型、溺爱型、忽视型四类教养方式，都会对孩子的人格发展产生长期的、直接的影响。

③学校。主要表现在：a.课堂教学。学生通过课堂教学进行系统的知识学习，同时培养了自己的主动性、独立性和探索精神等人格特征。教师通过给学生讲授现代科学知识，促进学生形成科学的世界观，对于学生良好人格特征的形成具有重要意义。b.班集体。良好的班风可以使学生形成团结友爱、合作、大公无私等人格特征。同时，在一个班集体中，每个人扮演不同的角色，可以培养学生的责任心和组织纪律性。c.教师。教师对学生良好人格特征的形成起榜样作用。

沈阳大学

2022 年沈阳大学 333 教育综合真题·凯程详解

一、名词解释

1. 课程标准（见 2015 年北京师范大学真题）
2. 教学（见 2013 年陕西师范大学真题）
3. 教学评价（见 2015 年北京师范大学真题）
4. 德育（见 2015 年华南师范大学真题）
5. 榜样认同

【答】（1）简介：指个体出于对某人或某团体的崇拜、仰慕等趋同心理而产生的认同现象。

（2）特点：自觉性、主动性、稳定性。

（3）影响榜样认同的因素：①榜样的特点。只有能引起主体注意，激起主体认同需求和趋同情感的人或事，才能成为榜样。②规范本身的特性。主体产生价值认同的前提是能认识到规范本身的含义和价值。③强化方式。强化方式对社会规范认同产生影响。如果认同行为受到奖励，会促进认同；如果认同行为受到惩罚，则会降低认同。

6. 接受学习（见 2016 年北京师范大学真题）

二、简答题

1. 简述教育的政治功能。（见 2012 年北京师范大学真题）
2. 简述韩愈的《师说》。（见 2018 年北京师范大学真题）
3. 简述现代学制的改革趋势。（见 2011 年南京师范大学真题）
4. 简述结构主义的教育思潮。（见 2013 年华东师范大学真题）

三、论述题

1. 论述个体活动在人发展中的作用。（见 2017 年华中师范大学真题）
2. 论述陶行知的生活教育理论体系。（见 2014 年北京师范大学真题）
3. 论述裴斯泰洛齐有关教育与生产劳动的教育思想。（见 2020 年东北师范大学真题）
4. 论述学生学习的特点。（见 2010 年河南师范大学真题）

信阳师范学院

2022 年信阳师范学院 333 教育综合真题·凯程详解

一、名词解释

1. 学制（见 2019 年北京师范大学真题）
2. 班级授课制（见 2016 年北京师范大学真题）

3.九品中正制（见 2020 年四川师范大学真题）

4.有教无类（见 2010 年北京师范大学真题）

5.精细加工策略（见 2016 年东北师范大学真题）

6.苏格拉底法（见 2011 年北京师范大学真题）

二、简答题

1.简述德育的基本原则。（见 2017 年天津师范大学真题）

2.简述教学过程的基本阶段。（见 2013 年广西师范大学真题）

3.简述昆体良有关教师的观点。

【答】（1）简介：昆体良是古罗马著名的教育家，他高度重视教师的作用，认为要做好教育工作，教师是至关重要的。因此教师应当具有全面的素质。

（2）要求：

①教师应该德才兼备。教师既教学生基础知识和雄辩术，又教学生做人。选择教师首先要弄清他是否具有良好的德行。

②教师对学生应宽严相济，应当严肃而不冷酷，和蔼而不纵容。

③教师对学生的教育要有耐心，既不能吝啬表扬，也不能滥用惩罚。

④教师应当懂得教学艺术，教学应当简明扼要，明白易懂，深入浅出。

⑤教师要注意儿童的个体差异，做到因材施教。

4.简述孟子的教育思想。（见 2015 年北京师范大学真题）

三、论述题

1.论述夸美纽斯关于教育原则的主要内容及其现实意义。（见 2012 年西南大学真题）

2.论述黄炎培的"大职业教育"思想及其现实意义。（见 2018 年华中师范大学真题）

3.论述科尔伯格道德判断发展的三水平六阶段理论，评价当前的品德教育，以及品德的培养。（见 2013 年华东师范大学真题）

4.论述马克思关于人的全面发展学说的主要内容及其教育学意义。（见 2017 年华南师范大学真题）

洛阳师范学院

2022 年洛阳师范学院 333 教育综合真题·凯程详解

一、名词解释

1.量化研究（见 2021 年西南大学真题）

2.社会的变迁功能（见 2011 年山东师范大学真题）

3.教学（见 2013 年陕西师范大学真题）

4.广义的个体发展

【答】（1）含义：广义的个体发展是指个体从胚胎到死亡的变化过程，其发展持续于人的一生。

（2）特点：个体发展的每一阶段都有自己的发展的时间表和依次出现的、具有独特意义的行为模式；每一阶段对个体来说都是重要的，不能认为某一阶段对个体的发展最重要，而另一阶段不重要。在当代，我们对个体发展的关注应当贯穿于个体生命的全过程。

二、简答题

1.简述教育的劳动起源说。（见 2020 年广西师范大学真题）

2.简述孔子的德育原则。（见2012年东北师范大学真题）

3.简述杜威的五步探究教学法。（见2012年天津师范大学真题）

4.简述皮亚杰认知发展的四阶段。（见2012年东北师范大学真题）

5.简述唐代科举制对学校教育的影响。（见2019年华中师范大学真题）

三、论述题

1.论述教育学的产生与发展。（见2011年江西师范大学真题）

2.论述世界各国的课程改革趋势。（见2017年浙江师范大学真题）

四、材料题

1.结合相关教育理论，谈谈如何协同学校、家庭和社会的教育，保障学生的健康成长？（材料缺失）

【答】家庭教育、学校教育和社会教育共同承担育人责任，即家庭、学校、社会协同育人。协调家庭教育、学校教育和社会教育，为了共同的育人目标，通过加强交流、密切合作，形成教育合力，实现最佳育人效果的教育活动。

（1）家庭、学校、社会是合作主体。三者共同承担育人责任，但各有边界、相互独立、分工不同。三者在育人功能上是有差别的，它们各有优势，同时各有短板，在具体的教育实践中，无法用一个完全替代另一个。只有三者各施所长、协同合作，才能充分发挥出整体效应，产生巨大的教育合力，达到最佳的教育效果。

（2）协同是工作重心。家庭、学校、社会同频育人，需要构建家庭、学校、社会学习共同体。学校积极开展各项活动，加强与家长的互动，比如定期开展形式多样的家校沟通，邀请家长进校参与教育活动，亲子同台表演、班会等；定期开展"家长学校"，全面提升家长的教育观念和方法；可以在社区搭建起教育活动的平台，比如走进敬老院关爱老人等，为学生的成长构建起和谐的育人环境。

（3）育人需要教育者和被教育者共同成长。在家庭、学校、社会协同育人的过程中，学生丰富了知识，增长了见识，得到了全面的发展；家长不再置身事外，充分参与其中，参与教育教学过程，学习教育常识，对教育有了更深刻的理解，有助于形成和谐的家庭关系，树立良好家风；教师获得了专业成长，有了社会和家长的助力，能够更好地投身教学。家长和教师育人能力和水平的提升，最终指向培养德、智、体、美、劳全面发展的社会主义建设的接班人。

2.应用教育学的理论，从义务教育、中等职业教育、高等教育的角度分析，怎样办好使人民满意的教育？（材料缺失）

【答】"办人民满意的教育"，就是让人民在教育发展改革中享有更多的获得感，让人民获得实在的利益，其核心追求是全面提高教育质量、实现教育公平、走内涵式发展的道路，全面落实教育优先发展战略。

（1）义务教育：义务教育是国民教育的基础，也是整个教育体系的重要组成部分。自改革开放特别是1986年《中华人民共和国义务教育法》颁布实施以来，我国政府始终坚持将普及九年义务教育作为教育工作的重中之重，并制定了一系列重大方针、政策，以推进义务教育发展。办好使人民满意的教育，在义务教育方面要坚持"五育"并举，全面发展素质教育；强化课堂主阵地作用，切实提高课堂教学质量；按照"四有"好老师标准，建设高素质专业化教师队伍；深化关键领域改革，为提高教育质量创造条件；加强组织领导，为新时代提高义务教育育人质量提供坚强保障。

（2）中等职业教育：近年来，在党中央国务院的高度重视、正确领导和大力推动下，中等职业教育围绕国家经济社会发展需求，在服务中深化改革、在贡献中加快发展，取得了历史性成就。但是，面临的挑战依然十分严峻，办好使人民满意的教育，在中等职业教育方面要坚持以服务为宗旨、以就业为导向，进一步更新教育教学思想和观念；坚持育人为本，把德育工作放在首位；改革人才培养模式，大力推行工学结合、校企合作、顶岗实习；优化专业设置和结构，推进专业建设规范化；改革教学内容、教学方法，增强学生就业和创业能力；加强教学保障条件建设，建立提高教学质量的长效机制。

（3）高等教育：高等教育发展水平是一个国家发展水平和发展潜力的重要标志。办好高等教育，事关国家发展，事关民族未来。从规模到质量，中国高等教育进入了新的发展阶段，高等教育结构也更加科学合理。但是，在规模不断扩大的同时，也面临一些问题。办好使人民满意的教育，在高等教育方面要合理分配高等教育资源，促进中西部地区发展；端正高等教育办学思想，坚持质量为本；调整学科和专业结构，优化课程设置；大力加强教师队伍建设，充实第一线教学骨干；完善质量评价体系，促进学生全面发展。

济南大学

2022 年济南大学 333 教育综合真题·凯程详解

一、名词解释

1. 义务教育（见 2012 年东北师范大学真题）
2. 班级组织（见 2015 年首都师范大学真题）
3. 学校教育（见 2010 年华中师范大学真题）
4. 三舍法（见 2013 年北京师范大学真题）
5. 《国防教育法》（见 2010 年湖南师范大学真题）
6. 观察学习（见 2019 年北京师范大学真题）

二、简答题

1. 简述教育的基本要素。（见 2015 年北京师范大学真题）
2. 简述活动课程和学科课程的区别与联系。（见 2015 年陕西师范大学真题）
3. 简述孔子的教育方法和原则。（见 2013 年东北师范大学真题）
4. 简述建构主义学习观及其教育意义。（见 2013 年华东师范大学真题）

三、论述题

1. 这一段话表达的教育的目的观是什么，联系"双减"政策，谈谈如何理性对待教育目的。（材料不全，大致内容是"给教师的 100 条建议"）

【答】"双减"政策下，理性对待教育目的应该这么做：

（1）转变教育理念，树立以人为本的教育观念。树立以人为本的教育观，意味着肯定教育的根本主旨在于促进人的全面发展。人是主体，人的发展与社会发展是互动的。树立以人为本的教育观，还意味着肯定人是自我教育、自我发展的主体。教育必须尊重人在自我教育、自我发展中的主体地位。教育的艺术和教育的实效，在很大程度上取决于启发、培养、引导、激励和发挥人自我教育、自我发展的能动性。

（2）教育目的是培养全面发展的人，而全面发展教育的实现要以素质教育为核心。全面发展教育中的"五育"并举，每一育都有自己特定的内涵、特定的任务、特定的社会价值和教育价值。各育之间不可分割、不可相互替代。而"双减"政策让学生从极端的应试学习中解放出来，给他们创造了全面发展的教育环境。

（3）防止教育目的的实践性缺失。片面追求升学率导致的学生校内刷题，校外补课的高负荷学习等应试教育问题就背离"五育"并举的教育实践方向，也背离了教育目的的宗旨。所以，"双减"政策就是在为了更好地落实素质教育的发展，符合儿童身心发展规律的基础上提出的，从而不断强化全面发展的教育观念，加强教育实践。

2. 论述实用主义理论。（见 2014 年首都师范大学真题）
3. 论述蔡元培的"五育"并举。（见 2016 年华东师范大学真题）
4. 论述韦纳归因理论如何培养和激发学习动机。（见 2012 年华东师范大学真题）

 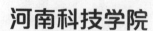

河南科技学院

2022 年河南科技学院 333 教育综合真题·凯程详解

一、名词解释

1. 课程标准（见 2015 年北京师范大学真题）

2. 学校教育制度（见 2019 年北京师范大学真题）

3. 道德发展阶段论

【答】（1）简介：科尔伯格通过用道德两难故事来培养学生的道德判断能力，将人的道德发展分为"三水平六阶段"。

（2）"三水平六阶段"包括：①前习俗水平。第一阶段为惩罚和服从的道德定向阶段。第二阶段为工具性的相对主义定向阶段。②习俗水平。第三阶段为人际和谐的定向阶段，又称为"好孩子"定向阶段。第四阶段为维护权威或秩序的定向阶段。③后习俗水平。第五阶段为社会契约定向阶段。第六阶段为普遍道德原则的定向阶段。

4. 人本主义教育（见 2020 年湖北大学真题）

5. 苏格拉底法（见 2011 年北京师范大学真题）

6. 公学（见 2017 年东北师范大学真题）

二、简答题

1. 简述培养教师的途径。（见 2019 年东北师范大学真题）

2. 简述隋唐时期的教育特点。（见 2020 年浙江师范大学真题）

3. 简述赫尔巴特的教学形式阶段论及其教育启示。（见 2017 年东北师范大学真题）

4. 简述学习动机的影响因素。（见 2010 年华中师范大学真题）

三、论述题

1. 教学的本质是什么？结合具体的学科谈谈在教学过程中应该遵循哪些教学原则？（见 2013 年陕西师范大学 + 2018 年东北师范大学真题）

2. 班主任应该具备哪些素养？谈谈如何构建班集体。（见 2015 年华东师范大学真题 +2014 年华东师范大学真题）

3. 论述蔡元培对教育改革的思想和实践，并说明对中国近现代教育改革有哪些启示？（见 2013 年北京师范大学真题）

4. 论述布鲁纳的认知教学理论，并谈谈对教育的启示。（见 2013 年杭州师范大学真题）